COLLECTION OFFICIELLE

DES

ORDONNANCES DE POLICE.

COLLECTION OFFICIELLE

DES

ORDONNANCES DE POLICE

Depuis 1862 jusqu'à 1874,

IMPRIMÉE

PAR ORDRE DE M. LÉON RENAULT,

PRÉFET DE POLICE.

TOME SEPTIÈME.

PARIS,

VII

BOUCQUIN, IMPRIMEUR DE LA PRÉFECTURE DE POLICE,

Rue de la Sainte-Chapelle, 5.

—

1874.

COLLECTION

OFFICIELLE

DES ORDONNANCES

DE LA

PRÉFECTURE DE POLICE.

1862.

N° **4134.** — *Ordonnance concernant la vérification périodique des poids et mesures* (1).

Paris, le 9 janvier 1862.

N° **4135.** — *Ordonnance concernant la suspension de la navigation sous le pont de Charenton, chaque jour, à partir de midi, pendant la durée des travaux de démolition de l'arche marinière dudit pont.*

Paris, le 11 janvier 1862.

Nous, préfet de police,

Considérant que, pour achever les travaux de démolition de la pile et de la culée de l'arche marinière du vieux pont de Charenton, il est nécessaire de placer un bateau dans cette arche et de suspendre en conséquence la navigation sur ce point; mais que s'il importe de favoriser l'exécution desdits travaux, il n'importe pas moins d'assurer les intérêts de la marine et du commerce par eau;

Vu l'arrêté du gouvernement du 12 messidor an VIII et la loi du 10 juin 1853;

Ordonnons ce qui suit :

1. Le passage des bateaux et des trains, sous le pont de Charenton, sera effectué chaque jour jusqu'à midi seulement.

Cette mesure recevra son exécution à compter du 13 de ce mois, jusqu'à l'achèvement des travaux de démolition de la pile et de la culée du vieux pont de Charenton.

---

(1) V. l'ord. du 3 déc. 1872.

2. En cas d'interruption momentanée des travaux de démolition, le passage des bateaux et des trains pourra continuer d'avoir lieu en aval du garage de Saint-Maur, lorsque les conducteurs desdits bateaux et trains se seront assurés, près du chef de chablage, qu'il n'existe aucun obstacle.

3. Les dispositions de notre ordonnance du 14 août 1861 (1), concernant le passage des bateaux et des trains sous le pont de service établi à Charenton, qui ne sont point contraires à la présente, continueront de recevoir leur exécution.

4. La présente ordonnance sera imprimée et affichée.

Les ingénieurs des ponts et chaussées et de la navigation, ainsi que les agents sous leurs ordres, l'inspecteur général de la navigation et des ports, les inspecteurs particuliers du même service et les agents de la force publique sont chargés d'en assurer l'exécution, chacun en ce qui le concerne.

Le préfet de police, BOITTELLE.

N° **4136.** — *Ordonnance concernant la chasse des oiseaux de passage, le gibier d'eau, le transport et la vente des lapins de garenne, la conservation des petits oiseaux et la destruction des animaux malfaisants et nuisibles.*

Paris, le 31 janvier 1862.

Nous, préfet de police,

Vu la loi du 3 mai 1844, sur la police de la chasse, et les circulaires de M. le ministre de l'intérieur, en date des 22 juillet 1851, 27 janvier et 19 juillet 1858, et 8 juillet 1861;

Vu les arrêtés du gouvernement du 12 messidor an VIII (1er juillet 1800) et 3 brumaire an IX (25 octobre 1800);

Vu la délibération du conseil général du département de la Seine, dans sa session du mois de novembre 1844, insérée dans le *Moniteur* du 5 décembre suivant;

Vu l'ordonnance de police du 17 février 1858;

Vu aussi celle du 25 juillet 1858;

Attendu les réclamations auxquelles a donné lieu, dans quelques localités, la destruction des petits oiseaux;

Considérant que, dans l'intérêt de l'agriculture et pour la conservation des oiseaux qui lui sont utiles, il importe d'établir la nomenclature des oiseaux nuisibles, dont la destruction peut être autorisée,

Ordonnons ce qui suit :

1. La chasse des oiseaux de passage sur terre ne sera permise, dans le département de la Seine, que pendant le temps où la chasse des autres espèces de gibier est ouverte. Elle ne pourra avoir lieu que pendant le jour et au moyen du fusil.

---

(1) V. cette ordonnance dans le 6e vol., p. 783.

2. Les oiseaux de passage aquatiques pourront seuls être chassés, en tout temps, sur les rivières et étangs, mais au fusil et en bateau seulement.

3. Il est permis, en tout temps, au propriétaire, possesseur ou fermier, de tirer avec des armes à feu, ou de prendre aux piéges, autres que les lacets, sur ses terres ou récoltes seulement, les sangliers, les loups, renards, fouines, blaireaux, chats sauvages, belettes et putois.

4. Dans les conditions de l'article précédent, la destruction des oiseaux nuisibles ci-après désignés, pourra avoir lieu à l'aide de piéges, pendant le temps où la chasse est close :

La pie, le corbeau, le faucon (hobereau, émerillon et crécerelle), le balbuzard fluviatile, le pygargue ordinaire, l'autour vulgaire, l'épervier, le milan royal, la buse commune, le buzar (des marais et Saint-Martin), la pie-grièche grise, la corneille noire et mantelée et le pigeon ramier.

5. La destruction des lapins pourra avoir lieu pendant le temps où la chasse est close, mais seulement à l'aide de furets et de bourses.

Pendant le même temps, la vente et le colportage desdits lapins de garenne continueront à être autorisés.

6. Dans aucun cas, les autres animaux malfaisants ou nuisibles, ayant le caractère de gibier dont la destruction est autorisée par les articles 3 et 4 ci-dessus, ne pourront être mis en vente, vendus, achetés ni colportés pendant que la chasse sera close.

7. Il est formellement interdit de faire usage de panneaux, de filets de toute espèce, d'appeaux, appelants et chanterelles, de lacets, collets et autres engins analogues.

La chasse aux petits oiseaux à l'aide de ces engins est interdite en tout temps.

Le miroir, qu'on est dans l'habitude d'employer pour la chasse à tir des alouettes, n'est pas considéré comme un engin prohibé.

8. Il est défendu de prendre et de détruire les nids et couvées d'oiseaux, à l'exception de ceux des oiseaux désignés dans l'article 4 ci-dessus.

9. La chasse est expressément interdite dans la plaine, aussi bien que dans les bois et forêts, toutes les fois que la terre est couverte de neige.

Cette disposition n'est pas applicable à la chasse du gibier d'eau dans les marais, sur les étangs, canaux, fleuves et rivières, ni à la destruction des animaux malfaisants ou nuisibles.

10. Nul ne pourra se livrer à la chasse des oiseaux de passage et du gibier d'eau, sans être muni d'un permis de chasse obtenu conformément aux prescriptions de la loi.

Le propriétaire, possesseur ou fermier, n'aura pas besoin de ce permis pour repousser et détruire sur ses terres, même avec des armes à feu, les bêtes fauves qui porteraient dommage à ses propriétés.

11. Ceux des animaux nuisibles ou malfaisants, qui ont le caractère de gibier, et qui auront été détruits dans les conditions de l'article 10 ci-dessus ou dans les battues régulièrement ordonnées par des arrêtés spéciaux, ne pourront être consommés que sur place, sans jamais pouvoir être ni colportés ni vendus.

12. Tout individu qui, sous prétexte de détruire des animaux nuisibles ou malfaisants, se livrerait à l'exercice de la chasse, en temps prohibé, ou sans être muni d'un permis de chasse, sera poursuivi conformément à la loi.

13. L'ordonnance de police du 17 février 1858 et celle du 25 juillet suivant sont rapportées.

14. La présente ordonnance sera imprimée, publiée et affichée, et les contraventions qui y seraient faites, seront constatées par des procès-verbaux et déférées aux tribunaux compétents.

MM. les sous-préfets de Sceaux et de Saint-Denis, les maires et adjoints, et les commissaires de police des communes rurales, les gardes champêtres et forestiers, et la gendarmerie, sont chargés, chacun en ce qui le concerne, d'assurer l'exécution de la présente ordonnance.

Le préfet de police, BOITTELLE.

N° **4137.** — *Ordonnance concernant la prohibition de la chasse* (1).

Paris, le 1er février 1862.

N° **4138.** — *Ordonnance qui règle l'entrée, le stationnement et la circulation des voitures de toute espèce dans les cours du chemin de fer de l'Est* (gares de Strasbourg et de Mulhouse) (2),

Approuvée par M. le Ministre des Travaux publics, le 23 janvier 1862.

Paris, le 10 février 1862.

N° **4139.** — *Ordonnance concernant les mesures d'ordre à observer pendant les divertissements du carnaval* (3).

Paris, le 20 février 1862.

N° **4140.** — *Ordonnance concernant l'échenillage* (4).

Paris, le 24 février 1862.

---

(1) V. l'ord. du 26 janv. 1872.
(2) Rapportée par l'ord. du 30 janv. 1872.
(3) V. l'ord. du 23 fév. 1870.
(4) V. l'ord. du 10 janv. 1872.

N° **4141.** — *Arrêté concernant l'examen des candidats aux fonctions de vérificateur-adjoint des poids et mesures* (1)

Paris, le 22 mars 1862.

———

N° **4142.** — *Ordonnance concernant les heures consacrées aux négociations des effets publics et des opérations commerciales à la Bourse de Paris.*

Paris, le 19 mars 1862.

Nous, préfet de police,

Vu : 1° l'arrêté des consuls du 12 messidor an VIII (1er juillet 1800);

2° L'arrêté du gouvernement du 29 germinal an IX (19 avril 1801) (2);

3° L'arrêté du gouvernement du 27 prairial an X (16 juin 1802) (3);

4° L'ordonnance de police du 23 avril 1859;

5° L'avis de Son Exc. M. le ministre de l'intérieur, en date de ce jour;

Ordonnons ce qui suit :

1. Notre ordonnance du 23 avril 1859, sus-visée, est rapportée.

2. A l'avenir, la Bourse tiendra de *midi et demi* à *trois heures* pour la négociation des effets publics.

Le marché tenu par les commis principaux des agents de change cessera à l'heure de clôture fixée ci-dessus.

Les opérations commerciales continueront d'avoir lieu de *deux* à *cinq heures* de relevée (4).

3. La présente ordonnance sera imprimée et affichée.

Le commissaire de police de la Bourse, le chef de la police municipale et les officiers de paix sous ses ordres sont chargés, chacun en ce qui le concerne, d'en assurer l'exécution.

Le préfet de police, BOITTELLE.

———

N° **4143.** — *Ordonnance concernant la foire aux jambons* (5).

Paris, le 8 avril 1862.

---

(1) V. l'ord. du 22 juil. 1871.
(2) V. cet arrêt au 4e vol. (Appendice), p. 242.
(3) V. id. id. id. , p. 255.
(4) Ce dernier paragraphe est rapporté par l'art. 1er de l'ord. du 3 déc. 1872, et remplacé par l'art. 2 de la même ord.
(5) V. l'ord. du 15 mars 1872.

N° **4144.** — *Ordonnance concernant les caisses et pots à fleurs,
et autres objets dont la chute peut occasionner des accidents.*

Paris, le 22 avril 1862.

Nous, préfet de police,

Considérant qu'il importe, au retour de la belle saison, de rappeler
aux habitants de Paris les mesures de précaution prescrites par les règlements de police, en ce qui concerne les caisses et pots à fleurs, et
autres objets placés sur les parties élevées des bâtiments ;

En vertu de la loi des **16-24** août 1790 et de l'arrêté du gouvernement du **12** messidor an VIII (1er juillet 1800),

Ordonnons ce qui suit :

Les dispositions de l'ordonnance de police du 23 octobre 1844, concernant les caisses et pots à fleurs, et autres objets dont la chute peut
occasionner des accidents, seront imprimées et affichées de nouveau (1).

Le préfet de police, BOITTELLE.

———

N° **4145.** — *Ordonnance concernant la visite générale des tonneaux
de porteurs d'eau* (2).

Paris, le 5 mai 1862.

———

N° **4146.** — *Avis au public sur l'application de l'ordonnance
concernant les chiens* (3).

Paris, le 8 mai 1862.

On croit généralement que l'ordonnance de police du 27 mai 1845,
concernant les chiens, n'est applicable que pendant la *saison d'été.*
Dans les autres saisons, les personnes que les agents de l'administration
rappellent à l'exécution des règlements, allèguent, le plus souvent,
que l'ordonnance n'ayant pas été publiée, on ne peut leur déclarer
contravention.

Il importe de détruire une erreur dont la conséquence est de rendre
plus fréquents les accidents causés par les chiens. Déjà la publication
de l'ordonnance du 20 juin 1861 a eu pour but de rappeler que les
dispositions des règlements sur la police des chiens sont permanentes.
Le public ne devra donc plus s'étonner si les agents ont reçu l'ordre

———

(1) V. cette ord. au 3e vol., p. 796.
(2) V. l'ord. du 2 mai 1872.
(3) V. aussi 10 juin 1868.

de tenir la main, en tout temps, à l'exécution rigoureuse de l'ordonnance du 27 mai 1845, à laquelle il devient inutile de donner une nouvelle publicité (1).

Le préfet de police, BOITTELLE.

———————◁◇▷———————

N° **4147.** — *Ordonnance concernant les baignades en rivière, dans le ressort de la préfecture de police* (2).

Paris, le 9 mai 1862.

———————◁◇▷———————

N° **4148.** — *Arrêté concernant la fixation des salaires des forts à la halle aux cuirs.*

Paris, le 14 juin 1862.

Nous, préfet de police,

Vu : 1° les lois des 16-24 août 1790 et 19-22 juillet 1791 ;

2° L'arrêté des consuls du 12 messidor an VIII (1er juillet 1800) ;

3° Le tarif des salaires des forts employés à la halle aux cuirs, qui est annexé au règlement concernant le service intérieur de ladite halle, en date du 27 frimaire an XIV (18 décembre 1805) (3) ;

Considérant qu'il y a lieu de réviser ce tarif, par suite des changements survenus dans les habitudes du commerce à la halle aux cuirs,

Arrêtons ce qui suit :

1. Le tarif des salaires des forts à la halle aux cuirs, qui est annexé au règlement concernant le service intérieur de ladite halle, en date du 27 frimaire an XIV, cessera d'être en vigueur à dater du 1er juillet prochain.

2. A partir de cette époque, les salaires desdits forts seront réglés conformément au tarif ci-annexé.

3. Les forts devront, avant de demander le paiement de leurs notes de travaux, les faire vérifier par l'inspecteur de la halle, qui les visera.

4. L'inspecteur général des halles et marchés est chargé d'assurer l'exécution du présent arrêté, qui sera imprimé et placardé partout où besoin sera.

Le préfet de police, BOITTELLE.

Tarif des salaires, etc.

———————

(1) V. cette ord. au 5e vol., p. 14.
(2) V. l'ord. du 18 mai 1872.
(3) V. ce règlement, vol. 1, p. 296.

NOMENCLATURE DES TRAVAUX.

Décharger la marchandise à l'arrivée, la compter et la placer dans la halle.

Compter la marchandise à nouveau, à titre de vérification, et la remettre en place.

(*Nota.* — Il n'est rien dû aux forts pour cette opération, quand le premier compte est reconnu inexact.)

Changer la marchandise de place, sur la demande du propriétaire.

Plier et mettre en place les cuirs salés arrivés en vrac.

Retourner, plier et remettre en place les cuirs salés.

Doubler ou dédoubler, replier et remettre en place les cuirs salés.

Battre les peaux et les remettre en place.

Trier les cuirs salés ou les peaux sèches en poil.

(*Nota.* — Le salaire est dû en raison du nombre total des pièces manipulées.)

Secouer le sel des cuirs sans cornes ni crâne, les plier et les remettre en place.

(*Nota.* — Le salaire est double pour le même travail sur les cuirs avec cornes et crâne.)

Brosser les cuirs et les remettre en place.

Mettre la marchandise sur le plateau du pesage et la remettre en place ou la charger pour la sortie.

Montrer, déplier la marchandise, la replier, et la remettre en place ou la charger pour la sortie.

Mettre en balle des cuirs tannés ou en poils, secs ou salés, sans fournir la corde.

(*Nota.* — Le salaire est double, quand les forts fournissent la corde.)

Charger la marchandise pour la sortie.

ORTS A LA HALLE AUX CUIRS.

SALAIRE POUR CHACUN DES TRAVAUX, PAR ESPÈCE DE MARCHANDISES.

PEAUX SÈCHES, SALÉES, TANNÉES OU CORROYÉES.	cent.	mil.
Par cuir fort.	10	»
Par cuir sec, salé, tanné ou corroyé, du poids de 33 kilog et au–dessous.	05	»
Par cuir sec, salé, tanné ou corroyé, d'un poids supérieur à 33 kilog.	10	»
Par vachette ou génisse, sèche, salée ou tannée, du poids de 5 kilog. et au–dessous.	02	5
Par vachette ou génisse, sèche, salée ou tannée, d'un poids supérieur à 5 kilog	05	»
Par douzaine ou fraction de douzaine de porcs en soie ou tannés.	30	»
Par paquet de veaux salés, du poids de 33 kilog. et au–dessous.	10	»
Par paquet de veaux salés, d'un poids supérieur à 33 kilog. .	20	»
Par douzaine ou fraction de douzaine de veaux extrà-lourds en croûte, secs d'huile ou corroyés, du poids de 36 kilog. et au–dessous.	10	»
Par douzaine ou fraction de douzaine des mêmes, d'un poids supérieur à 36 kilog.	20	»
Par douzaine ou fraction de douzaine de chèvres sèches ou moutons en laine ou tondus	10	»
Par douzaine ou fraction de douzaine d'agneaux en laine ou tondus, chevreaux, lièvres, lapins ou renards	05	»
Par douzaine ou fraction de douzaine de basanes en croûte ou corroyées.	05	»
PEAUX MÉGISSÉES.		
Par douzaine ou fraction de douzaine d'agneaux ou chevreaux.	02	5
Par centaine d'agneaux ou chevreaux.	25	»
Par douzaine ou fraction de douzaine de peaux, du poids de 8 kilog. et au–dessous.	05	»
Par douzaine ou fraction de douzaine de peaux, d'un poids supérieur à 8 kilog	10	»
Par balle, ballot ou caisse de cuirs ou peaux de toute espèce, pour chaque poids de 25 kilog. ou fraction de ce poids . . .	10	»

Vu pour être annexé à notre arrêté de ce jour.

Paris, le 14 juin 1862.

Le préfet de police, BOITTELLE.

Nº **4149.** — *Ordonnance concernant les sucreries colorées, les substances alimentaires, les ustensiles et vases de cuivre et autres métaux.*

Paris, le 15 juin 1862.

Nous, préfet de police,

Considérant que de graves accidents sont résultés, soit de l'emploi de substances vénéneuses pour colorer les bonbons, dragées, pastillages et liqueurs, soit de la mauvaise qualité ou de l'altération des substances alimentaires, soit enfin du mauvais état ou de la nature même des vases dans lesquels les marchands de comestibles, les restaurateurs, les fruitiers, les épiciers, etc., préparent ou conservent les substances qu'ils livrent à la consommation;

Que des accidents ont été également causés par des papiers colorés avec des substances toxiques et dans lesquels on enveloppe des bonbons ou des aliments pour les livrer au public;

Vu : 1º la loi des 16-24 août 1790 et celle du 22 juillet 1791;

2º La loi du 3 brumaire an IX;

3º La loi du 27 mars 1851 (1) et les articles 319, 320, 471 § 15 et 477 du code pénal;

4º Les ordonnances de police des 20 juillet 1832, 7 novembre 1838, 22 septembre 1841 et 28 février 1853;

5º Les instructions ministérielles, en date du 25 octobre 1851, concernant les eaux de fleurs d'oranger, celles des 20 octobre 1851 et 7 avril 1852, concernant la fabrication des sirops et celle du 20 avril 1861, relative à l'étamage des ustensiles destinés aux usages alimentaires;

6º Les rapports du conseil d'hygiène publique et de salubrité du département de la Seine,

Ordonnons ce qui suit :

TITRE Iᵉʳ.

1. Il est expressément défendu de se servir d'aucune substance minérale, excepté le bleu de Prusse, l'outremer, la craie (carbonate de chaux) et les ocres, pour colorer les bonbons, dragées, pastillages, les liqueurs et toute espèce de sucreries et pâtisseries.

Il est également défendu d'employer, pour colorer les bonbons, liqueurs, etc., des substances végétales nuisibles à la santé, notamment la gomme-gutte et l'aconit napel.

Les mêmes défenses s'appliquent aux substances employées à la clarification des sirops et des liqueurs.

2. Il est défendu d'envelopper ou de couler des sucreries dans des papiers blancs lissés ou colorés avec des substances minérales, excepté le bleu de Prusse, l'outremer, les ocres et la craie.

Il est défendu de placer des bonbons et fruits confits dans des boîtes garnies, à l'intérieur ou à l'extérieur, de papiers colorés avec des substances prohibées par la présente ordonnance et de les recouvrir avec des découpures de ces papiers.

---

(1) V. cette loi à l'appendice, à la fin du vol.

Il en sera de même des fleurs ou autres objets artificiels servant à la décoration des bonbons.

3. Il est défendu de faire entrer aucune préparation fulminante dans la composition des enveloppes de bonbons.

Il est également défendu de se servir de fils métalliques comme supports de fleurs, de fruits et autres objets en sucre et en pastillage.

4. Les bonbons enveloppés porteront le nom et l'adresse du fabricant ou marchand; il en sera de même des sacs dans lesquels les bonbons ou sucreries seront livrés au public.

Les flacons contenant des liqueurs colorées devront porter les mêmes indications.

5. Il est interdit d'introduire, dans l'intérieur des bonbons et pastillages, des objets de métal ou d'alliage métallique, de nature à former des composés nuisibles à la santé.

Les feuilles métalliques appliquées sur les bonbons ne devront être qu'en or ou en argent fin.

Les feuilles métalliques introduites dans les liqueurs devront également être en or ou en argent fin.

6. Les sirops qui contiendront de la *glucose* (sirop de fécule, sirop de froment) devront porter, pour éviter toute confusion, les dénominations communes de *sirop de glucose*; outre cette indication, les bouteilles porteront l'étiquette suivante : *liqueur de fantaisie à l'orgeat, à la groseille*, etc., etc.

7. Il sera fait annuellement et plus souvent, s'il y a lieu, des visites chez les fabricants et les détaillants à l'effet de constater si les dispositions prescrites par la présente ordonnance sont observées.

TITRE II.

BOISSONS, SELS DE CUISINE ET SUBSTANCES ALIMENTAIRES.

8. Il est interdit d'employer la litharge, l'acétate de plomb (sucre de saturne) et autres composés de plomb dans le but de clarifier ou d'adoucir les sirops et les boissons fermentées, telles que le vin, la bière, le cidre, etc., etc.

9. Il est expressément défendu à tous fabricants, raffineurs, marchands en gros, épiciers et autres faisant le commerce de sel marin (sel de cuisine), de vendre et débiter comme sel de table et de cuisine, du sel retiré de la fabrication du salpêtre ou extrait des varechs, ou des sels provenant de diverses opérations chimiques.

Il est également défendu de vendre du sel altéré par le mélange des sels sus-mentionnés ou par le mélange de toute autre substance étrangère.

10. Il est défendu d'ajouter frauduleusement au lait, aux fécules, amidons, farines ou à toute autre denrée, des substances étrangères, même quand ces substances n'auraient rien de nuisible.

11. Les commissaires de police et les maires ou les commissaires de police, dans les communes rurales, feront, à des époques indéterminées, avec l'assistance des hommes de l'art, des visites dans les ateliers, magasins et boutiques des fabricants; marchands et débitants

de sel et de comestibles quelconques, à l'effet de vérifier si les denrées dont ils sont détenteurs sont de bonne qualité et exemptes de tout mélange.

12. Le sel, les boissons, les substances alimentaires et les denrées falsifiées seront saisis, sans préjudice des poursuites à exercer, s'il y a lieu, contre les contrevenants, conformément aux dispositions de la loi précitée du 27 mars 1851.

13. Il est défendu d'envelopper, d'orner et d'étiqueter aucune substance alimentaire avec les papiers peints et avec ceux qui sont prohibés par l'article 2 de la présente ordonnance.

L'emploi de ces papiers est donc formellement interdit pour faire des sacs, des enveloppes, des manchettes, des boîtes ou des étiquettes, à tous les marchands ou débitants de denrées ou substances alimentaires, comme les bouchers, les confiseurs, les chocolatiers, les marchands de comestibles, de beurre et de fromage, les pâtissiers, les épiciers, les fruitiers, etc.

TITRE III.

USTENSILES ET VASES DE CUIVRE ET AUTRES MÉTAUX, ÉTAMAGE.

14. Les ustensiles et vases de cuivre ou d'alliage de ce métal dont se servent les marchands de vins, traiteurs, aubergistes, restaurateurs, pâtissiers, confiseurs, bouchers, fruitiers, épiciers, etc., devront être étamés à l'étain fin, et entretenus constamment en bon état d'étamage.

Sont exceptés de cette disposition les vases et ustensiles dits d'office et les balances, lesquelles devront être entretenus en bon état de propreté.

15. Il est enjoint aux chaudronniers, étameurs ambulants et autres, de n'employer que de l'étain fin du commerce, pour l'étamage des vases de cuivre devant servir aux usages alimentaires ou à la préparation des boissons.

16. L'emploi du plomb, du zinc et du fer galvanisé est interdit dans la fabrication des vases destinés à préparer ou à contenir des substances alimentaires ou des boissons.

17. Il est défendu de renfermer de l'eau de fleurs d'oranger ou toute autre eau distillée dans des vases de cuivre, tels que les estagnons de ce métal, à moins que ces vases ou ces estagnons ne soient étamés à l'intérieur à l'étain fin.

Il est également défendu de faire usage, dans le même but, de vases de plomb, de zinc ou de fer galvanisé.

18. On ne devra faire usage que d'estagnons en bon état. Ils seront marqués d'une estampille indiquant le nom et l'adresse du fabricant et garantissant l'étamage à l'étain fin.

19. Il est défendu aux marchands de vins et distillateurs d'avoir des comptoirs revêtus de lames de plomb ; aux débitants de sel de se servir de balances de cuivre ; aux nourrisseurs de vaches, crémiers et laitiers de déposer le lait dans des vases de plomb, de zinc, de fer galvanisé, de cuivre et de ses alliages ; aux fabricants d'eaux gazeuses, de bière ou de cidre, et aux marchands de vins et distillateurs de faire passer par des tuyaux ou appareils de cuivre, de plomb ou d'autres métaux pouvant être nuisibles, les eaux gazeuses, la bière, le cidre ou le vin. Toutefois, les vases et ustensiles de cuivre dont il est question au présent article, pourront être employés, s'ils sont étamés à l'étain fin.

20. Il est défendu aux raffineurs de sel, de se servir de vases et instruments de cuivre, de plomb, de zinc et de tous autres métaux pouvant être nuisibles.

21. Il est défendu aux vinaigriers, épiciers, marchands de vins, traiteurs et autres, de préparer, de déposer, de transporter, de mesurer, de conserver dans des vases de plomb, de zinc, de fer galvanisé, de cuivre ou de ses alliages non étamés ou dans des vases faits avec un alliage dans lequel entrerait l'un des métaux désignés ci-dessus, aucun liquide et aucune substance alimentaire, susceptibles d'être altérés par le contact de ces métaux.

22. La prohibition portée en l'article ci-dessus, s'applique aux robinets fixés aux barils dans lesquels les vinaigriers, épiciers et autres marchands renferment le vinaigre.

23. Les vases d'étain employés pour contenir, déposer ou préparer des substances alimentaires ou des liquides, ainsi que les lames de même métal qui recouvrent les comptoirs des marchands de vins ou de liqueurs, ne devront contenir au plus que 10 0/0 de plomb, ou des autres métaux qui se trouvent ordinairement alliés à l'étain du commerce.

24. Les lames métalliques recouvrant les comptoirs des marchands de vins ou de liqueurs, les balances, les vases et ustensiles en métaux et les alliages qui seraient trouvés chez les marchands et fabricants désignés dans les articles qui précèdent, seront saisis, et envoyés à la préfecture de police avec les procès-verbaux constatant les contraventions.

25. Les étamages prescrits par les articles qui précèdent devront toujours être faits à l'étain fin et être constamment entretenus en bon état.

TITRE IV.

DISPOSITIONS GÉNÉRALES.

26. Les fabricants et les marchands désignés en la présente ordonnance sont personnellement responsables des accidents qui pourraient être la suite de leurs contraventions aux dispositions qu'elle renferme.

27. Les ordonnances de police des 20 juillet 1832, 7 novembre 1838, 22 septembre 1841 et 28 février 1853 sont rapportées.

28. Les contraventions seront poursuivies conformément à la loi, devant les tribunaux compétents, sans préjudice des mesures administratives auxquelles elles pourraient donner lieu.

29. La présente ordonnance sera imprimée et affichée.

Les sous-préfets des arrondissements de Sceaux et de Saint-Denis, les maires et les commissaires de police des communes rurales du ressort de notre préfecture, le chef de la police municipale, les commissaires de police de Paris, les officiers de paix, l'inspecteur général des halles et marchés et autres préposés de la préfecture de police sont chargés, chacun en ce qui le concerne, de tenir la main à son exécution.

Le préfet de police, BOITTELLE.

CONSEIL D'HYGIÈNE PUBLIQUE ET DE SALUBRITÉ
DU DÉPARTEMENT DE LA SEINE.

INSTRUCTION.

---

§ Ier. — *Des substances colorantes qui peuvent être employées dans la préparation des bonbons pastillages, dragées ou liqueurs.*

Pour faciliter les moyens de reconnaître les substances colorantes qu'il est permis d'employer et celles qui sont défendues par la présente ordonnance, il est convenable de les désigner ici sous les divers noms qu'on leur donne dans le commerce et de faire suivre cette nomenclature de l'indication de quelques procédés simples et faciles.

COULEURS BLEUES. — L'indigo, le bleu de Prusse ou de Berlin, l'outremer pur.

Ces couleurs se mêlent facilement avec toutes les autres et peuvent donner toutes les teintes composées dont le bleu est l'un des éléments.

COULEURS ROUGES. — La cochenille, le carmin, la laque carminée, la laque du Brésil, l'orseille.

COULEURS JAUNES. — Le safran, la graine d'Avignon, la graine de Perse, le quercitron, le curcuma, le pastel, les laques alumineuses de ces substances.

Les jaunes que l'on obtient avec plusieurs des matières désignées et surtout avec les graines d'Avignon ou de Perse, sont plus brillants et moins mats que ceux que donne le jaune de chrôme dont l'usage est dangereux et prohibé.

COULEURS COMPOSÉES. — *Vert.* — On peut produire cette couleur avec le mélange du bleu et de diverses couleurs jaunes; mais l'un des plus beaux est celui que l'on obtient avec le bleu de Prusse ou de Berlin et la graine de Perse; il ne le cède en rien par le brillant au vert de Schweinfurt qui est un violent poison.

Violet. — Le bois d'Inde, le bleu de Berlin ou de Prusse.

Par des mélanges convenables de ces substances on obtient toutes les teintes désirables.

Pensée. — Le carmin, le bleu de Prusse ou de Berlin.

Le mélange de ces substances donne des teintes très-brillantes.

Nota. — Les autres couleurs composées peuvent être préparées par les mélanges des diverses matières colorantes qui viennent d'être indiquées et que les fabricants sauront approprier à leurs besoins.

LIQUEURS. — Pour la préparation des liqueurs, on peut faire usage de celles des substances précédentes qui conviennent à leur coloration. On peut employer en outre :

Pour le *curaçao de Hollande,* le bois de campêche ; pour les *liqueurs bleues.* l'indigo soluble (carmin d'indigo) ; pour l'*absinthe,* le safran mêlé avec le bleu d'indigo soluble.

§ II. — *Des substances dont il est défendu de faire usage dans la préparation des bonbons, pastillages, dragées et liqueurs.*

Les substances minérales en général, et notamment : les composés de cuivre, les *cendres bleues,* les oxydes de plomb, *massicot, minium ;* le sulfure de mercure ou *vermillon ;* le chromate de plomb, ou *jaune de chrôme ;* l'arsénite de cuivre ou *vert de Scheele, vert de Schweinfurt, vert métis ;* le vert anglais ; le carbonate de plomb ou *blanc de plomb, céruse, blanc d'argent ;* les feuilles de chrysocale.

§ III. — *Moyens de reconnaître la nature des principales matières dont l'usage est interdit.*

COULEURS BLANCHES. — Pour reconnaître le carbonate de plomb qui est vendu dans le commerce sous les noms de *blanc de plomb,* de *céruse,* de *blanc d'argent,* on l'applique en couche mince à l'aide d'un couteau sur du papier épais auquel on met le feu. On voit alors du plomb métallique sous la forme de petits globules très-multipliés dont les plus volumineux égalent la grosseur de la tête d'une petite épingle. Si l'on opère la combustion au-dessus d'une feuille de papier blanc ou d'une assiette de porcelaine, les globules y tombent et sont faciles à apercevoir.

Les papiers lissés à la céruse donnent aussi lieu quelquefois, quand on les brûle, à la production de globules de plomb. Il se forme, en outre, un cercle jaune qui entoure les parties du papier en combustion.

Enfin, le carbonate de plomb et les papiers qui sont lissés avec cette substance brunissent quand on les touche avec de l'eau saturée d'hydrogène sulfuré. Cette solution n'a d'action que lorsqu'elle est récemment préparée et qu'elle dégage l'odeur d'œufs pourris.

COULEURS JAUNES. — L'oxyde de plomb ou *massicot* se reconnaît de la même manière que la céruse.

Le chromate de plomb ou *jaune de chrôme* devient brun, légèrement brunâtre, quand on le traite après l'avoir pulvérisé, par une solution d'hydrogène sulfuré ajouté en excès. Il faut avoir le soin d'agiter le mélange avec une baguette de verre.

La *gomme-gutte* délayée dans l'eau donne un lait jaune qui rougit par l'addition de la potasse ou de l'ammoniaque ; jetée sur des charbons rouges, elle se ramollit, puis brûle avec flamme et laisse un résidu de charbon ou de cendres.

COULEURS ROUGES. — Le sulfure de mercure, connu sous le nom de *cinabre* ou de *vermillon* jeté sur des charbons ardents, brûle avec une flamme bleue pâle et produit l'odeur du soufre en combustion : une pièce de cuivre rouge nettoyée au grès, étant tenue au-dessus de la fumée ou vapeur blanche qui se dégage, se couvre d'une couche blanchâtre de mercure métallique qui devient brillante par le frottement.

Le *carmin* mêlé de vermillon se comporte de la même manière.

Le *minium* ou oxyde de plomb se comporte comme le massicot et la céruse.

COULEURS VERTES. — L'arsénite de cuivre, *verts de Schweinfurt, de Scheele et métis*, mis dans un verre, en contact avec de l'ammoniaque ou alcali volatil, s'y dissout en donnant lieu à une liqueur bleue.

Quand on en jette une très-petite quantité sur des charbons rouges, il produit une fumée blanchâtre qui a une odeur d'ail très-prononcée. On doit s'abstenir de respirer cette fumée. Les papiers colorés avec ces substances se décolorent au contact de l'ammoniaque : une goutte suffit pour blanchir le papier dans le point qu'elle touche, elle prend ensuite, presque instantanément, la couleur bleue. Enfin ces papiers, en brûlant, dégagent l'odeur d'ail. Les cendres qu'ils laissent ont une teinte rougeâtre et sont formées en grande partie de cuivre métallique.

On prépare aussi une couleur verte avec la gomme-gutte ou le bleu de Prusse ou avec l'indigo. On reconnaît la gomme-gutte en traitant la couleur verte réduite en poudre par l'éther ou même l'alcool ; la gomme-gutte se dissout en donnant au liquide une couleur jaune d'or ; une partie de ce liquide versé dans un peu d'eau forme une émulsion de couleur jaune : si l'on ajoute un peu de potasse ou d'ammoniaque à ce mélange et à la dissolution alcoolique ou éthérée de gomme-gutte, on obtient une coloration rouge foncé ou orange.

COULEURS BLEUES. — L'oxyde et le carbonate hydraté de cuivre (*cendres bleues*) donnent avec l'ammoniaque une liqueur bleue.

L'outremer pur ne colore pas l'ammoniaque, mais quand il a été falsifié par le carbonate hydraté de cuivre, il acquiert la propriété de communiquer à cet alcali liquide une couleur bleue caractéristique d'un composé cuivreux.

FEUILLES DE CHRYSOCALE. — Ces feuilles se dissolvent facilement dans l'acide nitrique étendu de son volume d'eau et donnent une couleur bleue par l'addition d'un léger excès d'ammoniaque ; elles se dissolvent aussi peu à peu dans l'ammoniaque qui se colore en bleu au contact de l'air.

§ IV. — *Papiers servant à envelopper les substances alimentaires.*

Des accidents graves ont été causés par l'emploi des papiers peints et de feuilles artificielles dont se servent quelquefois les charcutiers, les bouchers, les fruitiers, les épiciers et autres marchands de comestibles pour envelopper les substances alimentaires qu'ils livrent à la consommation.

Les papiers les plus dangereux sous ce rapport sont les papiers peints ou teints en vert ou en bleu-clair qui sont ordinairement colorés avec des préparations toxiques. Viennent ensuite les papiers lissés blancs, oranges, jaunes et dorés faux ; ces derniers sont faits avec du chrysocale qui est un alliage de cuivre et de zinc. Ces papiers mis en contact avec des substances alimentaires molles et humides ou grasses peuvent leur communiquer une portion de leur matière colorante ; il peut dès-lors en résulter, suivant la proportion de matière colorante mêlée à l'aliment, des accidents plus ou moins graves.

Pour reconnaître la nature des substances qui colorent ces papiers, on peut consulter les renseignements qui ont été donnés ci-dessus.

§ V. — *Papiers servant à envelopper les bonbons.*

Il faut apporter beaucoup de soin dans le choix des papiers qui servent à envelopper les bonbons. Les papiers lissés blancs ou colorés sont souvent préparés avec des substances minérales très-dangereuses.

Ils ne doivent pas servir, même comme seconde enveloppe, à recouvrir les bonbons, sucreries, fruits confits ou candis qui pourraient, en s'humectant, s'attacher au papier et donner lieu à des accidents, si on les portait à la bouche.

Les papiers colorés avec des laques végétales n'ont en général aucun inconvénient.

§ VI. — *Sel marin, sel de cuisine.*

Le sel marin livré au commerce peut être falsifié avec de la *poudre de plâtre*, à l'aide du *sablon*, des *sels de varech*, des *sels de salpêtre*, etc.

On s'assure que le sel est falsifié au moyen du plâtre, en traitant le sel par quatre parties d'eau qui le dissolvent et qui laissent un résidu de plâtre. On le lave, on le fait sécher et on le pèse : 100 grammes de sel non falsifié contiennent à peine 1 gramme de matières insolubles, tandis que les sels mêlés de plâtre donnent ordinairement plus de 5 0/0 de résidu.

On peut séparer de la même manière le sablon et les matières insolubles qui ont été mêlés au sel marin.

Pour reconnaître dans le sel marin la présence des sels de varech, on opère de la manière suivante :

1° On prend un gramme d'amidon en poudre et 50 grammes d'eau ; on fait bouillir et on laisse refroidir la solution ;

2° On verse quelques grammes de cette solution amidonnée dans un verre contenant le sel à essayer, puis on ajoute 15 ou 20 gouttes d'acide nitrique jaune du commerce et l'on agite. Si le sel contient des sels de varech, on obtient une coloration qui varie du violet au bleu.

Le sel contenant des sels de salpêtre, traité par l'eau amidonnée et l'acide nitrique, se colore en bleu, s'il contient des iodures. Si on le mêle dans un verre à expérience avec de la limaille de cuivre et qu'on y ajoute de l'acide sulfurique, on obtient assez souvent des vapeurs nitreuses rutilantes. Ces vapeurs donnent une teinte bleue au papier imprégné de teinture de gayac.

§ VII. — *Etamage, étain, fer galvanisé, etc.*

Il est indispensable que les vases de cuivre soient toujours étamés avec soin ; car il suffit souvent qu'une surface peu étendue soit découverte pour déterminer des accidents. Il importe aussi de faire observer que ce n'est pas seulement en laissant séjourner des aliments dans des vases de cuivre mal étamés que ce métal peut causer des empoisonnements, mais que le cuivre peut se mêler avec certains aliments pendant la cuisson. La précaution de les retirer de ces vases immédiatement après leur cuisson ne donnerait qu'une fausse sécurité.

Dans tous les cas, il n'est pas prudent de laisser séjourner des aliments dans des vases de cuivre, même les mieux étamés ; car il est certains condiments qui peuvent attaquer l'étamage et le cuivre qui est au-dessous ; des accidents ont été déterminés par cette négligence.

Il est surtout très-dangereux de faire bouillir du vinaigre dans des bassines de cuivre ou de laisser dans ces bassines du vinaigre bouillant, afin de donner aux fruits ou légumes une belle couleur verte ; il est plus dangereux encore, ainsi que cela se pratique souvent, de faire rougir d'abord la bassine, d'y introduire le vinaigre et de l'y faire bouillir.

Dans l'un et dans l'autre cas, il se forme des sels solubles de cuivre qui peuvent donner lieu à des accidents.

Les observations qui précèdent s'appliquent également aux vases de maillechort et d'argent au second titre. Les substances acides et le sel de cuisine mêlés aux aliments peuvent attaquer ces vases et former des composés de cuivre qui tous sont de véritables poisons.

Le plaqué d'argent lui-même et les vases argentés ne doivent inspirer de sécurité qu'autant que la couche d'argent est d'une épaisseur convenable et qu'aucun point du métal recouvert n'apparaît dans l'intérieur des vases.

Le zinc et le fer galvanisé ne peuvent être employés pour les usages alimentaires, parce que le zinc forme, avec les acides, des sels émétiques dont l'usage est dangereux.

L'étain fin peut toujours être employé sans danger pour les vases destinés aux usages alimentaires.

Il est blanc, brillant, lorsqu'il est neuf, et sa couleur rappelle celle de l'argent.

L'étamage à l'étain fin est blanc, brillant et d'un aspect gras ; l'étamage à 75 0/0 d'étain pour 25 0/0 de plomb est moins blanc ; l'étamage à 50 0/0 est bleuâtre et se ternit vite.

On peut reconnaître la présence du plomb par le procédé suivant :

On fond quelques grammes d'étain dans une petite cuiller en fer et on le verse dans une petite cavité pratiquée dans un carreau de faïence émaillée ou dans une brique. Au moment où l'étain va se solidifier, on incline légèrement la brique ; l'étain coule en formant une traînée de quelques centimètres de longueur. Si l'étain est pur, cette traînée est brillante ; s'il renferme quelques centièmes de plomb, elle est plus ou moins matte et terne.

Pour que l'étamage soit bien fait, il faut que le métal soit répandu sur la pièce à étamer d'une manière égale et que la couche ne soit pas trop épaisse. Le poids de l'étain employé pour une surface assez étendue est très-peu considérable : il est d'environ 5 décigrammes par centimètre carré. La pureté et le prix de l'étain ne sauraient donc augmenter d'une manière notable le prix de l'étamage.

§ VIII. — *Eaux distillées.* — *Moyens de reconnaître dans les eaux distillées la présence des sels métalliques.*

L'expérience prouve que les eaux distillées, préparées ou conservées dans des vases métalliques oxydent et dissolvent une certaine quantité du métal avec lequel elles sont en contact.

Les eaux distillées de roses et de fleurs d'oranger doivent être claires, limpides ; leur saveur ne doit pas être acide ; elles ne doivent pas rougir fortement le papier de tournesol.

Ces eaux ont été trouvées altérées par des sels de fer, de zinc, de cuivre, de plomb. On reconnaît la présence de ces sels :

1° Par le ferro-cyanure de potassium (*prussiate jaune de potasse*) qui donne :

Avec l'eau de fleurs d'oranger altérée par un sel de fer, une couleur bleue ;

Avec l'eau de fleurs d'oranger altérée par un sel de zinc, un précipité blanc ;

Avec l'eau de fleurs d'oranger altérée par une faible quantité de sel de cuivre, une coloration rosée, puis un précipité brun-marron. On obtient immédiatement un précipité brun-marron, si la quantité de sel de cuivre est assez considérable.

Avec l'eau de fleurs d'oranger altérée par un sel de plomb, un précipité blanc ;

2° Par le sulfure de sodium qui donne :

Avec l'eau qui contient des sels de fer, de cuivre, de plomb, une coloration brune plus ou moins foncée, puis des précipités qui varient du brun au noir ;

Avec l'eau qui contient un sel de zinc, un précipité blanc de sulfure de zinc.

Pour enlever aux eaux distillées les sels métalliques qu'elles contiennent, il faut y ajouter du noir animal purifié, c'est-à-dire privé par l'acide chlorhydrique du carbonate et de tout le phosphate de chaux qu'il renferme.

Le charbon animal doit être traité à plusieurs reprises par l'acide chlorhydrique bouillant, puis lavé à l'eau de pluie jusqu'à ce qu'il ne renferme plus d'acide.

On peut, à défaut de charbon animal, employer de la braise de boulanger pulvérisée, lavée et séchée.

On agite fortement pour que le charbon ou la braise se répande également dans l'eau de fleurs d'oranger.

L'agitation ayant été répétée huit ou dix fois dans le courant de la journée, on laisse le liquide en repos, puis on décante et on filtre le lendemain.

Deux grammes de charbon animal ou dix grammes de braise sont suffisants pour traiter vingt-cinq litres d'eau de fleurs d'oranger ou toute autre eau distillée.

Indépendamment des précautions ci-dessus indiquées, il importe que les personnes qui reçoivent de l'eau de fleurs d'oranger dans des estagnons de cuivre, la mettent immédiatement dans d'autres vases qui ne soient pas métalliques (des vases de verre, par exemple) qui soient bouchés à l'émeri et placé à l'abri de l'influence de la lumière et de la chaleur.

Lu et approuvé dans la séance du 25 avril 1862.

Le vice-président, Bouchardat.

Le secrétaire, Ad. Trebuchet.

Vu et approuvé l'instruction qui précède pour être annexée à notre ordonnance en date de ce jour.

Le préfet de police, BOITTELLE.

Nᵒ **4150.** — *Ordonnance concernant la suspension de la navigation sous le pont de Charenton, pour faciliter les travaux d'achèvement dudit pont.*

Paris, le 5 juillet 1862.

Nous, préfet de police,

Considérant que, pour assurer l'exécution des travaux de reconstruction du pont de Charenton, il est indispensablement besoin d'interdire, pendant un certain temps, toute navigation sur ce point;

Vu l'arrêté du gouvernement du 12 messidor an VIII et la loi du 10 juin 1853,

Ordonnons ce qui suit :

1. La navigation sous le pont de Charenton sera interdite, à partir du 8 de ce mois, jusqu'au 3 août prochain inclusivement.

2. La présente ordonnance sera imprimée et affichée.

Les ingénieurs des ponts et chaussées et de la navigation, ainsi que les agents sous leurs ordres, l'inspecteur général de la navigation et des ports, les inspecteurs particuliers du même service et les agents de la force publique sont chargés d'en assurer l'exécution, chacun en ce qui le concerne.

Le préfet de police, BOITTELLE.

Nᵒ **4151.** — *Ordonnance concernant la police du marché à la triperie et aux viandes de porc, transféré provisoirement dans les bâtiments de l'ancienne halle aux draps.*

Paris, 14 juillet 1862.

Nous, préfet de police,

Vu : 1ᵒ la loi des 16-24 août 1790;

2ᵒ L'arrêté du gouvernement du 12 messidor an VIII (1ᵉʳ juillet 1800);

3ᵒ La lettre de notre collègue M. le préfet de la Seine, en date du 12 de ce mois, nous informant que la translation, dans l'ancienne halle aux draps, du commerce de charcuterie et de triperie qui se fait sur le marché des Prouvaires, aura lieu mercredi prochain, 16 du courant;

Considérant qu'il importe de prescrire les mesures de police néces-saires pour la tenue dudit marché,

Ordonnons ce qui suit :

1. La vente des viandes de porc frais et salé, issues de porc et tri-perie, qui sera transférée le mercredi, 16 de ce mois, dans les bâtiments de l'ancienne halle aux draps, tiendra tous les jours. Elle commencera en tous temps au lever du soleil, et finira à 8 heures du soir, du 1er avril au 30 septembre, et à 7 heures, du 1er octobre au 31 mars.

2. Les marchands apposeront au-dessus de leur place, à l'endroit réservé à cet effet, une plaque d'un modèle uniforme sur laquelle leur nom sera inscrit en gros caractères.

3. Ils ne pourront employer sur le marché aucun individu, s'il n'est porteur d'un livret.

Le jour même de l'entrée d'une personne à leur service, ils devront en consigner la date sur son livret, qu'ils remettront aussitôt entre les mains de l'inspecteur du marché.

4. Chaque état devra être pourvu des balances et séries de poids prescrits, suivant la nature du commerce, par notre ordonnance du 25 octobre 1861.

5. Les marchandises exposées en vente devront être fraîches et de bonne qualité.

Toute fraude envers le public, sur le poids, la nature ou la qualité des viandes, sera poursuivie conformément aux lois.

6. Il est interdit aux marchands de former aucune association pour la vente de leurs marchandises.

7. Il leur est défendu, ainsi qu'à leurs étaliers, de crier le prix de la marchandise et d'appeler ou arrêter le public.

8. Les étalages ne devront, sous aucun prétexte, faire saillie sur les voies de circulation ; ils seront disposés de telle sorte que l'entrée de chaque place reste complétement libre, et que la circulation de l'air d'une place aux places voisines ne soit pas interceptée.

9. Il est interdit de déposer au-dessus des places, des paniers, marchandises, effets d'habillement ou tout autre objet.

10. Il est défendu aux marchands, ainsi qu'aux personnes à leur service, de stationner dans les passages, d'y rien déposer, et d'y jeter des pailles ou débris quelconques.

11. Les places seront tenues dans un état constant de propreté. Toutes les fois qu'il sera jugé nécessaire, et à la première réquisition qui leur en sera faite, les occupants seront tenus de les laver à grande eau et, lorsqu'il y aura lieu, avec une solution de chlorure de chaux ou d'oxyde de sodium, ainsi que les tables, seaux, baquets et autres ustensiles servant à l'exploitation des places.

12. Il est enjoint aux tripiers et marchands d'abats de renouveler l'eau des baquets dans lesquels ils font tremper les têtes, pieds et fressures de veau, les pieds de mouton, etc., assez fréquemment pour qu'elle ne contracte aucune mauvaise odeur, *sans jamais laisser la même eau plus de six heures.*

13. Avant d'opérer ce renouvellement, ils doivent faire écouler en-tièrement l'eau de trempage, rincer et nettoyer les baquets.

14. Après la vidange des baquets de trempage, il leur est enjoint de laver à grande eau la partie du sol par laquelle se sera fait l'écoulement.

15. Les tables et généralement toutes les parties des étalages et ustensiles qui sont en contact avec les marchandises de triperie, seront grattées et lavées fréquemment, et au moins tous les soirs avant la fermeture du marché.

16. Il est enjoint aux marchands de viande de porc de gratter et nettoyer, chaque jour, les tables, ais ou billots sur lesquels ils coupent leurs viandes, de manière à n'y laisser aucun débris de chair, de graisse ou d'os.

17. Les coffres, autres que les timbres à glace, dans lesquels sont resserrées les marchandises, doivent être disposés de manière à y permettre la circulation de l'air.

18. Il est expressément défendu aux marchands de jeter sur le sol les marchandises avariées ou des débris quelconques; ils devront les déposer provisoirement dans des seaux ou baquets, pour être transportés aussitôt que possible aux tinettes destinées à cet usage.

19. Il est interdit de traîner, sur le sol, des baquets pleins ou vides ainsi que les paniers destinés à contenir les marchandises.

20. Les titulaires et les personnes qu'ils emploient, ne pourront amener dans le marché des chiens, même tenus à l'attache et muselés.

21. Il est défendu de fumer dans le marché, d'y faire du feu et de laisser pendant la nuit des chaufferettes dans les places, lors même que le feu en serait éteint.

Il est interdit de troubler la tranquillité par des cris, des chants ou bruits quelconques, ainsi que d'écrire ou de crayonner tant sur les murs du marché que sur les boiseries séparant les places.

22. Les contraventions aux dispositions qui précèdent seront constatées par des procès-verbaux ou rapports qui nous seront transmis, et poursuivies conformément aux lois et règlements, sans préjudice des mesures administratives.

23. La présente ordonnance sera imprimée et affichée.

Ampliation en sera adressée à M. le sénateur, préfet de la Seine.

L'inspecteur général des halles et marchés, le chef de la police municipale et les officiers de paix, les commissaires de police, notamment celui du quartier des Halles et les préposés sous leurs ordres, sont chargés, chacun en ce qui le concerne, d'en assurer l'exécution.

Le préfet de police, BOITTELLE.

———————— ❦ ————————

N° **4152.** — *Ordonnance concernant la sûreté, la liberté et la commodité de la circulation.*

Paris, le 25 juillet 1862.

Nous, préfet de police,

Vu : 1° la loi du 16 juin 1859, concernant l'extension des limites de la ville de Paris; ensemble le décret du 1er novembre suivant rendu pour l'exécution de cette loi;

2° L'ordonnance de police du 8 août 1829, concernant la sûreté et la liberté de la circulation ;

3° L'ordonnance de police du 30 novembre 1831, concernant les chéneaux et gouttières destinés à recevoir les eaux pluviales sous l'égout des toits ;

4° L'ordonnance de police du 29 mai 1837, concernant les travaux exécutés sur la voie publique et dans les propriétés qui en sont riveraines ;

5° L'ordonnance de police du 23 octobre 1844, concernant les caisses et pots à fleurs et autres objets dont la chute peut causer des accidents ;

Considérant qu'il importe de prendre des mesures pour rendre les dispositions des ordonnances sus-visées obligatoires dans l'étendue des territoires récemment annexés à la ville de Paris ;

Considérant qu'il convient, à cette occasion de réunir dans un seul règlement les dispositions desdites ordonnances qui ont toutes pour objet la sûreté, la liberté et la commodité de la circulation, mais en y apportant les modifications et compléments dont l'expérience a démontré l'utilité ;

Vu, en outre, la lettre en date du 10 juillet courant, par laquelle Son Excellence le ministre de l'intérieur donne son approbation aux dispositions de la présente ordonnance ;

En vertu de la loi des 16-24 août 1790 et de l'arrêté du gouvernement du 12 messidor an VIII (1er juillet 1800) ;

Ordonnons ce qui suit :

TITRE Ier.

TRAVAUX SUR LA VOIE PUBLIQUE.

CHAPITRE Ier.

Fouilles et tranchées dans le sol de la voie publique. — Travaux pour l'établissement et l'entretien des conduites d'eau et de gaz. — Travaux d'égout.

PREMIÈRE SECTION.

FOUILLES ET TRANCHÉES.

1. Il est défendu aux particuliers et à leurs entrepreneurs de faire aucune fouille ni tranchée dans le sol de la voie publique sans une permission spéciale du préfet de police.

Toutefois, cette permission n'est point exigée pour les travaux d'établissement, de renouvellement ou de réparation de conduites d'eau ou de gaz dont la durée ne devra pas excéder quarante-huit heures. Il suffira, dans ce cas, de prévenir le commissaire de police du quartier, du commencement des travaux.

Aucune fouille ni tranchée, même autorisée par le préfet de police, ne pourra être commencée avant qu'il en ait été donné avis au commissaire de police du quartier.

DEUXIÈME SECTION.

TRAVAUX POUR L'ÉTABLISSEMENT ET L'ENTRETIEN DES CONDUITES D'EAU ET DE GAZ.

2. Les fouilles et tranchées seront remblayées, autant que faire se pourra, au fur et à mesure de l'exécution des ouvrages.

3. Les entrepreneurs chargés des travaux feront les dispositions convenables pour que moitié, au moins, de la largeur des rues où ils travailleront soit réservée à la circulation et qu'il ne puisse arriver d'accidents.

4. Les terres provenant des fouilles seront retenues avec des plats-bords solidement fixés, de manière qu'elles ne puissent se répandre ni sur les trottoirs, ni sur le pavé réservé pour la circulation des piétons, et que l'écoulement des eaux reste toujours libre.

5. Les terres des remblais seront pilonnées avec soin, pour prévenir les affaissements, et le pavé sera bloqué de telle sorte qu'il se maintienne partout à la hauteur du pavé environnant.

Les terres et gravois qui ne pourraient être employés dans les remblais seront enlevés immédiatement après le blocage du pavé.

6. Les propriétaires et entrepreneurs pourvoiront au raccordement du pavé dans les quarante-huit heures de l'achèvement des travaux de pose ou réparation des conduites.

Ils seront tenus néanmoins d'entretenir les blocages en bon état jusqu'à ce que les raccordements aient été effectués.

7. Les entrepreneurs chargés de l'entretien des conduites des eaux de la ville, les propriétaires des conduites particulières d'eau et de gaz et leurs entrepreneurs seront tenus, dans le cas de rupture des conduites, et chacun pour ce qui le concerne, de mettre des ouvriers en nombre suffisant pour que les réparations en soient effectuées dans les vingt-quatre heures des avertissements qu'ils auront reçus des commissaires de police, agents d'administration et même de tous particuliers.

Ils seront tenus provisoirement d'arrêter et de faire arrêter, sur-le-champ, le service desdites conduites et de pourvoir à la sûreté de la voie publique, soit en comblant les excavations, soit en les entourant de barrières, en les éclairant pendant la nuit et en y posant au besoin des gardes.

TROISIÈME SECTION.

TRAVAUX D'ÉGOUTS.

8. On ne pourra entreprendre des travaux d'égouts sur la voie publique que vingt-quatre heures après avoir prévenu le commissaire de police du quartier, lequel s'entendra avec l'ingénieur chargé de la direction des travaux, pour donner les ordres nécessaires relativement à ce qui peut intéresser la liberté de la circulation et la sûreté publique.

9. Les entrepreneurs seront tenus de se conformer exactement aux dispositions que l'ingénieur et le commissaire de police du quartier leur prescriront, de concert et sur place, pour la limite des fouilles ou tranchées, le passage réservé aux piétons et aux voitures, s'il y a possibilité, le lieu de dépôt des équipages et des matériaux, les endroits où devront être établis les bassins à mortier, des passerelles et des ponts à voitures, l'éclairage pendant la nuit, et pour toutes les autres mesures de précaution nécessaires à l'effet de prévenir les encombrements et les accidents.

10. Avant l'ouverture des travaux, les parties de la voie publique exclusivement réservées pour la circulation seront déterminées sur place, et celles qui seront abandonnées aux travaux seront enceintes par des barrières en charpente à hauteur d'appui, avec courant de lisses.

11. L'enlèvement des terres sera fait, autant que possible, à mesure des fouilles, de manière qu'il n'en reste pas sur les bords des tranchées à la fin de la journée, et que les environs soient débarrassés des terres qui tomberaient des voitures de transport.

12. Les matériaux seront, au fur et à mesure de la décharge qui en sera faite, rangés de manière à ne point nuire à l'écoulement des eaux pluviales et ménagères.

Il sera placé au-dessus de tout dépôt un écriteau peint en noir sur fond blanc, et indicatif des nom et demeure de l'entrepreneur à qui les matériaux appartiendront.

13. Sous aucun prétexte, il ne pourra être formé de chantier pour la taille des pierres sur la voie publique.

Le commissaire de police du quartier fera enlever d'office les pierres de taille et pavés qui y auraient été déposés, ainsi que les pierres meulières, bassins à mortier et équipages placés à des endroits autres que ceux désignés à cet effet, ou qui resteraient sur place après l'achèvement des travaux auxquels ils étaient destinés. Les matériaux ainsi enlevés seront portés aux décharges publiques ou à la fourrière.

QUATRIÈME SECTION.

DISPOSITIONS COMMUNES AUX TRAVAUX FAISANT L'OBJET DES TROIS SECTIONS QUI PRÉCÈDENT.

14. Il est expressément défendu de rouler des brouettes sur les dallages des trottoirs, ou d'y faire passer les roues des voitures et d'y déposer des outils, équipages ou matériaux.

Tous les trottoirs dont l'enlèvement provisoire n'aura pas été autorisé, devront constamment rester libres pour la circulation des piétons.

15. Dans le cas où il serait indispensable d'interdire momentanément la circulation aux voitures sur certains points de la voie publique, l'autorisation devra en être obtenue du préfet de police par les particuliers ou leurs entrepreneurs. Nonobstant cette autorisation, le commissaire de police du quartier devra être prévenu avant l'établissement du barrage.

On devra placer, à l'entrée des rues aboutissant aux travaux, des poteaux supportant, à la hauteur de trois mètres au moins, une inscription dont les caractères seront peints en noir sur un fond blanc, et qui sera ainsi conçue : *Rue barrée aux voitures avec permission de l'Autorité.* Ces poteaux devront être éclairés le soir, au moyen d'une ou de plusieurs appliques.

16. Dans le cas où, en faisant des tranchées, on découvrirait des berceaux de caves, des fosses, des puits ou des égouts abandonnés, on sera tenu de déclarer immédiatement à la préfecture de police l'existence de ces caves, fosses, puits ou égouts, pour nous mettre à même de les faire visiter et de prescrire les mesures nécessaires.

Les résidus retirés des fouilles, qui seraient susceptibles de compromettre la salubrité publique, seront enlevés et transportés aux voiries dans des voitures couvertes et qui ne laissent rien répandre sur le sol.

17. Les monnaies, médailles, armes, objets d'art ou d'antiquité et tous autres effets trouvés dans les fouilles seront remis immédiatement au commissaire de police du quartier, qui devra constater cette remise, sans préjudice, s'il y a lieu, des droits attribués par la loi à l'auteur de la découverte.

Les débris humains seront soigneusement recueillis par l'entrepreneur, pour être transportés au lieu de repos, à la diligence du commissaire de police du quartier.

18. Les ateliers, les dépôts de meulières, de tuyaux de fonte et d'équipages, les bassins à mortier, ainsi que tous les points de la voie publique qui, par suite des ouvrages, pourraient présenter du danger pour la circulation, seront éclairés, pendant la nuit, avec des appliques placées et entretenues aux frais et par les soins de l'entrepreneur, en nombre suffisant qui sera indiqué par le commissaire de police du quartier.

19. L'entrepreneur sera tenu de placer sur les ateliers le nombre de gardiens nécessaires pour veiller, jour et nuit, au maintien du bon ordre.

Il fera déposer aux heures prescrites par les règlements, dans les endroits accessibles aux voitures du nettoiement, les ordures ménagères provenant des maisons riveraines des parties barrées de la voie publique.

20. Chaque année, les travaux ne pourront être entrepris avant le 1er mars. Ils devront être terminés, le pavé rétabli et la voie publique débarrassée de tous décombres et immondices, avant le 15 du mois de novembre.

Cette disposition ne s'applique point aux travaux de simple réparation ni à ceux qui ont pour objet la pose de petites conduites transversales soit d'eau, soit de gaz.

21. Le commissaire de police fera combler immédiatement toutes tranchées qui seraient ouvertes sur son quartier sans autorisation.

Sur sa réquisition, le pavé sera rétabli, dans les vingt-quatre heures, par les soins du directeur du service municipal, tant sur les tranchées remblayées d'office, aux frais de qui de droit, que sur toute tranchée comblée par suite de l'achèvement de travaux d'égouts ou d'établissement de conduites.

CHAPITRE II.

Travaux de pavage à la charge de la Ville. — Travaux de pavage à la charge des particuliers. — Entretien des rues non pavées. — Construction et entretien des trottoirs.

PREMIÈRE SECTION.

TRAVAUX DE PAVAGE A LA CHARGE DE LA VILLE.

22. Les entrepreneurs du pavé de Paris seront tenus de prévenir, au moins vingt-quatre heures d'avance, les commissaires de police des quartiers respectifs du jour où ils commenceront des travaux de pavage neuf ou de relevé à bout dans une rue.

23. Ils ne pourront former leurs approvisionnements de matériaux que le jour même où les ouvrages commenceront.

Les pavés seront rangés et le sable retroussé de manière à occuper le moins de place possible.

24. Ils seront tenus de faire éclairer pendant la nuit, par des appliques, leurs matériaux et leurs chantiers de travail, de veiller à l'entretien de l'éclairage et de prendre les précautions nécessaires dans l'intérêt de la sûreté publique.

25. Il leur est défendu de barrer les rues et portions de rues autres que celles dont le pavé sera relevé à bout et dont la largeur totale n'excèdera pas 16 mètres 50 centimètres.

Toutefois, si des circonstances nécessitaient le barrage de rues ayant plus de 16 mètres 50 centimètres de largeur, ce barrage pourra être établi après les communications d'usage entre la préfecture de la Seine et la préfecture de police.

26. Lorsqu'il sera fait un relevé à bout aux abords des halles et marchés, des salles de spectacle, ou d'autres lieux très-fréquentés désignés dans l'état qui en sera dressé annuellement par le directeur du service municipal et approuvé par le préfet de police, il ne devra être entrepris que la quantité d'ouvrage qui pourra être terminée dans la journée. Dans le cas où il aurait été levé plus de pavé qu'il n'en était besoin, il sera bloqué, en sorte que la voie publique se trouve entièrement libre et sûre avant la retraite des ouvriers.

27. Les entrepreneurs réserveront, dans les rues ou portion de rues barrées, un espace suffisant pour la circulation des gens de pied. Ils établiront, au besoin, des planches solides et commodes pour la facilité du passage.

Ils prendront, en outre, des mesures convenables pour interdire aux voitures du public tout accès dans les rues ou portions de rues barrées. Ils placeront, à cet effet, des chevalets mobiles qui, en servant d'avertissement au public, laisseront la facilité de faire entrer et sortir les voitures des personnes demeurant dans l'enceinte du barrage.

Les mêmes précautions seront prises pour les rues latérales aboutissant aux rues barrées.

Il est défendu aux entrepreneurs de substituer des tas de pavés aux chevalets mobiles.

28. Dans les rues qui ne seront point barrées, les entrepreneurs disposeront leurs ateliers de telle sorte qu'ils soient séparés les uns des autres par un intervalle de 15 mètres au moins, et que chaque atelier ne travaille que sur moitié de la largeur de la rue, afin de laisser l'autre moitié à la circulation des voitures.

29. Les chantiers des travaux seront complétement débarrassés de tous matériaux, décombres, pavés de réforme, retailles, vieilles formes et autres résidus des ouvrages, dans les vingt-quatre heures qui suivront l'achèvement des travaux pour les relevés à bout et pavages neufs, et au fur et à mesure de l'exécution des ouvrages pour les réparations simples et raccordements.

30. Il est expressément défendu de troubler les paveurs dans leurs ateliers et de déplacer ou arracher les appliques, chevalets, pieux et barrières établis pour la sûreté de leurs ouvrages.

DEUXIÈME SECTION.

TRAVAUX DE PAVAGE A LA CHARGE DES PARTICULIERS.

31. Il est enjoint aux propriétaires des maisons et terrains bordant les rues ou portions de rues pavées et dont l'entretien est à leur charge, de faire réparer, chacun au devant de sa propriété, les dégradations de pavé et d'entretenir constamment en bon état le pavé desdites rues.

32. Ces propriétaires et leurs entrepreneurs seront tenus, pour les approvisionnements de matériaux destinés aux réparations, pour l'exécution des ouvrages et l'enlèvement des résidus, de se conformer aux dispositions prescrites, en la section précédente, aux entrepreneurs du pavé à la charge de la ville.

33. Il leur est défendu de barrer ni faire barrer les rues pour l'exécution des travaux, sans y être autorisés par le préfet de police.

TROISIÈME SECTION.

ENTRETIEN DES RUES NON PAVÉES.

34. Il est enjoint à tous propriétaires de maisons ou terrains situés le long des rues ou portions de rues non pavées de faire combler, chacun au droit de soi, les excavations, enfoncements et ornières, enlever les dépôts de fumier, gravois, ordures et immondices, et de faire, en un mot, toutes les dispositions convenables pour que la liberté et la sûreté de la circulation et la salubrité ne soient point compromises.

Ils seront tenus d'entretenir constamment en bon état lesdites rues et de conserver ou rétablir les pentes nécessaires pour procurer aux eaux un écoulement facile.

Les rues non pavées, qui deviendront impraticables pour les voitures, seront barrées, de manière que tous accidents soient prévenus.

QUATRIÈME SECTION.

CONSTRUCTION DES TROTTOIRS.

35. On ne pourra construire aucun trottoir sur la voie publique, sans en avoir obtenu la permission de M. le préfet de la Seine.

36. Les entrepreneurs chargés de ces constructions seront tenus de prévenir, au moins vingt-quatre heures d'avance, les commissaires de police des quartiers respectifs, du jour où ils commenceront les travaux et de leur représenter les autorisations dont ils auront dû se pourvoir.

37. La construction de deux trottoirs sur les deux côtés d'une rue ne pourra être simultanément entreprise, à moins que les ateliers ne soient séparés par un intervalle d'au moins 50 mètres.

38. Avant de commencer les travaux, les entrepreneurs feront établir une barrière à chaque extrémité des ateliers, afin d'en interdire l'accès au public.

39. Les matériaux destinés aux constructions seront apportés au fur et à mesure des besoins et seront rangés sur les emplacements destinés aux trottoirs, sans que la largeur en soit excédée.

40. Les pavés arrachés, qui ne devront point servir aux raccordements, seront enlevés et transportés, dans le jour, hors de la voie publique, à la diligence des entrepreneurs de la construction des trottoirs.

41. Il sera pris les mesures nécessaires pour que les eaux ménagères et pluviales s'écoulent sous les trottoirs au moyen de gargouilles ou conduits souterrains pratiqués à cet effet.

42. Lorsqu'un trottoir sera coupé par un passage de porte cochère ou qu'il ne sera point prolongé au devant des maisons voisines, il sera établi des pentes douces aux points d'interruption, pour rendre moins sensible la différence de niveau entre le sol du trottoir et celui de la rue.

43. Les propriétaires et entrepreneurs feront éclairer, à leurs frais, les ateliers pendant la nuit, au moyen d'appliques ou lanternes en nombre suffisant.

44. Aussitôt que la construction d'un trottoir sera terminée, il sera procédé immédiatement au raccordement du pavé par l'entrepreneur du pavage municipal, sur l'avertissement qui lui en sera donné, à l'avance, par l'entrepreneur du trottoir.

45. Les barrières, matériaux, terres, gravois et autres résidus des ouvrages seront immédiatement enlevés aux frais et par les soins du propriétaire ou de l'entrepreneur du trottoir.

Il est défendu de livrer le trottoir à la circulation avant d'avoir pourvu au recouvrement des gargouilles et d'avoir pris les mesures convenables pour la sûreté et la commodité du passage.

CINQUIÈME SECTION.

ENTRETIEN DES TROTTOIRS.

46. Les dégradations des trottoirs seront réparées, aux frais de qui de droit, à la diligence du directeur du service municipal, dans les vingt-quatre heures de la réquisition qui lui en aura été adressée par le préfet de police.

47. Les entrepreneurs qui procèderont aux réparations seront tenus, lorsque les ouvrages ne pourront être faits dans la journée où ils auront été entrepris, de prévenir les commissaires de police des quartiers

respectifs, pour les mettre à portée de prescrire les mesures nécessaires relativement au dépôt des matériaux, à l'éclairage pendant la
nuit et à toutes autres précautions que pourra réclamer la sûreté
publique.

TITRE II.

TRAVAUX EXÉCUTÉS DANS LES PROPRIÉTÉS RIVERAINES DE LA VOIE PUBLIQUE.

CHAPITRE Ier.

Constructions et réparations.

48. Il est défendu de procéder à aucune construction ou réparation
des murs de face ou de clôture des bâtiments et terrains riverains de
la voie publique, sans avoir justifié, au commissaire de police du quartier où se feront les travaux, de la permission qui aura dû être délivrée
à cet effet par M. le préfet de la Seine.

49. Dans le cas de construction, on ne devra commencer les travaux qu'après avoir établi une barrière en charpente et planches jointives ayant au moins 2 mètres 25 centimètres de hauteur.

Cette barrière ne pourra être posée qu'avec l'autorisation du préfet
de police.

Elle sera placée de manière à ne pas gêner le libre écoulement des
eaux de la rue, disposée à ses deux extrémités en pans coupés de quarante-cinq degrés et pourvue, dans sa partie la plus apparente, d'un
écriteau fixe portant en lettres noires de 8 centimètres de haut,
peintes à l'huile sur fond blanc, le nom et la demeure de l'entrepreneur de la construction.

50. Les portes pratiquées dans les barrières devront, autant que
possible, ouvrir en dedans. Si l'on est forcé de les faire ouvrir en dehors, on sera tenu de les appliquer contre les barrières.

Elles seront garnies de serrures ou cadenas pour être fermées,
chaque jour, au moment de la cessation des travaux.

51. A moins de circonstances particulières, il ne sera point établi
de barrières devant les maisons en réparation.

On devra, pour ces réparations, faire usage d'échafauds volants ou
à bascule, sans points d'appui directs sur la voie publique et d'un
mètre 25 centimètres au plus de saillie sur le mur de face, de telle
sorte que la circulation puisse continuer sur le trottoir au pied de la
maison.

Pour prévenir la chute des matériaux ou autres objets sur la voie
publique, le premier plancher au-dessus du rez-de-chaussée sera,
pendant toute la durée des travaux, formé de planches jointives et
avec rebords.

Si l'échafaud doit avoir plus de deux étages, on sera tenu de garnir
de planches l'étage d'échafaud au-dessous de celui sur lequel les ouvriers travailleront.

52. Lorsque des circonstances particulières exigeront des points
d'appui directs, ces points d'appui seront des sapines de toute la hau-

teur de la façade à réparer, afin d'éviter des entes de boulins les uns sur les autres.

Dans aucun cas, il ne pourra être établi d'échafauds de cette espèce sans la permission du préfet de police.

53. Lorsque l'administration aura autorisé la pose d'une barrière pour des travaux de réparation, cette barrière sera établie conformément aux prescriptions des articles 49 et 50 ci-dessus.

54. Les échafauds servant aux constructions seront établis avec solidité et disposés de manière à prévenir la chute des matériaux et gravois sur la voie publique.

Ils devront monter de fond et, si les localités ne le permettent pas, ils seront établis en bascule, à 4 mètres, au moins, du sol de la rue.

Il est défendu de les faire porter sur des écoperches ou boulins arc-boutés au pied des murs de face, dans la hauteur du rez-de-chaussée.

Les engins et appareils servant à monter et descendre les matériaux devront, autant que possible, être renfermés dans les barrières.

55. Les barrières et les échafauds montant de fond au-devant desquels il n'existera pas de barrières, seront éclairés aux frais et par les soins des propriétaires et des entrepreneurs.

L'éclairage sera fait au moyen d'un nombre suffisant d'appliques, dont une à chaque angle des extrémités, pour éclairer les parties en retour.

Les heures d'allumage et d'extinction de ces appliques seront celles fixées pour l'éclairage public.

56. Toutes les fois que l'autorité le jugera convenable, il sera établi, au-devant de la barrière posée au droit des bâtiments en construction et à la hauteur ordinaire des trottoirs, un plancher en bois solidement assemblé, d'un mètre au moins de largeur et soutenu par une bordure en charpente solidement fixée, ayant 16 centimètres au moins de relief au-dessus du pavé.

Ce plancher sera disposé de manière à ne pas gêner le libre écoulement des eaux. Il devra se raccorder avec les trottoirs adjacents, s'il y en a, ou être prolongé jusqu'au mur de face des maisons voisines. Il sera entretenu en bon état et propre, par l'entrepreneur qui aura obtenu la permission de poser la barrière et ne sera enlevé qu'avec ladite barrière.

57. Les travaux de construction ou de réparation seront entrepris immédiatement après l'établissement des barrières et échafauds et devront être continués sans interruption, à l'exception des jours fériés.

Dans le cas où l'interruption durerait plus de huit jours, les propriétaires et entrepreneurs seront tenus de supprimer les échafauds et de reporter les barrières à l'alignement des maisons voisines, ou de se pourvoir d'une autorisation du préfet de police pour les conserver.

58. Les voitures destinées aux approvisionnements ou à l'enlèvement des terres et gravois entreront dans l'intérieur de la propriété, toutes les fois qu'il y aura possibilité. Dans le cas contraire, elles se placeront toujours parallèlement à la maison et jamais en travers de la rue.

59. Aussitôt le déchargement des voitures sur la voie publique, des ouvriers en nombre suffisant seront employés à rentrer sans interruption les matériaux dans l'enceinte de la barrière ou dans la maison.

Le sciage et la taille de la pierre sur la voie publique sont expressément défendus.

60. Si, par suite de circonstances imprévues, des matériaux devaient rester pendant la nuit sur la voie publique, les propriétaires et entrepreneurs seront tenus d'en donner avis au commissaire de police du quartier, de pourvoir à l'éclairage et de prendre toutes les mesures de précaution nécessaires.

61. Il est défendu à tous carriers, voituriers et autres de décharger et faire décharger sur la voie publique, après la retraite des ouvriers, aucune voiture de pierres de taille ou de moellons.

62. L'entrepreneur des travaux de construction ou de réparation est spécialement tenu de maintenir la propreté de la voie publique dans toute l'étendue de la façade en construction ou en réparation, pendant toute la durée des travaux et jusqu'après la suppression de la barrière et des échafauds.

63. Il est défendu aux entrepreneurs, maçons, couvreurs, fumistes et autres, de jeter sur la voie publique les recoupes, plâtras, tuiles, ardoises et autres résidus des ouvrages.

64. Tous entrepreneurs, maçons, couvreurs, fumistes, badigeonneurs, plombiers, menuisiers et autres exécutant ou faisant exécuter aux maisons et bâtiments riverains de la voie publique des ouvrages pouvant faire craindre des accidents, ou susceptibles d'incommoder les passants, seront tenus, s'il n'y a point de barrière au devant des maisons et bâtiments, de faire stationner dans la rue, pendant l'exécution des travaux, un ou deux ouvriers, âgés de 18 ans au moins, munis d'une règle de 2 mètres de longueur, pour avertir et éloigner les passants.

65. Dans les cas de construction, la barrière sera supprimée aussitôt que le bâtiment sera couvert.

Pour les cas de réparation, les échafauds et la barrière, s'il en a été posé une, seront enlevés immédiatement après l'achèvement des travaux.

66. Dans les quarante-huit heures qui suivront la suppression des échafauds et barrières, les propriétaires et entrepreneurs feront réparer, à leurs frais, les dégradations du pavé résultant de la pose des barrières et échafauds, et seront tenus provisoirement de faire entretenir les blocages et de prendre les mesures convenables pour prévenir les accidents.

Ils requerront l'entrepreneur du pavé de la ville de procéder auxdites réparations, lorsque le pavé sera d'échantillon et à l'entretien de la ville.

CHAPITRE II.

Démolitions.

67. Il est défendu de procéder à la démolition d'aucun édifice donnant sur la voie publique sans l'autorisation du préfet de police.

68. Avant de commencer une démolition, le propriétaire et l'entrepreneur feront établir les barrières et échafauds qui seront jugés nécessaires, et prendront toutes les autres mesures que l'administration leur prescrira dans l'intérêt de la sûreté publique.

Ces barrières seront disposées, éclairées et pourvues d'un écriteau suivant les prescriptions des articles 49 et 50, concernant les barrières pour constructions.

69. Lors des démolitions qui pourront faire craindre des accidents sur la voie publique, indépendamment des ouvriers munis d'une règle qu'on sera tenu de faire stationner pour avertir les passants, la circulation au pied du bâtiment sera encore défendue par une enceinte de cordes portée sur poteaux, qui comprendra toute la partie de la voie publique sur laquelle les matériaux pourraient tomber. Chaque soir, ces cordes et les poteaux seront enlevés et les trous dans le pavé bouchés avec soin.

70. La démolition s'opèrera au marteau, sans abattage et en faisant tomber les matériaux dans l'intérieur des bâtiments.

Il est défendu de déposer sur la voie publique des matériaux provenant de la démolition, sauf dans le cas de nécessité reconnue par le commissaire de police du quartier, et à la charge de les enlever au fur et à mesure du dépôt et de n'en jamais laisser la nuit.

Il est également défendu d'opérer le chargement des tombereaux sur la voie publique à l'aide de trémies.

71. Les prescriptions de l'article 58, concernant les voitures de transport de matériaux employées dans les cas de construction, sont applicables aux tombereaux et autres voitures mis en œuvre pour les démolitions.

72. Dans le cas où il deviendrait indispensable d'interdire la circulation au droit d'un bâtiment en démolition, le barrage ne pourra avoir lieu sans l'autorisation du préfet de police.

Toutefois, en cas d'urgence, l'autorisation pourra être accordée par le commissaire de police du quartier, qui devra en informer immédiatement le préfet de police.

73. Les travaux de démolition devront être poursuivis sans interruption. Dès qu'ils seront terminés et les remblais nécessaires achevés, la barrière sera enlevée et il sera immédiatement pourvu, par les soins et aux frais du propriétaire ou de l'entrepreneur, à la réparation des dégradations de pavé résultant de la pose de ladite barrière ou des travaux de démolition.

Le terrain mis à découvert par la démolition sera clos à l'alignement, par un mur en maçonnerie ou par une barrière en charpente et planches jointives, solidement établie et ayant au moins 2 mètres 50 centimètres de hauteur.

74. Pendant toute la durée des travaux, les entrepreneurs devront tenir la voie publique en état constant de propreté aux abords des démolitions et sur tous les points qui auront été salis par suite de leurs travaux, et pourvoir au libre écoulement des eaux des ruisseaux.

TITRE III.

DISPOSITIONS CONCERNANT : 1° LES CHÉNEAUX ET GOUTTIÈRES ; 2° LES CAISSES ET POTS A FLEURS ET AUTRES OBJETS DONT LA CHUTE PEUT OCCASIONNER DES ACCIDENTS ; 3° LES SAILLIES ET ÉTALAGES DE NATURE A NUIRE A LA SURETÉ ET A LA COMMODITÉ DE LA CIRCULATION.

CHAPITRE Ier.

Chéneaux et gouttières.

75. Les propriétaires des maisons dont les toits sont disposés de manière que les eaux pluviales tombent directement sur la voie publique, sont tenus de faire établir des chéneaux ou des gouttières sous l'égout de ces toits, afin de recevoir les eaux, qui seront conduites jusqu'au niveau du pavé de la rue, au moyen de tuyaux de descente appliqués le long des murs de face, avec 16 centimètres au plus de saillie.

Les gouttières ne pourront être qu'en cuivre, zinc ou tôle étamée et seront soutenues par des corbeaux en fer.

Les tuyaux de descente ne pourront être établis qu'en fonte, cuivre, zinz, plomb ou tôle étamée et seront retenus par des colliers en fer à scellement.

76. Une culière en pierre devra être placée sous le dauphin des tuyaux de descente, lorsque ces tuyaux n'aboutiront pas à une gargouille ou à un conduit souterrain.

77. Les chéneaux, gouttières, tuyaux de descente, gargouilles et culières seront constamment entretenus en bon état, de sorte que l'écoulement des eaux soit toujours parfaitement libre et régulier.

CHAPITRE II.

Caisses et pots à fleurs et autres objets dont la chute peut occasionner des accidents.

78. Il est défendu à tous propriétaires et locataires de déposer, sous aucun prétexte, et de laisser déposer sur les toits, entablements, chéneaux, gouttières, terrasses, murs et autres parties élevées des maisons bordant la voie publique, des caisses et pots à fleurs, vases et autres objets quelconques.

Il ne pourra être formé de dépôts de cette espèce que sur les grands et les petits balcons et sur les appuis des croisées garnies de balustrades en fer ou de barres transversales en fer, avec grillage en fil de fer maillé, s'étendant à tout l'espace compris entre l'appui et la barre la plus élevée.

Il est, toutefois, interdit de déposer sur les balcons et appuis de croisées garnis de balustrades, des caisses et pots à fleurs et autres objets qui seraient d'assez petite dimension pour pouvoir passer par les vides des balustrades.

79. Il est également défendu de déposer des cages et garde-manger sur aucune des parties élevées de bâtiment désignées au paragraphe 1er de l'article précédent, et d'en placer en saillie des murs de face bordant la voie publique, de quelque manière qu'ils soient attachés.

80. Toutes les précautions devront être prises pour qu'il ne résulte de l'arrosement des fleurs placées sur les balcons et appuis de croisées aucun écoulement d'eau sur la voie publique.

81. Tous pots et caisses à fleurs, vases et autres objets déposés actuellement sur des parties élevées de bâtiment, autres que les balcons et appuis de croisées disposés conformément aux prescriptions de l'article 78 ci-dessus, seront supprimés sans délai, ainsi que les bois et fers destinés à les soutenir.

CHAPITRE III.

Saillies diverses et étalages de nature à nuire à la liberté et à la commodité de la circulation.

§ 1er. — *Bornes, marches et bancs sur trottoir.*

82. Il est défendu d'établir des bornes, marches et bancs en saillie sur les trottoirs.

Les objets de cette nature existant actuellement seront supprimés sans délai.

Il sera permis, toutefois, par mesure de tolérance, de conserver les marches que l'administration reconnaîtra ne pouvoir être rentrées dans l'intérieur de la propriété, mais à la charge d'en arrondir les angles ou de les tailler en pans coupés.

§ 2. — *Décrottoirs.*

83. Il est également défendu d'établir en saillie sur la voie publique des décrottoirs au devant des maisons et boutiques.

Les décrottoirs existant actuellement seront supprimés sans retard.

§ 3. — *Tuyaux de pompes.*

84. Il est interdit de faire déboucher des tuyaux de pompes sur la voie publique.

§ 4. — *Bannes.*

85. Les bannes ne seront mises en place ou développées qu'au moment où le soleil donnera sur les boutiques qu'elles sont destinées à abriter. Elles seront enlevées ou relevées aussitôt que les boutiques ne seront plus exposées aux rayons du soleil.

Néanmoins, les bannes placées au devant des boutiques sur les quais, places et boulevards, pourront être conservées dans le cours de la journée, s'il est reconnu qu'elles ne gênent point la circulation.

Aucune banne ne devra, dans sa partie la plus basse, avoir moins de 2 mètres 50 centimètres d'élévation au-dessus du sol.

§ 5. — *Lanternes et réflecteurs.*

86. Les lanternes ne pourront être suspendues à des poteaux au moyen de cordes et de poulies. Elles seront accrochées aux poteaux par des anneaux et crochets en fer, ou supportées par des tringles en fer contenues dans des coulisses et arrêtées avec serrures ou cadenas.

Si elles excèdent 16 centimètres de saillie, elles ne seront mises en place que le soir et devront être retirées au moment de leur extinction, ou dès le matin.

Les lanternes ne pourront avoir moins de 3 mètres d'élévation au-dessus du sol.

Les réflecteurs destinés à éclairer les devantures de boutiques devront avoir au moins 2 mètres d'élévation au-dessus du pavé ou du dallage des trottoirs.

Ils ne seront mis en place qu'au moment où ils devront être allumés et seront retirés aussitôt leur extinction.

§ 6. — *Portes, volets, persiennes.* — *Ecriteaux pour locations.*

87. Il est défendu de faire développer des portes sur la voie publique.

Les volets et persiennes, lorsqu'ils seront ouverts, devront toujours être maintenus par leurs arrêts.

Les arrêts et crochets placés au rez-de-chaussée devront être disposés de manière à ne pas blesser les passants.

88. Les écriteaux servant à faire connaître au public les maisons, appartements, chambres, magasins et autres objets à vendre ou à louer ne pourront être suspendus au devant des murs de face des maisons riveraines de la voie publique. Ils devront être attachés et appliqués contre les murs.

§ 7. — *Etalages pouvant salir les passants.*

89. Il est défendu aux marchands bouchers, charcutiers, tripiers, rôtisseurs et autres de former des étalages de viandes en saillie du nu des murs de face.

Les crochets, planches et autres objets pouvant servir à des étalages de cette nature seront supprimés sans délai.

§ 8. — *Etalages de nature à gêner la circulation.*

90. Tout étalage formé de pièces d'étoffe disposées en draperie et guirlande et formant saillie est interdit au rez-de-chaussée. Il ne pourra descendre qu'à 3 mètres du sol de la voie publique.

Sont également interdits tous étalages en dehors des limites réglementaires, ainsi que tous dépôts de tonneaux, caisses, tables, bancs, châssis, étagères, meubles et autres objets sur la voie publique au devant des magasins et boutiques.

TITRE IV.

DISPOSITIONS DIVERSES INTÉRESSANT LA SURETÉ ET LA COMMODITÉ DE LA CIRCULATION.

CHAPITRE Ier.

Chargement et déchargement des voitures de marchandises, denrées, etc. — Déchargement et sciage du bois de chauffage.

§ 1er. — *Chargement et déchargement des voitures de marchandises, denrées, etc.*

91. Tous entrepreneurs, négociants, marchands et autres qui auront à recevoir ou à expédier des marchandises, meubles, denrées ou autres objets, feront entrer les voitures de transport dans les cours ou sous les passages de portes cochères des maisons qu'ils habitent, magasins ou ateliers, à l'effet d'y opérer le chargement ou le déchargement desdites voitures.

92. A défaut de cours ou de passages de portes cochères, ou bien si les cours ou passages de portes cochères ne présentent point les facilités convenables, on pourra effectuer le chargement et le déchargement sur la voie publique, en y mettant la célérité nécessaire. Dans ce cas, les voitures devront être rangées de manière à ne gêner la circulation que le moins possible.

93. Les exceptions mentionnées au précédent article ne s'étendent point aux entrepreneurs de diligences, de messageries, de roulages, aux entrepreneurs de charpentes, aux marchands de bois, aux marchands en gros, ni à tous autres particuliers tenant de grandes fabriques, de grands ateliers ou faisant un commerce qui nécessite de grands magasins. Ils seront tenus, en raison de l'importance de leurs établissements, de se pourvoir de locaux assez spacieux pour opérer et faire opérer, hors de la voie publique, les chargements et déchargements de leurs voitures et de celles qui leur sont destinées.

§ 2. — *Déchargement et sciage du bois de chauffage.*

94. Le bois destiné au chauffage des habitations ne sera déchargé sur la voie publique que dans la circonstance prévue par l'article 92.

95. Lorsque dans les rues de 7 mètres de largeur et au-dessus, le déchargement du bois pourra se faire sur la voie publique, conformément à l'article 92, il y sera procédé de manière à ne point interrompre le passage des voitures.

Dans les rues au-dessous de 7 mètres de largeur, il sera toujours réservé un passage libre pour les gens de pied. Hors le cas prévu par l'article suivant, le bois devra être rentré au fur et à mesure du déchargement.

Il est défendu de décharger simultanément deux voitures de bois destinées à des habitations situées l'une en face de l'autre. Celle arrivée la dernière sera rangée à la suite de la première et attendra que celle-ci soit déchargée et le bois rentré.

96. Il est défendu de scier et faire scier du bois sur la voie publique.

Cependant, lorsque le sciage présentera des difficultés dans l'intérieur de la maison, il sera toléré sur la voie publique, mais pour deux stères seulement. Dans ce cas, les scieurs se placeront le plus près possible des maisons, afin de ne point accroître les embarras de la voie publique.

Le bois sera rentré au fur et à mesure du sciage.

97. Il est expressément défendu de décharger ni scier du bois sur les trottoirs.

On ne pourra en fendre ni sur les trottoirs ni sur aucune autre partie de la voie publique.

CHAPITRE II.

Dépôts et projections sur la voie publique. — Transports d'objets nécessitant des précautions.

§ 1er. — *Dépôt de matériaux, meubles, marchandises, voitures, etc.*

98. Il est défendu de déposer sur aucun point de la voie publique des pierres, terres, sables, gravois et autres matériaux.

Dans le cas où des travaux à exécuter dans l'intérieur des maisons nécessiteraient le dépôt momentané de terres, sables, gravois et autres matériaux sur la voie publique, ce dépôt ne pourra avoir lieu que sous l'autorisation préalable du commissaire de police du quartier.

La quantité des objets déposés ne devra jamais excéder le chargement d'un tombereau et leur enlèvement complet devra toujours être effectué avant la nuit.

Sont formellement exceptés de la tolérance, les terres, moellons ou autres objets provenant des fosses d'aisances. Ces débris devront être immédiatement emportés, sans jamais pouvoir être déposés sur la voie publique. En cas d'inexécution, il sera pourvu d'office et aux frais des contrevenants, soit à l'éclairage, soit à l'enlèvement des dépôts.

99. Il est formellement interdit de déposer sur la voie publique les bouteilles cassées, les morceaux de verre, de poterie, de faïence et tous autres objets de même nature pouvant occasionner des accidents.

Ces objets devront être directement portés aux voitures du nettoiement et remis aux desservants de ces voitures.

100. Il est défendu de déposer, sans nécessité, et de laisser, sans autorisation, sur la voie publique, des meubles, caisses, tonneaux et autres objets.

101. Il est défendu de faire stationner, sans nécessité, sur la voie publique, aucune voiture attelée ou non attelée.

102. Les voitures de toute espèce suspendues ou non suspendues, chariots, charrettes, haquets, etc., devront être remisés, pendant la nuit, dans des emplacements hors de la voie publique.

Sont exceptées les voitures de porteurs d'eau qui, pour raison de sûreté publique, continueront à être remisées dans des emplacements désignés par l'administration.

103. Les matériaux, voitures, meubles, marchandises et tous autres objets laissés, pendant la nuit, sur la voie publique par impossibilité notoire de les enlever ou de les rentrer dans l'intérieur des propriétés, seront éclairés aux frais et par les soins de ceux auxquels ils appartiennent ou auxquels ils auront été confiés.

§ 2. — *Projections sur la voie publique.*

104. Il est défendu de rien jeter d'aucune partie des habitations qui puisse blesser ou salir les passants.

105. Il est défendu de jeter des eaux sur la voie publique. Ces eaux devront être portées aux ruisseaux pour y être versées de manière à ne pas éclabousser les passants.

§ 3. — *Transport d'objets nécessitant des précautions.*

106. Les personnes circulant avec des fardeaux sur la voie publique devront prendre les précautions convenables pour ne pas blesser ou heurter les passants.

Les barres de fer, les pièces de bois et tous objets trop longs pour pouvoir être tenus dans le sens vertical seront portés par deux personnes, de façon que chacune des extrémités repose sur l'épaule ou dans la main d'un porteur.

107. Les volets et barres de fer servant à la fermeture des boutiques et magasins devront être portés de manière à prévenir tout accident.

CHAPITRE III.

Travaux, jeux, feux de paille, tirs d'armes à feu et de pièces d'artifice. — Occupation de la voie publique pour l'exercice d'une industrie.

§ 1er. — *Travaux.*

108. Il est interdit de battre ou pulvériser du plâtre sur la voie publique et d'y faire du mortier et tailler de la pierre.

109. Il est également interdit de carder des matelas et de battre de la laine ou du crin sur la voie publique.

S'il n'existe ni cour ni passage de porte cochère pour ce travail, le commissaire de police du quartier pourra le tolérer sur un point de la voie publique qu'il désignera.

110. Il est défendu aux scieurs de long, maréchaux-ferrants, charrons, layetiers, emballeurs, serruriers, tonneliers, étameurs et autres, de travailler et faire travailler sur la voie publique.

111. Il est défendu à tout marchand de friture, marrons, beignets, gauffres, etc., d'établir des fours portatifs ou des poêles, soit en saillie des murs de face ou des devantures de boutique, soit sur la voie publique, et d'y préparer aucune espèce de friture ou d'aliments.

112. Il est également défendu aux marchands épiciers, limonadiers et autres de brûler et faire brûler sur la voie publique du café et autres denrées.

§ 2. — *Jeux.*

113. Les jeux de palets, de tonneaux, de siam, de quilles, de volants, de toupies, sabots, bâtonnets, cerfs-volants et tous autres susceptibles de gêner la circulation et d'occasionner des accidents sont interdits sur la voie publique.

§ 3. — *Feux de paille, tirs d'armes à feu, etc.*

114. Il est défendu de brûler de la paille et autres matières inflammables sur la voie publique et d'y tirer des armes à feu, des pétards, fusées et autres pièces d'artifice.

§ 4. — *Occupation de la voie publique pour l'exercice d'une profession.*

115. Il est défendu de s'installer et de stationner, même momentanément, sur la voie publique, pour y exposer des marchandises en vente ou pour y exercer une industrie quelconque, sans être pourvu d'une permission émanée de l'autorité compétente.

116. Les étalagistes ne pourront vendre que les marchandises indiquées dans leur permission.

Ils n'occuperont que l'emplacement qui leur aura été assigné.

Ils seront tenus, à toute réquisition des commissaires, officiers et agents de police, de représenter leurs permissions et leurs patentes ou leurs certificats d'exemption de patente.

TITRE V.

DISPOSITIONS SPÉCIALES AUX BOULEVARDS, PROMENADES NON CLOSES ET VOIES PUBLIQUES ORNÉES DE PLANTATIONS.

117. Il est défendu de parcourir à cheval ou en voiture, même avec des voitures traînées à bras, les contre-allées des boulevards de Paris et généralement toutes les parties des promenades non closes et voies publiques ornées de plantations et autres qui sont réservées aux piétons.

118. Il sera permis de traverser les contre-allées à cheval ou en voiture pour entrer dans les propriétés riveraines ou pour en sortir, si le sol de la traversée est disposé à cet effet, conformément aux permissions dont les propriétaires auront dû se pourvoir auprès de M. le préfet de la Seine.

Les chevaux et voitures ne pourront, sous aucun prétexte, stationner sur les contre-allées.

119. Il ne sera déposé sur les chaussées ni sur les contre-allées aucune espèce de matériaux, lors même qu'ils seraient destinés à des travaux de construction ou de réparation à exécuter dans les propriétés riveraines.

Le transport des matériaux à travers les contre-allées qui n'auront point été disposées pour le passage des voitures, ne pourra se faire à l'aide de voitures, camions ou brouettes sans qu'on ait pris les mesures de précaution indiquées dans les permissions dont les propriétaires ou entrepreneurs seront tenus de se pourvoir.

120. Il est défendu de faire écouler les eaux ménagères sur les contre-allées et quinconces des boulevards et de toutes promenades, à moins d'une autorisation spéciale.

121. Il est défendu de monter sur les arbres, d'y jeter des pierres ou bâtons, d'y suspendre des écriteaux, enseignes, lanternes et autres objets, d'y tendre des cordes pour faire sécher du linge, des étoffes et autres choses, d'y attacher des animaux, enfin de rien faire qui soit susceptible de nuire à la liberté et à la sûreté de la circulation et à la conservation des plantations.

122. On ne pourra combler sans autorisation les fossés et cuvettes bordant les contre-allées.

Il est fait défense d'y jeter du fumier, des débris de jardinage, ordures et immondices et autres matières et d'y faire écouler des eaux ménagères.

123. Il est défendu d'arracher et dégrader les barrières, poteaux, dalles, bornes, inscriptions et généralement tous objets quelconques établis pour la sûreté, l'utilité, la décoration et l'agrément des boulevards, promenades et voies publiques pouvant y être assimilées.

TITRE VI.

DISPOSITIONS GÉNÉRALES.

124. Il est défendu de dégrader, détruire ou enlever les barrières, pieux, échafauds, réverbères, appliques ou lampions et tous objets généralement quelconques établis par l'autorité ou par des particuliers en exécution de la présente ordonnance.

125. Les ordonnances de police sus-visées en date des 8 août 1829, 30 novembre 1831, 29 mai 1837, 23 octobre 1844 et 26 mars 1859 sont rapportées, ainsi que les dispositions de tous autres règlements qui seraient contraires à celles qui précèdent.

126. Les contraventions à la présente ordonnance seront constatées par procès-verbaux ou rapports et poursuivies conformément aux lois et règlements, sans préjudice des mesures administratives qui pourront être jugées nécessaires.

127. Toutes les fois que la sûreté et la liberté de la voie publique seront compromises, soit par refus de satisfaire aux obligations imposées, soit par négligence, les commissaires de police prendront, aux frais des contrevenants, les mesures convenables à l'effet de prévenir les accidents.

128. Dans le cas où des matériaux ou autres objets pouvant compromettre la sûreté de la circulation resteraient déposés sur la voie publique contrairement à la présente ordonnance, ils seront immédiatement enlevés à la diligence des commissaires de police et transportés provisoirement aux lieux de dépôt à ce destinés.

122. La présente ordonnance sera imprimée et affichée.

Le directeur du service municipal. le chef de la police municipale, les commissaires de police, les officiers de paix, les architectes de la préfecture de police et tous les préposés de ces administrations sont chargés d'en assurer l'exécution.

Elle sera adressée à M. le colonel commandant la garde de Paris, pour le mettre à même de concourir à son exécution.

Il en sera envoyé des exemplaires à MM. les sous-préfets des arrondissements de Sceaux et de Saint-Denis, pour qu'ils les fassent afficher dans l'intérêt de leurs administrés.

Le préfet de police, BOITTELLE.

Nº **4153.** — *Ordonnance concernant la circulation des voitures de remise et sous remise.*

Paris, le 1er août 1862.

Nous, préfet de police,

Vu : 1º la loi des 16-24 août 1790 ;

2º L'arrêté du gouvernement du 12 messidor an VIII (1er juillet 1800) ;

3º L'ordonnance de police du 24 décembre 1857, concernant les voitures de remise et sous remise ;

Considérant que la circulation des voitures de toute espèce est devenue excessivement active dans la grande avenue des Champs-Élysées, dans la rue de Rivoli, sur les boulevards intérieurs et sur le boulevard de Sébastopol ;

Considérant, dès-lors, qu'il y a lieu de prendre des mesures dans le but d'empêcher les encombrements et de prévenir les accidents ;

Ordonnons ce qui suit :

1. Il est interdit aux voitures de remise et sous remise de circuler vides dans la grande avenue des Champs-Élysées, dans la rue de Rivoli, sur le boulevard de Sébastopol et sur les boulevards compris entre la Madeleine et la Bastille.

2. Les cochers de voitures de remise et sous remise qui seront appelés pour charger sur un point quelconque des voies ci-dessus indiquées, devront, pour gagner ce point, suivre les rues latérales et n'arriver sur les voies interdites que par la rue transversale la plus rapprochée de leur destination.

3. Il en sera de même pour ceux qui se rendront à leurs stations situées dans une des grandes voies ci-dessus indiquées.

4. En cas d'infraction aux dispositions des art. 1er, 2 et 3 de la présente ordonnance, la voiture sera conduite, par mesure administrative, à la fourrière de la préfecture de police, sans préjudice des poursuites judiciaires à exercer contre le contrevenant.

5. Les contraventions à la présente ordonnance seront constatées par des procès-verbaux ou rapports qui nous seront transmis par les fonctionnaires, préposés ou agents qui les auront dressés.

Il pourra être pris envers les contrevenants telles mesures administratives qu'il appartiendra, sans préjudice des poursuites à exercer contre eux devant les tribunaux.

6. La présente ordonnance sera imprimée et affichée.

Les commissaires de police, et spécialement ceux des quartiers traversés par les grandes voies de communication ci-dessus désignées, le chef de la police municipale, les officiers de paix, le contrôleur de la fourrière, et les autres préposés ou agents de la préfecture de police sont chargés, chacun en ce qui le concerne, d'en surveiller l'exécution.

M. le colonel de la garde de Paris et M. le chef d'escadron commandant la gendarmerie de la Seine tiendront la main à son exécution par tous les moyens mis à leur disposition.

Le préfet de police, **BOITTELLE.**

N° **4154.** — *Ordonnance concernant les passages à niveau dans la traversée du département de la Seine* (chemin de fer du Nord) (1).

Paris, le 7 août 1862.

N° **4155.** — *Ordonnance concernant l'ouverture de la chasse* (2).

Paris, le 11 août 1862.

N° **4156.** — *Ordonnance concernant les mesures d'ordre et de sûreté à observer pendant la fête nationale du 15 août 1862* (3).

Paris, le 12 août 1862.

N° **4157.** — *Ordonnance concernant les mesures d'ordre et de sûreté à observer à l'occasion des fêtes de Saint-Cloud* (4).

Paris, le 4 septembre 1862.

---

(1) Rapportée par l'ord. du 14 mars 1865.
(2) V. l'ord. du 18 août 1872.
(3) V. l'ord. du 12 août 1869.
(4) V. l'ord. du 5 sep. 1872.

N° **4158.** — *Ordonnance concernant le passage des bateaux et des trains sous le pont de Charenton, pendant la construction des voûtes de ce pont.*

Paris, le 13 septembre 1862.

Nous, préfet de police,

Vu le rapport de M. l'ingénieur en chef de la navigation de la Marne, concernant les mesures à prendre pour le passage des bateaux et des trains sous le pont de Charenton, pendant la construction des voûtes de ce pont;

Vu l'avis émis à cet égard par l'inspecteur général de la navigation;

Vu l'arrêté du gouvernement du 12 messidor an VIII et la loi du 10 juin 1853;

Considérant que, dans le but de prévenir les accidents, il importe de prescrire certaines mesures pour le passage des bateaux et des trains sous le pont en construction désigné ci-dessus,

Ordonnons ce qui suit :

1. Le passage des trains de bois de charpente, en sapin, par l'arche marinière réservée à travers les cintres du pont en construction, à Charenton, n'aura lieu que par un seul coupon à la fois;

Pour les trains de bois de charpente de chêne, ce passage ne sera effectué que par deux coupons réunis.

2. Les trains de sciage (chêne et sapin) ne pourront passer sous le pont que par deux parties réunies, et les trains de bois à brûler que par quatre ou cinq coupons réunis également.

3. Les bateaux seront lâchés sur cordes.

4. Le chef de service de châblage et de pilotage est tenu d'arborer un guidon rouge au-dessus de l'arche marinière, toutes les fois qu'il y aura des bateaux en manœuvre sous ce pont.

5. Les dispositions qui précèdent recevront leur exécution à compter du 18 septembre, présent mois; elles seront maintenues pendant toute la durée de la construction des arches du pont et jusqu'au moment où les cintres auront été enlevés.

6. La présente ordonnance sera imprimée et affichée.

Les ingénieurs des ponts et chaussées et de la navigation, ainsi que les agents sous leurs ordres, l'inspecteur général de la navigation et des ports, les inspecteurs particuliers du même service et les agents de la force publique sont chargés d'en assurer l'exécution, chacun en ce qui le concerne.

Le préfet de police, BOITTELLE.

N° **4159.** — *Ordonnance concernant les personnes qui élèvent des animaux dans Paris, tels que porcs, lapins, poules, pigeons et autres.*

Paris, le 3 novembre 1862.

Nous, préfet de police,

Considérant qu'aux termes des anciens règlements de police, et notamment des ordonnances des 4 juin 1667, 22 avril 1668, 22 mai 1733 et 22 juin 1764, il est défendu de nourrir dans Paris aucuns porcs, lapins, pigeons et volailles ;

Considérant que les animaux élevés à l'intérieur ou dans les dépendances des habitations, peuvent nuire à la salubrité, ou être une cause d'incommodité pour le voisinage ;

Considérant, toutefois, qu'il existe des localités où les inconvénients dont il s'agit ne peuvent pas se produire ;

Vu : 1° la loi des 16-24 août 1790, titre XI, art. 3, §§ 1er et 2 ;

2° L'arrêté des consuls, du 12 messidor an VIII,

Ordonnons ce qui suit :

1. Il est interdit d'élever dans Paris, sans autorisation, des porcs ou autres animaux, tels que boucs, chèvres, lapins.

2. Il est également interdit d'élever, sans autorisation, des pigeons, poules et autres oiseaux de basse-cour qui peuvent être une cause d'insalubrité ou d'incommodité.

3. Toute demande en autorisation d'avoir, dans les dépendances d'une habitation, un ou plusieurs des animaux désignés dans les articles précédents, sera adressée au préfet de police.

4. La permission ne sera délivrée qu'après visite des lieux et rapport constatant qu'il ne peut en résulter aucun inconvénient pour le voisinage.

5. Les locaux autorisés, dans lesquels seront placés les animaux, devront être maintenus en constant état de propreté.

6. Les animaux trouvés dans des locaux non autorisés et qui, après sommation, n'auraient pas été enlevés, seront saisis à la diligence du commissaire de police. Les porcs saisis seront conduits, soit au marché de la Vallée, s'ils sont âgés de moins de six semaines, soit au marché du quartier de la Maison-Blanche, pour y être vendus, marché tenant, par les soins du commissaire de police, qui nous adressera un procès-verbal de la vente.

Les fonds provenant de la vente, déduction faite des frais, seront déposés à la caisse de la préfecture de police, pour y rester jusqu'à ce qu'il ait été statué sur la contravention.

7. Il est défendu de laisser vaguer des poules et autres oiseaux domestiques dans les rues, places, halles et marchés et sur aucun point de la voie publique.

8. L'ordonnance du 3 décembre 1829 est rapportée.

9. La présente ordonnance sera imprimée, publiée et affichée.

Les commissaires de police, le chef de la police municipale, les officiers de paix et les autres préposés de la préfecture de police sont chargés, chacun en ce qui le concerne, d'en assurer l'exécution.

Le préfet de police, BOITTELLE.

N° **4160.** — *Ordonnance concernant les ouvriers à marteau et les instruments bruyants.*

Paris, le 6 novembre 1862.

Nous, préfet de police,

Considérant que, dans divers quartiers de Paris, des ouvriers exerçant des professions bruyantes se livrent souvent pendant la nuit à des travaux qui troublent le repos des habitants ;

Considérant qu'une incommodité et un trouble graves peuvent également résulter de l'usage de certains instruments bruyants, lorsqu'il a lieu pendant la nuit ;

Vu : 1° la loi du 24 août 1790, titre XI, article 3, § 2 ;

2° La loi du 22 juillet 1791, titre 1er, article 19 ;

3° Les articles 479 et 480 du Code pénal ;

4° L'arrêté du gouvernement du 1er juillet 1800 (12 messidor an VIII),

Ordonnons ce qui suit :

1. Les serruriers, forgerons, taillandiers, charrons, ferblantiers, chaudronniers, maréchaux-ferrants, menuisiers, layetiers, et généralement tous entrepreneurs, ouvriers et autres exerçant dans Paris des professions qui exigent l'emploi de marteaux, machines et appareils susceptibles d'occasionner des percussions et un bruit assez considérable pour retentir hors des ateliers et troubler ainsi la tranquillité des habitants, devront, à dater de la publication de la présente ordonnance, interrompre chaque jour leurs travaux, savoir : de neuf heures du soir à quatre heures du matin, depuis le 1er avril jusqu'au 30 septembre, et de neuf heures du soir à cinq heures du matin, depuis le 1er octobre jusqu'au 31 mars.

2. Est également défendu, pendant le temps ci-dessus déterminé, l'usage des instruments bruyants, capables de troubler le repos des habitants.

3. Les contraventions seront constatées par des procès-verbaux ou rapports qui nous seront adressés, pour être transmis au tribunal compétent.

4. L'ordonnance du 31 octobre 1829 est rapportée.

5. La présente ordonnance sera imprimée, publiée et affichée.

Les commissaires de police, le chef de la police municipale, les officiers de paix et autres préposés de l'administration sont chargés, chacun en ce qui le concerne, d'en assurer l'exécution.

Le préfet de police, BOITTELLE.

N° **4161.** — *Ordonnance concernant les amphithéâtres d'anatomie et de chirurgie.*

Paris, le 10 novembre 1862.

Nous, préfet de police,

Considérant que les mesures de police et de salubrité relatives aux amphithéâtres d'anatomie et de chirurgie doivent être rendues exécutoires, par suite de l'annexion, dans les communes ou parties de communes comprises actuellement dans l'enceinte de Paris;

Vu : 1° la loi des **16-24** août **1790**, titre XI, article 3, § 1er ;

2° La loi du **22** juillet **1791** ;

3° L'arrêté du gouvernement du **12** messidor an VIII,

Ordonnons ce qui suit :

Les dispositions de l'ordonnance de police du 25 novembre **1834**, concernant les amphithéâtres d'anatomie et de chirurgie, seront publiées et affichées (1).

Le préfet de police, BOITTELLE.

N° **4162.** — *Ordonnance concernant les passages à niveau existant dans la traversée du département de la Seine* (2).

Paris, le 11 novembre 1862.

N° **4163.** — *Ordonnance concernant le bruit du cor, dit trompe de chasse.*

Paris, le 12 novembre 1862.

Nous, préfet de police,

Considérant que les mesures de police qui interdisent le bruit du cor dans Paris doivent être rendues exécutoires, par suite de l'annexion, dans les communes ou parties de communes comprises actuellement dans l'enceinte de Paris;

Vu : 1° la loi des **16-24** août **1790**, titre XI, article 3, § 2 ;

2° L'arrêté du gouvernement du **12** messidor an VIII;

3° Les articles 479 et 480 du Code pénal,

Ordonnons ce qui suit :

Les dispositions de l'ordonnance de police du 30 septembre **1837**,

---

(1) V. cette ord. au 3e vol., p. 101.
(2) Rapportée par l'ord. du 9 juin 1869.

concernant le bruit du cor, dit trompe de chasse, seront publiées et affichées (1).

Le préfet de police, BOITTELLE.

N° **4164.** — *Ordonnance interdisant l'usage des instruments bruyants sur la voie publique.*

Paris, le 15 novembre 1862.

Nous, préfet de police,

Considérant que les mesures de police qui interdisent l'usage des instruments bruyants sur la voie publique, dans Paris, doivent être rendues exécutoires, par suite de l'annexion, dans les communes ou parties de communes comprises actuellement dans l'enceinte de Paris ;

Vu : 1° la loi des 16-24 août 1790, titre XI, article 3, § 2 ;

2° L'arrêté du gouvernement du 12 messidor an VIII ;

3° Les articles 479 et 480 du Code pénal,

Ordonnons ce qui suit :

Les dispositions de l'ordonnance de police du 6 juin 1851, concernant l'usage des instruments bruyants sur la voie publique, seront publiées et affichées (2).

Le préfet de police, BOITTELLE.

N° **4165.** — *Ordonnance concernant les convois funèbres.*

Paris, le 20 novembre 1862.

Nous, préfet de police,

Considérant que les mesures de police concernant les convois funèbres doivent être rendues exécutoires, par suite de l'annexion, dans les communes ou parties de communes comprises actuellement dans l'enceinte de Paris ;

Vu : 1° la loi des 16-24 août 1790 ;

2° L'arrêté du gouvernement du 12 messidor an VIII ;

3° Le décret du 23 prairial an XII, sur les sépultures,

Ordonnons ce qui suit :

Les dispositions de l'ordonnance du 4 février 1853, concernant les convois funèbres, seront publiées et affichées (3).

Le préfet de police, BOITTELLE.

---

(1) V. cette ord. au 3ᵉ vol., p. 212.
(2) V. cette ord. au 6ᵉ vol p. 25.
(3) V. cette ord. au 6ᵉ vol., p. 133.

N° **4166.** — *Ordonnance concernant la police, la sûreté et l'exploitation des chemins de fer.*

Paris, le 9 décembre 1861.

Nous, préfet de police,

Vu les renseignements qui nous sont donnés, notamment par MM. les ingénieurs en chef du contrôle des chemins de fer, et desquels il résulte que les lois et règlements concernant la police et la sûreté des chemins de fer sont souvent enfreints sur les voies ferrées existant dans le département de la Seine ;

Attendu que, dans ces derniers temps, il a été commis divers actes de malveillance, surtout contre les trains en marche, et qu'il a été lancé des pierres qui ont atteint des mécaniciens et d'autres employés, ainsi que des voyageurs, et leur ont causé des blessures plus ou moins graves ;

Considérant qu'il importe de prendre des mesures pour faire cesser cet état de choses qui compromet la sûreté de la circulation sur les chemins de fer ;

En vertu des arrêtés du gouvernement des 12 messidor an VIII et 3 brumaire an IX (1er juillet et 25 octobre 1800),

Ordonnons ce qui suit :

Les articles 16, 19, 21, 23 et 25 de la loi du 15 juillet 1845 (1), sur la police des chemins de fer, et les articles 61 (les deux premiers paragraphes seulement), 62, 63 (sauf les deux derniers alinéas), 65, 68 (moins le dernier alinéa), et 79 de l'ordonnance du 15 novembre 1846 (2), portant règlement d'administration publique sur la police, la sûreté et l'exploitation des chemins de fer, seront imprimés et affichés de nouveau, tant à Paris que dans les communes du ressort de la préfecture de police.

Le préfet de police, BOITTELLE.

N° **4167.** — *Ordonnance concernant la vérification périodique des poids et mesures pour 1863 (3).*

Paris, 22 décembre 1861.

N° **4168.** — *Ordonnance concernant la prohibition de la chasse (4).*

Paris, le 20 janvier 1863.

(1) V. cette loi à l'appendice, du 5e vol. p. 759.
(2) V. cette ordonnance à l'appendice du 5e vol. p. 773.
(3) V. l'ord. du 3 décembre 1872.
(4) V. l'ord. du 26 janvier 1872.

N° **4169.** — *Ordonnance concernant l'éclairage des voitures particulières servant au transport des personnes.*

Paris, le 2 février 1863.

Nous, préfet de police,

Vu la loi du 30 mai 1851, concernant la police du roulage (1);

Vu le règlement d'administration publique du 10 août 1852, rendu en exécution de la loi ci-dessus visée (2);

Vu le décret du 24 février 1858 (3);

Considérant que l'expérience a fait reconnaître la nécessité de prescrire l'éclairage des voitures particulières destinées au transport des personnes, lorsqu'elles circulent pendant la nuit dans le département de la Seine,

Ordonnons ce qui suit :

1. Les voitures particulières servant au transport des personnes ne pourront circuler pendant la nuit sur les routes impériales, départementales, et chemins vicinaux de grande communication, compris dans le département de la Seine, sans être pourvues de lanternes, qui devront être allumées dès la chute du jour.

Ces lanternes, garnies de vitres bien transparentes, seront placées extérieurement et seront entretenues propres et en bon état.

2. Les contraventions à la présente ordonnance seront constatées par des procès-verbaux ou rapports qui nous seront transmis pour être déférés aux tribunaux compétents.

3. La présente ordonnance sera imprimée et affichée dans Paris et dans toutes les communes du département de la Seine.

Les commissaires de police et les autres agents de la préfecture de police sont chargés, chacun en ce qui le concerne, d'en assurer l'exécution.

Elle sera adressée, en outre, à MM. les sous-préfets de Sceaux et de Saint-Denis et à M. le chef d'escadron, commandant la gendarmerie de la Seine, qui sont chargés de tenir la main à son exécution par tous les moyens mis à leur disposition.

Le préfet de police, BOITTELLE.

————————

N° **4170.** — *Ordonnance concernant les mesures d'ordre à observer pendant les divertissements du carnaval (4).*

Paris, le 10 février 1863.

————————

(1) V. cette loi à l'appendice du 6e vol. p. 882.
(2) V. ce règlement à l'appendice du 6e vol., p. 897.
(3) V. l'appendice, à la fin du présent vol.
(4) V. l'ord. du 23 février 1870.

N° **4171.** — *Ordonnance concernant l'échenillage* (1).

Paris, le 20 février 1863.

———————◦◦◦———————

N° **4172.** — *Ordonnance concernant les saltimbanques, joueurs d'orgue, musiciens et chanteurs ambulants.*

Paris, le 28 février 1863.

Nous, préfet de police,

Vu : l'ordonnance de police du 30 novembre 1853, concernant les saltimbanques, joueurs d'orgue, musiciens et chanteurs ambulants;

Les instructions de Son Excellence M. le ministre de l'intérieur, en date du 6 janvier dernier, au sujet de nouvelles dispositions de police applicables aux individus qui se livrent à l'exercice des professions ci-dessus désignées;

La loi des 16-24 août 1790;

La loi du 7 août 1850 et celle du 10 juin 1853,

Les articles 471, 479 et suivants du code pénal;

En vertu des arrêtés du gouvernement des 12 messidor an VIII et 3 brumaire an IX (1er juillet et 25 octobre 1800),

Ordonnons ce qui suit :

1. L'ordonnance de police sus-visée du 30 novembre 1853 est rapportée.

En conséquence, toutes les permissions de saltimbanques, joueurs d'orgue, musiciens et chanteurs ambulants, délivrées jusqu'à ce jour en exécution de ladite ordonnance, sont annulées, et ces permissions cesseront d'être valables à partir du 15 avril prochain.

De nouvelles autorisations pourront être accordées par nous.

2. Tout individu qui voudra se livrer à l'exercice de l'une des professions mentionnées ci-dessus, devra immédiatement nous adresser une demande de permission à cet effet, par l'entremise du commissaire de police du lieu de son domicile, auprès duquel le pétitionnaire devra d'ailleurs se pourvoir pour obtenir un certificat de bonnes vie et mœurs destiné à être joint à sa demande.

Cette demande devra faire connaître le nombre des personnes accompagnant ordinairement le pétitionnaire, leur âge, leur sexe, leurs nom, prénoms et lieu de naissance.

3. Aucune demande ne sera admise si le pétitionnaire ne justifie qu'il est domicilié à Paris ou dans le ressort de la préfecture de police depuis un an au moins et qu'il est Français.

Ces justifications seront faites aux commissaires de police, qui en feront mention dans les certificats délivrés par eux en conformité de l'article précédent.

———————

(1) V. l'ord. du 10 janvier 1872.

4. Il ne sera donné aucune suite aux demandes formées par les aveugles, culs-de-jatte, manchots, estropiés et autres personnes infirmes.

5. Les saltimbanques, joueurs d'orgue, musiciens et chanteurs ambulants, qui auront obtenu une permission de l'administration, devront, en outre, être pourvus d'une médaille où seront inscrits le numéro de la permission, le nom du titulaire, ainsi que les lettres initiales de ses prénoms.

Ils seront tenus de porter cette médaille ostensiblement, lorsqu'ils exerceront leur profession sur la voie publique.

6. Les permissions seront délivrées sur un carnet contenant vingt-quatre feuillets cotés et paraphés; elles énonceront les nom et prénoms de l'impétrant, son âge, le lieu de sa naissance et celui de son domicile, avec son signalement exact; elles mentionneront le genre d'exercice ou de métier auquel il entend se livrer, et indiqueront, en outre, le nombre, l'âge, le sexe, les nom, prénoms et le lieu de naissance des personnes qui l'accompagnent.

7. Les permissions devront être visées à la préfecture de police tous les trois mois, dans la première quinzaine des mois de janvier, avril, juillet et octobre, sous peine de révocation.

Tout individu permissionné qui changera de domicile devra faire connaître immédiatement sa nouvelle résidence à l'administration, en produisant un certificat délivré par le commissaire de police de la localité où il s'établira.

8. Les saltimbanques, joueurs d'orgue, musiciens et chanteurs ambulants ne pourront exercer leur profession en toute saison avant huit heures du matin et devront se retirer, en été, à neuf heures du soir, en hiver, à six heures du soir.

Ils ne pourront stationner que sur les emplacements désignés en leurs permissions.

9. Lorsqu'ils voudront stationner ailleurs, à l'occasion des fêtes publiques qui ont lieu à Paris et dans les communes rurales du ressort de la préfecture de police, ils devront en demander l'autorisation aux commissaires de police des localités où se tiennent les fêtes et justifier de leurs permissions.

Ces dispositions profiteront également aux saltimbanques, bateleurs, joueurs d'orgue, musiciens et chanteurs ambulants, porteurs de permissions spéciales délivrées par le préfet du département où ils seront domiciliés.

10. Il est expressément défendu aux saltimbanques, joueurs d'orgue, musiciens et chanteurs ambulants de se faire accompagner par des enfants âgés de moins de seize ans ou par des aveugles, culs-de-jatte, manchots, estropiés et autres personnes infirmes.

11. Tout saltimbanque, joueur d'orgue ou autre permissionné qui aura prêté sa médaille ou sa permission sera immédiatement privé de l'autorisation qu'il avait reçue.

12. Défense est faite aux saltimbanques de deviner, de pronostiquer ou d'expliquer les songes, et, en outre, de se livrer sur la voie publique à toute opération se rattachant aux professions de dentiste ou de pédicure.

13. Les chanteurs ne pourront chanter ou mettre en vente d'autres chansons que celles qui auront été revêtues de l'estampille du ministère de l'intérieur, sous les peines portées par les articles 5 de la loi du 16 février 1834 et 6 de la loi du 27 juillet 1849 (cette estampille sera apposée au contrôle général, quai des Orfèvres, n° 38).

14. Il ne sera plus délivré de passeports aux saltimbanques, joueurs d'orgue, musiciens et chanteurs ambulants permissionnés.

Lorsqu'un de ces industriels voudra voyager hors du ressort de la préfecture de police, il devra se présenter dans les bureaux pour faire viser son carnet, qui, moyennant cette formalité, lui tiendra lieu de passeport à l'intérieur. Il devra, en outre, déposer sa médaille qu'il pourra réclamer à son retour.

15. Sauf l'exception prévue à l'article 9 ci-dessus, les saltimbanques, joueurs d'orgue, musiciens et chanteurs ambulants munis de permissions délivrées dans les départements, ne pourront exercer leurs professions dans le ressort de la préfecture de police, à moins que ces permissions n'aient été visées par nous à cet effet.

16. Les contraventions aux dispositions qui précèdent seront constatées par des procès-verbaux ou rapports, qui nous seront transmis pour être déférés, s'il y a lieu, aux tribunaux compétents.

Les contrevenants seront, en outre, s'il y a lieu, privés, soit temporairement, soit définitivement, de leurs permissions.

17. La présente ordonnance sera imprimée et affichée dans Paris et dans les communes du département de la Seine, ainsi que dans celles de Saint-Cloud, de Sèvres, de Meudon et d'Enghien-les-Bains appartenant au département de Seine-et-Oise.

Sont chargés d'en assurer l'exécution, chacun en ce qui le concerne, à Paris : le chef de la police municipale, les commissaires de police, les officiers de paix et autres préposés de la préfecture de police ;

Et dans les communes du département de la Seine et celles du département de Seine-et-Oise, placées sous notre juridiction : les sous-préfets des arrondissements de Saint-Denis et de Sceaux, les maires, les commissaires de police et tous les agents de la force publique.

Le colonel de la garde de Paris, le colonel de la 1re légion de la gendarmerie et le commandant de la gendarmerie de la Seine, sont requis de prêter main-forte au besoin et de concourir à l'exécution de la présente ordonnance.

Le préfet de police, BOITTELLE.

N° **4173.** — *Ordonnance concernant la foire aux jambons* (1).

Paris, le 24 mars 1863.

(1) V. l'ord. du 15 mars 1872.

N° **4174.** — *Ordonnance concernant la police des petites embarcations, des régates et des divertissements nautiques* (1).

Paris, le 31 mars 1863.

N° **4175.** — *Arrêté concernant les vacations allouées aux commissaires de police relativement aux transports, hors de Paris, des corps des personnes décédées, etc., etc.*

Paris, le 9 avril 1863.

Nous, préfet de police,

Considérant que l'assistance des commissaires de police, dans les opérations relatives aux transports, hors de Paris, des corps de personnes décédées, aux dépôts provisoires des corps dans les caveaux des églises, à l'enlèvement desdits corps, aux embaumements, moulages et autopsies, est prescrite par les règlements;

Considérant que les opérations dont il s'agit, ayant lieu dans l'intérêt des familles qui les réclament, il est juste d'attribuer une rémunération aux agents qui prêtent leur concours en ces circonstances;

Vu : 1° les décrets des 16 février 1807 et 18 juin 1811, chapitre II, article 20;

2° L'ordonnance de police du 3 novembre 1852 et les instructions administratives du 1er mai 1860 (2);

3° La décision ministérielle du 8 août 1859 (3),

Arrêtons ce qui suit :

1. Les commissaires de police de la ville de Paris sont autorisés à percevoir une vacation de dix francs pour chacune des opérations suivantes :

Mise en bière des corps qui doivent être inhumés hors de Paris; — *Dépôts provisoires des corps dans les caveaux des églises;* — *Enlèvement desdits corps de ces caveaux;* — *Embaumements;* — *Moulages;* — *Autopsies.*

2. Le présent arrêté sera adressé aux commissaires de police de la ville de Paris, pour qu'il reçoive son exécution.

Le préfet de police, BOITTELLE.

N° **4176.** — *Ordonnance concernant les baignades en rivière dans le ressort de la préfecture de police* (4).

Paris, le 11 mai 1863.

---

(1) Abrogée par l'ord. du 20 juin 1867.
(2) V. cette ord. au 6e vol., p. 113, et l'instruction du 1er mai 1860, à l'appendice du présent vol.
(3) V. cette décision à l'appendice du présent vol.
(4) V. l'ord. du 18 mai 1872.

N° **4177.** — *Ordonnance concernant la visite générale des tonneaux de porteurs d'eau* (1).

Paris, le 18 mai 1863.

———————◦◦◦———————

N° **4178.** — *Ordonnance concernant les passages à niveau dans la traversée du département de la Seine* (chemin de fer d'Orléans et prolongements).

Paris, le 4 juin 1863.

Nous, préfet de police,

Vu : 1° l'arrêté de Son Excellence M. le ministre de l'agriculture, du commerce et des travaux publics, en date du 29 août 1861, qui divise en cinq catégories les passages à niveau situés sur le chemin de fer d'Orléans et prolongements, et détermine les conditions de service pour chacune de ces catégories; ensemble l'article 9 dudit arrêté ainsi conçu :

« Les passages à niveau seront classés , conformément aux dispositions qui précèdent, par un arrêté pris par chaque préfet dans son département, sur les propositions de la compagnie et sur l'avis de l'ingénieur en chef du contrôle de l'exploitation. »

2° Les propositions présentées, le 6 novembre 1861, par la compagnie concessionnaire;

3° Les rapports de MM. les ingénieurs du contrôle et de la surveillance administrative du chemin de fer d'Orléans, en date du 21 novembre 1862;

4° Le dossier de l'enquête locale à laquelle ont été soumises les propositions de la compagnie;

5° La loi du 15 juillet 1845; ensemble l'ordonnance réglementaire du 15 novembre 1846 ;

6° L'article 2 de l'arrêté de M. le ministre des travaux publics, du 15 avril 1850 ;

En vertu de l'art. 72 de l'ordonnance sus-visée du 15 novembre 1846 ,

Ordonnons ce qui suit :

1. Les passages à niveau situés sur le chemin de fer d'Orléans et prolongements, compris dans la traversée du département de la Seine, seront rangés, jusqu'à décision contraire, dans les catégories indiquées au tableau ci-après :

—————————————————————

(1) V. l'ord. du 1 mai 1872.

PASSAGE A NIVEAU DANS LA TRAVERSÉE DU DÉPARTEMENT DE LA SEINE.

CLASSIFICATION.

Numéros d'ordre DES PASSAGES comptés à partir de Paris.	DISTANCES depuis Paris.	NOMS ET SITUATION des PASSAGES A NIVEAU.	COMMUNES traversées.	NUMÉROS de la catégorie DES PASSAGES.	ÉTENDUE du parcours de surveillance de l'agent chargé de la manœuvre.	OBSERVATIONS.	LARGEUR.	HAUTEUR.
3	2949,20	Chemin de la Petite-Voyette,	Ivry.	2	2,300	Passage en dessous accolé	3m 00	2m 95
4	3619,00	Chemin d'Ivry.	Id.	1	Id.	Id.	3m 00	2m 95
5	4887,80	Rue du Chevaleret,	Id.	3	Id.	Id.	3m 00	3m 35
6	5319,90	Chemin de Vitry,	Vitry.	1	2,200	Id.	3m 00	2m 95
7	5985,40	Chemin de la Voie-de-Seine,	Id.	2	Id.	Id.	3m 00	2m 95
8	8854,10	Chemin de la Voie-d'Amour,	Choisy.	2	2,094	Id.	3m 00	3m 38
9	9299,50	Rue de Choisy,	Id.	1	Id.			

RÉGLEMENTATION.

2. Passages de la première et de la deuxième catégorie. — Ces passages seront gardés, le jour, soit par l'agent logé dans la maison attenante à chaque passage, soit par une femme, lorsque le garde sera chargé de la surveillance d'un canton ; la nuit, les passages de première catégorie seront gardés par un veilleur abrité d'une guérite.

Les barrières pour voitures seront habituellement fermées. Elles seront ouvertes à la demande du public, à moins qu'un train ne soit en vue ou attendu.

Lorsqu'un gardien sera chargé de la surveillance d'un canton, l'étendue dudit canton sera fixée conformément au tableau ci-dessus.

La nuit, les barrières des passages de seconde catégorie seront ouvertes par l'agent logé, qui devra se lever à toute réquisition du public. Si les besoins de la circulation l'exigent, la compagnie pourra être tenue de préposer à leur manœuvre un gardien spécial, mais elle pourra les tenir complétement fermées dans le cas constaté de circulation nulle.

Les portes pour piétons accolées aux passages resteront ouvertes jour et nuit.

L'accès en sera néanmoins interdit pendant le jour, lorsqu'un train sera en vue ou attendu.

Lesdits passages seront éclairés pendant la nuit, conformément à l'article 8 de l'arrêté ministériel du 29 août 1861, sauf ceux de deuxième catégorie dont la fermeture aurait été autorisée.

3. Passage de la troisième catégorie. — Les barrières du passage à niveau de la 3me catégorie situé rue du Chevaleret, seront habituellement fermées à clefs.

Elles seront ouvertes, à la demande du public, de six heures du matin à six heures du soir, et manœuvrées par le garde préposé à la surveillance d'un canton dont la longueur est fixée au tableau ci-dessus.

DISPOSITIONS GÉNÉRALES.

4. La présente ordonnance sera notifiée à la compagnie concessionnaire.

Elle sera imprimée et affichée.

Les ingénieurs et agents spécialement chargés du contrôle du chemin de fer d'Orléans et prolongements, ainsi que les autres fonctionnaires dénommés en l'article 23 de la loi du 15 juillet 1845, sont chargés, chacun en ce qui le concerne, d'assurer l'exécution de ladite ordonnance, qui sera soumise à l'approbation de M. le ministre des travaux publics.

Le préfet de police, BOITTELLE.

Approuvé par M. le ministre de l'agriculture, du commerce et des travaux publics, le 16 juin 1863.

Nᵒ **4179.** — *Ordonnance concernant la police des marchés établis sur la voie publique dans la zone annexée.*

Paris, le 15 juin 1863.

Nous, préfet de police ,

Vu : 1° les lois des 24 août 1790 et 22 juillet 1791 ;

2° L'arrêté du gouvernement du 12 messidor an VIII (1er juillet 1800). qui charge le préfet de police notamment de la surveillance des marchés, de l'inspection des comestibles et de l'exécution des lois concernant les poids et mesures ;

Considérant qu'il importe de régler d'une manière uniforme la police des marchés ou stationnements d'étalagistes établis sur la voie publique dans l'ancienne zone suburbaine que l'annexion a enclavée dans Paris, depuis le 1er janvier 1860 ;

Ordonnons ce qui suit :

1. Les différents marchés ou stationnements d'étalagistes actuellement existants sur la voie publique dans la partie de la zone suburbaine qui a été annexée à Paris, en exécution de la loi du 16 juin 1859, continueront à tenir aux jours et sur les emplacements désignés par les actes administratifs en vertu desquels ils ont été autorisés.

2. Ils ouvriront à 7 heures du matin, du 1er avril au 30 septembre : et à 8 heures du matin, du 1er octobre au 31 mars ; et fermeront, en tout temps, à 3 heures de relevée.

L'ouverture et la fermeture seront annoncées au son d'une cloche.

3. Les marchands apposeront à l'endroit le plus apparent de leurs places, une plaque ou un écriteau indiquant lisiblement leurs noms et domicile.

4. Chaque étalagiste devra être pourvu des balances, poids et mesures nécessaires pour le pesage et le mesurage de ses marchandises.

5. Il est défendu aux marchands de se servir des dénominations telles que livre, sou, boisseau, et toutes autres contraires au système décimal, pour indiquer, au moyen d'étiquettes ou verbalement, le prix ou la quantité de leurs marchandises, à peine des poursuites judiciaires à exercer contre eux, conformément à la loi du 4 juillet 1837 (1).

6. Il est expressément défendu d'exposer en vente des marchandises falsifiées, corrompues ou nuisibles. Toute tromperie envers le public soit sur le poids, soit sur la quantité ou la nature de la marchandise, sera poursuivie et punie conformément à la loi.

7. Il est interdit aux étalagistes de crier le prix de leurs marchandises, et d'appeler ou arrêter le public.

8. La vente d'objets neufs de drap et de rouennenie est formellement prohibée sur les marchés annexés.

_____

(1) V. cette loi au 4ᵉ vol., p. 508.

9. Les voitures et bêtes de somme ne pourront stationner aux abords des marchés, pendant leur durée, que pour le chargement et le déchargement des marchandises.

Dès que le déchargement sera opéré, les voitures seront conduites dans les rues environnantes désignées comme lieu de stationnement. Elles seront rangées, soit sur une seule file, à la suite des unes des autres, soit sur deux lignes, selon les prescriptions établies pour chaque marché, en raison de la disposition des lieux.

10. Les marchands sont tenus de laisser toujours libres les passages réservés pour faciliter la circulation. Ils ne pourront, sous aucun prétexte, déposer des marchandises en dehors des limites de leurs places.

11. Toutes les places devront être tenues ainsi que leurs abords dans le meilleur état de propreté.

On ne pourra plumer de la volaille ni vider du poisson sur les marchés que dans des seaux ou des paniers.

12. Il est défendu de vendre ou de colporter des denrées et marchandises aux abords des marchés et aux environs sur la voie publique, sans préjudice toutefois de la faculté qu'ont les cultivateurs et les marchands domiciliés dans les différentes localités où des marchés sont établis, de faire arriver, d'emmagasiner, d'exposer, de vendre ou de faire vendre leurs denrées ou marchandises dans les locaux qu'ils possèdent à titre de propriété, de location ou autrement, aux abords desdits marchés.

13. Les contraventions à la présente ordonnance seront constatées par des procès-verbaux ou rapports et déférées aux tribunaux compétents.

14. La présente ordonnance sera imprimée, publiée et affichée.
Ampliation en sera adressée à M. le sénateur, préfet de la Seine.

15. L'inspecteur général des halles et marchés, le chef de la police municipale et les officiers de paix, les commissaires de police de Paris et les commissaires de police inspecteurs des poids et mesures sont chargés, chacun en ce qui le concerne, de tenir la main à son exécution.

Le préfet de police, BOITTELLE.

N° **4180.** — *Ordonnance concernant la défense de faire passer des embarcations sur le barrage de Saint-Maur.*

Paris, le 22 juin 1863.

Nous, préfet de police,

Vu le rapport en date du 6 du courant, de M. l'ingénieur en chef de la navigation de la Marne ;

Considérant qu'il importe, d'après des faits qui se sont produits récemment, de rappeler au public la défense de faire passer des embarcations sur le barrage de St-Maur.

Ordonnons ce qui suit :

Les dispositions de l'ordonnance de police du 2 octobre 1854 seront de nouveau publiées et affichées. (1)

Le préfet de police, BOITTELLE.

N° **4181.** — *Ordonnance concernant la translation du marché de Charenton-le-Pont.*

Paris, le 15 juillet 1863.

Nous, préfet de police,

Vu : 1° les lois des 16-24 août 1790 et 19-22 juillet 1791 ;

2° Les arrêtés du gouvernement des 12 messidor an VIII (1er juillet 1800) et 3 brumaire an IX (25 octobre 1800) ;

3° La loi du 10 juin 1853 ;

4° Les ordonnances de police des 6 mai 1853 et 16 février 1857, concernant la police du marché aux comestibles de la commune de Charenton (2) ;

5° L'arrêté de M. le sénateur, préfet de la Seine, en date du 10 septembre 1862, qui autorise la translation dudit marché sur un terrain communal situé entre la place de l'Eglise, l'avenue de Reuilly et la route impériale, n° 15, pour tenir, comme par le passé, le mercredi et le samedi,

Ordonnons ce qui suit :

1. Le marché de comestibles établi les mercredi et samedi de chaque semaine à Charenton, sur l'emplacement compris entre la place de l'Eglise, l'avenue de Reuilly et la route impériale, n° 15, ouvrira à 7 heures du matin, du 1er avril au 30 septembre ; et à 8 heures du matin, du 1er octobre au 31 mars, et fermera en tout temps à 3 heures de relevée.

L'ouverture et la fermeture seront annoncées au son d'une cloche.

2. Les places seront accordées par le maire de Charenton, qui indiquera l'emplacement affecté aux diverses natures de denrées.

3. Les marchands apposeront à l'endroit le plus apparent de leurs places, une plaque ou un écriteau indiquant lisiblement leurs noms et domicile.

Ils devront d'ailleurs, se conformer strictement à toutes les prescriptions qui leur seront imposées relativement à la tenue de leurs places.

4. Chaque marchand devra être pourvu des balances, poids et mesures nécessaires pour le pesage et le mesurage de ses marchandises.

---

(1) V. cette ord. au 6e vol.
(2) V. ces deux ord. au 6e vol.

5. Il est défendu aux marchands de se servir des dénominations telles que *livre*, *sou*, *boisseau* et toutes autres contraires au système décimal, pour indiquer, au moyen d'étiquettes ou verbalement, le prix ou la quantité de leurs marchandises, à peine des poursuites judiciaires à exercer contre eux, conformément à la loi du 4 juillet 1837 (1).

6. Il est expressément défendu d'exposer en vente des marchandises falsifiées, corrompues ou nuisibles. Toute tromperie envers le public, soit sur le poids, soit sur la quantité ou la nature de la marchandise, sera poursuivie et punie conformément à la loi.

7. Il est interdit aux marchands de crier le prix de leurs marchandises et d'appeler ou arrêter le public.

8. Les voitures et bêtes de somme ne pourront pénétrer dans le marché. Elles stationneront seulement aux abords pendant le temps nécessaire pour le chargement et le déchargement des marchandises.

Dès que le déchargement sera opéré, les voitures et bêtes de somme seront rangées sur une seule ligne, dans l'avenue de Reuilly, du côté de la place du Marché.

9. Les marchands sont tenus de laisser toujours libres les passages réservés pour faciliter la circulation. Ils ne pourront, sous aucun prétexte, déposer des marchandises en dehors des limites de leurs places.

10. Toutes les places devront être tenues ainsi que leurs abords dans le meilleur état de propreté.

On ne pourra plumer de la volaille ni vider du poisson sur le marché que dans des seaux ou des paniers.

11. Il est défendu de vendre ou de colporter des denrées et marchandises aux abords du marché et aux environs sur la voie publique, sans préjudice, toutefois, de la faculté qu'ont les cultivateurs et les marchands domiciliés dans la commune, de faire arriver, d'emmagasiner, d'exposer, de vendre ou de faire vendre leurs denrées ou marchandises dans les locaux qu'ils occupent à titre de propriété, de location ou autrement sur le territoire de la commune de Charenton.

12. Les contraventions à la présente ordonnance seront constatées par des procès-verbaux ou rapports et déférées aux tribunaux compétents.

13. La présente ordonnance sera imprimée, publiée et affichée.

Ampliation en sera adressée à M. le sénateur, préfet de la Seine.

14. Le sous-préfet de l'arrondissement de Sceaux, le maire et le commissaire de police de Charenton-le Pont, l'inspecteur général des halles et marchés et les préposés sous leurs ordres sont chargés, chacun en ce qui le concerne, de tenir la main à son exécution.

Le commandant de la gendarmerie départementale de la Seine est requis d'y prêter au besoin son concours.

Le préfet de police, BOITTELLE.

---

(1) V. cette loi au 4e vol., p. 508.

N° 4182. — *Arrêté concernant la fabrication de cartouches de chasse, pour fusils à bascule et autres.*

Paris, le 29 juillet 1863.

Nous, préfet de police,

Considérant que la fabrication des cartouches pour fusils à bascule, qui nécessite la manipulation de matières détonnantes et fulminantes, a pris de notables développements par suite de l'usage à peu près exclusif d'armes de chasse se chargeant par la culasse ;

Considérant que la préparation de ces produits a lieu dans des maisons habitées et qu'aucune surveillance ne peut être exercée pendant le travail des ouvriers, par les agents de l'autorité ;

Considérant qu'une explosion des matières employées à la fabrication des cartouches causerait les plus graves accidents ;

Vu : 1° la loi des 16-24 août 1790 ;

2° L'arrêté des consuls du 12 messidor an VIII, article 13, et du 3 brumaire an IX ;

3° Les ordonnances royales des 25 juin 1823 et 30 octobre 1836 (1) ;

4° La circulaire ministérielle du 19 juillet 1862 (2),

Arrêtons ce qui suit :

1. Il est interdit de se livrer à la fabrication des cartouches de chasse pour fusils à bascule et autres, ailleurs que dans des locaux complétement isolés de toute habitation.

Toutefois, des dépôts de cartouches fabriquées pourront être établis dans l'intérieur des habitations.

Les mesures de sûreté relatives à la fabrication et aux dépôts de cartouches seront déterminées dans les actes d'autorisation délivrés aux demandeurs.

2. Le présent arrêté sera notifié aux intéressés, fabricants de cartouches.

3. Toutes les permissions données jusqu'à ce jour sont rapportées.

Il est accordé aux fabricants un délai de trois mois pour se pourvoir de nouvelles autorisations.

Le préfet de police, BOITTELLE.

N° 4183. — *Ordonnance concernant l'ouverture de la chasse* (3).

Paris, le 10 août 1863.

---

(1) V. ces deux ord. royales au 4° vol. p. 415 et 503.
(2) V. cette circulaire à l'appendice du présent vol.
(3) V. l'ord. du 18 août 1872.

N° **4184.** — *Ordonnance concernant les mesures d'ordre et de sûreté à observer pendant la fête nationale du 15 août 1863* (1).

Paris, le 12 août 1863.

N° **4185.** — *Ordonnance concernant le passage des bateaux et des trains de bois au barrage du Port-à-l'Anglais.*

Paris, le 14 août 1863.

Nous, préfet de police,

Vu : 1° les rapports de M. l'ingénieur en chef de la navigation de la Seine (1re section) et de M. l'inspecteur général de la navigation et des ports ;

2° Les arrêtés des consuls des 12 messidor an VIII et 3 brumaire an IX, et la loi du 10 juin 1853 ;

Ordonnons ce qui suit :

1. A partir de la publication de la présente ordonnance et tant que les eaux ne s'élèveront pas à 1 mètre au-dessus de l'étiage, au Port-à-l'Anglais, les bateaux et trains de bois, soit montants, soit avalants, ne pourront franchir le barrage de cette localité que par l'écluse. Il est formellement interdit de les engager dans un autre pertuis dudit barrage.

2. Les bateaux et les trains devront être garés, pour prendre leur tour de passage à l'écluse, sur les points ci-après :

Les bateaux avalants, sur la rive gauche, à partir de 300 mètres en amont de l'écluse ;

Les trains de bois, sur la rive droite, à partir de 100 mètres en aval de l'aqueduc de Maisons-Alfort, en remontant sur toute l'étendue nécessaire.

Le découplage des bateaux remontés par les toueurs et la formation des traits pour le passage de l'écluse auront lieu sur la rive gauche, à 400 mètres en aval du barrage.

3. Les ingénieurs de la navigation de la Seine (1re section) ; l'inspecteur général de la navigation et des ports et les agents sous leurs ordres, sont chargés, chacun en ce qui le concerne, d'assurer l'exécution de la présente ordonnance qui sera imprimée, publiée et affichée.

Le préfet de police, BOITTELLE.

N° **4186.** — *Ordonnance concernant les mesures d'ordre et de sûreté à observer à l'occasion des fêtes de Saint-Cloud* (2).

Paris, le 2 septembre 1863.

(1) V. l'ord. du 12 août 1869.
(2) V. l'ord. du 5 sept. 1872.

N° **4187.** — *Ordonnance concernant le passage des bateaux sous le pont de Bercy, pendant la reconstruction de ce pont.*

Paris, le 10 octobre 1863.

Nous, préfet de police,

Vu les rapports par lesquels M. l'ingénieur en chef de la navigation de la Seine (2ᵉ section) et des ponts de Paris, et M. l'inspecteur général de la navigation et des ports, nous exposent la nécessité d'établir un service de pilotage pour diriger les bateaux sous le pont de Bercy, pendant la durée des travaux de reconstruction de ce pont ;

Vu l'arrêté du gouvernement du 12 messidor an VIII (1ᵉʳ juillet 1800),

Ordonnons ce qui suit :

1. Il sera réservé, pour le passage des bateaux sous le pont provisoire en bois et sous le pont en pierre en construction à Bercy, deux travées de 12 mètres de longueur et de 7 mètres d'élévation au-dessus de l'étiage.

A cent mètres en amont des ouvrages, il sera battu deux pattes-d'oie pour le lâchage sur cordes des bateaux dans lesdites travées.

2. Il sera établi aux frais de l'Etat un service de pilotage pour le passage sur ce point, des bateaux montants ou descendants, pendant la durée des travaux de reconstruction du pont de Bercy.

3. Il y aura, pour ce service de pilotage, trois mariniers avec un bachot, tant que les eaux seront à moins de 2 mètres au-dessous de l'étiage. Si les eaux dépassaient ce niveau, le nombre des mariniers serait porté à six avec deux bachots.

Ces mariniers seront sous la surveillance de l'inspecteur particulier de la navigation en résidence à Bercy. Ils seront à la disposition des capitaines ou patrons de bateaux, de six heures du matin à cinq heures du soir, du 1ᵉʳ octobre au 31 mars ; et de cinq heures du matin à huit heures du soir, du 1ᵉʳ avril au 30 septembre. Ils exécuteront, de concert avec les hommes d'équipage, et au moyen des agrès et apparaux de chaque bateau, toutes les manœuvres nécessaires pour faciliter le passage des bateaux, mais la barre restera confiée aux soins du patron ou du capitaine de bateau.

4. Les bateaux et les trains de bois seront pilotés dans l'ordre de leur arrivée. A droit égal, les bateaux et trains descendants auront la priorité sur les traits de bateaux montants.

5. Pour prendre leur tour de passage, les bateaux et trains de bois descendants s'arrêteront sur l'une ou l'autre rive, à 300 mètres en amont du pont de service.

6. Les traits de bateaux montants devront être formés de manière à ne point présenter, accouplés au passage du pont, des bateaux mesurant chacun plus de 4 mètres de largeur.

La longueur de ces traits ne pourra excéder 200 mètres.

Il y aura à bord de chaque bateau un marinier ou pilote pour le diriger.

7. Les pontons, machines ou tous objets quelconques formant

obstacle à la navigation seront signalés, par les soins de l'entrepreneur des travaux : le jour, par des fanions de couleur rouge ; la nuit, par des feux rouges placés au haut de mâts.

Des feux blancs indiqueront les endroits laissés libres pour la navigation.

8. Le pilotage n'est pas obligatoire ; il est institué à titre de libre secours et mis, comme tel, à la disposition des capitaines ou patrons de bateaux.

En conséquence, aucune action ne pourra, en cas d'accident ou d'avarie, être intentée, soit contre les agents du pilotage, soit contre l'administration ; mais les capitaines ou patrons qui n'auront pas usé de ce secours, demeureront responsables, soit personnellement, soit au nom des entrepreneurs qu'ils représenteront, de toutes les avaries occasionnées par eux aux travaux du pont.

9. Le service de pilotage cessera aussitôt après l'enlèvement des cintres du pont et des pieux qui les soutiennent.

10. Les ingénieurs de la navigation de la Seine (2e section) et des ponts de Paris, l'inspecteur général de la navigation et des ports et les agents sous leurs ordres, sont chargés, chacun en ce qui le concerne, d'assurer l'exécution de la présente ordonnance, qui sera imprimée, publiée et affichée.

Le préfet de police, BOITTELLE.

N° **4188.** — *Ordonnance concernant la sûreté de la circulation sur le pont provisoire de Bercy.*

Paris, le 3 décembre 1863.

Nous, préfet de police,

Vu : 1° la loi des 16-24 août 1790 ;

2° L'arrêté du gouvernement du 12 messidor an VIII (1er juillet 1800);

3° L'ordonnance de police du 20 novembre 1861, concernant la sûreté de la circulation sur le pont de Bercy ;

4° Le rapport de l'ingénieur en chef des ponts et chaussées du département de la Seine, en date du 29 octobre 1863 ;

Considérant qu'il importe d'interdire le passage sur l'ancien pont de Bercy, qui va être démoli, et de prendre les mesures propres à assurer la conservation du pont provisoire, qui a été établi en attendant la construction d'un nouveau pont en pierre,

Ordonnons ce qui suit :

1. La circulation est interdite sur le pont suspendu de Bercy et reportée, pendant toute la durée des travaux de reconstruction, sur le pont provisoire en charpente établi en aval.

2. La circulation est interdite, sur le pont provisoire de Bercy, aux voitures chargées, suspendues ou non suspendues, attelées de plus de trois chevaux.

Pendant la traversée, les chevaux seront mis au pas ; les voituriers ou rouliers tiendront les guides ou le cordeau.

Défense est faite aux rouliers et autres voituriers de dételer aucun de leurs chevaux pour le passage du pont.

Les chevaux non attelés, les bêtes de somme et les bestiaux devront être menés au pas.

3. Il est interdit à tous cochers ou conducteurs de voitures publiques ou particulières de faire stationner leurs voitures sur le pont, sous quelque prétexte que ce soit, et de se servir des chasse-roues ou garde-grève bordant les trottoirs, comme moyen d'arrêt à leurs mouvements.

4. Les bouviers ne pourront faire passer les bœufs et les vaches en bande, qu'autant que chacune de ces bandes ne dépassera pas quarante bêtes.

Il est interdit à tous conducteurs de bestiaux d'engager un troupeau sur le pont pendant qu'un autre troupeau le traverse.

5. Il est défendu de monter sur les garde-corps.

6. Les contraventions à la présente ordonnance seront constatées par des procès-verbaux ou rapports, qui nous seront transmis, pour être déférés aux tribunaux compétents.

7. L'ordonnance de police ci-dessus visée du 20 novembre 1861 est rapportée.

8. La présente ordonnance sera imprimée et affichée, notamment aux abords du pont provisoire de Bercy.

Le chef de la police municipale, les commissaires de police et spécialement ceux des quartiers de Bercy et de la Salpétrière, les officiers de paix et tous autres préposés de la préfecture de police sont chargés, chacun en ce qui le concerne, d'en surveiller et assurer l'exécution.

M. le colonel de la garde de Paris est chargé de tenir la main à son exécution par tous les moyens mis à sa disposition.

Le préfet de police, BOITTELLE.

N° **4189.** — *Ordonnance concernant la vérification périodique des poids et mesures pour 1864* (poinçon portant la lettre L) (1).

Paris, le 4 décembre 1863.

N° **4190.** — *Ordonnance concernant le stationnement des voitures, bêtes de trait et de somme, et le dépôt des hottes, mannes, paniers et denrées sur la voie publique, aux abords des halles et marchés.*

Paris, le 29 décembre 1863

Nous, préfet de police,

Vu : 1° la loi des 16-24 août 1790, titre XI ;

2° L'arrêté du gouvernement du 12 messidor an VIII (1er juillet 1800);

---

(1) V. l'ord. du 3 déc. 1872.

3° L'arrêté de M. le sénateur, préfet du département de la Seine, en date du 22 de ce mois ,

Ordonnons ce qui suit :

1. A partir du 1er janvier prochain, les voitures attelées et non attelées , les bêtes de somme et de trait , servant au transport des marchandises destinées à l'approvisionnement des halles et marchés, devront en être retirées aussitôt après leur déchargement pour être placées, ainsi que les voitures, hottes, mannes, paniers et denrées appartenant aux désapprovisionneurs qui fréquentent les halles centrales et le marché de la Vallée, soit dans les auberges, soit sur les lieux de stationnement désignés par l'arrêté sus-visé de M. le sénateur, préfet de la Seine.

2. Les voitures y seront placées soit en *file*, c'est-à-dire à la suite les unes des autres, soit *en rang*, c'est-à-dire roues contre roues, conformément aux indications ci-après :

HALLES CENTRALES.

§ 1er. — *Stationnement des voitures et chevaux servant à l'approvisionnement.*

1re PLACE. — Quais de Gèvres, Le Peletier et de la Grève.

Cette place s'étend :

1° Sur le quai de Gèvres, le long de la bordure du trottoir (côté de la rivière), entre le pont-au-Change et le pont Notre-Dame ;

2° Sur le quai Le Peletier, entre le pont Notre-Dame et le pont d'Arcole ;

Et 3° sur le quai de la Grève, depuis la caserne des gardes de Paris (côté Est) jusqu'au pont Louis-Philippe.

Les voitures y seront placées sur un seul rang.

2e PLACE. — Avenue Victoria, boulevard de Sébastopol et rue Saint-Martin.

Cette place se compose de trois parties :

1° Avenue Victoria, le long de la bordure du trottoir (côté du square),

Les voitures y seront placées sur deux files ;

2° Boulevard de Sébastopol, le long de la bordure du trottoir (côté du square), de l'avenue Victoria à la rue de Rivoli.

3° Rue Saint-Martin, le long de la bordure du trottoir (côté du square), de l'avenue Victoria à la rue de Rivoli.

Pour ces deux dernières parties, les voitures seront rangées sur une seule file.

3e PLACE. — Avenue Victoria.

Cette place se compose de deux parties :

1° Le long de la bordure du trottoir (côté Nord), de la rue de la Coutellerie à la place de l'Hôtel-de-Ville.

Les voitures devront être rangées sur une seule file parallèle au trottoir ;

2º De la rue Saint-Denis à la rue des Lavandières-Sainte-Opportune, devant le théâtre impérial du Châtelet et du côté de ce théâtre.

Les voitures devront y être placées sur deux files parallèles au théâtre.

4e PLACE. — Quais de la Mégisserie, de l'Ecole et du Louvre.

Cette place s'étend :

1º Le long du trottoir (côté de la rivière), depuis le Pont-au-Change jusqu'en face de la rue Bertin-Poirée.

Les voitures devront être rangées sur une seule file parallèle au trottoir ;

2º Le long du trottoir (côté de la rivière), depuis la rue Bertin-Poirée jusqu'au Pont-Neuf ;

3º Le long du trottoir (côté de la rivière), du Pont-Neuf à la rue du Louvre.

Pour ces deux sections, les voitures devront être placées sur deux files parallèles au trottoir.

5e PLACE. — Rue Saint-Martin.

Cette place s'étend de la rue de Rivoli à la rue des Lombards.

Les voitures y seront placées sur deux files le long de la bordure du trottoir (côté des numéros impairs).

6e PLACE. — Boulevard de Sébastopol.

Cette place s'étend :

1º De la rue de Rivoli à la rue de Rambuteau ;

Et 2º de la rue de Rambuteau à la rue de Réaumur.

Sur ces deux points, les voitures seront placées sur deux files, le long de la bordure du trottoir (côté des numéros pairs).

7e PLACE. — Rues Grenéta, de Réaumur et de Turbigo.

Cette place s'étend, dans chacune de ces trois rues, de la rue Saint-Denis à la rue Saint-Martin.

Les voitures y seront placées sur une seule file du côté des numéros pairs.

8e PLACE. — Quai de la Tournelle.

Cette place s'étend du pont de la Tournelle au pont de l'Archevêché.

Les voitures y seront placées sur une seule file, le long du trottoir, du côté de la rivière.

Le stationnement pourra s'y prolonger jusqu'au coucher du soleil, les mardis et vendredis, pour les voitures des marchés Neuf et des Carmes ; et les mercredis et samedis, pour les voitures des jardiniers fleuristes et pépiniéristes.

9e PLACE. — Rue du Louvre.

Cette place s'étend le long des trottoirs, de chaque côté de cette rue, depuis les quais jusqu'à la rue de Rivoli.

Les voitures devront y être placées sur deux files de chaque côté, en laissant libre l'entrée de chaque rue.

10e PLACE. — Place Lobau.

Cette place comprend l'espace situé entre l'Hôtel-de-Ville et la caserne Napoléon et sera affectée aux voitures dites tapissières et haquets.

Les voitures seront placées sur deux rangs et pourront y stationner, chaque jour, jusqu'au coucher du soleil.

§ 2. — *Stationnement des voitures et animaux servant au transport des denrées achetées.*

1re PLACE. — Rue de l'Aiguillerie.

Cette place s'étend de la rue Saint-Denis à la rue Sainte-Opportune, du n° 1 au n° 7.

Elle pourra contenir 60 voitures à bras, qui seront placées sur deux files parallèles, le long de la bordure du trottoir.

2e PLACE. — Rue Aubry-le-Boucher.

Cette place se compose du renfoncement du n° 24 et pourra contenir 32 voitures attelées, le long du trottoir et sur deux files.

3e PLACE. — Rue Bertin-Poirée.

Cette place pourra contenir 25 voitures attelées du n° 5 au n° 17 ;
Et 10 voitures attelées, dans le renfoncement formé par le n° 16.
Les voitures y seront placées en file touchant la bordure des trottoirs.

4e PLACE. — Rue Boucher.

Cette place pourra contenir, du n° 7 au n° 13, 10 voitures attelées, qui seront placées le long du trottoir et sur une seule file.

5e PLACE. — Rue des Deux-Boules.

Cette place pourra contenir :
20 voitures attelées du n° 2 au n° 10 ;
Et 20 voitures attelées, du n° 1 au n° 13.
Elles seront placées en file de chaque côté de la rue, en laissant entr'elles l'espace nécessaire pour le passage d'une voiture.

6e PLACE. — Rue des Bourdonnais.

Cette place se compose de trois parties :
1° Du n° 20 au n° 26 pouvant recevoir 10 voitures attelées, sur une seule file;
2° Du n° 27 au n° 37 où 100 voitures à bras pourront être placées sur deux files, le long du trottoir;

Et 3° de l'espace compris devant le n° 45 et sur lequel pourront se placer, sur deux files, 20 voitures à bras, le long du trottoir.

7e PLACE. — Impasse des Bourdonnais.

Cette place comprend tout le côté gauche de l'impasse et pourra contenir 30 voitures à bras, sur une seule file.

8e PLACE. — Rue du Cloître-Saint-Jacques.

Cette place s'étend :
1° Du n° 2 au n° 12, pour 20 voitures attelées ;
Et 2° du n° 1 au n° 9, pour pareil nombre de voitures.
Le tout sur une file de chaque côté de la rue, le long du trottoir.

9e PLACE. — Rue du Contrat-Social.

Cette place s'étend du n° 2 au n° 6 et pourra recevoir 26 voitures à bras, sur deux files.

10e PLACE. — Rue Coquillière.

Cette place s'étend du n° 2 au n° 16 et pourra contenir 36 voitures attelées, qui seront placées sur deux files, le long du trottoir.

11e PLACE. — Rue du Cygne et du Cygne prolongée.

Cette place se compose de trois parties :
1° Rue du Cygne, du n° 2 au n° 6, pouvant recevoir 15 voitures attelées, sur une file ;
2° Même rue, du n° 8 au n° 10, pour 30 voitures à bras placées sur deux files ;
Et 3° rue du Cygne prolongée, en face de l'église, pouvant contenir 15 voitures attelées sur une file.

12e PLACE. — Rue des Déchargeurs.

Cette place pourra recevoir 80 voitures à bras, qui seront rangées sur deux files, le long des maisons numéros pairs, du n° 2 au n° 12.

13e PLACE. — Rue Estienne.

Elle pourra recevoir 10 voitures attelées, qui se tiendront en face le n° 5 de la rue, sur deux files, le long du trottoir.

14e PLACE. — Rue de la Ferronnerie.

Cette place, qui ne doit servir de stationnement que pendant la saison d'hiver, pourra recevoir :
1° Du n° 2 au n° 6, 13 voitures attelées ;
2° Du n° 8 au n° 14, 13 voitures attelées ;
3° Du n° 17 au n° 25, 10 voitures attelées ;
Le tout sur une file.

15e PLACE. — Rue Française.

Cette place pourra recevoir 30 voitures attelées, sur deux files.

Le stationnement aura lieu alternativement par semaine de chaque côté de la rue.

16e PLACE. — Rue des Halles.

Cette place s'étend du n° 2 au n° 10 et du n° 1 au n° 7.

Elle pourra contenir 40 voitures attelées, sur deux files, le long du trottoir de chaque côté de la rue.

17e PLACE. — Rue du Jour.

Cette place s'étend :

1° Du n° 1 au n° 9 et pourra contenir 18 voitures attelées, qui seront placées sur trois files ;

Et 2° du n° 15 au n° 31, pouvant recevoir 28 voitures à bras, sur deux files ;

Le tout le long du trottoir.

18e PLACE. — Rue des Lavandières-Sainte-Opportune.

Ce stationnement a lieu :

1° Devant le n° 8, et pourra recevoir 20 voitures attelées, sur deux files ;

2° Du n° 31 au n° 37, pour 30 voitures à bras, sur deux files.

Dans l'été, et notamment pendant la durée du marché aux pois verts, il n'y aura pas de stationnement de voitures sur ce dernier point.

19e PLACE. — Rue Jean-Lantier.

Cette place s'étend du n° 5 au n° 7 et pourra recevoir 12 voitures attelées, sur deux files, le long du trottoir.

20e PLACE. — Rue de la Limace.

Cette place s'étend le long des n°s pairs de la rue et pourra contenir 50 voitures à bras, qui seront placées sur une file.

21e PLACE. — Rue des Lombards.

Cette place s'étend :

1° Du n° 29 au n° 33 et pourra contenir 8 voitures attelées, sur une file ;

2° Du n° 42 au n° 48, pouvant recevoir 20 voitures à bras, sur une file ;

Et 3° du n° 23 au n° 25, pour 20 voitures à bras, sur deux files.

22e PLACE. — Rue Mondétour.

Cette place pourra contenir 20 voitures à bras, sur deux files, le long de la maison n° 29.

23e PLACE. — Rue Montmartre.

Elle s'étend :

1o Du no 16 au no 40, pour 180 voitures à bras, sur trois files ;
Et 2o du no 42 au no 66, pour 210 voitures à bras, sur trois files.

24e PLACE. — Rue Oblin.

Cette place s'étend de la rue Coquillière à la rue de Viarmes et pourra contenir 22 voitures à bras, sur deux files.

Ce stationnement sera placé alternativement, par semaine, de chaque côté de la rue.

25e PLACE. — Rue du Plat-d'Étain.

Cette place s'étend du no 5 au no 7, et pourra recevoir 40 voitures à bras, qui seront placées sur deux files.

26e PLACE. — Rue des Pèlerins-Saint-Jacques.

Cette place s'étend devant les nos 1 et 3, et pourra contenir 20 voitures à bras, sur deux files.

27e PLACE. — Rue des Prouvaires.

Cette place s'étend devant le pavillon de pierre et pourra contenir 25 voitures attelées, sur un rang.

Ce stationnement sera spécial aux voitures de bouchers.

28e PLACE. — Passage des Prouvaires.

Elle s'étend de la rue de la Tonnellerie à la rue des Prouvaires, devant le pavillon de pierre, et pourra recevoir :

Du côté pair, 25 voitures attelées, sur une seule file ;
Et du côté impair, 30 voitures à bras, également sur une seule file.

29e PLACE. — Rue Neuve-des-Prouvaires.

Elle s'étend de la rue des Prouvaires à la rue du Four (côté pair), et pourra recevoir 42 voitures à bras, sur deux files, le long du trottoir.

30e PLACE. — Rue Quincampoix.

Elle s'étend du no 65 au no 73, et pourra recevoir 20 voitures à bras, sur une seule file.

31e PLACE. — Rue de Rambuteau.

Cette place se compose de trois parties :

1o Du côté impair, du no 75 au no 77, et pourra contenir 60 voitures à bras, sur deux files ;
2o Du côté pair, du no 58 au no 62 pour 12 voitures attelées, sur une file ;

Et 3º du même côté pair, du nº 64 au nº 66, où elle pourra recevoir 9 voitures attelées, sur une file.

32e PLACE. — Rue de Rivoli.

Cette place s'étend du nº 104 au nº 136 et pourra contenir 16 voitures attelées, qui seront placées sur deux files parallèles, le long du trottoir.

33e PLACE. — Rue de la Reynie.

Cette place comprend trois parties et s'étend :

1º Devant le nº 22, pour 16 voitures attelées, sur deux files ;
2º Du nº 24 au nº 26, pour 60 voitures à bras, sur deux files;
Et 3º du nº 23 au nº 27, pour 60 voitures à bras, sur deux files.

34e PLACE. — Rue du Roule.

Cette place s'étend du nº 1 au nº 23 et pourra recevoir 100 voitures à bras, sur deux files.

35e PLACE. — Rue Saint-Denis.

Cette place se compose de trois parties :

1º Du nº 51 au nº 65, pour 70 voitures à bras, sur deux files ,
2º Du nº 12 au nº 20, pouvant contenir 50 voitures attelées, sur deux files ;
Et 3º du nº 90 au nº 96, pour 30 voitures à bras, sur deux files.

36e PLACE. — Place Sainte-Opportune.

Cette place, qui ne doit être affectée à une station que pendant la saison d'hiver, pourra contenir, dans le renfoncement existant du côté des numéros pairs, 24 voitures attelées, sur trois files.

37e PLACE. — Rue Saint-Honoré.

Cette place s'étend du nº 36 au nº 42, et recevra 30 voitures à bras, sur deux files.

38e PLACE. — Rue Tirechappe.

Cette place, composée de trois parties, s'étend :

1º Du nº 2 au nº 6, pour 20 voitures attelées, sur deux files;
2º En face le numéro 1, où pourront stationner 20 voitures à bras, sur deux files ;
Et 3º du nº 13 au nº 17, dans le renfoncement, où stationneront 24 voitures à bras, sur deux files.

39e PLACE. — Rue de la Tonnellerie.

Devant le pavillon de pierre, le stationnement sera affecté à 25 voitures attelées, sur une file.

40e PLACE. — Rue de la Grande-Truanderie.

En face de l'église (côté impair), 10 voitures attelées pourront se placer sur une file le long du trottoir.

41e PLACE. — Rue de Vannes.

Cette place s'étend de la rue du Four à la rue de Viarmes et pourra contenir 22 voitures à bras, sur une file de chaque côté de la rue.

42e PLACE. — Rue de Viarmes.

Cette place comprend l'espace qui existe entre la rue Oblin et la rue de Vannes et pourra contenir 30 voitures attelées, sur deux files. Ce stationnement sera placé alternativement par semaine de chaque côté de la rue.

Stationnement de réserve pour le cas où l'affluence des voitures ne permettrait pas de les placer sur les emplacements indiqués plus haut.

43e PLACE. — Rue Jean-Lantier.

Cette place s'étend du n° 1 au n° 9, et pourra recevoir 40 voitures attelées, sur deux files.

44e PLACE. — Rue Saint-Denis.

Cette place s'étend du n° 1 au n° 7, et pourra contenir 30 voitures attelées, sur deux files.

45e PLACE. — Avenue Victoria.

Cette place s'étend du n° 14 au n° 24, et pourra contenir 40 voitures attelées, qui se placeront sur une seule file de chaque côté de la rue.

46e PLACE. — Rue aux Ours.

Cette place s'étend du n° 27 au n° 53, et pourra contenir 24 voitures attelées, sur deux files.

47e ET DERNIÈRE PLACE. — Boulevard de Sébastopol.

Cette place s'étend de la rue des Lombards à la rue aux Ours et pourra recevoir 168 voitures attelées, placées sur deux files et réparties de la manière suivante :

1° De la rue des Lombards à la rue de la Reynie.   20 voitures.
2° De la rue de la Reynie à la rue Aubry-le-Boucher 24 —
3° De la rue Aubry-le-Boucher à la rue de la Cosson-nerie.   28 —
4° De la rue de la Cossonnerie à la rue de Rambu-teau.   36 —
5° De la rue de Rambuteau à la rue de la Grande-Truanderie.   20 —

6° De la rue de la Grande-Truanderie à la rue du
Cygne. . . . . 20 voitures.
7° De la rue du Cygne à la rue aux Ours. . . . . 20 —

§ 3. — *Dépôt des hottes, mannes, paniers et denrées.*

Le dépôt des hottes, mannes, paniers et denrées ne pourra se faire
que sur les points ci-après indiqués :

1° Rue Aubry-le-Boucher, devant le n° 26 et du n° 35 au n° 41.

2° Rue aux Fers, sur le trottoir du square, du n° 1 au n° 11, du
n° 15 au n° 25, enfin, le long du bâtiment neuf;

3° Rue des Prêcheurs, sur les trottoirs en face les n°s 12, 14, 16,
et du côté des n°s impairs entre les n°s 1 et 13 ;

4° Rue Saint-Denis, du n° 102 au n° 108;

5° Même rue, sur le trottoir du square ;

6° Sous les pavillons n°s 9 et 10, sur les points actuellement occupés et qui seront précisés par les agents du service municipal.

MARCHÉ DE LA VALLÉE.

§ 1er. — *Stationnement des voitures et animaux.*

Quai des Grands-Augustins.

Cette place, qui recevra les voitures d'approvisionnement et de désapprovisionnement du marché de la Vallée, s'étend du Pont-Neuf au
pont Saint-Michel.

Les voitures seront placées sur un seul rang, adossé au trottoir du
côté de la rivière et pourront y séjourner jusqu'à la clôture de la vente
en gros avec une demi-heure de tolérance.

§ 2. — *Stationnement des voitures et animaux servant
au transport des denrées achetées.*

Quai des Grands-Augustins et rue du Pont-de-Lodi.

Sur les trottoirs bordant le marché et à l'intérieur des bâtiments.

MARCHÉ SAINT-HONORÉ.

Place du Marché-Saint-Honoré.

Cette place comprendra les deux emplacements libres qui existent entre les corps de bâtiments du marché.

Les voitures y seront placées en rang et il sera formé autant de
rangs que l'espace pourra en contenir.

L'emplacement sera circonscrit par un cours de corde formant
enceinte et soutenu par des piquets en fer d'un mètre de hauteur.

Ce stationnement pourra se prolonger jusqu'au coucher du soleil,
tous les jours, pour les voitures des titulaires d'étaux de boucherie
sur le marché Saint-Honoré, et les mardis et vendredis, pour les voitures des marchands forains.

Les voitures des laitiers pourront y stationner tous les jours jusqu'à 10 heures du matin.

MARCHÉ DES ENFANTS - ROUGES.

Rues Caffarelli et Molay prolongée.

Le stationnement aura lieu dans la rue Molay prolongée. du côté des numéros pairs, et dans la rue Caffarelli, du côté du lavoir public.

Les voitures devront être rangées sur une seule file dans la rue Caffarelli, et sur deux files dans la rue Molay prolongée.

Le stationnement pourra se continuer tous les jours, sur cette place, jusqu'au coucher du soleil.

Dans le cas où le stationnement ne pourrait avoir lieu dans la rue Molay prolongée, par suite des travaux de reconstruction du marché du Temple, il sera provisoirement reporté rue de Palestro, et les voitures y seront rangées sur une file du côté des numéros pairs.

MARCHÉ DES BLANCS-MANTEAUX.

Rues longeant le marché des Blancs – Manteaux.

Cette place comprendra les deux rues qui longent le marché des Blancs-Manteaux.

Le stationnement pourra s'y prolonger les mardis et vendredis jusqu'au coucher du soleil, et les voitures seront placées en file, le long du trottoir, du côté du marché.

MARCHÉ SAINT-GERMAIN.

Place Saint – Sulpice et rue Férou.

Cette place comprend :

1º La rue Férou, depuis la place St-Sulpice jusqu'au nº 13 ;

2º L'espace au sud du portail de l'église et au débouché de la rue Palatine ;

3º La partie de la place Saint-Sulpice longeant le séminaire, entre les rues Férou et Bonaparte.

Dans chaque section, les voitures seront placées sur un seul rang. Elles pourront stationner sur cette place jusqu'au coucher du soleil, les mardis et vendredis, jours de marché forain au marché Saint-Germain ; et les lundis et jeudis, jours de tenue du marché aux fleurs de la place Saint-Sulpice.

MARCHÉ DE SÈVRES.

Boulevard des Invalides.

Cette place sera établie :

1º Sur le boulevard des Invalides à partir de la rue de Sèvres, le long de la contre-allée, du côté du couvent des Oiseaux.

Les voitures y seront placées sur un seul rang ;

Et 2º rue Saint-Romain (côté des numéros pairs). Les voitures y seront placées sur une seule file.

MARCHÉ DE CHAILLOT.

Rue du Chemin de Versailles.

Les voitures y seront rangées du côté des numéros pairs, et sur une seule file, du n° 28 au n° 38.

MARCHÉ DE L'AVENUE PERCIER.

Avenue de Plaisance.

Les voitures y seront placées, sur un rang, le long de chaque trottoir.

MARCHÉ SAINT-MARTIN.

Rues Vaucanson, Conté et Ferdinand-Berthoud.

Les voitures seront placées :
Dans la rue Vaucanson, sur une file, le long de la grille du Conservatoire des Arts-et-Métiers ;
Dans la rue Conté, sur deux files, du côté des numéros impairs ;
Et dans la rue Ferdinand-Berthoud, sur une seule file, également du côté des numéros impairs.
Elles pourront stationner, les mardis et vendredis, jusqu'au coucher du soleil.

MARCHÉ BEAUVEAU-SAINT-ANTOINE.

Place du Marché-Beauveau-Saint-Antoine.

Cette place est divisée en deux sections :
L'une, rue Beauveau, de chaque côté, depuis le boulevard Mazas jusqu'au n° 15 à gauche, et à droite jusqu'au n° 16.
L'autre, rues de Beccaria et Legraverend, le long du trottoir de la maison d'arrêt cellulaire de Mazas.
Dans chaque stationnement, les voitures seront rangées sur une seule file.

MARCHÉ DU COURS DE VINCENNES.

Cours de Vincennes.

Cette place comprendra le côté droit du cours de Vincennes, du n° 2 au n° 52.
Les voitures y seront rangées, le long du trottoir, sur une seule file.

MARCHÉ DE BERCY.

Rues Libert et des Fonds-Verts.

Cette place comprend :
1° La rue Libert, côté des numéros pairs, pour les voitures attelées, qui y seront rangées sur une seule file ;
Et 2° la rue des Fonds-Verts, côté des numéros impairs, pour les voitures à bras, qui y seront placées sur deux rangs.

MARCHÉ DE LA MAISON-BLANCHE.

Rue du Moulin-de-la-Pointe et chemin des Prés.

Les voitures y seront rangées sur une seule file, du côté des numéros impairs.

MARCHÉ DE MONTROUGE.

Place du Petit-Montrouge.

Les voitures y seront placées sur deux rangs du côté de la chaussée du Maine.

MARCHÉ DE GRENELLE.

Pourtour du théâtre de Grenelle.

Cette place comprend tout l'espace libre autour du théâtre de Grenelle.

Les voitures y seront placées en file, le long du trottoir bordant les maisons.

MARCHÉ DE VAUGIRARD.

Rue de Sèvres.

Cette place s'étend, dans la rue de Sèvres, de la rue de l'Ecole à la rue des Trois-Frères et au besoin, jusqu'aux fortifications.

Les voitures y seront rangées sur une seule file, du côté des numéros impairs.

MARCHÉ DE PASSY.

Rues Suger et de la Fontaine.

Les voitures y seront rangées sur une seule file :

Dans la rue Suger, le long de l'école des Frères ;

Et dans la rue de la Fontaine, le long du mur de clôture qui forme un côté de cette rue.

MARCHÉ D'AUTEUIL.

Place des Parchamps, rue Verderet et place d'Aguesseau.

Les voitures y seront placées du côté des numéros impairs, savoir :

Place des Parchamps, sur deux rangs ;

Rue Verderet, sur un rang ;

Et place d'Aguesseau, sur deux files.

MARCHÉ DES TERNES.

Rues de Bray, de l'Étoile et Charlot.

Les voitures y seront rangées sur une seule file, savoir :

Rue de Bray, du côté des n^{os} impairs, n° 1 au n° 15 ;

Rue de l'Étoile, du côté des n^{os} pairs, du n° 2 au n° 14;

Et rue Charlot, du côté des n^{os} impairs, du n° 3 à l'angle de la rue de la Plaine.

MARCHÉ DES BATIGNOLLES.

Rues Notre-Dame-des-Moines, des Carrières et des Moulins.

Les voitures stationneront dans chacune de ces trois rues, sur une seule file et du coté des nos pairs.

MARCHÉ DE MONTMARTRE.

Cette place s'étend :

Premièrement, pour le marché de la rue de l'Abbaye :

Place Saint-Pierre, autour du plateau planté.

Les voitures y seront placées sur deux files.

Et *Deuxièmement*, pour le marché de la Chaussée-Clignancourt :

1º Rue Neuve-Poulet, des deux côtés ;

2º Rue Lévisse, depuis la rue Dejean jusqu'à la rue Marcadet (côté des nos impairs) ;

3º Rue Dejean (côté des nos pairs jusqu'à la rue du Château) ;

Et 4º même rue Dejean, des deux côtés, depuis la rue Lévisse jusqu'à la rue Poulet.

Les voitures seront placées : sur deux files, dans la rue Neuve-Poulet et dans la rue Levisse ; et sur une seule file, dans la rue Dejean.

MARCHÉ DE LA CHAPELLE.

Les voitures stationneront :

1º Les mercredis et samedis, à l'intérieur du marché, du côté de la rue Neuve-du-Bon-Puits, sur trois rangs de 20 voitures chacun ;

2º Les mardis, jeudis et vendredis, sur la place du marché, en face le marché, sur trois rangs de sept voitures chacun.

MARCHÉ DE LA VILLETTE.

Place de Meaux et rue d'Allemagne.

Les voitures y stationneront, savoir :

Place de Meaux, sur un rang de chaque côté, en laissant entre elles un passage pour les piétons ;

Et rue d'Allemagne, en face le nº 83, sur une seule file, du côté des nos pairs.

MARCHÉS DE BELLEVILLE.

Cette place s'étend :

Premièrement, pour le marché de la Chaussée-Ménilmontant :

Sur le boulevard des Amandiers ;

Deuxièmement, pour le marché Saint-Laurent ;

Dans la rue de la Chopinette, le long du trottoir (côté des nos pairs).

Les voitures stationnant sur les deux sections y seront rangées sur une seule file ;

Et *Troisièmement*, pour le marché Levet :

Dans la rue Henri-Chevreau, avec prolongement, s'il était nécessaire, sur la chaussée Ménilmontant, jusqu'à la rue des Cascades.

Les voitures pourront se ranger dans la rue Henri-Chevreau, sur une seule file, le long de chaque trottoir ; et sur la chaussée Ménilmontant, sur une file du côté des n^{os} impairs seulement.

3. Les voitures devront être rangées avec ordre sur les places de stationnement, de manière qu'on puisse toujours les retirer avec facilité.

Les bêtes de trait seront attelées aux voitures ou attachées entre les limons, la croupe en dehors des rangs.

Les bêtes de somme seront attachées derrière les voitures, mais il n'en sera reçu que sur les stationnements où les voitures pourront être placées sur plusieurs rangs.

4. Le stationnement des voitures et bêtes de trait et de somme employées au service d'approvisionnement et de désapprovisionnement des halles et marchés, ainsi que le dépôt des hottes, mannes, paniers et denrées sont interdits sur tous les points de la voie publique autres que ceux indiqués ci-dessus.

5. Les agents préposés par les adjudicataires des places de stationnement à la conduite et à la garde des voitures, animaux, hottes, mannes, paniers et denrées, devront être munis d'une permission de la préfecture de police.

Pendant toute la durée de leur service, ils devront porter au bras gauche une plaque aux armes de la Ville, indicative des places de stationnement qu'ils desserviront, et d'un numéro d'ordre spécial qui leur sera délivré.

Les dispositions du présent article sont applicables aux agents employés par les aubergistes pour conduire dans les locaux appartenant à ces derniers, les voitures, chevaux et bêtes de somme. La plaque de ces agents indiquera l'établissement auquel ils sont attachés.

6. Les propriétaires de voitures, bêtes de trait et de somme et de tous autres objets, qui les conduiront et feront conduire et garder sur les places de stationnement, seront tenus de se conformer, pour leur placement, aux indications qui leur seront données par les adjudicataires.

7. Les adjudicataires des places de stationnement et les aubergistes pourront faire conduire par chacun de leurs agents, jusqu'à 3 voitures ou 4 bêtes de somme à la fois, mais seulement depuis minuit (en toutes saison) jusqu'à 7 heures du matin, du 1er avril au 30 septembre ; et jusqu'à 8 heures du matin, du 1er octobre au 31 mars.

8. Les places de stationnement devront être évacuées entièrement à 9 heures et demie du matin, du 1er avril au 30 septembre; et à 10 heures et demie du matin, du 1er octobre au 31 mars.

Cette limite ne pourra être dépassée sous aucun prétexte, sauf toutefois les exceptions indiquées en l'article 2.

9. Les contraventions à la présente ordonnance seront constatées par des procès-verbaux ou rapports, qui nous seront transmis à telles fins que de droit.

10. La présente ordonnance sera imprimée, publiée et affichée.

Ampliation en sera adressée à M. le sénateur, préfet du département de la Seine.

Le chef de la police municipale, les commissaires de police et les officiers de paix, l'inspecteur général des halles et marchés, et les autres préposés de la préfecture de police, sont chargés, chacun en ce qui le concerne, d'en assurer l'exécution.

M. le colonel de la garde de Paris y prêtera, au besoin, son concours.

Le préfet de police, BOITTELLE.

1864.

N° **4191.** — *Ordonnance concernant la prohibition de la chasse* (1).

Paris, le 13 janvier 1864.

N° **4192.** — *Ordonnance concernant les mesures d'ordre à observer pendant les divertissements du carnaval* (2).

Paris, le 2 février 1864.

N° **4193.** — *Ordonnance concernant l'échenillage* (3).

Paris, le 18 février 1864.

N° **4194.** — *Ordonnance concernant la foire aux jambons* (4).

Paris, 18 mars 1864.

N° **4195.** — *Ordonnance concernant la police du marché de Vincennes.*

Paris, le 3 mai 1864.

Nous, préfet de police,

Vu : 1° les lois des 16-24 août 1790 et 19-22 juillet 1791 ;

2° Les arrêtés du gouvernement des 12 messidor an VIII (1er juillet 1800) et 3 brumaire an IX (25 octobre 1800) ;

3° La loi du 10 juin 1853 ;

---

(1) V. l'ord. du 26 janv. 1872.
(2) V. l'ord. du 23 fév. 1870.
(3) V. l'ord. du 10 janv. 1872.
(4) V. l'ord. du 15 mars 1872.

4° L'arrêté de M. le sénateur, préfet de la Seine, en date du 30 mars 1864, qui autorise l'établissement du marché de Vincennes sur un terrain communal situé au nord de l'église, avec retour sur la rue de Fontenay, pour tenir le mardi et le vendredi,

Ordonnons ce qui suit :

1. Le marché de comestibles établi les mardi et vendredi de chaque semaine à Vincennes, sur l'emplacement situé au nord de l'église, avec retour dans la rue de Fontenay, ouvrira à **7** heures du matin, du **1er** avril au **30** septembre ; à **8** heures du matin, du **1er** octobre au **31** mars, et fermera, en tout temps, à **3** heures de relevée.

L'ouverture et la fermeture seront annoncées au son d'une cloche.

2. Les places seront accordées par le maire de Vincennes, qui indiquera l'emplacement affecté aux diverses natures de denrées.

3. Les marchands apposeront à l'endroit le plus apparent de leurs places, une plaque ou un écriteau indiquant lisiblement leurs noms et domicile.

Ils devront d'ailleurs se conformer strictement à toutes les prescriptions qui leur seront imposées relativement à la tenue de leurs places.

4. Chaque marchand devra être pourvu des balances, poids et mesures nécessaires pour le pesage et le mesurage de ses marchandises.

5. Il est défendu aux marchands de se servir des dénominations telles que *livre, sou, boisseau* et toutes autres contraires au système décimal pour indiquer, au moyen d'étiquettes ou verbalement, le prix ou la quantité de leurs marchandises, à peine des poursuites judiciaires à exercer contre eux, conformément à la loi du 4 juillet 1837 (1).

6. Il est expressément défendu d'exposer en vente des marchandises falsifiées, corrompues ou nuisibles. Toute tromperie envers le public, soit sur le poids, soit sur la quantité ou la nature de la marchandise, sera poursuivie et punie conformément à la loi.

7. Il est interdit aux marchands de crier le prix de leurs marchandises et d'appeler ou arrêter le public.

8. Les voitures et bêtes de somme ne pourront pénétrer dans le marché. Elles stationneront seulement aux abords, pendant le temps nécessaire pour le chargement et le déchargement des marchandises.

Dès que le déchargement sera opéré, les voitures et bêtes de somme seront rangées sur une seule ligne, rue de Fontenay, à partir du n° 25 et dans la direction du cimetière.

Il sera laissé au droit de chaque porte cochère un passage libre pour l'entrée et la sortie des voitures.

9. Les marchands sont tenus de laisser toujours libres les passages réservés pour faciliter la circulation. Ils ne pourront, sous aucun prétexte, déposer des marchandises en dehors des limites de leurs places.

---

(1) V. cette loi au 4e vol. p. 508.

10. Toutes les places devront être tenues ainsi que leurs abords dans le meilleur état de propreté.

On ne pourra plumer la volaille ni vider du poisson sur le marché que dans des seaux ou des paniers.

11. Il est défendu de vendre ou de colporter des denrées et marchandises aux abords du marché et aux environs sur la voie publique, sans préjudice, toutefois, de la faculté qu'ont les cultivateurs et les marchands domiciliés dans la commune, de faire arriver, d'emmagasiner, d'exposer, de vendre ou de faire vendre leurs denrées ou marchandises dans les locaux qu'ils occupent à titre de propriété, de location ou autrement sur le territoire de la commune de Vincennes.

12. Les contraventions à la présente ordonnance seront constatées par des procès-verbaux ou rapports et déférées aux tribunaux compétents.

13. La présente ordonnance sera imprimée, publiée et affichée.

Ampliation en sera adressée à M. le sénateur, préfet de la Seine.

14. Le sous-préfet de l'arrondissement de Sceaux, le maire et le commissaire de police de Vincennes, l'inspecteur général des halles et marchés et les préposés sous leurs ordres sont chargés, chacun en ce qui le concerne, de tenir la main à son exécution.

Le commandant de la gendarmerie départementale de la Seine est requis d'y prêter au besoin son concours.

Le préfet de police, BOITTELLE.

N° **4196.**—*Ordonnance concernant la visite générale des tonneaux de porteurs d'eau* (1).

Paris, le 9 mai 1864.

N° **4197.** — *Ordonnance concernant les baignades en rivière dans le ressort de la préfecture de police* (2).

Paris, le 14 mai 1864.

N° **4198.** — *Ordonnance concernant le passage des bateaux sous le pont-viaduc d'Auteuil, pendant les travaux de cintrage des arches.*

Paris, le 2 juin 1864.

Nous, préfet de police,

Vu les rapports par lesquels M. l'ingénieur en chef du chemin de fer de ceinture de Paris (rive gauche) et M. l'inspecteur général de la

---

(1) V. l'ord. du 2 mai 1872.
(3) V. l'ord. du 18 mai 1872.

navigation et des ports, nous exposent la nécessité de prescrire des mesures spéciales pour le passage des bateaux sous le pont-viaduc d'Auteuil, pendant les travaux de cintrage des arches ;

Vu l'arrêté du gouvernement du 12 messidor an VIII (1er juillet 1800),

Ordonnons ce qui suit :

1. Pendant la durée des travaux de levage des cintres du pont-viaduc du chemin de fer de ceinture, à Auteuil, une seule travée sera affectée au service de la navigation.

2. La travée libre sera indiquée, la nuit, par des feux blancs.

La travée interdite à la navigation sera signalée, le jour, au moyen de drapeaux rouges, la nuit, au moyen de feux rouges.

Les feux seront placés par les soins de l'entrepreneur des travaux, suivant les instructions des services de la navigation.

3. Le directeur de l'entreprise de touage de la Basse-Seine devra être averti par écrit, trois jours à l'avance, lorsqu'il y aura lieu de déplacer la chaîne de touage.

4. Pendant la durée du levage des cintres, un bachot de secours monté par deux mariniers expérimentés, placés sous les ordres de l'inspecteur du Ve arrondissement de navigation, stationnera jour et nuit en amont de la passe libre. Ces mariniers devront empêcher les bateaux montants de s'engager dans la passe navigable, lorsque des bateaux descendants seront sur le point de la franchir ; ils seront pourvus d'agrès et de cordages, de manière à pouvoir porter secours aux bateaux qui seraient en péril.

5. Les mariniers conduisant les bateaux montants s'arrêteront à 150 mètres en aval des pattes-d'oie des travaux, et ne se dirigeront vers la passe navigable qu'après s'être assurés qu'aucun bateau avalant n'est en vue.

6. Tant à la remonte qu'à la descente, les patrons des toueurs et des bateaux à vapeur feront siffler ou sonner d'une manière continue, à partir de 150 mètres du pont-viaduc jusqu'à la sortie de la passe navigable.

7. Les pontons, machines ou tous autres objets formant obstacle à la navigation seront signalés, par les soins de l'entrepreneur des travaux, le jour, par des drapeaux rouges, la nuit, par des feux rouges placés au haut de mâts.

8. Les ingénieurs du chemin de fer de ceinture (rive gauche) et de la navigation de la Seine (2e section), l'inspecteur général de la navigation et des ports et les agents sous leurs ordres sont chargés, chacun en ce qui le concerne, d'assurer l'exécution de la présente ordonnance, qui sera imprimée, publiée et affichée.

Le préfet de police, **BOITTELLE.**

Nº **4199.** — *Ordonnance concernant l'établissement des salles de spectacle; — emplacements; — abords; — mode de construction; — distribution; — aménagement au point de vue des mesures de sûreté publique; — circulation; — salubrité; — exploitation; — police intérieure et extérieure.*

Paris, le 1er juillet 1864.

Nous, préfet de police,

Vu la loi des 16-24 août 1790 (titre XI, art. 3, § 5); celle des 19-22 juillet 1791 (art. 46, § 1er);

Les arrêtés du gouvernement des 1er germinal an VII, 12 messidor an VIII et 3 brumaire an IX; l'arrêté ministériel du 25 avril 1807 ; le décret du 30 décembre 1852 (1), la loi du 10 juin 1853 (art. 1er); le décret du 6 janvier 1864 et la circulaire de S. Exc. le ministre de la maison de l'empereur et des beaux-arts, du 28 avril 1864 ;

Considérant que le décret du 6 janvier 1864 supprime les priviléges auxquels l'industrie théâtrale était jusqu'à présent assujettie et confère à toute personne le droit de faire construire et exploiter un théâtre, à la charge d'une déclaration préalable à l'autorité ;

Considérant que le décret réserve, outre la censure théâtrale, l'exécution des lois, décrets, ordonnances et règlements de police de droit commun, et, pour les théâtres subventionnés, celle des clauses et conditions de leurs cahiers des charges envers l'administration ;

Voulant refondre en une seule et même ordonnance les dispositions de l'ancienne réglementation qui intéressent essentiellement la sûreté publique et le bon ordre et qui sont contenues notamment dans les ordonnances des 9 juin 1829 et 16 mars 1857,

Ordonnons ce qui suit :

CONSTRUCTION.

DÉCLARATION PRÉALABLE.

1. Tout individu voulant faire construire et exploiter un théâtre est tenu d'en faire la déclaration préalable au ministère de la maison de l'empereur et des beaux-arts ainsi qu'à la préfecture de police.

Il sera joint à l'appui les plans détaillés, avec coupes, et l'indication du nombre des places calculé par personne à raison de 0 m. 80 c. de profondeur sur 0 m. 45 c. de largeur, pour les places en location, et 0 m. 70 c. sur 0 m. 45 c., pour les autres places.

Les travaux ne pourront être commencés que sur notre avis formel, après examen du projet.

Sauf les cas de dérogation que nous nous réservons d'admettre, les salles seront établies, construites et distribuées conformément aux prescriptions suivantes :

MESURES D'ISOLEMENT.

2. L'édifice peut être isolé ou adossé, au choix du constructeur. En cas d'isolement, il sera laissé sur tous les côtés qui ne seront pas bor-

_____

(1) V. ce décret à l'appendice du présent vol.

dés par la voie publique, un espace libre ou chemin de ronde qui pourra n'être que de trois mètres de largeur si les maisons voisines n'ont pas de jour sur ledit chemin. Dans le cas contraire, la largeur serait rationnellement augmentée eu égard, notamment, à l'importance et aux dispositions de l'édifice.

En cas d'adossement, il sera construit un contre-mur en briques de 0ᵐ 25ᶜ, au moins, d'épaisseur, pour préserver les murs mitoyens.

L'épaisseur de ce contre-mur pourrait être augmentée comme la largeur du chemin de ronde ci-dessus et par les mêmes considérations.

PRESCRIPTIONS CONCERNANT LA GROSSE CONSTRUCTION, SURTOUT EN VUE DES DANGERS D'INCENDIE.

3. Les murs intérieurs, les murs qui séparent les loges d'acteurs et le théâtre, le mur d'avant-scène, le mur qui sépare la salle, le vestibule et les escaliers seront en maçonnerie.

4. Les portes de communication entre les loges d'acteurs et le théâtre seront en fer et battantes, de manière à être constamment fermées.

Le mur d'avant-scène qui s'élève au-dessus de la toiture ne pourra être percé que de l'ouverture de la scène et de baies de communication, fermées par des portes de fer.

L'ouverture de la scène doit être fermée par un rideau en fil de fer maillé, de 0ᵐ 05ᶜ au plus de maille, qui intercepte entièrement toute communication entre les parties combustibles du théâtre et de la salle. Ce rideau doit être soutenu par des cordages combustibles.

Les décorations fixes, dans les parties supérieures de l'ouverture d'avant-scène, doivent toujours être incombustibles.

5. Tous les escaliers, les planchers de la salle et les cloisons des corridors doivent être également en matériaux incombustibles.

6. La calotte de la salle doit être en fer et plâtre, sans boiseries.

POMPES A INCENDIE ET LEUR ALIMENTATION.

7. Dans l'une des parties les plus élevées du mur d'avant-scène et sous les combles, il sera placé un appareil de secours contre l'incendie, avec colonne en charge, au poids de laquelle il sera au besoin, ajouté une pression hydraulique assez puissante pour fournir un jet d'eau dans les parties les plus élevées du bâtiment. La capacité de l'appareil se déterminera selon l'importance du théâtre.

8. Les pompes doivent être installées au rez-de-chaussée, dans un local séparé du théâtre par des murs en maçonnerie.

9. Elles seront toujours alimentées par les eaux de la Ville recueillies dans des réservoirs et par un puits, de manière que chacune des deux conduites puisse suffire au jeu des pompes établies.

10. En dehors des salles de spectacle, il doit être établi des bornes-fontaines alimentées par les eaux de la Ville et pouvant servir chacune au débit d'une pompe à incendie; le nombre en est déterminé par l'autorité.

CHAUFFAGE ET VENTILATION.

11. La salle ne peut être chauffée que par des bouches de chaleur dont le foyer est dans les caves.

Les bouches s'ouvriront à 0m 30c au-dessus du plancher.

12. Les salles de spectacle doivent être ventilées convenablement ; l'air y sera renouvelé au moyen de dispositions que l'autorité appréciera.

Des thermomètres seront placées en vue dans les corridors.

DISPOSITIONS RELATIVES A L'ÉTABLISSEMENT D'ATELIERS AU-DESSUS DU THÉATRE.

13. Aucun atelier ne peut être établi au-dessus du théâtre.

14. Des ateliers ne peuvent être établis au-dessus de la salle que pour les peintres et les tailleurs, et sous la condition que les planchers soient carrelés et lambrissés : dans le cas où l'on établirait des ateliers pour les peintres, la sorbonne, à moins que les combles ne soient en fer et plâtre, doit être enfermée dans des cloisons hourdées et enduites en plâtre, plafonnée, carrelée et fermée par une porte en tôle.

15. Aucune division ne peut être faite dans les combles que pour les ateliers désignés ci-dessus.

CORRIDORS ET ESCALIERS DE DÉGAGEMENT.

16. La largeur des corridors de dégagement, le nombre et la largeur des escaliers ainsi que des portes de sortie, seront proportionnés à l'importance du théâtre.

Toutefois, il doit y avoir au moins deux escaliers spécialement destinés au service de la salle et donnant issue à l'extérieur.

MAGASIN DE DÉCORATIONS ET MACHINES.

17. Tout théâtre doit avoir un magasin de décorations et machines hors de son enceinte, établi dans des conditions convenables et avec notre autorisation.

18. Aucun magasin ou approvisionnement inutile de décorations, machines, accessoires ne doit être fait sous le théâtre ou sur la scène : leur lieu de dépôt doit toujours être séparé du théâtre par un mur en maçonnerie.

INTERDICTION POUR CERTAINES LOCATIONS ET LOGEMENTS.

19. Il est interdit de louer une boutique ou un magasin dépendant du théâtre à tout commerce ou industrie qui offrirait des dangers exceptionnels d'incendie, notamment par la nature de ses marchandises ou de ses produits.

Les tuyaux de cheminée des boutiques louées, s'ils traversent le théâtre ou ses dépendances, seront en maçonnerie et montés verticalement jusqu'au dessus du comble. Ces tuyaux seront, en outre, dans la hauteur de la salle, garnis d'une enveloppe en briques.

20. Personne autre que le concierge et le garçon de caisse ne peut occuper de logement dans les salles des théâtres, ni dans aucune partie des bâtiments qui communiquent avec les salles.

EXPLOITATION.

RÉCEPTION DE LA SALLE — SERVICE D'ORDRE ET DE POLICE.

21. L'ouverture d'un théâtre ne peut avoir lieu qu'après qu'il a été constaté par nous que la salle est solidement construite et dans des conditions suffisantes de sûreté, de salubrité et de commodité.

Des modifications apportées ultérieurement dans la construction, dans la division et dans les distributions intérieures, nécessiteraient un nouvel examen avant la réouverture.

22. Les agents de l'autorité supérieure devront être mis à même d'exercer dans chaque théâtre une surveillance quotidienne, tant au point de vue de la censure dramatique que dans l'intérêt de l'ordre et de la sécurité publique.

23. Il y aura un bureau pour les officiers de police et un corps-de-garde.

24. Un commissaire de police est chargé de la surveillance générale de chaque théâtre.

Une place convenable lui sera assignée dans l'intérieur de la salle.

25. Tout individu arrêté, soit à la porte du théâtre, soit à l'intérieur de la salle, doit être conduit devant le commissaire de police qui statuera.

26. La garde de police est spécialement chargée du maintien de l'ordre et de la libre circulation au dehors du théâtre, ainsi que de l'exécution des consignes relatives aux voitures.

Elle ne pénètrera dans l'intérieur de la salle que dans le cas où la sûreté publique serait compromise ou sur la réquisition du commissaire de police.

27. Il y aura dans chaque salle de spectacle un service médical organisé conformément à l'arrêté de police du 12 mai 1852.

28. Le service des sapeurs-pompiers s'effectuera conformément à la consigne générale du 20 juillet 1862, approuvée par nous (1).

Des cadrans-compteurs, servant à constater les rondes faites pendant la nuit, seront placés dans l'intérieur des théâtres, sur les points que désignera le commandant du bataillon des sapeurs-pompiers.

URINOIRS.

29. Les directeurs feront établir des urinoirs, fixes ou mobiles, appropriés aux localités et dans des conditions de convenance et de salubrité que l'autorité appréciera.

---

(1) V. cette consigne générale à l'appendice du présent vol.

AFFICHAGE. — BILLETS. — LOCATION. — PUBLICATION DES PRIX.

30. Les affiches de spectacles ne pourront être apposées que sur les emplacements où cet affichage ne peut nuire à la circulation et en se conformant d'ailleurs aux prescriptions générales de l'ordonnance de police du 3 septembre 1851.

31. Est et demeure prohibée, à moins d'une autorisation et à l'exception de l'affiche du spectacle, toute apposition d'affiche ou inscription d'annonces industrielles et autres à l'intérieur des théâtres, soit sur les rideaux, soit dans les péristyles, escaliers et corridors, soit dans les foyers.

32. Il est expressément défendu aux directeurs de faire annoncer sur leurs affiches la première représentation d'un ouvrage sans avoir préalablement justifié au commissariat de police du quartier de l'approbation du manuscrit par l'autorité.

33. Les affiches obligatoires du spectacle du jour seront imprimées sur papier de format de 0 fr. 05 cent. ou de 0 fr. 10 cent., au gré des directeurs, pourvu que la dimension ne dépasse pas $0^m 63^c$ de hauteur sur $0^m 43^c$ de largeur.

34. Ces affiches ne pourront être apposées au-dessous de $0^m 50^c$, ni à une élévation dépassant $2^m 50^c$, à partir du sol.

35. Les changements survenus dans le spectacle du jour ne pourront être annoncés que par des bandes de papier blanc appliquées sur les affiches du jour, avant l'ouverture de la salle au public.

Il est interdit aux directeurs d'annoncer ces changements par de nouvelles affiches imprimées, quelle que soit la couleur du papier.

36. Le tarif du prix des places, pour chaque représentation, devra toujours être indiqué très-ostensiblement sur les affiches, en même temps que la composition des spectacles annoncés.

Un exemplaire sera apposé au bureau du théâtre et à tous autres qui pourraient être établis comme succursales.

Ledit tarif devra être inscrit en tête de chaque feuille de location, pour que le public soit toujours utilement averti de ses variations.

Une fois annoncé, le tarif de chaque représentation ne pourra être modifié.

37. Les directeurs ne doivent émettre aucun billet indiquant plusieurs catégories de places, au choix des spectateurs; réciproquement, ceux-ci ne peuvent s'installer qu'aux places portées sur leurs billets.

58. Ils ne peuvent louer à l'avance que les loges et les places converties en fauteuils ou en stalles, ou, dans tous les cas, numérotés.

La location doit cesser avant l'heure de l'introduction du public dans la salle.

59. Les places louées doivent être inscrites sur la feuille de location, l'étiquette indicative ne peut être placée que sur celles qui figureront sur ladite feuille.

40. Il est enjoint aux directeurs de faire remettte au commissaire de police de service, avant l'introduction du public, un double de la feuille de location.

ENTRÉE. — POLICE EXTÉRIEURE.

41. La salle devra être livrée au public et la représentation commencera aux heures indiquées par l'affiche.

Les bureaux de distribution des billets devront être ouverts au moins une demi-heure avant le lever du rideau.

42. Il est défendu d'introduire des spectateurs dans la salle avant l'ouverture des bureaux.

Aucun spectateur n'entrera que par les portes ouvertes au public.

Les files d'attente seront établies hors de la voie publique.

43. Il est défendu de s'arrêter dans les péristyles et vestibules servant d'entrées aux théâtres et de stationner aux abords de ces établissements.

44. Il ne peut y avoir pour le service public, à l'entrée des théâtres, que des commissionnaires permissionnés par nous et porteurs de leurs insignes réglementaires.

PROHIBITION DE VENTE DE BILLETS OU CONTREMARQUES SUR LA VOIE PUBLIQUE.

45. La vente et l'offre de billets ou contremarques et le racolage, ayant ce trafic pour objet, sont formellement interdits sur la voie publique.

46. Tout individu trouvé vendant ou offrant des billets ou contremarques sur la voie publique, ou racolant pour en procurer aux passants, sur lieu ou dans une localité quelconque, sera conduit devant le commissaire de police qui avisera.

DÉPÔT DES ARMES, CANNES ET PARAPLUIES AU VESTIAIRE.

47. Il est défendu d'entrer au parterre et aux amphithéâtres avec des armes, cannes ou parapluies. Un vestiaire destiné à recevoir ces objets en dépôt sera établi dans chaque théâtre, de telle sorte que la circulation ne soit pas gênée.

Un exemplaire du tarif fixé par l'arrêté de police du 10 décembre 1841 sera affiché au vestiaire.

POLICE INTÉRIEURE DE LA SALLE ET DE LA SORTIE.

48. Il est enjoint au directeurs de faire fermer, pendant le spectacle, les portes de communication de la salle aux coulisses, aux foyers particuliers et aux loges des artistes, où il ne doit être admis aucune personne étrangère au service du théâtre.

Une clef de la porte communiquant de l'intérieur de la salle à la scène sera mise, avant la représentation, à la disposition du commissaire de police de service.

49. Il est défendu de placer des siéges, chaises ou tabourets dans les passages ménagés pour la circulation, notamment des personnes se rendant à l'orchestre, au parterre, aux galeries et aux amphithéâtres.

50. Il est défendu de parler ou de circuler dans les corridors, pendant la représentation, de manière à troubler le spectacle.

51. Il est également défendu, soit avant, soit après le lever du rideau, de troubler l'ordre en causant du tapage, en faisant entendre des interpellations ou des clameurs.

52. Les spectateurs ne peuvent demander l'exécution d'un chant, morceau de musique ou récit quelconque qui n'est pas annoncé dans les affiches du jour.

53. Nul ne peut avoir le chapeau sur la tête lorsque le rideau est levé.

54. Il est défendu de fumer dans les salles de spectacle et sur la scène.

55. Toutes les fois que, dans une représentation, on devra faire usage d'armes à feu, le commissaire de police s'assurera qu'elles ne sont chargées qu'à poudre.

56. Il ne peut être annoncé, vendu ou distribué dans l'intérieur comme à l'extérieur des salles de spectacle, d'autres écrits que des pièces de théâtre portant l'estampille du ministère, et les programmes de spectacle, journaux et imprimés dont la vente et la distribution ont été dûment autorisés.

57. Les objets perdus par le public et trouvés dans l'intérieur des salles de spectacle par les ouvreuses ou employés du théâtre, qui n'auront pu, pendant la représentation, être remis au commissaire de police de service, devront être déposés le lendemain au bureau du commissariat du quartier où est situé le théâtre.

58. A la fin du spectacle, toutes les portes latérales et autres issues seront ouvertes pour faciliter la sortie du public.

Les battants de ces portes devront s'ouvrir en dehors, et leurs abords, tant à l'intérieur qu'à l'extérieur, seront constamment libres de tout obstacle ou embarras.

Toutes les portes des loges s'ouvriront de l'intérieur et à la volonté des spectateurs.

59. Il est expressément défendu aux directeurs de faire cesser l'éclairage dans l'intérieur de la salle, dans les escaliers, corridors et vestibules avant l'entière évacuation du théâtre.

60. Des lampes brûlant à l'huile, contenues dans des manchons de verre, allumées depuis l'entrée du public jusqu'à la sortie, seront placées en nombre suffisant, tant dans la salle que dans les corridors et escaliers, pour prévenir une complète obscurité, en cas d'extinction subite du gaz.

HEURE DE CLÔTURE.

61. L'heure de clôture des représentations théâtrales est fixée à minuit précis, en tout temps.

Dans le cas de représentations extraordinaires ou à bénéfice, il pourra être dérogé à la règle, mais sur la demande expresse que devront nous adresser les directeurs.

CIRCULATION DES VOITURES.

62. Les voitures ne peuvent arriver aux différents théâtres que par les voies désignées dans les consignes.

Il est défendu aux cochers de quitter, sous quelque prétexte que ce soit, les rênes de leurs chevaux pendant que descendent et montent les personnes qui occupent la voiture.

63. Les voitures particulières ou retenues, destinées à attendre jusqu'à la fin du spectacle, doivent aller stationner sur les points désignés.

64. A la sortie du spectacle, les voitures qui auront attendu ne pourront se mettre en mouvement que lorsque la première foule se sera écoulée.

65. Les voitures de place ne chargeront qu'après le défilé des autres voitures.

66. Aucune voiture ne pourra aller qu'au pas et sur une seule file, jusqu'à ce qu'elle soit sortie des rues avoisinant le théâtre.

DISPOSITIONS GÉNÉRALES.

67. Les directeurs des théâtres subventionnés restent soumis envers l'administration aux clauses et conditions de leurs cahiers des charges. En conséquence, la présente ordonnance ne leur est applicable que sous les réserves résultant de leur situation exceptionnelle.

68. Sont astreints, comme par le passé, à notre autorisation préalable, et par conséquent laissés en dehors de la présente ordonnance, les cafés-concerts et cafés dits chantants où les exécutions instrumentales ou vocales doivent avoir lieu en habit de ville, sans costume ni travestissement, sans décors et sans mélange de prose, de danse et de pantomime, les spectacles de curiosités, de physique, de magie, les panoramas, dioramas, tirs. feux d'artifice, expositions d'animaux, exercices équestres, spectacles forains et autres exhibitions du même genre, qui n'ont ni un emplacement durable, ni une construction solide.

69. Sont et demeurent rapportés, les ordonnances et arrêtés précédents, en contradiction ou en double emploi avec la présente, notamment les ordonnances des 9 juin 1829, 26 décembre 1832, 3 octobre 1837, 22 novembre 1838, 7 mars 1839, 15 juin 1841, 23 novembre 1843, 30 mars 1844; l'arrêté du 11 mars 1845; et les ordonnances des 8 mars 1852 et 16 mars 1857.

70. La présente ordonnance sera imprimée, publiée et affichée à Paris et dans les communes du ressort de la préfecture de police. Elle sera apposée, au moins en extrait dans des cadres grillés placés en permanence sous les vestibules et dans les corridors des salles de spectacle, sur les points où la circulation n'en serait pas gênée.

Sont chargés d'en assurer l'exécution, chacun en ce qui le concerne:

A Paris, le chef de la police municipale, les commissaires de police, inspecteurs divisionnaires, officiers de paix et autres préposés de la préfecture de police;

Et dans les villes et communes du département de la Seine et du département de Seine-et-Oise placées sous notre juridiction, les sous-préfets des arrondissements de Saint-Denis et de Seaux, les maires, commissaires de police et tous les agents de la force publique.

Le colonel de la garde de Paris, le colonel de la 1re légion de gendarmerie, le lieutenant-colonel commandant les sapeurs-pompiers et le commandant de la gendarmerie de la Seine, sont requis de concourir à son exécution.

Le préfet de police, BOITTELLE.

N° **4200.** — *Ordonnance qui prescrit la publication de l'instruction du conseil de salubrité concernant l'emploi des huiles de pétrole destinées à l'éclairage.*

Paris, le 15 juillet 1864.

Nous, préfet de police,

Considérant que plusieurs accidents ont été causés par les huiles de pétrole destinées à l'éclairage ;

Que la cause de ces accidents doit être attribuée à l'ignorance où l'on est, en général, des mesures de précaution à prendre pour l'emploi de ces huiles,

Ordonnons ce qui suit :

Article unique. — L'instruction du conseil d'hygiène publique et de salubrité du département de la Seine, concernant l'emploi des huiles de pétrole destinées à l'éclairage, sera imprimée et affichée à Paris et dans les communes du ressort de la préfecture de police.

Le préfet de police, BOITTELLE.

INSTRUCTION

concernant l'emploi des huiles de pétrole destinées à l'éclairage.

L'emploi de l'huile de pétrole présentant des dangers, il importe de faire connaître au public les précautions à prendre pour les éviter.

L'huile de pétrole, convenablement épurée, est à peu près incolore. Le litre ne doit pas peser moins de 800 grammes. Elle ne prend pas feu immédiatement par le contact d'un corps enflammé. Pour constater cette propriété essentielle, l'on verse du pétrole dans une soucoupe et l'on touche la surface du liquide avec la flamme d'une allumette ; si le pétrole a été dépouillé des huiles légères très-combustibles, non-seulement il ne s'allume pas, mais si l'on y jette l'allumette enflammée, elle s'éteint après avoir continué à brûler pendant quelques instants. Toute huile minérale destinée à l'éclairage qui ne soutient pas cette épreuve, doit être rejetée comme pouvant donner lieu, par son usage, à des dangers sérieux. L'huile de pétrole, alors même qu'elle ne renferme plus les essences légères dites *naphtes*, qui lui communiquent la faculté de s'allumer au contact d'une flamme, n'en est pas moins une des matières les plus combustibles que l'on connaisse ; si elle imbibe des tissus de lin, de coton ou de laine, son inflammabilité est singulièrement exaltée ; aussi son emmagasinage, son débit exigent-ils une grande circonspection.

L'huile de pétrole doit être conservée ou transportée dans des réservoirs ou dans des vases en métal. Les dépôts doivent être éclairés par des lampes placées à l'extérieur ou par des lampes de sûreté.

LAMPES.

Une lampe destinée à brûler du pétrole, ou toute autre huile minérale, ne doit avoir aucune gerçure, aucune fêlure établissant une communication directe avec l'enceinte où la mèche fonctionne. Le réservoir doit contenir plus d'huile que l'on n'en peut brûler en une seule fois, afin que la lampe ne puisse pas être vide pendant qu'elle brûle.

Les réservoirs en matières transparentes, comme le verre, la porcelaine sont préférables, parce qu'ils permettent d'apprécier le volume de l'huile qui y est contenue.

Les parois des réservoirs doivent être épaisses; les ajutages qui les surmontent doivent être fixés, non pas à simple frottement, mais par un mastic inattaquable par les huiles minérales.

Le pied des lampes doit être lourd et présenter assez de base pour donner plus de stabilité et diminuer les chances de versement.

EMPLOI DE L'HUILE DANS LES LAMPES.

Avant d'allumer une lampe on doit la remplir complétement et ensuite la fermer avec soin.

Lorsque l'huile est sur le point d'être épuisée, il faut éteindre et laisser refroidir la lampe, avant de l'ouvrir pour la remplir. Dans le cas où l'on voudrait introduire l'huile dans la lampe éteinte avant son complet refroidissement, il est indispensable de tenir éloignée la lumière avec laquelle on éclaire, pour procéder à cette opération.

Si le verre d'une lampe vient à casser, il faut éteindre immédiatement, afin de prévenir l'échauffement des garnitures métalliques. Cet échauffement, quand il atteint une certaine intensité, vaporise l'huile contenue dans le réservoir; la vapeur peut prendre feu, déterminer une explosion entraînant la destruction de la lampe, et, par suite, l'écoulement d'un liquide toujours très-inflammable et souvent même déjà enflammé.

Le sable, la terre, les cendres, le grès sont préférables à l'eau pour éteindre les huiles minérales en combustion.

BRÛLURES.

En cas de brûlures et avant l'arrivée du médecin, il sera très-utile de couvrir les parties blessées avec des compresses imbibées d'eau fraîche, souvent renouvelées.

Nº **4201.** — *Ordonnance concernant la nécessité d'enfouir les cadavres des animaux détruits ou morts accidentellement.*

Paris, le 22 juillet 1864.

Nous, préfet de police,

Considérant que, chaque année, pendant la saison chaude, des accidents sont causés par la piqûre des mouches venimeuses;

Considérant que, d'après les données de la science, ces mouches puisent le venin qu'elles inoculent, soit sur les cadavres des bestiaux morts du charbon, soit même sur des cadavres quelconques d'animaux arrivés à l'état de putréfaction ;

Considérant que l'on néglige très-souvent d'enfouir les cadavres des animaux nuisibles (rats, taupes, etc.) et de tous autres animaux morts accidentellement ;

Vu : 1° la loi des 16-24 août 1790, n° 5 ;

2° Les arrêtés du gouvernement des 12 messidor an VIII et 3 brumaire an IX ;

3° L'art. 471 du Code pénal ;

4° La circulaire de son Exellence M. le ministre de l'intérieur, du 22 août 1863 (1),

Ordonnons ce qui suit :

1. Il est interdit de laisser sur le sol, de jeter dans les cours d'eau, de suspendre aux branches des arbres les cadavres des animaux nuisibles qu'on détruit et de tous autres animaux morts accidentellement ou par toute autre cause.

2. Ces cadavres devront être enfouis immédiatement par les soins et aux frais de qui de droit.

3. Les contraventions seront poursuivies, conformément à la loi, devant les tribunaux compétents.

4. La présente ordonnance sera imprimée et affichée.

Les sous-préfets des arrondissements de Sceaux et de Saint-Denis, les maires, les commissaires de police de Paris et des communes du ressort de notre préfecture, le chef de la police municipale, les officiers de paix et tous autres préposés de la préfecture de police sont chargés, chacun en ce qui le concerne, de tenir la main à son exécution.

Le préfet de police, BOITTELLE.

N° **4202.** — *Ordonnance concernant le stationnement et le garage des embarcations dans le petit bras de la Seine, au droit des bâtiments de l'Hôtel-Dieu.*

Paris, le 23 juillet 1864.

Nous, préfet de police,

Considérant que le stationnement et le garage des embarcations dans la partie du petit bras de la Seine qui longe les bâtiments de l'Hôtel-Dieu, présentent des inconvénients au point de vue de la sécurité de cette maison hospitalière ;

Vu l'arrêté du gouvernement du 12 messidor an VIII (1er juillet 1800),

Ordonnons ce qui suit :

1. Il est défendu de faire stationner, d'amarrer ou d'ancrer des

(1) V. cette circulaire à l'appendice du présent vol.

embarcations dans la partie du petit bras de la Seine, comprise entre le Pont-aux-Doubles et le Petit-Pont.

Défense est faite également de garer des embarcations sous les bâtiments de l'Hôtel-Dieu et de débarquer sur les dépendances de ces bâtiments.

2. La présente ordonnance sera imprimée, publiée et affichée.

Les contraventions aux dispositions qu'elle renferme seront constatées par des procès-verbaux ou rapports et déférées aux tribunaux compétents, sans préjudice des mesures administratives qui pourront être prises à l'égard des contrevenants.

3. L'inspecteur général de la navigation et des ports, le chéf de la police municipale, les commissaires de police des quartiers Notre-Dame et de la Sorbonne et les agents sous leurs ordres sont chargés, chacun en ce qui le concerne, d'assurer l'exécution de la présente ordonnance.

Le préfet de police, BOITTELLE.

N° **4203.** — *Ordonnance concernant les mesures d'ordre et de sûreté à observer pendant la fête nationale du 15 août 1864* (1).

Paris, le 12 août 1864.

N° **4204.** — *Ordonnance concernant l'interruption temporaire de la navigation dans le canal de Saint-Maur et sur une partie de la Marne.*

Paris, le 13 août 1864.

Nous, préfet de police,

Vu : 1° les arrêtés des consuls des 12 messidor an VIII et 3 brumaire an IX;

2° La loi du 10 juin 1853 :

3° Le rapport de M. l'ingénieur en chef de la navigation de la Marne ;

4° La lettre à nous adressée par M. le sénateur, préfet de la Seine, au sujet des travaux que nécessite la pose des conduites de refoulement de la nouvelle usine hydraulique de Saint-Maur, à la traversée de l'ancien canal;

Considérant que les travaux en question exigeront l'établissement d'échafaudages qui seront un obstacle au passage des bateaux dans le canal de Saint-Maur; et que, d'un autre côté, la navigation par la Marne, d'une extrémité du canal à l'autre, ne sera possible que si le pertuis du barrage de Créteil est remis en état d'être manœuvré,

Ordonnons ce qui suit :

1. La navigation sera interrompue sur le canal de Saint-Maur, à

(1) V. l'ord. du 12 août 1869.

partir du 22 août, présent mois, jusqu'au 5 septembre prochain inclusivement.

2. Dans le cas où la réparation du pertuis du barrage de Créteil ne serait pas effectuée avant le 22 du courant, la navigation cessera d'avoir lieu, à partir dudit jour, sur la Marne, dans le circuit que cette rivière forme autour de la presqu'île de Saint-Maur, jusqu'à l'entier achèvement des travaux de réparation.

3. La présente ordonnance sera imprimée, publiée et affichée. Les contraventions aux dispositions qu'elle renferme seront constatées par des procès-verbaux ou rapports et déférées aux tribunaux compétents, sans préjudice des mesures administratives qui pourront être prises à l'égard des contrevenants.

4. L'inspecteur général de la navigation et des ports, les ingénieurs de la navigation de la Marne, le commandant de la gendarmerie impériale dans le département de la Seine, le commissaire de police de la circonscription de Saint-Maur et les agents sous leurs ordres sont chargés, chacun en ce qui le concerne, d'assurer l'exécution de la présente ordonnance.

Le préfet de police, BOITTELLE.

Nº **4205.** — *Ordonnance concernant l'ouverture de la chasse* (1).

Paris, le 16 août 1864.

Nº **4206.** — *Avis invitant le public à ne point proférer de cris dans l'intérieur des gares de chemins de fer.*

Paris, le 18 août 1864.

Le préfet de police informe le public que, dans l'intérêt de la sûreté de la circulation sur les chemins de fer, il importe de ne proférer, soit dans l'intérieur des gares, soit dans les compartiments des trains en marche, aucuns cris ni clameurs dont le bruit serait de nature à entraver le service des agents des compagnies en interceptant notamment la transmission des signaux, et que les personnes qui troubleraient ainsi le bon ordre s'exposeraient à être poursuivies pour inobservation des dispositions de la loi du 15 juillet 1845 sur la police des chemins de fer (2).

Le préfet de police, BOITTELLE.

---

(1) V. l'ord. du 18 août 1872.
(2) V. cette loi à l'appendice du 5e vol. p. 759.

N° **4207.** — *Ordonnance concernant les mesures d'ordre et de sûreté à observer à l'occasion des fêtes de Saint-Cloud* (1).

Paris, le 5 septembre 1864.

N° **4208.** — *Ordonnance concernant la vérification périodique des poids et mesures pour 1865 (Poinçon portant la lettre M)* (2).

Paris, 10 décembre 1864.

1865.

N° **4209.** — *Ordonnance concernant la prohibition de la chasse* (3).

Paris, le 8 janvier 1865.

N° **4210.** — *Ordonnance concernant l'entrée, le stationnement et la circulation des voitures de toute espèce dans les cours du chemin de fer de l'Ouest* (gare Montparnasse) (4).

Paris, le 31 janvier 1865.

N° **4211.** — *Ordonnance concernant l'échenillage* (5).

Paris, le 18 février 1865.

N° **4212.** — *Ordonnance concernant les mesures d'ordre à observer pendant les divertissements du carnaval* (6).

Paris, le 22 février 1865.

---

(1) V. l'ord. du 5 sept. 1872.
(2) V. l'ord. du 3 décembre 1872.
(3) V. l'ord. du 26 janvier 1872.
(4) Rapportée par l'ord. du 30 janvier 1872.
(5) V. l'ord. du 10 janvier 1872.
(6) V. l'ord. du 23 février 1870.

N° **4213.** — *Ordonnance concernant les passages à niveau existant dans la traversée du département de la Seine* (chemin de fer du Nord),

Approuvée par M. le ministre de l'agriculture, du commerce et des travaux publics, le 29 mars 1865.

Paris, le 14 mars 1865.

Nous, préfet de police,

Vu : 1° l'arrêté de Son Excellence M. le ministre de l'agriculture, du commerce et des travaux publics, en date du 29 mars 1862, qui divise en cinq catégories les passages à niveau situés sur l'ensemble du réseau du chemin de fer du Nord, et détermine les conditions de service pour chacune de ces catégories ;

2° L'article 8 dudit arrêté, ainsi conçu : « Les passages à niveau » seront classés, conformément aux dispositions qui précèdent, par » des arrêtés préfectoraux pris sur les propositions de la compagnie » et sur l'avis de l'ingénieur en chef du contrôle de l'exploitation; »

3° La loi du 15 juillet 1845 ;

4° L'ordonnance réglementaire du 15 novembre 1846 ;

5° L'article 2 de l'arrêté de M. le ministre des travaux publics, du 15 avril 1850 ;

6° Notre ordonnance du 7 août 1862, concernant les passages à niveau de la ligne principale de Paris à la frontière de Belgique et de la ligne de Paris à Creil, situés dans la traversée du département de la Seine, laquelle a été approuvée par M. le ministre des travaux publics, le 9 septembre 1862 ;

7° L'état indicatif des passages à niveau existant dans la portion de la ligne de Paris à Soissons, comprise dans le département de la Seine, et dont le classement a été proposé par la compagnie concessionnaire, le 13 février dernier ; ensemble les rapports de MM. les ingénieurs du contrôle et de la surveillance administrative du chemin de fer du Nord, en date des 14 et 27 du même mois ;

Considérant qu'il y a lieu de réunir dans la même ordonnance les dispositions applicables aux divers passages à niveau ci-dessus désignés ;

En vertu de l'article 72 de l'ordonnance réglementaire du 15 novembre 1846,

Ordonnons ce qui suit :

1. Les passages à niveau du chemin de fer du Nord, compris dans la traversée du département de la Seine, seront partagés, jusqu'à décision contraire, en trois catégories, ainsi qu'il est indiqué au tableau ci-après :

Passages à niveau.

TABLEAU DES PASSAGES A NIVEAU.

	CLASSIFICATION des PASSAGES.	DÉSIGNATION des ROUTES ET CHEMINS où sont établis les passages à niveau.	DISTANCES de l'origine du CHEMIN.	ÉCLAIRAGE.		OBSERVATIONS.
				NOMBRE des FEUX.	DURÉE.	
			kilom. m.			
Ligne principale de PARIS à la frontière de BELGIQUE.	1re Catégorie. . .	Chemin du LANDY à SAINT-OUEN. . .	3 »	1	Permanent.	Il y a une maison de garde.
	2e Catégorie. . .	Chemin vicinal de COQUENARD. .	8 320	1	Idem.	Idem.
Ligne de PARIS à CREIL.	1re Catégorie. . .	Route impériale, no 14, de PARIS à CALAIS. .	7 406	1	Idem.	Idem.
	2e Catégorie. . .	Chemin de grande communication de PIERRFITTE à STAINS.	10 182	1	Jusqu'à 10 heures.	Idem.
Ligne de PARIS à SOISSONS.	1re Catégorie. . .	Chemin de SAINT-LUCIEN à CRÉVE-COEUR . .	6 141	1	Permanent.	Idem.

Ligne de PARIS à SOISSONS (*suite*).	**1re Catégorie...**	Chemin de grande communication de SAINT-DENIS à BONDY.....	7 147	1	Idem.	Idem.
		Route impériale, n° 2, de PARIS à MAUBEUGE...	8 973	1	Idem.	Idem.
		Chemin de grande communication n° 38, de STAINS à BONDY..	9 594	1	Idem.	Idem.
	3e Catégorie....	Chemin d'AUBERVILLIERS à LA COUR-NEUVE..	6 587	»	—	Idem.
		Chemin de LA COUR-NEUVE à DRANCY	7 482	»	—	Idem.
		Chemin des BARRIÈRES..	10 736	»	—	Idem.
		Chemin des MARAIS..	11 578	»	—	Idem.

PASSAGES DE LA 1re CATÉGORIE.

2. Pendant le jour, les barrières des passages à niveau de la **1re** catégorie resteront habituellement ouvertes et gardées sur place par un agent à poste fixe, homme ou femme, qui les fermera lorsqu'un train sera en vue ou attendu.

Pendant la nuit, ces barrières seront habituellement fermées et gardées sur place par un agent à poste fixe, qui devra les ouvrir à toute réquisition du public, lorsque la voie peut être traversée.

PASSAGES DE LA 2e CATÉGORIE.

3. Pendant le jour, les barrières des passages à niveau de la **2me** catégorie resteront habituellement fermées. Elles seront ouvertes à toute réquisition du public, soit par un homme, soit par une femme, qui pourra vaquer au soin de son ménage, toutes les fois que son service n'exigera pas sa présence sur la voie.

Pendant la nuit, ces barrières seront fermées à clef et non gardées. Le garde, logé dans la maison voisine du passage, devra se lever pour les ouvrir à toute réquisition du public.

DISPOSITIONS COMMUNES AUX PASSAGES DES DEUX CATÉGORIES CI-DESSUS.

4. Conformément à l'article 7 de l'arrêté ministériel du 29 mars 1862, et par application des dispositions concernant les passages de la 5me catégorie, les passages publics pour piétons, accolés aux passages à niveau de 1re et de 2me catégorie, seront pratiqués sans surveillance spéciale aux risques et périls des passants. Ils seront munis de portillons, tourniquets ou autres appareils propres à empêcher l'introduction du gros bétail sur les voies.

PASSAGES DE LA 3e CATÉGORIE.

5. Les barrières sont habituellement fermées de jour et de nuit. Elles seront manœuvrées, soit par un garde spécial, homme ou femme, soit par le garde d'un passage à niveau voisin.

ÉCLAIRAGE.

6. Les passages qui font l'objet de la présente ordonnance seront éclairés conformément aux indications contenues à ce sujet dans le tableau ci-dessus.

DISPOSITIONS GÉNÉRALES.

7. Si la circulation des passages ci-dessus classés, éprouve postérieurement des changements tendant à les faire passer dans une classe différente, la présente ordonnance pourra être modifiée, la compagnie entendue, sur l'avis de l'ingénieur en chef du contrôle et sauf approbation ministérielle.

8. Notre ordonnance sus-visée du 7 août 1862 est rapportée.

9. La présente ordonnance sera notifiée à la compagnie du chemin de fer du Nord.

Elle sera imprimée et affichée.

Les ingénieurs et agents des ponts et chaussées spécialement préposés au service du contrôle du chemin de fer du Nord, ainsi que les autres fonctionnaires dénommés en l'art. 23 de la loi du 15 juillet 1845, sont chargés, chacun en ce qui le concerne, de l'exécution de ladite ordonnance, qui sera soumise à l'approbation de M. le ministre des travaux publics.

Le préfet de police, BOITTELLE.

N° **4214.** — *Ordonnance concernant les étaux de boucherie et de charcuterie dans les communes rurales.*

Paris, le 20 mars 1865.

Nous, préfet de police,

Vu : 1° les arrêtés des consuls des 12 messidor an VIII et 3 brumaire an IX;

2° L'ordonnance de police du 24 vendémiaire an XII et l'ordonnance du 4 floréal suivant, qui soumettent à l'autorisation préalable du préfet de police les établissements de boucherie et de charcuterie dans les communes du ressort de notre préfecture ;

3° L'article 2 de la loi du 10 juin 1853, qui réserve la compétence des maires, dans les communes rurales, en ce qui concerne la petite voirie et la salubrité des constructions privées (1);

4° Le décret impérial du 24 février 1858 concernant la liberté du commerce de la boucherie à Paris;

Considérant que les dispositions des ordonnances sus-visées des 24 vendémiaire et 4 floréal an XII ne sont plus en harmonie avec le régime de la liberté commerciale ;

Attendu que la surveillance qui peut être exercée sur les étaux de boucherie et de charcuterie, au point de vue de la salubrité, incombe aux autorités municipales,

Ordonnons ce qui suit :

1. Les ordonnances de police des 24 vendémiaire et 4 floréal an XII, sont et demeurent abrogées, en ce qui concerne les établissements de boucherie et de charcuterie dans les communes rurales du ressort de la préfecture de police.

2. Il n'est dérogé en rien aux règlements concernant la création et l'exploitation des tueries de bestiaux.

3. La présente ordonnance sera imprimée, publiée et affichée.

Les sous-préfets des arrondissements de Saint-Denis et de Sceaux,

---

(1) V. cette loi à l'appendice du 6e vol. p. 907.

les maires des communes rurales du ressort de la préfecture de police sont chargés, chacun en ce qui le concerne, d'en assurer l'exécution.

Le préfet de police, BOITTELLE.

* * *

N° 4215. — *Ordonnance concernant la foire aux jambons* (1).

Paris, le 27 mars 1865.

* * *

N° 4216. — *Ordonnance concernant la police du marché de Suresnes.*

Paris, le 30 mars 1865.

Nous, préfet de police,

Vu : 1° les lois des 16-24 août 1790 et 19-22 juillet 1791;

2° Les arrêtés du gouvernement du 12 messidor an VIII (1er juillet 1800), articles 32 et 33, et du 3 brumaire an IX (25 octobre 1800);

3° La loi du 10 juin 1853;

4° L'arrêté de M. le sénateur, préfet de la Seine, en date du 13 février 1865, qui autorise l'établissement du marché de Suresnes, pour tenir dans la rue du Bac, les mercredis et samedis,

Ordonnons ce qui suit :

1. Le marché de comestibles établi, les mercredi et samedi de chaque semaine, à Suresnes sur l'emplacement situé dans la rue du Bac, ouvrira à 7 heures du matin, du 1er avril au 30 septembre; à 8 heures du matin, du 1er octobre au 31 mars, et fermera en tout temps à 3 heures de relevée.

L'ouverture et la fermeture seront annoncées au son d'une cloche.

2. Les places seront accordées par le maire de Suresnes, qui indiquera l'emplacement affecté aux diverses natures de denrées.

3. Les marchands apposeront, à l'endroit le plus apparent de leurs places, une plaque ou un écriteau indiquant lisiblement leurs nom et domicile.

Ils devront, d'ailleurs, se conformer strictement à toutes les prescriptions qui leur seront imposées relativement à la tenue de leurs places.

4. Chaque marchand devra être pourvu des balances, poids et mesures nécessaires pour le pesage et le mesurage de ses marchandises.

5. Il est défendu aux marchands de se servir des dénominations telles que *livre, sou, boisseau,* et toutes autres contraires au système décimal, pour indiquer, au moyen d'étiquettes ou verbalement, le prix ou la quantité de leurs marchandises, à peine des poursuites judiciaires à exercer contre eux, conformément à la loi du 4 juillet 1837 (2).

(1) V. l'ord. du 15 mars 1872.
(2) V. cette loi au 4e vol., p. 508.

6. Il est expressément défendu d'exposer en vente des marchandises falsifiées, corrompues ou nuisibles. Toute tromperie envers le public, soit sur le poids, soit sur la quantité ou la nature de la marchandise, sera poursuivie et punie conformément à la loi.

7. Il est interdit aux marchands de crier le prix de leurs marchandises et d'appeler ou arrêter le public.

8. Les voitures et bêtes de somme ne pourront pénétrer dans le marché. Elles stationneront seulement aux abords, pendant le temps nécessaire pour le chargement et le déchargement des marchandises.

Dès que le chargement sera opéré, les voitures et bêtes de somme seront rangées sur une seule ligne sur le côté droit de la rue du Bac, à partir du quai de la Seine.

Il sera laissé au droit de chaque porte cochère, un passage libre pour l'entrée et la sortie des voitures.

9. Les marchands sont tenus de laisser toujours libres les passages réservés pour faciliter la circulation. Ils ne pourront, sous aucun prétexte, déposer des marchandises en dehors des limites de leurs places.

10. Toutes les places devront être tenues, ainsi que leurs abords, dans le meilleur état de propreté.

On ne pourra plumer de la volaille ni vider du poisson sur le marché que dans des seaux ou des paniers.

11. Il est défendu de vendre ou de colporter des denrées et marchandises aux abords du marché, sans préjudice, toutefois, de la faculté qu'ont les cultivateurs et les marchands domiciliés dans la commune, de faire arriver, d'emmagasiner, d'exposer, de vendre ou de faire vendre leurs denrées ou marchandises dans les locaux qu'ils occupent, à titre de propriété, de location ou autrement, sur le territoire de la commune de Suresnes.

12. Les contraventions à la présente ordonnance seront constatées par des procès-verbaux ou rapports et déférées aux tribunaux compétents.

13. La présente ordonnance sera imprimée, publiée et affichée.

Ampliation en sera adressée à M. le sénateur, préfet de la Seine.

14. Le sous-préfet de l'arrondissement de Saint-Denis, le maire de Suresnes, le commissaire de police de Puteaux, l'inspecteur général des halles et marchés et les préposés sous leurs ordres sont chargés, chacun en ce qui le concerne, de tenir la main à son exécution.

Le commandant de la gendarmerie départementale de la Seine est requis d'y prêter, au besoin, son concours.

Le préfet de police, BOITTELLE.

N° **4217.** — *Ordonnance concernant la police du marché de Pantin.*

Paris, le 5 avril 1865.

Nous, préfet de police,

Vu : 1° les lois des 16-24 août 1790 et 19-22 juillet 1791;

2° Les arrêtés du gouvernement du 12 messidor an VIII (1er juillet

1800), articles 32 et 33, et du 3 brumaire an IX (25 octobre 1800);

3° La loi du 10 juin 1853;

4° L'arrêté de M. le sénateur, préfet de la Seine, en date du 13 février 1865 qui autorise l'établissement du marché de Pantin; pour tenir dans la rue des Sept-Arpents, les dimanches et jeudis,

Ordonnons ce qui suit :

1. Le marché de comestibles établi, les dimanche et jeudi de chaque semaine, à Pantin, dans la rue des Sept-Arpents, ouvrira à 7 heures du matin, du 1er avril au 30 septembre; à 8 heures du matin, du 1er octobre au 31 mars, et fermera en tout temps à 3 heures de relevée.

L'ouverture et la fermeture seront annoncées au son d'une cloche.

2. Les places seront accordées par le maire de Pantin, qui indiquera l'emplacement affecté aux diverses natures de denrées.

3. Les marchands apposeront, à l'endroit le plus apparent de leurs places, une plaque ou un écriteau indiquant lisiblement leurs nom et domicile.

Ils devront, d'ailleurs, se conformer strictement à toutes les prescriptions qui leur seront imposées relativement à la tenue de leurs places.

4. Chaque marchand devra être pourvu des balances, poids et mesures nécessaires pour le pesage et le mesurage de ses marchandises.

5. Il est défendu aux marchands de se servir des dénominations telles que *livre*, *sou*, *boisseau*, et toutes autres contraires au système décimal, pour indiquer, au moyen d'étiquettes ou verbalement, le prix ou la quantité de leurs marchandises, à peine des poursuites judiciaires à exercer contre eux, conformément à la loi du 4 juillet 1837 (1).

6. Il est expressément défendu d'exposer en vente des marchandises falsifiées, corrompues ou nuisibles. Toute tromperie envers le public, soit sur le poids, soit sur la quantité ou la nature de la marchandise, sera poursuivie et punie conformément à la loi.

7. Il est interdit aux marchands de crier le prix de leurs marchandises et d'appeler ou arrêter le public.

8. Les voitures et bêtes de somme ne pourront pénétrer dans le marché. Elles stationneront seulement aux abords, pendant le temps nécessaire pour le chargement et le déchargement des marchandises.

Dès que le chargement sera opéré, les voitures et bêtes de somme seront rangées sur l'emplacement qui sera désigné à cet effet par l'autorité locale.

Il sera laissé au droit de chaque porte cochère, un passage libre pour l'entrée et la sortie des voitures.

9. Les marchands sont tenus de laisser toujours libres les passages réservés pour faciliter la circulation. Ils ne pourront, sous aucun prétexte, déposer des marchandises en dehors des limites de leurs places.

---

(1) V. cette loi au 4e vol. p. 508.

10. Toutes les places devront être tenues ainsi que leurs abords dans le meilleur état de propreté.

On ne pourra plumer de la volaille ni vider du poisson sur le marché que dans des seaux ou des paniers.

11. Il est défendu de vendre ou de colporter des denrées et marchandises aux abords du marché, sans préjudice, toutefois, de la faculté qu'ont les cultivateurs et marchands domiciliés dans la commune, de faire arriver, d'emmagasiner, d'exposer, de vendre ou de faire vendre leurs denrées ou marchandises dans les locaux qu'ils occupent, à titre de propriété, de location ou autrement, sur le territoire de la commune de Pantin.

12. Les contraventions à la présente ordonnance seront constatées par des procès-verbaux ou rapports et déférées aux tribunaux compétents.

13. La présente ordonnance sera imprimée, publiée et affichée.

Ampliation en sera adressée à M. le sénateur, préfet de la Seine.

14. Le sous-préfet de l'arrondissement de Saint-Denis, le maire et le commissaire de police de Pantin, l'inspecteur général des halles et marchés et les préposés sous leurs ordres sont chargés, chacun en ce qui le concerne, de tenir la main à son exécution.

Le commandant de la gendarmerie départementale de la Seine est requis d'y prêter, au besoin, son concours.

Le préfet de police, BOITTELLE.

N° **4218.** — *Ordonnance concernant la police du marché de Nanterre.*

Paris, le 8 avril 1865.

Nous, préfet de police,

Vu : 1° les lois des 16-24 août 1790 et 19-22 juillet 1791;

2° Les arrêtés du gouvernement du 12 messidor an VIII (1er juillet 1800), articles 32 et 33, et du 3 brumaire an IX (25 octobre 1800);

3° La loi du 10 juin 1853;

4° L'arrêté de M. le sénateur, préfet de la Seine, en date du 13 février 1865, portant que le marché établi, en vertu de l'autorisation ministérielle du 18 mars 1836, à Nanterre, le jeudi de chaque semaine, dans un terrain couvert situé place du Marché, se tiendra désormais le dimanche,

Ordonnons ce qui suit :

1. Le marché de comestibles établi, le dimanche de chaque semaine, à Nanterre, sur l'emplacement couvert affecté à cet usage et situé sur la place dite du Marché, ouvrira à 7 heures du matin, du 1er avril au 30 septembre; à 8 heures du matin, du 1er octobre au 31 mars, et fermera en tout temps à 3 heures de relevée.

L'ouverture et la fermeture seront annoncées au son d'une cloche.

2. Les places seront accordées par le maire de Nanterre, qui indiquera l'emplacement affecté aux diverses natures de denrées.

3. Les marchands apposeront, à l'endroit le plus apparent de leurs places, une plaque ou un écriteau indiquant lisiblement leurs nom et domicile.

Ils devront, d'ailleurs, se conformer strictement à toutes les prescriptions qui leur seront imposées relativement à la tenue de leurs places.

4. Chaque marchand devra être pourvu des balances, poids et mesures nécessaires pour le pesage et le mesurage de ses marchandises.

5. Il est défendu aux marchands de se servir des dénominations telles que *livre*, *sou*, *boisseau*, et toutes autres contraires au système décimal, pour indiquer, au moyen d'étiquettes, ou verbalement, le prix ou la quantité de leurs marchandises, à peine des poursuites judiciaires à exercer contre eux, conformément à la loi du 4 juillet 1837 (1).

6. Il est expressément défendu d'exposer en vente des marchandises falsifiées, corrompues ou nuisibles. Toute tromperie envers le public, soit sur le poids, soit sur la quantité ou la nature de la marchandise, sera poursuivie et punie conformément à la loi.

7. Il est interdit aux marchands de crier le prix de leurs marchandises et d'appeler ou arrêter le public.

8. Les voitures et bêtes de somme ne pourront pénétrer dans le marché. Elles stationneront seulement aux abords, pendant le temps nécessaire pour le chargement et le déchargement des marchandises.

Dès que le chargement sera opéré, les voitures et bêtes de somme seront rangées sur une seule ligne, rue de l'Ouest, à partir du boulevard du Midi et du côté de cette voie.

Il sera laissé au droit de chaque porte cochère, un passage libre pour l'entrée et la sortie des voitures.

9. Les marchands sont tenus de laisser toujours libres les passages réservés pour faciliter la circulation Ils ne pourront, sous aucun prétexte, déposer des marchandises en dehors des limites de leurs places.

10. Toutes les places devront être tenues ainsi que leurs abords dans le meilleur état de propreté.

On ne pourra plumer de la volaille ni vider du poisson sur le marché que dans des seaux ou des paniers.

11. Il est défendu de vendre ou de colporter des denrées et marchandises aux abords du marché, sans préjudice, toutefois, de la faculté qu'ont les cultivateurs et les marchands domiciliés dans la commune, de faire arriver, d'emmagasiner, d'exposer, de vendre ou de faire vendre leurs denrées ou marchandises dans les locaux qu'ils occupent, à titre de propriété, de location ou autrement, sur le territoire de la commune de Nanterre.

12. Les contraventions à la présente ordonnance seront constatées

---

(1) V. cette loi au 4ᵉ vol., p. 5o8.

par des procès-verbaux ou rapports et déférées aux tribunaux compétents.

13. La présente ordonnance sera imprimée, publiée et affichée. Ampliation en sera adressée à M. le sénateur, préfet de la Seine.

14. Le sous-préfet de l'arrondissement de Saint-Denis, le maire de Nanterre et le commissaire de police de Puteaux, l'inspecteur général des halles et marchés et les préposés sous leurs ordres sont chargés, chacun en ce qui le concerne, de tenir la main à son exécution.

Le commandant de la gendarmerie départementale de la Seine est requis d'y prêter, au besoin, son concours.

Le préfet de police, BOITTELLE.

N° **4219.** — *Ordonnance concernant les débits de triperie dans Paris.*

Paris, le 21 avril 1865.

Nous, préfet de police,

Vu : 1° l'arrêté du gouvernement du 12 messidor an VIII;

2° Les ordonnances de police des 28 mai 1812 et 11 janvier 1813, qui règlent les rapports commerciaux entre les tripiers et les bouchers;

3° L'ordonnance de police du 21 janvier 1813, qui soumet l'exploitation des débits de triperie à certaines conditions restrictives;

Considérant que les règlements précités, relatifs au commerce de la triperie, ne sont plus en harmonie avec le régime de la liberté de la boucherie; et que les seules règles à prescrire pour l'exercice de ce commerce, sont celles qui peuvent intéresser la salubrité publique,

Ordonnons ce qui suit :

1. Les ordonnances de police des 28 mai 1812, 11 janvier 1813 et 21 du même mois, sus-visées, concernant le commerce de la triperie à Paris, sont et demeurent abrogées.

2. Tout individu qui voudra exploiter à Paris un débit de triperie, devra en faire préalablement la déclaration à notre préfecture et indiquer le lieu où il se proposera d'établir son étal.

A défaut d'opposition formée par la préfecture de police dans un délai de vingt jours, l'étal pourra être ouvert.

L'opposition ne pourra être basée que sur l'inexécution des conditions déterminées par l'article 3 ci-après :

3. L'exploitation d'un débit de triperie à Paris sera subordonnée aux conditions suivantes :

1° Le local devra être suffisamment aéré et ventilé;

2° Le sol sera établi en pente et en surélévation de la voie publique; il sera entièrement dallé ou carrelé avec jointoiement en ciment romain;

3° Les murs seront revêtus de matériaux ou d'enduits imperméables, jusqu'à hauteur des crochets de suspension;

4° Il ne pourra y avoir dans l'étal, ni âtre, ni cheminée, ni four-neaux ;

5° Aucune chambre à coucher ne devra se trouver en communication directe, soit avec l'étal, soit avec ses dépendances ;

6° Les tables et comptoirs seront recouverts de plaques en marbre ou en pierre de Château-Landon ;

7° A défaut de puits ou d'une concession d'eau pour le service de l'étal, il y sera suppléé par un réservoir de la contenance d'un demi-mètre cube, au minimum, qui devra être rempli tous les jours.

4. Il n'est en rien dérogé par la présente ordonnance aux règlements concernant les ateliers de préparation et de cuisson de tripes, classés parmi les établissements insalubres et incommodes.

5. Les commissaires de police, le chef de la 2ᵉ division et les architectes de notre préfecture sont chargés, chacun en ce qui le concerne, de l'exécution de la présente ordonnance qui sera imprimée, publiée et affichée.

Le préfet de police, BOITTELLE.

———————◦◦◦———————

Nᵒ **4220.** — *Ordonnance concernant la visite générale des tonneaux de porteurs d'eau* (1).

Paris, le 23 avril 1865,

———————◦◦◦———————

Nᵒ **4221.** — *Ordonnance concernant la police du marché de Champigny.*

Paris, le 26 avril 1865.

Nous, préfet de police,

Vu : **1°** les lois des 16-24 août 1790 et 19-22 juillet 1791 ;

2° Les arrêtés du gouvernement du 12 messidor an VIII (1ᵉʳ juillet 1800), articles 32 et 33, et du 3 brumaire an IX (25 octobre 1800) ;

3° La loi du 10 juin 1853 ;

4° L'arrêté de M. le sénateur, préfet de la Seine, en date du 9 mars 1865, qui autorise, dans la commune de Champigny, l'établissement d'un marché de comestibles qui se tiendra sur la promenade existant à l'entrée du pont, les lundi et vendredi de chaque semaine,

Ordonnons ce qui suit :

1. Le marché de comestibles établi les lundi et vendredi de chaque semaine à Champigny, sur la promenade située à l'entrée du pont, ouvrira à 7 heures du matin, du 1ᵉʳ avril au 30 septembre ; à 8 heures du matin, du 1ᵉʳ octobre au 31 mars, et fermera en tout temps à 3 heures de relevée.

L'ouverture et la fermeture seront annoncées au son d'une cloche.

————————————

(1) V. l'ordonnance du 2 mai 1872.

2. Les places seront accordées par le maire de Champigny, qui indiquera l'emplacement affecté aux diverses natures de denrées.

3. Les marchands apposeront, à l'endroit le plus apparent de leurs places, une plaque ou un écriteau indiquant lisiblement leurs nom et domicile.

Ils devront, d'ailleurs, se conformer strictement à toutes les prescriptions qui leur seront imposées relativement à la tenue de leurs places.

4. Chaque marchand devra être pourvu des balances, poids et mesures nécessaires pour le pesage et le mesurage de ses marchandises.

5. Il est défendu aux marchands de se servir des dénominations telles que *livre, sou, boisseau,* et toutes autres contraires au système décimal, pour indiquer, au moyen d'étiquettes ou verbalement, le prix ou la quantité de leurs marchandises.

6. Il est expressément défendu d'exposer en vente des marchandises falsifiées, corrompues ou nuisibles. Toute tromperie envers le public, soit sur le poids, soit sur la quantité ou la nature de la marchandise, sera poursuivie et punie conformément à la loi.

7. Il est interdit aux marchands de crier le prix de leurs marchandises et d'appeler ou arrêter le public.

8. Les voitures et bêtes de somme ne pourront pénétrer dans le marché. Elles stationneront seulement aux abords, pendant le temps nécessaire pour le chargement et le déchargement des marchandises.

Dès que le déchargement sera opéré, les voitures et bêtes de somme seront rangées sur l'emplacement qui sera désigné à cet effet par l'autorité locale.

Il sera laissé au droit de chaque porte cochère, un passage libre pour l'entrée et la sortie des voitures.

9. Les marchands sont tenus de laisser toujours libres les passages réservés pour faciliter la circulation. Ils ne pourront, sous aucun prétexte, déposer des marchandises en dehors des limites de leurs places.

10. Toutes les places devront être tenues ainsi que leurs abords dans le meilleur état de propreté.

On ne pourra plumer de la volaille ni vider du poisson sur le marché que dans des seaux ou des paniers.

11. Il est défendu de vendre ou de colporter des denrées et marchandises aux abords du marché, sans préjudice, toutefois, de la faculté qu'ont les cultivateurs et les marchands domiciliés dans la commune, de faire arriver, d'emmagasiner, d'exposer, de vendre ou de faire vendre leurs denrées ou marchandises dans les locaux qu'ils occupent, à titre de propriété, de location ou autrement, sur le territoire de la commune de Champigny.

12. Les contraventions à la présente ordonnance seront constatées par des procès-verbaux ou rapports et déférées aux tribunaux compétents.

13. La présente ordonnance sera imprimée, publiée et affichée.

Ampliation en sera adressée à M. le sénateur, préfet de la Seine.

14. Le sous-préfet de l'arrondissement de Sceaux, le maire de Champigny et le commissaire de police de la circonscription de Saint-Maur, l'inspecteur général des halles et marchés et les préposés sous leurs ordres sont chargés, chacun en ce qui le concerne, de tenir la main à son exécution.

Le commandant de la gendarmerie départementale de la Seine est requis d'y prêter, au besoin, son concours.

Le préfet de police, BOITTELLE.

———◦◦———

N° **4222.** — *Ordonnance concernant les baignades en rivière dans le ressort de la préfecture de police* (1).

Paris, le 1er mai 1865.

———◦◦———

N° **4223.** — *Ordonnance concernant la police du marché de Colombes.*

Paris, le 8 mai 1865.

Nous, préfet de police,

Vu : 1° les lois des 16-24 août 1790 et 19-22 juillet 1791 ;

2° Les arrêtés du gouvernement du 12 messidor an VIII (1er juillet 1800) et 3 brumaire an IX (25 octobre 1800) ;

3° La loi du 10 juin 1853 ;

4° L'arrêté de M. le sénateur, préfet de la Seine, en date du 14 février 1865, qui autorise l'établissement d'un marché à Colombes, sous le quinconce de la place de la mairie, pour tenir le dimanche de chaque semaine,

Ordonnons ce qui suit :

1. Le marché de comestibles établi, le dimanche de chaque semaine, à Colombes, sous le quinconce de la place de la Mairie, ouvrira à 7 heures du matin, du 1er avril au 30 septembre ; à 8 heures du matin, du 1er octobre au 31 mars, et fermera en tout temps à 3 heures de relevée.

L'ouverture et la fermeture seront annoncées au son d'une cloche.

2. Les places seront accordées par le maire de Colombes, qui indiquera l'emplacement affecté aux diverses natures de denrées.

3. Les marchands apposeront, à l'endroit le plus apparent de leurs places, une plaque ou un écriteau indiquant lisiblement leurs nom et domicile.

Ils devront, d'ailleurs, se conformer strictement à toutes les prescriptions qui leur seront imposées relativement à la tenue de leurs places.

———

(1) V. l'ord. du 18 mai 1872.

4. Chaque marchand devra être pourvu des balances, poids et mesures nécessaires pour le pesage et le mesurage de ses marchandises.

5. Il est défendu aux marchands de se servir des dénominations telles que *livre, sou, boisseau,* et toutes autres contraires au système décimal, pour indiquer, au moyen d'étiquettes ou verbalement, le prix ou la quantité de leurs marchandises.

6. Il est expressément défendu d'exposer en vente des marchandises falsifiées, corrompues ou nuisibles. Toute tromperie envers le public, soit sur le poids, soit sur la quantité ou la nature de la marchandise, sera poursuivie et punie conformément à la loi.

7. Il est interdit aux marchands de crier le prix de leurs marchandises et d'appeler ou arrêter le public.

8. Les voitures et bêtes de somme ne pourront pénétrer dans le marché. Elles stationneront seulement aux abords, pendant le temps nécessaire pour le chargement et le déchargement des marchandises.

Dès que le chargement sera opéré, les voitures et bêtes de somme seront rangées sur une seule ligne, dans l'impasse de la Rue-Neuve, voisine du marché.

Il sera laissé au droit de chaque porte cochère, un passage libre pour l'entrée et la sortie des voitures.

9. Les marchands sont tenus de laisser toujours libres les passages réservés pour faciliter la circulation. Ils ne pourront, sous aucun prétexte, déposer des marchandises en dehors des limites de leurs places.

10. Toutes les places devront être tenues ainsi que leurs abords dans le meilleur état de propreté.

On ne pourra plumer de la volaille ni vider du poisson sur le marché que dans des seaux ou des paniers.

11. Il est défendu de vendre ou de colporter des denrées et marchandises aux abords du marché, sans préjudice, toutefois, de la faculté qu'ont les cultivateurs et les marchands domiciliés dans la commune, de faire arriver, d'emmagasiner, d'exposer, de vendre ou de faire vendre leurs denrées ou marchandises dans les locaux qu'ils occupent, à titre de propriété, de location ou autrement, sur le territoire de la commune de Colombes.

12. Les contraventions à la présente ordonnance seront constatées par des procès-verbaux ou rapports et déférés aux tribunaux compétents.

13. La présente ordonnance sera imprimée, publiée et affichée. Ampliation en sera adressée à M. le sénateur, préfet de la Seine.

14. Le sous-préfet de l'arrondissement de Saint-Denis, le maire de Colombes et le commissaire de police du canton de Courbevoie, l'inspecteur général des halles et marchés et les préposés sous leurs ordres sont chargés, chacun en ce qui le concerne, de tenir la main à son exécution.

Le commandant de la gendarmerie départementale de la Seine est requis d'y prêter, au besoin, son concours.

Le préfet de police, BOITTELLE.

N° **4224.** — *Ordonnance concernant la navigation et la police*
du canal Saint-Martin.

Paris, le 10 mai 1865.

Nous, préfet de police,

Vu l'arrêté du gouvernement du 19 ventôse an VI (9 mars 1798), concernant les mesures à prendre pour assurer le libre cours des rivières et canaux navigables et flottables, et celui du 12 messidor an VIII (1er juillet 1800), qui règle les attributions du préfet de police ;

Vu les ordonnances des 10 juin 1826 et 20 avril 1834, concernant la police du canal Saint-Martin, et l'ordonnance de police du 25 octobre 1840, concernant la navigation dans le ressort de la préfecture de police ;

Considérant que, par suite des modifications apportées dans l'état du canal Saint-Martin, il importe d'en réglementer à nouveau la police et la navigation,

Ordonnons ce qui suit :

TITRE I".

CONDITIONS A REMPLIR POUR NAVIGUER SUR LE CANAL SAINT-MARTIN.

1. Aucun bateau, train ou radeau circulant sur le canal Saint-Martin ne devra excéder les dimensions suivantes, mesurées de dehors en dehors, y compris le chargement, et sans aucune tolérance :

	LONGUEUR.		LARGEUR.	
	m.	c.	m.	c.
BATEAUX.	42	»	7	75
TRAINS et RADEAUX.	40	»	7	30

2. L'enfoncement des bateaux, au-dessous du plan de flottaison, ne devra jamais dépasser un mètre quatre-vingt-dix centimètres.

En temps de sécheresse, ce tirant d'eau sera réduit, et les bateaux circulant sur le canal devront, sur les indications des agents de l'administration, être allégés de telle sorte que leur enfoncement n'excède pas la profondeur du canal, prise sur les buscs des 1re et 9me écluses.

3. La hauteur du bord, au-dessus du plan de flottaison, sera au moins de 10 centimètres.

La hauteur du bateau, chargement compris, au-dessus du plan de flottaison, n'excèdera pas

4 m. 25 c. pour les bateaux variant en largeur de 4 à 6 m.,

3 m. 25 c.   d°   d'   6 à 7 m. 75 c.

4. Toutes les fois qu'un bateau, train ou radeau ne satisfera pas aux conditions prescrites par les articles précédents, le conducteur pourra être tenu de l'arrêter au point qui sera désigné par les agents de la navigation, et il ne pourra le remettre en marche qu'après s'être mis en règle.

5. Les bateaux porteront à la poupe leur dénomination, le nom et le domicile du propriétaire.

Les trains ou radeaux porteront, sur le pieu de nage ou sur l'oreille, la marque du marchand dont ils sont la propriété.

Les inscriptions seront apparentes, en toutes lettres et en caractères ayant au moins huit centimètres de hauteur. Elles seront peintes, ou sur le bordage, ou sur une planche fixée de manière à ne pouvoir être déplacée.

6. Les besognes, marnois, lavandières et chalands d'une superficie de 200 mètres et d'une capacité de 300 tonnes et au-dessus, auront, à charge complète, deux mariniers au moins à bord, et un au moins, s'ils sont à demi-charge ou vides.

Tous les autres bateaux, d'une superficie et d'un tonnage inférieurs aux précédents, auront, en toutes circonstances, un marinier au moins à bord.

Les mousses ou fils de mariniers, âgés de quinze ans, pourront être employés à bord des bateaux comme hommes d'équipage.

Chaque bateau, train ou radeau, devra être muni de tous ses agrès et cordages en bon état.

7. Tout conducteur de bateau, train ou radeau, doit être muni d'une lettre de voiture en bonne forme, qu'il est tenu de représenter, à toute réquisition, aux agents de l'administration.

8. Dans les 1re, 2me et 3me biefs, la traction des bateaux, trains ou radeaux ne pourra se faire que par des hommes.

Les bateaux n'y pourront marcher en convoi ni accouplés, sauf le cas où ils seraient reliés ensemble, de manière à former un système invariable n'excédant ni en longueur, ni en largeur les dimensions fixées en l'article 1er.

9. Dans le 4me bief, le remorquage, mais seulement par le toueur du service municipal, aura lieu concurremment avec le halage à col d'hommes.

10. La navigation est interdite pendant la nuit sur le canal Saint-Martin.

TITRE II.

NAVIGATION. — PASSAGE AUX ÉCLUSES ET AU PONT MOBILE DE GRANGE-AUX-BELLES. — BATEAUX A VAPEUR. — HALAGE.

11. La navigation, sur le canal et le passage aux écluses, s'effectueront librement depuis le lever jusqu'au coucher du soleil.

12. Les ingénieurs du service municipal, chargés de l'exploitation du canal, pourront, d'accord avec l'inspecteur général de la navigation, avancer ou prolonger la navigation pour tous les bateaux, sans distinction, lorsque ces bateaux encombreront les biefs, notamment aux approches et à la suite des chômages.

Ils pourront également, en cas d'encombrement sur l'un des biefs du canal, y suspendre momentanément l'arrivage et retenir tous les bateaux, trains ou radeaux, dans les biefs les plus voisins.

Il est enjoint aux mariniers de déférer aux ordres qui leur seront donnés à cet effet.

13. Hors le cas de force majeure, la navigation ne sera suspendue que par un arrêté de M. le préfet de la Seine, qui fixera l'époque et la durée des chômages.

Pendant les chômages, les bateaux circuleront, à leurs risques et périls, dans les parties du canal qui seront restées en eau.

14. Aussitôt leur arrivée au canal Saint-Martin, les conducteurs de bateaux, trains ou radeaux en donneront avis à l'éclusier et lui déclareront leur tirant d'eau.

L'éclusier leur délivrera un numéro d'ordre sans lequel ils ne pourront être admis dans le canal, et qui déterminera leur rang d'entrée.

15. L'ordre de passage aux écluses est réglé ainsi qu'il suit :

1° Les bateaux employés au service des travaux de réparations du canal ;

2° Les bateaux blessés, qu'il importe de rendre à destination dans le plus bref délai;

3° Les bateaux chargés pour le service de l'État ;

4° Les bateaux chargés de farines et de céréales;

5° Les bateaux à vapeur;

6° Les bateaux régulièrement autorisés à marcher en accélérés ;

7° Les bateaux et trains qui auront été remorqués par le toueur dans le 4me bief;

8° Les bateaux et trains halés.

16. Les services de bateaux à vapeur ne peuvent être établis qu'en vertu d'une autorisation de Son Exc. le ministre de l'agriculture, du commerce et des travaux publics, et sous les conditions qu'elle aura déterminées, notamment quant au système des appareils propulseurs, et à la vitesse maximum.

Les ingénieurs, l'inspecteur général de la navigation et les agents sous leurs ordres, qu'ils auront délégués à cet effet, pourront monter à bord des bateaux à vapeur, pour en constater la vitesse et pour apprécier l'effet produit par la marche de ces bateaux sur les berges et les divers ouvrages d'art du canal.

17. Le nombre d'hommes à employer pour le halage des bateaux, trains ou radeaux est fixé par le tableau suivant :

ESPÈCES DE BATEAUX, TRAINS OU RADEAUX.	DIMENSIONS ET TONNAGE DES BATEAUX, TRAINS OU RADEAUX.	NOMBRE DE HALEURS. BATEAUX		
		chargés	à demi-chargés.	vides.
Besognes . . . . Marnois. . . . . Lavandières. . . . . Chalands.	D'une superficie de 200 mètres et d'un tonnage de 300 tonnes et au-dessus	4	3	2
Flûtes de Bourgogne . . . Grandes toues, dites cis-clandes . . . . Péniches. . . . . Belandres ardennais. . . . Petites lavandières. . . .	D'une superficie de 150 à 200 mètres et d'un tonnage de 200 à 250 tonnes	3	2	1
Toues chênières . . . . . Toues sapines. . . . . . . Petites flûtes et barquettes.	D'une superficie de 100 à 150 mètres et d'un tonnage de 100 à 150 tonnes	2	1	1
Couplage de flûtes de l'Ourcq . . . . Margotats de grandes dimensions.		2	1	1
Petits margotats.		1	1	1
Éclusées de bois à brûler, de charpente ou de sciage		2	»	»

Les jeunes gens âgés de moins de dix-huit ans ne seront pas comptés comme ouvriers haleurs.

18. Les haleurs du canal Saint-Martin sont soumis aux dispositions de l'ordonnance de police du 25 octobre 1840 (chapitre XV), concernant les ouvriers des ports.

19. Le halage aura lieu, de La Villette au bassin de l'Arsenal, sur la rive gauche ; et dans le bassin de l'Arsenal, sur la rive droite.

20. Tout bateau, train ou radeau allant dans un sens, doit la moitié de la voie à tout bateau, train ou radeau allant dans un sens contraire.

Quand deux bateaux à vapeur se rencontrent, chacun se range à sa droite.

Si la rencontre a lieu entre un bateau à vapeur et un bateau halé, le bateau à vapeur se range du côté opposé au halage.

Quand des bateaux halés se rencontrent, l'un chargé et l'autre vide, le bateau vide se range du côté opposé au halage. Si les bateaux qui se rencontrent sont tous deux chargés, ou tous deux vides, le bateau montant se tient du côté du halage.

21. Dans le trématage entre un bateau à vapeur et un bateau halé, ce dernier doit serrer le chemin de halage.

Dans le trématage entre deux bateaux halés, celui qui cède le passage doit se ranger du côté opposé au halage et lâcher son trait.

22. Tout bateau qui s'arrête doit laisser passer ceux qui le rejoignent, jusqu'à ce qu'il se remette lui-même en marche.

23. Dans le cas d'un encombrement momentané s'opposant au croisement de deux bateaux, dans une partie du canal, si un équipage s'y trouve déjà engagé, tout bateau, train ou radeau survenant est tenu de s'arrêter pour laisser passer ce dernier.

24. Les conducteurs des bateaux, trains ou radeaux les amarreront, suivant l'ordre de leur arrivée aux écluses, dans les espaces réservés à cet effet.

25. Tout bateau, train ou radeau qui, arrivé près d'une écluse, ne pourra passer immédiatement, devra être rangé de façon à ne pas gêner le service de cette écluse.

26. Tout conducteur de bateau, train ou radeau qui, arrivé près d'une écluse, aurait refusé de le faire écluser, ou qui n'aurait pas ses haleurs prêts et en nombre suffisant, ne pourra s'opposer à ce qu'un autre bateau, train ou radeau passe avant son équipage.

Le bateau, train ou radeau qui aura été ainsi trématé reprendra rang aussitôt qu'il aura ses haleurs.

27. On profitera, autant que possible, de la même éclusée, pour faire passer deux bateaux montants et deux descendants.

Si l'écluse d'amont est pleine, les bateaux descendants passeront les premiers; et, dans le cas contraire, les bateaux montants auront la priorité. Les mariniers seront tenus d'exécuter les manœuvres prescrites dans ce but par les éclusiers.

Il pourra être donné passage à quatre bateaux montants et à quatre descendants aux 1re et 2me, et aux 7me, 8me et 9me écluses, dans le cas où les abords en seraient encombrés.

28. Aux approches des écluses, ponts et ouvrages d'art, le mouvement des bateaux sera réglé de manière à prévenir tout choc.

Les bateaux seront solidement amarrés à chaque extrémité, pendant qu'on les éclusera; on les fera ensuite sortir avec précaution; en aucun cas, on ne les attachera aux portes.

Chaque bateau sera muni de perches pour parer les chocs contre les bajoyers et les portes, et pour aider à la sortie des écluses.

Les patrons et mariniers devront, d'ailleurs, se conformer ponctuellement à tous les ordres qui leur seront donnés pour les précautions à prendre, lors des manœuvres relatives à l'éclusage.

29. Les bateaux, trains ou radeaux ne peuvent rester dans les écluses que le temps strictement nécessaire pour la manœuvre.

30. Il est interdit à tous autres que les éclusiers de manœuvrer les ventelles et les portes d'écluses. Toutefois, les mariniers pourront aider à la manœuvre, en se conformant aux ordres des éclusiers.

51. Il est défendu de rester sur le tablier du pont mobile de Grange-aux-Belles, pendant la manœuvre, et de passer sur les portes d'écluses autres que celles disposées à cet effet.

Sont exceptés de ces défenses, les agents du service de la navigation, ceux du service municipal d'exploitation du canal, ainsi que toutes les personnes employées au service des bateaux, trains ou radeaux.

TITRE III.

PASSAGE DES SOUTERRAINS RICHARD-LENOIR ET DE LA BASTILLE.

52. Dans la partie qui constitue le 4me bief du canal Saint-Martin, le halage à col d'hommes et le remorquage par le toueur pouvant avoir lieu concurremment, ainsi qu'il est dit en l'article 9, tout marinier qui se proposera d'effectuer la traversée du bief dont il s'agit, devra, avant d'en franchir les écluses, déclarer aux éclusiers le mode de traction dont il veut user.

En cas d'option pour le touage, l'éclusier en donnera immédiatement avis au capitaine du toueur.

53. Lorsque plusieurs équipages se présenteront en même temps pour traverser la partie couverte du canal, des convois pourront être formés pour le remorquage.

Ces convois seront composés, au plus, de six bateaux, trains ou radeaux. Les bateaux qui caleront le moins d'eau seront placés à l'avant du convoi; et, autant que possible, un bateau muni de son gouvernail sera placé à l'arrière, afin de maintenir et de gouverner les bateaux qui le précèderont.

54. Le trajet dans la partie couverte du canal, devra s'effectuer sans aucune interruption et le plus promptement possible, sans toutefois que la vitesse puisse excéder un kilomètre par dix minutes.

55. Le stationnement des bateaux, trains ou radeaux est formellement interdit dans la partie couverte du canal.

56. La navigation sous les voûtes du canal aura lieu conformément aux dispositions suivantes :

1° Le halage à col d'hommes s'effectuera sur la rive gauche ;

2° Le toueur serrera la rive droite ;

3° Les bateaux à vapeur suivront le milieu de la voie navigable.

En cas de rencontre avec le toueur ou les bateaux halés, les bateaux à vapeur prendront le côté laissé libre, suivant les indications ci-dessus ; il en sera de même en cas de trématage.

57. Le toueur et les bateaux à vapeur devront signaler leur présence dans la partie couverte du canal, soit en faisant jouer le sifflet de leur machine, soit en faisant sonner leur cloche :

1° Au moment de mettre en marche ;

2° Avant l'entrée ou la sortie du souterrain;

3° Avant de franchir le coude que forme le souterrain Richard-Lenoir, à la hauteur du boulevard du Prince-Eugène.

Les haleurs devront également signaler la présence des bateaux,

trains ou radeaux qu'ils haleront, à 300 mètres au moins avant que
d'arriver au susdit coude; à cet effet, ils enverront un homme en
avant pour héler les bateaux qui viendraient en sens inverse.

38. Dans le cas d'une obscurité trop grande ou d'un brouillard
épais sous la voûte, les bateaux et trains devront être éclairés, conformément aux dispositions suivantes :

1º Le toueur, par un feu rouge à l'avant et par un feu blanc à
l'arrière. Lorsqu'il aura des bateaux en remorque, le feu blanc sera
placé sur le dernier bateau ou train du convoi;

2º Les bateaux ou trains halés seront éclairés par un feu blanc à
double réflecteur, projetant sa lumière tant en amont qu'en aval,
et placé de manière à ne pouvoir être masqué par le comble ou le
chargement du bateau;

3º Les bateaux à vapeur seront éclairés par trois feux :
Un feu blanc à l'avant;
Un feu vert à tribord;
Et un feu rouge à bâbord.

39. Les bateaux, trains ou radeaux halés ne pourront s'engager
dans le souterrain de la Bastille, si le toueur ou un bateau à vapeur,
venant en sens contraire, se trouve à moins de 500 mètres de ce souterrain; ils devront alors se garer sur les points suivants :

1º Les avalants, dans l'angle rentrant, rive gauche, du souterrain
Richard-Lenoir;

2º Les montants, dans l'angle, rive droite, de la gare de l'Arsenal.

40. L'accès des parties voûtées du canal est formellement interdit
au public.

TITRE IV.

STATIONNEMENT DES BATEAUX. — EMBARQUEMENT, DÉBARQUEMENT,
TRANSBORDEMENT ET ENTREPÔT DES MARCHANDISES. — MESURES
D'ORDRE DANS LES PORTS PUBLICS ET PRIVÉS. — RÉPARATIONS ET
DÉCHIRAGE DES BATEAUX. — GARAGE.

41. Il est expressément défendu de gêner ou d'entraver d'une
manière quelconque les manœuvres d'entrée et de sortie du canal.

42. Avant d'entrer dans le canal Saint-Martin, les bateaux, trains
ou radeaux arrivant par la Seine, s'arrêteront sur la rive droite du
fleuve, entre le pont d'Austerlitz et le poteau indicateur placé en aval.

Ils ne pourront s'étendre, en rivière, au-delà de l'alignement
pris sur la première pile du pont.

43. Afin de prévenir tout obstacle aux manœuvres d'entrée et de
sortie, aucun bateau ne pourra être mis en chargement, déchargement ou transbordement à l'embouchure du canal, en Seine, dans
l'espace compris entre les poteaux placés: l'un, en amont pour limiter
le garage mentionné en l'article précédent; l'autre, en aval pour fixer
la limite du port Louviers.

Le premier rang de bateaux mis à quai, en aval de ce dernier
poteau, ne pourra excéder un dehors de 12 mètres en rivière.

44. Les bateaux , trains ou radeaux en cours de navigation ne pourront stationner sur le canal qu'aux endroits ci-après désignés :

BASSIN DE L'ARSENAL, *rive droite (sur deux rangs)* :

Depuis l'entrée de la voûte jusqu'à 2,000 mètres en amont, ceux destinés à la remonte;

Depuis la 9me écluse jusqu'à 200 mètres en amont , ceux destinés à la descente.

BASSIN DU TEMPLE. — *Entre le pont du Temple et le souterrain Richard-Lenoir (sur un seul rang)* :

Rive gauche , ceux destinés à la remonte ;

Rive droite , ceux destinés à la descente.

BASSIN DE PANTIN. — *Rive gauche, à partir du pont de la Petite-Villette jusqu'au droit de la rampe amont (sur un rang)* :

Ceux destinés à remonter à La Villette.

45. Les stationnements ci-dessus auront lieu en dehors du chenal des écluses, et de manière à n'en pas gêner le service.

46. Il est formellement interdit d'arrêter les bateaux, trains ou radeaux :

1° Sur tous les points où le croisement des bateaux ne peut s'opérer ;

2° A moins de 50 mètres en amont et en aval des écluses, s'il ne reste un espace suffisant pour que deux autres bateaux puissent s'y croiser.

47. Les réparations ou déchirages de bateaux ne peuvent avoir lieu sur la rive droite de la Seine, dans les parties réservées en amont et en aval de l'embouchure du canal, par les articles 42 et 43 ci-dessus.

48. Tout bateau , train ou radeau en stationnement dans les ports de déchargement ou de chargement, ou dans les endroits désignés en l'art. 44, sera solidement amarré à ses deux extrémités. Il devra être gardé de jour et de nuit.

49. Tout bateau, train ou radeau abandonné, sans patron ni gardien, sera conduit dans un lieu de garage , aux frais du propriétaire, par les soins de l'inspecteur de la navigation, qui préposera un homme à sa garde.

50. Les radeaux servant au tirage des bois flottés, devront être solidement amarrés par une chaîne munie d'un cadenas ; sinon , ils seront conduits d'office dans le bassin des Marais, et consignés aux frais des propriétaires.

51. Il est défendu de larguer les amarres des bateaux, trains ou radeaux , sans le consentement des propriétaires ou mariniers, si ce n'est à la réquisition de l'inspecteur de la navigation.

52. Il est défendu de charger , décharger et déposer des marchandises ailleurs que dans les ports.

La mise à port aura lieu suivant l'ordre des arrivages, sur tous les points autres que ceux qui, avec l'approbation de M. le préfet de la

Seine, sur l'avis du préfet de police, auront été affectés par le service municipal d'exploitation du canal, à des services spéciaux.

53. Aucun train ne pourra être tiré, aucune marchandise ne pourra être transbordée d'un bateau dans un autre ou déchargée d'un bateau à terre, sans un permis délivré par l'inspecteur de la navigation, sur la production de lettres de voiture en bonne forme.

54. Aucune marchandise ne pourra être déposée sur berge pour être embarquée, sans une autorisation préalable de l'inspecteur de la navigation.

55. Pour faciliter la circulation du public et le halage des bateaux, un franc-bord d'un mètre, sur chaque rive, à partir du bord du canal, devra être laissé libre et ne pourra être occupé, même momentanément. Les marchandises qui s'y trouveraient déposées seront enlevées d'office aux frais des propriétaires.

56. Aux ports où existent des magasins et des chantiers particuliers, une voie charretière de 6 mètres de largeur, sur laquelle ne pourra être fait aucun dépôt quelconque, même momentané, sera réservée entre ce magasin et les ports publics.

57. Les bateaux, trains ou radeaux ne peuvent rester à quai, dans les ports publics, que le temps strictement nécessaire à leur chargement, déchargement ou débardage.

Aussitôt que ces opérations sont achevées, ou pendant les interruptions qu'elles peuvent subir, les bateaux doivent être retirés du port pour être amarrés sur les points désignés par l'inspecteur de la navigation.

58. Le déchargement des bateaux, quelle que soit la nature de la cargaison, et le débardage des trains ou radeaux, devront commencer aussitôt après l'obtention du permis et la mise à port.

L'enlèvement des marchandises sera effectué au fur et à mesure du déchargement.

59. Tout bateau devra être chargé, déchargé ou transbordé, à raison de quarante tonnes par jour, à partir de la mise à port, à moins pourtant qu'il ne s'agisse d'objets fragiles, tels que : bouteilles, verreries, poteries, marbres ouvrés, etc., auquel cas les opérations pourront être réduites à vingt tonnes par jour.

Tout train de bois à brûler ou à œuvrer devra être tiré, à raison de quarante tonnes par jour.

Les dimanches et fêtes ne seront pas comptés pour chacune desdites opérations.

60. Le chargement des bateaux devra commencer aussitôt l'arrivée des marchandises sur le port.

61. Il est défendu de déposer sur berge, si ce n'est pour les embarquer immédiatement, les marchandises dangereuses, comme les matières toxiques et inflammables, même emballées, et les clous, ferrailles, verres cassés en vrac, etc.

Les berges devront être débarrassées complétement de ces sortes de marchandises à la fin du jour, et l'emplacement sur lequel elles auront été déposées sera balayé aussitôt et avec soin.

62. Il est défendu d'empiler, scier, tailler, ou façonner, d'une manière quelconque, les marchandises déposées sur les berges et ports publics du canal.

63. Il est prescrit d'une manière générale :

1° D'abattre les mâts, d'enlever les gouvernails et de les mettre dans les bateaux, ou de les ranger le long du bord ;

2° De ranger les marchandises à terre, de manière qu'elles y prennent le moins d'espace possible ;

3° De nettoyer, après l'enlèvement des marchandises, l'emplacement du port qu'elles auront occupé.

64. Les bateaux en chargement ou en déchargement seront placés à quai dans les ports publics, de préférence à tous autres.

65. Il est défendu de monter sur les bateaux, trains ou radeaux . chargés ou vides, ainsi que sur les bachots, soit pour pêcher, soit pour tout autre motif étranger à leur service.

66. Il ne peut être déposé dans les ports publics que des marchandises arrivées par eau ou destinées à être embarquées.

67. Il est défendu de réparer ou déchirer des bateaux sur le canal, sans une autorisation préalable de l'inspecteur de la navigation, qui désignera l'emplacement où ces opérations devront être effectuées.

68. Les bateaux sans emploi, ou qui attendront leur chargement, seront garés dans les lieux désignés par l'inspecteur de la navigation.

69. Il est prescrit aux patrons ou propriétaires des bateaux qui, en temps de glaces ou de grosses eaux, viennent se garer dans le 4me bief du canal Saint-Martin, d'avoir à leur bord un nombre d'hommes d'équipage en rapport avec les difficultés à vaincre, et de conduire immédiatement lesdits bateaux aux endroits désignés par l'inspecteur de la navigation.

Faute de quoi, il y sera pourvu d'office aux frais, risques et périls de qui de droit, sans préjudice de l'amende encourue pour la contravention.

TITRE V.

INTERDICTIONS ET PRESCRIPTIONS. — AUTORISATIONS. — DISPOSITIONS DIVERSES.

70. Il est défendu :

1° De jeter ou déposer dans le canal ou sur ses dépendances, des immondices, pierres, graviers, bois, paille ou fumiers, résidus quelconques de chargement de bateaux, ni rien qui puisse en embarrasser ou attérir le lit, et d'y planter aucun pieu (article 4 de l'arrêt du 24 juin 1777);

2° D'escalader les talus ou perrés et de se laisser glisser le long des pentes que forment ces ouvrages ;

3° De détériorer, soit les digues ou ouvrages d'art, soit les plantations (article 11 de l'arrêt du 24 juin 1777);

4° De faire aucune ouverture sur les francs-bords du canal, sous quelque prétexte que ce puisse être ;

5° De parcourir les berges et ports avec des voitures, des charrettes où des bêtes de somme, à moins qu'elles ne soient employées au transport ou à l'enlèvement des marchandises;

6° D'abreuver les bestiaux au canal;

7° De remiser des voitures, charrettes, tombereaux ou haquets sur les ports et berges;

8° De ravager le fond de l'eau pour y chercher des vers à vase, des débris de métaux ou tous autres objets;

9° De noyer des animaux ou d'en jeter les cadavres dans le canal.

71. Il est défendu aux mariniers:

1° De jeter les eaux de vidange des bateaux sur les talus des levées ou sur les murs de revêtement;

2° D'amarrer aucun cordage aux arbres plantés sur les banquettes ou les francs-bords, ainsi que sur les chaînes de clôture;

3° De tenir les cordages élevés au-dessus des banquettes, de manière à gêner ou intercepter le passage;

4° De se servir de harpons, gaffes, bâtons ferrés et autres engins en usage sur les rivières, qui pourraient endommager les maçonneries, portes d'écluses et autres ouvrages d'art.

72. Il est également défendu:

1° De glisser et de patiner sur la glace, dans toute l'étendue du canal;

2° De se baigner dans le canal;

3° D'y laver du linge, d'en étendre ou faire sécher sur les ports et berges;

4° D'y puiser de l'eau, sans une autorisation spéciale du service municipal d'exploitation, sauf le cas d'incendie.

73. Il est enjoint aux riverains, mariniers, ou autres, de faire enlever, dans le plus bref délai possible, les pierres, bois, pieux, marchandises, agrès et autres empêchements étant de leur fait où à leur charge, dans le lit du canal ou sur les bords. Faute de quoi, il y sera pourvu à leurs frais, sans préjudice de l'amende encourue pour la contravention (article 3 de l'arrêt du 24 juin 1777) (1).

74. Dans la traversée d'une rive à l'autre, sur le pont mobile de Grange-aux-Belles, les cochers et charretiers ne pourront conduire leurs chevaux autrement qu'au pas.

75. Les chaînes placées aux abords des ponts, le long des sacs d'écluses et le long des quais, seront fermées chaque soir, après le coucher du soleil, par les soins du service municipal d'exploitation.

76. Ne pourront être établis qu'en vertu d'une autorisation, toujours révocable, de M. le préfet de la Seine, et sous les conditions qu'il aura déterminées:

1° Les ouvertures ou sorties sur les digues et francs-bords du canal ou des rigoles;

2° Les prises d'eau;

3° Les ports privés;

4° Les grues, chèvres et autres appareils pour l'embarquement des marchandises;

---

(1) V. cet arrêt à l'appendice du présent vol.

5° Et tous autres ouvrages qui s'étendraient sur le domaine du canal.

77. L'accès du canal est interdit à toutes embarcations autres que celles employées pour les besoins du commerce.

78. Les particuliers qui auront obtenu l'autorisation, sous des conditions déterminées, d'avoir des embarcations pour leur usage et pour l'exploitation de leur industrie, ne pourront employer ces embarcations au transport des passagers d'une rive à l'autre, ni pour faire des promenades sur l'eau, avec ou sans rétribution.

Ces embarcations devront être toujours garées de manière à ne gêner ni la navigation ni le halage.

Il est expressément défendu aux mariniers de louer ou prêter leurs embarcations pour s'en servir sur le canal.

79. Toutes avaries aux ouvrages d'art, toutes dégradations des digues et talus seront réparées aux frais de l'auteur desdites avaries ou dégradations, sans préjudice des peines encourues.

80. Lorsqu'un bateau, train ou radeau vient à couler à fond, le propriétaire ou patron est tenu de prendre, dans le délai qui lui est prescrit par l'inspecteur de la navigation, les dispositions nécessaires pour le sauvetage ou la remise à flot.

Faute par lui d'avoir satisfait à cette obligation dans le délai fixé, il y sera pourvu d'office, aux frais de qui de droit.

TITRE VI.

PROCÈS-VERBAUX DE CONTRAVENTIONS ET DÉLITS. — JURIDICTIONS. — EXÉCUTIONS D'OFFICE ET CAUTIONS.

81. Toutes les infractions au présent règlement et tous autres délits ou contraventions prévus par les anciennes lois et ordonnances, seront constatées par des procès-verbaux.

82. Les procès-verbaux constatant les contraventions de grande voirie seront déférés au conseil de préfecture.

Les procès-verbaux constatant des contraventions au présent règlement qui ne rentrent dans aucun des cas prévus par les anciennes lois et ordonnances, seront déférés aux tribunaux de simple police.

Les procès-verbaux constatant les insultes ou mauvais traitements envers les agents de l'administration, dans l'exercice de leurs fonctions, et en général des délits qui peuvent entraîner une peine corporelle, seront déférés aux tribunaux de police correctionnelle.

Les procès-verbaux constatant à la fois et des contraventions prévues aux paragraphes 1 et 2 du présent article, et des délits spécifiés au paragraphe 3, seront déférés, en même temps, à chacun des tribunaux compétents, et, à cet effet, dressés en autant d'expéditions qu'il y aura de juridictions appelées à en connaître.

83. Lorsqu'une exécution d'office aura eu lieu, l'état des frais sera dressé par l'inspecteur général de la navigation et des ports, qui nous le transmettra, afin d'en poursuivre le remboursement contre les contrevenants.

Les marchandises et les bateaux seront, d'ailleurs, retenus jusqu'à présentation d'une caution solvable, qui sera chargée d'effectuer ledit remboursement.

84. Sont et demeurent abrogées les ordonnances de police des 10 juin 1826 et 20 avril 1834, concernant le canal Saint-Martin, ainsi que les dispositions de l'ordonnance de police du 25 octobre 1840, concernant la police de la navigation dans le ressort de notre préfecture, qui seraient contraires aux dispositions qui précèdent.

85. La présente ordonnance sera imprimée, publiée et affichée.

L'inspecteur général de la navigation et des ports, les ingénieurs du service municipal d'exploitation du canal, le colonel de la garde de Paris, le chef de la police municipale, les commissaires de police des quartiers riverains du canal, et les employés sous leurs ordres, sont chargés, chacun en ce qui le concerne, d'en assu er l'exécution.

Le préfet de police, **BOITTELLE.**

N° **4225.** — *Ordonnance concernant le commerce des fourrages.*

Paris, le 10 juin 1865.

Nous, préfet de police,

Vu : 1° la loi des 16-24 août 1790 ;

2° Les arrêtés du gouvernement des 12 messidor an VIII et 3 brumaire an IX, et les lois des 7 août 1850 et 10 juin 1853 ;

3° Les ordonnances de police concernant la vente des fourrages, notamment celle du 13 septembre 1834 ;

Considérant que les prescriptions réglementaires relatives au poids des bottes de paille et de fourrages vieux (fixé à 5 kil. en tout temps), et au poids des bottes de fourrages de la dernière récolte (réglé à 5 kil., 5 kilog. 500 gr. et 6 kil. 500 gr., suivant la saison), sont une cause d'embarras dans les transactions et se trouvent en contradiction avec le régime de liberté industrielle et commerciale ;

Vu la lettre de Son Excellence le ministre de l'agriculture, du commerce et des travaux publics en date du 23 mai dernier, portant approbation de la présente ordonnance,

Ordonnons ce qui suit :

1. Sont et demeurent abrogés l'article 2 de l'ordonnance de police du 13 septembre 1834, et toutes autres dispositions réglementaires analogues, concernant le poids des bottes de paille, foin, trèfle, luzerne et sainfoin.

2. La vente des pailles et fourrages se réglera désormais entre le vendeur et l'acheteur, à leur gré, selon le poids ou le volume de la marchandise.

3. Les tromperies et tentatives de tromperie dans la vente seront poursuivies conformément à l'article 423 du code pénal et à la loi du 27 mars 1851 (1).

_____

(1) V. cette loi à l'appendice du présent vol.

4. Les sous-préfets des arrondissements de Saint-Denis et de Sceaux, les commissaires de police de Paris et des communes du ressort de la préfecture de police sont chargés, chacun en ce qui le concerne, d'assurer l'exécution de la présente ordonnance, qui sera imprimée, publiée et affichée.

Le préfet de police, BOITTELLE.

N° 4226. — *Ordonnance concernant l'interruption temporaire de la navigation dans le canal de Saint-Maur.*

Paris, le 19 juillet 1865.

Nous, préfet de police,

Vu : **1°** les arrêtés des consuls des 12 messidor an VIII et 3 brumaire an IX;

2° La loi du 10 juin 1853;

3° Le rapport de M. le directeur du service municipal des travaux publics, faisant connaître que la construction de la jetée à établir en amont de l'entrée du canal de Saint-Maur, nécessite des dragages considérables à cet endroit;

4° Le rapport de M. l'ingénieur en chef de la navigation de la Marne, ensemble celui de M. l'inspecteur général de la navigation et des ports;

Considérant que les bateaux dragueurs en fonctionnement sur le point désigné, seront un obstacle au passage des bateaux et trains de bois dans le canal de Saint-Maur,

Ordonnons ce qui suit :

1. A partir du 25 juillet, présent mois, jusqu'au 26 août prochain inclusivement, la navigation n'aura lieu sur le canal de Saint-Maur, que deux jours par semaine : le dimanche, depuis le lever du soleil, et le lundi, jusqu'à la tombée de la nuit.

2. Le service municipal des travaux publics prendra les mesures nécessaires pour que, lesdits jours, l'entrée du canal soit rendue entièrement libre pour le passage des bateaux et des trains de bois.

3. Pendant l'interruption de la navigation, les bateaux s'arrêteront au garage du pont de Saint-Maur, au bord dehors de l'île du pont. Ils ne pourront être placés sur plus de deux rangs.

Les trains de bois seront garés en amont du pont de Saint-Maur, le long de l'île. Ils ne devront pas occuper plus de la moitié de la rivière.

4. La présente ordonnance sera imprimée, publiée et affichée. Les contraventions aux dispositions qu'elle renferme seront constatées par des procès-verbaux ou rapports et déférées aux tribunaux compétents, sans préjudice des mesures administratives qui pourront être prises à l'égard des contrevenants.

5. L'inspecteur général de la navigation et des ports, le directeur du service municipal des travaux publics, les ingénieurs de la navigation de la Marne, le commandant de la gendarmerie impériale dans le département de la Seine, le commissaire de police de la circonscription de Saint-Maur et les agents sous leurs ordres, sont chargés, chacun en ce qui le concerne, d'assurer l'exécution de la présente ordonnance.

Le préfet de police, BOITTELLE.

———————

Nº **4227.** — *Ordonnance concernant la police du marché de Saint-Mandé.*

Paris, le 24 juillet 1865.

Nous, préfet de police,

Vu : 1º les lois des 16-24 août 1790 et 19-22 juillet 1791 ;

2º Les arrêtés du gouvernement du 12 messidor an VIII (1er juillet 1800), art. 32 et 33, et du 3 brumaire an IX (25 octobre 1800) ;

3º La loi du 10 juin 1853;

4º Les arrêtés et décisions de M. le sénateur, préfet de la Seine, en date des 17 mars 1853, 14 octobre 1864 et 11 mars 1865, autorisant l'établissement d'un marché de comestibles à Saint-Mandé, en fixant les jours de tenue aux jeudi et dimanche de chaque semaine, et permettant le stationnement des marchands sur la contre-allée sud du cours de Vincennes,

Ordonnons ce qui suit :

1. Le marché de comestibles établi, les jeudi et dimanche de chaque semaine à Saint-Mandé, sur la contre-allée sud du cours de Vincennes, ouvrira à 6 heures du matin, du 1er avril au 30 septembre; à 7 heures du matin, du 1er octobre au 31 mars, et fermera, en tout temps, à 3 heures de relevée.

L'ouverture et la fermeture seront annoncées au son d'une cloche.

2. Les places seront accordées par le maire de Saint-Mandé, qui indiquera l'emplacement affecté aux diverses natures de denrées.

3. Les marchands apposeront, à l'endroit le plus apparent de leurs places, une plaque ou un écriteau indiquant lisiblement leurs nom et domicile.

Ils devront, d'ailleurs, se conformer strictement à toutes les prescriptions qui leur seront imposées relativement à la tenue de leurs places.

4. Chaque marchand devra être pourvu des balances, poids et mesures nécessaires pour le pesage et le mesurage de ses marchandises.

5. Il est défendu aux marchands de se servir des dénominations telles que *livre, sou, boisseau*, et toutes autres contraires au système décimal, pour indiquer, au moyen d'étiquettes ou verbalement, le prix ou la quantité de leurs marchandises.

6. Il est expressément défendu d'exposer en vente des denrées falsifiées, corrompues ou nuisibles. Toute tromperie envers le public, soit sur le poids, soit sur la quantité ou la nature de la marchandise, sera poursuivie et punie conformément à la loi.

7. Il est interdit aux marchands de crier le prix de leurs marchandises et d'appeler ou arrêter le public.

8. Les marchands sont tenus de laisser toujours libres les passages réservés pour faciliter la circulation. Ils ne pourront, sous aucun prétexte, déposer des marchandises, paniers ou tous autres objets en dehors des limites de leurs places.

9. Toutes les places devront être tenues, ainsi que leurs abords, dans le meilleur état de propreté.

On ne pourra plumer de la volaille ni vider du poisson sur le marché que dans des seaux ou des paniers.

Il est expressément interdit de déposer sur la route des débris ou des détritus quelconques.

10. Les voitures et bêtes de somme ne pourront pénétrer dans le marché. Elles stationneront sur le cours de Vincennes, le long de la bordure de la chaussée, du côté où se tient le marché. Elles seront rangées sur une seule file.

Il sera laissé, au droit de chaque porte cochère, un passage libre pour l'entrée et la sortie des voitures.

11. Il est défendu de vendre ou de colporter des denrées et marchandises aux abords du marché, sans préjudice, toutefois, de la faculté qu'ont les cultivateurs et les marchands domiciliés dans la commune, de faire arriver, d'emmagasiner, d'exposer, de vendre ou de faire vendre leurs denrées ou marchandises dans les locaux qu'ils occupent, à titre de propriété, de location ou autrement, sur le territoire de la commune de Saint-Mandé.

12. Les contraventions à la présente ordonnance seront constatées par des procès-verbaux ou rapports et déférées aux tribunaux compétents.

13. La présente ordonnance sera imprimée, publiée et affichée.

Ampliation en sera adressée à M. le sénateur, préfet de la Seine.

14. Le sous-préfet de l'arrondissement de Saint-Denis, le maire de Saint-Mandé et le commissaire de police de Vincennes, l'inspecteur général des halles et marchés et les préposés sous leurs ordres sont chargés, chacun en ce qui le concerne, de tenir la main à son exécution.

Le commandant de la gendarmerie départementale de la Seine est requis d'y prêter, au besoin, son concours.

Le préfet de police, BOITTELLE.

N° **4228.** — *Ordonnance concernant l'emploi du chlorure de chaux dans les lavoirs publics.*

Paris, le 4 août 1865.

Nous, préfet de police,

Considérant que si l'emploi du chlorure de chaux a été signalé comme exerçant une action nuisible sur les doigts et les organes respiratoires des blanchisseuses, aussi bien que sur le linge lui-même, il faut attribuer cet inconvénient à ce qu'il n'est pas convenablement employé ;

Qu'il résulte des enquêtes et des études faites par les commissions d'hygiène de Paris et par le conseil de salubrité du département de laSeine, que cette substance n'a pas plus d'inconvénients que l'eau de javelle dont on fait journellement usage,

Ordonnons ce qui suit :

L'avis du conseil d'hygiène publique et de salubrité du département de la Seine, concernant l'emploi du chlorure de chaux sera imprimé et affiché dans tous les lavoirs publics.

Le préfet de police, BOITTELLE.

AVIS DU CONSEIL D'HYGIÈNE PUBLIQUE ET DE SALUBRITÉ

DU DÉPARTEMENT DE LA SEINE,

sur l'emploi du chlorure de chaux dans les buanderies et lavoirs publics.

Il résulte des nombreux essais qui ont été faits depuis quelques années, par ordre de l'administration, que le chlorure de chaux *bien employé*, n'a pas sur le linge, sur les doigts et les organes respiratoires des blanchisseuses, une action plus nuisible que l'eau de javelle dont on se sert journellement.

Il a des inconvénients quand on en fait usage à l'état de *poudre*, car alors l'excès de chaux vive qu'il contient toujours, agit plus ou moins fortement sur les parties du linge avec lesquelles on le met en contact et occasionne parfois des crevasses aux doigts des laveuses.

Mais, pour rendre inoffensif le chlorure de chaux et obtenir une liqueur décolorante qui agisse sur le linge de la même manière que l'eau de javelle, il faut, *avant son emploi*, le délayer dans l'eau et n'en pas mettre plus de 25 à 30 *grammes par litre d'eau, soit* 250 à 300 *grammes pour un seau de moyenne grandeur (10 litres).* Le mélange fait, on doit, au bout de 15 à 20 minutes, le passer au travers d'un linge un peu serré, pour séparer la poudre blanche qu'on rejette comme inutile; la liqueur chlorurée, ainsi obtenue, peut servir immédiatement aux mêmes usages que l'eau de javelle.

Lu et approuvé dans la séance du 30 juin 1865.

Le préfet de police, BOITTELLE.

N° **4229.** — *Ordonnance concernant les mesures d'ordre et de sûreté à observer pendant la fête nationale du 15 août 1865* (1).

Paris, le 12 août 1865.

(1) V. l'ord. du 12 août 1869.

N° **4230.** — *Ordonnance concernant l'ouverture de la chasse* (1).

Paris, le 16 août 1865.

N° **4231.** — *Ordonnance portant défense de faire passer des embarcations sur le barrage de Creteil.*

Paris, le 18 août 1865.

Nous, préfet de police,

Vu les rapports de M. l'ingénieur en chef de la navigation de la Marne et de M. l'inspecteur général de la navigation et des ports, relatifs au barage de Creteil;

Considérant qu'il arrive fréquemment, dans la saison des basses eaux, lorsque le pertuis du barrage est fermé, que des personnes étrangères à la localité, ne tenant pas compte des avertissements qui leur sont donnés, font imprudemment franchir le barrage en question à de légères embarcations; et qu'il importe de prendre des mesures pour prévenir les accidents;

Vu les lois et règlements concernant la police des rivières et des ports, ensemble l'arrêté du gouvernement du 12 messidor an VIII, celui du 3 brumaire an IX et la loi du 10 juin 1853,

Ordonnons ce qui suit :

1. Défenses sont faites de faire franchir le barrage de Creteil à quelque embarcation que ce soit.

Les embarcations telles que canots, chaloupes, yoles et toutes autres de même sorte, ne pourront passer que par le pertuis destiné à la navigation, quand il sera ouvert, et lorsque ces embarcations seront montées par des mariniers expérimentés.

2. Les contraventions aux dispositions qui précèdent seront constatées par des procès-verbaux ou rapports, et déférées aux tribunaux compétents, sans préjudice des mesures administratives qui pourront être prises à l'égard des contrevenants.

3. L'inspecteur général de la navigation et des ports, les ingénieurs de la navigation de la Marne, le commandant de la gendarmerie impériale dans le département de la Seine, le commissaire de police de la circonscription de Charenton et les agents sous leurs ordres, sont chargés, chacun en ce qui le concerne, d'assurer l'exécution de la présente ordonnance, qui sera imprimée, publiée et affichée.

Le préfet de police, BOITTELLE.

(1) V. l'ord. du 18 août 1871.

N° **4232.** — *Ordonnance concernant les mesures d'ordre et de sûreté à observer à l'occasion des fêtes de Saint-Cloud* (1).

Paris, le 7 septembre 1865.

N° **4233.** — *Ordonnance concernant l'exécution de l'arrêté de M. le ministre de l'agriculture, du commerce et des travaux publics, relatif aux mesures prescrites par le décret impérial du 19 juin 1865, pour l'épreuve des armes portatives.*

Paris, le 19 septembre 1865.

Nous, préfet de police,

Vu l'art. 2 de l'arrêté du gouvernement du 12 messidor an VIII;
La loi des 10-15 juin 1853,

Ordonnons ce qui suit :

L'arrêté ministériel du 11 août 1865 sera imprimé et affiché immédiatement dans Paris et dans les communes du ressort de la préfecture de police (2).

Le préfet de police, BOITTELLE.

N° **4234.** — *Ordonnance concernant les mesures à prendre au cas où le typhus contagieux des bêtes à cornes se déclarerait à Paris et dans les communes du ressort de la préfecture de police.*

Paris, le 25 septembre 1865.

Nous, préfet de police,

Considérant qu'une *épizootie* exerce actuellement ses ravages en Angleterre sur les animaux de l'espèce bovine, et que, de ce pays où elle était restée confinée d'abord, elle s'est propagée en Hollande et en Belgique;

Considérant qu'il est urgent de se tenir en garde contre l'invasion possible de ce fléau, en prescrivant, dès maintenant, les mesures propres à arrêter son expansion, s'il venait à pénétrer en France;

Vu : 1° la loi des 16-24 août 1790;

2° Les arrêtés du gouvernement des 12 messidor an VIII et 3 brumaire an IX;

3° Les articles 459, 460 et 461 du code pénal, ainsi conçus, savoir :

« Art. 459. — Tout détenteur ou gardien d'animaux ou de bestiaux
» soupçonnés d'être infectés de maladies contagieuses, qui n'aura pas
» sur-le-champ averti le maire de la commune où il se trouve, et qui,
» même avant que le maire ait répondu à l'avertissement, ne les aura
» pas tenus renfermés, sera puni d'un emprisonnement de six jours
» à deux mois, et d'une amende de 16 fr. à 200 fr. »

« Art. 460. — Seront également punis d'un emprisonnement de
» deux mois à six mois, et d'une amende de 100 francs à 500 francs,

(1) V. l'ord. du 5 septembre 1872.
(2) V. cet arrêté à l'appendice du présent vol.

» ceux qui, au mépris des défenses de l'administration, auront laissé
» leurs animaux ou bestiaux infectés communiquer avec d'autres. »

« Art. 461. — Si, de la communication mentionnée au précédent
» article, il est résulté une contagion parmi les autres animaux, ceux
» qui auront contrevenu aux défenses de l'autorité administrative
» seront punis d'un emprisonnement de deux ans à cinq ans et d'une
» amende de 100 francs à 1,000 francs ; le tout sans préjudice de
» l'exécution des lois et règlements relatifs aux maladies épizootiques
» et de l'application des peines y portées. »

Vu : 4° Le décret impérial du 5 septembre 1865, concernant l'interdiction d'importer en France des animaux de l'espèce bovine, atteints
ou suspects du typhus contagieux (1) ;

5° L'arrêté du 6 septembre de Son Excellence M. le ministre de
l'agriculture, du commerce et des travaux publics, rendu pour l'exécution du décret précité (2) ;

6° Les instructions ministérielles de la circulaire du 11 du même
mois (3),

Ordonnons ce qui suit :

1. Tout propriétaire, détenteur ou gardien de bêtes à cornes
atteintes ou présentant des symptômes du typhus contagieux, est tenu
d'en faire la déclaration, savoir : dans les communes rurales de la préfecture de police, devant le maire, et à Paris, devant le commissaire
de police (art. 459 du code pénal).

2. Immédiatement après ladite déclaration, le maire ou le commissaire de police fera visiter par un vétérinaire les animaux suspects
ou atteints de maladie.

3. Lorsque, d'après le rapport du vétérinaire désigné par l'autorité,
il sera constaté qu'une ou plusieurs bêtes sont malades, ces animaux
seront séquestrés (arrêts du conseil du 19 juillet 1746, art. 2, et du
16 juillet 1784, art. 4) (4).

Défense est faite aux propriétaires desdits animaux de les faire conduire, sous quelque prétexte que ce soit, dans les pâturages et aux
abreuvoirs communs (arrêts ci-dessus rappelés).

4. Dans les localités où il sera constaté que la maladie a fait invasion,
les maires ou les commissaires de police mettront en demeure les propriétaires de bestiaux de déclarer à l'autorité le nombre des bêtes à
cornes qu'ils possèdent, avec désignation d'âge, de taille, de poil, etc.
(arrêt du conseil du 19 juillet 1746).

Une copie de ces déclarations sera transmise à l'administration, ce
dénombrement étant nécessaire pour que l'autorité supérieure puisse
se rendre compte des pertes et apprécier les indemnités qui pourraient
être allouées à ceux qui auraient subi ces pertes.

5. Chaque jour, le maire, dans les communes rurales où la maladie
se sera déclarée, et, à Paris, le commissaire de police du quartier,

---

(1) V. ce décret à l'appendice du présent vol.
(2) V. cet arrêté à l'appendice du présent vol.
(3) V. cette circulaire à l'appendice du présent vol.
(4) V. ces arrêtés au 4e vol. p. 89 et 138.

adresseront à la préfecture de police un rapport détaillé, dans lequel seront indiqués les noms des propriétaires dont les bestiaux auront été atteints et le nombre des bêtes malades (arrêt du conseil du 19 juillet 1746).

6. Toute communication des bestiaux des localités infectées avec ceux des localités non atteintes est absolument interdite. Par conséquent, aucun des animaux, même de ceux qui sont encore sains, ne peut être conduit sur les foires et marchés et même chez des particuliers (arrêts du conseil des 19 juillet 1746 et 16 juillet 1784).

7. Il sera fait, par les soins de l'autorité locale, de fréquentes visites chez les propriétaires de bestiaux des localités infectées, pour s'assurer qu'aucun animal n'en a été éloigné.

Il est fait défense à toutes personnes de refuser l'entrée de leurs étables et écuries et d'apporter aucun obstacle à ce qu'il soit procédé auxdites visites, dont il sera dressé procès-verbal. En cas de difficultés, les parties intéressées pourront faire tels dires et réquisitions qu'elles aviseront, et il y sera statué, provisoirement et sans délai, par l'officier municipal qui aura prescrit la visite (arrêt du Parlement du 24 mars 1745, etc.) (1).

8. Les propriétaires qui feraient conduire par leurs domestiques ou autres personnes sur les marchés, sur les foires ou chez des particuliers de localités non infectées, des animaux malades ou suspects, seront responsables des faits de ces conducteurs (arrêt du conseil, du 19 juillet 1746 et art. 460 du code pénal).

9. Les propriétaires de bêtes saines pourront, dans les localités atteintes par la maladie, les vendre pour être abattues dans les établissements autorisés *ad hoc*, mais aux conditions suivantes :

1° Un vétérinaire, désigné par l'autorité, dressera un procès-verbal constatant que ces bêtes peuvent être livrées, sans danger, à la consommation ;

2° A Paris, ce procès-verbal sera visé par le commissaire de police, qui le transmettra à l'inspecteur de l'abattoir où la bête sera conduite ;

3° Dans les communes, le procès-verbal sera adressé au maire, qui permettra l'abattage des animaux dans une tuerie autorisée ;

4. L'abattage aura lieu dans les vingt-quatre heures ;

5° Le boucher ne pourra, sous aucun prétexte, revendre sur pied la bête achetée pour être immédiatement abattue (arrêt du conseil du 19 juillet 1746, etc.).

10. A la première apparition de l'*épizootie* dans une localité, mais après examen et procès-verbal dressé par les hommes de l'art, l'autorité pourra, si elle le juge nécessaire, afin d'étouffer la maladie avant qu'elle ait pris de l'extension, faire abattre immédiatement les bestiaux malades et ceux qui auraient cohabité avec eux, en ayant soin de constater, par des procès-verbaux, le nombre et la valeur des animaux qui devraient être abattus.

Les bêtes reconnues saines, qui auraient été abattues, pourront être livrées à la consommation.

---

(1) V. à l'appendice du présent vol.

Les extraits des procès-verbaux d'abattage de ces animaux seront adressés à la préfecture de police pour être transmis à Son Excellence M. le ministre de l'agriculture, du commerce et des travaux publics.

11. Dans les communes rurales du ressort de la préfecture de police, les bêtes mortes des suites de l'*épizootie* ou dont l'abattage aura été ordonné en raison de la gravité de leur maladie, devront être enfouies loin des habitations, dans des fosses de deux mètres au moins de profondeur et recouvertes de toute la terre extraite de ces fosses, à moins que les cadavres de ces animaux ne soient transportés dans des usines où les matières animales sont converties en produits industriels.

Les cuirs devront être tailladés avant que le corps soit placé dans la fosse pour que personne ne soit tenté de les déterrer.

Il devra en être de même, si les cadavres sont conduits dans une usine.

12. A Paris, les bêtes mortes de l'*épizootie*, ou dont l'abattage aura été ordonné, comme atteintes de la maladie, seront transportées au clos d'équarrissage municipal d'Aubervilliers ou dans des établissements autorisés à convertir en engrais les matières animales.

13. Le transport des animaux morts de l'*épizootie*, ou abattus comme malades, ne pourra s'effectuer de la localité à la fosse ou dans une des usines ci-dessus désignées, que dans des voitures hermétiquement closes et construites conformément aux prescriptions des règlements concernant le transport des matières insalubres.

Ces voitures seront tenues en constant état de propreté au moyen de lavages pratiqués avec des liquides désinfectants.

14. Les fumiers provenant des étables infectées devront être enfouis.

Il en sera de même des fourrages et litières ayant servi à l'usage des bêtes mortes de maladie.

15. Les chiens pouvant devenir des agents de transmission de la contagion, ces animaux seront tenus à l'attache dans les localités infectées, et il est ordonné de tuer tous ceux qu'on trouvera circulant sur la voie publique (loi du 19 juillet 1791).

16. Les étables et autres locaux dans lesquels auront séjourné les animaux atteints de la maladie seront assainis, à la diligence des maires ou des commissaires de police.

Ces locaux ne pourront être occupés qu'après qu'il aura été constaté, en présence d'un expert vétérinaire, que les causes d'infection n'existent plus.

17. Les contraventions aux dispositions de la présente ordonnance seront constatées par des procès-verbaux qui nous seront adressés, pour être transmis aux tribunaux compétents.

18. La présente ordonnance sera imprimée et affichée.

Les sous-préfets des arrondissements de Sceaux et de Saint-Denis, les maires et les commissaires de police des communes rurales du ressort de la préfecture de police, les commissaires de police de Paris, le chef de la police municipale, l'inspecteur général des halles et marchés, l'inspecteur contrôleur de la fourrière et les autres préposés de la préfecture de police, sont chargés, chacun en ce qui le concerne, de tenir la main à son exécution.

Le préfet de police, BOITTELLE.

N° **4235.** — *Ordonnance concernant la suppression du billage obligatoire aux ponts de Choisy et d'Ivry.*

Paris, le 25 septembre 1865.

Nous, préfet de police,

Vu les deux ordonnances de police en date du **17 février 1832**, concernant le billage des bateaux aux ponts de Choisy-le-Roi et de la bosse de Marne (Ivry); ensemble l'ordonnance du **25 octobre 1840**, concernant la police de la navigation dans le ressort de notre préfecture, et notamment le § **1er**, chapitre 3 de ladite ordonnance, relatif au billage;

Vu la décision de Son Exc. le ministre de l'agriculture, du commerce et des travaux publics, en date du **28 août** dernier, portant que le billage cessera d'être obligatoire au passage de tous les ponts de la Seine en amont de Paris, à partir du **1er janvier 1866**;

Vu l'arrêté du gouvernement du **12 messidor an VIII**, celui du **3 brumaire an IX** et la loi du **10 juin 1853**, qui règlent les attributions du préfet de police,

Ordonnons ce qui suit :

1. Les ordonnances sus-visées du **17 février 1832** sont abrogées, ainsi que le § **1er** du chapitre 3 de l'ordonnance de police du **25 octobre 1840** (art. 19 à 30).

2. Le billage obligatoire est supprimé aux ponts de Choisy-le-Roi et d'Ivry, situés dans le ressort de la préfecture de police.

3. Les dispositions qui précèdent recevront leur effet, à partir du **1er** janvier prochain.

4. L'inspecteur général de la navigation, les ingénieurs de la navigation de la Seine (**1re** section), le commandant de la gendarmerie impériale dans le département de la Seine, les commissaires de police des circonscriptions de Choisy-le-Roi, de Gentilly et de Charenton et les agents sous leurs ordres, sont chargés, chacun en ce qui le concerne, d'assurer l'exécution de la présente ordonnance qui sera imprimée, publiée et affichée.

Le préfet de police, BOITTELLE.

N° **4236.** — *Ordonnance concernant la vente en gros des denrées végétales sur le carreau des halles.*

Paris, le 3o septembre 1865.

Nous, préfet de police,

Vu : 1° la loi des **16-24 août 1790**, titre XI, art. 3;

2° La loi du **28 pluviôse an VIII** (17 février 1800) et l'arrêté du gouvernement du **12 messidor** (1er juillet) suivant;

3° L'art. 28 de notre ordonnance du 11 octobre 1858, ainsi conçu :

« Les approvisionneurs ne pourront vendre aux mesures de détail.

» Il leur est défendu de diviser le contenu de leurs sacs ou paniers, pour les vendre partiellement.

» Les sacs de pommes de terre et d'ognons contiendront un demi-hectolitre au moins. »

4° Notre décision du 21 janvier 1859, fixant les quantités de marchandises devant former la limite inférieure de chaque lot de vente en gros ;

Considérant que s'il importe, dans un intérêt d'ordre public, de maintenir la distinction qui a toujours existé entre les marchés de gros et les marchés de détail, il convient de donner aux cultivateurs, pour l'écoulement de leurs produits, toutes les facilités compatibles avec le régime des halles de Paris,

Ordonnons ce qui suit :

1. L'article 28 de notre ordonnance du 11 octobre 1858, ci-dessus transcrit, et le dispositif de notre décision du 21 janvier 1859 sont modifiés ainsi qu'il suit :

Les denrées végétales présentées sur le carreau des halles, en sacs, paniers, mannes, calais, clayettes ou semelles, seront vendues par colis, dont le contenu ne pourra être divisé.

Pour la vente en gros des marchandises apportées en vrac ou en bottes, les quantités *minima* sont fixées ainsi qu'il suit :

Artichauts.	
Chicorée frisée	
Choux	
Choux-fleurs.	
Concombres.	*six pièces.*
Laitues.	
Scaroles.	
Radis noirs	
Céleri-Rave.	
Cardes, cardons.	*trois pièces.*
Melons.	*deux pièces.*
Carottes.	
Navets.	
Ognons.	*six bottes.*
Poireaux.	
Barbe de capucin.	
Asperges.	*trois bottes.*
Salsifis.	
Romaine.	*une botte de quatre pièces.*
Artichauds poivrade.	*une botte de six pièces.*
Radis roses	*un paquet de trois bottes.*
Ail.	*une botte de six botillons.*
Épinards.	
Oseille	*un paquet.*
Panais.	*une botte.*
Potirons et giraumons.	*une pièce.*

Appétits . . . . ⎫
Céleri . . . .
Cerfeuil . . . .
Ciboule . . . .
Cresson alénois . . . .
Échalottes . . . .
Estragon . . . . ⎬ *une botte.*
Persil . . . .
Pimprenelle . . . .
Pourpier . . . .
Petites raves . . . .
Thym . . . . ⎭

Fleurs coupées . . . . { *une botte composée de fleurs de même sorte.*

Les quantités inférieures à celles indiquées ci-dessus seront admises à la vente lorsqu'elles formeront un lot unique dans les apports du marchand, ou qu'elles se trouveront en excédant d'un lot ordinaire.

2. La présente ordonnance sera publiée et affichée.

L'inspecteur général des halles et marchés, le chef de la police municipale, les commissaires de police, les officiers de paix et les agents sous leurs ordres, sont chargés, chacun en ce qui le concerne, d'en assurer l'exécution.

Le préfet de police, BOITTELLE.

N° **4237.** — *Instruction du conseil d'hygiène publique et de salubrité du département de la Seine, sur les précautions à prendre durant l'épidémie du choléra-morbus.*

Paris, le 9 octobre 1865.

Le choléra est le plus souvent précédé de légers symptômes qu'on néglige habituellement, et qu'il suffit de dissiper pour arrêter le développement ultérieur de la maladie; d'un autre côté, les soins hygiéniques, si utiles dans tous les temps pour la conservation de la santé, deviennent surtout nécessaires à l'époque des épidémies.

Le préfet de police croit donc devoir publier l'instruction du conseil de salubrité où sont indiqués les conseils appropriés aux circonstances actuelles.

L'observation de ces conseils est d'autant plus importante que, si la maladie peut attaquer indistinctement tous les individus, quelle que soit leur position sociale, tous aussi peuvent prendre les précautions considérées généralement comme étant les plus propres à prévenir ses atteintes.

Pénétré de cette vérité, et dans le but de porter des secours parmi les classes laborieuses avant même qu'elles ne les réclament, le préfet de police fait exercer par les membres des commissions d'hygiène une surveillance bienveillante, et recueillir des renseignements précis sur l'état sanitaire des habitants, des maisons et des rues où des cas de choléra se sont manifestés.

PREMIÈRE PARTIE.

PRÉCAUTIONS HYGIÉNIQUES A PRENDRE PENDANT L'ÉPIDÉMIE.

§ 1er. Le calme de l'esprit est toujours une des conditions les plus favorables à la santé, à plus forte raison pendant une épidémie.

§ 2. Une alimentation modérée, saine, régulière et convenablement substantielle, est un des préceptes d'hygiène qu'il est important d'observer.

Toute perturbation dans les habitudes de la vie, tout changement dans une alimentation dont on se trouve bien, est une innovation fâcheuse.

On ne saurait exclure de l'alimentation journalière aucun aliment, d'une manière absolue, mais on sait que les excès en vin ou en liqueurs alcooliques, la trop grande quantité de nourriture, sont autant de causes qui amènent le trouble dans la digestion. Dans des temps ordinaires, on supporte, sans de grands inconvénients, un surcroît d'alimentation et de boissons; en temps de choléra, *c'est une des causes les plus puissantes* de son invasion.

Sans prétendre exclure de la vie habituelle aucune substance alimentaire, nous ferons cependant observer que la diarrhée étant le symptôme précurseur le plus ordinaire de l'invasion du choléra, il y a lieu d'user avec modération des aliments réputés relâchants.

En hiver, les personnes appelées par leurs occupations à sortir de bonne heure doivent éviter d'être à jeun.

Il ne faut jamais se désaltérer que lorsqu'on n'est plus en sueur; toute boisson froide, et surtout les boissons glacées, prise quand on a chaud, est dangereuse. En tout cas, il est préférable de faire usage, au lieu d'eau pure, de l'eau additionnée de vin ou d'eau-de-vie, ou d'infusion de café, ou de rhum.

Les eaux gazeuses préparées avec des poudres *sont purgatives*, lorsque les sels restent dans la boisson; il faut s'en abstenir.

§ 3. Il importe de se vêtir de manière à se préserver des impressions du froid; il importe surtout d'éviter les transitions brusques de la température et le refroidissement subit, qui sont dangereux.

Les personnes sensibles au froid et à l'humidité feront bien de porter de la laine sur la peau, ou au moins une ceinture de flanelle.

§ 4. Une des conditions importantes à observer durant les épidémies, c'est la salubrité des habitations. Il est donc nécessaire de mettre à exécution toutes les mesures qui ont été prescrites dans l'ordonnance publiée à ce sujet (1). Nous nous bornerons à rappeler ici qu'il faut éviter l'encombrement des habitations, qu'il faut renou-

---

(1) Ordonnance du préfet de police, du 23 novembre 1853, concernant la salubrité des habitations.

veler l'air des chambres en ouvrant fréquemment les fenêtres, et en entretenant du feu dans les cheminées ou dans les poëles (1).

En été, quelques personnes couchent, les fenêtres ouvertes; cette pratique est dangereuse en ce qu'elle expose, pendant le sommeil, aux variations de température si communes durant la nuit.

Quant à la température des habitations, elle doit être modérée.

§ 5. Durant les épidémies en général, on doit, tout en continuant de vaquer à ses occupations habituelles, le faire cependant dans une certaine mesure, la fatigue corporelle, les travaux de cabinet trop prolongés, les veilles dans le travail, l'abus du plaisir, sont très-nuisibles. Sous ce rapport, la vie doit être réglée, uniforme et exempte de tout excès.

DEUXIÈME PARTIE.

CONDUITE A TENIR : 1° A L'APPARITION DES SYMPTÔMES QUI PRÉCÈDENT ORDINAIREMENT LE CHOLÉRA ; 2° AU DÉBUT DE LA MALADIE ELLE-MÊME.

L'expérience a démontré que, dans toute maladie épidémique, l'encombrement des habitations est toujours une condition fâcheuse : il convient, en conséquence, de prendre les mesures les plus propres à l'éviter.

On peut affirmer qu'à de rares exceptions près, si brusque que soit l'invasion, le choléra est cependant précédé de symptômes qui peuvent en faire craindre le développement.

Le plus commun de ces symptômes, *c'est la diarrhée*, même la plus légère, et telle en est l'importance, qu'il suffit de la faire céder au moment où elle se développe, pour prévenir la maladie. *Il y aurait donc danger à la laisser durer.*

On peut arrêter la diarrhée par des moyens très-simples, qu'on fera bien d'employer avant l'arrivée d'un médecin, qu'il faut toujours s'empresser d'appeler. Ces moyens sont les suivants : *diminution ou abstinence complète d'aliments; usage de riz et de ses préparations; infusion de thé ou de camomille; administration de quarts de lavement de décoction de guimauve et d'amidon cru.*

· DÉBUT DU CHOLÉRA.

La très-grande généralité des faits observés jusqu'à présent démontre que les chances de guérison sont d'autant plus grandes que

---

(1) Dans les précédentes épidémies, on a exagéré l'emploi des moyens désinfectants : ainsi, on brûlait du sucre, du vinaigre dans les logements ; on mettait du camphre dans tous les vêtements, on en portait sur soi-même; on répandait du chlorure de chaux ou du chlorure de soude à profusion; il en résultait une excitation plus ou moins grande du système nerveux, des maux de tête permanents, un malaise général qui inspiraient des craintes aux personnes mêmes qui cherchaient à se garantir ainsi des atteintes du choléra.

Les moyens les plus efficaces pour assainir une habitation sont, avec la ventilation, les chlorures désinfectants (hypochlorites de soude ou de chaux); mais ils doivent être employés avec mesure: ainsi 250 grammes de chlorure d'oxyde de sodium dans un vase à large surface, ou 30 grammes de chlorure de chaux solide dans une assiette, suffisent pour modifier avantageusement l'air d'une pièce de grandeur ordinaire, pendant vingt-quatre heures.

es secours sont administrés à une époque plus rapprochée du début
du choléra. Il est donc nécessaire de faire connaître les principaux
symptômes qui annoncent l'invasion de cette maladie et d'indiquer les
premiers secours qu'il faut donner dès leur apparition.

Le choléra s'annonce ordinairement par une lassitude *profonde et
subite*, des coliques, de la diarrhée avec garde-robes d'abord colorées,
puis *incolores et ressemblant à l'eau de riz*, des nausées et des
vomissements, une altération *très-marquée* des traits du visage, le
refroidissement du corps et de la langue, des crampes, enfin un état
bleuâtre des lèvres et de la face.

Dès que quelques-uns de ces symptômes viennent à se montrer,
il faut appeler un médecin. En attendant son arrivée, on se hâtera de
mettre en pratique les moyens suivants :

On excitera la peau et on y appellera la chaleur, en plaçant aux
pieds du malade et entre les cuisses une bouteille d'eau chaude,
ou des briques chauffées et enveloppées de linge.

On entourera le malade de linges chauds, de plusieurs couvertures
de laine et l'on promènera entre ces couvertures des fers chauffés
ou une bassinoire, de manière à agir sur toute la surface du corps.

Pendant la préparation de ces moyens ou durant leur emploi, on
frictionnera fortement et *longtemps* les membres avec le creux des
mains, une brosse douce, de la flanelle; on pourra arroser la flanelle
d'eau-de-vie camphrée, d'eau-de-vie ou d'eau de Cologne; il est
bon que ces frictions soient faites par deux personnes placées de
chaque côté du malade, en ayant soin de ne pas le découvrir.

On fera boire une infusion chaude de tilleul, de thé ou de menthe
additionnée de quelques gouttes d'eau-de-vie.

Si ces tisanes paraissaient augmenter les vomissements, on em-
ploierait avec avantage l'eau gazeuse ou la glace par petits morceaux,
et l'on promènerait des sinapismes sur les jambes et sur les cuisses.

Il sera utile, toutes les fois qu'on le pourra, de coucher le malade
dans une pièce séparée, afin de le placer dans les conditions les plus
favorables de salubrité.

CONVALESCENCE.

La convalescence nécessite des précautions que le médecin devra
faire connaître au malade. Toutefois, on ne saurait trop recommander
aux convalescents l'observation rigoureuse des règles de préservation
qui ont été exposées dans la première partie de cette instruction. Il faut
surtout qu'ils évitent le froid, l'humidité et les écarts de régime, car les
personnes qui ont été atteintes du choléra sont exposées à des rechutes.

Nous croyons devoir terminer cette instruction, en déclarant formellement au public qu'il ne doit accorder aucune confiance aux pré-
tendus moyens préservatifs et curatifs dont on annonce et dont on
vante les propriétés. Si l'autorité était assez heureuse pour connaître
un semblable moyen, elle ne manquerait pas de le publier et de le
recommander.

Lu et approuvé dans la séance du 9 octobre 1865.

Le vice-président : JOBERT DE LAMBALLE.

Vu et approuvé : *le préfet de police*, BOITTELLE.

N° **4238.** — *Ordonnance interdisant la tenue de marchés irréguliers pour la vente des bestiaux.*

Paris, le 16 octobre 1865.

Nous, préfet de police,

Vu : 1° la loi des 16-24 août 1790;

2° Les arrêtés du gouvernement des 12 messidor an VIII et 3 brumaire an IX et la loi du 10 juin 1853;

Attendu qu'il s'est établi, dans des auberges ou propriétés particulières, notamment aux abords des marchés de Sceaux et de La Chapelle, des réunions où s'opère publiquement la vente des bestiaux, et que cet état de choses constitue l'existence de véritables marchés dont la tenue échappe à la surveillance de l'administration;

Que les marchés aux bestiaux, ne pouvant être autorisés que dans les formes déterminées par les lois et règlements sur la matière, aucune commune, et à plus forte raison aucun particulier, ne peut en établir sans que les formalités prescrites aient été préalablement observées;

Considérant qu'il est du devoir de l'autorité d'empêcher la tenue des marchés interlopes qui se créent à côté des marchés légaux,

Ordonnons ce qui suit :

1. L'exposition et la vente publiques des bestiaux en dehors des marchés régulièrement institués à cet effet, sont interdites dans le ressort de notre préfecture, et spécialement dans les cours d'auberges et autres locaux particuliers à proximité des marchés de Sceaux et de La Chapelle.

2. Les contraventions à l'article qui précède, seront constatées par des procès-verbaux ou rapports et poursuivies conformément aux lois.

3. La présente ordonnance sera publiée et affichée.

Les commissaires de police, le chef de la police municipale, les maires des communes rurales, l'inspecteur général des halles et marchés et les agents sous leurs ordres, sont chargés d'en assurer l'exécution, chacun en ce qui le concerne. Le commandant de la gendarmerie impériale dans le département de la Seine est requis de leur prêter main-forte au besoin.

Le préfet de police, BOITTELLE.

N° **4239.** — *Ordonnance concernant le stationnement des bateaux et des trains de bois, à l'embouchure en Seine, du canal de Saint-Maurice.*

Paris, le 4 novembre 1865.

Nous, préfet de police,

Vu les lois et règlements concernant la police des rivières et des ports; ensemble l'arrêté du gouvernement du 12 messidor an VIII, celui du 3 brumaire an IX et la loi du 10 juin 1853, qui règlent les attributions du préfet de police;

Considérant que, par suite de l'activité de la navigation à l'embou-
hure du canal de Saint-Maurice, il est nécessaire de régler le station-
ement, sur ce point, des bateaux et des trains de bois, pour prévenir
l'encombrement et assurer d'ailleurs le service du passage d'eau des
Carrières-Charenton;

Vu les rapports de MM. les ingénieurs en chef de la navigation de la
Marne et de la Seine (1ʳᵉ section), et celui de M. l'inspecteur général
de la navigation et des ports,

Ordonnons ce qui suit :

1. Le stationnement des bateaux et des trains de bois sortant de
l'écluse de Charenton, est interdit depuis ladite écluse jusqu'à dix
mètres en aval dudit passage d'eau des Carrières-Charenton.

2. Les trains de bois ayant besoin d'être reformés stationneront à
dix mètres en aval dudit passage d'eau, et seulement pendant le temps
nécessaire au travail.

On ne pourra en amarrer, sur ce point, plus de trois à la fois. Ils
devront être rangés l'un contre l'autre et de manière à ce qu'il y ait
toujours du côté de la rive droite de la Seine, un espace libre de quinze
mètres pour l'accès du port de Charenton.

3. Le stationnement des bateaux montant pour entrer dans l'écluse
aura lieu ainsi qu'il suit :

Un seul au large des trois trains dont il est question dans l'article
précédent et tout contre ces trains; deux autres en double, près du
musoir de l'écluse et placés de façon à laisser constamment libres dix
mètres en amont du passage d'eau et vingt mètres du côté de la rive
droite de la Seine, pour ne point entraver la sortie du canal.

4. Les contraventions aux dispositions qui précèdent seront constatées par des procès-verbaux ou rapports et déférées aux tribunaux
compétents.

5. L'inspecteur général de la navigation et des ports, les ingénieurs
de la navigation de la Marne et de la Seine (1ʳᵉ section), le commandant de la gendarmerie impériale dans le département de la Seine, le
commissaire de police de la circonscription de Charenton et les agents
sous leurs ordres, sont chargés, chacun en ce qui le concerne, d'assurer l'exécution de la présente ordonnance qui sera imprimée, publiée et affichée.

Le préfet de police, BOITTELLE.

N 4240. — *Ordonnance concernant la police du marché de*
Saint-Cloud.

Paris, le 3o novembre 1865.

Nous, préfet de police,

Vu : 1º les lois des 16-24 août 1790 et 19-22 juillet 1791 ;

2º Les arrêtés du gouvernement du 12 messidor an VIII (1ᵉʳ juillet
1800), articles 32 et 33, et du 3 brumaire an IX (25 octobre 1800) ;

3º La loi du 10 juin 1853 ;

4° L'ordonnance de police du 18 mai 1860, concernant la police du marché aux comestibles établi à Saint-Cloud, le jeudi de chaque semaine, au bas de la route impériale, n° 185 ;

5° Les arrêtés de M. le préfet du département de Seine-et-Oise, en date des 11 septembre et 20 novembre 1865, qui autorisent l'établissement d'un deuxième jour de marché aux comestibles, à Saint-Cloud, sur le même point, le dimanche de chaque semaine, et fixent les heures d'ouverture et de fermeture de ce marché,

Ordonnons ce qui suit :

1. Le marché de comestibles établi, les jeudi et dimanche de chaque semaine, à Saint-Cloud, au bas de la route impériale, n° 185, ouvrira à 8 heures du matin, et fermera à 1 heure de relevée, en toute saison.

L'ouverture et la fermeture seront annoncées à son de cloche.

2. Les places seront accordées par le maire de Saint-Cloud, qui indiquera l'emplacement affecté aux diverses natures de denrées.

3 Les marchands apposeront, à l'endroit le plus apparent de leurs places, une plaque ou un écriteau indiquant lisiblement leurs nom et domicile.

Ils devront, d'ailleurs, se conformer strictement à toutes les prescriptions qui leur seront imposées relativement à la tenue de leurs places.

4. Chaque marchand devra être pourvu des balances, poids et mesures nécessaires pour le pesage et le mesurage de ses marchandises.

5. Il est défendu aux marchands de se servir des dénominations telles que *livre, sou, boisseau,* et toutes autres contraires au système décimal, pour indiquer, au moyen d'étiquettes ou verbalement, le prix ou la quantité de leurs marchandises.

6. Il est expressément défendu d'exposer en vente des denrées falsifiées, corrompues ou nuisibles. Toute tromperie envers le public, soit sur le poids, soit sur la quantité ou la nature de la marchandise, sera poursuivie et punie conformément à la loi.

7. Il est interdit aux marchands de crier le prix de leurs marchandises et d'appeler ou arrêter le public.

8. Il est interdit de troubler la tranquillité du marché par des chants, cris, danses, rixes, disputes ou bruits quelconques.

9. Les marchands sont tenus de laisser toujours libres les passages réservés pour faciliter la circulation. Ils ne pourront, sous aucun prétexte, déposer des marchandises, paniers ou tous autres objets en dehors des limites de leurs places.

10. Toutes les places devront être tenues, ainsi que leurs abords, dans le meilleur état de propreté.

On ne pourra plumer de la volaille ni vider du poisson sur le marché, que dans des seaux ou des paniers.

Il est expressément interdit de déposer, sur la route, des débris ou des détritus quelconques.

11. Les voitures et bêtes de somme ne pourront pénétrer dans le marché. Elles stationneront aux abords, pendant la durée du déchar-

gement des marchandises et iront se ranger ensuite le long des trottoirs du quai impérial, en amont du pont de Saint-Cloud.

12. Il est défendu aux saltimbanques, musiciens, chanteurs ambulants et autres industriels du même genre de s'installer sur le marché.

13. Il est défendu de vendre ou de colporter des denrées et marchandises aux abords du marché, sans préjudice, toutefois, de la faculté qu'ont les cultivateurs et les marchands domiciliés dans la commune, de faire arriver, d'emmagasiner, d'exposer, de vendre ou de faire vendre leurs denrées ou marchandises dans les locaux qu'ils occupent, à titre de propriété, de location ou autrement, sur le territoire de la commune de Saint-Cloud.

14. Les contraventions à la présente ordonnance seront constatées par des procès-verbaux ou rapports et déférées aux tribunaux compétents.

15. La présente ordonnance sera imprimée, publiée et affichée.

Ampliation en sera adressée à M. le préfet du département de Seine-et-Oise.

16. L'ordonnance de police sus-visée du 18 mai 1860 est abrogée.

17. Le maire et le commissaire de police, inspecteur des poids et mesures *extra-muros*, le commissaire de police de Saint-Cloud, l'inspecteur général des halles et marchés et les préposés sous leurs ordres, sont chargés, chacun en ce qui le concerne, de tenir la main à son exécution.

Le commandant de la gendarmerie impériale dans le département de Seine-et-Oise est requis d'y prêter, au besoin, son concours.

Le préfet de police, BOITTELLE.

———————

N **4241.** — *Ordonnance qui prescrit la publication de l'arrêté ministériel du 5 décembre 1865, concernant le typhus contagieux des animaux autres que ceux appartenant à l'espèce bovine.*

Paris, le 7 décembre 1865.

Nous, préfet de police,

Ordonnons ce qui suit :

1. L'arrêté ministériel du 5 décembre 1865, relatif au typhus contagieux des animaux autres que ceux appartenant à l'espèce bovine, sera imprimé et affiché, tant à Paris que dans les communes du ressort de la préfecture de police (1).

2. Toutes les dispositions de l'ordonnance de police du 25 septembre 1865, sont et demeurent applicables à tous les quadrupèdes autres que le cheval, l'âne, le mulet et le chien.

3. Les sous-préfets des arrondissements de Sceaux et de Saint-

(1) V. cet arrêté à l'appendice du présent vol.

Denis, les maires et les commissaires de police des communes rurales du ressort de la préfecture de police, le chef de la police municipale, les commissaires de police de Paris, l'inspecteur général des halles et marchés, l'inspecteur contrôleur de la fourrière et les autres préposés de la préfecture de police, sont chargés, chacun en ce qui le concerne, de tenir la main à son exécution.

Le préfet de police, BOITTELLE.

N° **4242.** — *Ordonnance concernant la police du marché de Vitry-sur-Seine.*

Paris, le 20 decembre 1865.

Nous, préfet de police,

Vu : 1° les lois des 16-24 août 1790 et 19-22 juillet 1791 ;

2° Les arrêtés du gouvernement du 12 messidor an VIII (1er juillet 1800), articles 32 et 33, et du 3 brumaire an IX (25 octobre 1800);

3° La loi du 10 juin 1853 ;

4° L'arrêté de M. le ministre secrétaire d'état au département des travaux publics, de l'agriculture et du commerce, en date du 14 avril 1838, qui autorise la tenue d'un marché hebdomadaire dans la commune de Vitry-sur-Seine ;

5° L'arrêté de M. le maire de ladite commune, en date du 6 juin 1838, concernant la tenue de ce marché,

Ordonnons ce qui suit :

1. Le marché de comestibles établi, le samedi de chaque semaine, dans la commune de Vitry, sera ouvert de 5 heures du matin à 3 heures de relevée, du 1er avril au 30 septembre, et de 7 heures du matin à 2 heures de relevée, du 1er octobre au 31 mars.

L'ouverture et la fermeture seront annoncées à son de cloche.

2. Les places seront accordées par le maire de Vitry, qui indiquera l'emplacement affecté aux diverses natures de denrées.

3. Les marchands apposeront, à l'endroit le plus apparent de leurs places, une plaque ou un écriteau indiquant lisiblement leurs nom et domicile.

Ils devront, d'ailleurs, se conformer strictement à toutes les prescriptions qui leur seront imposées relativement à la tenue de leurs places.

4. Chaque marchand devra être pourvu des balances, poids et mesures nécessaires pour le pesage et le mesurage de ses marchandises.

5. Il est défendu aux marchands de se servir des dénominations telles que *livre, sou, boisseau,* et toutes autres contraires au système décimal, pour indiquer, au moyen d'étiquettes ou verbalement, le prix ou la quantité de leurs marchandises.

6. Il est expressément défendu d'exposer en vente des denrées falsifiées, corrompues ou nuisibles. Toute tromperie envers le public, soit sur le poids, soit sur la quantité ou la nature de la marchandise, sera poursuivie et punie conformément à la loi.

7. Il est interdit aux marchands de crier le prix de leurs marchandises et d'appeler ou arrêter le public.

8. Il est interdit de troubler la tranquillité du marché par des chants, cris, danses, rixes, disputes ou bruits quelconques.

9. Les marchands sont tenus de laisser toujours libres les passages réservés pour faciliter la circulation. Ils ne pourront, sous aucun prétexte, déposer des marchandises, paniers ou tous autres objets en dehors des limites de leurs places.

10. Toutes les places devront être tenues, ainsi que leurs abords, dans le meilleur état de propreté.

On ne pourra plumer de la volaille ni vider du poisson, sur le marché, que dans des seaux ou des paniers.

Il est expressément interdit de déposer, sur la route, des débris ou des détritus quelconques.

11. Les voitures et bêtes de somme ne pourront pénétrer dans le marché. Elles stationneront aux abords, pendant la durée du déchargement des marchandises et iront se ranger ensuite sur l'emplacement assigné à cet effet par l'autorité municipale.

12. Il est défendu aux saltimbanques, musiciens, chanteurs ambulants et autres industriels du même genre de s'installer sur le marché.

13. Il est défendu de vendre ou de colporter des denrées et marchandises aux abords du marché, sans préjudice, toutefois, de la faculté qu'ont les cultivateurs et les marchands domiciliés dans la commune, de faire arriver, d'emmagasiner, d'exposer, de vendre ou de faire vendre leurs denrées ou marchandises dans les locaux qu'ils occupent, à titre de propriété, de location ou autrement, sur le territoire de la commune de Vitry.

14. Les contraventions à la présente ordonnance seront constatées par des procès-verbaux ou rapports et déférées aux tribunaux compétents.

15. La présente ordonnance sera imprimée, publiée et affichée.

16. Le sous-préfet de l'arrondissement de Sceaux, le maire de Vitry, le commissaire de police de Choisy le-Roi, l'inspecteur général des halles et marchés et les préposés sous leurs ordres, sont chargés, chacun en ce qui le concerne, de tenir la main à son exécution.

Le commandant de la gendarmerie impériale dans le département de la Seine est requis d'y prêter, au besoin, son concours.

Le préfet de police, BOITTELLE.

N° **4243.** — *Ordonnance concernant la vérification périodique des poids et mesures pour 1866 (Poinçon portant la lettre A)* (1).

Paris, le 23 décembre 1865.

---

(1) V. l'ord. du 3 decembre 1872

No **4244.** — *Ordonnance concernant l'installation des brocanteurs au marché du Temple.*

Paris, le 19 décembre 1865.

Nous, préfet de police,

Vu : 1° l'arrêté des consuls du 12 messidor an VIII ;

2° L'ordonnance de police du 15 juin 1831, concernant les brocanteurs, art. 13, § 2 ;

3° La lettre de M. le sénateur, préfet de la Seine, en date du 27 de ce mois, par laquelle il nous informe que le premier étage du marché du Temple sera désormais affecté, moyennant un droit d'entrée, à la réunion des marchands brocanteurs qui s'installent, chaque jour, aux abords dudit marché,

Ordonnons ce qui suit :

1. A partir du 2 janvier 1866, les marchands brocanteurs ne pourront se réunir, pour opérer leurs ventes, que dans le local situé au premier étage du marché du Temple.

2. Défense expresse leur est faite de se rassembler ou de stationner sur les emplacements précédemment affectés *au carreau* du brocantage, ni sur toute autre partie de la voie publique dans Paris.

3. Défense leur est faite également d'opérer aucune transaction dans les boutiques et salles de marchands de vins ou autres établissements de même nature.

4. Le second paragraphe de l'art. 13 de l'ordonnance de police du 15 juin 1831 est abrogé.

Il n'est dérogé en rien aux autres dispositions de ce règlement.

5. L'inspecteur général des halles et marchés, le chef de la police municipale, les commissaires de police et les agents sous leurs ordres, sont chargés, chacun en ce qui le concerne, d'assurer l'exécution de la présente ordonnance, qui sera imprimée, publiée et affichée.

Le préfet de police, BOITTELLE.

No **4245.** — *Ordonnance concernant la police des marchés publics.*

Paris, le 3o décembre 1865.

Nous, préfet de police,

Vu : 1° la loi, en forme d'instruction, des 12-20 août 1790 (chapitres III et IV) ;

Le décret du 18 vendémiaire an II ;

L'arrêté des consuls du 7 thermidor an VIII, et le décret du 25 mars 1852 (art. 2, tableau B) ;

Dans leurs dispositions aux termes desquelles aucun marché ne peut être ouvert sans l'autorisation de l'administration ;

2° La loi des 16-24 août 1790 sur l'organisation judiciaire (titre XI), et celle des 19-22 juillet 1791, relative à l'organisation d'une police municipale ;

3° La loi du 28 pluviôse an VIII (art. 16), instituant le préfet de police à Paris ; ensemble l'arrêté des consuls du 12 messidor suivant, réglant les attributions de ce magistrat ;

4° L'arrêté du gouvernement du 3 brumaire an IX, étendant, pour certaines attributions, l'autorité du préfet de police sur tout le département de la Seine et sur les communes de Saint-Cloud, Meudon et Sèvres, du département de Seine-et-Oise ;

5° La loi du 7 août 1850, qui fait entrer la commune d'Enghien-lès-Bains, dans la circonscription de la préfecture de police ;

6° La loi du 19 juin 1853 portant que le préfet de police exercera, dans tout le département de la Seine, les fonctions qui lui sont conférées par l'arrêté des consuls du 12 messidor an VIII ;

7° Le décret impérial du 10 octobre 1859, relatif aux attributions du préfet de la Seine et du préfet de police ;

8° Les diverses ordonnances de police et décisions concernant les halles et marchés établis dans le ressort de notre préfecture ;

Considérant qu'il importe de coordonner, en un seul et même règlement, les dispositions éparses dans un grand nombre de documents spéciaux, de les formuler d'une manière plus précise et de combler les lacunes des anciens textes,

Ordonnons ce qui suit :

CHAPITRE 1er.

Conditions d'existence des marchés.

1. Aucun marché ne peut être exploité qu'en vertu d'un acte d'institution ou de concession municipale, à moins qu'il ne puisse être justifié d'un titre de propriété privée antérieure à la loi des 12-20 août 1790, ci-dessus visée.

2. Toutes réunions quotidiennes, périodiques ou accidentelles (soit sur la voie publique, soit dans une propriété particulière), de marchands exposant en vente des denrées alimentaires et autres articles de même nature que ceux vendus dans les établissements régulièrement constitués à cet effet, seront considérées comme des marchés interlopes et donneront lieu à des poursuites contre ceux qui les auront établies.

CHAPITRE II.

Règles concernant l'occupation et la tenue des places et de leurs annexes.

3. Nul ne peut occuper un emplacement quelconque dans les marchés et leurs dépendances, sans être pourvu, soit d'une autorisation émanant de l'autorité municipale, soit d'une concession accordée par l'adjudicataire ou le fermier de l'établissement.

4. Il est interdit aux titulaires des places d'y exercer d'autres industries que celles pour lesquelles ils sont spécialement autorisés, et de s'immiscer, d'une manière quelconque et à quelque titre que ce soit, dans l'exploitation des places, caves ou resserres autres que celles dont ils sont personnellement locataires.

5. Les titulaires de places fixes sont tenus d'apposer, à l'endroit réservé à cet effet, ou le plus apparent de leurs places et resserres, une plaque ou écusson en tôle vernissée, du modèle uniforme adopté pour chaque marché, indiquant leurs nom, prénoms, s'il y a lieu, ainsi que le numéro de la place ou resserre.

Les marchands forains et ceux qui occupent des places banales doivent placer, au devant de leur étalage, des plaques indiquant lisiblement leurs nom, prénoms et domicile.

6. Aucune enseigne ne doit être exposée sur la façade ou à l'extérieur des places.

7. Dans les marchés clos, aucun changement ne peut être apporté à l'aménagement des places sans une autorisation préalable.

8. Les cloisons ou grillages séparant les places d'un marchand de celles de son voisin ne pourront être enlevés, lors même que les occupants mitoyens seraient époux ou parents.

9. Il est défendu : 1° de placer des marchandises sur le comble des places, non plus que des coffres, des paniers pleins ou vides, des effets ou matériaux quelconques ;

2° D'élever les étalages latéralement, de manière à intercepter la vue et la circulation de l'air d'une place aux places voisines ;

3° De disposer les étalages en saillie sur les passages ;

4° D'établir aucune porte de coffre ou cabane de façon à ce qu'elle ouvre à l'extérieur des places.

10. Il est également interdit de déposer quoi que ce soit dans les cours, voies de circulation, places et resserres vacantes ou inoccupées, de même que contre les grilles ou murs de clôture des marchés, tant à l'intérieur qu'à l'extérieur.

11. Dans les marchés permanents, les locataires ne pourront employer aucun individu, s'il n'est porteur d'un livret.

Le jour même de l'entrée d'une personne à leur service, ils devront en inscrire la date sur ce livret, qu'ils remettront aussitôt entre les mains de l'inspecteur du marché.

12. Il est enjoint aux occupants des places mobiles ou banales, de n'y laisser aucune partie de marchandise ou de matériel, après la clôture des ventes.

Les titulaires à poste fixe devront prendre, chaque jour, avant leur départ du marché, toutes les précautions nécessaires à la conservation des objets garnissant leurs places.

13. L'accès des sous-sol et des resserres est interdit au public.

14. Il ne peut être emmagasiné dans les resserres que les objets essentiels au commerce des occupants.

15. Les locataires des resserres sont tenus de les ouvrir à toute réquisition des préposés de l'administration, lorsque ceux-ci voudront les visiter.

16. Défense est faite aux marchands et à leurs aides : d'introduire, dans les marchés et leurs dépendances, des chiens, lors même qu'ils

seraient tenus à l'attache et muselés ; ainsi que d'entretenir, dans ces établissements, des animaux vivants, autres que ceux dont la vente y est spécialement autorisée.

17. Les titulaires de places et les cantonniers du service de nettoiement sont seuls autorisés à puiser aux fontaines établies dans les marchés.

Il est défendu de laver du linge ou quelque objet que ce soit dans les bassins de ces fontaines, d'y abreuver des animaux, et d'en laisser les robinets ouverts sans nécessité.

18. L'ouverture et la clôture des marchés permanents seront, chaque jour, annoncées à son de cloche.

Le public ne peut être admis dans ces établissements, en dehors des heures consacrées aux transactions.

CHAPITRE III.

Mesures de salubrité.

19. Il est défendu de jeter dans les passages réservés pour la circulation, des pailles, papiers ou détritus quelconques ; et de laisser séjourner sur le sol des places, des marchandises avariées, des débris de viande, des vidanges de volaille, gibier, poisson, ou autres résidus insalubres.

Toutes ces matières seront recueillies dans des seaux en zinc, des caisses garnies de feuilles de ce métal, ou des terrines vernissées.

Les récipients dont il s'agit doivent être en bon état, et dissimulés à la vue du public ; ils seront vidés au moins une fois chaque jour, notamment à la clôture du marché, et immédiatement lavés avec soin.

20. Dans les étaux affectés à la boucherie, à la viande de porc, à la triperie et aux viandes cuites, les occupants feront enlever, au moins une fois par jour, les os, graisses, épluchures et viandes de rebut.

21. Aux places de boucherie, charcuterie, triperie, poissonnerie, saline et viandes cuites, toutes les parties du matériel se trouvant en contact avec les marchandises ou servant à leur découpage et à leur préparation, seront grattées et lavées tous les soirs, avant la clôture du marché, et plus fréquemment, s'il en est besoin.

Le matériel des tripiers, des marchands de poisson, de saline et de viandes cuites, sera en outre, au moins une fois par semaine, lavé avec une solution de chlorure de chaux ou d'oxyde de sodium.

22. Tous les mois, et plus souvent, s'il est nécessaire, à des jours qui seront désignés par l'inspecteur, les occupants déplaceront leurs marchandises et ustensiles pour nettoyer à fond le sol de leurs places et resserres qui devront, d'ailleurs, être tenues, ainsi que leurs abords, en état constant de propreté.

23. Il est défendu d'abattre des agneaux, chevreaux, cochons de lait, marcassins, etc., de saigner et plumer des volailles (y compris les pigeons) dans les marchés où il n'existe pas de local affecté spécialement à cet usage.

24. Dans les établissements pourvus d'abattoirs, les fumiers en provenant, seront, après chaque travail, portés dans le lieu destiné à les recevoir, et le sol sera lavé à grande eau.

Le sang et les vidanges ne pourront être mélangés à ces fumiers.

25. Les cabanes à lapins seront garnies d'un double fond en zinc, établi de manière à ce que l'urine n'y séjourne pas.

Elles seront, en outre, pourvues de cuvettes également en zinc, de dimensions suffisantes, qui devront être vidées assez fréquemment pour que l'urine ne puisse déborder, et ensuite lavées avec soin.

Ces cabanes seront munies d'un grillage en fer, de 25 centimètres de hauteur, empêchant la paille de tomber sur le sol.

Les fumiers en seront enlevés, au moins une fois par jour.

26. Il est enjoint aux occupants des resserres à beurre et à volaille :
1° D'en laver chaque jour le sol et les passages ;
2° D'en brosser et laver les grillages, au moins une fois par semaine, et plus fréquemment, s'il est nécessaire ;
3° D'en opérer le nettoiement général au moyen d'une solution d'oxyde de sodium ou de chlorure de chaux, chaque fois que l'inspecteur le trouvera convenable.

27. Les déblais provenant des places, resserres et abattoirs, seront, par les occupants (suivant les dispositions prises dans chaque marché), déposés aux endroits affectés à cet usage, tenus à la disposition des cantonniers, ou livrés aux tombereaux, de nettoiement lors de leur passage.

28. Il est enjoint aux tripiers, marchands d'abats et marchands de saline, de renouveler fréquemment, et au moins toutes les six heures, l'eau des bassins ou baquets dans lesquels ils font tremper leurs marchandises.

Ils doivent faire écouler entièrement cette eau, nettoyer et rincer les récipients, et laver ensuite convenablement la partie du sol où s'est fait l'écoulement.

29. Les marchands ne pourront faire tremper du linge ou autres objets dans les bassins ou baquets affectés, soit au trempage des marchandises, soit à la conservation du poisson vivant, ni en salir l'eau d'aucune manière.

30. Les articles de saline altérés et rendus impropres à la consommation par un trop long séjour dans l'eau, seront retirés de l'étalage et jetés au rebut.

31. L'emploi de goupillons est interdit pour l'aspersion des marchandises, laquelle ne pourra se faire qu'au moyen d'éponges ou de petits arrosoirs.

32. Les marchandises sanguinolentes, et généralement toutes les denrées de consistance molle, pâteuse, grasse ou humide, ne devront se trouver en contact, soit à l'étalage, soit dans les resserres, avec aucune matière perméable, non plus qu'avec aucune partie de matériel ou ustensiles en cuivre, plomb, zinc ou fer galvanisé.

Elles ne pourront être enveloppées dans des papiers peints, quelles qu'en soient les nuances.

33. Les marchands de viandes cuites ne peuvent vendre ni des denrées crues, ni des pièces de pâtisserie coloriées.

Les marchandises qu'ils conserveront d'un jour à l'autre, seront renfermées dans des coffres établis de telle façon que l'air y circule facilement.

34. Il est défendu expressément d'uriner et de jeter de l'urine ou d'autres liquides pouvant produire des émanations insalubres dans les marchés, leurs dépendances et à leurs abords, partout ailleurs qu'aux endroits affectés à cet usage.

CHAPITRE IV.

Circulation à l'intérieur et aux abords des marchés.

35. Défense est faite d'embarrasser les passages par des charrettes attelées ou non attelées, des bêtes de trait ou de somme, des brouettes, mannes, hottes et paniers, même sous prétexte d'en effectuer le chargement.

36 Il est interdit de déposer, en dehors des places et resserres (sauf pendant le temps strictement nécessaire à la réception de l'approvisionnement), des marchandises, ustensiles et tous autres objets quelconques.

37. Il est défendu de traverser les marchés avec des fardeaux malpropres ou embarrassants.

38. Les porteurs et commissionnaires ne pourront circuler dans les marchés avec des hottes ou des crochets, à moins d'y être appelés; dans ce cas, aussitôt la marchandise chargée, ils devront prendre la voie la plus directe pour sortir.

39. L'entrée de tous les marchés est interdite aux marchands, musiciens et chanteurs ambulants, aux saltimbanques, aux crieurs et distributeurs d'imprimés, ainsi qu'à tous autres individus exerçant ordinairement leur industrie sur la voie publique.

40. Les débitants qui, en vue de l'alimentation des placiers, auront été admis exceptionnellement à circuler dans les marchés pour la ventes des soupes, des menus comestibles, des boissons chaudes et des rafraîchissements, se conformeront en tous points aux conditions de la permission spéciale dont ils devront toujours être porteurs.

41. Défense est faite aux marchands dits *des quatre saisons*, et à tous autres colportant les mêmes articles que ceux exposés dans les marchés, de stationner aux abords de ces établissements, et de se mettre en quête d'acheteurs dans une zone de 100 mètres.

42. Aucun industriel ou marchand quelconque ne peut s'installer sur les voies publiques traversant ou bordant les marchés.

CHAPITRE V.

Marchés établis sur la voie publique (Dispositions particulières).

43. L'exposition en vente et le dépôt de marchandises quelconques sont formellement prohibés, les autres jours que ceux fixés par les règlements, sur les emplacements affectés aux marchés forains et aux stationnements de marchands.

44. L'ouverture et la clôture des ventes seront annoncées à son de cloche.

En aucun cas, les marchands et le public ne devront entamer les transactions, ni les continuer, en dehors des heures réglementaires.

45. L'arrivée des marchands et la prise de possession des places par le dépôt des marchandises et l'agencement des étalages, ne devront avoir lieu, sous aucun prétexte, plus de deux heures avant l'ouverture des ventes.

46. Les marchands qui n'ont point de place attitrée ne pourront s'installer, dans les mêmes limites de temps, qu'au fur et à mesure de leur arrivée avec leur approvisionnement ; ils ne pourront retenir aucune place à l'avance.

47. Les marchandises exposées à une place quelconque ne pourront, sous aucun prétexte, être transportées sur un autre point du même marché.

48. Les abris mobiles, mis en location par des entrepreneurs ne seront posés qu'à partir de onze heures du soir, la veille des jours de vente.

Ils seront enlevés aussitôt après la clôture du marché.

Pendant le travail de pose et d'enlèvement de ces abris, toutes les précautions nécessaires devront être prises afin de ne point entraver la circulation publique.

49. Il est expressément défendu :

1° De planter des clous dans les arbres, d'y attacher des cordes, d'y suspendre aucun objet, et de les endommager d'une manière quelconque ;

2° De faire des scellements dans le sol et d'y poser quoi que ce soit pouvant en causer la dégradation.

50. Les voitures attelées ou non attelées, les bêtes de trait ou de somme, employées au transport des marchandises et du matériel, seront retirées du marché, aussitôt après leur déchargement, pour être placées, soit dans les auberges, soit sur les lieux affectés à leur stationnement, et elles ne seront ramenées qu'à l'heure du renvoi des marchands.

CHAPITRE VI.

Poids et Mesures. — Fidélité du Débit.

51. Chaque détaillant sera pourvu des balances, poids et mesures composant son assortiment obligatoire aux termes de l'ordonnance de police du 25 octobre 1861.

Ces instruments seront entretenus en parfait état de propreté ; ils seront présentés à la vérification et au poinçonnage, suivant les prescriptions des règlements spéciaux.

52. Il est défendu aux marchands : de se servir d'instruments illégaux ou irréguliers, et d'employer des dénominations anciennes telles que *livre, boisseau, sou,* et toutes autres contraires au système décimal, pour indiquer, au moyen d'étiquettes ou verbalement, le prix ou la quantité de leurs marchandises.

53. Le pesage, le mesurage ou le comptage des marchandises sera effectué, et renouvelé, s'il y a lieu, au moment de la livraison, sous les yeux de l'acheteur.

54 Les tables, ais, billots, servant au découpage ou à la préparation des articles de vente, seront placés de façon à ce que l'acheteur puisse voir opérer le travail.

55. Seront poursuivies, conformément à la loi du 27 mars 1851 (1):

Les falsifications de substances ou denrées alimentaires destinées à être vendues ;

La vente ou la mise en vente de denrées falsifiées, corrompues ou nuisibles ;

Les tromperies ou tentatives de tromperie sur le poids, la quantité ou le volume de la marchandise ;

La détention, sans motifs légitimes, soit de poids ou mesures faux ou autres appareils inexacts servant au pesage ou au mesurage, soit de substances alimentaires falsifiées, corrompues ou nuisibles.

Les tromperies sur la nature de la chose vendue seront réprimées en vertu de l'article 423 du code pénal.

CHAPITRE VII.

Mesures d'ordre public.

56. Il est expressément défendu de troubler l'ordre dans les marchés et leurs dépendances, par des rixes, querelles, tapages, cris, chants ou jeux quelconques.

57. Les outrages, injures et menaces par paroles ou par gestes, soit envers les agents de l'autorité, soit envers les particuliers, seront punies des peines portées par la loi.

58. Toute offense aux bonnes mœurs ou à la décence publique, sera rigoureusement poursuivie devant les tribunaux compétents.

59. Il est expressément défendu aux marchands, ainsi qu'aux gens à leur service :

1o De stationner debout ou assis dans les passages réservés à la circulation ;

2o D'annoncer, par des cris, la nature et le prix des articles de vente ;

3o D'aller au devant des passants pour leur offrir des marchandises, de leur barrer le chemin et de les tirer par le bras ou les vêtements ;

4o De rappeler les clients d'une place à une autre ;

5o De conduire ou envoyer le public dans des boutiques et magasins au dehors, ou à d'autres places du marché ;

6o De distribuer sur le marché d'autres adresses que celles de la place qu'ils y occupent.

60. Nul ne peut retenir aucun objet ou s'emparer de quoi que ce soit appartenant à une autre personne, sous prétexte de contestation ou litige.

---

(1) V. cette loi à l'appendice du présent vol.

Tout différend qui s'élève sur le marché doit être immédiatement porté à la connaissance du préposé de police, qui entend les parties, les concilie, s'il y a lieu, et, dans le cas contraire, les renvoie devant qui de droit.

61. Il est défendu :

1° D'allumer des feux et fourneaux dans les marchés et leurs annexes ;

2° D'y faire usage de pots à feu et de chaufferettes, s'ils ne sont en métal et couverts d'un grillage métallique à mailles serrées;

3° De laisser ces pots à feu dans les places, pendant la nuit, lors même que le feu en serait éteint ;

4° D'y employer de la lumière autrement que dans des lanternes closes, à réseau métallique ;

5° Et d'y fumer, même avec des pipes couvertes.

62. Seront poursuivis, conformément aux dispositions du code pénal :

1° Ceux qui auront imprudemment jeté des immondices sur quelque personne (code pénal 471 12°) ;

2° Ceux qui auront tenu ou établi dans les marchés, des loteries ou d'autres jeux de hasard (code pénal 475 5°) ;

3° Ceux qui auront volontairement jeté des pierres ou d'autres corps durs, ou des immondices sur quelqu'un (code pénal 475 8°) ;

4° Ceux qui auraient refusé de recevoir les espèces et monnaies nationales non fausses ni altérées, selon la valeur pour laquelle elles ont cours (code pénal 475 11°) ;

5° Ceux qui auront méchamment enlevé ou déchiré les affiches apposées par ordre de l'administration (code pénal 479 9°).

63. Il est défendu aux pères, mères, tuteurs, maîtres ou patrons, de laisser courir et jouer à l'abandon dans les marchés et dépendances, leurs enfants, pupilles ou apprentis, sous les peines portées en l'article 471 § 15 du code pénal, sans préjudice, le cas échéant, de la responsabilité spécifiée en l'art. 1384 du code Napoléon.

64. Les objets trouvés dans les marchés devront être immédiatement déposés au bureau du préposé de police qui, lui-même, en fera la remise au commissariat du quartier, s'ils ne sont pas réclamés dans les vingt-quatre-heures.

65. Il est défendu d'établir dans les marchés aucune vente de vin, de boissons fermentées ou de liqueurs, soit à consommer sur place, soit à emporter.

66. Il est expressément défendu de crayonner et d'afficher sur les murs, fers ou boiseries, tant de l'intérieur que de l'extérieur des marchés; et de détruire ou endommager aucune des parties, ou quelque objet que ce soit, dépendant de ces établissements.

CHAPITRE VIII.

Dispositions finales.

67. Les dispositions qui précèdent sont applicables aux halles et marchés établis à Paris et dans tout le ressort de la préfecture de police, sans préjudice de l'exécution des règlements, tant généraux que spéciaux, concernant les ventes en gros et les établissements publics affectés à d'autres commerces que celui des denrées alimentaires.

68. Les contraventions seront constatées par des procès-verbaux ou rapports qui nous seront adressés à telles fins que de droit.

15. La présente ordonnance sera imprimée, publiée et affichée.

L'inspecteur général des halles et marchés, le chef de la police municipale, les commissaires de police, les maires des communes rurales et les agents sous leurs ordres, sont chargés, chacun en ce qui le concerne, d'en assurer l'exécution.

Le colonel de la garde de Paris et le colonel chef de la 1re légion de gendarmerie impériale sont requis de leur prêter main forte, au besoin.

Le préfet de police , BOITTELLE.

1866.

———

N° **4246.** — *Ordonnance concernant le camionnage d'office des marchandises adressées en gare* (chemins de fer de l'Est).

Paris, le 17 janvier 1866.

Nous, préfet de police,

Vu : 1° les lois, décrets et ordonnances concernant les chemins de fer de l'Est ; ensemble les cahiers des charges y annexés ;

2° Les tarifs généraux et spéciaux en vigueur sur lesdits chemins de fer pour le transport des marchandises ;

3° La décision ministérielle du 16 janvier courant, concernant le camionnage d'office des marchandises adressées en gare,

Considérant qu'il y a lieu de publier ladite décision ministérielle dans le ressort de la préfecture de police,

Ordonnons ce qui suit :

1. La compagnie des chemins de fer de l'Est est autorisée, à titre provisoire, à faire camionner d'office, soit au domicile du destinataire, soit dans un magasin public, toute marchandise qui, adressée en gare, à un point quelconque du réseau, ne serait pas enlevée dans les cinq jours de la mise à la poste de la lettre d'avis écrite par la compagnie au destinataire, les frais de ce camionnage étant calculés d'après les tarifs homologués.

Cette disposition est applicable indistinctement aux marchandises mises à quai ou laissées sur wagon, pour être déchargées par le destinataire.

2. Les fonctionnaires et agents spécialement préposés à la surveil-

lance des chemins de l'Est sont chargés d'assurer l'exécution de la décision sus-visée, du 16 janvier courant.

La présente ordonnance sera imprimée et affichée.

Elle sera notifiée à la compagnie des chemins de fer de l'Est.

Le préfet de police, BOITTELLE.

———————————

N° **4247**. — *Ordonnance concernant le camionnage d'office des marchandises adressées en gare* (chemin de fer d'Orléans).

Paris, le 17 janvier 1866.

Nous, préfet de police,

Vu : **1°** les lois, décrets et ordonnances concernant le chemin de fer d'Orléans ; ensemble les cahiers des charges y annexés ;

2° Les tarifs généraux et spéciaux en vigueur sur ledit chemin de fer pour le transport des marchandises ;

3° La décision ministérielle du 16 janvier courant, concernant le camionnage d'office des marchandises adressées en gare,

Considérant qu'il y a lieu de publier ladite décision ministérielle dans le ressort de la préfecture de police,

Ordonnons ce qui suit :

1. La compagnie du chemin de fer d'Orléans est autorisée, à titre provisoire, à faire camionner d'office, soit au domicile du destinataire, soit dans un magasin public, toute marchandise qui, adressée en gare, à un point quelconque du réseau, ne serait pas enlevée dans les cinq jours de la mise à la poste de la lettre d'avis écrite par la compagnie au destinataire, les frais de ce camionnage étant calculés d'après les tarifs homologués.

Cette disposition est applicable indistinctement aux marchandises mises à quai ou laissées sur wagon, pour être déchargées par le destinataire.

2. Les fonctionnaires et agents spécialement préposés à la surveillance du chemin de fer d'Orléans sont chargés d'assurer l'exécution de la décision sus-visée, du 16 janvier courant.

La présente ordonnance sera imprimée et affichée.

Elle sera notifiée à la compagnie du chemin de fer de Paris à Orléans.

Le préfet de police, BOITTELLE.

———————————

N° **4248**. — *Ordonnance concernant la clôture de la chasse* (1).

Paris, le 22 janvier 1866.

———————————

(1) **V.** l'ord. du 26 janv. 1872.

N° **4249.** — *Ordonnance concernant l'échenillage* (1).

Paris, 29 janvier 1866.

N° **4250.** — *Ordonnance concernant les mesures d'ordre à observer pendant les divertissements du carnaval* (2).

Paris, le 5 février 1866.

N° **4251.** — *Ordonnance concernant les mesures à prendre pour la navigation, pendant la construction d'un barrage éclusé sur la Seine, à Suresnes.*

Paris, le 9 février 1866.

Nous, préfet de police,

Vu les rapports par lesquels M. l'ingénieur en chef de la navigation de la Seine (3ᵉ section) et M. l'inspecteur général de la navigation et des ports nous exposent la nécessité de reporter dans le bras droit de la Seine, le long de l'île de Puteaux, la navigation qui se fait actuellement par le bras gauche ; et d'établir un service de pilotage à la passe située entre ladite île de Puteaux et celle de Neuilly, pendant la durée des travaux qui vont se faire dans le bras gauche, pour la construction du barrage de Suresnes ;

Considérant qu'il n'existe pas de chemin de halage, dans ce parcours, sur la rive droite de la Seine, ce qui rend impossible la traction des bateaux au moyen des chevaux ;

Vu l'arrêté du gouvernement du 12 messidor an VIII, celui du 3 brumaire an IX et la loi du 10 juin 1853,

Ordonnons ce qui suit :

1. Pendant la durée des travaux de construction du barrage éclusé de Suresnes, à exécuter dans le bras gauche de la Seine, la navigation se fera exclusivement par le bras droit, à partir de la pointe amont de l'île de la Folie, jusqu'à la pointe aval de l'île de Puteaux.

2. Sur ce parcours, le halage par chevaux ne pouvant avoir lieu, la compagnie du touage de la basse Seine sera seule chargée d'assurer, à cet endroit, la remonte des bateaux.

Les droits à percevoir par ladite compagnie seront, s'il y a lieu, fixés par un arrêté ultérieur.

3. Il sera battu des pieux près de la pointe aval de l'île de Puteaux et le long de cette île, pour le lâchage sur cordes des bateaux dans la passe ; et, vis-à-vis, le long de la rive droite de la rivière, pour l'amarrage des bateaux remorqués par le toueur.

Un système de revêtements en charpente, formant glissières, sera

(1) V. l'ord. du 10 janv. 1872.
(2) V. l'ord. du 23 fév. 1870.

installé dans la passe même, pour faciliter la direction et les manœuvres des bateaux.

4. Il sera établi, aux frais de l'Etat, un service de pilotage pour le
passage, dans ce pertuis, des bateaux montants ou descendants.

5. Tant que les eaux ne s'élèveront pas à plus de 1 mètre 50 centimètres au-dessus de l'étiage, le service de pilotage sera fait par un marinier chef et deux aides, avec un bachot capable de porter la corde
de billage; lorsque les eaux dépasseront ce niveau, le personnel des
mariniers sera augmenté proportionnellement aux besoins.

Ces mariniers seront sous la surveillance du conducteur des travaux
du barrage et de l'inspecteur de la navigation en résidence à Saint-
Cloud. Ils seront à la disposition des capitaines ou patrons de bateaux :
de six heures du matin à cinq heures du soir, du 1er octobre au
31 mars ; et de cinq heures du matin à huit heures du soir, du 1er avril
au 30 septembre. Ils exécuteront, de concert avec les hommes d'équipage et au moyen des agrès et apparaux de chaque bateau, toutes les
manœuvres nécessaires pour franchir la passe, mais la barre restera
confiée aux soins des patrons ou capitaines.

6. Les bateaux et les trains de bois seront pilotés ou remorqués dans
l'ordre de leur arrivée, sous toutes réserves des droits de la navigation
accélérée.

A droit égal, les bateaux montants auront la priorité sur les bateaux
ou trains de bois descendants.

7. Pour prendre leur tour de passage, les bateaux et trains de bois
descendants s'arrêteront le long de l'île de Puteaux, à 300 mètres de
la passe.

8. Lorsque la passe ne sera pas libre, la navigation descendante en
sera prévenue par un signal consistant en un drapeau rouge placé dans
le bras droit de la Seine, en amont du pont de Neuilly; la navigation
montante, par un signal semblable placé dans le bras gauche, également
en amont du pont.

Dans ce cas, les bateaux et trains de bois descendants seront garés
à 300 mètres en amont de la passe; et les bateaux montants s'arrêteront à 100 mètres en aval du pont.

Le service des signaux sera fait par l'un des mariniers attachés au
service de pilotage.

9. Tant à la remonte qu'à la descente, les patrons des toueurs et des
bateaux à vapeur, avant de franchir la passe, feront siffler ou sonner,
à partir de 150 mètres de l'entrée de la passe, et jusqu'à 150 mètres
après la sortie.

10. Les traits de bateaux montants qui devront être divisés pour
franchir la passe, seront reformés à la sortie, sans le moindre retard et
sans interruption.

Les bateaux descendants resteront au garage indiqué dans l'art. 7,
pendant toute la durée de ce travail.

11. Ne seront admis à franchir la passe que les bateaux ou trains de
bois ayant au moins deux hommes à bord.

Tout bateau ou train devra, d'ailleurs, pour la franchir, être lâché sur
cordes.

12. Le service de pilotage n'est pas obligatoire; il est institué à titre de libre secours et mis, comme tel, à la disposition des capitaines ou patrons de bateaux.

En conséquence, aucune action ne pourra, en cas d'accident ou d'avarie, être intentée, soit contre les agents du pilotage, soit contre l'administration.

Les capitaines ou patrons qui n'auront pas eu recours aux pilotes, demeureront responsables, soit personnellement, soit au nom des entrepreneurs qu'ils représenteront, de toutes les avaries qu'ils occasionneront.

13. Le service de pilotage cessera lorsque la navigation pourra reprendre l'ancien chenal, dans le bras gauche de la Seine.

14. Les ingénieurs de la navigation de la Seine (3e section), l'inspecteur général de la navigation et des ports et les agents sous leurs ordres, sont chargés, chacun en ce qui le concerne, d'assurer l'exécution de la présente ordonnance, qui sera imprimée, publiée et affichée.

Le préfet de police, BOITTELLE.

———————

N° **4252.** — *Ordonnance concernant la navigation de nuit des bateaux à vapeur, entre Paris et Le Havre.*

Paris, le 10 février 1866.

Nous, préfet de police,

Vu : 1° la décision ministérielle du 30 octobre 1865, approuvant les modifications proposées par les ingénieurs au règlement ministériel du 7 juin 1857, rendue exécutoire dans le ressort de la préfecture de police par l'ordonnance du 15 février 1858, et adoptant la rédaction de nouveaux articles qui, remplaçant l'art. 15, porteront les numéros 15 et 15 *bis* (1);

2° Le rapport de M. l'ingénieur en chef de la 3me section de la navigation de la Seine, en date du 26 janvier dernier;

3° L'arrêté du gouvernement du 12 messidor an VIII, celui du 3 brumaire an IX et la loi du 10 juin 1853,

Ordonnons ce qui suit :

1. Les nouveaux articles 15 et 15 *bis*, remplaçant l'article 15 du règlement ministériel sus-visé, sont rendus obligatoires dans le ressort de la préfecture de police.

2. Dans le délai de trois mois, à partir de la publication de la présente ordonnance, tous les armateurs, capitaines ou patrons de bateaux, de remorqueurs et de toueurs, seront tenus de munir leurs bâtiments des feux désignés dans l'art. 15 ci-après transcrit.

3. Les contraventions seront constatées par des procès-verbaux ou rapports qui nous seront adressés à telles fins que de droit.

4. La présente ordonnance sera imprimée, publiée et affichée.

———

(1) V. ces nouveaux articles à l'appendice du présent vol.

L'inspecteur général de la navigation et des ports, les ingénieurs de la navigation de la Seine, les maires et les commissaires de police des communes riveraines et les agents sous leurs ordres, sont chargés, chacun en ce qui le concerne, d'en assurer l'exécution.

Le préfet de police, BOITTELLE.

———————

N° **4253.** — *Décret portant nomination du préfet de police.*

Paris, le 21 février 1866.

NAPOLÉON, PAR LA GRACE DE DIEU ET LA VOLONTÉ NATIONALE, EMPEREUR DES FRANÇAIS,

A tous présents et à venir, SALUT :

Sur la proposition de notre ministre secrétaire d'état au département de l'intérieur,

Avons décrété et décrétons ce qui suit :

1. M. Pietri, préfet du Nord, est nommé préfet de police, en remplacement de M. Boittelle, élevé à la dignité de sénateur.

2. Notre ministre secrétaire d'état au département de l'intérieur est chargé de l'exécution du présent décret.

———————

N° **4254.** — *Ordonnance concernant la police de la halle aux cuirs, transférée de la rue Mauconseil (1er arrondissement) à la rue Censier (5e arrondissement).*

Paris, 12 mars 1866.

Nous, préfet de police,

Vu : 1° la loi des 16-24 août 1790, titre XI, et celle des 19-22 juillet 1791 ;

2° La loi du 28 pluviôse an VIII (art. 16) et l'arrêté des consuls, du 12 messidor suivant ;

3° Les ordonnances de police du 27 frimaire an XIV, concernant le commerce des cuirs et peaux et le service intérieur de la halle aux cuirs ;

4° Les délibérations du conseil municipal de Paris, des 3 mai et 9 août 1861 ;

5° Les décrets impériaux des 28 août 1862 et 8 avril 1863 ;

6° Les diverses ordonnances de police et décisions concernant les halles et marchés établis dans le ressort de notre préfecture ;

Attendu que la halle aux cuirs, récemment construite dans le 5me arrondissement, doit être ouverte au commerce, à partir du 15 de ce mois, en remplacement de l'ancienne halle, située rue Mauconseil,

Ordonnons ce qui suit :

1. La halle aux cuirs sera ouverte, pour la réception et la livraison des marchandises, savoir :

De 6 heures du matin à 7 heures du soir, du 1er avril au 30 septembre ;

Et de 7 heures du matin à 5 heures du soir, du 1er octobre au 31 mars.

2. La vente aura lieu tous les jours, excepté les dimanches et fêtes, depuis 8 heures du matin jusqu'à 5 heures du soir.

Elle sera annoncée à son de cloche par les soins de l'inspecteur du marché.

3. Il sera remis à l'inspecteur de police de la halle, pour chaque entrée et chaque sortie de marchandises, un bulletin indiquant les quantités, les espèces, l'origine ou la destination des cuirs. Ces renseignements nous seront transmis ensuite par l'inspecteur de police.

4. Les ordonnances antérieures à la présente, et tous autres règlements relatifs au commerce des cuirs à la halle, sont et demeurent abrogés.

Les dispositions générales d'ordre et de police édictées par l'ordonnance du 30 décembre dernier, concernant la police des marchés publics, restent applicables à la halle aux cuirs.

5. La présente ordonnance sera imprimée, publiée et affichée.

L'inspecteur général des halles et marchés, le chef de la police municipale, les commissaires de police et les agents sous leurs ordres, sont chargés, chacun en ce qui le concerne, d'en assurer l'exécution.

Le préfet de police, J.-M. PIETRI.

Nº **4255.** — *Ordonnance concernant la foire aux jambons* (1).

Paris, le 15 mars 1866.

Nº **4256.** — *Ordonnance concernant les heures d'ouverture de la vente en gros des œufs.*

Paris, le 26 mars 1866.

Nous, préfet de police,

Vu : 1º la loi des 16-24 août 1790 ;

2º L'arrêté du gouvernement, du 12 messidor an VIII (1er juillet 1800) ;

3º L'ordonnance de police du 18 juin 1823, concernant le commerce des beurres, œufs et fromages (2) ;

---

(1) V. l'ord. du 15 mars 1872.
(2) V. cette ord. au 2e vol., p. 262.

Considérant que, suivant les usages actuels, les arrivages de la marchandise s'effectuent à des heures variables qui ne coïncident plus avec l'ouverture des ventes ; que l'impossibilité de se rendre compte de la physionomie du marché, à l'heure où il commence, est une cause de fluctuation assez importante dans les prix, aussi bien au détriment des expéditeurs que des acheteurs, et que cet état de choses nécessite une modification dans les heures de tenue du marché,

Ordonnons ce qui suit :

1. A l'avenir, la vente en gros des œufs commencera :
A 7 heures du matin, du 1er avril au 30 septembre ;
Et à 8 heures du matin, du 1er octobre au 31 mars.

2. La présente ordonnance sera exécutoire, à partir du 1er avril prochain.

Elle sera imprimée et affichée.

L'inspecteur général des halles et marchés, le chef de la police municipale, le commissaire de police du quartier des Halles et les agents sous leurs ordres, sont chargés, chacun en ce qui le concerne, d'en assurer l'exécution.

Le préfet de police, J.-M. PIETRI.

N° **4257.** — *Arrêté concernant l'examen des candidats aux fonctions de vérificateur-adjoint des poids et mesures* (1).

Paris, le 11 avril 1866.

N° **4258.** — *Ordonnance concernant la visite générale des tonneaux de porteurs d'eau* (2).

Paris, le 4 mai 1866.

N° **4259.** — *Décret portant nomination du secrétaire général de la préfecture de police.*

Paris, le 12 mai 1866.

NAPOLÉON, PAR LA GRACE DE DIEU ET LA VOLONTÉ NATIONALE, EMPEREUR DES FRANÇAIS,

A tous présents et à venir, SALUT :

Sur la proposition de notre ministre secrétaire d'état au département de l'intérieur,

---

(1) V. l'ord. du 22 juillet 1871.
(2) V. l'ord. du 2 mai 1872.

Avons décrété et décrétons ce qui suit :

1. M. Duvergier, ancien secrétaire général de la préfecture de Seine-et-Oise, ancien chef du cabinet du préfet de police, est nommé secrétaire général de la préfecture de police, en remplacement de M. Jarry, mis en non activité, sur sa demande.

2. Notre ministre secrétaire d'Etat au département de l'intérieur est chargé de l'exécution du présent décret.

N° **4260.** — *Ordonnance concernant les baignades en rivière dans le ressort de la préfecture de police* (1).

Paris, le 15 mai 1866.

N° **4261.** — *Ordonnance concernant les voitures de place.*

Paris, le 26 mai 1866.

Nous, préfet de police,

Vu : 1° les lois des 14 décembre 1789 (art. 50), 16-24 août 1790 (titre xi), 19-22 juillet 1791 et 9 vendémiaire an vi (30 septembre 1797);

2° Les arrêtés des consuls, en date des 12 messidor an viii (1er juillet 1800) et 3 brumaire an ix (25 octobre 1800) et la loi des 10-15 juin 1853 ;

3° Les articles 459, 460, 461, 474, 475, 476, 478, 482 et 484 du code pénal ;

4° Le décret impérial du 9 juin 1808 et les ordonnances royales des 23 octobre 1816, 30 décembre 1818 et 22 juillet 1829, relatifs au droit de location, au profit de la ville de Paris, des divers emplacements affectés au stationnement des voitures de louage ;

5° L'ordonnance de police du 10 juillet 1857, concernant les voitures *de place* ;

6° Le décret impérial en date du 23 mai 1866, relatif à la mise en circulation, dans Paris, des voitures publiques *de place* ou *de remise*, à l'heure et à la course (2);

7° L'arrêté de M. le préfet de la Seine, en date du 24 de ce mois, qui fixe le tarif des voitures *de place* (3);

Considérant qu'il est utile de publier, dans un nouveau règlement, les principales dispositions de police intéressant le service des voitures *de*

---

(1) V. l'ordonnance du 18 mai 1872.
(2) V. ce décret à l'appendice du présent vol.
(3) V. cet arrêté à l'appendice du présent vol.

place, sous le régime de la liberté de l'industrie que le gouvernement vient de proclamer,

Ordonnons ce qui suit :

TITRE Iᵉʳ.

DES OBLIGATIONS PERSONNELLES AUX ENTREPRENEURS.

1. Toute personne qui voudra mettre en circulation et faire stationner sur la voie publique, dans Paris, une voiture *de place* destinée au transport des voyageurs, à l'heure et à la course, devra en faire la déclaration à la préfecture de police, et justifier du paiement préalable de la redevance représentant le droit de location du domaine municipal, au moyen d'une quittance qui lui aura été délivrée par les soins de la préfecture de la Seine.

La déclaration devra énoncer les nom, prénoms, domicile, siége d'établissement et les divers dépôts de voitures du déclarant.

En cas de cessation de roulage d'une ou de plusieurs de ses voitures, le propriétaire devra également en faire la déclaration et rapporter les papiers de la voiture ou des voitures retirées de la circulation.

En cas de changement de domicile ou de siége d'établissement, d'ouverture ou de fermeture d'un dépôt, la déclaration de ce changement devra être faite, au moins quarante-huit heures à l'avance.

2. Chaque voiture devra être pourvue, par les soins de l'entrepreneur :

1° D'un livret de maître qui contiendra les règlements concernant les voitures *de place ;*

2° D'un permis de circulation et de station, indiquant le numéro de police et le nombre de places de la voiture.

3. Il y aura constamment, dans l'intérieur des voitures *de place*, une plaque indicative du numéro et des tarifs.

Le modèle de cette plaque sera déterminé par nous.

TITRE II.

DES OBLIGATIONS IMPOSÉES AUX COCHERS.

4. Tout cocher de voiture *de place* sera tenu de porter un uniforme dont le modèle sera approuvé par nous. Tout cocher qui cessera de faire partie du service n'aura plus droit de porter cet uniforme.

5. Il est expressément défendu aux cochers dont les voitures ne seront pas louées, de les faire stationner sur des points non affectés au stationnement, de racoler les passants, de parcourir la voie publique au pas ou en faisant exécuter aux voitures, sur la même ligne, un va-et-vient, tous actes constituant la maraude qui leur est formellement interdite.

Cependant, lorsque le cocher, ayant sa voiture libre, sera rencontré sur un point quelconque de la voie publique par des personnes qui voudront faire usage de cette voiture, il devra marcher à leur réquisition et aux prix des tarifs.

6. Il leur est défendu de débrider entièrement leurs chevaux lorsqu'ils leur donneront à boire ou à manger.

Ils leur enlèveront seulement le mors de la bouche. Après l'abreuvement des chevaux, l'eau qui pourrait rester au fond des seaux devra être versée dans le ruisseau avec précaution, de manière à ne pas atteindre les passants.

TITRE III.

DISPOSITIONS GÉNÉRALES.

7. Les paragraphes 1, 2 et 3 du titre II (moins l'article 34) de l'ordonnance du 10 juillet 1857, les articles 46, 47 et 49 de la même ordonnance, et les articles 4 et 5 de la présente ordonnance, seront imprimés par extraits et affichés dans tous les bureaux des stations de voitures *de place.*

8. En cas d'infraction aux dispositions prescrites par les articles 4, 10, 24, 25, 43 (1er alinéa) et 49 de l'ordonnance de police du 10 juillet 1857, et aux articles 4 et 5 de la présente ordonnance, la voiture sera conduite, par mesure disciplinaire, à la fourrière de la préfecture de police, sans préjudice des poursuites judiciaires à exercer contre le contrevenant.

Sera également conduite à la fourrière, sans préjudice, s'il y a lieu, de telles autres poursuites qu'il appartiendra :

1° Toute voiture qui serait mise en circulation sans être numérotée et estampillée, ou à l'aide de faux numéros ou de fausses estampilles ;

2° Toute voiture qui, même après avoir été numérotée et estampillée, ne serait pas en bon état de service et de propreté, ou pourrait, par quelque cause que ce soit, compromettre la sûreté publique.

9. Les contraventions à la présente ordonnance seront constatées par des procès-verbaux ou rapports qui nous seront transmis par les fonctionnaires, préposés ou agents qui les auront dressés. Il pourra être pris, envers les cochers contrevenants, telles mesures administratives qu'il appartiendra, sans préjudice des poursuites à exercer contre eux devant les tribunaux.

10. Les articles 4, 6, 7, 8, 9, 10 et 11, les paragraphes 1, 2 et 3 du titre II (moins l'article 34), les articles 37, 38, 39, 40, 42, 43, 44, 45, 46, 47, 49, 54, 55 et 57 de l'ordonnance de police du 10 juillet 1857 continueront de recevoir leur exécution. Les autres articles de la même ordonnance sont rapportés, ainsi que tous les règlements et décisions qui sont contraires à la présente ordonnance.

11. La présente ordonnance recevra son exécution, à partir du 15 juin 1866.

Elle sera imprimée et affichée dans Paris et dans toutes les communes du ressort de la préfecture de police.

Le chef de la police municipale, les commissaires de police, les officiers de paix, le contrôleur de la fourrière, les contrôleurs ambulants, les surveillants des stations et les autres préposés de la préfecture de police, sont chargés, chacun en ce qui le concerne, d'en assurer l'exécution.

Elle sera adressée, en outre, à MM. les sous-préfets de Saint-Denis et de Sceaux, à M. le colonel de la garde de Paris et à M. le chef d'escadron, commandant la géndarmerie de la Seine, qui sont chargés de tenir la main à son exécution, par tous les moyens mis à leur disposition.

Le préfet de police, **J.-M. PIETRI.**

N° **4262.** — *Ordonnance concernant les voitures de remise.*

Paris, le 26 mai 1866.

Nous, préfet de police,

Vu : **1°** les lois des 14 décembre 1789 (art. 50), 16-24 août 1790 (titre XI), 19-22 juillet 1791 et 9 vendémiaire an VI (30 septembre 1797);

2° Les arrêtés des consuls, en date des 12 messidor an VIII (1er juillet 1800) et 3 brumaire an IX (25 octobre 1800) et la loi des 10-15 juin 1853;

3° Les articles 459, 460, 461, 474, 475, 476, 478, 482 et 484 du code pénal;

4° Le décret impérial du 9 juin 1808 et les ordonnances royales des 23 octobre 1816, 30 décembre 1818 et 22 juillet 1829, relatifs au droit de location, au profit de la ville de Paris, des divers emplacements affectés au stationnement des voitures de louage;

5° L'ordonnance de police du 24 décembre 1857, concernant les voitures *sous remise* et *de remise;*

6° Le décret impérial du 23 mai 1866, relatif à la mise en circulation, dans Paris, des voitures publiques *de place* ou *de remise,* à l'heure et à la course (1);

7° L'arrêté de M. le préfet de la Seine, en date du 24 de ce mois, qui fixe le tarif des voitures *de remise* (2);

Considérant qu'il est utile de publier dans un nouveau règlement les principales dispositions de police intéressant le service des voitures *de remise,* sous le régime de la liberté de l'industrie que le gouvernement vient de proclamer,

Ordonnons ce qui suit :

TITRE Ier.

DES VOITURES DITES DE REMISE.

§ 1er — *Des obligations imposées aux entrepreneurs de voitures de remise destinées à marcher à l'heure et à la course.*

1. Tout individu qui voudra mettre en circulation dans Paris et faire stationner dans un lieu de remisage, avec ou sans faculté de stationner et charger sur la voie publique, concurremment avec les voitures *de place,* des voitures dites *de remise,* pour marcher à l'heure

---

(1) V. ce décret à l'appendice du présent vol.
(2) V. cet arrêté à l'appendice du présent vol.

et à la course , sera tenu de faire préalablement à la préfecture de police, la déclaration de ses nom, prénoms, domicile et siége d'établissement, ainsi que de l'espèce de voitures qu'il se propose d'exploiter.

Dans le cas où un entrepreneur voudrait avoir la faculté de faire stationner et charger ses voitures sur la voie publique, il devra justifier du paiement préalable de la redevance municipale, représentant le droit de location du domaine municipal, au moyen d'une quittance qui lui aura été délivrée par les soins de la préfecture de la Seine.

Tout entrepreneur qui cessera de faire circuler une ou plusieurs voitures, devra en faire immédiatement la déclaration à la préfecture de police et rapporter les papiers des voitures.

En cas de changement de domicile ou de siége d'établissement, la déclaration devra en être faite quarante-huit heures à l'avance.

2. Tout entrepreneur de voitures *de remise* sera tenu de se pourvoir, pour chacune de ses voitures :

1º D'un livret de maître qui contiendra les règlements concernant les voitures qu'il exploite ;

2º D'un permis de circulation et, s'il y a lieu, d'un permis de station, indiquant le numéro, le nombre des places de la voiture et les lieux de remisage où elle sera autorisée à stationner.

3. Il y aura constamment, dans l'intérieur des voitures *de remise*, une plaque indicative du numéro et des tarifs.

Le modèle de cette plaque sera déterminé par nous.

Les voitures *de remise* seront numérotées et estampillées.

Le mode de numérotage et toutes les opérations qui y sont relatives seront réglés par un arrêté spécial (1).

5. Il est formellement interdit de faire stationner des voitures *de remise*, marchant à l'heure et à la course, dans des locaux qui n'auraient pas été préalablement autorisés par nous.

Toute voiture autorisée à circuler devra être pourvue d'un lieu de remisage dans Paris, à moins qu'elle ne soit autorisée à stationner sur la voie publique.

§ 2. — *Des obligations imposées aux cochers de voitures de remise.*

6. Tout cocher de voiture *de remise* sera tenu de porter un uniforme dont le modèle sera adopté par nous.

Tout cocher qui cessera de faire partie du service n'aura plus le droit de porter cet uniforme.

7. Aucun cocher ne pourra conduire une voiture *de remise* sans être muni :

1º D'un bulletin d'entrée en service ;

2º De cartes indicatives du numéro et des tarifs de la voiture ;

3º D'une feuille de travail, sur laquelle il inscrira l'heure d'arrivée

---

(1) Cet article a été complété par l'article 1er de l'arrêté du 30 août 1872.

dans un lieu de remisage ou sur une station de la voie publique, lorsqu'il aura la faculté de s'y arrêter ; l'heure du départ, l'endroit où il aura chargé à domicile, et, s'il conduit une voiture autorisée à stationner et charger sur la voie publique, les points de cette voie où les voyageurs auront été pris, et, dans tous les cas, les points sur lesquels ces derniers auront été déposés.

Chaque cocher devra toujours avoir dans sa voiture :

1° Le livret de maître contenant les règlements sur les voitures *de remise ;*

2• Le permis de circulation de la voiture ;

3° Le permis de station, si la voiture est autorisée à stationner et charger sur la voie publique ;

4° Le laissez-passer de l'administration des contributions indirectes.

Les cochers devront présenter les pièces dont il s'agit à toute réquisition des agents de l'autorité.

Pour le cocher propriétaire de la voiture, le permis de conduire remplacera le bulletin d'entrée en service.

8. Il est formellement interdit aux cochers de faire boire et manger leurs chevaux sur aucun point de la voie publique.

Cependant, lorsque la voiture sera louée, le cocher pourra faire manger l'avoine sur la voie publique, mais à la condition expresse qu'il se tiendra à la tête de ses chevaux, pendant tout le temps qu'ils mangeront, et que l'avoine sera renfermée dans une musette attachée à la tête du cheval.

L'interdiction portée au premier alinéa du présent article ne s'applique pas aux voitures autorisées à stationner sur la voie publique, lorsqu'elles seront sur les emplacements à ce affectés.

9. Il est expressément défendu aux cochers dont les voitures ne seront pas louées, de les faire stationner, même momentanément, sur aucun point de la voie publique, si ce n'est sur les emplacements à ce affectés par l'administration, et dans le cas prévu en l'article 1er ci-dessus, où les voitures auront été autorisées à stationner et charger sur la voie publique.

Hors ce cas, toute voiture libre devra être ramenée directement à sa remise. Il est formellement interdit au cocher de charger en route, sous quelque prétexte que ce soit.

Le cocher d'une voiture autorisée à stationner et charger sur la voie publique devra, au contraire, lorsqu'il sera rencontré, ayant sa voiture libre, par des personnes qui voudront faire usage de cette voiture, marcher à leur réquisition et aux prix des tarifs ; mais il lui est expressément défendu de racoler les passants et d'offrir sa voiture au public par paroles ou par gestes, de parcourir les rues au pas ou en faisant exécuter à sa voiture, sur la même ligne, un va-et-vient, tous actes constituant la maraude qui est formellement interdite.

10. Les cochers de voitures de remise, lorsqu'ils feront stationner leurs voitures sur les emplacements à ce affectés, seront tenus de se conformer à toutes les prescriptions contenues aux art. 37, 38, 39, 40, 42, 43, 44 et 45 de l'ordonnance du 10 juillet 1857, ainsi qu'aux dispositions des art. 5 et 6 de l'ordonnance de police du 26 mai 1866, concernant les voitures *de place*, qui seront imprimés et affichés à la suite de la présente ordonnance.

TITRE II.

DES VOITURES DITES DE GRANDE REMISE.

Des obligations imposées aux entrepreneurs de voitures de grande remise, destinées à être louées à la journée, à la semaine, au mois et à l'année.

11. Tout individu qui voudra exercer la profession de loueur de voitures dites *de grande remise*, destinées à marcher à la journée, à la semaine, au mois et à l'année, sera tenu de faire préalablement, à la préfecture de police, la déclaration de ses nom, prénoms et siége d'établissement, du nombre ainsi que de l'espèce de voitures qu'il se propose de mettre en circulation.

12. Tout loueur qui cessera de faire circuler une ou plusieurs voitures, devra en faire la déclaration à la préfecture de police et rapporter les papiers des voitures.

En cas de changement de siége d'établissement, la déclaration devra en être faite quarante-huit heures à l'avance.

13. Les voitures *de grande remise* seront présentées à la fourrière pour y être reçues par les experts.

Elles devront être remisées dans des locaux intérieurs et fermés.

14. Les cochers des voitures dites *de grande remise* seront tenus de se conformer aux art. 21, 23, 24, 25, 33, 35, 36, 37, 38, 39, 40, 41 et 42 (2e et 3e alinéas), 43 et 44 de l'ordonnance de police du 24 décembre 1857, à l'art. 7 (excepté les 3e, 4e, 6e et 8e alinéas) et à l'art. 9 de la présente ordonnance.

15. Les cochers au service des personnes qui feront usage des voitures louées à la journée, à la semaine, au mois ou à l'année, ne seront pas assujettis aux dispositions des art. 20, 21 et 23 de l'ordonnance du 24 décembre 1857 ni aux dispositions des art. 6 et 7 (2e, 3e, 4e, 6e et 8e alinéas) de la présente ordonnance.

TITRE III.

DISPOSITIONS GÉNÉRALES.

16. La présente ordonnance sera affichée, par extraits, sur les bureaux de surveillants des stations des voitures *de place*.

17. En cas d'infraction aux articles 14, 20, 35 et 50 de l'ordonnance du 24 décembre 1857, et aux articles 1, 2, 5, 6, 7 et 9 de la présente ordonnance, la voiture sera conduite, par mesure administrative, à la fourrière de la préfecture de police, sans préjudice des poursuites judiciaires à exercer contre le contrevenant.

Sera également conduite à la fourrière, sans préjudice, s'il y a lieu, de telles autres poursuites qu'il appartiendra :

1° Toute voiture *sous remise* qui circulerait sans être numérotée ou estampillée, ou à l'aide de faux numéros ou de fausses estampilles ;

2° Toute voiture qui, même après avoir été numérotée ou estampillée, ne serait pas en bon état de service et de propreté, ou pourrait, par quelque cause que ce soit, compromettre la sûreté publique ;

3° Toute voiture *de grande remise* qui serait trouvée faisant un service à la course ou à l'heure.

18. Les contraventions à la présente ordonnance, seront constatées par des procès-verbaux ou rapports qui nous seront transmis par les fonctionnaires, préposés ou agents qui les auront dressés.

19. Les articles 6, 8, 12, 13, 14, le § 3 du titre 1er, les articles 21, 23, 24. 25, le § 5 du titre 1er, les articles 35, 36, 37, 38, 39, 40, 41, 42, 43, 45, 47, 48, 49, 50, 51, 55, 56, 57, 60 et 61 de l'ordonnance de police du 24 décembre 1857, continueront de recevoir leur exécution.

Les autres articles de la même ordonnance sont rapportés, ainsi que tous les règlements et décisions qui sont contraires à la présente ordonnance.

20. La présente ordonnance recevra son exécution, à partir du 15 juin 1866.

Elle sera imprimée et affichée dans Paris et dans toutes les communes du ressort de la préfecture de police.

Le chef de la police municipale, les commissaires de police, les officiers de paix, le contrôleur de la fourrière, et les autres préposés de la préfecture de police, sont chargés, chacun en ce qui le concerne, d'en assurer l'exécution.

Elle sera adressée, en outre, à MM. les sous-préfets de Saint-Denis et de Sceaux, à M. le colonel de la garde de Paris et à M. le chef d'escadron commandant la gendarmerie de la Seine, qui sont chargés de tenir la main à son exécution, par tous les moyens mis à leur disposition.

Le préfet de police, J.-M. PIETRI.

———————◦———————

N° **4263.** — *Arrêté qui fixe les dimensions et conditions d'après lesquelles les voitures dites de place devront être construites à l'avenir.*

Paris, le 31 mai 1866.

Nous, préfet de police,

Vu : 1° les lois des 14 décembre 1789 (art 50) et 16-24 août 1790 (titre XI, art. 1 et 3);

2° Les art. 2, 22 et 32 de l'arrêté du gouvernement du 12 messidor an VIII (1er juillet 1800), l'art. 1er de l'arrêté du 3 brumaire en IX (25 octobre 1800) et la loi des 10-15 juin 1853 ;

3º Les art. 471, 474, 475, 476, 478 et 483 du code pénal ;

4º L'ordonnance de police du 10 juillet 1857, concernant les voitures *de place* ;

5º Notre ordonnance en date du 26 mai 1866, concernant les voitures *de place* ;

Considérant qu'il y a lieu de déterminer les dimensions et conditions d'après lesquelles les voitures dites *de place* devront être construites à l'avenir,

Arrêtons ce qui suit :

1. Les voitures *de place* devront réunir toutes les conditions de solidité, de commodité et de propreté désirables.

Elles seront construites d'après les dimensions et conditions indiquées dans le tableau suivant :

DIMENSIONS.

Numéros d'ordre.	CAISSE.	MINIMUM.			
		Voitures à 5 places.	Voitures à 4 places.	Coupés à 2 places.	Cabriolets à 4 roues et à 2 places.
		m. c.	m. c.	m. c.	m. c.
1	Hauteur de la caisse, mesurée en dedans, du fond de la cave à l'impériale.	1 46	1 46	1 46	» »
2	Hauteur de la caisse, mesurée en dedans, du fond de la cave au cerceau du milieu.	» »	» »	» »	1 48
3	Longueur de la caisse, mesurée en dedans, depuis le fond jusqu'au devant de la caisse, à hauteur de la ceinture.	1 50	1 35	1 10	» »
4	Longueur de la caisse, mesurée en dedans, du fond du cabriolet à la portière fermée.	» »	» »	» »	» 90
5	Largeur, d'une portière à l'autre, mesurée de dedans en dedans, à hauteur de la ceinture.	1 20	1 10	1 07	» »

CONDITIONS.

6	Jeu des Roues de devant.	Les roues de devant devront avoir toujours le jeu nécessaire pour tourner librement sous la caisse.
7	Essieux.	Les essieux seront à patent ou à demi-patent.
8	Paillassons ou Tapis.	Le plancher de la caisse sera couvert de paillassons, ou tapis qui, dans aucun cas, ne pourront être remplacés ni recouverts par de la paille.
9	Stores.	Chacune des baies des châssis de la voiture sera garnie de stores bien établis et en bon état.
10	Timbre à ressort.	Il y aura dans chaque voiture fermée un cordon ou un bouton qui correspondra à un timbre à ressort, assez rapproché du cocher pour que ce dernier puisse en entendre le son.
11	Tringles d'impériale.	Il pourra être établi sur l'impériale de chaque voiture des tringles en fer destinées à retenir les malles et bagages des voyageurs. Ces tringles seront fixes; elles auront 0,015 de diamètre, et elles seront distantes de 0,11 de l'impériale de la voiture.
12	Lanternes.	Il y aura, sur le devant, deux lanternes garnies de réflecteurs polis et de glaces bien transparentes.
13	Garde-crotte.	Lorsque la voiture ne sera pas pourvue d'ailes servant de garde-crotte, les portières devront ouvrir sur les roues de derrière. Les ailes, lorsqu'il en existera, ne devront, dans aucun cas, cacher le numéro de la voiture.

2. Dans le cas où des catégories de voitures non comprises dans le présent arrêté seraient présentées pour faire le service de voitures *de place,* il sera statué sur la demande des entrepreneurs, par des décisions spéciales.

3. Tous les règlements antérieurs, relatifs à la construction des voitures dites *de place,* sont rapportés.

4. Le présent arrêté sera imprimé et notifié à tous les entrepreneurs de voitures *de place.*

Le chef de la police municipale et le contrôleur de la fourrière sont chargés, chacun en ce qui le concerne, d'en assurer l'exécution.

Le préfet de police, **J.-M. PIETRI.**

N° **4264.** — *Arrêté qui fixe les dimensions et conditions d'après lesquelles les voitures dites de remise devront être construites à l'avenir.*

Paris, le 31 mai 1866.

Nous, préfet de police,

Vu : 1° les lois des **14** décembre **1789** (article 50) et **16-24** août **1790** (tit. xi, art. 1 et 3);

2° Les art. **2, 22** et **32** de l'arrêté des consuls, du **12** messidor an viii (1ᵉʳ juillet **1800**), l'art. 1ᵉʳ de l'arrêté du **3** brumaire an ix (**25** octobre **1800**) et la loi des **10-15** juin **1853**;

3° Les art. 471, 474, 475, 476, 478, 479 et 482 du code pénal;

4° L'ordonnance de police du 24 décembre 1857, concernant les voitures *sous remise* et *de remise*;

5° Notre ordonnance en date du 26 mai 1866, concernant les voitures *de remise*;

Considérant qu'il y a lieu de déterminer les dimensions et conditions d'après lesquelles les voitures dites *de remise* devront être construites à l'avenir,

Arrêtons ce qui suit :

Les voitures *de remise* devront réunir toutes les conditions de solidité, de commodité et de propreté désirables.

Elles seront construites d'après les dimensions et conditions indiquées dans le tableau suivant :

DIMENSIONS.

Numéros d'ordre.	CAISSE.	MINIMUM.				
		Voitures à 5 places.	Voitures à 4 places.	Coupés à 2 places.	Cabriolets à 4 roues	Cabriolets à 2 roues.
1	Hauteur de la caisse, mesurée en dedans, du fond de la cave à l'impériale.	m. c. 1 46	m. c. 1 46	m. c. 1 46	m. c. » »	m. c. » »
2	Hauteur de la caisse, mesurée du fond de la cave au cerceau du milieu . .	» »	» »	» »	1 48	1 48
3	Longueur de la caisse, mesurée en dedans, depuis le fond jusqu'au devant de la caisse, à hauteur de la ceinture.	1 50	1 35	1 10	» »	» »
4	Longueur de la caisse, mesurée en dedans, du fond du cabriolet à la portière fermée.	» »	» »	» »	» 90	» 90
5	Largeur, d'une portière à l'autre, mesurée de dedans en dedans, à hauteur de la ceinture . . .	1 20	1 10	1 07	» »	» »

CONDITIONS.

6	Jeu des Roues de devant.	Les roues de devant devront pouvoir tourner librement sous la caisse.
7	Essieux.	Les essieux seront à patent ou à demi-patent.
8	Paillassons ou Tapis.	Le plancher de la caisse sera couvert de paillassons, ou tapis qui, dans aucun cas, ne pourront être remplacés ni recouverts par de la paille.
9	Stores.	Chacune des baies des châssis de la voiture sera garnie de stores bien établis et en bon état.
10	Timbre à ressort.	Il y aura dans chaque voiture fermée un cordon ou un bouton qui correspondra à un timbre à ressort, assez rapproché du cocher pour que ce dernier puisse en entendre le son.
11	Lanternes.	Il y aura, sur le devant, deux lanternes garnies de réflecteurs polis et de glaces bien transparentes.
12	Brancards.	Les brancards des cabriolets à deux roues seront garnis, dans toutes leur longueur, d'une plate-bande en fer ayant au moins 5 millimètres d'épaisseur et 4 centimètres de largenr. Cette plate-bande pourra être en une seule partie ou en plusieurs parties croisées.
13	Quille.	Il sera adapté, au train de derrière des cabriolets à deux roues, une jambe de force en fer, dite *quille*.
14	Garde-crotte.	Lorsque la voiture ne sera pas pourvue d'ailes servant de garde-crotte, les portières devront ouvrir sur les roues de derrière. Les ailes, lorsqu'il en existera, ne devront, dans aucun cas, cacher le numéro de la voiture. Le garde-crotte, fixé sur le devant de la caisse, des cabriolets à deux roues, aura au moins 45 ecntimètres de hauteur.

2. Dans le cas où des catégories de voitures non comprises dans le présent arrêtés eraient présentées pour faire le service des voitures *de remise*, il sera statué, sur la demande des entrepreneurs, par des décisions spéciales.

3. Toùs les règlements antérieurs, relatifs à la construction des voitures dites *de remise*, sont rapportés.

4. Le présent arrêté sera imprimé et notifié aux entrepreneurs de voitures dites *de remise* (1).

Le chef de la police municipale et le contrôleur de la fourrière sont chargés, chacun en ce qui le concerne, d'en assurer l'exécution.

Le préfet de police, J.-M. PIETRI.

N° **4265.** — *Arrêté concernant le numérotage des voitures de place.*

Paris, le 31 mai 1866.

Nous, préfet de police,

Vu : 1° les lois des 14 décembre 1789 (article 50) et 16-24 août 1790 (tit. XI, art. 1 et 3) ;

2° Les art. 2, 22 et 32 de l'arrêté du gouvernement du 12 messidor an VIII (1er juillet 1800), l'art. 1er de l'arrêté du 3 brumaire an IX (25 octobre 1800) et la loi des 10-15 juin 1853 ;

3° Les art. 471, 474, 475, 476, 478, 482 et 483 du code pénal ;

4° Les ordonnances et arrêtés de police en date des 10 juillet et 10 août 1857, concernant le numérotage des voitures de place ;

5° Notre ordonnance en date du 26 mai 1866, concernant lesdites voitures ;

Considérant qu'il y a lieu, conformément aux dispositions de l'art 54 de l'ordonnance de police du 10 juillet 1857, ci-dessus visée, de régler le mode de numérotage des voitures dites *de place*, ainsi que toutes les opérations qui y sont relatives,

Arrêtons ce qui suit :

1. Il sera procédé à un nouveau numérotage de toutes les voitures *de place.*

En conséquence, dans le délai d'un mois, à compter du jour de la notification du présent arrêté, les entrepreneurs de voitures *de place* seront tenus de faire conduire leurs voitures à la fourrière pour y être numérotées, conformément aux dispositions prescrites par le présent arrêté.

2. Toutes les opérations relatives au numérotage et à l'effaçage des voitures dont il s'agit, seront faites par le préposé de la préfecture de police, sous la direction et la surveillance du contrôleur de la fourrière.

3. La dépense qui résultera du numérotage des voitures sera à la charge des entrepreneurs.

---

(1) V. l'arrêté du 30 août 1872, qui complète le présent article.

Le prix de toutes les opérations relatives au numérotage des voitures *de place*, telles qu'elles sont détaillées dans le présent arrêté, est fixé, pour chaque voiture *de place*, à la somme de *un franc quinze centimes.*

Le prix de l'effaçage, pour chaque voiture, est fixé à *vingt-cinq centimes*, à la fourrière, et à *un franc*, à domicile.

Dans aucun cas, le préposé de la préfecture de police ne pourra exiger, pour les opérations dont il s'agit, des prix plus élevés que ceux qui sont déterminés ci-dessus.

4. Il n'y aura qu'une seule série de numéros pour les voitures *de place.*

Le numéro, qui devra être entièrement conforme au modèle adopté par nous, sera peint en chiffres arabes sur le panneau de derrière, dit *de lunette,* et sur les deux panneaux du siége du cocher de toutes les voitures *de place.*

Les numéros des voitures *de place* seront en *or fin*, sans blason.

Ils devront être apposés sur un blason noir, toutes les fois qu'ils pourront se confondre avec la couleur des panneaux des voitures.

Les chiffres des numéros auront quarante-quatre millimètres de hauteur et huit millimètres de plein, au moins.

Ils seront estampillés d'un poinçon ayant, en hauteur comme en largeur, vingt millimètres.

Ces numéros ne pourront être effacés ni changés sans notre autorisation.

Le numéro de chaque voiture *de place* sera répété sur les verres de côté des deux lanternes.

5. Le numéro qui, aux termes de l'art. 4, doit être peint sur le panneau de derrière et sur les panneaux du siége du cocher des voitures *de place*, sera apposé par le préposé de la préfecture de police.

Les entrepreneurs pourront faire exécuter, à domicile, le numérotage prescrit pour les lanternes, en se conformant strictement aux obligations qui sont imposées à cet égard par ledit article.

6. Lorsqu'une voiture hors de service sera retirée de la circulation et remplacée par une autre en bon état, ces deux voitures devront être conduites à la fourrière où les dispositions nécessaires seront exécutées sur chacune d'elles.

Cependant, dans certains cas exceptionnels et en vertu d'autorisations spéciales, les entrepreneurs pourront faire effacer à domicile, par le préposé de la préfecture de police, le numéro de la voiture hors de service, mais, dans ce cas, le préposé devra certifier, sur la feuille d'effaçage, qu'il a effacé *lui-même* le numéro qui était apposé sur cette voiture.

7. Aucune voiture ne sera numérotée avant qu'elle ait été visitée par les experts attachés à la préfecture de police, et qu'il ait été reconnu qu'elle est entièrement conforme aux dimensions et conditions prescrites.

Les experts apposeront une estampille de couleur *rouge* sur l'un des panneaux du siége du cocher, au-dessous du numéro, et sur le train de chaque voiture qui sera soumise à leur expertise et réunira toutes les conditions exigées.

8. Aucun effaçage ou numérotage ne pourra être effectué par le préposé de la préfecture de police, qu'en présence de l'un des experts des voitures publiques ou de tel autre préposé désigné par le contrôleur de la fourrière, et sur la justification, par l'entrepreneur, d'une feuille d'effaçage ou de numérotage délivrée à la préfecture de police (2e division, 3e bureau).

L'expert des voitures ou le préposé de la fourrière, en présence duquel l'effaçage ou le numérotage aura eu lieu, certifiera, sur la feuille dont il est question au paragraphe précédent, que l'opération a été faite, conformément aux dispositions déterminées par le présent arrêté.

Toutefois, la mesure prescrite ci-dessus n'est pas applicable aux effaçages qui auront lieu dans les cas exceptionnels, prévus par le deuxième paragraphe de l'art. 6 du présent arrêté.

9. Le poinçon prescrit par l'art. 4 ne pourra être apposé sur les numéros que par l'expert des voitures ou le préposé de la fourrière, en présence duquel le numérotage aura été effectué, et que lorsque cet expert ou ce préposé aura reconnu que les numéros sont entièrement conformes aux dispositions déterminées par ledit art. 4.

10. La dépense qu'occasionnera la pose du poinçon dont il est question en l'article précédent, sera à la charge de la préfecture de police.

11. Tous les règlements et décisions antérieurs, relatifs au numérotage des voitures *de place*, sont rapportés.

12. Le présent arrêté sera imprimé et notifié à tous les entrepreneurs de voitures *de place*.

Un exemplaire en sera remis au chef de la comptabilité.

Le chef de la police municipale et le contrôleur de la fourrière sont chargés, chacun en ce qui le concerne, d'en assurer l'exécution.

Le préfet de police, **J.-M. PIETRI.**

Nº 4266. — *Arrêté concernant le numérotage des voitures de remise.*

Paris, le 31 mai 1866.

Nous, préfet de police,

Vu : 1º les lois des 14 décembre 1789 (article 50) et 16-24 août 1790 (titre XI, art. 1 et 3);

2º Les art. 2, 22 et 32 de l'arrêté du gouvernement du 12 messidor an VIII (1er juillet 1800), l'article 1er de l'arrêté du 3 brumaire an IX (25 octobre 1800) et la loi des 10-15 juin 1853;

3º Les art. 471, 474, 475, 476, 478, 482 et 483 du code pénal;

4º L'ordonnance de police en date du 24 décembre 1857, concernant les voitures *de remise;*

5º L'arrêté en date du 14 janvier 1858, concernant le numérotage des voitures *sous remise;*

6º Notre ordonnance en date du 26 mai 1866, concernant les voitures *de remise;*

Considérant qu'il y a lieu, conformément aux dispositions de l'art. 5 de l'ordonnance de police du 24 décembre 1857, sus-visée, de régler le mode de numérotage des voitures dites *de remise*, ainsi que toutes les opérations qui y sont relatives,

Arrêtons ce qui suit :

1. Il sera procédé à un nouveau numérotage de toutes les voitures *de remise.*

En conséquence, dans le délai d'un mois, à compter du jour de la notification du présent arrêté, les entrepreneurs de voitures *de remise* seront tenus de faire conduire leurs voitures à la fourrière pour y être numérotées, conformément aux dispositions prescrites par le présent arrêté.

2. Toutes les opérations relatives au numérotage et à l'effaçage des voitures dont il s'agit, seront faites par le préposé de la préfecture de police, sous la direction et la surveillance du contrôleur de la fourrière.

3. La dépense qui résultera du numérotage des voitures sera à la charge de l'entrepreneur.

Le prix, pour toutes les opérations relatives au numérotage des voitures *de remise,* telles qu'elles sont détaillées dans le présent arrêté est fixé, pour chacune d'elles, à *quarante-cinq centimes.*

Le prix de l'effaçage, pour chaque voiture, est fixé à *vingt-cinq centimes,* à la fourrière, et à *un franc,* à domicile.

Dans aucun cas, le préposé de la préfecture de police ne pourra exiger, pour les opérations dont il s'agit, des prix plus élevés que ceux qui sont déterminés ci-dessus.

4. Il n'y aura qu'une seule série de numéros pour les voitures *de remise.*

Le numéro, qui devra être entièrement conforme au modèle adopté par nous, sera peint en chiffres arabes dans l'endroit le plus apparent du panneau de derrière, et sur les deux panneaux du siège du cocher de toutes les voitures *de remise.*

Les numéros seront de couleur *rouge* et de forme anglaise.

Les chiffres des numéros auront quarante millimètres de hauteur et six millimètres de plein, au moins.

Ils seront estampillés d'un poinçon ayant, en hauteur comme en largeur, vingt millimètres.

Ces numéros ne pourront être effacés ni changés sans notre autorisation.

5. Le numéro qui, aux termes de l'art. 4. doit être peint sur le panneau de derrière et sur les panneaux du siège du cocher des voitures *de remise,* sera apposé par le préposé de la préfecture de police.

Les entrepreneurs pourront faire exécuter, à domicile, le numérotage prescrit pour les lanternes, en se conformant strictement aux obligations qui sont imposées à cet égard par ledit article 4.

6. Lorsqu'une voiture hors de service sera retirée de la circulation et remplacée par une autre en bon état, ces deux voitures devront être conduites à la fourrière où les dispositions nécessaires seront exécutées sur chacune d'elles.

Cependant, dans certains cas exceptionnels et en vertu d'autorisations spéciales, les entrepreneurs pourront faire effacer à domicile, par le préposé de la préfecture de police, le numéro de la voiture hors de service, mais, dans ce cas, le préposé devra certifier, sur la feuille d'effaçage, qu'il a effacé *lui-même* le numéro qui était apposé sur cette voiture.

7. Aucune voiture ne sera numérotée avant qu'elle ait été visitée par les experts attachés à la préfecture de police, et qu'il ait été reconnu qu'elle est entièrement conforme aux dimensions et conditions prescrites.

Les experts apposeront une estampille de couleur *rouge* sur l'un des panneaux du siége du cocher, au-dessous du numéro, et sur le train de chaque voiture qui sera soumise à leur expertise et réunira toutes les conditions exigées.

8. Aucun effaçage ou numérotage ne pourra être effectué par le préposé de la préfecture de police, qu'en présence de l'un des experts des voitures publiques ou de tel autre préposé désigné par le contrôleur de la fourrière, et sur la justification, par l'entrepreneur, d'une feuille d'effaçage ou de numérotage délivrée à la préfecture de police (2e division, 3e bureau).

L'expert des voitures ou le préposé de la fourrière, en présence duquel l'effaçage ou le numérotage aura eu lieu, certifiera, sur la feuille dont il est question au paragraphe précédent, que l'opération a été faite, conformément aux dispositions déterminées par le présent arrêté.

Toutefois, la mesure prescrite ci-dessus n'est pas applicable aux effaçages qui auront lieu dans les cas exceptionnels, prévus par le deuxième paragraphe de l'article 6 du présent arrêté.

9. L'estampille prescrite par l'art. 4 ne pourra être apposée sur les numéros que par l'expert des voitures ou le préposé de la fourrière, en présence duquel le numérotage aura été effectué, et que lorsque cet expert ou ce préposé aura reconnu que les numéros sont entièrement conformes aux dispositions déterminées par ledit art. 4.

10. La dépense qu'occasionnera la pose de l'estampille dont il est question en l'article précédent, sera à la charge de la préfecture de police.

11. Tous les règlements et décisions antérieurs, relatifs au numérotage des voitures *de remise*, sont rapportés.

12. Le présent arrêté sera imprimé et notifié à tous les entrepreneurs de voitures *de remise*.

Le chef de la police municipale et le contrôleur de la fourrière sont chargés, chacun en ce qui le concerne, d'en assurer l'exécution.

Le préfet de police, **J.-M. PIETRI.**

N° **4267.** — *Ordonnance concernant la vente de la viande de cheval pour l'alimentation.*

Paris, le 9 juin 1866.

Nous, préfet de police,

Vu : 1° les lois des 16-24 août 1790 et du 19-22 juillet 1791;

2° Les arrêtés des consuls, des 12 messidor an VIII et 3 brumaire an IX;

3o La loi du 7 août 1850;

4° Celle du 10 juin 1853;

5° Les demandes à nous adressées à l'effet d'obtenir l'autorisation de débiter de la viande de cheval comme denrée alimentaire;

6° Les rapports du conseil d'hygiène publique et de salubrité, desquels il résulte que la chair provenant de chevaux sains peut, sans inconvénient, être livrée à la consommation;

7° La lettre de Son Exc. le ministre de l'agriculture, du commerce et des travaux publics, en date du 17 décembre 1864, relatant l'avis du conseil supérieur d'hygiène;

Considérant que l'usage de la viande de cheval, pour la consommation, s'est introduit en divers pays sans révéler de dangers pour la santé publique; et que, dès lors, il n'y a pas lieu de s'opposer aux tentatives qui pourraient se produire, dans le ressort de notre préfecture, pour la mise en pratique de ce système d'alimentation, sous la réserve de certaines précautions assurant la salubrité des viandes mises en vente,

Ordonnons ce qui suit :

1. Le débit de la viande de cheval, comme denrée alimentaire, est permis aux conditions prescrites par les articles ci-après :

2. Les chevaux destinés à la consommation publique ne seront abattus que dans les tueries spécialement autorisées à cet effet, et situées sur la circonscription de la préfecture de police.

3. Le transport, la vente et la mise en vente, pour l'alimentation, de la viande de cheval provenant des clos d'équarrissage ou de tueries autres que celles indiquées en l'article précédent, sont prohibés dans Paris et les communes rurales placées sous notre juridiction.

4. Il ne pourra être procédé à l'abattage des chevaux destinés à la consommation, qu'en présence d'un vétérinaire ou inspecteur commissionné à cet effet par le préfet de police.

5. Les chevaux seront soumis à l'inspection du préposé mentionné en l'article ci-dessus, tant avant l'abattage qu'après le dépeçage des viandes. Les viscères seront livrés au même examen, afin de permettre une appréciation complète de l'état de santé de l'animal abattu.

6. Les viandes ne pourront être enlevées de l'abattoir pour être portées à l'étal, qu'après avoir reçu l'estampille d'inspection du préposé, suivant le mode qui sera prescrit par l'administration.

7. Pour faciliter les contre-vérifications qui pourront être faites pendant le transport des viandes ou après leur arrivée au lieu de débit, les animaux ne seront divisés que par moitiés ou par quartiers, et les pieds ne devront en être détachés qu'au moment du dépeçage à l'étal.

8. Sont considérés comme impropres à la consommation : les chevaux morts naturellement ou abattus en état de fièvre par suite de blessures; ceux qui sont atteints d'une maladie quelconque, de plaies purulentes ou d'abcès, même au sabot.

Sont également exclus, les chevaux dans un état extrême d'amaigrissement.

Lorsque l'appréciation du préposé sera contestée, relativement à

l'état de santé d'un cheval à abattre ou à la salubrité de viandes destinées à la vente, il sera procédé à une expertise contradictoire par l'un
des artistes vétérinaires désignés comme experts par l'administration ;
et, si le rejet est confirmé, les frais de l'expertise resteront à la charge
du propriétaire de la marchandise.

10. Les chevaux et les viandes impropres à l'alimentation seront,
immédiatement et aux frais de leur propriétaire, envoyés à l'établissement d'Aubervilliers.

Le bulletin descriptif d'envoi, rédigé par le préposé, lui sera représenté après avoir été revêtu du récépissé à destination.

11. Les viandes ayant reçu l'estampille d'inspection seront transportées directement de l'abattoir à l'étal, dans des voitures closes, à
moins que ces viandes soient enveloppées de manière à n'en laisser
aucune partie à découvert.

12. Les étaux affectés au débit de la viande de cheval seront indiqués au public par une enseigne en gros caractères annonçant leur
spécialité.

13. Le colportage de la viande de cheval est interdit.

Défense est faite de vendre cette viande partout ailleurs que dans
les établissements admis pour ce genre de commerce.

14. Les restaurateurs et tous autres marchands de comestibles
préparés, qui vendront de la viande de cheval cuite ou dénaturée,
sans en indiquer clairement l'espèce, ou qui la mélangeront frauduleusement avec d'autres viandes, seront poursuivis correctionnelle-
ment, par application de l'art. 423 du code pénal ou de la loi du
27 mars 1851 (1), suivant la nature du délit.

15. Les contraventions aux dispositions qui précèdent seront constatées par des procès-verbaux ou rapports qui nous seront transmis
à telles fins que de droit.

16. Le chef de la police municipale, les commissaires de police,
l'inspecteur général des halles et marchés, et les agents sous leurs
ordres, sont chargés, chacun en ce qui le concerne, d'assurer l'exécution de la présente ordonnance, qui sera imprimée, publiée et
affichée.

Le préfet de police, J.-M. PIÉTRI.

N° **4268.** — *Avis au public, relativement à l'observation de
l'ordonnance concernant les chiens* (2).

Paris, 16 juillet 1866.

---

(1) V. cette loi à l'appendice du présent vol.
(2) V. au 10 juin 1808.

N° **4269.** — *Arrêté relatif au service permanent de surveillance sur les stations de voitures de place.*

Paris, le 1er août 1866.

Nous, préfet de police,

Vu : 1° l'ordonnance de police en date du 10 juillet 1857, concernant les voitures *de place ;*

2° L'arrêté de l'un de nos prédécesseurs, en date du 10 août 1857, relatif à l'organisation d'un service permanent de surveillance sur les stations de voitures *de place;*

3° Le décret du 10 octobre 1859, qui a placé dans les attributions du préfet de la Seine, la concession des lieux de stationnement des voitures publiques;

4° Le décret du 23 mai 1866, relatif à la mise en circulation, dans Paris, des voitures *de place* et *de remise ;*

5° Nos ordonnances en date du 26 mai 1866, concernant les voitures *de place* et les voitures *de remise;*

6° L'arrêté du préfet de la Seine, en date du 18 juin 1866, qui détermine les emplacements sur lesquels les voitures *de place* et *de remise* pourront stationner;

Considérant que, par suite de la publication des nouveaux règlements sur les voitures *de place* et *de remise*, il y a lieu d'apporter des modifications à l'arrêté ci-dessus, visé du 10 août 1857,

Arrêtons ce qui suit :

TITRE 1er.

DU SERVICE PERMANENT DE SURVEILLANCE SUR LES STATIONS DE VOITURES DE PLACE.

§ 1er. — *Composition du personnel.*

1. Le service permanent de surveillance sur les stations de voitures *de place* sera composé :

1° De 7 contrôleurs ambulants;

2° De 183 surveillants qui seront attachés aux stations actuellement existantes, savoir :

7 surveillants de 1re classe ;

Ces 7 surveillants remplaceront, en cas de maladie ou d'absence légale, les 7 contrôleurs ambulants et seront commissionnés, à cet effet, comme contrôleurs suppléants,

45 surveillants de 2e classe ;
38 surveillants de 3e classe ;
48 surveillants de 4e classe ;
45 surveillants de 5e classe.

183

3° De cantonniers, dont le nombre, sur chaque station, sera calculé d'après les besoins du service.

2. Les contrôleurs ambulants relèveront du chef de la police municipale.

Les surveillants seront placés sous la direction des contrôleurs ambulants.

Les cantonniers de station recevront les ordres des surveillants.

§ 2. — *Des contrôleurs ambulants.*

3. Les contrôleurs ambulants seront habillés aux frais de l'administration et seront tenus de porter un uniforme entièrement semblable au modèle qui est déposé à la préfecture de police, et dont la description suit :

Capote croisée en drap bleu national portant, de chaque côté du collet, une broderie en argent représentant un vaisseau.

Il y aura aussi, autour du collet et des parements, un double filet brodé en argent.

Les boutons seront argentés et porteront un vaisseau avec la légende : *Service des voitures de place.*

Pantalon de drap bleu national, dans l'hiver, et de coutil, dans l'été ;

Casquette en drap et à visière, avec deux galons en argent autour du turban ; cette casquette portera, en outre, la cocarde nationale.

L'uniforme des contrôleurs suppléants sera le même que celui des contrôleurs titulaires, seulement, il n'y aura qu'un filet d'argent autour du collet et des parements de la capote, et un galon d'argent autour du turban de la casquette.

Les contrôleurs ambulants et les contrôleurs suppléants devront porter cet uniforme, pendant toute la durée de leur service.

4. Les contrôleurs ambulants ne seront point attachés exclusivement à une section.

Ils seront assujettis à un roulement, qui aura lieu toutes les fois que les besoins du service l'exigeront.

5. Les principales fonctions des contrôleurs ambulants consisteront :

1° A faire, chaque jour, des tournées sur les stations comprises dans leurs sections, dans le but de s'assurer si l'ordre et la propreté y sont maintenus, et si les surveillants et les cantonniers sont à leur poste et se conforment exactement aux obligations qui leur sont imposées ;

2° A surveiller l'emploi des eaux et à rendre compte immédiatement des abus qu'ils remarqueront ;

3° A faire, chaque jour, sur des formules imprimées, qui leur seront délivrées à cet effet, un rapport sur les détails et l'ensemble du service dans chacune des sections confiées à leur surveillance ;

4° Enfin, à assurer, dans l'étendue de leurs sections respectives, la stricte et complète exécution des règlements concernant le service des voitures *de place* et *de remise.*

6. Les contrôleurs ambulants devront viser, une fois par jour, au moins, les registres tenus par les surveillants.

7. Les contrôleurs ambulants devront se présenter, chaque jour, à la police municipale, pour y déposer le rapport qui leur est prescrit par le § 3 de l'art. 5, ainsi que les calepins qui leur auront été remis par les surveillants, et recevoir les instructions qui pourront être reconnues nécessaires.

Le chef de la police municipale transmettra, chaque jour, au 3e bureau de la 2e division de la préfecture de police, les calepins des surveillants, ainsi que les copies des rapports qui lui auront été remis, la veille, par les contrôleurs ambulants.

§ 3. — *Des surveillants.*

8. Les surveillants seront habillés aux frais de l'administration et seront tenus de porter un uniforme entièrement semblable au modèle qui est déposé à la préfecture de police, et dont la description suit :

Capote croisée en drap bleu national portant, de chaque côté du collet, une broderie en argent représentant un vaisseau.

Les boutons seront argentés et porteront un vaisseau avec la légende : *Service des voitures de place.*

Un pantalon de drap bleu national, dans l'hiver, et de coutil, dans l'été ;

Casquette en drap et cuir verni à visière, avec la cocarde nationale.

Les surveillants devront porter cet uniforme, pendant toute la durée de leur service.

9. Le service des surveillants commencera et finira, sur chaque station, aux heures qui seront déterminées par nous.

10. Les principaux devoirs des surveillants consisteront :

1o A inscrire immédiatement, et au fur et à mesure des mouvements des voitures, sur des calepins dont le modèle sera adopté par nous, et qu'ils remettront, chaque jour, aux contrôleurs ambulants, les numéros des voitures qui arriveront sur les stations, réserves ou avançages, et de celles qui en partiront ; les heures de départ et d'arrivée de ces voitures ; l'indication du numéro de chaque voiture qu'ils auront fait conduire à la fourrière, en énonçant les motifs de cet envoi ; la désignation nominative des cochers qu'ils auront trouvés en contravention et la nature des contraventions ; à poinçonner les feuilles de travail des cochers, au moment de leur arrivée sur les stations ;

2o A tenir un registre, qui sera coté et paraphé, et revêtu, sur la première page, d'un procès-verbal d'ouverture signé par le secrétaire général de la préfecture de police.

Ils transcriront, jour par jour, sur ce registre, les ordres, instructions ou consignes qui leur seront transmis par l'administration ;

3o A se tenir constamment à leur poste et à ne point s'en absenter sans une permission spéciale ou sans des motifs graves.

Dans ce dernier cas, les surveillants devront consigner les causes de leur absence sur un registre qui sera coté et paraphé, et restera constamment déposé dans leurs bureaux. Ils devront aussi confier momentanément la clé de leur bureau au cantonnier de station, et, dans le cas où il n'y aurait pas de cantonnier, au surveillant de la station la plus voisine, afin que, si les contrôleurs ambulants se présentent pendant leur absence, ils puissent examiner les registres et y apposer leur visa ;

4° A recevoir les plaintes et les réclamations du public et à lui donner tous les renseignements qui lui seront nécessaires.

Les surveillants devront, à cet effet, étudier avec soin les règlements et se bien pénétrer de l'esprit dans lequel ils sont rédigés, afin d'être toujours à même d'intervenir, avec connaissance de cause, dans les discussions qui pourront s'élever entre le public et les cochers ;

5° A maintenir l'ordre sur les stations auxquelles ils seront attachés, ainsi que sur les réserves et avançages qui dépendent de ces stations ; à veiller à ce qu'il n'y stationne point un plus grand nombre de voitures que celui autorisé, et à rendre compte, immédiatement, au chef de la police municipale et au commissaire de police du quartier, de tous les faits qui pourront intéresser l'ordre public ;

6° A veiller à ce que les cochers conservent le rang de leur arrivée sur les stations ; à les contraindre à marcher à toute réquisition du public, quel que soit le rang que leurs voitures occuperont dans la file ; à veiller à ce que, en toute circonstance, il y ait, sur les stations, la moitié, au moins, des cochers dont les voitures s'y trouveront, et à ce que les cochers des deux premières voitures d'un corps de place ou d'un avançage se tiennent constamment sur leurs siéges ou à la tête de leurs chevaux ; à empêcher les cochers de mettre en double file ou hors de place leurs voitures, qui devront toujours être maintenues dans les limites de la station ; à empêcher les cochers de gêner la circulation sur les trottoirs ou dans les rues, en se réunissant en groupe, et de troubler la tranquillité publique, soit par des disputes ou des rixes, soit en faisant claquer leurs fouets ; à tenir la main à ce que les cochers ne dépassent pas les prix fixés par les tarifs ; à veiller à ce qu'ils soient proprement et décemment vêtus et ne portent point de blouse ; enfin, à tenir la main à ce que les cochers, lorsqu'ils auront abreuvé leurs chevaux, ne jettent point l'eau qui pourrait rester au fond des seaux, de manière à atteindre les passants ou à nuire aux habitants riverains, et à veiller à ce que cette eau soit toujours versée dans le ruisseau ;

7° A s'assurer si les voitures en station sont en bon état de solidité et de propreté, si elles sont revêtues de l'estampille de la préfecture de police, si, dans le cas où elles appartiendraient au service de place, elles sont garnies de lanternes numérotées, et à veiller à ce que, dans aucune circonstance, les numéros de police apposés sur les voitures ne soient cachés ou masqués ;

8° A faire conduire immédiatement à la fourrière de la préfecture de police : 1° toute voiture qui serait mise en circulation sans être numérotée ou estampillée, ou à l'aide de faux numéros ou de fausses estampilles ; 2° toute voiture qui, même après avoir été numérotée ou estampillée, ne serait pas en bon état de service et de propreté, ou pourrait, par quelque cause que ce soit, compromettre la sûreté publique.

Les surveillants devront également faire conduire les voitures à la fourrière, dans les cas d'infraction aux dispositions prescrites par les articles 4, 10, 24, 25, 43 (§ 1er) et 59 de l'ordonnance du 10 juillet 1857, et 4 et 5 de l'ordonnance de police du 26 mai 1866, concernant les voitures *de place*, et 6 et 9 de l'ordonnance du même jour, concernant les voitures *de remise*.

Les surveillants devront enfin assurer, en ce qui les concerne, la stricte et complète exécution de toutes les dispositions contenues dans les règlements concernant les voitures *de place* et *de remise*.

11. Les surveillants devront, tous les soirs, à la fin de leur service, fermer leurs bureaux à clé.

Il leur est expressément défendu d'apposer ou de laisser apposer sur ces bureaux aucun tableau, inscription, affiche et objet quelconque.

Ils devront enlever, de suite, les inscriptions, tableaux, affiches, ou autres objets qui seraient apposés à leur insu.

Ils rendront compte immédiatement, par un rapport spécial, des dégradations que la malveillance ou un accident pourrait occasionner aux bureaux.

12. Il leur est formellement interdit de confier, à qui que ce soit, les clés des robinets des conduites existant dans leurs bureaux.

13. Il est expressément interdit aux surveillants d'employer ou de laisser employer, sauf le cas d'incendie, l'eau des réservoirs à d'autres usages qu'à l'abreuvement des chevaux, et de disposer, sous aucun prétexte, soit gratuitement, soit à prix d'argent, de tout ou partie du volume d'eau affecté au service de chaque station.

14. Tout surveillant démissionnaire ou révoqué ne pourra toucher le dernier mois de son traitement, qu'après avoir justifié de la remise en bon état du matériel de la station à laquelle il aura été attaché.

15. Lorsque, par maladie ou pour toute autre cause, un surveillant sera forcé de s'absenter, même un seul jour, il devra en avertir préalablement son contrôleur, qui le fera remplacer par un surveillant suppléant.

§ 4. — *Des cantonniers de station.*

16. Le service des cantonniers de station commencera et finira, sur chaque station, aux heures déterminées par nous.

17. Pendant la durée de leur service, les cantonniers de station porteront, d'une manière apparente, une médaille en cuivre avec la légende : *Cantonnier de station.*

Cette médaille leur sera délivrée à la préfecture de police, sur le dépôt de la somme de 1 fr. 50 cent., représentant la valeur de cette médaille.

Lorsqu'ils quitteront le service, ils seront tenus de rapporter en bon état, à la préfecture de police, la médaille dont il s'agit, sur la représentation de laquelle la somme qu'ils auront versée, à titre de dépôt, leur sera restituée.

18. Les principales obligations imposées aux cantonniers consisteront :

1° A se tenir, pendant la durée du service, sur la station à laquelle ils seront attachés ;

2° A balayer et nettoyer la station, ainsi que ses avançages et réserves, de manière que ces divers points soient toujours dans un état convenable de propreté ;

3° A relever, lorsque l'ordre leur en sera donné, les numéros des

oitures qui arriveront sur les réserves et en partiront, ainsi que les
numéros de celles qui seront prises sur les avançages;

4° A poinçonner, lorsqu'ils en recevront l'ordre, les feuilles de
ravail des cochers, au moment de leur arrivée sur la station;

5° Enfin, à exécuter tous les ordres relatifs au service, qui leur seront donnés, tant par le surveillant de la station que par les contrô-
eurs ambulants.

TITRE II.

DISPOSITIONS GÉNÉRALES.

19. Il sera déposé, dans chaque bureau de surveillant, un registre
coté et paraphé par nous, et sur lequel seront inscrites les plaintes du
public en tout ce qui concerne le service des voitures de place.

20. Des doubles clés destinées à ouvrir ces bureaux seront constamment déposées chez les commissaires de police, pour les cas d'incendie pendant la nuit.

21. Chaque station devra être pourvue de trois seaux, au moins,
destinés au service de l'abreuvement.

Il ne pourra y être établi aucun tonneau d'abreuvement.

22. Le présent arrêté sera imprimé.

Le § 3 du titre 1er et l'art. 19 seront imprimés par extraits et resteront constamment affichés dans tous les bureaux des surveillants.

23. L'arrêté précité, du 10 août 1857, est rapporté.

24. Des exemplaires du présent arrêté seront adressés au chef de
la police municipale, aux contrôleurs ambulants et aux surveillants.

Le préfet de police J.-M. PIETRI.

N° **4270.** — *Ordonnance concernant l'ouverture de la chasse* (1).

Paris, le 10 août 1866.

N° **4271.** — *Ordonnance concernant les mesures d'ordre et de
sûreté à observer pendant la fête nationale du 15 août 1866* (2).

Paris, le 12 août 1866.

N° **4272.** — *Ordonnance concernant le passage des bateaux aux
abords des chantiers des travaux de reconstruction du pont de
Pantin, sur le canal de l'Ourcq.*

Paris, le 22 août 1866.

Nous, préfet de police,

Vu les rapports par lesquels M. l'inspecteur général de la navigation
et des ports nous expose la nécessité de régler provisoirement la

---

(1) V. l'ord. du 18 août 1872.
(2) V. l'ord. du 12 août 1869.

marche des bateaux sur le canal de l'Ourcq, aux abords des chantiers des travaux de reconstruction du pont de Pantin ;

Vu l'arrêté du gouvernement du 12 messidor an VIII, celui du 3 brumaire an IX et la loi du 10 juin 1853,

Ordonnons ce qui suit :

1. Pendant la durée des travaux de reconstruction du pont de Pantin, il est défendu de faire passer plus d'un bateau à la fois sur le canal, le long des chantiers des travaux, c'est-à-dire sur une longueur de 200 mètres (100 mètres en amont et 100 mètres en aval du pont).

2. Chaque bateau devra avoir, pendant ce trajet, un marinier à bord et un homme à terre pour parer la corde.

3. Les contraventions aux dispositions qui précèdent seront constatées par des procès-verbaux ou rapports et déférées aux tribunaux compétents.

4. L'inspecteur général de la navigation et des ports, le maire et le commissaire de police de Pantin et les agents sous leurs ordres, sont chargés, chacun en ce qui le concerne, d'assurer l'exécution de la présente ordonnance qui sera imprimée, publiée et affichée.

Le préfet de police, J.-M. PIETRI.

N° **4273.** — *Ordonnance concernant les mesures d'ordre et de sûreté à observer à l'occasion des fêtes de Saint-Cloud* (1).

Paris, le 7 septembre 1866.

N° **4274.** — *Ordonnance concernant la vérification périodique des poids et mesures pour l'année 1867 (Poinçon portant la lettre B)* (2).

Paris, le 15 décembre 1866.

1867.

N° **4275.** — *Ordonnance concernant la fabrication et le commerce des huiles minérales et autres hydrocarbures.*

Paris, le 14 janvier 1867.

Nous, préfet de police,

Ordonnons ce qui suit :

Le décret impérial du 18 avril 1866, concernant la fabrication et le commerce des huiles minérales et autres hydrocarbures, sera impri-

---

(1) V. l'ord. du 5 sept. 1872.
(2) V. l'ord. du 3 déc. 1872.

mée et affichée à Paris et dans les communes du ressort de la préfecture de police (1).

Le préfet de police, J.-M. PIETRI.

N **4276.** — *Ordonnance concernant l'échenillage* (2).

Paris, 14 janvier 1867.

N° **4277.** — *Ordonnance concernant l'amarrage des bateaux et le mouillage des ancres en rivière.*

Paris, le 21 janvier 1867.

Nous, préfet de police,

Vu : 1° l'arrêt du conseil d'Etat du 24 juin 1777, et notamment l'art. 11, relatif aux ouvrages publics construits ou à construire pour la sûreté et la facilité de la navigation, sur et le long des rivières et canaux navigables (3) ;

2° L'arrêté du gouvernement du 19 ventôse an VI (9 mars 1798), concernant les mesures à prendre pour assurer le libre cours des rivières et canaux navigables et flottables (4) ;

3° Les arrêtés des consuls, des 12 messidor an VIII et 3 brumaire an IX, ainsi que la loi du 10 juin 1853, qui fixent les attributions du préfet de police ;

Vu les rapports de M. l'inspecteur général de la navigation et des ports, au sujet de l'habitude qu'ont prise les mariniers d'amarrer leurs bateaux aux lisses des ports et aux arcs des ponts métalliques, ainsi que de mouiller leurs ancres en rivière, sans y attacher des bouées pour en signaler la présence,

Ordonnons ce qui suit :

1. Défense est faite d'amarrer les bateaux, soit aux lisses en fer ou en bois établies le long des ports, soit aux arceaux des ponts métalliques.

2. Toute ancre mouillée en rivière, doit être signalée par une bouée suffisamment apparente.

3. Les infractions aux dispositions qui précèdent constituant des contraventions de grande voirie, seront déférées au conseil de préfecture, en vertu de la loi du 29 floréal an X.

4. L'inspecteur général de la navigation et des ports, les ingénieurs de la navigation, et les agents sous leurs ordres, sont chargés, chacun en ce qui le concerne, d'assurer l'exécution de la présente ordonnance qui sera imprimée, publiée et affichée.

Le préfet de police, J.-M. PIETRI.

---

(1) V. ce décret à l'appendice du présent vol.
(2) V. l'ord. du 10 janvier 1872.
(3) V. cet arrêt à l'appendice du présent vol.
(4) V. cet arrêté au 4e vol., p. 224.

N° **4278.** — *Ordonnance concernant la clôture de la chasse* (1).

Paris, le 25 janvier 1867.

N° **4279.** — *Ordonnance concernant la vente en gros de la marée aux halles centrales de Paris.*

Paris, le 23 février 1867.

Nous, préfet de police,

Vu : 1° l'arrêté du gouvernement du 12 messidor an VIII;

2° L'ordonnance de police du 9 frimaire an X;

Considérant que l'usage adopté à la halle, et qui consiste à donner un tour de vente à chaque voiture de marée, quelle que soit l'importance de son chargement, a eu pour effet, dans ces derniers temps, de faire répartir, par les intéressés, les apports de marchandises en un grand nombre de voitures, afin de multiplier abusivement leurs tours de vente;

Considérant que cette pratique (connue sous le nom de *coupage*), s'étant généralisée, a donné naissance à des inconvénients graves, tant sous le rapport des entraves apportées aux opérations préliminaires des ventes, que des encombrements causés par le séjour et la circulation des voitures sur la voie publique, aux abords des gares de chemins de fer et des halles centrales;

Attendu qu'il importe de remédier à cet état de choses, aussi préjudiciable aux intérêts des approvisionneurs qu'au maintien de l'ordre dans les lieux soumis à notre surveillance,

Ordonnons ce qui suit :

1. A partir du 1er mars prochain, les voitures transportant la marée au marché en gros, cesseront d'être considérées comme unités servant de base au règlement des tours de vente.

2. Au fur et à mesure de leur arrivée à la halle, les expéditions seront distribuées aux postes des facteurs, de manière à consigner, autant que possible, des quantités égales à tous les bancs de vente.

3. Les tours de vente seront réglés de telle sorte, que les marchandises des divers expéditeurs soient présentées alternativement, et suivant l'ordre successif des arrivages.

Le nombre des lots à passer, par tour de vente, sera proportionnel au poids total de l'expédition individuelle dont ils feront partie, savoir :

Un lot, par centaine ou fraction de centaine de kilogrammes, sans distinction de nature de marchandise, sauf, en ce qui concerne les moules et les crevettes rouges;

Un lot, par 500 kilogrammes de moules;

Deux lots, par centaine ou fraction de centaine de kilogrammes de crevettes rouges.

4. Chaque expédition, selon le mode de transport, devra être

---

(1) V. l'ord. du 26 janvier 1872.

accompagnée, soit d'une lettre de voiture, soit du récépissé de chemin de fer, portant le nom de l'expéditeur et indiquant le poids de la marchandise, le nombre des paniers, le lieu, le jour et l'heure de départ.

Ces lettres ou récépissés devront être remis aux préposés de l'administration pour obtenir le placement immédiat de la marchandise.

Tout chargement pour lequel ne seront pas produites les pièces mentionnées ci-dessus, ne prendra rang aux bancs de vente qu'après l'épuisement des autres expéditions.

5. La présente ordonnance sera imprimée, publiée et affichée.

L'inspecteur général des halles et marchés et les employés sous ses ordres, sont chargés d'en assurer l'exécution.

Le préfet de police, J.-M. PIETRI.

N° **4280.** — *Ordonnance concernant les mesures d'ordre à observer pendant les divertissements du carnaval* (1).

Paris, le 25 février 1867.

N° **4281.** — *Ordonnance concernant la conduite des chevaux et des voitures dans Paris.*

Paris, le 28 février 1867.

Nous, préfet de police,

Vu les lois des 16-24 août 1790 et 22 juillet 1791 ;

L'arrêté du 12 messidor an VIII (1er juillet 1800) ;

L'ordonnance de police du 26 août 1861 ;

Considérant que la sûreté de la voie publique est compromise journellement par le grand nombre de chevaux et de voitures de toute sorte qui circulent dans Paris ;

Que les prescriptions de l'ordonnance ci-dessus visée du **26** août 1861 ne sont qu'imparfaitement observées ;

Qu'il importe, dès lors, de rappeler les principales dispositions de cette ordonnance,

Ordonnons ce qui suit :

1. Les art. 4, 5, 16, 17, 18, 20, 21, 22, 24, 25, 26, 27, 29, 33, 34 et 36 de l'ordonnance du 26 août 1861, seront de nouveau publiés et affichés à la suite de la présente ordonnance, qui sera également imprimée et affichée.

2. Le chef de la police municipale, les commissaires de police, les officiers de paix, ainsi que tous les autres agents de l'administration, sont chargés, chacun en ce qui le concerne, d'en assurer l'exécution.

Le préfet de police, J.-M. PIETRI.

---

(1) V. l'ord. du 23 février 1870.

N° **4282.** — *Ordonnance concernant la nouvelle nomenclature des établissements classés.*

Paris, le 20 mars 1867.

Nous, préfet de police,

Vu : 1° les art. 2 et 23 de l'arrêté du gouvernement du 12 messidor an VIII, et l'art. 1er de celui du 3 brumaire an IX;

2° Le décret du 15 octobre 1810 et l'ordonnance royale du 14 janvier 1815 (1);

3° Le décret du 31 décembre 1866;

4° L'ordonnance de police du 30 novembre 1837;

Considérant qu'il est nécessaire que tous les fonctionnaires dépendant de la préfecture de police, qui interviennent dans les enquêtes à faire pour la création des établissements insalubres, incommodes ou dangereux, aient connaissance de la nouvelle nomenclature des industries classées,

Ordonnons ce qui suit :

La nouvelle nomenclature des établissements classés, annexée au décret du 31 décembre 1866, sera imprimée avec les décrets et ordonnances ci-dessus visés (2).

Le préfet de police, J.-M. PIETRI.

N° **4283.** — *Ordonnance concernant la circulation et le stationnement des voitures de toute espèce aux abords de l'Exposition universelle.*

Paris, le 29 mars 1867.

Nous, préfet de police,

Vu : 1° les lois des 16-24 août 1790 et 22 juillet 1791;

2° L'arrêté du gouvernement du 12 messidor an VIII;

Considérant qu'il importe de prendre des mesures pour prévenir les embarras de voitures et les accidents aux abords du Champ-de-Mars, pendant la durée de l'Exposition universelle de 1867,

Ordonnons ce qui suit :

1. La circulation et le stationnement des voitures de toute espèce aux abords du Champ-de-Mars sont réglés ainsi qu'il suit, pendant la durée de l'Exposition :

ARRIVÉE.

2. On pourra arriver en voiture à toutes les portes de l'Exposition.

3. Les voitures qui amèneront des visiteurs à la Grande-Porte et aux portes de l'Université et de Grenelle, situées sur le quai d'Orsay, ainsi qu'aux portes Desaix, Suffren et Kléber, placées sur l'avenue de

---

(1) V. le décret du 15 octobre 1810, au 4e vol., p. 323; et l'ord. royale du 14 janvier 1815, même vol. p. 384.

(2) V. ce décret et la nomenclature à l'appendice du présent vol.

Suffren, devront passer par le pont d'Iéna ou par le pont de Grenelle.

Les voitures qui auront à déposer des visiteurs aux portes Rapp, de Labourdonnaye et St-Dominique, situées sur l'avenue Labourdonnaye, passeront par le pont de la Concorde ou par le pont des Invalides et suivront l'avenue Rapp.

Les voitures qui amèneront des visiteurs aux portes de l'Ecole-Militaire, de Tourville et Dupleix, situées sur l'avenue de La Motte-Piquet, arriveront par les avenues de La Motte-Piquet, de Tourville et Duquesne.

STATIONNEMENT.

4. Le stationnement des voitures bourgeoises, des voitures de place et de remise, *gardées* ou *non gardées*, aux abords du Champ-de-Mars, aura lieu sur les points ci-après désignés :

Grande-Porte et porte de l'Université et de Grenelle.

60 voitures *gardées* stationneront en bataille sur le quai d'Orsay, le long du chemin de fer, faisant face au fleuve.

Portes Rapp, de Labourdonnaye et Saint-Dominique.

167 voitures de place ou de remise, *non gardées*, stationneront sur un terrain compris entre les avenues Rapp et de Labourdonnaye et la première rue à gauche, en descendant l'avenue Rapp, rue qui n'est pas encore dénommée.

48 voitures *gardées* stationneront sur deux files dans une deuxième rue non encore dénommée, donnant, d'un côté dans l'avenue de Labourdonnaye, et de l'autre, dans l'avenue Rapp, au-dessus de la rue de l'Université, chevaux tournés vers l'avenue Rapp.

40 voitures *gardées* stationneront en file rue de l'Université, entre les avenues Rapp et de Labourdonnaye, chevaux regardant l'avenue Rapp.

Portes de l'École-Militaire, Dupleix et Tourville.

200 voitures *gardées* stationneront en bataille devant l'Ecole-Militaire.

35 voitures de place ou de remise, *non gardées*, se rangeront en file dans l'avenue Bosquet, entre la rue de Grenelle et l'avenue de La Motte-Piquet, côté des numéros impairs, la tête des chevaux vers l'Ecole-Militaire.

64 voitures de place ou de remise, *non gardées*, se rangeront en file dans l'avenue Duquesne, le long de la caserne de cavalerie, la tête des chevaux tournée vers l'Exposition.

Portes Desaix, de Suffren et Kléber.

227 voitures de place ou de remise, *non gardées*, stationneront en file rue Desaix, côté des numéros impairs : la première, à la hauteur de la rue Kléber, les autres, à la suite, sur le boulevard de Grenelle, jusqu'à la place Cambronne.

50 voitures *gardées* stationneront en file dans la rue Kléber (partie comprise entre la rue Desaix et le quai d'Orsay, côté des numéros pairs), la première voiture, à la hauteur de la rue Desaix, la tête des chevaux regardant cette rue.

DÉPART.

Grande-Porte et portes de l'Université et de Grenelle.

5. Les voitures qui auront amené des visiteurs à la Grande-Porte et aux portes de l'Université et de Grenelle, partiront par le quai d'Orsay et le pont d'Alma ou par l'avenue de Suffren, l'avenue de Lowendall, l'avenue de Latour-Maubourg, le quai d'Orsay et le pont de la Concorde.

Les voitures *gardées* en station sur le quai d'Orsay, du côté de Grenelle, partiront par le même itinéraire.

Portes Rapp, de Labourdonnaye et Saint-Dominique.

Les voitures qui auront déposé leurs voyageurs aux portes Rapp, de Labourdonnaye et Saint-Dominique, s'en iront par l'avenue de Labourdonnaye (côté de la Seine), le quai d'Orsay et le pont d'Alma.

Les voitures *gardées* en station dans la rue de l'Université et dans la rue au-dessus, non encore dénommée, suivront, au départ, les rues où elles se trouveront respectivement, l'avenue Rapp, jusqu'à l'entrée de l'Exposition, puis l'avenue de Labourdonnaye (côté de la Seine), le quai d'Orsay et le pont d'Alma.

Portes de l'École-Militaire, de Tourville et Dupleix.

Les voitures *gardées*, rangées devant l'École-Militaire, et les voitures de place et de remise, *non gardées*, rangées dans les avenues Bosquet et Duquesne, prendront l'avenue de La Motte-Piquet, le long de l'École-Militaire, la partie de l'avenue de Suffren qui borde le même monument, l'avenue de Latour-Maubourg, le quai d'Orsay et le pont de la Concorde.

Portes Desaix, de Suffren et Kléber.

Les voitures *gardées* stationnant dans la rue Kléber, et les voitures de place et de remise, *non gardées*, rangées dans la rue Desaix, suivront, soit cette dernière rue, soit la rue Kléber, la partie sud de l'avenue de Suffren, les avenues de Lowendall, de Latour-Maubourg, le quai d'Orsay et le pont de la Concorde.

6. La circulation des voitures de charge est interdite aux abords du Champ-de-Mars.

7. Les contraventions à la présente ordonnance seront constatées par des procès-verbaux ou rapports, qui nous seront transmis pour être déférés aux tribunaux compétents.

En cas de rébellion, les auteurs et fauteurs du délit seront arrêtés et conduits immédiatement devant un commissaire de police.

8. La présente ordonnance sera imprimée et affichée.

Le chef de la police municipale, les commissaires de police, les officiers de paix, ainsi que tous les agents de l'administration, sont chargés d'en assurer l'exécution.

Elle sera adressée, en outre, au colonel de la garde de Paris et au chef d'escadron commandant la gendarmerie de la Seine, qui sont chargés de tenir la main à son exécution, par tous les moyens mis à leur disposition.

Le préfet de police, **J.-M. PIETRI.**

N° **4284.** — *Ordonnance concernant la foire aux jambons* (1).

Paris, le 8 avril 1867.

N° **4285.** — *Ordonnance concernant la visite générale des tonneaux de porteurs d'eau* (2).

Paris, le 1er mai 1867.

N° **4286.** — *Arrêté concernant l'examen des candidats aux fonctions de vérificateur-adjoint des poids et mesures* (3).

Paris, le 10 mai 1867.

N° **4287.** — *Ordonnance concernant les baignades en rivière dans le ressort de la préfecture de police* (4).

Paris, le 15 mai 1867.

N° **4288.** — *Ordonnance concernant les voitures de place et de remise.*

Paris, le 24 mai 1867.

Nous, préfet de police,

Vu : 1° l'ordonnance de police du 10 juillet 1857, concernant les voitures *de place* ;

2° L'ordonnance de police du 24 décembre 1857, concernant les voitures *sous remise* et *de remise* ;

3° Nos ordonnances du 26 mai 1866, concernant les voitures *de place* et *de remise* ;

---

(1) V. l'ord. du 15 mars 1872.
(2) V. l'ord. du 2 mai 1872.
(3) V. l'ord. du 22 juillet 1871.
(4) V. l'ord. du 18 mai 1872.

Considérant que des plaintes nombreuses nous sont adressées journellement contre les cochers de voitures *de place* et *de remise;* que, dans le courant de la semaine qui vient de s'écouler, trois cents d'entre eux ont encouru des punitions disciplinaires ; qu'un grand nombre d'autres ont été l'objet de rapports de contraventions, qui ont été déférés au tribunal de simple police ;

Considérant, dès lors, qu'il importe, dans l'intérêt du bon ordre, de rappeler aux intéressés les obligations des cochers et les droits du public en ce qui concerne la location des voitures marchant à l'heure et à la course,

Ordonnons ce qui suit :

ARTICLE UNIQUE. Les ordonnances ci-dessus visées seront publiées et affichées, par extrait, dans Paris et dans les communes du ressort de la préfecture de police.

Le préfet de police, J.-M. PIETRI.

N° **4289.** — *Ordonnance concernant les petites embarcations, les régates, et les fêtes et exercices nautiques.*

Paris, le 20 juin 1867.

Nous, préfet de police,

Vu : 1° les arrêtés des consuls, des 12 messidor an VIII et 3 brumaire an IX ;

2° La loi du 10 juin 1853 ;

3° L'ordonnance de police du 25 octobre 1840, concernant la navigation, etc., et notamment le chapitre XII du titre Ier (art. 172 à 182) relatif au cabotage ;

4° L'ordonnance de police du 31 mars 1863, concernant la police des petites embarcations et des régates ;

Considérant qu'il convient de refondre ce dernier règlement pour y apporter les modifications dont la pratique a démontré la nécessité,

Ordonnons ce qui suit :

TITRE Ier.

DE LA DÉLIVRANCE DES PERMIS DE STATIONNEMENT ET DE CIRCULATION ET DU NUMÉROTAGE DES EMBARCATIONS.

1. Les embarcations, autres que les bateaux de commerce, employées à naviguer sur les cours d'eau publics du ressort de la préfecture de police, ne pourront y stationner ou y circuler qu'en vertu de permis délivrés en notre nom par l'inspecteur général de la navigation et des ports. Elles porteront chacune un numéro d'ordre qui sera indiqué dans les permis et inscrit sur les registres de l'inspection générale de la navigation.

2. Les embarcations sujettes à l'inscription, conformément à l'article précédent, se divisent en deux séries qui sont soumises aux conditions ci-après.

3. La première série comprend les embarcations de plaisance et de course, manœuvrant à la voile ou à l'aviron.

Chacune de ces embarcations, garant à flot, portera sa devise sur le tableau d'arrière, en caractères lisibles à distance, et le numéro de son permis sur une plaque de cuivre de forme ovale de sept centimètres de largeur sur quatre centimètres de hauteur. Cette plaque, qui sera fixée au moyen de deux vis, devra être posée :

Sur les embarcations pontées, à l'arrière dans l'axe du pontage, près du gouvernail ;

Sur les embarcations non pontées, à l'avant sur le taquet d'étrave, à la réunion des deux bordages.

La devise de chaque embarcation sera mentionnée dans le permis de stationnement, et elle ne pourra être changée ou modifiée, sans qu'il en soit donné avis immédiatement à l'inspecteur général de la navigation et des ports.

Les embarcations de la même série, garant à sec, sont dispensées de l'inscription de leur devise, mais elles porteront la plaque numérotée, qui devra être de mêmes forme et dimension que celle dont il vient d'être parlé, savoir :

Les yoles-gigs et toutes les embarcations non pontées, sur le taquet d'étrave, à la réunion des deux bordages ;

Les outt-riggers, périssoires et autres embarcations pontées en toile ou en bois, à plat sur le pontage en avant de l'illoire.

4. La deuxième série comprend les embarcations destinées à la pêche, au passage du public d'une rive à l'autre, à la location pour promenades ou baignades, au service des établissements en rivière, des bateaux à vapeur et des toueurs, à la manœuvre des bateaux de commerce, enfin à l'extraction du sable.

Elles porteront le numéro de leur permis sur chacun des côtés extérieurs de l'avant, au-dessus de la ligne de flottaison. Ce numéro sera peint en chiffres arabes, de couleur noire, d'une hauteur de dix centimètres et de quinze millimètres de plein, sur écusson blanc de forme ovale, ayant douze centimètres de hauteur sur vingt-cinq centimètres de largeur.

5. Toute personne qui devra se munir d'un permis pour faire stationner ou circuler une embarcation dans le ressort de la préfecture de police, se présentera au bureau de l'inspecteur particulier de navigation, le plus voisin du lieu où l'embarcation statiome habituellement, pour y justifier de la propriété de cette embarcation et produire :

1° Un certificat d'identité délivré par le commissaire de police du quartier de son domicile ;

2° Un certificat de prud'homme de la navigation, attestant sa capacité de manœuvrer une embarcation.

L'inspecteur particulier de navigation remettra, s'il y a lieu, au pétitionnaire un bon pour l'obtention du permis, qui sera délivré dans les bureaux de l'inspection générale de la navigation et des ports.

6. Les permis ne seront accordés que pour les embarcations dont le bon état aura été constaté.

Ils indiqueront le lieu de stationnement habituel des embarcations.

Ces permis seront personnels et ne pourront être transférés avec la propriété des embarcations. Ils ne seront valables que pour un an et devront être renouvelés du 1er au 31 janvier de chaque année.

7. En cas de vente, perte, destruction ou de changement de lieu de stationnement d'une embarcation, le propriétaire devra en faire immédiatement la déclaration.

8. Tous les permis délivrés jusqu'à ce jour, sont et demeurent annulés.

Un délai de deux mois, à partir de la publication de la présente ordonnance, est accordé aux propriétaires d'embarcations pour se munir, conformément aux dispositions qui précèdent, de nouveaux permis qui ne seront valables que pour la présente année 1867.

9. Les propriétaires d'embarcations étrangères au département de la Seine, ayant une devise particulière, qui auraient l'intention de faire stationner temporairement ces embarcations dans le ressort de la préfecture de police, sont tenus d'en faire la déclaration, dans les vingt-quatre heures de leur arrivée, à l'inspecteur général de la navigation et des ports.

Sur le vu des pièces établissant leur identité et leur qualité de propriétaires des embarcations, telles que actes d'acquisition, rôles d'équipages ou autres papiers de bord, il leur sera délivré des permis de stationnement temporaire avec dispense d'en inscrire les numéros sur les embarcations.

TITRE II.

DES RÉGATES ET EXERCICES NAUTIQUES.

10. Les régates, fêtes et exercices nautiques donnés, soit par des communes, soit par des sociétés particulières, ne pourront avoir lieu dans le ressort de la préfecture de police, sans une autorisation spéciale.

Les demandes à cet effet devront nous être adressées au moins dix jours à l'avance, à défaut de quoi il n'y pourrait être donné suite.

Ces demandes mentionneront si les organisateurs ont l'intention de faire payer un droit quelconque par le public, ou d'établir une tribune sur la berge.

11. Toutes les mesures de précautions, tant générales que particulières, pour prévenir les accidents, seront prises sur les indications de l'inspecteur de la navigation chargé de la surveillance des régates ou fêtes nautiques.

12. Il sera dressé, par la commune ou la société qui donnera des régates, une liste des embarcations qui devront y figurer.

Cette liste indiquera la devise et le numéro de chaque embarcation, ainsi que le nom du propriétaire.

Elle sera remise, avant le commencement des courses, à l'inspecteur de la navigation chargé de la surveillance.

13. Un médecin (non participant aux exercices) assistera aux régates ou aux jeux, et une boîte de secours sera déposée sur la berge, à l'endroit qu'indiquera l'inspecteur de la navigation de service.

14. La navigation ordinaire ne pourra être interrompue, pendant la durée des courses ou fêtes nautiques, qu'avec notre autorisation préalable. Quant à la navigation à la vapeur, elle continuera d'avoir lieu, mais seulement pendant l'intervalle des courses.

15. Les embarcations de promenade et de travail allant d'une localité à une autre, séparée de la première par le bassin des fêtes, pourront franchir ce bassin pendant l'intervalle des courses, mais sans s'y arrêter et en longeant la rive opposée à celle où se tiendra la commission de la fête.

16. Les embarcations admises à séjourner dans le bassin devront, pendant les régates, être accostées à chaque rive sur une seule ligne.

Elles ne pourront, sous aucun prétexte, circuler dans ledit bassin.

17. Les embarcations de course devront être toutes tirées à terre sur un emplacement qui leur sera spécialement réservé, et d'où on ne pourra les enlever qu'au moment de les mettre en ligne pour courir.

A la fin de chaque course, les embarcations qui y auront pris part seront ramenées sur l'emplacement dont il s'agit.

18. Les tribunes et enceintes réservées ne pourront jamais être établies de manière à intercepter la circulation, soit sur les routes, soit sur les chemins de halage.

19. Lorsqu'il sera nécessaire, un service de police sera établi, pendant les régates ou fêtes nautiques, aux frais des communes ou des sociétés organisatrices, et mis à la disposition de l'inspecteur de la navigation de service.

TITRE III.

DE LA LOCATION DES BACHOTS ET CANOTS.

20. Les propriétaires d'embarcations qui voudront les mettre en location ou les tenir à la disposition du public, pour promenades et passages d'eau, devront en faire préalablement la déclaration dans les bureaux de l'inspection générale de la navigation et des ports.

L'inspecteur général fera mention de cette déclaration sur le permis de stationnement et de circulation, après s'être assuré que l'embarcation réunit toutes les conditions indiquées ci-après. Le nombre des passagers que pourra porter l'embarcation sera également mentionné sur le permis.

21. Les bachots de louage devront être à fond plat, et de construction solide.

Ils seront munis de leur gouvernail sans barre, de deux paires de rames, d'une écope, d'un croc, d'un cordage avec une petite ancre ou grapin, et de bancs pour asseoir les passagers.

Ces bachots ne pourront, dans aucun cas, porter de voiles de quelque espèce que ce soit.

22. Les bachots de dimensions ordinaires, c'est-à-dire ayant 8 mètres de longueur sur 2 mètres de largeur et 55 centimètres de profondeur, ne pourront recevoir plus de *douze* personnes non compris le marinier.

Quant aux embarcations à dimensions plus grandes, le nombre des passagers qu'on pourra y embarquer sera fixé par l'inspecteur général de la navigation et des ports.

Dans tous les cas, le nombre des passagers autorisés sera inscrit sur les deux côtés extérieurs de l'embarcation, en lettres rouges de 20 centimètres de hauteur et 3 centimètres de plein, sur un fond blanc.

23. Il est expressément défendu de prendre, dans une embarcation de louage, plus de passagers que le nombre mentionné dans le permis.

Les passagers devront rester assis jusqu'au moment du débarquement.

24. Le débarquement des passagers ne devra s'opérer que sur les points présentant sécurité et facilité pour cette opération.

Les endroits où se trouveront des planches, chemins, porte-chemins, etc., devront être choisis de préférence.

25. Toute embarcation servant à un passage d'eau, ou louée pour la promenade, soit à l'heure ou à la journée, devra être conduite par un marinier expérimenté, muni d'une autorisation spéciale de l'inspecteur général de la navigation et des ports.

Pour obtenir cette autorisation, le marinier produira un certificat d'un prud'homme de la navigation, attestant qu'il sait nager et manœuvrer une embarcation.

26. Les mariniers conduisant le public doivent être porteurs de cette autorisation et la représenter à toute réquisition des agents de l'autorité.

Il leur est expressément défendu de monter en état d'ivresse dans leurs bateaux.

27. Les canots de louage devront être d'une construction solide et pourvus de tous les agrès que comporte leur espèce.

28. Ne pourront être louées au public, les embarcations ayant des dimensions moindres de 4 mètres de longueur sur 90 centimètres de largeur.

TITRE IV.

DISPOSITIONS GÉNÉRALES.

29. Les embarcations de la première série, garant à sec, ne pourront apparaître en rivière que pour les courses et leurs exercices préparatoires.

L'accès desdites embarcations est formellement interdit aux femmes.

30. Les embarcations garées sur l'eau devront être solidement amarrées au lieu de stationnement indiqué dans les permis.

Celles qui ne seront pas confiées à la surveillance d'un gardien, devront être enchaînées et cadenassées et dépourvues de leurs agrès.

31. Les bachots d'équipages des bateaux de commerce qui ne stationnent pas ordinairement sur les voies navigables du ressort de la préfecture de police, et non assujettis, par conséquent, au permis, devront, hors le cas de manœuvre, être amarrés aux bateaux dont ils dépendent.

52. Il est défendu à toutes personnes conduisant des bachots ou canots, d'amarrer ou accrocher leurs embarcations aux traits de bateaux en marche remorqués à la vapeur.

53. Sont abrogées :

1° Les dispositions du chapitre XII, titre Iᵉʳ de l'ordonnance de police du 25 octobre 1840 (art. 172 à 182) ;

2° L'ordonnance de police du 31 mars 1863.

54. Les contraventions aux dispositions de la présente ordonnance seront constatées par des procès-verbaux ou rapports, qui nous seront transmis à telles fins que de droit.

Indépendamment des poursuites judiciaires qui seront exercées à l'égard des contrevenants, les embarcations non munies du numéro réglementaire, ou compromettant la liberté de la circulation ou la sûreté publique, seront consignées d'office aux frais de leurs propriétaires.

55. Les sous-préfets des arrondissements de Sceaux et de Saint-Denis, les maires des communes riveraines de la Seine, de la Marne et des canaux ; le colonel de la garde de Paris et le colonel, chef de la 1ʳᵉ légion de la gendarmerie impériale, l'inspecteur général de la navigation et des ports, le chef de la police municipale, les commissaires de police et les agents sous leurs ordres, sont chargés, chacun en ce qui le concerne, d'assurer l'exécution de la présente ordonnance qui sera imprimée, publiée et affichée.

Le préfet de police, **J.-M. PIETRI.**

N° **4290.** — *Ordonnance concernant les passages à niveau dans la traversée du département de la Seine* (chemin de fer de Paris à Sceaux et à Orsay).

Paris, le 19 juillet 1867.

Nous, préfet de police,

Vu : 1° l'arrêté de Son Exc. le ministre de l'agriculture, du commerce et des travaux publics, en date du 29 août 1861, qui réglemente le classement et le service des passages à niveau des diverses sections de chemins de fer, comprises dans le réseau exploité par la compagnie d'Orléans ;

2° L'article 9 dudit arrêté ainsi conçu : « les passages à niveau seront classés conformément aux dispositions qui précèdent par un arrêté pris par chaque préfet dans son département, sur les propositions de la compagnie et sur l'avis de l'ingénieur en chef du contrôle de l'exploitation » ;

3° Le décret du 19 juin 1857, qui approuve la convention portant cession des chemins de fer de Paris à Sceaux et de Bourg-la-Reine à Orsay, au profit de la compagnie du chemin de fer d'Orléans ;

4° L'ordonnance de police du 20 juin 1846, concernant la police du chemin de fer de Paris à Sceaux, et notamment les dispositions applicables au service des barrières des passages à niveau ;

5° La loi du 15 janvier 1845, sur la police des chemins de fer ; ensemble l'ordonnance réglementaire du 15 novembre 1846 ;

6° L'article 2 de l'arrêté de M. le ministre des travaux publics, du 15 avril 1850 ;

7° Les propositions présentées les 3 et 10 juillet 1866 et 8 janvier 1867, par la compagnie concessionnaire ;

8° Les rapports de MM. les ingénieurs du contrôle et de la surveillance administrative du chemin de fer d'Orléans, en date des 5 septembre et 15 octobre 1866 et des 18 et 25 janvier 1867 ;

9° La dépêche de Son Exc. le ministre de l'agriculture, du commerce et des travaux publics, en date du 15 juin dernier, qui autorise certaines dérogations à l'arrêté précité du 29 août 1861 :

En vertu des arrêtés du gouvernement des 12 messidor an VIII et 3 brumaire an IX (1er juillet et 25 octobre 1800),

Ordonnons ce qui suit :

1. Les passages à niveau du chemin de fer de Paris à Sceaux et à Orsay, compris dans la traversée du département de la Seine, seront classés, jusqu'à décision contraire, ainsi qu'il est indiqué au tableau ci-après :

Passages à niveau.

PASSAGES A NIVEAU.

Numéros des Passages comptés à partir de Paris.	Distances de PARIS au Passage à niveau.	ROUTES ou CHEMINS desservis par les Passages à niveau.	Numéros de la Catégorie du Passage.	INDICATION SUR LA MANOEUVRE DES BARRIÈRES pendant la durée du service de la surveillance	
				DE JOUR.	DE NUIT.
Ligne de PARIS à SCEAUX. — PARIS.					
1.	1,593 mètres.	Route militaire (Boulevard) (1).	2ᵉ	Manœuvrées par un garde spécial.	Manœuvrées par le garde spécial.
COMMUNE DE GENTILLY.					
2.	2,027 mètres.	Chemin de Gentilly au Grand-Montrouge (2).	3ᵉ	Même service.	Même service.
COMMUNE D'ARCUEIL.					
3.	4,185 mètres.	Chemin de l'Y (3).	5ᵉ	Néant.	Néant.
COMMUNE DE BOURG-LA-REINE.					
4.	7,121 mètres.	Chemin des Bas-Blagis (4).	3ᵉ	Manœuvrées par la femme du garde ou du poseur logé dans la maison construite près du passage à niveau.	Manœuvrées par l'agent logé dans la maison, quand elles restent fermées.

OBSERVATIONS.

(1) Il n'y a pas de maison de garde.
(2) idem.
(3) Ce passage n'est pas gardé ; il est interdit aux voitures. Les barrières sont manœuvrées par les passants ; elles pourront rester fermées 15 minutes, au maximum, pendant le stationnement des trains à la station d'Arcueil.
(4) Il y a une maison de garde.

PASSAGES A NIVEAU (suite).

Numéros des Passages comptés à partir de Paris.	Distances de PARIS au passage à niveau.	ROUTES ou CHEMINS desservis par les Passages à niveau.	Numéros de la Catégorie de Passage.	INDICATION SUR LA MANŒUVRE DES BARRIÈRES pendant la durée du service de la surveillance.	
				DE JOUR.	DE NUIT.
COMMUNE DE SCEAUX.					
5.	7,975 mètres.	Chemin de Bagneux (5).	3e	Manœuvrées par la femme du garde ou du poseur logé dans la maison construite près du passage à niveau.	Manœuvrées par l'agent logé dans la maison, quand elles restent fermées.
6.	8,583 mètres.	Chemin de Fontenay (6).	5e	Manœuvrées par un agent de la station de Fontenay.	Manœuvrées par l'agent de la station de Fontenay.
7.	2,192 mètres.	Sentier de Paris (7).	3e	Manœuvrées par la femme du garde ou du poseur logé dans la maison construite près du passage à niveau.	Manœuvrées par l'agent logé dans la maison, quand elles restent fermées.
8.	10,354 mètres.	Chemin de la Diane (8).	3e	Même service.	Même service.
Ligne de PARIS à ORSAY. — COMMUNE DE BOURG-LA-REINE.					
9.	7,122 mètres.	Sentier de l'Yvette (9).	5e	Néant.	Néant.
COMMUNE D'ANTONY.					
10.	9,075 mètres.	Route impériale n° 186 de Versailles (10).	3e	Manœuvrées par un garde spécial.	Manœuvrées par un garde spécial.
11.	18,072 mètres.	Rue de la Mairie (11).	3e	Même service.	Même service.

OBSERVATIONS.

(5) Il y a une maison de garde.

(6) Pas de maison de garde. Les barrières de ce passage pourront rester fermées 10 minutes, au maximum, pendant le stationnement des trains à la station de Fontenay.

(7) Il y a une maison de garde.

(8) Il y a une maison de garde.

(9) Ce passage n'est pas gardé; il est interdit aux voitures. Les barrières sont manœuvrées par les passants : elles pourront rester fermées 15 minutes, au maximum, pendant le stationnement des trains à la station de Bourg-la-Reine.

(10) Les barrières de ce passage pourront rester fermées 10 minutes, au maximum, pendant le stationnement des trains à la halte de Berny.

(11) Les barrières de ce passage pourront rester fermées 15 minutes, au maximum, pendant le stationnement des trains à la station d'Antony.

DISPOSITIONS RELATIVES AUX PASSAGES Nᵒˢ 1, 2, 4, 5, 6, 7, 8, 10 ET 11.

2. Les grandes barrières restent habituellement fermées; elles sont ouvertes, jour et nuit, pour le passage des voitures, à toute réquisition du public, à moins qu'un train ne soit en vue ou attendu.

La nuit, elles pourront rester ouvertes et libres, après le passage du dernier train, mais seulement en cas d'interruption de tout service et de toute circulation de train.

Lorsque les barrières des passages nᵒˢ 1, 2 et 11 seront maintenues ouvertes la nuit, la voie ferrée sera défendue transversalement de chaque côté par une chaîne en fer, tendue à un mètre environ au-dessus du sol et assujettie aux poteaux des barrières au moyen de cadenas.

Seront maintenues au passage à niveau nᵒ 10 les dispositions actuelles qui permettent de fermer complétement la voie ferrée de chaque côté, lorsque les portes de ce passage sont ouvertes la nuit au public.

Les petites portes pour piétons, accolées aux passages à voitures sont, jour et nuit, ouvertes et fermées par le public.

Chacun des passages à niveau sera éclairé par un feu, jusqu'après le passage du dernier train.

DISPOSITIONS COMMUNES AUX PASSAGES Nᵒˢ 3 ET 9.

3. Les passages à niveau nᵒˢ 3 et 9 sont interdits aux voitures.

Les barrières sont manœuvrées par le public, et la traversée de la voie s'effectue sans surveillance spéciale, aux risques et périls des passants.

Ces passages ne sont pas éclairés.

Ils doivent être pourvus de portillons ou autres appareils propres à empêcher l'introduction, sur les voies, du gros bétail en liberté.

DISPOSITIONS GÉNÉRALES.

4. La présente ordonnance sera notifiée à la compagnie concessionnaire.

Elle sera imprimée et affichée.

Les ingénieurs et agents spécialement chargés du contrôle du chemin de fer d'Orléans, ainsi que les autres fonctionnaires dénommés en l'art. 23 de la loi du 15 juillet 1845, sont chargés, chacun en ce qui le concerne, d'assurer l'exécution de ladite ordonnance, qui sera soumise à l'approbation de M. le ministre des travaux publics.

L'ordonnance de police du 20 juin 1846, concernant la police du chemin de fer de Paris à Sceaux, est rapportée.

Le préfet de police, J.-M. PIETRI.

Approuvé par M. le ministre de l'agriculture, du commerce et des travaux publics, le 21 août 1867.

N° **4291.** — *Ordonnance concernant les passages à niveau dans la traversée du département de la Seine* (chemins de fer de Paris à Lyon et à la Méditerranée).

Paris, le 23 juillet 1867.

Nous, préfet de police,

Vu : 1° l'ordonnance de notre prédécesseur, en date du 25 novembre 1861, concernant les passages à niveau du chemin de fer de Paris à Lyon, situés dans la traversée du département de la Seine;

2° La lettre à nous adressée par Son Exc. le ministre de l'agriculture, du commerce et des travaux publics, le 31 décembre 1866, avec un arrêté en date du même jour, qui règle, d'une manière générale, la classification et le service des passages à niveau existant sur les diverses lignes du réseau des chemins de fer de Paris à Lyon et à la Méditerranée;

3° L'article 4 de la loi du 15 juillet 1845;

4° L'article 4 de l'ordonnance réglementaire du 15 novembre 1846;

5° L'article 2 de l'arrêté de M. le ministre des travaux publics, du 15 avril 1850;

6° Les propositions présentées, le 3 mai 1867, par la compagnie concessionnaire;

7° Les rapports de MM. les ingénieurs du contrôle et de la surveillance administrative, en date des 6 et 8 juillet 1867;

8° Le dossier de l'enquête locale à laquelle ont été soumises les propositions précitées;

En vertu des arrêtés du gouvernement des 12 messidor an VIII et 3 brumaire an IX (1er juillet et 25 octobre 1800) et des dispositions de l'article 72 du règlement du 15 novembre 1846,

Ordonnons ce qui suit :

1. La ligne de Paris à Marseille, pour toute la portion située dans la traversée du département de la Seine, est comprise parmi les chemins de fer à très-grande circulation.

En conséquence, les passages à niveau sont classés conformément au tableau ci-après :

Passages à niveau, etc.

PASSAGES A NIVEAU DANS LA TRAVERSÉE DU DÉPARTEMENT DE LA SEINE.

DÉSIGNATION des PASSAGES A NIVEAU.	NUMÉROS D'ORDRE depuis l'origine de la ligne.	COMMUNES.	DISTANCES depuis l'origine.	NOMBRE MOYEN d'ouverture par 24 heures.	CATÉGORIES.	SYSTÈME des Barrières.	OBSERVATIONS.
			k. m.				
De la rue Jean..........	1	Maisons-Alfort....	5 958	41	3e		
Du chemin des Iles........	2	Maisons-Alfort....	6 462	18	3e	Barrières tournantes à deux vantaux.	
Du chemin de l'Abreuvoir..	3	Maisons-Alfort....	6 865	61	2e		
Du chemin des Vaches.....	4	Créteil..........	8 446	18	3e		
De l'avenue de Choisy.....	5	Créteil..........	9 479	148	1re		
Du chemin des Bœufs......	6	Choisy-le-Roi.....	10 823	34	3e		Avec passage de 3e catégorie accolé.

Passages de première catégorie.

2. Pendant le jour, les barrières du passage à niveau de l'*avenue de Choisy* resteront habituellement ouvertes ; elles seront fermées lorsqu'un train sera en vue ou attendu. Pendant la nuit, elles seront habituellement fermées. Le service en sera fait, jour et nuit, par un agent qui devra être constamment à portée de ce passage. Pendant le jour seulement, ce service pourra être confié à une femme. Ce passage à niveau sera éclairé de deux feux pendant la nuit.

Passages de deuxième catégorie.

3. Les barrières du passage à niveau du *chemin de l'Abreuvoir* seront habituellement fermées ; elles seront ouvertes à la demande des passants. Pendant la nuit, les barrières seront également fermées. Un homme, logé dans une maison contiguë au passage à niveau, sera tenu de se rendre à l'appel de toute personne qui demandera l'ouverture des barrières. Ce passage à niveau sera éclairé d'un feu pendant la nuit.

Passages de troisième catégorie.

4. Les barrières des quatre passages à niveau de 3me catégorie nos **1**, **2**, **4** et **6** seront habituellement fermées, jour et nuit, et ouvertes, à la demande des passants, par l'agent logé dans la maison contiguë au passage à niveau.

Passages de cinquième catégorie.

5. Sont rangés dans cette catégorie les passages à niveau publics pour piétons, accolés aux passages pour voitures désignés dans le tableau ci-dessus.

Ces passages sont fermés par de petites barrières ou portillons que les passants ouvrent eux-mêmes, à leurs risques et périls, et qui se referment par leur propre poids.

SERVICE DES BARRIÈRES.

6. Lorsque l'ouverture d'une barrière sera demandée, l'agent chargé de la manœuvre devra s'assurer que les voies pourront être traversées avant l'arrivée d'un train. Dans ce cas, il ouvrira les barrières en commençant par celle de sortie et les refermera immédiatement. Il devra refuser d'ouvrir lorsqu'un train arrivant sera en vue à moins de deux kilomètres, ou sera annoncé, soit par la corne d'appel du garde voisin, soit par tout autre moyen. Aux passages à niveau fermés par des barrières manœuvrées à distance, la demande d'ouverture se fera au moyen de sonnettes et . de son côté, l'agent chargé de la manœuvre, devra, avant de refermer la barrière, en avertir par plusieurs coups de sonnette.

7. Les barrières des passages à niveau qui sont habituellement ouvertes, doivent être fermées cinq minutes avant l'heure réglementaire du passage des trains réguliers ou annoncés ; on les rouvre immédiatement après le passage de ces trains. Pendant qu'elles sont ainsi fermées, leur ouverture, lorsqu'elle est demandée, a lieu dans les conditions et conformément aux prescriptions de l'article précédent.

DISPOSITIONS GÉNÉRALES.

8. La présente ordonnance sera notifiée à la compagnie concessionnaire.

Elle sera imprimée et affichée.

L'ingénieur en chef du contrôle de l'exploitation du chemin de fer de Paris à Lyon, ainsi que les autres fonctionnaires et agents dénommés en l'article 23 de la loi du 15 juillet 1845, sont chargés, chacun en ce qui le concerne, d'assurer l'exécution de ladite ordonnance, qui sera soumise à l'approbation de M. le ministre des travaux publics.

Le préfet de police, J.-M. PIETRI.

Approuvé par M. le ministre de l'agriculture, du commerce et des travaux publics, le 21 août 1867.

———————

N° **4292.** — *Ordonnance concernant les mesures d'ordre et de sûreté à observer pendant la fête nationale du 15 août 1867* (1).

Paris, le 12 août 1867.

———————

N° **4293.** — *Ordonnance concernant l'ouverture de la chasse* (2).

Paris, le 16 août 1867.

———————

N° **4294.** — *Ordonnance concernant les mesures d'ordre et de sûreté à observer à l'occasion des fêtes de Saint-Cloud* (3).

Paris, le 4 septembre 1867.

———————

N° **4295.** — *Ordonnance concernant la navigation de nuit dans la traversée de Paris.*

Paris, le 20 septembre 1867.

Nous, préfet de police,

Vu l'arrêté du gouvernement du 12 messidor an VIII;

Considérant qu'en raison du service des bateaux à vapeur omnibus,

———————

(1) V. l'ord. du 12 août 1869.
(2) V. l'ord. du 18 août 1872.
(3) V. l'ord. du 5 sept. 1872.

qui peut se prolonger après la chute du jour, il importe, pour prévenir les collisions, d'assurer l'éclairage de toute embarcation naviguant la nuit dans l'intérieur de Paris;

Considérant qu'il importe également que les pontons auxquels abordent les bateaux à vapeur omnibus soient indiqués d'une manière bien distincte,

Ordonnons ce qui suit :

1. Dès la chute du jour, tout bateau, canot, batelet, bachot ou radeau circulant sur la Seine, dans la traversée de Paris, devra être muni de lanternes allumées placées d'une manière bien visible, comme il est expliqué ci-après :

Les canots, batelets et bachots porteront une seule lanterne à verres blancs ;

Les grands bateaux ordinaires de commerce et autres et les radeaux, porteront deux lanternes, une à l'avant et une à l'arrière, toutes deux à verres blancs.

2. Les pontons affectés au service des bateaux à vapeur omnibus porteront, d'une manière visible, un fanal vert, qui devra être allumé après la chute du jour, lorsque les bateaux continueront le service.

3. Défense est faite d'employer des feux verts pour éclairer, soit les établissements fixes en rivière, soit les embarcations dénommées en l'article 1er.

4. La présente ordonnance sera imprimée, publiée et affichée.

Les contraventions aux dispositions qu'elle renferme seront constatées par des procès-verbaux ou rapports, et déférées aux tribunaux compétents, sans préjudice des mesures administratives qui pourront être prises à l'égard des contrevenants.

5. L'inspecteur général de la navigation et des ports, le chef de la police municipale, les commissaires de police des quartiers riverains de la Seine, les agents sous leurs ordres, sont chargés, chacun en ce qui le concerne, d'assurer l'exécution de la présente ordonnance.

Le préfet de police, J.-M. PIETRI.

———————⸺◦⸺———————

N° **4296.** — *Ordonnance concernant la circulation des voitures sur les passerelles établies au-dessus du chemin de fer de Ceinture (rive gauche)* entre les stations d'Ouest-Ceinture et de Montrouge,

Approuvée par M. le ministre des travaux publics, le 30 septembre 1867.

Paris, le 1er octobre 1867.

Nous, préfet de police,

Vu : 1° la loi du 15 juillet 1845 sur la police des chemins de fer;

2° L'article 2 de l'arrêté de M. le ministre des travaux publics, en date du 15 avril 1850;

3° L'article 72 de l'ordonnance réglementaire du 15 novembre 1846 ;

4° La loi des 16-24 août 1790 ;

5° Les arrêtés du gouvernement des 12 messidor an VIII (1er juillet 1800) et 3 brumaire an IX (25 octobre 1800) ;

6° Les rapports de MM. les ingénieurs en chef du contrôle des services de construction et d'exploitation du chemin de fer de Ceinture (rive gauche), en date des 22 juillet et 30 août derniers ;

Considérant que les passerelles en charpente établies au-dessus dudit chemin de fer, entre les stations d'Ouest-Ceinture et de Montrouge, ne sont que des ouvrages provisoires destinés à faciliter l'exploitation des terrains en culture traversés par la voie ferrée, et n'ont pas une solidité suffisante pour permettre la circulation des voitures de toute espèce ;

Qu'il y a lieu, dès lors, de prendre des mesures pour protéger ces ouvrages dont la conservation importe à la sécurité des trains en marche sur le chemin de fer de Ceinture,

Ordonnons ce qui suit :

1. La circulation des voitures est interdite sur les passerelles établies au-dessus du chemin de fer de Ceinture de la rive gauche entre les stations d'Ouest-Ceinture et de Montrouge.

Toutefois, ces passerelles resteront accessibles aux voitures des propriétaires ou locataires des terrains en culture traversés par la voie ferrée. Lesdites voitures ne devront pas être attelées de plus de deux chevaux.

2. La présente ordonnance sera imprimée et affichée, notamment dans le XIVe arrondissement.

Elle sera notifiée à la compagnie de l'Ouest, concessionnaire du chemin de fer de Ceinture de la rive gauche.

Les ingénieurs du contrôle des services de construction et d'exploitation des chemins de fer de Ceinture (rive gauche), et les agents placés sous leurs ordres, les agents de la compagnie des chemins de fer de l'Ouest, le chef de la police municipale, le commissaire de police des quartiers du Petit-Montrouge et de Plaisance, l'officier de paix du XIVe arrondissement, et tous autres préposés de la préfecture de police, sont chargés, chacun en ce qui le concerne, d'en surveiller et assurer l'exécution.

Le préfet de police, J.-M. PIETRI.

N° **4297.** — *Ordonnance concernant la police du marché aux bestiaux de La Villette.*

Paris, le 12 octobre 1867.

Nous, préfet de police,

Vu : 1° la loi des 16-24 août 1790 sur l'organisation judiciaire (titre XI) et celle des 19-22 juillet 1791, relative à l'organisation d'une police municipale ;

2° La loi du 28 pluviôse an VIII (art. 16), instituant le préfet de police à Paris ; ensemble l'arrêté des consuls du 12 messidor suivant, réglant les attributions de ce magistrat ;

3° L'arrêté du gouvernement du 3 brumaire an IX, la loi du 7 août 1850 et celle du 10 juin 1853, étendant, pour certaines attributions, l'autorité du préfet de police sur tout le département de la Seine et sur les communes de Saint-Cloud, Meudon, Sèvres et Enghien, du département de Seine-et-Oise ;

4° Le décret impérial du 10 octobre 1859, relatif aux attributions du préfet de la Seine et du préfet de police ;

5° L'arrêté de M. le sénateur, préfet de la Seine, en date du 21 septembre dernier, fixant au 21 octobre présent mois l'ouverture du marché aux bestiaux de La Villette, et prononçant, à partir de la même époque, la suppression des marchés de Sceaux, des Bernardins, de la halle aux veaux et de La Chapelle,

Ordonnons ce qui suit :

1. Toutes réunions quotidiennes, périodiques ou accidentelles de marchands et d'acheteurs pour le commerce des animaux de boucherie ou de charcuterie, en dehors du marché de La Villette (soit sur la voie publique, soit dans une propriété particulière), devant être considérées comme des marchés interlopes, donneront lieu à des poursuites contre les individus qui les auront établies.

2. Il est interdit au public d'entrer sur les divers carreaux du marché de La Villette, avant l'heure d'ouverture des ventes, et d'y séjourner après le coup de cloche annonçant leur clôture.

3. Les propriétaires ou introducteurs de bestiaux, leurs représentants ou leurs agents ne pourront se tenir, avant l'ouverture ou après la clôture des ventes, sur les préaux autres que ceux où se trouveront des animaux leur appartenant, ou qui seront confiés à leurs soins.

4. Aucune vente de bestiaux ne pourra être faite dans les dépendances du marché, ailleurs que sur les préaux assignés à chaque espèce, ni en dehors des heures de tenue du marché, réglées par l'autorité compétente.

5. Les bœufs et les vaches seront attachés, un à un, aux lices supérieures.

Les taureaux seront attachés par de doubles longes (cordes neuves de deux centimètres de diamètre) aux lices qui leur sont réservées.

6. Il est expressément défendu de placer les bestiaux dans les passages ou en dehors des préaux qui leur sont assignés.

7. Les bestiaux vendus, de quelque nature qu'ils soient, devront immédiatement recevoir la marque de l'acquéreur, et seront retirés du marché, à la diligence de qui de droit, aussitôt que les formalités exigées par le service de l'octroi auront été remplies.

8. Les animaux invendus devront être retirés des préaux, aussitôt après la clôture des ventes, pour être, à la convenance des introducteurs, hébergés dans les bouveries du marché ou conduits hors de l'établissement.

9. Les taureaux ne seront amenés à leur place de vente et ils n'en

devront sortir qu'attachés par un double et solide lien derrière une voiture.

Il ne pourra être conduit plus de deux de ces animaux ensemble par la même voiture.

10. Les bœufs et vaches aveugles devront être conduits, soit à la main, soit chargés dans une voiture ou attachés derrière.

Les bœufs, vaches et taureaux dits *mal-à-pied* seront conduits en voiture.

Le vendeur d'un animal aveugle ou mal-à-pied est tenu d'en faire la déclaration à l'acquéreur au moment de la vente.

11. Les veaux seront transportés et exposés en vente, debout, sans entraves ni ligatures.

12. Les voitures servant au transport des bestiaux seront retirées aussitôt après leur déchargement. Elles ne pourront stationner que sur les emplacements spéciaux qui leur seront affectés.

13. Tous mauvais traitements envers les animaux seront poursuivis conformément à la loi du 2 juillet 1850 (1).

14. Les travaux relatifs à la conduite, au chargement et au déchargement des bestiaux, au cordage des bœufs, vaches et taureaux, au placement des moutons, veaux et porcs, ne pourront être faits sur le marché que par des personnes munies d'une autorisation spéciale de la préfecture de police, sous réserve, toutefois, de la faculté laissée tant à la régie du marché qu'aux marchands et aux acheteurs, de faire exécuter ceux de ces travaux qui les intéressent particulièrement par des individus attachés à leur service personnel.

15. L'entrée du marché est interdite aux marchands, musiciens et chanteurs ambulants, aux saltimbanques, aux crieurs et distributeurs d'imprimés, ainsi qu'à tous autres individus exerçant ordinairement leur industrie sur la voie publique.

16. Aucun industriel ou marchand quelconque ne peut s'installer sur les voies publiques avoisinant le marché, ni stationner dans les dépendances de l'établissement.

17. Il est expressément défendu de troubler l'ordre dans le marché et ses dépendances par des rixes, querelles, tapage, cris, chants ou jeux quelconques.

18. Les outrages, injures et menaces par paroles ou par gestes, soit envers les agents de l'autorité, soit envers les particuliers, seront punis des peines portées par la loi.

19. Toute offense aux bonnes mœurs ou à la décence publique sera rigoureusement poursuivie devant les tribunaux compétents.

20. Tout différend qui s'élève sur le marché doit être immédiatement porté à la connaissance des préposés de police qui entendent les parties, les concilient, s'il y a lieu, et, dans le cas contraire, les renvoient devant qui de droit.

21. Seront poursuivis conformément aux dispositions du code pénal :

---

(1) V. cette loi à l'appendice du 5e vol. p. 839.

1º Ceux qui auront imprudemment jeté des immondices sur quelque personne (C. p. 471);

2º Ceux qui auront tenu ou établi dans le marché, des loteries ou d'autres jeux de hasard (C. p. 475 5º):

3º Ceux qui auront volontairement jeté des pierres ou d'autres corps durs, ou des immondices sur quelqu'un (C. p. 475 8º);

4º Ceux qui auront refusé de recevoir les espèces de monnaies nationales non fausses ni altérées, selon la valeur pour laquelle elles ont cours (C. p. 475 11º);

5º Ceux qui auront méchamment enlevé ou déchiré les affiches apposées par ordre de l'administration (C. p. 479 9º);

22. Il est défendu aux pères, mères, tuteurs, maîtres ou patrons, de laisser courir et jouer à l'abandon, dans le marché et ses dépendances, leurs enfants, pupilles ou apprentis, sous les peines portées en l'article 471 § 15 du Code pénal, sans préjudice le cas échéant, de la responsabilité spécifiée en l'article 1384 du code Napoléon.

23. Il est expressément défendu :

1º De crayonner et d'afficher sur les murs, fers ou boiseries, tant de l'intérieur que de l'extérieur du marché;

2º De détruire ou endommager aucune des parties ou quelque objet que ce soit dépendant de l'établissement;

3º De déposer des immondices en dehors des locaux affectés à cet usage;

4º D'uriner ailleurs que dans les urinoirs établis sur le marché.

24. Les animaux de boucherie et de charcuterie qui seront abandonnés sur le marché ou qui s'y trouveront sans propriétaires connus, et ceux qu'il y aura lieu de consigner d'office pour faire cesser les contraventions aux règlements, seront conduits à la fourrière spéciale établie dans les dépendances de l'établissement.

25. Le service de cette fourrière sera dirigé et le contrôle en sera opéré par un des inspecteurs de police du marché, désigné par nous à cet effet.

Le garçon de bureau de l'inspection du marché remplira l'office de gardien de ladite fourrière.

Aucune rétribution n'est due, par les intéressés, aux préposés ci-dessus mentionnés, pour l'entrée, la garde ou la sortie des animaux consignés.

26. Il sera tenu, au bureau d'inspection du marché, un registre sur lequel seront inscrits, jour par jour, et par ordre numérique, les bestiaux entrés à la fourrière.

Ce registre contiendra le signalement des animaux, la date et l'heure de leur entrée. Il sera communiqué à toute personne qui en fera la demande, pour faciliter la recherche des animaux perdus.

27. Les personnes qui viendront reconnaître les animaux entrés en fourrière devront être autorisées à les visiter par l'inspecteur contrôleur, et seront accompagnées dans cette visite par ce chef de service ou par le gardien.

28. Les animaux ne seront rendus à leurs propriétaires qu'après justification suffisante, et, s'il y a lieu, sur le vu de la quittance, délivrée par la régie du marché, constatant le paiement des frais de séjour et de nourriture, réglés suivant les tarifs mentionnés aux articles 4 et 5 de l'arrêté de M. le sénateur, préfet de la Seine, en date du 21 septembre 1867 (1).

29. En aucun cas, les animaux ne pourront rester en fourrière plus de huit jours ; à l'expiration de ce délai, ils seront remis à l'administration des domaines.

30. Les détails de service de la fourrière du marché à bestiaux de La Villette seront réglés par un arrêté de police spécial.

L'arrêté du 28 février 1839, concernant la fourrière générale, continuera de recevoir son exécution, en tout ce qui n'est pas contraire aux dispositions des articles précédents (2).

31. Sont abrogés les articles de l'ordonnance de police du 25 mars 1830, relatifs aux marchés d'approvisionnement de boucherie de Paris.

Sont également abrogés les ordonnances, arrêtés et règlements de police particuliers, concernant les anciens marchés, situés dans le ressort de notre préfecture, qui cessent d'être ouverts au commerce des bœufs, vaches, veaux, taureaux, moutons et porcs.

32. La présente ordonnance sera imprimée, publiée et affichée.

L'inspecteur général des halles et marchés, le chef de la police municipale, les commissaires de police, les maires des communes rurales et les agents sous leurs ordres, sont chargés, chacun en ce qui le concerne, d'en assurer l'exécution.

Le colonel de la garde de Paris et le colonel, chef de la 1re légion de gendarmerie impériale, sont requis de leur prêter main-forte, au besoin.

Le préfet de police , **J.-M. PIETRI.**

N° **4298.** — *Ordonnance concernant l'itinéraire des bestiaux du marché de La Villette aux abattoirs.*

Paris, le 19 octobre 1867.

Nous, préfet de police,

Vu : 1° les arrêtés du gouvernement des 12 messidor an VIII et 3 brumaire an IX ;

2° L'arrêté de M. le sénateur, préfet de la Seine, en date du 21 septembre dernier, fixant au 21 octobre présent mois l'ouverture du marché de La Villette,

Ordonnons ce qui suit :

1. Les bestiaux achetés pour la consommation de Paris, sur le nouveau marché de La Villette, seront conduits de ce marché aux abattoirs de la capitale, suivant l'itinéraire ci-après :

---

(1) V. ces tarifs à l'appendice du présent vol.
(2) V. cet arrêté au 3e vol., p. 300.

ITINÉRAIRE :

De La Villette à l'abattoir des Batignolles.

Boulevard Sérurier,	Boulevard Bessières,
Boulevard Macdonald,	Avenue de Clichy,
Boulevard Ney,	Abattoir.

Du Marché au petit abattoir de La Villette.

Boulevard Sérurier,	Chemin de Saint-Ouen,
Boulevard Macdonald,	Rue Curial,
Rue de Flandre,	Abattoir.
Rue de Cambrai,	

Du Marché à l'abattoir de Belleville.

Rue d'Allemagne,	Rue Rébeval,
Rue de Meaux,	Abattoir.
Boulevard de La Villette,	

Du Marché à l'abattoir de Villejuif.

Boulevard Sérurier,	Place du Trône,
Boulevard Mortier,	Boulevard Mazas,
Boulevard Davoust,	Pont d'Austerlitz,
Rue de Montreuil,	Place Walhubert,
Rue Auger,	Boulevard de l'Hôpital,
Avenue Taillebourg,	Abattoir.

Du Marché à l'abattoir de Grenelle.

Boulevard Sérurier,	Place d'Italie,
Boulevard Mortier,	Boulevard d'Italie (côté droit),
Boulevard Davoust.	Boulevard Saint-Jacques,
Rue de Montreuil,	Place d'Enfer,
Rue Auger,	Boulevard d'Enfer,
Avenue Taillebourg,	Boulevard de Montrouge,
Place du Trône,	Boulevard de Vaugirard.
Boulevard Mazas,	Rue de Sèvres,
Pont d'Austerlitz,	Avenue de Breteuil,
Place Walhubert,	Abattoir.
Boulevard de l'Hôpital.	

2. Les bestiaux à conduire du marché aux tueries particulières des bouchers de la banlieue, devront, suivant leur destination, suivre l'itinéraire tracé qui approchera le plus de la barrière par laquelle ils devront sortir.

Les conducteurs des bestiaux qui auraient été achetés ailleurs que sur le marché de La Villette, prendront l'itinéraire de l'abattoir auquel ces animaux sont destinés, dès qu'ils seront à proximité de cet itinéraire.

3. La présente ordonnance sera imprimée, publiée et affichée.

Le chef de la police municipale, les commissaires de police de la ville de Paris, l'inspecteur général des halles et marchés et les agents sous ses ordres, sont chargés d'en assurer l'exécution, chacun en ce qui le concerne, M. le colonel de la garde de Paris est requis d'y prêter main-forte, au besoin.

Le préfet de police, **J.-M. PIETRI.**

N° **4299.** — *Ordonnance concernant la vente du pain.*

Paris, le 14 novembre 1867.

Nous, préfet de police,

Vu : 1° les lois des 16-24 août 1790 et des 19-22 juillet 1791 ;

2° Les arrêtés des consuls des 12 messidor an VIII et 3 brumaire an IX, et les lois des 7 août 1850 et 10 juin 1853 ;

3° L'arrêté de M. le sénateur, préfet de la Seine, en date du 8 de ce mois, relatif au fonctionnement de la caisse de la boulangerie ;

Considérant qu'il convient, dans l'intérêt de la fidélité du débit, de prescrire, d'une manière générale, la vente du pain au poids,

Ordonnons ce qui suit :

1. A dater de ce jour, la vente du pain, dans tout le ressort de la préfecture de police, se fera au poids constaté entre le vendeur et l'acheteur, soit qu'elle s'applique à des pains entiers, soit qu'elle porte sur des fractions de pain.

2. Les boulangers sont tenus de peser, en le livrant, le pain qu'ils vendront dans leur boutique, sans qu'il soit besoin d'aucune réquisition de la part des acheteurs.

Quant au pain porté à domicile, l'exactitude du poids pour lequel il sera vendu devra être vérifiée à toute réquisition de l'acheteur.

A cet effet, les boulangers auront toujours sur leurs comptoirs les balances et poids nécessaires, et ils devront en pourvoir leurs porteurs de pain.

3. Les contraventions aux dispositions qui précèdent seront constatées par des procès-verbaux qui nous seront transmis pour être déférés aux tribunaux compétents.

4. La présente ordonnance sera imprimée, publiée et affichée. Elle sera notifiée immédiatement par les commissaires de police à chacun des boulangers de leurs circonscriptions respectives.

5. Le chef de la police municipale, les commissaires de police de Paris et des communes du ressort de la préfecture de police, et les agents sous leurs ordres, sont chargés, chacun en ce qui le concerne, d'en assurer l'exécution.

Le préfet de police, **J.-M. PIETRI.**

N° **4300.** — *Ordonnance concernant le parcours des voitures de toute espèce servant au transport des denrées, matériaux de construction et autres objets, sur les anciens boulevards extérieurs de Paris.*

Paris, le 18 novembre 1867.

Nous, préfet de police,

Vu : 1° la loi des 16-24 août 1790 ;

2° L'arrêté du gouvernement du 12 messidor an VIII (1er juillet 1800) ;

Considérant qu'il importe, dans l'intérêt de la liberté et de la sûreté de la circulation, de réglementer le parcours des voitures de toute espèce sur les anciens boulevards extérieurs de Paris,

Ordonnons ce qui suit :

1. A l'avenir, toutes les voitures suspendues ou non suspendues, servant au transport des denrées, matériaux de construction, marchandises et autres objets, et parcourant la ligne des anciens boulevards extérieurs de Paris, suivront exclusivement la chaussée pavée établie sur l'un des côtés de ces voies publiques, sur tous les points où il existe une chaussée de cette nature.

Ces mêmes voitures pourront, néanmoins, circuler sur la chaussée empierrée, lorsqu'elles iront prendre ou déposer leur chargement dans les maisons situées sur ces points de la voie publique. Hors ce cas, la chaussée empierrée est et demeure exclusivement affectée à la circulation des voitures de toute espèce servant au transport des personnes.

2. Les contraventions à la présente ordonnance seront constatées par des procès-verbaux ou rapports, qui nous seront transmis pour être déférés aux tribunaux compétents.

3. La présente ordonnance sera imprimée et affichée.

Le chef de la police municipale, les commissaires de police, les officiers de paix, le contrôleur de la fourrière et les autres préposés de la préfecture de police, sont chargés, chacun en ce qui le concerne, d'en surveiller l'exécution.

Le préfet de police, J.-M. PIETRI.

N° **4301.** — *Ordonnance concernant les ouvriers du marché aux bestiaux de La Villette.*

Paris, le 30 novembre 1867.

Nous, préfet de police,

Vu : 1° l'arrêté des consuls du 12 messidor an VIII (1er juillet 1800);

2° L'ordonnance du 12 octobre dernier, concernant la police du marché aux bestiaux de La Villette, et dont l'article 14 est ainsi conçu :

« Les travaux relatifs à la conduite, au chargement et au décharge-
» ment des bestiaux, au cordage des bœufs, vaches et taureaux, au

» placement des moutons, veaux et porcs, ne pourront être faits sur
» le marché que par des personnes munies d'une autorisation spéciale
» de la préfecture de police, sous réserve, toutefois, de la faculté
» laissée, tant à la régie du marché qu'aux marchands et aux ache-
» teurs, de faire exécuter ceux de ces travaux qui les intéressent par-
» ticulièrement par des individus attachés à leur service person-
» nel »,

Ordonnons ce qui suit :

1. Quiconque voudra exercer dans le marché aux bestiaux de La
Villette, les travaux indiqués en l'article 14 de l'ordonnance sus-visée
du 12 octobre dernier, ou tous autres analogues, devra en faire la
demande à la préfecture de police (2ᵉ division, 1ᵉʳ bureau), et produire à l'appui de sa requête :

1° Un certificat signé de trois marchands expéditeurs, commissionnaires en bestiaux ou bouchers, faisant connaître que le pétitionnaire
est apte aux travaux dont il s'agit, et que leur intention est de l'occuper sur le marché;

2° Un certificat de bonne conduite délivré par le commissaire de
police du quartier de son domicile, sur l'attestation de deux témoins
patentés.

2. Nul ne sera admis comme ouvrier sur le marché aux bestiaux,
s'il n'est âgé de 18 ans accomplis.

3. Les femmes pourront être admises à travailler sur le marché
en qualité d'abreuveuses de veau, de placeuses et conductrices de
moutons.

Elles devront, dans ce cas, satisfaire aux conditions ci-dessus prescrites par les articles 1 et 2.

4. Il sera délivré, par l'inspecteur général des marchés, au nom du
préfet de police, à tout ouvrier autorisé :

1° Une permission sur papier timbré portant le nom et les prénoms
du titulaire, son signalement et un numéro d'ordre correspondant à
celui du registre ouvert à cet effet à l'inspection générale des marchés;

2° Une médaille conforme au modèle arrêté par l'administration,
indiquant le nom de l'ouvrier et son numéro d'inscription.

Cette permission et cette médaille seront délivrées aux frais de
chaque ouvrier.

5. Les médailles seront frappées, chaque année, d'un poinçon particulier pour en éviter la contrefaçon. Elles devront être présentées, à
cet effet, par les titulaires, dans les bureaux de l'inspection du marché
à bestiaux, du 1ᵉʳ au 31 janvier de chaque année.

6. Pour obtenir le poinçonnage annuel de sa médaille, tout ouvrier
devra justifier, au préalable, d'un domicile certain, en produisant un
certificat délivré par le commissaire de police du lieu de sa résidence,
sur l'attestation de deux témoins patentés.

7. Les ouvriers du marché ne pourront travailler sans être munis
de leur médaille, qui devra toujours être portée d'une façon ostensible,
soit au bras, soit sur la blouse, soit fixée à une ceinture de cuir.

Dans aucun cas, les ouvriers ne pourront refuser de laisser prendre le numéro de leur médaille, soit par les agents de l'autorité, soit par les particuliers intéressés à le connaître.

8. Tout individu en quête d'ouvrage sur le marché et non porteur de la médaille prescrite, sera immédiatement expulsé de l'établissement, sans préjudice des poursuites qui pourront être dirigées contre lui, à raison de la contravention par lui commise.

9. Tout ouvrier du marché qui cessera d'exercer sa profession devra faire la remise de sa médaille et de sa permission, dans le délai de trois jours, au bureau d'inspection du marché.

10. Les permissions délivrées jusqu'à ce jour devront être échangées dans le délai d'un mois, à partir de la publication de la présente ordonnance.

11. Toutes les fois qu'un ouvrier changera de domicile, il devra en donner avis au bureau d'inspection du marché.

Tout ouvrier qui n'aura pas rempli cette formalité sera exclu temporairement du travail du marché.

Il pourra, suivant les circonstances, être privé définitivement de la médaille et de la permission.

12. Les contraventions aux dispositions qui précèdent seront constatées par des procès-verbaux ou rapports, qui nous seront adressés.

15. La présente ordonnance sera imprimée, publiée et affichée.

L'inspecteur général des halles et marchés, les commissaires de police et les préposés de la préfecture de police, sont chargés de tenir la main à son exécution.

Le colonel de la garde de Paris est requis de leur prêter main-forte, au besoin.

Le préfet de police, J.-M. PIETRI.

N° **4302.** — *Ordonnance concernant le camionnage d'office des céréales, farines et graines adressées en gare* (chemins de fer de l'Est).

Paris, 10 décembre 1867.

Nous, préfet de police,

Vu : 1° les lois, décrets et ordonnances concernant les chemins de fer de l'Est ; ensemble les cahiers des charges y annexés ;

2° Les tarifs généraux de petite vitesse applicables sur lesdits chemins de fer ;

3° La décision ministérielle du 9 décembre courant, qui autorise la compagnie de l'Est, sur sa proposition, à faire le camionnage d'office des céréales, farines et graines adressées en gare ;

Considérant qu'il y a lieu de publier ladite décision dans le ressort de la préfecture de police,

Ordonnons ce qui suit :

1. La compagnie des chemins de fer de l'Est est autorisée, à titre provisoire, à faire camionner d'office, soit au domicile du destinataire, soit dans un magasin public, les céréales, farines et graines qui, adressées en gare, à un point quelconque du réseau, ne seraient pas enlevées dans les quarante-huit heures de la mise à la poste de la lettre d'avis écrite au destinataire, les frais de ce camionnage étant calculés d'après les tarifs homologués.

Cette disposition est applicable indistinctement aux céréales, farines et graines mises à quai ou laissées sur wagon pour être déchargées par les destinataires.

2. Les fonctionnaires et agents spécialement préposés à la surveillance des chemins de fer de l'Est, sont chargés d'assurer l'exécution de la décision sus-visée du 9 décembre courant.

La présente ordonnance sera imprimée et affichée.

Elle sera notifiée à la compagnie de l'Est.

Le préfet de police, J.-M. PIETRI.

N° **4303.** — *Arrêté qui rend facultatif le dépôt des cannes, armes et parapluies à l'entrée du palais de la Bourse.*

Paris, le 16 décembre 1867.

Nous, préfet de police,

Vu : 1° L'article 25 de l'arrêté des consuls du 12 messidor an VIII (1er juillet 1800) ;

2° L'arrêté de police du 15 novembre 1858 ;

3° La lettre de M. le sénateur, préfet de la Seine, en date du 15 octobre dernier,

Arrêtons ce qui suit :

1. Le dépôt des cannes, armes, parapluies ou autres objets du même genre, à l'entrée du palais de la Bourse, cessera d'être obligatoire à partir du 1er janvier 1868.

2. Ce dépôt sera facultatif à compter dudit jour, 1er janvier, et ne pourra être effectué que dans les locaux affectés spécialement à cet usage.

Il donnera lieu à une rétribution fixée à 0, 10 cent. par objet déposé.

3. L'arrêté du 15 novembre 1858, sus-visé, est rapporté.

4. Le présent arrêté sera imprimé, et un exemplaire restera constamment affiché dans l'endroit le plus apparent de chaque vestiaire.

5. Ampliation en sera adressée à M. le sénateur, préfet de la Seine.

6. Le chef de la police municipale et le commissaire de police spécial de la Bourse, sont chargés, chacun en ce qui le concerne, de l'exécution du présent arrêté.

Le préfet de police, J.-M. PIETRI.

N° **4304.** — *Ordonnance concernant la vérification périodique des poids et mesures pour l'année 1868 (Poinçon portant la lettre C) (1).*

Paris, 24 décembre 1867.

(1) V. l'ord. du 3 déc. 1872.

1868.

N **4305.** — *Ordonnance concernant l'échenillage* (1).

Paris, le 11 janvier 1868.

Nº **4306.** — *Ordonnance concernant les passages à niveau existant sur l'embranchement du marché aux bestiaux de La Villette* (chemin de fer de Ceinture).

Paris, le 18 janvier 1869.

Nous, préfet de police,

Vu : 1º l'article 4 de la loi du 15 juillet 1845 ;

2º L'article 4 de l'ordonnance réglementaire du 15 novembre 1846 ;

3º Les décrets des 10 et 11 décembre 1851, concernant le chemin de fer de Ceinture ; ensemble le cahier des charges y annexé ;

4º L'ordonnance de police du 5 octobre 1857, concernant les passages à niveau du chemin de fer de Ceinture ;

5º Les décrets des 6 avril 1859, 19 octobre et 11 décembre 1864, relatifs à l'établissement d'un chemin de fer d'embranchement reliant le nouveau marché aux bestiaux de La Villette avec le chemin de fer de Ceinture ; ensemble le cahier des charges y annexé ;

6º L'article 2 de l'arrêté de M. le ministre des travaux publics, du 15 avril 1850 ;

7º Le rapport des ingénieurs du contrôle du chemin de fer de Ceinture, sur la proposition présentée par le syndicat de ce chemin pour régler le classement et le service des deux passages à niveau, situés sur l'embranchement du marché aux bestiaux de La Villette, à la rencontre des rues d'Hautpoul et d'Allemagne ;

8º La dépêche ministérielle du 17 janvier courant, approbative de la proposition ci-dessus visée,

Ordonnons ce qui suit :

1. Les deux passages à niveau existant sur le chemin de fer du marché aux bestiaux, à la rencontre des rues d'Hautpoul et d'Allemagne, sont classés dans la première catégorie des passages à niveau du chemin de fer de Ceinture. Les passages pour piétons, accolés aux passages à voitures, sont rangés dans la 4e catégorie.

2. Des gardiens spéciaux sont placés près des barrières des passages à niveau pour les ouvrir et les fermer, pour exercer sur ces points la surveillance nécessaire et y assurer la sûreté de la circulation. Ces gardiens spéciaux ont le titre de garde-barrière (ordonnance du 5 octobre 1857, art. 2).

_____

(1) V. l'ordonnance du 10 janvier 1872.

3. Les barrières de passages de 1re catégorie sont habituellement ouvertes. Elles sont munies de signaux fixes propres à les couvrir dans les deux sens de la marche des trains quand elles sont ouvertes ; elles peuvent être, en outre, protégées par des signaux avancés, dans les conditions ordinaires des signaux avancés des stations (ordonnance du 5 octobre 1857, art. 3).

4. Les passages à niveau pour piétons ou de 4e catégorie, sont fermés par des portillons à claire-voie que les gardiens ferment au verrou, s'il y a lieu, lors du passage des trains, et qu'ils laissent simplement fermés au loquet le reste du temps, de manière à permettre la libre circulation des piétons. Les portillons sont disposés de manière à se refermer d'eux-mêmes au moyen de ressorts de torsion ou par leur propre poids (ordonnance du 5 octobre 1857, art. 8).

5. Tous les passages à niveau, de quelque catégorie qu'ils soient, seront convenablement éclairés pendant la nuit. On emploiera à cet éclairage le nombre de becs nécessaires pour permettre aux passants de voir distinctement les rails à traverser, les ventaux des barrières et la maison ou guérite du garde-barrière, s'il y a lieu (ordonnance du 5 octobre 1857, art. 9).

6. Les gardes-barrière doivent être attentifs à l'arrivée des trains et des machines, de manière à ne livrer passage sur les voies aux voitures, aux chevaux et autres bêtes de trait ou aux bestiaux que lorsqu'il n'y a aucun danger à le faire. Sauf le cas où ils se retirent dans leurs maisons pour se reposer comme il est dit ci-après, art. 12, ils sont tenus de faire les signaux prescrits à l'arrivée et au passage de chaque train ou machine, et de se tenir prêts à faire les signaux d'arrêt, pendant les dix minutes qui suivent leur passage (ordonnance du 5 octobre 1857, art. 10).

7. Toutes les barrières de voies charretières, ainsi que les portillons des passages pour piétons, sont interdits à la circulation publique, lorsqu'un train est en vue (ordonnance du 5 octobre 1857, art. 11).

8. Les agents préposés aux barrières à voitures doivent, tant qu'elles sont ouvertes, rester en observation à côté du passage. En général, ils ne doivent entrer dans leurs maisons ou guérites que pour prendre leurs repas et pour se mettre à l'abri, quand le temps est trop mauvais (ordonnance du 5 octobre 1857, art. 12).

9. Après les passages de chaque voiture, ils doivent visiter les entre-rails et les dégager au moyen de raclettes, des pierres, de la terre et autres objets qui auraient pu s'y introduire, de manière à ce que les rebords des roues des wagons puissent y passer librement et sans la moindre gêne. Le rail doit, en outre, être balayé avec soin ainsi que le pavé, sur une largeur de 20 centimètres au moins de part et d'autre du rail et du contre-rail (ordonnance du 5 octobre 1857, art. 13).

10. La présente ordonnance sera notifiée au syndicat du chemin de fer de Ceinture.

Elle sera imprimée et affichée.

Les ingénieurs et agents des ponts et chaussées spécialement préposés au service du chemin de fer de Ceinture, ainsi que les autres fonctionnaires dénommés en l'art. 23 de la loi du 15 juillet 1845, sont chargés, chacun en ce qui le concerne, de l'exécution de ladite ordonnance.

Le préfet de police, J.-M. PIETRI.

N° **4307.** — *Ordonnance concernant la clôture de la chasse* (1).

Paris, le 27 janvier 1868.

N° **4308.** — *Ordonnance concernant les mesures d'ordre à observer pendant les divertissements du carnaval* (2).

Paris, le 17 février 1868.

N° **4309.** — *Ordonnance concernant les passages à niveau compris dans la traversée du département de la Seine* (chemin de fer de l'Est).

Paris, le 4 mars 1868.

Nous, préfet de police,

Vu les ordonnances de police des 6 février 1854, 31 décembre 1856, 13 juillet 1857 et 29 août 1860, relatives aux passages à niveau des chemins de fer de l'Est, compris dans la traversée du département de la Seine ;

Vu la loi du 15 juillet 1845 ;

Vu l'ordonnance royale du 15 novembre 1846 ;

Vu l'arrêté ministériel du 31 août 1867, portant :

« Art. 1er. — Les passages à niveau établis pour la traversée des » chemins de fer de l'Est sont divisés en cinq catégories.

» Art. 2. — Dans la première catégorie sont compris les passages » à niveau des routes impériales et départementales et ceux des che- » mins vicinaux présentant une fréquentation exceptionnelle.

» Les barrières de ces passages seront habituellement ouvertes ; » elles seront fermées lorsqu'un train sera en vue ou attendu.

» Le service en sera fait, jour et nuit, par des agents qui devront » être présents à ces passages à niveau, pendant toute la durée de » la fermeture. Ce service pourra être confié à des femmes.

» Art. 3. — La deuxième catégorie comprend les passages à ni- » veau des chemins d'une fréquentation ordinaire.

---

(1) V. l'ord. du 26 janvier 1872.
(2) V. l'ord. du 23 février 1870.

» Sur les lignes des chemins de fer à très-grande circulation de
» trains, ces passages seront habituellement fermés jour et nuit et
» ouverts à la demande des passants.

» Sur les lignes à moyenne ou à faible circulation de trains, ils
» seront :

» Ouverts habituellement le jour, c'est-à-dire entre le lever et le
» coucher du soleil ;

» Fermés habituellement et ouverts à la demande des passants,
» pendant la nuit.

» Art. 4. — Dans la troisième catégorie sont rangés les passages
» à niveau des chemins d'une fréquentation peu considérable.

» Ces passages seront habituellement fermés jour et nuit et ouverts
» à la demande des passants.

» Art. 5. — Les passages à niveau, soit pour voitures, soit pour
» piétons, concédés à des particuliers, à charge par eux d'en assurer
» la manœuvre, forment la quatrième catégorie.

» Les barrières en seront fermées à clef par les propriétaires et
» manœuvrées par eux sous leur propre responsabilité.

» Art. 6. — Dans la cinquième catégorie sont rangés les passages
» à niveau pour piétons.

» Les portillons isolés ou accolés aux passages à niveau des trois
» premières catégories ne seront jamais fermés à clef et seront ma-
» nœuvrés par les passants.

» Art. 7. — Sur les lignes de chemins de fer à moyenne et à faible
» circulation de trains, la compagnie pourra, sans autorisation préa-
» lable, laisser ouverts les passages à niveau des deuxième et troi-
» sième catégories, au delà des limites spécifiées dans les articles 3 et
» 4 ci-dessus, suivant les besoins de la circulation.

» En tous cas, sur les lignes où le service de nuit est interrompu,
» les barrières devront rester ouvertes entre le passage du dernier
» train du soir et celui du premier train du matin.

» Art. 8. — Sur les points où la fréquentation serait nulle pen-
» dant la nuit ou à certaines époques de l'année, certains passages
» à niveau désignés spécialement pourront être tenus complétement
» fermés, pendant une partie de la nuit ou de l'année.

» Art. 9. — Lorsque l'ouverture d'une barrière sera demandée,
» l'agent chargé de la manœuvrer devra s'assurer que les voies pour-
» ront être traversées avant l'arrivée d'un train. Dans ce cas, il ouvrira
» les barrières en commençant par celle de sortie et les refermera
» immédiatement.

» Aux passages à niveau fermés par des barrières manœuvrées à
» distance, la demande d'ouverture se fera au moyen de sonnettes.

» De son côté, l'agent chargé de la manœuvre, avant de fermer
» la barrière, en avertira par plusieurs coups de sonnette.

» Art. 10. — Les barrières des passages à niveau qui sont habituel-
» lement ouvertes devront être fermées cinq minutes avant l'heure

» réglementaire du passage des trains réguliers ou annoncés ; la
» réouverture en sera effectuée immédiatement après le passage de
» ces trains. Pendant qu'elles seront ainsi fermées, leur ouverture,
» lorsqu'elle sera demandée, aura lieu dans les conditions et con-
» formément aux prescriptions de l'article précédent.

» Lorsqu'un passage à niveau voisin d'une station sera dans le
» cas d'être intercepté, pendant plus de dix minutes consécutives,
» par des trains en stationnement ou en manœuvre, la durée maximum
» de l'interruption du passage sera fixée, s'il y a lieu, par arrêté préfec-
» toral, sur la proposition de l'ingénieur en chef du contrôle et la
» compagnie entendue.

» Art. 11. — Pendant la partie de la nuit où il y a des mouvements
» de trains les passages à niveau de la première catégorie seront
» éclairés de deux feux.

» Ceux de la deuxième catégorie et tous ceux qui sont manœuvrés
» à distance seront éclairés d'un feu.

» Art. 12. — En cas de fort brouillard, le service des passages à
» niveau sera soumis pendant le jour aux mêmes règles que pendant
» la nuit.

» Art. 13. — Le classement des passages à niveau dans chacune des
» catégories ci-dessus déterminées, et l'application des dispositions de
» l'article 8 du présent arrêté, seront réglés, sur la proposition de la
» compagnie, par des arrêtés préfectoraux, qui seront soumis à l'appro-
» bation ministérielle.

» Art. 14. — Les préfets des départements traversés par les che-
» mins de fer de l'Est et l'ingénieur en chef du contrôle de l'exploita-
» tion sont chargés d'assurer, chacun en ce qui le concerne, l'exécu-
» tion du présent arrêté, qui sera notifié à la compagnie. »

Vu les propositions en date des 4, 14 et 27 décembre 1867 et
4 janvier 1868, présentées par la compagnie des chemins de fer de
l'Est ;

Vu les rapports de MM. les ingénieurs du contrôle, en date des 26
et 28 décembre 1867, 11 et 12 février 1868;

En vertu de l'article 72 de l'ordonnance du 15 novembre 1846,

Ordonnons ce qui suit :

1. Les lignes de Paris à Mulhouse, de Paris à Strasbourg et de
Paris à Vincennes et à La Varenne-Saint-Maur sont comprises parmi
les chemins de fer à grande circulation.

Les passages à niveau y sont classés ainsi qu'il suit :

Passages à niveau.

Ligne de PARIS à STRASBOURG.

Nos d'ordre.	DÉSIGNATION par COMMUNE.	DISTANCES de l'origine du CHEMIN DE FER.	CATÉGORIES.	CLASSEMENT DES ROUTES ET CHEMINS traversés.	SYSTÈME des BARRIÈRES.
		kilom. m.			
1	Noisy-le-Sec.........	7 640	1re	Chemins de grande communication, n° 18.......	
2	Bondy..............	10 196	2e	Chemin rural de *Bondy* à *Merlan*...........	Barrières pivotantes manœuvrées à la main, avec portillons pour piétons.
3	Villemomble.........	12 715	1re	Chemin vicinal n° 3, de *Villemomble* à *Montfermeil* ...	

Ligne de PARIS à MULHOUSE.

Nos d'ordre.	DÉSIGNATION par COMMUNE.	DISTANCES de l'origine du CHEMIN DE FER.	CATÉGORIES.	CLASSEMENT DES ROUTES ET CHEMINS traversés.	SYSTÈME des BARRIÈRES.
1	Noisy-le-Sec.	9 758	1re	Chemin de grande communication n° 20, de *Bondy* à *Rosny*.	Barrières roulantes manœuvrées à la main, avec portillons pour piétons.
2	Bondy.	10 398	3e	Chemin rural de *Merlan*. ...	Barrières pivotantes manœuvrées à la main, avec portillons pour piétons.
3	Rosny-sous-Bois.	10 837	1re	Route départementale n° 77, de la route impériale, n° 3, à *Villemomble*..........	Barrières roulantes manœuvrées à la main, avec portillons pour piétons.

PASSAGES A NIVEAU (Suite).

Nos d'ordre.	DÉSIGNATION par COMMUNE.	DISTANCES de l'origine du CHEMIN DE FER.	CATÉGORIES.	CLASSEMENT DES ROUTES ET CHEMINS traversés.	SYSTÈME des BARRIÈRES.
		kilom. m.		*Ligne de PARIS à MULHOUSE (suite).*	
4	Fontenay-sous-Bois	15 159	1re	Route départementale n° 43, de *Paris à Lagny*.. Chemin rural de *Brie* à la route départementale n° 46.	Barrières pivotantes manœuvrées à la main, avec portillons pour piétons.
5	Champigny	18 830	3e		
				Ligne de PARIS à VINCENNES et à LA VARENNE-SAINT-MAUR (1).	
1	Paris	3 378	1re	Rue Militaire	Barrières roulantes, sans portillons.
2	Saint-Mandé	3 692	1re	Rue de la Grange	Barrières pivotantes, avec portillons.
3	Joinville, n° 1	10 139	1re	Route départementale n° 42, de *Paris à Provins*	
4	Joinville, n° 2	10 683	1re	Rue des Corbeaux	Barrières roulantes, sans portillons.
5	Saint-Maur-les-Fossés, n° 1	13 238	1re	Chemin vicinal de *Saint-Maur* à *La Varenne*	
6	Saint-Maur, n° 2	15 082	1re	Chemin de grande communication n° 25, le *Champigny* au pont de *Créteil*	Barrières pivotantes, avec portillons.
7	Saint-Maur, n° 3	15 967	3e	Chemins latéraux et avenues de lotissement	

(1) OBSERVATIONS. — Toutes les barrières de la ligne de *Vincennes* sont manœuvrées à la main.

2. Conformément à l'article 8 de l'arrêté ministériel ci-dessus reproduit, la circulation pourra être complétement interdite, pendant les intervalles ci-après, aux passages à niveau qui suivent :

Suite des Passages à niveau.

NUMÉROS D'ORDRE.	DÉSIGNATION ET NUMÉRO D'ORDRE par COMMUNE.	Position kilométrique.
	Ligne de PARIS à STRASBOURG. Néant.	
	Ligne de PARIS à MULHOUSE.	
2	Bondy	10 kil. 398 m.
3	Champigny	18 830
	Ligne de PARIS à VINCENNES et à LA VARENNE-SAINT-MAUR.	
7	Saint-Maur-les-Fossés, no 3	15 kil. 967 m.

Intervalles de temps pendant lesquels les barrières seront maintenues constamment fermées chaque jour :

1° De 10 heures du soir à 5 heures du matin, du 1er mai au 31 août ;

2° De 9 heures du soir à 4 heures du matin, du 1er mars au 30 avril et du 1er septembre au 31 octobre ;

3° De 7 heures du soir à 6 heures du matin, du 1er novembre au 28 février.

3. La circulation pourra être complétement interdite, sauf pendant les périodes de culture et de récoltes, ou pendant les périodes de vidange des coupes de bois indiquées par les maires ou par l'administration forestière, sur les passages à niveau ci-après :

Ligne de PARIS à STRASBOURG.

Néant.

Ligne de PARIS à MULHOUSE.

Néant.

Ligne de PARIS à VINCENNES et à LA VARENNE-SAINT-MAUR.

Néant.

4. Les ordonnances de police sus-visées des 6 février 1854, 31 décembre 1856 et 29 août 1860 sont rapportées.

5. La présente ordonnance sera notifiée à la compagnie concessionnaire.

Elle sera imprimée et affichée.

L'inspecteur général des ponts et chaussées, directeur du service du contrôle des chemins de fer de l'Est, ainsi que des autres fonctionnaires dénommés en l'article 23 de la loi du 15 juillet 1845, et généralement tous les préposés de la préfecture de police, sont chargés, chacun en ce qui le concerne, d'assurer l'exécution de ladite ordonnance, qui sera soumise à l'approbation de M. le ministre des travaux publics.

Le préfet de police, J.-M. PIETRI.

————————⚬————————

N° **4310.** — *Ordonnance concernant les mesures à prendre pour la navigation, pendant les travaux d'immersion des syphons d'égout, en amont du pont de l'Alma.*

Paris, le 16 mars 1868.

Nous, préfet de police,

Vu : 1° l'arrêté des consuls du 12 messidor an VIII (1er juillet 1800);

2° La dépêche de S. Exc. le ministre de l'agriculture, du commerce et des travaux publics, en date du 17 octobre dernier, relative aux mesures spéciales à prescrire pour assurer la sécurité de la navigation sous le pont de l'Alma, pendant les travaux d'immersion, en amont dudit pont, des syphons qui doivent relier les égouts de la rive gauche à ceux de la rive droite;

3° Le rapport de M. l'ingénieur en chef de la 2e section de la navigation de la Seine, et celui de M. l'inspecteur général de la navigation et des ports,

Ordonnons ce qui suit :

1. Avant le commencement des travaux d'immersion en Seine, en amont du pont de l'Alma, des deux syphons d'égout, l'arche de gauche dudit pont sera rendue navigable au moyen de dragages exécutés, aux frais de la ville de Paris, par les soins de M. l'ingénieur en chef de la 2e section de la navigation de la Seine.

2. Le dragage de l'encaissement des syphons se fera sans discontinuité d'une rive à l'autre, mais en n'obstruant successivement qu'une seule arche.

3. Le battage des enceintes de pieux et palplanches, le coulage du béton et le recépage seront faits d'abord au devant de l'arche du milieu. Ces travaux seront continués au devant des autres arches en commençant par celle de gauche, de manière à laisser toujours libres, pour le service de la navigation, une arche et une demi-arche du pont.

4. Pour faciliter la navigation sous le pont de l'Alma, pendant l'exécution des travaux, un service de chablage sera établi par la préfecture de police aux frais de la ville de Paris.

5. Le capelage des bateaux sera fait, soit au moyen des organeaux du pont ou des quais, soit au moyen de pieux battus, aux frais de la ville de Paris, sur les points qui seront désignés par la préfecture de police.

6. Le service de chablage sera fait par tel nombre de mariniers qui sera jugé nécessaire par la préfecture de police.

Ces mariniers seront sous la surveillance du conducteur des travaux et des inspecteurs de la navigation. Ils seront à la disposition des capitaines ou patrons de bateaux, depuis le point du jour jusqu'au coucher du soleil; ils exécuteront, de concert avec les hommes d'équipage et au moyen des agrès et apparaux de chaque bateau, toutes les manœuvres nécessaires pour franchir le pont, mais la barre restera confiée aux soins des patrons ou capitaines.

7. Le chablage des bateaux et des trains de bois aura lieu dans l'ordre de leur arrivée, sous toutes réserves des droits de la navigation accélérée.

A droit égal, les bateaux montants auront la priorité sur les bateaux ou trains de bois descendants.

8. Pour prendre leur tour de passage, les bateaux et les trains de bois s'arrêteront à 250 mètres (rive droite) en amont du pont de l'Alma.

9. La chaîne de touage sera noyée sous l'arche de droite du pont pendant l'exécution des travaux au devant de l'arche du milieu. Elle sera reportée sous l'arche du milieu avant qu'on entreprenne les travaux au devant de l'arche de droite.

10. Le directeur de l'entreprise de touage de la basse Seine devra être averti par écrit, trois jours à l'avance, lorsqu'il y aura lieu de déplacer la chaîne de touage.

11. Pendant la durée des travaux au devant de la deuxième et de la troisième arche, les traits de bateaux remorqués, soit par le toueur, soit par les vapeurs libres, ne pourront, au passage du pont, excéder en longueur 300 mètres.

La division des traits se fera à 300 mètres environ en aval du pont, où un pieu devra être installé sur la banquette (rive droite) pour l'amarrage des traits divisés.

12. Lorsque le trait de touage sera en vue, montant dans le bassin de Billy, la navigation en sera prévenue par un signal consistant : le jour, en deux drapeaux rouges; la nuit, en deux feux rouges, placés sur les parapets du pont de l'Alma.

Dans ce cas, les bateaux avalants devront passer en douceur dans l'arche de gauche, et les bateaux montants s'arrêter, pour ne reprendre leur marche qu'après le passage complet des bateaux avalants.

Le service des signaux sera fait par un marinier spécial placé en vigie sur le pont de l'Alma.

13. Pendant la durée des travaux au devant de la deuxième et de la troisième arches, les bateaux montants et descendants prendront chacun leur droite par des arches différentes.

14. Tant à la remonte qu'à la descente, les patrons des toueurs et des bateaux à vapeur feront siffler ou sonner d'une manière continue, à partir de 100 mètres du pont de l'Alma.

15. Les pontons, machines, ou tous objets quelconques formant obstacle à la navigation, seront signalés par les soins de l'entrepreneur des travaux : le jour, par des drapeaux de couleur rouge ; la nuit, par des feux rouges placés au haut de mâts.

16. Des feux rouges placés en amont et en aval du pont signaleront, la nuit, les arches et les parties d'arche interdites à la navigation.

17. Des feux blancs placés aux cintres des arches ou parties d'arche libres, indiqueront les passes navigables.

18. Chacun des pieux dont il est parlé dans les articles 5 et 11 ci-dessus sera signalé, la nuit, par un feu vert.

19. Les ingénieurs de la navigation de la Seine (2e section), le directeur du service municipal des eaux et des égouts, l'inspecteur général de la navigation et des ports, et les agents sous leurs ordres, sont chargés, chacun en ce qui le concerne, d'assurer l'exécution de la présente ordonnance, qui sera imprimée, publiée et affichée.

Le préfet de police, J.-M. PIETRI.

———————⊷∘⊶———————

N° **4311.** — *Ordonnance concernant l'interruption temporaire de la navigation dans le grand bras de la Marne, depuis l'embouchure en Seine jusqu'au pont de Charenton.*

Paris, le 25 mars 1868.

Nous, préfet de police,

Vu : 1° les arrêtés des consuls des 12 messidor an VIII et 3 brumaire an IX et la loi du 10 juin 1853 ;

2° Le rapport de M. l'ingénieur en chef de la navigation de la Marne faisant connaître que d'importants travaux de dragage s'exécutent en vertu de la décision ministérielle du 8 février dernier, dans le lit de la Marne, entre le pont de Charenton et la Seine, et qu'il conviendrait d'interdire la navigation dans cette partie de la Marne jusqu'à la fin des travaux dont il s'agit ;

3° Le rapport de M. l'inspecteur général de la navigation et des ports ;

Considérant que la mesure proposée aura pour résultat de prévenir les accidents, et de faciliter la prompte exécution des travaux de dragage et qu'elle ne sera point une cause d'empêchement pour le commerce, puisque la navigation pourra se continuer au moyen du canal de Saint-Maurice,

Ordonnons ce qui suit :

1. Le passage des bateaux et des trains de bois dans le grand bras de la Marne, entre le confluent de cette rivière et le pont de Charenton, est suspendu à partir de la publication de la présente ordonnance jusqu'à l'achèvement des travaux de dragage entrepris sur ce point.

Pendant ce temps, la navigation aura lieu exclusivement par le canal de Saint-Maurice.

2. Exception est faite pour les bateaux servant exclusivement au transport des matériaux destinés aux travaux du canal de Saint-Maurice.

Ces bateaux pourront circuler dans la partie de la Marne interdite à la navigation, mais seulement de onze heures du matin à une heure de l'après-midi.

3. Il est défendu aux personnes conduisant batelets, canots ou bachots, d'approcher ces embarcations des bateaux dragueurs à une distance moindre de dix mètres.

4. La présente ordonnance sera imprimée, publiée et affichée.

Les contraventions aux dispositons qu'elle contient seront constatées par des procès-verbaux ou rapports et déférées aux tribunaux compétents, sans préjudice des mesures administratives qui pourront être prises à l'égard des contrevenants.

5. L'inspecteur de la navigation et des ports, les ingénieurs de la navigation de la Marne, le colonel, chef de la 1re légion de la gendarmerie impériale, le commissaire de police de la circonscription de Charenton-le-Pont et les agents sous leurs ordres, sont chargés, chacun en ce qui le concerne, d'assurer l'exécution de la présente ordonnance.

Le préfet de police, J.-M. PIETRI.

N° **4312.** — *Ordonnance concernant la visite générale des tonneaux de porteurs d'eau* (1).

Paris, le 25 mars 1868.

N° **4313** — *Ordonnance concernant la foire aux jambons* (2).

Paris, le 1er avril 1868.

N° **4314.** — *Ordonnance concernant le passage des bateaux aux abords des chantiers des travaux de construction des ponts de Clichy.*

Paris, le 8 mai 1868.

Nous, préfet de police,

Vu les rapports de M. l'ingénieur en chef de la 3e section de la navigation de la Seine, et de M. l'inspecteur général de la navigation et des ports, relatifs aux mesures à prendre pour assurer la sécurité de la navigation aux abords des chantiers des travaux de construction des ponts de Clichy ;

Vu l'arrêté des consuls du 12 messidor an VIII, celui du 3 brumaire an IX et la loi du 10 juin 1853, qui règlent les attributions du préfet de police,

Ordonnons ce qui suit :

1. Il sera réservé pour le passage des bateaux, sous les échafau-

---

(1) V. l'ord. du 2 mai 1872.
(2) V. l'ord. du 15 mars 1872.

dages de pose, dans le bras actuellement navigable et dans le bras intermédiaire où doit être creusé un chenal de navigation, une travée marinière de 15 mètres de largeur et de 7 mètres de hauteur sous poutres.

Les parois de ces travées seront revêtues, jusqu'à 3 mètres au-dessus de l'étiage, de glissières jointives et seront prolongées de 20 mètres, tant en amont qu'en aval, de manière à présenter deux embrasures de 20 mètres de largeur à l'entrée et à la sortie.

2. Dans le bras actuellement navigable, il sera battu. à 100 mètres en amont du pont, dans le prolongement de la paroi de la travée, à côté de l'île, une patte d'oie composée de quatre pieux moisés en côté au niveau de l'étiage et consolidés par des croix de Saint-André verticales.

3. Un service, composé de deux mariniers avec un bachot, les cordages et agrès nécessaires, sera établi par l'entrepreneur des travaux, pour l'exécution des manœuvres que nécessitera le passage des bateaux halés.

Ces mariniers seront à la disposition de la marine, depuis le point du jour jusqu'au coucher du soleil.

Ils seront sous la surveillance des inspecteurs de la navigation.

4. Les bateaux et les trains de bois passeront dans l'ordre de leur arrivée. A droit égal, les bateaux descendants et les trains auront la priorité sur les bateaux montants.

5. Tant à la remonte qu'à la descente, les patrons des toueurs et des bateaux à vapeur feront siffler ou sonner d'une manière continue, à partir de 150 mètres du pont jusqu'à la sortie des travées marinières.

6. Lorsque la passe de navigation sera obstruée, soit par des bateaux en manœuvre, soit par toute autre cause, il sera hissé, au-dessus de la travée marinière, un drapeau rouge, visible des deux extrémités de l'île Roguet.

A ce signal, les bateaux montants devront s'arrêter et se garer le long de l'île Maillard, tant que la chaîne de touage sera maintenue dans le bras de Clichy; et le long de l'île Roguet, à la pointe aval, aussitôt que la chaîne aura été reportée entre les îles.

Les bateaux avalants devront se garer à la pointe amont de l'île Roguet.

7. Ne pourront se remettre en marche, les bateaux avalants qu'après la substitution, au drapeau rouge, d'un pavillon blanc et rouge; et les bateaux montants, qu'à l'apparition d'un pavillon blanc et bleu.

8. Le service des signaux mentionnés dans les deux articles précédents sera fait par les soins de l'entrepreneur des travaux.

9. Le directeur de l'entreprise de touage de la basse Seine devra être averti par écrit, trois jours à l'avance, lorsqu'il y aura lieu de déplacer la chaîne de touage.

10. Les pontons, machines ou tous objets quelconques formant obstacle à la navigation, seront signalés par les soins de l'entrepreneur des travaux : le jour, par des drapeaux de couleur rouge; la nuit, par des feux rouges placés au haut de mâts.

Des feux blancs indiqueront les endroits laissés libres pour la navigation.

11. Il est interdit de charger ou de décharger aucun bateau, ni faire aborder aucune embarcation sur les parties des rives comprises entre les barrières à claire-voie limitant les chantiers de travaux.

12. Les ingénieurs de la navigation de la Seine (3ᵐᵉ section), l'inspecteur général de la navigation et des ports, et les agents sous leurs ordres, sont chargés, chacun en ce qui le concerne, d'assurer l'exécution de la présente ordonnance, qui sera imprimée, publiée et affichée.

Le préfet de police, J.-M. PIETRI.

N° **4315.** — *Ordonnance concernant les baignades en rivière dans le ressort de la préfecture de police* (1).

Paris, le 12 mai 1868.

N° **4316.** — *Ordonnance concernant la police de la navigation de la Seine, en amont de Paris.*

Paris, le 25 mai 1868.

Nous, préfet de police,

Vu le règlement provisoire de police de la navigation de la Seine et de l'Yonne, entre le Port-à-l'Anglais, près Paris, et Laroche, approuvé le 4 de ce mois par Son Exc. le ministre de l'agriculture, du commerce et des travaux publics;

Vu la lettre ministérielle en date du 13 du courant, contenant des instructions pour la mise à exécution du règlement dont il s'agit ;

Vu l'arrêté des consuls du 12 messidor an VIII, celui du 3 brumaire an IX et la loi du 10 juin 1853, qui règlent les attributions du préfet de police,

Ordonnons ce qui suit :

1. Le règlement ci-dessus visé est rendu obligatoire dans le ressort de la préfecture de police.

Les contraventions aux dispositions qu'il renferme seront constatées par des procès-verbaux et déférées aux tribunaux compétents.

2. Le règlement précité sera imprimé à la suite de la présente ordonnance, qui sera publiée et affichée.

3. L'ingénieur en chef de la navigation de la Seine (1ʳᵉ section), l'inspecteur général de la navigation et des ports, les maires et les commissaires de police des communes riveraines et les agents sous leurs ordres, sont chargés, chacun en ce qui le concerne, d'assurer l'exécution de la présente ordonnance.

---

(1) V. l'ord. du 18 mai 1872.

Des exemplaires en seront envoyés au colonel, chef de la 1ʳᵉ légion de la gendarmerie impériale, pour qu'il tienne la main à son exécution.

Le préfet de police, J.-M. PIETRI.

RÈGLEMENT PROVISOIRE DE POLICE DE LA NAVIGATION DE LA SEINE ET DE L'YONNE, ENTRE LE PORT-A-L'ANGLAIS, PRÈS PARIS, ET LAROCHE.

TITRE Iᵉʳ.

Conditions à remplir pour naviguer.

DIMENSIONS DES BATEAUX, TRAINS OU RADEAUX.

1. Tout bateau, train ou radeau circulant seul ou en convoi sur la Seine et sur l'Yonne, sera admis au passage des écluses, pourvu que sa largeur n'excède pas **8** mètres et sa longueur **90** mètres.

L'enfoncement du bateau, au-dessous du plan de flottaison, ne dépassera pas **1** mètre **50** centimètres ; provisoirement il sera abaissé à **1** mètre **30** centimètres jusqu'à un nouvel avis donné par l'ingénieur en chef.

CONDITIONS QUE DOIVENT REMPLIR LES BATEAUX NAVIGUANT DE NUIT.

2. Tout bateau naviguant de nuit sera éclairé par un fanal à feu blanc, fixé à l'avant.

Tout convoi sera éclairé : 1° par un feu rouge, dirigé dans le sens de la marche et placé sur le bateau de tête ; 2° par un feu blanc, dirigé en sens contraire de la marche et placé sur le bateau de queue.

Tout bateau à vapeur naviguant de nuit aura un feu rouge à l'avant.

Les mariniers allumeront en outre, lorsqu'ils en seront requis, un fanal portatif, et même deux, au passage des écluses.

STATIONNEMENT DES BATEAUX.

2. Les bateaux arrêtés seront éclairés la nuit par un fanal à feu vert, sur la réquisition des agents de la navigation, lorsque cette mesure sera jugée nécessaire pour prévenir des accidents.

TITRE II.

Classement des bateaux. — Priorité de passage aux écluses.

CLASSEMENT DES BATEAUX.

1. Les bateaux sont divisés en cinq classes, savoir :

Première classe. — Bateaux ou convois mus ou remorqués par la vapeur, et bateaux de navigation de plaisance (1).

---

(1) Décision ministérielle du 25 avril 1868.

Deuxième classe. — Bateaux halés par des chevaux marchant au trot, avec relais.

Troisième classe. — Bateaux halés par des chevaux marchant au pas, avec relais.

Quatrième classe. — Bateaux halés par des chevaux, sans relais.

Cinquième classe. — Bateaux halés par des hommes, et radeaux halés, soit par des chevaux, soit par des hommes.

SERVICE RÉGULIER ET SERVICE ORDINAIRE.

2. Dans les trois premières classes, la navigation est régulière ou ordinaire.

On entend par navigation régulière, celle des bateaux qui partent et arrivent à jour fixe, et ne s'arrêtent, entre les points extrêmes, qu'à des ports déterminés.

La navigation ordinaire comprend les autres bateaux et les trains ou radeaux.

SERVICE RÉGULIER.

3. Les services réguliers ne pourront être établis qu'en vertu d'une autorisation et conformément aux conditions qu'elle aura prescrites.

La demande d'autorisation devra indiquer le nombre de bateaux qu'on se propose d'employer, les lieux et jours de départ et d'arrivée, le mode de traction et les principaux points de stationnement.

L'autorisation sera accordée par le préfet, quand les points de départ et d'arrivée seront compris dans un même département, et par le ministre, quand ces points extrêmes seront dans des départements différents.

TRÉMATAGE ET PRIORITÉ DE PASSAGE AUX ÉCLUSES.

4. Les numéros des classes des bateaux règlent l'ordre d'exercice du droit du trématage et du droit de priorité de passage aux écluses.

A égalité de classe, ce double droit est encore exercé dans l'ordre suivant :

1° Les bateaux affectés à un service de voyageurs ;

2° Les bateaux chargés pour le service de l'État et des travaux de la navigation ;

3° Les bateaux du service régulier portant des marchandises ;

4° Les remorqueurs ou toueurs appartenant à un service régulier, quand ils ne traînent aucun bateau.

Dans des circonstances exceptionnelles, certains bateaux pourront encore exercer le trématage en dehors du droit de leur classe ; mais les conducteurs de ces bateaux devront être munis d'autorisations spéciales et individuelles délivrées par l'ingénieur en chef, et qu'ils devront représenter à toute réquisition.

En cas de contestation sur l'application des dispositions du présent article, les conducteurs des bateaux seront tenus de se conformer aux ordres de l'éclusier ou de tout autre agent de la navigation, présent sur les lieux.

TITRE III.

Bateaux, trains ou radeaux en marche. — Passage aux écluses.

NAVIGATION DE JOUR ET DE NUIT.

1. La navigation et le passage aux écluses auront lieu librement, le jour et la nuit.

Les ingénieurs peuvent néanmoins interdire la navigation de nuit à l'époque des gelées et des débâcles, et dans le cas où des avaries survenues, soit aux digues, soit aux ouvrages d'art, feraient craindre quelque danger.

Les ingénieurs peuvent aussi rendre la navigation de nuit obligatoire pour tous les bateaux, sans distinction, lorsque ces bateaux encombrent les biefs, notamment aux approches et à la suite des chômages.

INTERRUPTION DE LA NAVIGATION.

2. Hors le cas de force majeure, la navigation ne pourra être suspendue que par un acte administratif qui fixera l'époque et la durée des chômages.

Pendant les chômages, les bateaux pourront circuler à leurs risques et périls dans les parties qui seront restées en eau.

RENCONTRE DES BATEAUX, TRAINS OU RADEAUX.

3. Tout bateau, train ou radeau allant dans un sens, doit la moitié de la voie d'eau à tout bateau, train ou radeau allant dans le sens contraire.

Quand les bateaux qui se rencontrent sont, l'un chargé, l'autre vide, le bateau vide se range du côté opposé au halage.

Si les bateaux qui se rencontrent sont tous deux chargés ou vides, le bateau montant se tient du côté du halage.

4. Dans le trématage, le bateau qui cède le passage doit se ranger du côté opposé au halage et lâcher son trait.

5. Lorsqu'un bateau, train ou radeau se présentera dans une partie qui n'a pas une largeur suffisante pour le croisement de deux bateaux, et dans laquelle un autre équipage se trouvera déjà engagé, il sera tenu de s'arrêter et de se ranger pour laisser passer ce dernier.

Des poteaux indicateurs feront connaître les limites entre lesquelles le croisement des bateaux ne peut avoir lieu.

6. Tout bateau qui s'arrête doit laisser passer ceux qui le rejoignent jusqu'à ce qu'il se remette lui-même en marche.

PASSAGE AUX ÉCLUSES.

7. Les éclusiers n'accorderont, sous aucun prétexte, les passages des écluses aux bateaux, trains ou radeaux pour lesquels il ne leur sera pas représenté d'expédition délivrée par les agents des contributions indirectes.

Ils se borneront à vérifier, par une reconnaissance sommaire des bateaux et chargements, si l'expédition est applicable.

8. Avant d'accorder le passage de nuit aux écluses, les éclusiers devront s'assurer que les bateaux remplissent les conditions prescrites par l'article 2 du titre 1er, et qu'ils doivent continuer leur route.

9. Sauf les exceptions détaillées à l'article 4 du titre II, les bateaux, trains ou radeaux marchant dans le même sens, passeront les écluses dans l'ordre de leur arrivée.

10. Tout bateau, train ou radeau qui, arrivé près d'une écluse, ne pourrait passer immédiatement, devra s'arrêter pour attendre son tour, avant le poteau indicateur de la limite du stationnement.

Deux poteaux indicateurs seront placés, l'un à 200 mètres au moins à l'amont de la tête amont de l'écluse, et l'autre à 200 mètres au moins en aval de la tête d'aval.

Aucun bateau ne devra dépasser ces poteaux pour se rapprocher de l'écluse, avant le signal donné par l'éclusier au moyen d'un drapeau rouge arboré au mât de signaux placé près de l'écluse.

Le drapeau hissé au haut du mât indiquera qu'aucun bateau ne doit dépasser les poteaux de garage d'amont et d'aval.

Le drapeau descendu à mi-mât indiquera que l'écluse est disposée pour recevoir les bateaux montants, et que les avalants ne doivent pas dépasser le poteau du garage d'amont.

Le drapeau complétement amené indiquera que l'écluse est disposée pour recevoir les bateaux descendants, et que les montants ne devront pas dépasser le poteau du garage d'aval.

Pendant la nuit, l'écluse sera éclairée par deux lanternes à réflecteur à feu blanc visible d'amont, de face et d'aval.

Ces lanternes seront fixées à deux poteaux placés près des portes de l'écluse (côté de terre).

Le passage de nuit aux écluses n'étant qu'accidentel, les écluses ne seront éclairées que pendant les manœuvres.

Lorsqu'une écluse ne sera pas éclairée, tous les bateaux devront s'arrêter aux poteaux de garage, et on préviendra l'éclusier, qui allumera les feux (1).

Pour retenir les bateaux avalants à leur garage, un feu rouge remplacera le feu blanc d'amont.

Pour retenir les bateaux montants à leur garage, un feu rouge remplacera le feu blanc d'aval.

11. Tout bateau, train ou radeau qui, arrivé près d'une écluse, aurait refusé de se faire écluser, ne pourra s'opposer à ce qu'un autre bateau, train ou radeau passe avant lui.

12. Lorsqu'il ne s'agit pas de convois remorqués ou toués par un service régulier et public, qui ne pourraient être coupés sans inconvénient grave, le passage en remonte dans une écluse doit toujours être suivi d'un passage en descente, et réciproquement, en remplissant

---

(1) L'éclusier sera averti, soit par le sifflet des bateaux à vapeur, soit par la cloche des bateaux qui en seront pourvus, soit par l'appel même des mariniers qui viendront le prévenir à la maison éclusière.

chaque fois le sas de l'écluse d'autant de bateaux qu'il peut en contenir, afin de réduire, autant que possible, le nombre des éclusées.

Toutefois, l'éclusier ne pourra différer pendant plus d'une heure le passage dans l'écluse d'un bateau, même isolé.

13. Aux approches des écluses, ponts et ouvrages d'art, le mouvement des bateaux sera réglé de manière à prévenir tout choc.

Les bateaux seront solidement amarrés à chaque extrémité pendant qu'on les éclusera; on les fera ensuite sortir avec précaution; en aucun cas on ne les attachera aux portes.

Chaque bateau sera muni de perches pour parer les chocs contre les bajoyers et les portes, et pour aider à la sortie des écluses.

Les patrons et les mariniers devront, d'ailleurs, se conformer ponctuellement à tous les ordres qui leur seront donnés par l'éclusier, pour les précautions à prendre lors des manœuvres relatives à l'éclusage.

14. Les bateaux, trains ou radeaux ne peuvent rester dans l'écluse que le temps strictement nécessaire pour la manœuvre.

15. L'éclusier a seul le droit de manœuvrer les ventelles et les portes d'écluses. Toutefois, il peut être aidé par les mariniers, qui doivent, dans ce cas, se conformer à ses ordres.

16. Les bateaux, trains ou radeaux entreront dans les écluses et en sortiront le plus promptement possible, dès que le signal en aura été donné, ainsi qu'il est dit à l'article 10 ci-dessus. En conséquence, les conducteurs devront avoir à leur disposition des moteurs suffisants pour que l'entrée et la sortie de l'écluse ne subissent aucun retard.

La division des convois et trains ne pourra avoir lieu qu'au delà des poteaux limites des garages. Toutefois, en ce qui concerne les convois remorqués par un service régulier et public, il pourra être dérogé à cette règle, lorsque les ingénieurs le jugeront nécessaire, ainsi qu'il est dit à l'article 12 ci-dessus.

TITRE IV.

DISPOSITIONS DIVERSES.

1. Les prescriptions qui précèdent seront applicables dès que les barrages seront fermés entre Paris et Laroche.

Les éclusées de l'Yonne continueront à avoir lieu en amont de Laroche, mais les trains de bois descendront de Laroche à Paris, en passant par les écluses, tant que les barrages resteront fermés.

2. Quand l'état naturel des eaux permettra de naviguer sans le secours des retenues, les passes des barrages resteront ouvertes en tout ou en partie et les bateaux pourront passer dans ces passes; à chaque barrage, l'ouverture de la passe sera indiquée, la nuit, par deux lanternes à feu rouge placées de chaque côté de la portion de la passe qui sera libre.

3. Toutes les prescriptions des anciens règlements, qui ne sont pas contraires au présent règlement provisoire, continueront à être en vigueur.

Ce règlement provisoire sera remplacé par un règlement définitif, quand l'expérience aura suffisamment fait connaître les besoins nouveaux de la navigation continue sur la Seine et sur l'Yonne, en amont de Paris.

Le préfet de police, J.-M. PIETRI.

———◦———

N° 4317. — *Avis au public, concernant l'observation de l'ordonnance relative aux chiens et boule-dogues.*

Paris, le 10 juin 1868.

Depuis quelque temps, les accidents causés par les chiens sont devenus plus fréquents et les rapports des agents signalent, dans presque tous les quartiers de Paris, des morsures plus ou moins graves faites par ces animaux. Le nombre de chiens soupçonnés d'être atteints de la rage s'est également accru dans ces derniers mois.

Ces diverses circonstances imposent à l'administration le devoir d'assurer la stricte exécution de l'ordonnance de police du 27 mai 1845.

Le public est en conséquence prévenu que des instructions particulières sont données aux agents de l'autorité, pour qu'ils tiennent la main à la rigoureuse exécution de toutes les prescriptions de l'ordonnance précitée (1).

Le préfet de police, J.-M. PIETRI.

———◦———

N° 4318. — *Arrêté portant suppression de la société d'ouvriers de l'entrepôt général des boissons et du port annexe.*

Paris, le 10 juin 1868.

Nous, préfet de police,

Vu : 1° l'ordonnance royale du 22 mars 1833 relative à l'entrepôt général des boissons, à Paris, et notamment l'article 18 dont le premier paragraphe est ainsi conçu :

« Les entrepreneurs pourront confier la manutention de leurs mar» chandises et faire exécuter leurs travaux par telles personnes qu'ils » jugeront convenable, sauf les règlements de police » ;

2° Les arrêtés de nos prédécesseurs, en date des 21 janvier 1840 et 25 janvier 1856, portant règlements de police pour les travaux à l'entrepôt général et sur le port annexe ;

Considérant que, dans l'état actuel des choses, la société d'ouvriers tonneliers dérouleurs, chargeurs et déchargeurs de l'entrepôt général des boissons et du port annexe, ne répond plus aux nécessités en vue desquelles elle avait été établie par les arrêtés sus-visés ;

Vu les décisions de Son Exc. le ministre de l'agriculture, du commerce et des travaux publics, en date des 5 mai dernier et 13 juin courant, la dernière approbative du présent arrêté,

———

(1) V. l'avis du 8 mai 1862, au présent vol., p. 6.

Arrêtons ce qui suit :

1. Les arrêtés de police sus-visés, des 21 janvier 1840 et 25 juillet 1856, sont et demeurent rapportés.

En conséquence, est supprimée la société d'ouvriers établie par lesdits arrêtés, pour la manutention des marchandises dans l'entrepôt général des boissons et sur le port annexe.

2. Les ouvriers faisant partie de la société dont il s'agit sont tenus de remettre, dans le délai d'un mois, au bureau d'inspection du port annexe, les commissions et médailles qui leur ont été délivrées par la préfecture de police.

3. L'inspecteur général de la navigation et des ports est chargé d'assurer l'exécution du présent arrêté qui sera imprimé, publié et affiché partout où besoin sera.

Le préfet de police, J.-M. PIETRI.

N° 4319. — *Ordonnance concernant la vente en gros du poisson d'eau douce aux halles centrales de Paris.*

Paris, le 18 juillet 1868.

Nous, préfet de police,

Vu l'ordonnance du 23 février 1867, concernant la vente en gros de la marée, qui dispose que les tours de vente seront réglés suivant l'ordre successif des arrivages et proportionnellement au poids total de chaque expédition individuelle ;

Considérant que cette mesure, qui a donné les meilleurs résultats depuis sa mise en pratique, n'est appliquée qu'à la vente de la marée, tandis que la vente du poisson d'eau douce est encore soumise à un ancien usage, suivant lequel les chances favorables de vente ne se trouvent pas toujours équitablement réparties entre les divers expéditeurs ;

Considérant que le meilleur moyen de prévenir les abus qui peuvent résulter de cet état de choses est d'appliquer à la vente en gros du poisson d'eau douce les règles prescrites pour la vente de la marée, par notre ordonnance précitée du 23 février 1867,

Ordonnons ce qui suit :

1. A partir du lundi 3 août prochain, la présentation des marchandises à la criée du poisson d'eau douce sera réglée d'après les envois de chaque expéditeur.

2. Les tours de vente seront établis de telle sorte, que les marchandises des divers expéditeurs soient présentées alternativement et suivant l'ordre successif des arrivages.

Le nombre des lots à passer par tour de vente sera proportionnel au poids total de l'expédition individuelle dont ils feront partie, savoir :

Un lot, par centaine ou fraction de centaine de kilogrammes, sans distinction de nature de marchandises, sauf en ce qui concerne les écrevisses ;

En deux lots, par centaine ou fraction de centaine de kilogrammes d'écrevisses.

3. Chaque expédition, selon le mode de transport, devra être accompagnée, soit d'une lettre de voiture, soit du récépissé de chemin de fer portant le nom de l'expéditeur et indiquant le poids de la marchandise, le nombre de paniers, le lieu, le jour et l'heure de départ.

Ces lettres ou récépissés devront être remis aux préposés de l'administration pour obtenir le placement immédiat de la marchandise.

Tout chargement pour lequel ne seront pas produites les pièces mentionnées ci-dessus, ne prendra rang, aux bancs de vente, qu'après l'épuisement des autres expéditions.

4. La présente ordonnance sera imprimée, publiée et affichée.

L'inspecteur général des halles et marchés et les employés sous ses ordres, sont chargés d'en assurer l'exécution.

Le préfet de police, J.-M. PIETRI.

N° 4320. — *Ordonnance concernant le passage des bateaux à l'écluse du Port-à-l'Anglais, pendant les réparations à effectuer d'urgence à ladite écluse.*

Paris, le 11 août 1868.

Nous, préfet de police,

Vu : 1° le rapport de M. l'ingénieur en chef de la navigation de la Seine (1re section), relatif aux travaux de réparation à exécuter d'urgence aux perrés du sas de l'écluse du Port-à-l'Anglais; ensemble celui de M. l'inspecteur général de la navigation et des ports;

2° Les arrêtés des consuls des 12 messidor an VIII et 3 brumaire an IX et la loi du 10 juin 1853;

3° L'ordonnance de police du 25 mai dernier, rendue pour la publication et la mise à exécution, dans le ressort de la préfecture de police, du règlement ministériel provisoire de la navigation de la Seine et de l'Yonne entre le Port-à-l'Anglais et Laroche, — règlement en vertu duquel la navigation de nuit peut être rendue obligatoire dans certains cas déterminés (article 1er, titre III),

Ordonnons ce qui suit :

1. Les travaux urgents de réparation à exécuter à l'écluse du Port-à-l'Anglais, nécessitant la suspension de la navigation de jour, du 15 du présent mois au 1er septembre prochain, les bateaux et les trains de bois ne seront éclusés au barrage du Port-à-l'Anglais, pendant cette période, que de 7 heures du soir à 5 heures du matin.

2. Les bateaux et les trains stationneront, pendant le jour, par ordre d'arrivée, en tête des poteaux indiquant les limites de garage d'amont et d'aval.

3. L'éclusier du barrage et du Port-à-l'Anglais et les conducteurs de bateaux, trains ou convois de bateaux se conformeront strictement aux dispositions des articles 2 du titre 1er et 10 du titre III du règle-

ment ministériel provisoire, concernant l'éclairage des écluses et des bateaux.

4. Les ingénieurs de la navigation de la Seine (1re section), l'inspecteur général de la navigation et des ports, les maires et les commissaires de police des communes riveraines, et les agents sous leurs ordres, sont chargés, chacun en ce qui le concerne, d'assurer l'exécution de la présente ordonnance, qui sera imprimée, publiée et affichée.

Des exemplaires en seront envoyés au colonel, chef de la 1re légion de la gendarmerie impériale, pour qu'il tienne la main à son exécution.

Le préfet de police, J.-M. PIETRI.

———◦———

N° **4321.** — *Ordonnance concernant les mesures d'ordre et de sûreté à observer pendant la fête nationale du 15 août 1868* (1).

Paris, le 12 août 1868.

———◦———

N° **4322.** — *Ordonnance concernant l'ouverture de la chasse* (2).

Paris, le 12 août 1868.

———◦———

N° **4323.** — *Ordonnance concernant les mesures d'ordre et de sûreté à observer à l'occasion des fêtes de Saint-Cloud* (3).

Paris, le 2 septembre 1868.

———◦———

N° **4324.** — *Ordonnance concernant la vérification périodique des poids et mesures pour l'année 1869* (Poinçon portant la lettre D) (4).

Paris, le 26 décembre 1868.

———

(1) V. l'ord. du 12 août 1869.
(2) V. l'ord. du 18 août 1872.
(3) V. l'ord. du 5 septembre 1872.
(4) V. l'ord. du 3 décembre 1872.

1869.

N° **4325.** — *Ordonnance concernant l'échenillage* (1).

Paris, le 16 janvier 1869.

N° **4326.** — *Ordonnance concernant la clôture de la chasse* (2).

Paris, le 26 janvier 1869.

N° **4327.** — *Ordonnance concernant les mesures d'ordre à observer pendant les divertissements du carnaval* (3).

Paris, le 1er février 1869.

N° **4328.** — *Arrêté concernant l'examen des candidats aux fonctions de vérificateur-adjoint des poids et mesures* (4)

Paris, le 12 février 1869.

N° **4329.** — *Ordonnance concernant la foire aux jambons* (5).

Paris, le 15 mars 1869.

N° **4330.** — *Ordonnance concernant l'occupation du port de Suresne.*

Paris, le 10 avril 1869.

Nous, préfet de police,

Vu : 1° l'arrêté du gouvernement du 12 messidor an VIII (1er juillet 1800) et la loi du 10 juin 1853, qui règlent les attributions du préfet de police dans le département de la Seine ;

(1) V. l'ord. du 10 janvier 1872.
(2) V. l'ord. du 26 janvier 1872.
(3) V. l'ord. du 13 février 1870.
(4) V. l'ord. du 22 juillet 1871.
(5) V. l'ord. du 15 mars 1872.

2° L'ordonnance du 25 octobre 1840, concernant la police de la navigation, des rivières, des canaux et des ports dans le ressort de la préfecture de police ;

3° Le rapport par lequel M. l'ingénieur en chef de la navigation de la Seine (3e section) demande, dans l'intérêt de la conservation du barrage de Suresnes, une réglementation spéciale à ce port, pour le stationnement, le chargement et le déchargement des bateaux qui y seront amenés,

Ordonnons ce qui suit :

1. Indépendamment des dispositions générales de l'ordonnance de police du 25 octobre 1840 sus-visée, notamment de celles formulées par les articles 55 et suivants,(§ 1er du chapitre 5, relatif à la police des ports de chargement et de déchargement), les dispositions particulières prescrites par les articles suivants seront appliquées au port de Suresnes.

(Ce port comprend tout le terre-plein qui s'étend depuis le pont suspendu jusqu'à 35 mètres de l'entrée de l'écluse.)

2. En temps ordinaire, c'est-à-dire lorsque le barrage sera complétement fermé, les chargements et déchargements pourront s'effectuer indifféremment sur une partie quelconque du port, et conformément, toutefois, aux prescriptions de l'article 57 de l'ordonnance précitée.

3. Aussitôt que l'état de la rivière aura exigé l'enlèvement de deux aiguilles par travée du barrage, l'abordage et le stationnement des bateaux seront interdits dans la partie comprise entre la rampe d'abreuvoir et l'écluse ; les bateaux à quai, dans cette partie, devront immédiatement quitter la place et se ranger le long du port, entre le pont suspendu et la rampe d'abreuvoir.

4. Dans le cas prévu en l'article précédent, si toute la longueur du quai était occupée par des bateaux en stationnement réglementaire, les bateaux en destination de Suresnes, venant du haut de la Seine, devront s'arrêter à 200 mètres en amont du pont suspendu, ceux venant du bas, à 100 mètres en aval de l'entrée de l'écluse : les uns et les autres se rangeront alors le long du chemin de halage.

5. Les ingénieurs de la navigation de la Seine (3e section), l'inspecteur général de la navigation et des ports et les agents sous leurs ordres, sont chargés, chacun en ce qui le concerne, d'assurer l'exécution de la présente ordonnance, qui sera imprimée, publiée et affichée.

Le préfet de police, J.-M. PIETRI.

────────◦◦────────

N° **4331.** — *Ordonnance concernant les baignades en rivière dans le ressort de la préfecture de police* (1).

Paris, le 10 mai 1869.

──────────────────────

(1) V. l'ord. du 18 mai 1872.

N° **4332.** — *Service des bateaux à vapeur omnibus dans Paris.*

Paris, le 15 mai 1869.

Nous, préfet de police,

Vu : 1° l'arrêté des consuls du 12 messidor an VIII, qui règle les attributions du préfet de police ;

2° L'ordonnance royale du 23 mai 1843, relative aux bateaux à vapeur qui naviguent sur les fleuves et rivières (1) ;

3° La loi du 21 juillet 1856, concernant les contraventions aux règlements sur les appareils et bateaux à vapeur (2) ;

4° L'arrêté pris par nous, à la date du 10 août 1866, avec l'approbation de Son Exc. le ministre de l'agriculture, du commerce et des travaux publics, à l'effet d'autoriser un service de bateaux à vapeur pour le transport en commun des personnes sur la Seine, entre le pont Napoléon et le viaduc d'Auteuil ; ensemble le cahier des charges annexé audit arrêté ;

5° L'ordonnance de police du 20 septembre 1867, concernant la navigation de nuit dans la traversée de Paris ;

6° La décision ministérielle du 11 de ce mois, approbative de la présente ordonnance,

Ordonnons ce qui suit :

TITRE Ier.

BATEAUX, AGRÈS ET ACCESSOIRES.

1. Pour répondre aux besoins du service de transport des voyageurs sur la Seine, entre le pont Napoléon et le viaduc d'Auteuil, la compagnie des bateaux à vapeur omnibus entretiendra, en état de naviguer, une flottille de seize bateaux à hélice, conformes au type adopté par l'administration.

2. La compagnie ne pourra mettre en service que des bateaux pour lesquels elle aura obtenu des permis de navigation, qui seront délivrés par le préfet de police et renouvelés chaque année, conformément aux prescriptions de l'ordonnance royale du 23 mai 1843.

Après la délivrance des permis de navigation, la compagnie ne pourra modifier aucune partie des bateaux, des chaudières ou des machines, sans l'autorisation préalable du préfet de police.

3. Lorsqu'un bateau aura subi une avarie ou causé un accident, il ne pourra être remis en service que sur l'autorisation spéciale de la préfecture de police.

4. Les foyers des chaudières seront complétement fumivores, ou alimentés au coke.

5. Chaque bateau portera extérieurement, à l'arrière, la devise « *Bateaux Omnibus* », et sur chacun des côtés, à l'avant, un numéro d'ordre.

---

(1) V. cette ordonnance royale, au 4e vol., p. 648.
(2) V. cette loi à l'appendice du présent vol.

Ces indications seront peintes en gros caractères et d'une couleur tranchant sur le fond, de manière à être lisibles des rives.

Le numéro d'ordre sera répété sur le pont des bateaux et à l'intérieur de chaque salon, aux endroits le plus en vue du public.

6. Il y aura à bord de chaque bateau :

1° Deux ancres au moins, pouvant être jetées immédiatement ;

2° Deux bouées de sauvetage en liége placées l'une, sur le capot d'avant; l'autre, sur le capot d'arrière ;

3° Une hache en bon état, à portée du timonier ;

4° Des tubes indicateurs de rechange.

7. En raison de la petite dimension des bateaux, de leur facilité d'évolution, du nombre et de la proximité des escales, la compagnie est dispensée de pourvoir chaque bateau d'un canot, d'une boîte fumigatoire et de manomètres de rechange, à la condition de se conformer scrupuleusement aux prescriptions des articles 16, 17 et 18 ci-après.

TITRE II.

ÉQUIPAGES DES BATEAUX.

8. L'équipage de chaque bateau sera composé d'un timonier et d'un mécanicien commissionnés par la préfecture de police, d'un chauffeur et d'un marinier.

Il y aura également à bord un préposé de la compagnie, qui, indépendamment des diverses fonctions que lui assigne la présente ordonnance, sera chargé de maintenir l'ordre et pourra être employé à la recette du prix des places.

Ce préposé devra rendre compte, aux inspecteurs du service de la navigation et des ports, des faits pouvant intéresser la sûreté de la navigation.

9. Le timonier, le mécanicien et le chauffeur ne pourront quitter leur poste, sous aucun prétexte, tant que le bateau ne sera pas amarré à l'une des stations extrêmes.

10. Le marinier devra, autant que possible, se tenir à l'avant du bateau lorsque celui-ci sera en marche.

Il aidera le pontonnier à amarrer le bateau au ponton.

11. Il est défendu à tous les gens d'équipage et aux préposés de fumer pendant leur service.

12. A l'exception des mécaniciens et des chauffeurs, les gens d'équipage et les préposés porteront, lorsqu'ils seront de service, un uniforme dont le modèle devra être préalablement agréé par la préfecture de police.

TITRE III.

PONTONS-EMBARCADÈRES.

13. L'embarquement et le débarquement des voyageurs ne pourront se faire qu'au moyen de pontons flottants reliés à la rive par des passerelles.

L'emploi, à cet usage, de batelets ou de simples planches est formellement interdit.

Aucun ponton-embarcadère ne pourra être installé sur un point quelconque de la rivière sans l'autorisation préalable de l'autorité compétente.

14. L'accès des pontons sera permis, sous la responsabilité de la compagnie, à l'approche des bateaux, aux voyageurs partants, sans que ceux qui seront admis puissent, par leur nombre, gêner la sortie des voyageurs qui débarquent.

15. Il y aura sur chaque ponton, pendant toute la durée du service, un marinier pour aider à l'amarrage des bateaux.

16. Les pontons du pont Napoléon, de la Tournelle, de la Grève et d'Auteuil seront pourvus, chacun, d'une embarcation de secours munie de ses agrès.

Aux autres pontons il y aura constamment une bouée de sauvetage prête à être mise à l'eau.

17. A chaque station il y aura une boîte de secours garnie des objets ci après :

Une chemise en laine ; un bonnet et des frottoirs en laine ; un flacon d'ammoniaque ; un flacon d'éther ; deux brosses ; un levier en bois ; une cuiller ; une paire de forts ciseaux ; plusieurs paquets d'émétique de dix centigrammes chacun ; des bandes ; des compresses ; de la charpie ; des plumes d'oie ; du taffetas d'Angleterre.

18. Des manomètres de rechange seront déposés, en nombre suffisant, à la station la plus rapprochée des ateliers de la compagnie.

19. A chaque embarcadère, des écriteaux seront apposés pour indiquer au public les escales, tant en amont qu'en aval, le prix du transport et l'heure des derniers voyages de la journée.

Lorsque le service ordinaire devra être interrompu ou modifié, le public en sera prévenu par des avis que la compagnie fera placarder à toutes les stations.

TITRE IV.

EMBARQUEMENT ET DÉBARQUEMENT DES VOYAGEURS.

20. La compagnie prendra les dispositions nécessaires pour que la différence de niveau entre le plancher des pontons-embarcadères et le pont des bateaux ne soit, en aucun cas, supérieure à trente centimètres.

21. Les préposés n'ouvriront les portes des bateaux qu'après la complète exécution des manœuvres d'amarrage aux pontons.

Le débarquement et l'embarquement étant terminés, le préposé fermera la porte du bateau et donnera au timonier le signal de mise en marche.

22. Il sera procédé d'abord au débarquement, ensuite à l'embarquement des voyageurs.

Les voyageurs devront s'embarquer suivant leur tour d'arrivée à la station.

Les préposés aideront les voyageurs, et surtout les femmes et les enfants, à embarquer et à débarquer.

Les enfants au-dessous de trois ans doivent être portés sur les bras par les personnes qui les accompagnent, tant à l'embarquement qu'au débarquement.

Il est défendu aux voyageurs de s'embarquer après que le signal de mise en marche aura été donné, et de débarquer avant que le bateau soit amarré au ponton.

23. A l'arrivée des bateaux aux stations extrêmes de la ligne, il ne pourra rester aucun voyageur à bord.

TITRE V.

VOYAGES.

24. Les bateaux circuleront dans le grand bras de la Seine, à l'exclusion du petit bras de la Cité.

25. Le service de la compagnie des bateaux omnibus sera quotidien.

Néanmoins, la compagnie devra le suspendre partiellement ou complétement, sur un simple avis de la préfecture de police, en temps de brouillard, de glaces, de basses eaux, ou en cas de débordement de la rivière.

26. Le service commencera, au plus tard chaque matin : à sept heures, du 1er avril au 30 septembre ; et à huit heures, du 1er octobre au 31 mars.

Il ne devra pas se terminer avant la chute du jour.

La compagnie ne pourra le prolonger après la tombée de la nuit qu'en se conformant aux dispositions spéciales prescrites, au titre VII ci-après, pour l'éclairage des bateaux et des pontons.

27. Les départs des stations extrêmes ne pourront être espacés de plus de quinze minutes, du 1er avril au 30 septembre ; et de vingt minutes, du 1er octobre au 31 mars.

L'intervalle entre deux départs consécutifs sera de cinq minutes au moins.

28. Les bateaux en service ordinaire devront, à moins de cas de force majeure, effectuer le parcours dans toute son étendue.

Ils devront faire toutes les escales indiquées sur les écriteaux mentionnés en l'article 19 ci-dessus, à moins qu'un ponton ne soit obstrué par un bateau marchand ou par un trait de touage.

29. La compagnie pourra être autorisée par décision spéciale du préfet de police, en cas de grande affluence de public, à organiser des voyages supplémentaires, de l'une à l'autre des stations intermédiaires, sans toutefois qu'il puisse jamais être dérogé aux articles précédents, en ce qui concerne le service ordinaire.

30. Les préposés, avant de toucher à une station, devront l'annoncer aux voyageurs. Après l'arrivée aux pontons, pendant le débarquement, ils feront connaître à haute voix les diverses escales que doit encore faire le bateau.

31. Il est défendu aux gens d'équipage d'un bateau de la compagnie ayant des voyageurs à bord, de prendre en remorque aucune embarcation, à moins qu'elle ne se trouve en détresse avec des passagers.

32. Les préposés visiteront les bateaux après chaque voyage.

Les objets oubliés, qui n'auront pu être restitués immédiatement aux voyageurs, devront être remis, dans les vingt-quatre heures, au siége de la compagnie, pour être déposés à la préfecture de police, s'ils ne sont pas réclamés dans les trois jours.

TITRE VI.

TARIF DU PRIX DES PLACES.

33. Le prix des places dans les bateaux omnibus est fixé à 25 centimes par personne.

Les sous-officiers et soldats en uniforme ne paieront que 15 centimes.

Les enfants âgés de moins de trois ans ne paieront pas et seront tenus sur les genoux. Les enfants âgés de trois ans et au-dessus paieront place entière.

34. Les membres de la commission de surveillance des bateaux à vapeur ont droit à la franchise de passage, sur la simple présentation des cartes personnelles de service qui leur sont délivrées par nous.

La compagnie est tenue, aux termes de l'article 8 de son cahier des charges, de recevoir à bord et de transporter gratuitement les ingénieurs, conducteurs, agents des ponts et chaussées et inspecteurs attachés aux services de la navigation.

Elle délivrera à chacun des fonctionnaires, ainsi qu'aux employés ci-dessus désignés, dont les listes lui seront remises par les chefs de chaque service, des cartes personnelles de circulation.

Les titulaires de ces cartes les présenteront aux préposés-receveurs pour justifier de leur droit au voyage gratuit.

TITRE VII.

MANOEUVRES, SIGNAUX, ÉCLAIRAGE.

35. En raison de leur facilité à opérer le virage sous vapeur et sous chargement, les bateaux omnibus pourront accoster ou quitter les pontons en employant cette manœuvre, toutes les fois qu'elle sera avantageuse pour la célérité du service et qu'elle ne gênera pas la marche des autres bateaux.

36. Pour faire escale, les timoniers devront faire accoster parfaitement les bateaux aux pontons, et de manière que la porte du bateau se trouve vis-à-vis de celle du ponton. Après quoi, les pontonniers et les mariniers amarreront solidement les bateaux, de l'avant et de l'arrière.

37. Lorsque deux bateaux, marchant en sens contraire, se trouveront en présence pour aborder au même ponton, le bateau montant devra céder la place au bateau descendant, et se tenir assez au large pour ne point gêner les manœuvres.

38. Lorsqu'un bateau en descente sera près d'accoster le ponton de la Grève, le pontonnier devra le signaler en aval : le jour, au moyen d'un drapeau bleu, et la nuit, par une lanterne.

39. Dans les passes étroites, et principalement dans celles du Pont-Neuf, les bateaux descendants ralentiront le jeu de la machine, et les bateaux montants ne devront s'y engager que lorsque le passage sera libre.

40. Autant que possible, les bateaux marchant en sens contraire prendront, au passage sous les ponts, des arches différentes.

Dans le cas où le passage ne pourra s'effectuer que par la même arche, les timoniers devront faire ralentir la marche des bateaux et prendre toutes les précautions désirables.

41. Les timoniers ne feront aucune manœuvre dans le but d'entraver ou de retarder la marche des autres bateaux à vapeur ou de toute autre embarcation.

Ils diminueront la vitesse des bateaux, ou même ils les feront arrêter, toutes les fois que la continuation de la marche pourrait donner lieu à des accidents.

42. Les mécaniciens devront obtempérer aux ordres des timoniers, ces derniers étant responsables des manœuvres.

Ils les préviendront immédiatement des accidents à la machine ou du manque de pression qui surviendraient en cours de navigation.

43. Le marinier de chaque équipage sera muni d'un cornet qu'il fera entendre, pour signaler l'approche du bateau, lorsqu'il arrivera aux escales, et toutes les fois qu'une embarcation ou un train se trouvera sur sa route.

44. Les feux d'éclairage devront, en cas de prolongation de service, être allumés dès la chute du jour, tant sur les bateaux que sur les pontons et à l'entrée des passerelles.

Les bateaux porteront deux feux blancs à l'avant et deux feux rouges à l'arrière, et les pontons seront signalés par un feu vert.

Ces feux seront produits au moyen de lanternes conformes aux modèles acceptés par la préfecture de police.

Les passerelles seront suffisamment éclairées par les moyens ordinaires.

TITRE VIII.

MESURES GÉNÉRALES D'ORDRE ET DE POLICE.

45. Les préposés ne pourront, sous aucun prétexte, refuser de recevoir des voyageurs à bord, lorsque le nombre maximum de passagers, fixé par le permis de navigation, ne sera pas complété.

46. Conformément à l'art. 68 de l'ordonnance royale du 23 mai 1843, il y aura, à bord de chaque bateau, un registre dont toutes les pages devront être cotées et seront paraphées par le secrétaire général de la préfecture de police, et sur lequel les voyageurs auront la faculté de consigner leurs observations en ce qui pourrait concerner le départ, la marche et la manœuvre du bateau, les avaries ou accidents quelconques et la conduite de l'équipage. Ces observations seront suivies de la signature et de l'indication de domicile des voyageurs qui les auront faites.

Le préposé pourra également consigner sur ce registre les observations qu'il jugerait convenables, ainsi que tous les faits qu'il lui paraîtrait important de faire attester par les passagers.

Un registre semblable sera mis à bord de chaque ponton à la disposition du public.

47. Dans chaque salle où se tiennent les voyageurs sera affiché un
tableau indiquant :

1° La durée moyenne des voyages, tant en montant qu'en descendant, et en ayant égard à la hauteur des eaux ;

2° La situation des escales ;

3° Le nombre maximum des voyageurs ;

4° La faculté qu'ils ont de consigner leurs observations sur les
registres ouverts à cet effet, tant sur les bateaux que sur les pontons ;

5° Le tarif des places.

48. Il est défendu aux préposés : de laisser monter sur les bateaux
des individus en état d'ivresse ou vêtus d'une manière nuisible ou
incommode pour les autres voyageurs ; et d'y recevoir des colis qui,
par leur nature, leur volume ou leur odeur, peuvent salir, gêner ou
incommoder les passegers.

49. Il est défendu aux préposés d'admettre, et aux voyageurs d'introduire des chiens à bord des bateaux.

50. Défense est faite aux voyageurs :

1° De faire manœuvrer les portes des bateaux ou des pontons ;

2° De déposer aucun objet sur les banquettes et d'y occuper abusivement plus que la place nécessaire pour s'asseoir ;

3° De faire passer aucun objet, ni d'allonger les bras en dehors des
bateaux, par les fenêtres des salons ;

4° De crayonner sur quelque partie que ce soit des bateaux, et de
les endommager d'une manière quelconque ;

5° De s'asseoir sur les lisses formant garde-corps ;

6° De monter sur les bancs, sur les capots des salons et sur la partie
de l'arrière où se trouve l'escalier conduisant à la machine ;

7° De se placer, à l'avant et à l'arrière, en dehors des salons, sur
les parties réservées aux manœuvres ;

8° De s'introduire dans le local des machines ;

9° De fumer dans le salon d'avant des bateaux.

51. Il est défendu d'établir des cantines à bord des bateaux et dans
les embarcadères, et d'y débiter des boissons.

Défense est faite aux voyageurs d'apporter du vin ou des liqueurs
pour les boire à bord des bateaux, dans les stations ou à leurs abords.

52. Il est expressément défendu de troubler l'ordre, soit sur les
bateaux, soit dans les embarcadères et leurs dépendances, par des rixes,
querelles, tapages, cris, chants ou jeux quelconques.

53. Défense est faite aux marchands colporteurs, aux musiciens et
chanteurs ambulants, aux saltimbanques, aux crieurs et distributeurs
d'imprimés, d'exercer leur industrie sur les bateaux et aux abords des
embarcadères.

Les gens d'équipage et préposés de la compagnie, à bord des bateaux ou des embarcadères, ne pourront y faire aucun commerce ni
s'y livrer à aucune occupation étrangère à leur service.

54. Il est défendu de placer des affiches ou annonces autres que celles relatives au service des bateaux omnibus, tant aux abords des embarcadères que sur les passerelles et pontons et à l'extérieur des bateaux.

La compagnie ne pourra placarder des annonces étrangères à son entreprise, que dans les salons des bateaux et à l'intérieur des abris des quais.

Aucune annonce ne pourra occuper les vitres latérales des salons.

Sur les panneaux, près des portes de chaque salon, des places seront réservées aux affiches officielles.

55. La présente ordonnance sera constamment affichée, par les soins de la compagnie, à bord des bateaux, dans chaque salon et à l'entrée de chaque station.

TITRE IX.

DISPOSITIONS GÉNÉRALES.

56. Indépendamment des obligations ci-dessus prescrites, la compagnie et ses agents se conformeront aux lois et règlements, faits ou à faire, concernant la police de la navigation et des bateaux à vapeur, ainsi qu'aux ordonnances et arrêtés qui seraient rendus par les autorités compétentes.

57. Les contraventions aux dispositions qui précèdent seront constatées par des procès-verbaux ou rapports qui nous seront transmis.

Il sera pris à l'égard des employés de la compagnie, en cas de plaintes fondées contre eux ou d'infraction à la présente ordonnance, telles mesures administratives qu'il appartiendra, sans préjudice des poursuites à exercer devant les tribunaux.

58. L'ingénieur en chef des mines, chargé du service des appareils à vapeur dans le département de la Seine, l'ingénieur en chef de la navigation de la Seine (2e section), l'inspecteur général de la navigation et des ports, le chef de la police municipale, les commissaires de police, et les agents sous leurs ordres, sont chargés, chacun en ce qui le concerne, d'assurer l'exécution de la présente ordonnance, qui sera imprimée, publiée et affichée.

Des exemplaires en seront adressés à MM. les membres de la commission de surveillance des bateaux à vapeur dans le département de la Seine, au colonel de la garde de Paris, et au colonel, chef de la première légion de la gendarmerie impériale, qui sont requis de tenir la main à son exécution.

Le préfet de police, **J.-M. PIETRI.**

N° 4333. — *Ordonnance concernant la visite générale des tonneaux de porteurs d'eau* (1).

Paris, le 16 mai 1869.

---

(1) V. l'ord. du 2 mai 1872.

N° **4334.** — *Arrêté concernant la mise en fourrière des animaux saisis ou abandonnés dans les dépendances du marché aux bestiaux de La Villette.*

Paris, le 1er juin 1869.

Nous, préfet de police,

Vu : 1° le décret du 18 juin 1811, article 39 (1) ;

2° L'ordonnance royale du 23 mai 1830, qui désigne les objets vacants et sans maître, qui doivent être remis par la préfecture de police à l'administration des domaines pour être vendus au profit de l'Etat (art. 1er § 6) ;

3° Les décisions de M. le ministre des finances en date du 29 octobre 1829 et du 27 juin 1833, desquelles il résulte que les frais de fourrière doivent être payés intégralement par l'administration des domaines, quel que soit le prix de la vente de l'objet, lorsque cette vente a été ordonnée dans le délai prescrit par le décret précité du 18 juin 1811 ;

4° L'arrêté du 14 mai 1832, en ce qui concerne la vente des animaux déposés à la fourrière (2) ;

5° L'arrêté du 28 février 1839, relatif à la mise en fourrière des animaux saisis ou abandonnés sur la voie publique (3) ;

6° L'ordonnance de police en date du 31 août 1842, concernant les chevaux et autres animaux vicieux ou attaqués de maladies contagieuses (4) ;

7° L'article 24 de l'ordonnance de police du 12 octobre 1867, concernant la police du marché aux bestiaux de La Villette, et ainsi conçu :

« Les animaux de boucherie et de charcuterie qui seront aban-
» donnés sur le marché ou qui s'y trouveront sans propriétaires connus,
» et ceux qu'il y aura lieu de consigner d'office pour faire cesser les
» contraventions aux règlements, seront conduits à la fourrière spé-
» ciale établie dans les dépendances de l'établissement. »,

Arrêtons ce qui suit :

1. La fourrière établie au marché aux bestiaux de La Villette est spécialement et exclusivement destinée aux animaux de boucherie et de charcuterie saisis ou abandonnés dans ledit marché et ses dépendances.

2. L'inspecteur principal, chef du service de police sur le marché aux bestiaux de La Villette, est chargé de la direction et du contrôle de cette fourrière.

Le garçon de bureau de l'inspection du marché y remplira l'office de gardien.

3. Les animaux qu'il y aura lieu de consigner en fourrière, y seront conduits par les soins des agents mentionnés en l'article précédent,

---

(1) V. ce décret, au 4e vol., p. 342.
(2) V. cet arrêté, au 3e vol., p. 13.
(3) V. cet arrêté, au 3e vol., p. 300.
(4) V. cette ordonnance, au 3e vol., p. 551.

qui requerront à cet effet, s'il y a lieu, l'aide d'ouvriers du marché dont le salaire sera réglé conformément au tarif ci-annexé.

L'inspecteur contrôleur nous transmettra, le jour même de leur entrée en fourrière, un état indiquant le numéro d'ordre et l'espèce des animaux.

4. Il sera tenu au bureau d'inspection du marché un registre sur lequel seront inscrits, jour par jour et par ordre numérique, les bestiaux entrés à la fourrière.

Ce registre contiendra :

1º Le signalement des animaux ;

2º La date et l'heure de leur entrée ;

3º Les noms et domiciles des individus aux frais desquels ils auraient été consignés, en cas de contravention ;

4º Les sommes dues au gardien pour remboursement des frais mentionnés en l'article 8 ci-après ;

5º La date de la sortie des animaux, avec mention de leur remise au propriétaire ou au domaine.

Ledit registre sera communiqué à toute personne qui en fera la demande pour faciliter la recherche des animaux perdus, mais préalablement à cette communication, le réclamant devra faire connaître ses nom, profession et domicile, les circonstances qui ont motivé la mise en fourrière des animaux recherchés et le signalement de ces derniers.

5. Les réclamations devront être portées au bureau de l'inspection du marché, de 8 à 10 heures du matin et de 3 à 5 heures du soir, les dimanches et fêtes exceptés.

6. L'entrée de la fourrière est interdite au public.

Les personnes qui viendront reconnaître les animaux consignés devront être autorisées à les visiter par l'inspecteur contrôleur et seront accompagnées, dans cette visite, par ce chef de service ou par le gardien.

7. Les animaux consignés ne seront rendus, s'il y a lieu, après justifications suffisantes de la part du réclamant, qu'en vertu d'un ordre de sortie délivré par l'inspecteur contrôleur de la fourrière, sous sa responsabilité personnelle et à la charge de nous en rendre compte dans le plus court délai.

Les frais mentionnés en l'article suivant seront préalablement acquittés par les réclamants, et il leur en sera délivré quittance détaillée, signée par le gardien et revêtue du visa de l'inspecteur contrôleur.

8. Les seules dépenses à supporter par les parties intéressées, lors de la sortie des animaux, sont :

1º Les frais de conduite en fourrière, conformément au tarif annexé au présent arrêté ;

2º Le remboursement du prix de nourriture et de litière, d'après le tarif périodique publié par M. le sénateur, préfet de la Seine ;

3º Le droit de séjour payé à la régie du marché d'après les tarifs fixés par les arrêtés de M. le préfet de la Seine ;

4º Et le salaire du gardien de la fourrière, pour les soins donnés aux animaux pendant leur séjour, conformément au tarif annexé au présent arrêté.

9. Les fournitures à faire par le gardien de la fourrière, pour la

nourriture et la litière des animaux, sont fixées, pour **24 heures**, savoir :

Pour un bœuf.	}	à 10 kilog. » gr. de foin,
— un taureau	}	et 2 — 500 de paille.
— une vache.	}	

| Pour un veau. . . . . | { | à » kilog. 500 gr. de farine d'orge, |
| | { | et 1 — 225 de paille. |

| Pour une chèvre. . . . . . | } | à 2 kilog. 500 gr. de foin. |
| — un mouton . . . . | } | |

Pour **20 moutons**, la litière se composera de **5 kilog.** de paille.

	{	à 2 kilog. » gr. de son,
Pour un porc.	{	2 — » de remoulage.
	{	et 1 — 225 de paille.

Le gardien de la fourrière sera tenu de diviser la ration des animaux en deux portions égales, dont la première moitié leur sera donnée à **7 heures** du matin, et la seconde à **6 heures** du soir.

10. Après un délai de 8 jours francs, les animaux conduits en fourrière, qui n'auraient pas été réclamés, seront remis, pour être vendus, à l'administration des domaines, conformément aux dispositions du décret du 18 juin 1811 et de l'ordonnance royale du 23 mai 1830.

Pour l'exécution de cette prescription, l'inspecteur contrôleur devra, dès le cinquième jour, informer la préfecture de police, qui prendra les mesures nécessaires pour la remise des animaux au domaine, d'après les règles établies, à moins que, dans l'intervalle du cinquième au huitième jour, lesdits animaux ne soient restitués à leur propriétaire.

11. Conformément à l'article 3 de l'ordonnance royale du 23 mai 1830, la remise des animaux devra être faite par l'inspecteur contrôleur de la fourrière au receveur des domaines du xixe arrondissement, chargé de la vente, sur un inventaire double qui indiquera la nature, la quantité, le signalement, le numéro d'entrée des bestiaux, le nom de l'ancien propriétaire, s'il est connu, et tous les autres renseignements qui pourront être utiles.

Cet inventaire sera signé, tant par l'inspecteur contrôleur de la fourrière que par le receveur des domaines.

12. Toutes les fois qu'il aura été procédé à la vente d'animaux consignés à la fourrière, l'inspecteur contrôleur nous transmettra, sans délai, avec le double de l'inventaire mentionné en l'article précédent, le mémoire certifié par lui des frais de conduite, nourriture, séjour, etc., prévus par l'article 8 ci-dessus.

13. Les préposés du marché signaleront les animaux atteints ou soupçonnés d'être atteints de maladies contagieuses, au commissaire de police du quartier du Pont-de-Flandre, qui les fera conduire à la fourrière de la rue de Pontoise et procèdera, conformément aux arrêts du conseil des 19 juillet 1746 et 16 juillet 1784 (1), aux articles 459,

---

(1) V. ces arrêts, au 4e vol., p. 89 et 138.

460 et 461 du code pénal et à l'ordonnance de police du 31 août 1842.

14. Les animaux, autres que ceux de boucherie et de charcuterie, et les objets non périssables qu'il y aura lieu de consigner en fourrière, seront également mis par les préposés du marché à la disposition du commissaire de police, qui les enverra à l'établissement de la rue de Pontoise, par application de l'arrêté du 28 février 1839.

15. Le présent arrêté sera imprimé et affiché à la fourrière du marché aux bestiaux de La Villette et sur le marché même.

Il sera adressé à M. l'inspecteur général des marchés et à M. le commissaire de police du quartier du Pont-de-Flandre, chargés, chacun en ce qui le concerne, d'en assurer l'exécution, et à M. le colonel de la garde de Paris.

Ampliation en sera transmise à M. le sénateur, préfet de la Seine, et à M. le directeur de l'enregistrement et des domaines du département de la Seine.

Le préfet de police, J.-M. PIETRI.

Tarif des frais de la fourrière du marché à bestiaux de La Villette.

FRAIS DE CONDUITE DES ANIMAUX.

	UN ANIMAL.	CHAQUE TÊTE, en plus.
	fr. c.	fr. c.
A PIED.		
Bœufs ou vaches................	0 50	0 15
Veaux ou porcs.................	0 30	0 15
Moutons ou chèvres............	0 15	0 05 jusqu'à 20, 0 01 au-dessus de 20.
AVEC VOITURES. *frais de chargement et de déchargement compris.*		
Bœufs ou vaches................	3 00	» »
Taureaux attachés derrière la voiture.....	1 00	» »
Veaux ou porcs................	1 00	0 25

SALAIRE DU GARDIEN POUR SOINS DONNÉS AUX ANIMAUX, PAR PÉRIODE DE 24 HEURES OU FRACTION DE CETTE PÉRIODE.

ESPÈCES BOVINE ET PORCINE.

Pour chaque animal...................... 0 fr. 25 c.

ESPÈCES OVINE ET CAPRINE.

Un animal........................ 0 fr. 10 c.

Chaque tête en plus..... { jusqu'à vingt........ 0 05
{ au-dessus de vingt.... 0 02

Nota. — Les frais de séjour et de nourriture des bestiaux, sont réglés conformément aux dispositions de l'article 8 de l'arrêté qui précède.

N° **4335.** — *Ordonnance concernant les passages à niveau compris dans le ressort de la préfecture de police* (chemins de fer de l'Ouest).

Paris, le 9 juin 1869.

Nous, préfet de police,

Vu l'ordonnance de police du 11 novembre 1862, rendue en conformité de l'arrêté ministériel du 22 janvier 1862, qui a réglé le service des passages à niveau des chemins de fer de l'Ouest ;

Vu la dépêche de Son Exc. le ministre de l'agriculture, du commerce et des travaux publics, en date du 8 novembre 1868, portant envoi d'un nouvel arrêté de réglementation du même jour, lequel contient les dispositions suivantes :

« Art. 1er. — Les passages à niveau situés sur les chemins de fer de
» l'Ouest, sont classés, en raison de leur importance, en six catégories
» définies ci-après :

Première catégorie.— Passages donnant accès à des voies d'une grande fréquentation.

Deuxième catégorie.— Passages donnant accès à des voies d'une fréquentation moyenne.

Troisième catégorie.— Passages donnant accès à des voies peu fréquentées.

Quatrième catégorie.— Passages établis sous condition d'intermittence.

Cinquième catégorie.— Passages concédés à des particuliers.

Sixième catégorie.— Passages pour piétons.

» Le gardiennage et le service des passages à niveau s'effectuent,
» pour chacune des six catégories, ainsi qu'il est indiqué aux articles
» qui suivent :

PASSAGES DE 1re CATÉGORIE.

» Art. 2. — Pendant le jour, les barrières sont habituellement ou-
» vertes et gardées à vue par un garde sédentaire, homme ou femme.

» Pendant la nuit, les barrières sont fermées et gardées à vue par
» un garde sédentaire qui doit les ouvrir à toute réquisition du public,
» lorsque la voie peut être traversée. Les barrières sont, en outre, éclai-
» rées par deux feux, un de chaque côté de la voie.

» Dans aucun cas, le garde ne pourra s'éloigner de ses barrières
» de plus de dix mètres (10m 00), si son service l'exige, sans les
» avoir, au préalable, fermées à clef.

PASSAGES DE 2e CATÉGORIE.

» Art. 3. — Pendant le jour, les barrières sont habituellement
» fermées et gardées à vue par un garde sédentaire, homme ou femme,
» qui doit les ouvrir à toute réquisition du public, lorsque la voie
» peut être traversée.

» Pendant la nuit, les barrières sont fermées à clef et non gardées ;
» le garde, qui est couché dans la maison voisine du passage, doit
» se lever à l'appel des personnes qui demandent l'ouverture des bar-
» rières.

» Le passage n'est éclairé que par un seul feu, placé du côté de
» la maison du garde.

PASSAGES DE 3ᵉ CATÉGORIE.

» Art. 4. — Les barrières sont ordinairement fermées à clef, pen-
» dant le jour et pendant la nuit : elles sont manœuvrées, soit par un
» garde spécial, homme ou femme, logé dans la maison contiguë au
» passage à niveau (lorsqu'il en existe une), qui, la nuit, doit se lever
» pour livrer le passage aux voitures, quand il est demandé, soit par
» le garde d'un passage à niveau voisin, soit par un des agents char-
» gés de la surveillance et de l'entretien de la voie dans le canton où
» se trouve le passage à niveau. Le passage n'est point éclairé pendant
» la nuit.

PASSAGES DE 4ᵉ CATÉGORIE.

» Art. 5. — Les barrières sont habituellement fermées à clef, le
» jour et la nuit, le service en est fait, aux heures ou aux époques dé-
» terminées par l'administration, par un garde spécial, homme ou
» femme. Le passage n'est pas éclairé pendant la nuit.

PASSAGES DE 5ᵉ CATÉGORIE.

» Art. 6. — Les barrières des passages à niveau, soit pour voitures,
» soit pour piétons, concédés à des particuliers, à charge par eux d'en
» assurer la manœuvre, sont fermées à clef par les propriétaires et
» manœuvrées par eux, sous leur propre responsabilité.

PASSAGES DE 6ᵉ CATÉGORIE.

» Art. 7. — Dans la 6ᵉ catégorie sont rangés tous les passages à
» niveau publics pour piétons, isolés ou accolés à des passages pour
» voitures.

» Ces passages sont munis de petites barrières ou portillons que
» les passants ouvrent eux-mêmes, à leurs risques et périls, et qui se
» referment par leur propre poids ; ils sont munis, dans tous les cas,
» d'appareils qui empêchent l'introduction du bétail.

» Les passages à niveau pour piétons ne sont pas éclairés pendant
» la nuit.

» Art. 8. — Les barrières de 1ʳᵉ catégorie sont fermées, cinq mi-
» nutes avant l'heure du passage des trains, réguliers, facultatifs ou
» annoncés. On les rouvre immédiatement après le passage des trains.
» Comme les trains facultatifs peuvent n'avoir pas lieu, les barrières
» sont ouvertes dix minutes après l'heure réglementaire de leur pas-
» sage, s'ils n'ont pas lieu.

» Pendant le temps où les barrières sont fermées, si le passage est
» demandé, il peut être livré dans les conditions ci-après indiquées
» à l'article 9.

» Art. 9. — Lorsque l'ouverture des barrières est demandée pour
» les passages de 2ᵉ, 3ᵉ et 4ᵉ catégorie, ou pour les passages de 1ʳᵉ ca-
» tégorie, pendant les intervalles où les barrières sont fermées, le
» garde doit s'assurer que les voies peuvent être traversées avant
» l'arrivée d'un train ou d'une machine ; dans ce cas, il ouvre les
» barrières, en commençant par la barrière de sortie, et les referme
» immédiatement.

» Il devra refuser d'ouvrir lorsqu'un train arrivant sera en vue à

» moins de 2 kilomètres ou sera annoncé, soit par la trompe d'appel
» du garde voisin, soit par tout autre moyen.

» Aux passages à niveau qui sont fermés par des barrières manœu-
» vrées à distance, la demande d'ouverture se fait au moyen de son-
» nettes, et, de son côté, l'agent chargé de la manœuvre doit, avant de
» refermer les barrières, en avertir par plusieurs coups de sonnette.

» Art. 10. — Les conditions prescrites pour le service des diverses
» catégories de passages à niveau, ne sont pas absolues ; il pourra
» y être dérogé, dans certains cas, en vertu de décisions spéciales,
» lorsque des circonstances particulières, telles que la fréquentation
» exceptionnelle d'une partie de la ligne, la position exceptionnelle
» de certains passages, etc., le rendront nécessaire.

» Il est, dès à présent, prescrit, comme exception aux règles établies
» ci-dessus, que les barrières des passages à niveau de toutes les
» catégories, compris d'une part, sur les lignes de St-Germain, d'Ar-
» genteuil, de Versailles (R. D.), et le raccordement de Viroflay, et de
» l'autre, entre Paris (Montparnasse) et l'embranchement de Viroflay,
» seront habituellement fermés, à cause de la fréquence des trains
» sur ces parties de la ligne.

» En outre, les passages à niveau de toute catégorie, situés entre
» les signaux avancés des gares, devront être normalement fermés
» lorsqu'il y aura un train en gare, et le passage ne pourra être livré
» aux animaux ou aux voitures, que sur l'ordre du chef de gare ou
» de l'agent chargé de commander les manœuvres du train.

» Art. 11. — La compagnie concessionnaire présentera séparé-
» ment, pour chacun des départements traversés, si elle ne l'a déjà
» fait, des propositions pour le classement des passages à niveau,
» d'après les bases qui précèdent et dans la forme du cadre ci-après.

» Les préfets statueront sur ces propositions, après avoir pris l'avis
» du service du contrôle, par des arrêtés qui seront soumis à l'appro-
» bation ministérielle.

» Art. 12. — Les préfets des départements traversés par les che-
» mins de fer de l'Ouest, les fonctionnaires et agents du contrôle, sont
» chargés de surveiller l'exécution du présent arrêté qui sera notifié
» à la compagnie. »,

Vu les propositions présentées le 22 février 1869 par la compagnie
des chemins de fer de l'Ouest ;

Vu les rapports de MM. les ingénieurs du contrôle, en date des 5 et
11 mars 1869 ;

Vu la loi du 15 juillet 1845 ; ensemble l'ordonnance réglementaire
du 15 novembre 1846 ;

Vu l'art. 2 de l'arrêté de M. le ministre des travaux publics, du
15 avril 1850 ;

En vertu de l'article 72 de l'ordonnance du 15 novembre 1846,

Ordonnons ce qui suit :

1. Les passages à niveau établis dans l'étendue du ressort de la préfecture de police, sur les lignes de Saint-Germain, d'Argenteuil, de Versailles (R.D.) et Versailles (R.G.), sont classés dans les diverses catégories
indiquées dans l'arrêté sus-visé, conformément au tableau ci-après :

PASSAGES A NIVEAU.

Ligne de SAINT-GERMAIN.

NOMS des PASSAGES A NIVEAU.	Numéros d'ordre depuis l'origine du département.	COMMUNES.	Distances depuis PARIS.	CATÉGORIES.	ÉTENDUE DU PARCOURS de surveillance de l'agent chargé de la manœuvre. du côté de PARIS.	du côté opposé à PARIS.	TOTAL.
	Seine.						
N° 1. des Bourguignons, Chemin communal des Bourguignons, de la route départementale n° 7, à Asnières.	1	Colombes.	5 645	1 6	»	»	»
N° 2. Denis–Boucher, Chemin communal Denis-Boucher, de Courbevoie à Colombes.	2	Colombes.	6 465	1 6	»	»	»
N° 3. de Nanterre à Colombes, Chemin communal de Nanterre à Colombes.	3	Nanterre.	10 470	1 6	»	»	(1)

N°	Désignation								
		Seine.							
N° 4.	de Nanterre, Chemin vicinal de Nanterre à Colombes.	4	Nanterre.	11 700	1	6	»	»	» (2)

Ligne d'ARGENTEUIL.

N°	Désignation								
		Seine.							
N° 1.	des Bourguignons, Chemin communal des Bourguignons, de la route départementale n° 7, à Asnières.	1	Colombes.	5 712	1	6	»	»	»
N. 2.	de la Commune, Chemin communal, de la route départementale n° 32 à la route départementale n° 33.	2	Colombes.	6 413	3	6	»	»	»
N° 3.	de Colombes à Asnières, Chemin communal de Colombes à Asnières.	3	Colombes.	»	»	»	»	»	» (3)

CONDITIONS PARTICULIERES DU SERVICE.

(1) Exceptionnellement, les barrières des passages à niveau n° 3 restent ouvertes pendant la nuit, après le passage du dernier train jusqu'à la reprise du service, et ce passage n'est plus gardé.

(2) Même observation que pour le passage à niveau n° 3.

(3) Ce passage n'est indiqué que pour ordre ; il a été supprimé en vertu de la décision ministérielle du 2 avril 1865, qui a approuvé le projet d'agrandissement de la gare de Colombes.

PASSAGES A NIVEAU (Suite).

NOMS des PASSAGES A NIVEAU.	Numéros d'ordre depuis l'origine du département.	COMMUNES.	Distances depuis PARIS	CATÉGORIES.	ÉTENDUE DU PARCOURS de surveillance de l'agent chargé de la manœuvre. du côté de PARIS	du côté opposé à PARIS	TOTAL.
Ligne d'ARGENTEUIL (Suite).							
No 4. de Saint-Denis, Chemin vicinal no 6, de Colombes à Gennevilliers.	Seine. 4	Colombes.	7 247	1 6	»	»	»
No 5. du Haut des Tartres, Chemin communal, de la route départementale no 32 à la route départementale no 33.	5	Colombes.	7 770	3 6	»	»	»
Ligne de PARIS à VERSAILLES (R. D.).							
No 1. d'Orléans, Passage à niveau de la grille d'Orléans, parc réservé de Saint-Cloud.	Seine-et-Oise. 1	Saint-Cloud.	15 059	1	»	»	(1)

										(2)
		Seine-et-Oise.					»	»	»	»
N. 2. de la Lanterne de Diogène, Avenue de la Lanterne de Diogène.	2	Saint-Cloud.	15 293	5						

Ligne de PARIS à VERSAILLES (R. G.).

	Seine.						50	50	50	100
N° 1. rue du Chemin-de-Fer, Rue du Chemin-de-Fer (Paris).	1	Paris.	0 749	1	6					
N° 2. chemin de la Procession, Rue de la Procession.	2	Paris.	1 258	1	6		50	50	50	100
N° 3. chemin des Fortifications, Route stratégique des Fortifications et rue Militaire.	3	Paris.	2 256	1	6		50	50	50	100
N° 4. voie d'Arcueil, Chemin vicinal d'Arcueil à Vanves.	4	Vanves.	3 736	3	6		100	100	100	200

CONDITIONS PARTICULIÈRES DU SERVICE.

(1) Ce passage, bien que gardé d'une manière permanente, est d'ordinaire fermé, et la clef en est aux mains du concierge du parc, qui habite le pavillon voisin.

(2) Ce passage, d'ordinaire fermé, n'est pas gardé d'une manière permanente, et la clef en est aux mains du concierge du parc, qui habite le pavillon voisin.

PASSAGES A NIVEAU (*Suite*).

Ligne de PARIS à VERSAILLES (R. G.) (Suite).

NOMS des PASSAGES A NIVEAU.	Numéros d'ordre depuis l'origine du département.	COMMUNES.	Distances depuis PARIS.	CATÉGORIES.		ÉTENDUE DU PARCOURS de surveillance de l'agent chargé de la manœuvre		
						du côté de PARIS.	du côté opposé à PARIS.	TOTAL.
Seine.								
No 5. voie des Aumônes, Chemin vicinal de Vanves.	5	Vanves.	3 918	3	6	82	118	200
No 6. des Nouzeaux, Sentier des Nouzeaux.	6	Vanves.	4 135	3	6	100	50	150 (1)
No 7. rue de Bagneux, Chemin vicinal de Bagneux à Vanves.	7	Vanves.	4 220	3	6	45	115	160
No 8. voie de Châtillon, Chemin vicinal de Châtillon à Vanves.	8	Vanves.	4 435	3	6	100	100	200

Nº 9. Chemin de Clamart, Chemin de grande communication nº 33, de Clamart à Vanves.	Seine. 9	Clamart.	5 190	1	6	50	50	50	100
Nº 10. de la Route nº 40, Route départementale nº 40, dite Chemin des Gardes.	Seine-et-Oise. 1	Meudon.	8 275	1	6	100	100	100	200
Nº 11. du Potager, Rue du Potager.	2	Meudon.	8 634	3	6	100	46	46	146
Nº 12. de Vélizy, Rue de Vélizy.	3	Meudon.	8 727	3	6	47	50	50	97
Nº 13. de l'avenue Mélanie, Avenue Mélanie.	4	Meudon.	8 832	3	6	55	55	55	110
Nº 14. de la rue du Cerf, Rue du Cerf.	5	Meudon.	8 942	3	6	55	57	57	112
Nº 15. de la rue Émile, Rue Émile.	6	Sèvres.	9 049	3	6	50	100	100	150

CONDITIONS PARTICULIÈRES DU SERVICE.

(1) Le service de ce passage est fait, le jour, par un garde spécial, et la surveillance en est assurée, la nuit, par le garde du passage à niveau nº 7.

Nota. — Les distances indiquées dans la 4e colonne sont comptées, pour les lignes de Saint-Germain, d'Argenteuil et de Paris à Versailles (R. D.), à partir de la gare de Paris (St-Lazare), et pour les lignes de Versailles (R. G.), à partir de la gare de Paris (Montparnasse).

2. L'ordonnance de police susvisée, du 11 novembre 1862, est rapportée.

5. La présente ordonnance sera notifiée à la compagnie concessionnaire.

Elle sera imprimée et affichée.

L'inspecteur général des ponts et chaussées, directeur du service du contrôle des chemins de fer de l'Ouest, ainsi que les autres fonctionnaires dénommés en l'art. 23 de la loi du 15 juillet 1845, et généralement tous les préposés de la préfecture de police, sont chargés, chacun en ce qui le concerne, d'assurer l'exécution de ladite ordonnance, qui sera soumise à l'approbation de M. le ministre des travaux publics.

Approuvé par M. le ministre de l'agriculture, du commerce et des travaux publics, le 11 juin 1869.

Le préfet de police, J.-M. PIETRI.

———————————◦———————————

N° **4336.** — *Ordonnance concernant les mesures d'ordre et de sûreté à observer pendant la fête nationale du 15 août 1869.*

Paris, le 12 août 1869.

Nous, préfet de police,

Vu le programme des réjouissances publiques, qui auront lieu dans Paris, pendant la fête nationale du 15 août 1869 ;

Vu la loi des 16-24 août 1790 et l'arrêté du gouvernement du 12 messidor an VIII, qui nous chargent de maintenir le bon ordre dans les fêtes publiques et de prendre les précautions nécessaires pour prévenir les accidents ;

Vu l'art. 471 n. 15 du code pénal,

Ordonnons ce qui suit :

SPECTACLES GRATUITS.

1. Les représentations gratuites qui seront données, le 15 août, dans les théâtres ci-après désignés :

Théâtre impérial de l'Opéra, Comédie-Française, Opéra-Comique, Odéon, Théâtre impérial du Châtelet, Vaudeville, Variétés, Gymnase, Palais-Royal, Gaîté, Ambigu-Comique, Folies-Dramatiques, Déjazet, Folies-Marigny, Beaumarchais, Cluny, Cirque-Napoléon, Cirque de l'Impératrice, Hippodrome, commenceront à *une heure précise.*

Les commissaires de police de service sont spécialement chargés de prendre toutes les mesures nécessaires pour le maintien de l'ordre et de la sûreté publique, pendant les représentations.

FÊTE DE JOUR.

CHAMP-DE-MARS.

Théâtres de pantomimes et d'acrobates. — Mâts de cocagne.

SUR LA SEINE, DANS LE BASSIN, ENTRE LE PONT DES INVALIDES ET LA POINTE DE L'ILE DE GRENELLE.

Fête nautique et Régates, à deux heures.

PLACE DU TRÔNE.

Pantomimes, Funambules et Mâts de cocagne.

———

FÊTE DE NUIT.

Illuminations. — Feux d'artifice tirés à neuf heures, l'un au Trocadéro ; l'autre à la place du Trône.

2. A compter du 15 août au matin, la circulation, le passage d'eau, le stationnement en batelets ou bateaux, ainsi que la navigation, seront interdits, depuis le pont des Invalides jusqu'à la pointe de l'île de Grenelle et sur tous autres points où cette mesure serait reconnue nécessaire.

Sont exceptés de cette disposition, les embarcations employées au service de la fête, ainsi que les canots à rames et à voiles qui seront admis aux régates.

Les bateaux à vapeur s'arrêteront, à partir de midi, savoir : ceux qui viennent d'amont, au pont des Invalides; ceux qui viennent d'aval, au pont de Grenelle.

Le service de ces bateaux cessera, dans tout Paris, à cinq heures du soir.

3. Les marchandises déposées sur les ports et les berges, entre le pont des Invalides et la pointe de l'île de Grenelle et qui seraient de nature à causer des dangers ou des embarras devront être enlevés, de manière à ce qu'il n'existe plus aucun dépôt, le 15 août au matin.

4. Les bateaux chargés et les bateaux vides seront remontés en amont du pont des Invalides ou descendus en aval du pont d'Iéna jusqu'à la pointe de l'île de Grenelle, et amarrés au large. Nul ne pourra monter sur ces bateaux, à l'exception des mariniers des équipages.

5. Il est expressément défendu de monter sur les parapets des quais et des ponts, pendant la fête nautique qui aura lieu dans les bassins situés entre le pont des Invalides et la pointe de l'île de Grenelle.

6. La circulation des voitures sera interdite sur les points où l'agglomération des personnes viendrait à rendre cette mesure nécessaire.

Dans ce cas, tous cochers ou conducteurs de voitures publiques ou particulières seront tenus d'obtempérer aux injonctions des préposés de notre préfecture, qui les inviteraient à changer leur itinéraire.

7. Les entrepreneurs des feux d'artifice qui seront tirés au Trocadero et à la place du Trône, établiront, au pourtour des feux, de fortes barrières en charpente, à la distance de 150 mètres au moins des pièces, pour maintenir le public à l'éloignement qu'exige sa sûreté, et ils se conformeront, en outre, aux dispositions de l'ordonnance relative aux artificiers.

8. Personne, à l'exception des artificiers et de leurs ouvriers, ne pourra pénétrer dans les emplacements où seront tirés les feux d'artifice.

9. Un poste de sapeurs-pompiers, avec les pompes et agrès nécessaires, sera établi auprès de chaque feu d'artifice, pour porter de prompts secours, en cas d'incendie.

10. Défense expresse est faite aux étalagistes, marchands forains, limonadiers, marchands de vins et comestibles, teneurs de bals et saltimbanques, de stationner, le 15 août, au Champ-de-Mars et sur la place du Trône, sans en avoir obtenu la permission de l'autorité. Cette permission indiquera l'emplacement qu'ils occuperont.

11. Il est interdit aux marchands forains et étalagistes, qui stationneront sur les emplacements désignés ci-dessus, de tenir des loteries ou jeux de hasard pour débiter ou vendre leurs marchandises.

12. Des postes médicaux seront placés, savoir :

1° Quai de la Conférence, place de la Concorde, près du bureau du chemin de fer américain ; 2° Cours-la-Reine, au rond point de l'Alma ; 3° près du poste de police du Palais de l'Industrie ; 4° près de l'avenue Matignon et du Cirque de l'Impératrice ; 5° Trocadero, avenue de l'Empereur, près du dépôt des phares ; 6° Trocadero, à l'entrée de l'avenue du Roi-de-Rome ; 7° quai de Billy, près de l'ancien dépôt des instruments d'agriculture, n° 54 *bis* ; 8° quai de Passy, près de la rue Beethoven ; 9° avenue de La Bourdonnaye, près du dépôt des marbres et de la rue de l'Université ; 10° avenue de La Bourdonnaye, à 49 mètres de l'avenue Rapp ; 11° avenue de La Bourdonnaye, au n° 51, près du dépôt des petites voitures ; 12° avenue de Suffren, en face la maison portant le n° 20 ; 13° avenue de Suffren, près de la maison portant le n° 44 ; 14° près de la tribune des régates ; 15° sur la berge opposée à la tribune des régates ; 16° place du Trône.

Ce service est placé sous la surveillance spéciale du directeur des secours publics.

13. Il est expressément défendu de tirer des pièces d'artifice ou armes à feu, sur la voie publique et dans les habitations.

14. Aucun étalagiste ou saltimbanque ne pourra stationner dans les avenues des Champs-Elysées, du Roi-de-Rome, de Malakoff, de l'Empereur, du Cours-la-Reine, sur la place du rond-point de l'Etoile, ainsi que sur toutes les avenues conduisant au Champ-de-Mars.

Les étalagistes ou saltimbanques ne pourront également stationner dans les rues et avenues conduisant à la place du Trône, en dehors du terrain affecté à la fête.

15. Il est interdit, d'une manière absolue, de placer sur la voie publique, notamment aux abords des divertissements et des feux d'artifice, des échafaudages, des estrades, des tables, des chaises, des

échelles, des tonneaux, des bancs, des charrettes, des tréteaux et des planches.

Les commissaires de police et agents de la force publique feront enlever sur-le-champ et conduire à la fourrière les objets placés en contravention à cette défense.

16. Défense expresse est faite de monter sur les arbres des avenues, promenades et jardins publics, sur les parapets des ponts et des quais, sur les candélabres et colonnes d'éclairage, sur les statues, décorations de la fête et appareils servant aux illuminations, ainsi que sur les toits, entablements, auvents des maisons, et enfin sur les échafaudages des bâtiments en construction.

17. Les contraventions à la présente ordonnance seront constatées par des procès-verbaux, qui seront déférés au tribunal compétent.

18. Les chefs de détachements sont invités à ne se retirer et à ne faire retirer les vedettes et factionnaires chargés de l'exécution des consignes, qu'après l'entier écoulement de la foule.

19. La présente ordonnance sera imprimée et affichée dans Paris et dans les communes du ressort de la préfecture de police.

Le commissaire, chef de la police municipale de Paris, les commissaires de police, l'inspecteur général de la navigation et les préposés de la préfecture de police, sont chargés, chacun en ce qui le concerne, d'assurer l'exécution de la présente ordonnance.

Le colonel de la garde de Paris, le colonel de la 1re légion de gendarmerie et le commandant de la gendarmerie de la Seine, sont requis d'y concourir et de prêter main-forte.

Le préfet de police, J.-M. PIETRI.

Le préfet de police s'adresse à la population parisienne et lui demande son bon vouloir et son concours.

Il compte sur elle pour faciliter l'exécution des mesures d'ordre indispensables et qui ont pour objet de garantir la sécurité de tous.

Le préfet de police, J.-M. PIETRI.

N° **4337.** — *Ordonnance concernant l'ouverture de la chasse* (1).

Paris, le 16 août 1869.

N° **4338.** — *Ordonnance concernant la police du canal de Saint-Maurice.*

Paris, le 31 août 1869.

Nous, préfet de police,

Vu : 1° l'arrêté du gouvernement du 12 messidor an VIII, celui du 3 brumaire an IX et la loi du 10 juin 1853;

---

(1) V. l'ord. du 18 août 1872.

2° La lettre en date du 2 de ce mois, par laquelle Son Exc. le ministre des travaux publics nous a transmis, pour être rendu exécutoire, selon sa forme et teneur, un projet de règlement élaboré en conseil général des ponts et chaussées, pour la police du canal de Saint-Maurice,

Ordonnons ce qui suit :

TITRE Ier.

CONDITIONS A REMPLIR POUR NAVIGUER.

1. Aucun bateau, train ou radeau circulant sur le canal, ne devra excéder les dimensions suivantes qui seront mesurées de dehors en dehors, y compris le chargement, et sans aucune tolérance.

	LONGUEUR.		LARGEUR.	
	mètres.	cent.	mètres.	cent.
BATEAUX.	45	30	7	60
TRAINS OU RADEAUX.	45	»	7	40

L'enfoncement du bateau au-dessous du plan de flottaison ne devra jamais dépasser **1m 65**, toute tolérance comprise. Néanmoins, dans des cas exceptionnels, et notamment pendant les sécheresses, cet enfoncement pourra être réduit par un arrêté de M. le préfet de la Seine. Avis sera donné de cette réduction par voie de publication et d'affiche, et les bateaux circulant sur le canal devront, dès-lors, être allégés de telle sorte que leur tirant d'eau n'excède pas la profondeur ainsi fixée.

La hauteur du bord au-dessus du plan de flottaison sera au moins de dix centimètres.

La hauteur du bateau, chargement compris, au-dessus du plan de flottaison, n'excédera pas **5m 60**. Elle se réduira d'ailleurs éventuellement sous le pont de l'écluse de Charenton, où la hauteur disponible varie de **7m 80** à **2m 30**, quand le niveau de la Seine passe de l'étiage à la limite extrême des eaux navigables.

Toutes les fois qu'un bateau, train ou radeau ne satisfera pas aux conditions prescrites par le présent article, le conducteur pourra être tenu de l'arrêter au point qui sera désigné par les agents de la navigation, et il ne pourra le remettre en marche qu'après s'être remis en règle.

2. Les bateaux porteront à la poupe leur dénomination, le nom et le domicile du propriétaire.

Les trains ou radeaux porteront aussi sur une planche le nom et le domicile du propriétaire.

Les inscriptions seront apparentes, en toutes lettres et en caractères ayant au moins huit centimètres de hauteur. Elles seront peintes, ou sur le bordage du bateau, ou sur une planche fixée à demeure, de manière à ne pouvoir être déplacée.

Chaque bateau, train ou radeau, aura un marinier au moins à bord.

Il devra, en outre, être muni de tous ses agrès en bon état, et notamment de plusieurs ancres ou de piquets d'amarre, et des cordages nécessaires.

4. Les conducteurs de bateaux devront les soumettre, tous les deux ans au moins, et plus souvent s'ils en sont requis, à une vérification ayant pour objet de constater qu'ils sont en état de naviguer, que les échelles prescrites par la loi du 9 juillet 1836 et l'ordonnance du 15 octobre suivant, sont en cuivre, qu'elles n'ont subi aucune altération, et que leur point zéro correspond exactement au tirant d'eau à vide. Cette vérification sera faite par les agents et dans les ports désignés à cet effet.

En cas d'urgence, la vérification des bateaux en marche pourra être faite sur un point quelconque du canal, par l'ingénieur ou par un agent qu'il déléguera spécialement.

Tout bateau reconnu en mauvais état sera retenu et ne pourra se remettre en marche qu'après avoir été convenablement réparé.

5. Tout conducteur de bateau, train ou radeau, doit être muni d'une lettre de voiture en bonne forme et d'un laissez-passer délivré par le receveur des droits de navigation.

Tout conducteur de bateau doit être, en outre, porteur d'un certificat délivré par l'un des agents commis à la vérification dont il est parlé à l'article précédent, et constatant que son bateau est en état de naviguer.

Ces pièces seront représentées à toute réquisition des agents de l'administration.

6. Tout bateau naviguant de nuit aura deux mariniers au moins à bord.

Il sera éclairé par un fanal fixé à l'avant, dont la lumière s'étendra au-delà des chevaux de halage.

Les mariniers allumeront, en outre, lorsqu'ils en seront requis, un fanal portatif et même deux, au passage des écluses.

Les bateaux arrêtés seront aussi éclairés, pendant la nuit, par un fanal, sur la réquisition des agents de la navigation, lorsque cette mesure sera jugée nécessaire pour prévenir des accidents.

7. Les chevaux de halage seront toujours conduits par un charretier qui, s'il n'est pas à cheval, devra se tenir à la tête du premier cheval.

8. Les bateaux sont provisoirement autorisés à marcher en convois.

9. La longueur de chaque coupon ou part de train ne pourra, comme il est dit à l'article 1er, excéder 45 mètres; celle des trains formés par leur réunion, ne pourra excéder 200 mètres.

TITRE II.

CLASSEMENT DES BATEAUX. — BATEAUX A VAPEUR. — SERVICE RÉGULIER ET SERVICE ORDINAIRE. — TRÉMATAGE ET PRIORITÉ DE PASSAGE AUX ÉCLUSES ET PONTS MOBILES. — HALAGE.

10. Les bateaux sont divisés en cinq classes, savoir :

1re *Classe*. — Bateaux mus par la vapeur.

2e *Classe.* — Bateaux halés par des chevaux marchant au trot, avec relais.

3e *Classe.* — Bateaux halés par des chevaux marchant au pas, avec relais.

4e *Classe.* — Bateaux halés par des chevaux, sans relais.

5e *Classe.* — Bateaux halés par des hommes, et radeaux halés, soit par des chevaux, soit par des hommes.

11. Les bateaux à vapeur ne pourront être établis qu'en vertu d'une autorisation de M. le ministre des travaux publics, et sous les conditions qu'elle aura déterminées.

L'acte d'autorisation indiquera notamment le système des appareils propulseurs et la vitesse maximum.

Les ingénieurs et les agents qu'ils auront délégués à cet effet pourront monter à bord des bateaux à vapeur pour en constater la vitesse, et pour apprécier l'effet que la marche de ces bateaux produit sur les berges du canal.

Les inspecteurs de la navigation pourront également monter sur les bateaux à vapeur pour assurer l'exécution des règlements de police, notamment en ce qui concerne l'emploi des appareils à vapeur.

12. Dans les trois premières classes, la navigation est régulière ou ordinaire.

On entend par navigation régulière, celle des bateaux qui partent et arrivent à jour fixe et ne s'arrêtent, entre les points extrêmes, qu'à des ports déterminés.

La navigation ordinaire comprend les autres bateaux et les trains ou radeaux.

13. Les services réguliers ne pourront être établis qu'en vertu d'une autorisation, et conformément aux conditions qu'elle aura prescrites.

La demande d'autorisation devra indiquer le nombre des bateaux qu'on se propose d'employer, les lieux et jours de départ et d'arrivée, le mode de traction et les principaux points de stationnement.

L'autorisation sera accordée par le ministre.

14. Les bateaux du service régulier de première et de deuxième classe porteront à l'avant, en caractères apparents, les mots : *Service accéléré*.

Ils auront au moins deux mariniers à bord.

Ils arboreront une flamme rouge.

Ils seront, en outre, munis d'une cloche qu'ils devront faire sonner cinq cents mètres avant d'arriver aux écluses et aux ponts mobiles.

15. Les bateaux du service régulier de troisième classe porteront à l'avant, en caractères apparents, les mots : *Service non accéléré*.

Ils arboreront une flamme bleue.

16. Lorsqu'un entrepreneur de service régulier aura été condamné deux fois dans le délai d'un an, pour infraction aux conditions de l'autorisation qu'il aura obtenue, cette autorisation pourra lui être retirée.

17. Il est défendu de placer sur des bateaux qui n'appartiennent pas à un service régulier, tout ou partie des signes distinctifs de ce service.

18. Les numéros des classes des bateaux règlent l'ordre d'exercice du droit de trématage et du droit de priorité de passage aux écluses et ponts mobiles.

A égalité de classe, ce double droit est encore exercé dans l'ordre suivant :

Les bateaux affectés à un service de voyageurs ;

Les bateaux chargés pour le service de l'Etat et des travaux de la navigation ;

Les bateaux de service régulier portant des marchandises.

Dans des circonstances exceptionnelles, certains bateaux pourront exercer le trématage en dehors du droit de leur classe ; mais les conducteurs de ces bateaux devront être munis d'autorisations spéciales et individuelles, délivrées par l'ingénieur en chef, et qu'ils seront tenus de représenter à toute réquisition.

S'il devait être dérogé à la règle, pour un temps déterminé et par mesure générale, en faveur des bateaux chargés de certains objets ou marchandises, et notamment de blés et farines, il y serait pourvu par une décision ministérielle.

En cas de contestation sur l'application des dispositions du présent article, les conducteurs de bateaux sont tenus de se conformer aux ordres de l'éclusier ou de tout autre agent du canal pour la priorité du passage.

19. Tout bateau chargé de cent tonneaux et au-dessus, doit être halé par deux chevaux au moins.

Les bateaux d'un tonnage inférieur pourront ne prendre qu'un cheval.

20. Quand les bateaux marchant avec relais auront leurs relais à bord, le nombre des chevaux embarqués devra être au moins égal à celui des chevaux à terre.

TITRE III.

BATEAUX, TRAINS OU RADEAUX EN MARCHE. — PASSAGE AUX ÉCLUSES ET PONTS MOBILES. — CANOTS DE PROMENADE.

21. La navigation du canal et le passage aux écluses auront lieu librement le jour et la nuit.

Les ingénieurs peuvent néanmoins interdire la navigation de nuit à l'époque des gelées et des débâcles, et dans le cas où des avaries survenues, soit aux digues, soit aux ouvrages d'art, feraient craindre quelque danger.

Les ingénieurs peuvent aussi rendre la navigation de nuit obligatoire pour tous les bateaux sans distinction, lorsque ces bateaux encombrent les biefs, notamment aux approches et à la suite des chômages.

22. Hors les cas de force majeure, la navigation ne pourra être suspendue que par un acte de M. le préfet de la Seine, qui fixera l'époque et la durée des chômages.

Pendant les chômages, les bateaux pourront circuler à leurs risques et périls dans les parties du canal qui seront restées en eau.

23. Tout bateau, train ou radeau allant dans un sens doit la moitié de la voie d'eau à tout bateau, train ou radeau allant dans un sens contraire.

Quand les bateaux qui se rencontrent sont l'un chargé, l'autre vide, le bateau vide se range du côté opposé au halage.

Si les bateaux qui se rencontrent sont tous deux chargés ou vides, le bateau montant se tient du côté du halage.

24. Dans le trématage, le bateau qui cède le passage doit se ranger du côté opposé au halage et lâcher son trait.

Dans le trématage entre un bateau à vapeur et un bateau halé, ce dernier doit serrer le chemin de halage.

25. Lorsqu'un bateau, train ou radeau se présentera dans une partie du canal où un encombrement momentané s'opposerait au croisement de deux bateaux, et dans laquelle un autre équipage se trouverait déjà engagé, il sera tenu de s'arrêter et de se ranger pour laisser passer ce dernier.

26. Tout bateau qui s'arrête doit laisser passer ceux qui le rejoignent jusqu'à ce qu'il se remette lui-même en marche.

27. Les éclusiers et pontonniers n'accorderont, sous aucun prétexte, le passage des écluses et des ponts mobiles aux bateaux, trains et radeaux pour lesquels il ne leur serait pas représenté d'expédition délivrée par les agents des contributions directes. Ils vérifieront, par une reconnaissance sommaire des bateaux et des chargements, si l'expédition est applicable.

28. Avant d'accorder le passage de nuit aux écluses et ponts mobiles, les éclusiers et pontonniers devront s'assurer que les bateaux remplissent les conditions prescrites par l'article 6 du titre 1er, et qu'ils doivent continuer leur route.

29. Sauf les exceptions détaillées à l'article 18 du titre II, les bateaux, trains ou radeaux marchant dans le même sens, passeront les écluses et les ponts mobiles dans l'ordre de leur arrivée.

30. Tout bateau, train ou radeau qui, arrivé près d'une écluse, ne pourrait passer immédiatement, devra s'arrêter pour attendre son tour, avant le poteau indicateur désignant la limite du stationnement.

31. Tout bateau, train ou radeau qui, arrivé près d'une écluse, aurait refusé de se faire écluser, ne pourra s'opposer à ce qu'un autre bateau, train ou radeau passe avant lui.

32. On profitera, autant que possible, de la même éclusée pour faire passer deux bateaux marchant en sens contraire. Les mariniers seront tenus d'exécuter les manœuvres prescrites dans ce but par les éclusiers.

33. Aux approches des écluses, ponts et ouvrages d'art, le mouvement des bateaux sera réglé de manière à prévenir tout choc.

Les bateaux seront solidement amarrés à chaque extrémité, pendant qu'on les éclusera; on les fera ensuite sortir avec précaution; en aucun cas, on ne les attachera aux portes.

Chaque bateau sera muni de perches pour parer les chocs contre les bajoyers et les portes, et pour aider à la sortie des écluses.

Les patrons et mariniers devront, d'ailleurs, se conformer ponctuellement à tous les ordres qui leur seront donnés par l'éclusier pour les précautions à prendre lors des manœuvres relatives à l'éclusage.

34. Les bateaux, trains ou radeaux ne peuvent rester dans l'écluse que le temps strictement nécessaire pour la manœuvre.

35. L'éclusier a seul le droit de manœuvrer les ventelles et les portes d'écluse. Toutefois, il peut être aidé par les mariniers qui doivent, dans ce cas, se conformer à ses ordres.

Les agents du service de la navigation sont seuls autorisés à passer sur les passerelles des portes d'écluse.

36. L'éclusage des parts ou coupons de trains sera momentanément interrompu, chaque fois qu'un bateau des quatre premières classes se présentera pour passer.

37. Les canots de promenade seront provisoirement autorisés à parcourir le canal, mais sans y stationner. Ils ne peuvent s'y arrêter qu'en attendant leur tour de passage aux écluses, et à la condition de se tenir alors à 100 mètres au moins de ces ouvrages.

En principe, lesdits canots ne sont autorisés à franchir les écluses de Charenton et de Gravelle, que lorsqu'ils pourront entrer dans le sas à la suite d'un bateau de commerce se dirigeant dans le même sens, et lorsqu'on se sera assuré que ce bateau ne doit pas s'arrêter entre les deux écluses.

Par exception, il peut être fait à ces écluses, les dimanches et jours de fêtes, six éclusées spécialement destinées au passage des canots. Quatre de ces éclusées auront lieu le matin pour la remonte et les deux autres le soir pour la descente.

Les heures de passage seront fixées ainsi qu'il suit, pour les quatre mois de mai, juin, juillet et août :

REMONTE.

Ecluse de Charenton, à 9 heures, 10 heures, 11 heures du matin et midi ;

Ecluse de Gravelle, à 10 heures, 11 heures du matin, midi et une heure de relevée.

DESCENTE.

Ecluse de Gravelle, à 5 heures et à 6 heures du soir ;

Ecluse de Charenton, à 6 heures et à 7 heures du soir.

Pendant les huit autres mois, les heures de la descente sont avancées d'une heure ; celles de la remonte sont maintenues.

Ces passages étant de pure tolérance, l'éclusier peut, sous sa responsabilité, et à charge d'en rendre compte à qui de droit, les différer autant que l'exigeraient les intérêts généraux de la navigation.

38. Les bateaux de plaisance - voyageurs seront distingués des simples canots de promenade, assimilés aux bateaux de commerce de 5e classe, et admis comme tels à franchir les écluses en tout temps, quand on pourra justifier, par un laissez-passer, que le trajet fait ou à faire par ces bateaux, sur la Marne ou les canaux qui en dépendent, comprend une distance de 40 kilomètres, au moins, non compris le retour éventuel.

Tout bateau de plaisance pour lequel il aurait été constaté que le trajet réellement accompli n'est pas conforme à la déclaration faite, serait exclu de la faveur spécifiée par le présent article.

38 *bis.* Les yachts portant le pavillon de la société d'encouragement pour la navigation de plaisance, seront assimilés aux bateaux de commerce de 1re classe, tant pour le trématage que pour le passage aux ponts mobiles et aux écluses, qu'ils pourront franchir sans justification de longueur de trajet.

TITRE IV.

PASSAGE DES SOUTERRAINS.

Néant.

TITRE V.

STATIONNEMENT DES BATEAUX — EMBARQUEMENT ET ENTREPÔT DES MARCHANDISES. — MESURES D'ORDRE DANS LES PORTS PUBLICS ET PRIVÉS. — RÉPARATION DES BATEAUX. — GARAGE.

39. Les bateaux ne peuvent stationner que dans les ports et dans les parties de canal désignées par les ingénieurs.

Le stationnement est dans tous les cas interdit :

1º A moins de 100 mètres en amont de l'écluse de Gravelle ;

2º A moins de 200 mètres en aval de la même écluse ;

3º A moins de 50 mètres en aval de l'écluse de Charenton.

40. Les bateaux qui stationnent dans les biefs se placent sur un seul rang, du côté opposé au halage.

41. Tout bateau en stationnement sera amarré à ses deux extrémités.

Il devra être gardé de jour et de nuit.

42. Il est défendu de charger, décharger et déposer des marchandises ailleurs que dans les ports, à moins d'une permission de l'ingénieur, s'il s'agit d'un seul bateau, ou d'une autorisation de l'ingénieur en chef, s'il s'agit de chargements ou de déchargements qui doivent avoir une certaine durée ou une certaine continuité.

Les permissions et autorisations de ce genre seront délivrées par écrit, pour être représentées à toute réquisition des agents de la navigation.

43. Lorsque les ports publics ou privés sont du côté du halage, les bateaux ne peuvent y rester que pendant le temps strictement nécessaire pour leur chargement ou leur déchargement.

Aussitôt que ces opérations sont achevées, ou pendant les interruptions qu'elles peuvent subir, les bateaux doivent s'amarrer du côté opposé.

44. Les mariniers, dans les ports publics, se conformeront au règlement particulier de chaque port.

Il est d'ailleurs prescrit d'une manière générale :

1° D'enlever les gouvernails et de les mettre dans les bateaux ou le long du bord ;

2° De ranger les marchandises à terre de manière qu'elles occupent le moins d'espace possible ;

3° De réserver sur le bord du canal un chemin de 4 mètres au moins du côté du halage, et un chemin de 2 mètres au moins du côté opposé ;

4° De laisser libres les chemins de service, réservés sur chaque port, suivant les indications de l'inspecteur de la navigation.

Aucune marchandise ne pourra être chargée, déchargée, transbordée ou déposée à terre pour être embarquée, sans un permis délivré par l'inspecteur de la navigation, sur la production d'une lettre de voiture en bonne forme.

45. Les bateaux en chargement ou en déchargement seront placés à quai, dans les ports publics, de préférence à tous autres.

46. Il ne peut être déposé dans les ports publics, que des marchandises arrivées par eau ou destinées à être embarquées.

47. Les bateaux à réparer devront être placés sur des cales de radoub.

Les propriétaires des bateaux pourront néanmoins, quand les circonstances l'exigeront, obtenir des ingénieurs la faculté de réparer leurs bateaux sur d'autres points qui leur seront désignés.

Dans ce dernier cas, les permissions et désignations d'emplacement seront données par écrit, avec mention des délais accordés, et devront être représentées à toute réquisition des agents de la navigation.

48. Les bateaux sans emploi, ou qui attendront leur chargement, seront garés dans les lieux désignés par les ingénieurs.

Les propriétaires de ces bateaux seront tenus de faire connaître à l'éclusier ou au garde, les noms et les demeures des personnes à qui la garde en sera confiée.

49. La construction ou le remaniement des trains ne pourra se faire que dans les ports ou les lieux de garage désignés à cet effet.

50. Les files de bateaux ou de trains en stationnement, soit aux abords des écluses, soit dans toute autre partie du canal n'ayant au plafond que la largeur normale de 15 mètres, ne pourront s'étendre sur une longueur de plus de 200 mètres sans présenter un espace vide de même longueur, qui permette le croisement des bateaux en marche.

TITRE VI.

INTERDICTIONS ET PRESCRIPTIONS. — AUTORISATIONS. — DISPOSITIONS DIVERSES.

51. Il est défendu :

1° De jeter ou déposer dans le canal ou sur les dépendances, des immondices, pierres, graviers, bois, paille ou fumiers, ni rien qui puisse en embarrasser et attérir le lit ; d'y planter aucuns pieux ; d'y mettre rouir du chanvre ou du lin ; comme aussi d'extraire des pierres, terres, sables et autres matériaux, plus près des bords que 12 mètres (article 4 de l'arrêt du 24 juin 1777) ;

2° De détériorer, soit les digues ou ouvrages d'art, soit les plantations ou récoltes (art. 11 de l'arrêt du 24 juin 1777) (1);

3° D'escalader les talus ou les perrés et de se laisser glisser le long des pentes que forment ces ouvrages;

4° De suivre avec des bestiaux ou des chevaux, autres que ceux employés au halage, les levées du canal et autres parties des francs-bords qui ne sont pas grevées de servitudes de passage;

5° D'y laisser pâturer des chevaux ou toute autre espèce de bétail;

6° D'y chasser;

7° D'y pêcher autrement qu'à la ligne volante;

8° De remiser des voitures quelconques sur les terrains dépendant du canal;

9° De glisser et de patiner sur la glace dans toute l'étendue du canal;

10° De se baigner dans le canal;

11° D'y laver du linge, d'en étendre ou faire sécher sur les ports et dépendances du canal;

12° D'abreuver dans le canal des chevaux ou autres animaux;

13° D'y noyer des animaux ou d'y en jeter les cadavres.

52. Il est défendu aux mariniers et autres:

1° D'embarrasser les ports et gares qui leur sont affectés, de laisser vaguer les soupentes de leurs traits de bateaux, de garer leurs bateaux ou radeaux du côté du halage (art. 8 de l'arrêt du 24 juin 1777);

2° D'amarrer les bateaux, trains ou radeaux sur les banquettes, plus près de l'arête du canal que 3 mètres;

3° D'attacher aucun cordage aux arbres plantés sur les banquettes ou les francs-bords, et de tenir les cordages élevés au-dessus des banquettes de manière à gêner ou intercepter le passage;

4° De se servir de harpons, gaffes, bâtons ferrés et autres engins en usage sur les rivières, qui pourraient endommager les maçonneries, portes d'écluses et autres ouvrages d'art;

5° De jeter les eaux de vidange des bateaux sur les talus, les plate-formes et les murs de revêtement du canal.

53. Les riverains, mariniers ou autres devront faire enlever, dans le plus bref délai possible, les pierres, terres, bois, pieux, débris de bateaux et autres empêchements, étant de leur fait ou à leur charge, dans le lit du canal ou sur les bords. Faute de quoi, il y sera pourvu à leurs frais, sans préjudice de l'amende encourue pour la contravention (article 3 de l'arrêt du 24 juin 1777).

54. Dans les traversées des villes, bourgs et villages et dans les ports publics, nul ne pourra réparer les constructions sises le long et joignant le canal, ou en élever de nouvelles, qu'après y avoir été autorisé, et en se conformant aux alignements qui lui seront donnés par l'administration.

55. Tout propriétaire qui, en dehors des villes, bourgs et villages et des ports publics, voudra élever des constructions ou faire des plantations sur ses terrains, le long du canal, ne pourra commencer lesdites

---

(1) V. cet arrêt à l'appendice du présent vol.

constructions ou plantations avant que, sur sa demande, le préfet ait fait reconnaître et tracer contradictoirement la limite du domaine public.

Aucune plantation ne pourra d'ailleurs, conformément à l'art. 671 du code Napoléon, être faite qu'à une distance de 2 mètres de la ligne séparative du domaine public et des propriétés particulières, pour les arbres à haute tige, et à la distance d'un demi-mètre, pour les autres arbres et les haies vives.

56. Nul ne peut circuler, soit à cheval, soit en voiture, sur les digues du canal, qu'en vertu d'une autorisation de l'ingénieur en chef, qui ne pourra être accordée que dans l'intérêt d'un service public.

Les employés à cheval des contributions indirectes et des douanes, dans l'exercice de leurs fonctions, sont seuls dispensés de cette autorisation.

57. Ne pourront être établis qu'en vertu d'une autorisation toujours révocable de l'administration, et sous les conditions qu'elle aura déterminées :

1° Les ouvertures ou sorties sur les digues et francs-bords du canal ou des rigoles ;

2° Les lavoirs ou abreuvoirs ;

3° Les prises d'eau sur le canal ;

4° Les égouts dirigés vers le canal ;

5° Les ports privés ;

6° Les grues, chèvres et autres appareils pour l'embarquement et le débarquement des marchandises ;

7° Et tous autres ouvrages qui s'étendraient sur le domaine du canal.

58. Les particuliers peuvent, sur le rapport des ingénieurs, et l'administration des contributions indirectes entendue, obtenir l'autorisation, sous des conditions déterminées, d'avoir des barques pour leur usage et pour l'exploitation de leurs propriétés ; mais il leur est interdit, sous les peines de droit, d'appliquer ces barques au transport des passagers d'une rive à l'autre, avec ou sans rétribution.

Ces barques devront, d'ailleurs, être toujours garées, de manière à ne gêner ni la navigation ni le halage.

59. Toutes avaries faites aux ouvrages d'art, toutes dégradations des digues et talus seront réparées aux frais de l'auteur desdites avaries ou dégradations, sans préjudice des peines encourues.

60. Lorsqu'un bateau, train ou radeau vient à couler à fond, le propriétaire ou patron est tenu de faire, dans le délai qui lui est prescrit par l'agent du canal le plus voisin, les dispositions nécessaires pour le retirer ou remettre à flot.

Faute par lui d'avoir satisfait à cette obligation dans le délai fixé, il y sera pourvu à ses frais par l'agent du canal. Ce dernier fera, d'ailleurs, prévenir sur-le-champ l'ingénieur, et constatera dans un procès-verbal la cause du naufrage, le retard qui en sera résulté pour la navigation, et les dépenses qui auraient pu être faites d'office.

61. Tout bateau, train ou radeau abandonné ou amarré du côté du halage, sans patron ni gardien, sera conduit, par les soins du premier agent de la navigation qui en constatera l'abandon, dans un lieu où il ne gêne pas la navigation.

Cet agent dressera procès-verbal et préposera un homme à la garde dudit bateau, train ou radeau.

Les dépenses faites par application du présent article, seront à la charge du propriétaire.

TITRE VII.

PROCÈS-VERBAUX DE CONTRAVENTIONS ET DÉLITS. — INTERDICTIONS. — EXÉCUTIONS D'OFFICE ET CAUTIONS.

62. Toutes les infractions au présent règlement et tous autres délits ou contraventions prévus par les anciennes lois et ordonnances, seront constatés par procès-verbaux des agents du canal et autres ayant qualité pour verbaliser.

63. Les procès-verbaux constatant des contraventions de grande voirie seront déférés au conseil de préfecture.

Les procès-verbaux constatant des contraventions aux dispositions du présent règlement qui ne rentrent dans aucun des cas prévus par les anciennes lois et ordonnances seront déférés aux tribunaux de simple police.

Les procès-verbaux constatant des insultes et mauvais traitements envers les agents de l'administration dans l'exercice de leurs fonctions, et, en général, des délits qui peuvent entraîner une peine corporelle, seront déférés aux tribunaux de police correctionnelle.

Les procès-verbaux constatant, à la fois, et des contraventions prévues aux paragraphes 1 et 2 du présent article, et des délits spécifiés au paragraphe 3, seront déférés en même temps à chacun des tribunaux compétents, et, à cet effet, dressés en autant d'expéditions qu'il y aura de juridictions appelées à en connaître.

64. Lorsqu'une exécution d'office aura eu lieu, l'état des frais, vérifié et arrêté par les ingénieurs, sera transmis à M. le préfet de la Seine, qui délivrera exécutoire du remboursement contre les contrevenants.

Les marchandises et les bateaux seront, d'ailleurs, retenus, jusqu'à présentation d'une caution solvable, qui sera chargée d'effectuer ledit remboursement.

65. La présente ordonnance sera imprimée, publiée et affichée.

Ampliation en sera adressée à M. le sénateur, préfet de la Seine.

L'ingénieur en chef de la navigation de la Marne, l'inspecteur général de la navigation et des ports, les maires et les commissaires de police des communes riveraines, et les agents sous leurs ordres, sont chargés, chacun en ce qui le concerne, d'en assurer l'exécution.

Le colonel, chef de la première légion de la gendarmerie impériale, est requis de prêter main-forte, au besoin.

Le préfet de police, J.-M. PIETRI.

N° **4339.** — *Ordonnance concernant les mesures d'ordre et de sûreté à observer à l'occasion des fêtes de Saint-Cloud* (1).

Paris, le 8 septembre 1869.

———————⟨◦⟩———————

N° **4340.** — *Ordonnance concernant la vérification périodique des poids et mesures pour l'année* 1870 (Poinçon portant la lettre (E) (2).

Paris, le 15 décembre 1869.

———————⟨◦⟩———————

N° **4341.** — *Ordonnance concernant la navigation des trains de bois sur la Marne.*

Paris, 27 décembre 1869.

Nous, préfet de police,

Vu les rapports de M. l'ingénieur en chef de la navigation de la Marne, entre Dizy (près Épernay) et la Seine, et de M. l'inspecteur général de la navigation et des ports, relatifs aux mesures à prendre pour assurer la liberté de la navigation sur la Marne, et préserver les ouvrages d'art, notamment les balisages établis sur le cours de cette rivière ;

Vu l'arrêté du gouvernement du 12 messidor an VIII, celui du 3 brumaire an IX et la loi du 10 juin 1853 ,

Ordonnons ce qui suit :

1. La longueur de chaque coupon ou part de train de bois flottés ne pourra excéder 45 mètres, ni sa largeur 7 mètres 40 centimètres.

La longueur des trains formés par leur réunion, ne pourra excéder 200 mètres.

2. Chaque coupon de train devra avoir au moins un marinier à bord pour le gouverner.

Il devra, en outre, être muni de tous ses agrès en bon état, notamment de piquets d'amarre et des cordages nécessaires.

3. Les trains ou radeaux porteront l'indication du nom et du domicile du propriétaire. Les inscriptions seront apparentes, en toutes lettres et en caractères ayant au moins huit centimètres de hauteur ; elles seront peintes sur une planche fixée à demeure, de manière à ne pouvoir être déplacée.

4. Les mariniers devront respecter les balises destinées à indiquer la direction du chenal. S'il était constaté que l'enlèvement de ces signaux ou le dommage qui leur serait causé, résultât de l'inobservation des prescriptions ci-dessus ou de l'inexpérience ou de l'inhabilité des

---

(1) V. l'ord. du 5 septembre 1872.
(2) V. l'ord. du 3 décembre 1872.

mariniers, ceux-ci seraient poursuivis conformément à l'art. **11** de l'arrêt du conseil d'État, du 24 juin 1777 (1).

5. Les contraventions aux dispositions qui précèdent seront constatées par des procès-verbaux ou rapports et déférées aux tribunaux compétents.

6. La présente ordonnance sera imprimée, publiée et affichée.

L'ingénieur en chef de la navigation de la Marne, l'inspecteur général de la navigation et des ports, les maires et les commissaires de police des communes riveraines, et les agents sous leurs ordres, sont chargés, chacun en ce qui le concerne, d'en assurer l'exécution.

Le colonel, chef de la première légion de la gendarmerie impériale, est requis de prêter main forte, au besoin.

Le préfet de police, J.-M. PIETRI.

1870.

N° **4342.** — *Ordonnance concernant la location des siéges sur les boulevards et promenades de Paris.*

Paris, le 8 janvier 1870.

Nous, préfet de police,

Vu : 1° le cahier des charges de l'adjudication du droit de placer des chaises et des fauteuils sur les anciens boulevards intérieurs du Nord, entre la Madeleine et la Bastille, dans les Champs-Elysées et dans l'avenue de l'Impératrice, depuis le 1er janvier 1870 jusqu'au 31 décembre 1874, laquelle a eu lieu le 13 décembre dernier, au profit du sieur Walcker, demeurant rue Rochechouart, n. 42 ;

Considérant qu'il importe, en ce qui se rattache à l'objet de ladite adjudication, de prendre des mesures pour assurer la liberté de la circulation et le maintien de l'ordre dans les voies et promenades susdésignées ;

En vertu de la loi des 16-24 août 1790 et de l'arrêté du 12 messidor an VIII (1er juillet 1800),

Ordonnons ce qui suit :

1. L'adjudicataire ne pourra déposer des chaises et fauteuils que sur les emplacements qui lui ont été concédés.

2. Les promeneurs auront la faculté de s'installer avec les siéges à leur usage personnel et par eux apportés, sans être tenus à aucune redevance, à la condition, toutefois, qu'ils ne placeront pas leurs

(1) V. cet arrêt à l'appendice du présent vol.

siéges sur les emplacements désignés par l'administration pour recevoir ceux de l'adjudicataire.

3. Le nombre des fauteuils déposés par l'adjudicataire ne pourra excéder le quart du nombre total des siéges existants, à moins qu'il n'en soit autrement ordonné.

4. Les siéges seront disposés de manière à ne gêner en rien la circulation ; sauf les exceptions spécialement autorisées, il n'en sera pas mis le long des allées et trottoirs de moins de trois mètres cinquante centimètres de largeur ; il n'en sera établi qu'un rang sur ceux d'une largeur de trois mètres cinquante centimètres à huit mètres, et deux rangs sur les contre-allées ayant plus de huit mètres. Dans ce dernier cas, les fauteuils et les chaises seront répartis de la même manière dans les deux rangées ; ils ne pourront être placés à moins de deux mètres de distance des passages de voitures conduisant aux portes cochères, non plus qu'au devant des portes bâtardes ou autres, ni dans l'étendue des parties correspondantes aux emplacements affectés ou à affecter au stationnement des voitures de place et des omnibus ; ils seront tenus à une distance suffisante des arbres, massifs et pelouses, pour n'occasionner aucun dommage.

Les rangées de siéges seront, d'ailleurs, interrompues au droit des bancs, et des intervalles de deux mètres de largeur, au moins, seront ménagés dans ces rangées, de quinze en quinze mètres, afin de permettre la circulation des piétons, entre la chaussée et les contre-allées.

5. Les jours de marché, l'adjudicataire devra s'abstenir d'installer des siéges sur les emplacements où se tiennent ces marchés.

Les jours de fêtes ou de cérémonies publiques, il devra, à la première réquisition, enlever complétement tous ses siéges ou les disposer aux endroits qui lui seront indiqués pour ne point gêner la circulation.

Il en sera de même, en cas d'exécution de travaux publics.

Si les mesures prescrites ne sont pas effectuées dans les délais indiqués, il y sera pourvu d'office, aux frais, risques et périls de l'adjudicataire, sans qu'il soit besoin d'autre mise en demeure.

6. Les siéges seront constamment entretenus en parfait état de solidité et de propreté.

L'administration aura le droit de faire enlever d'office et de transporter en fourrière, aux frais de l'adjudicataire, tous siéges défectueux ou malpropres.

7. L'adjudicataire ne pourra faire, sans permission, aucune construction, même mobile, sur la voie publique, pour renfermer ses siéges ou pour toute autre cause.

8. Il devra se conformer, en outre, à toutes les injonctions qui pourraient lui être adressées dans l'intérêt du bon ordre, ainsi qu'à tous les règlements de police.

9. Le prix maximum de location, que l'adjudicataire est autorisé à percevoir, est fixé à 10 c. par chaise, et à 20 c. par fauteuil.

Il est formellement interdit d'exiger ou de recevoir un prix plus élevé, même les jours de fêtes extraordinaires.

10. Les agents chargés de la perception seront tenus de remettre à chaque personne se servant de siéges, et au moment du paiement, un bulletin de forme déterminée indiquant la somme reçue et portant chaque jour une marque particulière.

Un même bulletin sera valable pour toute la journée dans la même promenade.

11. L'adjudicataire sera tenu d'apposer d'une manière ostensible et d'entretenir à ses frais, aux points qui lui seront désignés, des poteaux-affiches d'un modèle déterminé relatant, par extrait, les dispositions des art. 9 et 10 ci-dessus.

Il devra faire agréer par l'administration les agents chargés de la perception du prix de location.

12. Les contraventions aux dispositions de la présente ordonnance seront constatées par des procès-verbaux ou rapports, et poursuivies conformément aux lois et règlements.

13. La présente ordonnance sera imprimée et affichée.

Le chef de la police municipale, les commissaires de police et spécialement les commissaires de police des quartiers dont font partie les anciens boulevards intérieurs du Nord, les Champs-Elysées et l'avenue de l'Impératrice, les officiers de paix et les autres préposés de la préfecture de police, sont chargés d'en assurer l'exécution.

Le préfet de police, J.-M. PIETRI.

N° **4343.** — *Ordonnance concernant la clôture de la chasse* (1).

Paris, le 29 janvier 1870.

N° **4344.** — *Ordonnance concernant l'échenillage* (2).

Paris, le 1er février 1870.

N° **4345.** — *Ordonnance concernant les mesures d'ordre à observer pendant les divertissements du carnaval.*

Paris, le 23 février 1870.

Nous, préfet de police,

Vu : la loi des 16-24 août 1790, titre XI ;

L'arrêté des consuls du 12 messidor an VIII ;

L'arrêté du 3 brumaire an IX ;

Les lois des 7 août 1850 et 10 juin 1853 (3) ;

(1) V. l'ord. du 26 janvier 1872.
(2) V. l'ord. du 10 janvier 1872.
(3) Voir à l'appendice du 6e vol.

Les articles 259, 330, 471 §§ 11 et 15, l'art. 475 § 8 et l'art. 479 § 8 du code pénal ;

Voulant prévenir tout accident et tout désordre pendant les divertissements du carnaval, et rappeler à la population les obligations de la loi,

Ordonnons ce qui suit :

1. Pendant le temps du carnaval, il est défendu à toute personne masquée, déguisée ou travestie, de se montrer sur la voie publique avec des armes ou des bâtons.

2. Il est également interdit :

1° De paraître sous le masque avant dix heures du matin et après six heures du soir ;

2° De prendre un déguisement qui serait de nature à troubler l'ordre public ou à blesser la décence et les mœurs ;

3° De porter aucun insigne, aucun costume ecclésiastique ou religieux appartenant aux cultes légalement reconnus par l'État, ou ayant rapport à des fonctions publiques ;

4° D'apostropher qui que ce soit par des invectives, des mots grossiers ou des provocations injurieuses ;

5° De s'arrêter pour tenir des discours indécents, et de provoquer les passants par des gestes ou des paroles contraires à la morale publique ;

6° De jeter dans les maisons, dans les voitures et sur les personnes, aucun objet ou substance pouvant causer des blessures, endommager ou salir les vêtements ;

7° De promener ou de brûler des mannequins dans les rues, ainsi que sur les places publiques.

3. Le *mercredi des Cendres*, à partir de midi, aucune personne, masquée, déguisée ou travestie, ne pourra se montrer sur la voie publique.

4. Tout individu portant un masque ou déguisement quelconque, et qui sera invité par un officier de police ou par un agent de la force publique à le suivre, devra déférer sur-le-champ à cette injonction et donner les explications qui lui seront demandées.

5. Les contrevenants aux dispositions énoncées ci-dessus seront arrêtés et conduits devant l'officier de police le plus voisin, pour qu'il soit pris à leur égard telles mesures qu'il appartiendra, sans préjudice des poursuites à exercer devant les tribunaux.

6. La présente ordonnance sera imprimée et affichée, soit dans Paris, soit dans les autres villes et communes du département de la Seine, ainsi que dans celles de Saint-Cloud, de Sèvres, de Meudon et d'Enghien-les-Bains, appartenant au département de Seine-et-Oise.

Sont chargés d'en assurer l'exécution, chacun en ce qui le concerne, savoir :

A Paris :

Le commissaire, chef de la police municipale, les commissaires de police et tous préposés de la préfecture de police ;

Et dans les villes et communes des départements de la Seine et de Seine-et-Oise placées sous notre juridiction :

Les sous-préfets des arrondissements de Saint-Denis et de Sceaux, les maires, les commissaires de police et tous agents de la force publique.

Le colonel de la garde de Paris, le colonel de la 1re légion de gendarmerie et le commandant de la gendarmerie de la Seine, sont requis de prêter main-forte, au besoin, et de concourir à l'exécution de la présente ordonnance.

Le préfet de police, J.-M. PIETRI.

N° **4346.** — *Ordonnance concernant la circulation sur la passerelle provisoire et la navigation, sous ladite passerelle, pendant la reconstruction de l'estacade de l'île Saint-Louis.*

Paris, le 25 mars 1870.

Nous, préfet de police,

Vu : l'arrêté du gouvernement du 12 messidor an VIII (1er juillet 1800);

Les propositions de MM. les ingénieurs de la navigation de la Seine (2e section),

Ordonnons ce qui suit :

1. A partir du 1er avril prochain, et pendant toute la durée des travaux de reconstruction de l'estacade de l'Ile-Saint-Louis, la circulation sur la passerelle de cet ouvrage sera interdite, et la traversée de la Seine s'effectuera, pour les piétons seulement, au moyen d'une passerelle provisoire établie sur le petit bras dit de l'Ile-Saint-Louis, en face de l'escalier situé à l'extrémité amont du quai d'Anjou.

2. Il est défendu de stationner, soit sur la passerelle, soit aux abords sur les berges, soit sur les escaliers qui y conduisent.

3. Pour assurer le service de la navigation sous la passerelle, une passe marinière de 12 mètres de largeur sera ménagée à 14^m50^c du mur du bas-port Henri IV, un bouquet de trois pieux sera battu en amont de la passe, de manière que les bateaux puissent s'y amarrer, en cas de besoin.

4. Avant de franchir la passe, les bateaux en remonte s'arrêteront en aval du pont Marie, et les bateaux en descente, à 100 mètres en amont de l'estacade.

Le capitaine ou le patron devra avertir le conducteur chargé de la surveillance des travaux pour que celui-ci fasse dégager, s'il y a lieu, le passage dans le petit bras et dans la passe.

5. Dès que le passage sera libre, le conducteur des travaux en donnera avis au capitaine ou patron, qui fera aussitôt opérer les manœuvres nécessaires pour engager le bateau dans la passe et restera constamment à la barre pour le diriger.

Le capelage des bateaux sera fait, soit au moyen des organeaux du oort Henri IV, soit au moyen des pieux battus en rivière près de la rive gauche.

6. Les capitaines ou patrons demeurent responsables, soit personnellement, soit au nom des entrepreneurs qu'ils représentent, de toutes les avaries causées par eux aux travaux de l'estacade ou à la passerelle provisoire, ainsi que des accidents qui seraient la suite de leurs manœuvres dans la traversée de l'estacade et de la passerelle.

7. Les pontons, machines ou tous objets quelconques faisant obstacle à la navigation seront signalés par les soins de l'entrepreneur des travaux : le jour, par des pavillons de couleur rouge ; la nuit, par des feux rouges placés dans un endroit bien en vue de tous les points du fleuve.

Des feux rouges, placés en amont et en aval de l'estacade et de la passerelle provisoire, signaleront, la nuit, les passages interdits à la navigation.

8. Les ingénieurs de la navigation de la Seine (2ᵉ section), le chef de la police municipale, l'inspecteur général de la navigation et des ports, les commissaires de police des quartiers Notre-Dame et de l'Arsenal, et les agents sous leurs ordres, sont chargés, chacun en ce qui le concerne, de l'exécution de la présente ordonnance qui sera imprimée, publiée et affichée.

Le préfet de police, J.-M. PIETRI.

N° **4347.** — *Ordonnance concernant la foire aux jambons* (1).

Paris, le 4 avril 1870.

N° **4348.** — *Ordonnance concernant la visite générale des tonneaux de porteurs d'eau* (2).

Paris, le 15 avril 1870.

N° **4349.** — *Ordonnance concernant les baignades en rivière dans le ressort de la préfecture de police* (3).

Paris, le 20 mai 1870.

---

(1) V. l'ord. du 15 mars 1872.
(2) V. l'ord. du 3 décembre 1872.
(3) V. l'ord. du 18 mai 1872.

N° **4350.** — *Ordonnance concernant la police de la navigation sur la Marne.*

Paris, le 20 mai 1870.

Nous, préfet de police,

Vu le règlement de police pour la Marne canalisée et les canaux latéraux, entre Dizy et la Seine, approuvé par M. le ministre des travaux publics;

Vu la lettre ministérielle, en date du 5 de ce mois, contenant des instructions pour la mise à exécution du règlement dont il s'agit, dans le département de la Seine;

Vu l'arrêté du gouvernement du 12 messidor an VIII, celui du 3 brumaire an IX et la loi du 10 juin 1853,

Ordonnons ce qui suit:

1. Le règlement ci-dessus visé est rendu obligatoire dans le département de la Seine.

Les contraventions aux dispositions qu'il renferme seront constatées par des procès-verbaux et déférées aux tribunaux compétents.

2. La présente ordonnance sera imprimée et affichée.

Le règlement précité sera imprimé à la suite.

3. Ampliation en sera adressée à M. le sénateur, préfet de la Seine.

L'ingénieur en chef de la navigation de la Marne, l'inspecteur général de la navigation et des ports, les maires et les commissaires de police des communes riveraines, et les agents sous leurs ordres, sont chargés, chacun en ce qui le concerne, d'en assurer l'exécution.

Le colonel, chef de la 1re légion de la gendarmerie impériale, est requis de prêter main forte, au besoin.

Le préfet de police, J.-M. PIETRI.

RÈGLEMENT DE POLICE POUR LA MARNE CANALISÉE ET LES CANAUX LATÉRAUX, ENTRE DIZY ET LA SEINE.

TITRE Ier.

CONDITIONS A REMPLIR POUR NAVIGUER.

1. Aucun bateau, coupon ou part de trains ne devra excéder les dimensions suivantes qui seront mesurées de dehors en dehors, y compris le chargement, sans aucune tolérance:

	LONGUEUR.		LARGEUR.			
	Ligne principale.	Rigole alimentaire du canal de Meaux à Chalifert.	Ligne principale.	Écluse Cornillon.	Rigole alimentaire du canal de Meaux à Chalifert.	Écluse d'embouchure du canal de Saint-Maur.
	m. c.	m. c.	m. c.	m. c.	m. c.	m. c.
BATEAUX.	45 30	33 80	7 60	6 85	5 »	7 30
TRAINS OU RADEAUX	45 »	33 50	7 40	6 65	4 80	7 10

L'enfoncement du bateau au-dessous du plan de flottaison ne devra jamais dépasser, toute tolérance comprise, les profondeurs suivantes :

De Dizy (origine de la Marne canalisée), jusques et y compris le canal de Meaux à Chalifert, 1^m 45^c;

De Chalifert à la Seine (Charenton), 1^m 80^c.

Néanmoins, dans des cas exceptionnels, et notamment pendant les sécheresses, cet enfoncement des bateaux pourra être réduit par un arrêté du préfet de chaque département (Marne, Aisne, Seine-et-Marne, Seine-et-Oise, Seine). Avis sera donné de cette réduction par voie de publication et d'affiche, et les bateaux devront, dès-lors, être allégés de telle sorte que leur tirant d'eau n'excède pas la profondeur ainsi fixée.

La hauteur du bord, au-dessus du plan de flottaison, sera au moins de dix centimètres.

La hauteur du bateau, chargement compris, au-dessus du plan de flottaison, n'excèdera pas, savoir :

	BASSES EAUX.	HAUTES EAUX.
	m. c.	m. c.
De DIZY à CHALIFERT	4 20	3 »
De CHALIFERT à la SEINE.	4 80	3 50
Sur la rigole alimentaire du canal de MEAUX à CHALIFERT	3 50	3 50

Toutes les fois qu'un bateau, train ou radeau ne satisfera pas aux conditions prescrites par le présent article, le conducteur pourra être tenu de l'arrêter au point qui sera désigné par les agents de la navigation, et il ne pourra le remettre en marche qu'après s'être mis en règle.

2. Les bateaux porteront à la poupe leur dénomination, le nom et le domicile du propriétaire.

Les trains ou radeaux porteront aussi, sur une planche le nom et le domicile du propriétaire.

Les inscriptions seront apparentes, en toutes lettres, et en caractères ayant au moins huit centimètres de hauteur. Elles seront peintes ou sur le bordage du bateau, ou sur une planche fixée à demeure, de manière à ne pouvoir être déplacée.

3. Chaque bateau, train ou radeau, aura un marinier au moins à bord. Il devra, en outre, être muni de tous ses agrès en bon état, et notamment de plusieurs ancres ou de piquets d'amarre, et des cordages nécessaires.

4. Les conducteurs des bateaux devront les soumettre, tous les deux ans au moins, et plus souvent, s'ils en sont requis, à une vérification ayant pour objet de constater qu'ils sont en état de naviguer, que les échelles prescrites par la loi du 9 juillet 1836 et l'ordonnance du 15 octobre suivant sont en cuivre, qu'elles n'ont subi aucune altération, et que leur point zéro correspond exactement au tirant d'eau à vide. Cette vérification sera faite par les agents et dans les ports désignés à cet effet.

En cas d'urgence, la vérification des bateaux en marche pourra être faite sur un point quelconque du canal, par l'ingénieur ou par un agent qu'il déléguera spécialement.

Tout bateau reconnu en mauvais état sera retenu et ne pourra se remettre en marche qu'après avoir été convenablement réparé.

5. Tout conducteur de bateau, train ou radeau, doit être muni d'une lettre de voiture en bonne forme et d'un laissez-passer délivré par le receveur des droits de navigation.

Tout conducteur de bateau doit être, en outre, porteur d'un certificat délivré par l'un des agents commis à la vérification dont il est parlé à l'article précédent, et constatant que son bateau est en état de naviguer.

Ces pièces seront représentées à toute réquisition des agents de l'administration.

6. Tout bateau naviguant de nuit aura deux mariniers au moins à bord.

Il sera éclairé par un fanal fixé à l'avant, dont la lumière s'étendra au delà des chevaux de halage.

Les mariniers allumeront, en outre, lorsqu'ils en seront requis, un fanal portatif et même deux au passage des écluses.

Les bateaux arrêtés seront aussi éclairés, pendant la nuit, par un fanal, sur la réquisition des agents de la navigation, lorsque cette mesure sera jugée nécessaire pour prévenir des accidents.

7. Les chevaux de halage seront toujours conduits par un charretier qui, s'il n'est pas à cheval, devra se tenir à la tête du premier cheval.

8. A moins d'autorisation spéciale accordée par M. le ministre des travaux publics, les bateaux ne pourront marcher en convois; ils ne seront ni accouplés ni remorqués.

On pourra néanmoins en attacher deux, l'un à la suite de l'autre, quand il sera possible de le faire sans augmenter le nombre de chevaux habituellement employés à la traction d'un seul bateau.

Ne seront pas considérés comme bateaux accouplés ou doublés, les bateaux reliés ensemble de manière à former un système invariable, qui n'excède, ni en longueur ni en largeur, les dimensions fixées à l'article 1er.

9. La longueur de chaque coupon ou part de trains ne pourra, comme il est dit à l'article 1er, excéder 45 mètres; celle des trains formés par la réunion des coupons, ne pourra excéder 200 mètres.

TITRE II.

CLASSEMENT DES BATEAUX. — BATEAUX A VAPEUR. — SERVICE RÉGULIER ET SERVICE ORDINAIRE. — TRÉMATAGE ET PRIORITÉ DE PASSAGE AUX ÉCLUSES ET PONTS MOBILES. — HALAGE.

10. Les bateaux sont divisés en cinq classes, savoir :

1re *Classe.* — Bateaux mus par la vapeur.

2e *Classe.* — Bateaux halés par des chevaux marchant au trot, avec relais.

3e *Classe.* — Bateaux halés par des chevaux marchant au pas, avec relais.

4e *Classe.* — Bateaux halés par des chevaux, sans relais.

5e *Classe.* — Bateaux halés par des hommes, et radeaux halés, soit par des chevaux, soit par des hommes.

11. Les bateaux à vapeur ne pourront être établis qu'en vertu d'une autorisation de M. le ministre des travaux publics, et sous les conditions qu'elle aura déterminées.

L'acte d'autorisation indiquera notamment le système des appareils propulseurs et la vitesse maximum.

Les ingénieurs et les agents qu'ils auront délégués à cet effet, pourront monter à bord des bateaux à vapeur pour en constater la vitesse et pour apprécier l'effet que la marche de ces bateaux produit sur les berges du canal.

Dans le ressort de la préfecture de police, les inspecteurs de la navigation pourront également monter sur les bateaux à vapeur pour assurer l'exécution des règlements de police, notamment en ce qui concerne l'emploi des appareils à vapeur.

12. Dans les trois premières classes, la navigation est régulière ou ordinaire.

On entend par navigation régulière, celle des bateaux qui partent et arrivent à jour fixe et ne s'arrêtent entre les points extrêmes qu'à des ports déterminés.

La navigation ordinaire comprend les autres bateaux et les trains ou radeaux.

13. Les services réguliers ne pourront être établis qu'en vertu d'une autorisation, et conformément aux conditions qu'elle aura prescrites.

La demande d'autorisation devra indiquer le nombre de bateaux qu'on se propose d'employer, les lieux et jours de départ et d'arrivée, le mode de traction et les principaux points de stationnement.

L'autorisation sera accordée par le préfet, quand les points de départ et d'arrivée seront compris dans un même département, et par le ministre, quand ces points extrêmes seront dans des départements différents. Le ministre statuera, par exception, dans les limites du département de la Seine.

14. Les bateaux du service régulier de première et de deuxième classe porteront à l'avant, en caractères apparents, les mots : *Service accéléré.*

Ils auront au moins deux mariniers à bord.

Ils arboreront une flamme rouge.

Ils seront, en outre, munis d'une cloche qu'ils devront faire sonner 500 mètres avant d'arriver aux écluses, aux ponts mobiles et aux bacs.

15. Les bateaux du service régulier de troisième classe porteront à l'avant, en caractères apparents, les mots : *Service non accéléré.*

Ils arboreront une flamme bleue.

16. Lorsqu'un entrepreneur de service régulier aura été condamné deux fois, dans le délai d'un an, pour infraction aux conditions de l'autorisation qu'il aura obtenue, cette autorisation pourra lui être retirée.

17. Il est défendu de placer sur les bateaux qui n'appartiennent pas à un service régulier, tout ou partie des signes distinctifs de ce service.

18. Les numéros des classes des bateaux règlent l'ordre d'exercice du droit de trématage et du droit de priorité de passage aux écluses et ponts mobiles.

A égalité de classe, ce double droit est encore exercé dans l'ordre suivant :

Les bateaux affectés à un service de voyageurs ;

Les bateaux chargés pour le service de l'État et des travaux de la navigation ;

Les bateaux du service régulier portant des marchandises.

Dans des circonstances exceptionnelles, certains bateaux pourront encore exercer le trématage en dehors du droit de leur classe ; mais les conducteurs de ces bateaux devront être munis d'autorisations spéciales et individuelles, délivrées par l'ingénieur en chef, et qu'ils seront tenus de représenter à toute réquisition.

S'il devait être dérogé à la règle pour un temps déterminé et par mesure générale en faveur des bateaux chargés de certains objets ou marchandises, et notamment de blés et farines, il y sera pourvu par une décision ministérielle.

En cas de contestation sur l'application des dispositions du présent article, les conducteurs de bateaux seront tenus de se conformer aux ordres de l'éclusier ou de tout autre agent du canal pour la priorité du passage.

19. Tout bateau chargé, de cent tonneaux et au-dessus, doit être halé par deux chevaux au moins.

Les bateaux d'un tonnage inférieur pourront ne prendre qu'un seul cheval.

Les mariniers se conformeront, d'ailleurs, aux règlements particuliers qui pourraient intervenir pour l'organisation du halage sur la rivière.

20. Quand les bateaux marchant avec relais auront leurs relais à bord, le nombre des chevaux embarqués devra être au moins égal à celui des chevaux à terre.

TITRE III.

BATEAUX, TRAINS OU RADEAUX EN MARCHE. — PASSAGE AUX ÉCLUSES ET PONTS MOBILES. — CANOTS DE PROMENADE.

21. La navigation et le passage aux écluses auront lieu librement le jour et la nuit.

Les ingénieurs peuvent néanmoins interdire la navigation de nuit à l'époque des gelées et des débâcles, et dans le cas où des avaries survenues, soit aux digues, soit aux ouvrages d'art, feraient craindre quelque danger.

Les ingénieurs peuvent aussi rendre la navigation de nuit obligatoire pour tous les bateaux, sans distinction, lorsque ces bateaux encombrent les biefs, notamment aux approches et à la suite des chômages.

22. Hors les cas de force majeure, la navigation ne pourra être suspendue que par un acte administratif, qui fixera l'époque et la durée des chômages.

Pendant les chômages, les bateaux pourront circuler à leurs risques et périls dans les parties de la voie navigable qui seront restées en eau.

23. Tout bateau, train ou radeau allant dans un sens doit la moitié de la voie d'eau à tout bateau, train ou radeau allant dans un sens contraire.

Quand les bateaux qui se rencontrent sont l'un chargé, l'autre vide, le bateau vide se range du côté opposé au halage.

Si les bateaux qui se rencontrent sont tous deux chargés ou vides, le bateau montant se tient du côté du halage.

24. Dans le trématage, le bateau qui cède le passage doit se ranger du côté opposé au halage et lâcher son trait.

Dans le trématage entre un bateau à vapeur et un bateau halé, ce dernier doit serrer le chemin de halage.

25. Lorsqu'un bateau, train ou radeau se présentera dans une partie du canal qui n'a pas une largeur suffisante pour le croisement de deux bateaux, et dans laquelle un autre équipage se trouvera déjà engagé, il sera tenu de s'arrêter et de se ranger pour laisser passer ce dernier.

Des poteaux indicateurs feront connaître les limites entre lesquelles le croisement des bateaux ne peut avoir lieu.

26. Tout bateau qui s'arrête doit laisser passer ceux qui le rejoignent, jusqu'à ce qu'il se remette lui-même en marche.

27. Les éclusiers et pontiers n'accorderont, sous aucun prétexte, le passage des écluses et ponts mobiles aux bateaux, trains ou radeaux pour lesquels il ne leur serait pas représenté d'expédition délivrée par les agents des contributions indirectes. Ils vérifieront, par une reconnaissance sommaire des bateaux et des chargements, si l'expédition est applicable.

28. Avant d'accorder le passage de nuit aux écluses et ponts mobiles, les éclusiers et pontiers devront s'assurer que les bateaux remplissent les conditions prescrites par l'article 6 du titre Ier, et qu'ils doivent continuer leur route.

29. Sauf les exceptions détaillées à l'article 18 du titre II, les bateaux, trains ou radeaux marchant dans le même sens passeront les écluses et les ponts mobiles dans l'ordre de leur arrivée.

30. Tout bateau, train ou radeau qui, arrivé près d'une écluse, ne pourrait passer immédiatement, devra s'arrêter pour attendre son tour avant le poteau indicateur désignant la limite du stationnement.

31. Tout bateau, train ou radeau qui, arrivé près d'une écluse, aurait refusé de se faire écluser, ne pourra s'opposer à ce qu'un autre bateau, train ou radeau passe avant lui.

32. On profitera, autant que possible, de la même éclusée pour faire passer deux bateaux marchant en sens contraire. Les mariniers seront tenus d'exécuter les manœuvres prescrites dans ce but par les éclusiers.

33. Aux approches des écluses, ponts et ouvrages d'art, le mouvement des bateaux sera réglé de manière à prévenir tout choc.

Les bateaux seront solidement amarrés à chaque extrémité pendant qu'on les éclusera ; on les fera ensuite sortir avec précaution ; en aucun cas, on ne les attachera aux portes.

Chaque bateau sera muni de perches pour parer les chocs contre les bajoyers et les portes, et pour aider à la sortie des écluses.

Les patrons et mariniers devront, d'ailleurs, se conformer ponctuellement à tous les ordres qui leur seront donnés par l'éclusier pour les précautions à prendre lors des manœuvres relatives à l'éclusage.

34. Les bateaux, trains ou radeaux ne peuvent rester dans l'écluse que le temps strictement nécessaire pour la manœuvre.

35. L'éclusier a seul le droit de manœuvrer les ventelles et les portes d'écluse. Toutefois, il peut être aidé par les mariniers qui doivent, dans ce cas, se conformer à ses ordres.

36. La division de parts ou coupons de trains, en amont des écluses, et leur réunion à l'aval, ne pourront s'effectuer qu'à 100 mètres au moins desdites écluses. Toute manœuvre de ce genre est d'ailleurs interdite entre l'écluse de Lesches et le souterrain de Chalifert.

L'éclusage de ces parts ou coupons sera momentanément interrompu chaque fois qu'un bateau se présentera pour passer.

37. Les canots de promenade sont provisoirement autorisés à parcourir les canaux ou dérivations qui font partie de la rivière canalisée, mais ils ne peuvent y stationner. Ils ne peuvent s'y arrêter qu'en attendant leur tour de passage aux écluses, et à la condition de se tenir alors à 100 mètres au moins de ces ouvrages.

En principe, lesdits canots ne seront admis à franchir les écluses que lorsqu'ils pourront entrer dans le sas à la suite d'un bateau de commerce se dirigeant dans le même sens, et lorsqu'on se sera assuré que ce bateau doit parcourir la dérivation tout entière.

Par exception, et en vertu d'arrêtés préfectoraux, il pourra être fait, les dimanches et jours de fêtes, des éclusées spécialement destinées au passage des canots. Le nombre des éclusées et les heures seront déterminés par les mêmes arrêtés.

Ces passages étant de pure tolérance, l'éclusier pourra, sous sa responsabilité et à charge d'en rendre compte à qui de droit, les différer autant que l'exigeaient les intérêts généraux de la navigation.

38. Les bateaux de plaisance-voyageurs seront distingués des simples canots de promenade, assimilés aux bateaux de commerce de 5e classe et admis comme tels à franchir les écluses en tout temps, quand on pourra justifier, par un laissez-passer, que le trajet fait ou à faire par ces bateaux, sur la Marne ou les canaux qui en dépendent, comprend une distance de 40 kilom. au moins, non compris le retour éventuel.

Tout bateau de plaisance pour lequel il aurait été constaté que le trajet réellement accompli n'est pas conforme à la déclaration faite, serait exclu de la faveur spécifiée par le présent article.

39. Les yachts portant le pavillon de la société d'encouragement pour la navigation de plaisance, seront assimilés aux bateaux de commerce de 1re classe, tant pour le trématage que pour le passage aux ponts mobiles et aux écluses qu'ils pourront franchir sans justification de longueur de trajet.

TITRE IV.

PASSAGE DES SOUTERRAINS DE CHALIFERT ET DE SAINT-MAUR.

40. Pendant la traversée des souterrains, chaque bateau devra avoir un marinier à son gouvernail, et chaque radeau devra être monté par deux mariniers au moins, l'un à l'avant, l'autre à l'arrière.

41. Chaque bateau devra être garni, sur chacun de ses flancs, de deux ballons en liége ou en corde, de 0 m. 15 cent. au moins de diamètre, suspendus l'un à l'avant, l'autre à l'arrière, de manière à préserver de tout choc le pied droit de la voûte, le couronnement de la banquette, et surtout le garde-corps qui le surmonte.

42. La corde de halage devra être attachée assez haut pour ne pas frotter sur le garde-corps.

43. La traversée des souterrains de Chalifert et de Saint-Maur aura lieu alternativement, d'heure en heure, dans les deux directions de la Seine et de Dizy.

Les bateaux descendant vers la Seine passeront de minuit à 1 heure du matin, de 2 heures à 3 heures, et ainsi de suite.

Les bateaux montant vers Dizy passeront de 1 heure à 2 heures du matin, de 3 à 4 heures, et ainsi de suite.

Néanmoins, tout bateau ou radeau pourra passer sans attendre l'heure réglementaire, quand le marinier qui le dirige aura pu s'assurer, avec certitude, qu'il ne court aucun risque de rencontrer, dans l'étendue du souterrain, un bateau ou radeau venant en sens inverse.

44. Tout bateau ou radeau qui s'engage dans un souterrain, doit être halé par des chevaux ou des hommes en nombre suffisant pour qu'il puisse opérer la traversée, dans les limites de l'heure réglementaire.

45. Si, par suite de dérogation aux prescriptions précédentes ou de circonstances de force majeure, deux bateaux viennent à se rencontrer dans un souterrain, ils devront s'arrêter et provoquer l'intervention de l'agent de la navigation le plus voisin. Celui-ci décidera lequel des deux bateaux doit reculer et dressera procès-verbal des contraventions qui auront pu être commises.

46. Les bateaux et radeaux, attendant leur tour de passage dans les souterrains, stationneront aux abords du côté contre-halage, dans les limites déterminées par des poteaux indicateurs, et dans l'ordre où le droit de trématage doit s'exercer entre eux, à raison de leurs classes.

Les agents de la navigation prescriront les dispositions à prendre pour que ce stationnement ne gêne pas l'embarquement et le débarquement des marchandises, dans le bassin du canal de Saint-Maur.

Le stationnement d'amont du souterrain de Saint-Maur aura lieu dans la rivière, à l'amont du pont de Joinville.

Les bateaux montant ne pourront stationner contre le quai Beaubourg, que pendant le temps strictement nécessaire au passage des chevaux de la rive droite à la rive gauche.

TITRE V.

STATIONNEMENT DES BATEAUX. — EMBARQUEMENT, DÉBARQUEMENT ET ENTREPÔT DES MARCHANDISES. — MESURES D'ORDRE DANS LES PORTS PUBLICS ET PRIVÉS. — RÉPARATION DES BATEAUX. — GARAGE.

47. Les bateaux ne peuvent stationner que dans les ports et dans les parties de rivière ou de canal désignées par les ingénieurs.

Le stationnement est, dans tous les cas, interdit :

1° Sur tous les points où le croisement des bateaux ne peut s'opérer ;

2° A moins de 100 mètres en amont et en aval des écluses.

48. Les bateaux qui stationnent dans les biefs se placent sur un seul rang, du côté opposé au halage.

49. Tout bateau en stationnement sera amarré à ses deux extrémités.

Il devra être gardé de jour et de nuit.

50. Il est défendu de charger, décharger et déposer des marchandises ailleurs que dans les ports, à moins d'une permission de l'ingénieur, s'il s'agit d'un seul bateau, ou d'une autorisation de l'ingénieur en chef, s'il s'agit de chargements ou déchargements qui doivent avoir une certaine durée ou une certaine continuité.

Les permissions et autorisations de ce genre seront délivrées par écrit, pour être représentées à toute réquisition des agents de la navigation.

51. Lorsque les ports publics ou privés sont du côté du halage, les bateaux ne peuvent y rester que pendant le temps strictement nécessaire pour leur chargement ou leur déchargement.

Aussitôt que ces opérations sont achevées, ou pendant les interruptions qu'elles peuvent subir, les bateaux doivent s'amarrer du côté opposé.

52. Les mariniers, dans les ports publics, se conformeront au règlement particulier de chaque port.

Il est d'ailleurs prescrit d'une manière générale :

1° D'enlever les gouvernails et de les mettre dans les bateaux ou le long du bord ;

2° De ranger les marchandises à terre, de manière qu'elles occupent le moins d'espace possible ;

3° De réserver, sur le bord du canal, un chemin de 4 mètres au moins du côté du halage, et un chemin de 2 mètres au moins du côté opposé ;

4° De laisser libres les chemins de service réservés sur chaque port, suivant les indications données, hors du département de la Seine, par les ingénieurs et par les inspecteurs et gardes-ports, et, dans le ressort de la préfecture de police, par les inspecteurs de la navigation dépendant de cette préfecture. Dans le même ressort, aucune marchandise ne pourra être chargée, déchargée, transbordée ou déposée à terre pour être embarquée, sans un permis délivré par l'inspecteur de la navigation, sur la production d'une lettre de voiture en bonne forme.

53. Les bateaux en chargement ou en déchargement seront placés à quai, dans les ports publics, de préférence à tous autres.

54. Il ne peut être déposé, dans les ports publics, que des marchandises arrivées par eau ou destinées à être embarquées.

55. Les bateaux à réparer devront être placés sur des cales de radoub.

Les propriétaires des bateaux pourront néanmoins, quand les circonstances l'exigeront, obtenir des ingénieurs la faculté de réparer leurs bateaux sur d'autres points qui leur seront désignés.

Dans ce dernier cas, les permissions et désignations d'emplacement seront données par écrit, avec mention des délais accordés, et devront être représentées à toute réquisition des agents de la navigation.

56. Les bateaux sans emploi, ou qui attendront leur chargement, seront garés dans les lieux désignés par les ingénieurs.

Les propriétaires de ces bateaux seront tenus de faire connaître à l'éclusier ou au garde, le nom et la demeure des personnes à qui la garde en sera confiée.

57. La construction ou le remaniement des trains ne pourra se faire que dans les ports ou les lieux de garages désignés à cet effet.

58. Les files de bateaux ou de trains en stationnement, soit aux abords des écluses, soit dans tout autre partie du canal n'ayant au plafond que la largeur normale de 15 mètres, ne pourront s'étendre sur une longueur de plus de 200 mètres, sans présenter un espace vide de même longueur qui permette le croisement des bateaux en marche.

TITRE VI.

INTERDICTIONS ET PRESCRIPTIONS. — AUTORISATIONS. —
DISPOSITIONS DIVERSES.

59. Il est défendu :

1° De jeter ou déposer dans la rivière, les canaux ou sur leurs dépendances, des immondices, pierres, graviers, bois, pailles ou fumiers, ni rien qui puisse en embarrasser ou attérir le lit ; d'y planter aucuns pieux ; d'y mettre à rouir du chanvre ou du lin, comme aussi d'extraire des pierres, terres, sables et autres matériaux, plus près des bords que 12 mètres (article 4 de l'arrêt du 24 juin 1777) (1) ;

2° De détériorer, soit les digues ou ouvrages d'art, soit les plantations ou récoltes (art. 11 de l'arrêt du 24 juin 1777) ;

3° D'escalader les talus des canaux ou dérivations ou les perrés, et de se laisser glisser le long des pentes que forment ces ouvrages ;

4° De suivre avec des bestiaux ou des chevaux, autres que ceux employés au halage, les levées du canal et autres parties des francs-bords qui ne sont pas grevées de servitudes de passage ;

5° D'y laisser pâturer les chevaux ou tout autre espèce de bétail ;

6° D'y chasser ;

7° D'y pêcher autrement qu'à la ligne flottante.

60. Il est défendu aux mariniers et autres :

1° D'embarrasser les ports et gares qui leur sont affectés, de laisser vaguer les soupentes de leurs traits de bateaux, de garer leurs bateaux ou radeaux du côté du halage (art. 8 de l'arrêt du 24 juin 1777) ;

2° D'amarrer les bateaux, trains ou radeaux sur les banquettes, plus près de l'arête de la rivière et des canaux que 3 mètres ;

3° D'enlever ou déplacer les balises destinées à indiquer la direction du chenal en rivière ;

4° D'attacher aucun cordage aux arbres plantés sur les banquettes ou les francs-bords, et de tenir les cordages élevés au-dessus des banquettes, de manière à gêner ou intercepter le passage ;

5° De se servir de harpons, gaffes, bâtons ferrés et autres engins en usage sur les rivières, qui pourraient endommager les maçonneries, portes d'écluses et autres ouvrages d'art ou les berges ;

6° De jeter les eaux de vidange des bateaux sur les talus, les plates-formes ou les murs de revêtement des canaux.

61. Les riverains, mariniers ou autres devront faire enlever, dans le plus bref délai possible, les pierres, terres, bois, pieux, débris de bateaux et autres empêchements étant de leur fait ou à leur charge, dans le lit de la rivière et des canaux ou sur les bords. Faute de quoi il y sera pourvu à leurs frais, sans préjudice de l'amende encourue pour la contravention (art. 3 de l'arrêt du 24 juin 1777).

---

(1) V. cet arrêté à l'appendice du présent vol.

62. Dans les traversées des villes, bourgs et villages et dans les ports publics, nul ne pourra réparer les constructions sises le long et joignant la voie navigable, ou en élever de nouvelles, qu'après y avoir été autorisé, et en se conformant aux alignements qui lui seront donnés par l'administration.

63. Tout propriétaire qui, en dehors des villes, bourgs et villages et des ports publics, voudra élever des constructions ou faire des plantations sur ses terrains le long de la voie navigable, ne pourra commencer lesdites constructions ou plantations avant que, sur sa demande, le préfet ait fait reconnaître et tracer contradictoirement la limite du domaine public ou de la zone soumise à la servitude de halage.

Aucune plantation ne pourra, d'ailleurs, conformément à l'art. 671 du code Napoléon, être faite qu'à une distance de 2 mètres de la ligne séparative du domaine public et des propriétés particulières, pour les arbres à haute tige, et à la distance d'un demi-mètre, pour les autres arbres et les haies vives.

64. Nul ne peut circuler, soit à cheval, soit en voiture, sur les digues des canaux et dérivations, qu'en vertu d'une autorisation de l'ingénieur en chef, qui ne pourra être accordée que dans l'intérêt d'un service public.

Les employés à cheval des contributions indirectes et des douanes, dans l'exercice de leurs fonctions, sont seuls dispensés de cette autorisation.

65. Ne pourront être établis qu'en vertu d'une autorisation, toujours révocable, de l'administration, et sous les conditions qu'elle aura déterminées :

1o Les ouvertures ou sorties sur les digues et francs-bords des canaux ou dérivations ;

2o Les lavoirs ou abreuvoirs ;

3o Les prises d'eau ;

4o Les égouts dirigés vers la voie navigable ;

5o Les ports privés ;

6o Les grues, chèvres et autres appareils pour l'embarquement et le débarquement des marchandises ;

7o Et tous autres ouvrages qui s'étendraient sur le domaine public.

66. Les particuliers peuvent, sur le rapport des ingénieurs, et l'administration des contributions indirectes entendue, obtenir l'autorisation, sous des conditions déterminées, d'avoir des barques pour leur usage et pour l'exploitation de leurs propriétés ; mais il leur est interdit, sous les peines de droit, d'appliquer ces barques au transport des passagers d'une rive à l'autre, avec ou sans rétribution.

Ces barques devront, d'ailleurs, être toujours garées de manière à ne gêner ni la navigation ni le halage.

67. Toutes avaries faites aux ouvrages d'art, toutes dégradations des digues et talus seront réparées aux frais de l'auteur desdites avaries ou dégradations, sans préjudice des peines encourues.

68. Lorsqu'un bateau, train ou radeau vient à couler à fond, le propriétaire ou patron est tenu de faire, dans le délai qui lui est prescrit par l'agent de la navigation le plus voisin, les dispositions nécessaires pour le retirer ou remettre à flot.

Faute par lui d'avoir satisfait à cette obligation dans le délai fixé, il y sera pourvu à ses frais, par l'agent de la navigation. Ce dernier fera, d'ailleurs, prévenir sur-le-champ l'ingénieur, et constatera, dans un procès-verbal, la cause du naufrage, le retard qui en sera résulté pour la navigation, et les dépenses qui auraient pu être faites d'office.

69. Tout bateau, train ou radeau abandonné ou amarré du côté du halage sans patron ni gardien, sera conduit, par les soins du premier agent de la navigation qui en constatera l'abandon, dans un lieu où il ne gêne pas la navigation.

Cet agent dressera procès-verbal et préposera un homme à la garde dudit bateau, train ou radeau.

Les dépenses faites par application du présent article seront à la charge du propriétaire.

TITRE VII.

PROCÈS-VERBAUX DE CONTRAVENTIONS ET DÉLITS. — JURIDICTIONS. — EXÉCUTIONS D'OFFICE ET CAUTIONS.

70. Toutes les infractions au présent règlement et tous autres délits ou contraventions prévus par les anciennes lois et ordonnances, seront constatés par procès-verbaux des agents de la navigation et autres ayant qualité pour verbaliser,

71. Les procès-verbaux constatant des contraventions de grande voirie seront déférés au conseil de préfecture.

Les procès-verbaux constatant des contraventions aux dispositions du présent règlement, qui ne rentrent dans aucun des cas prévus par les anciennes lois et ordonnances, seront déférés aux tribunaux de simple police.

Les procès-verbaux constatant des insultes et mauvais traitements envers les agents de l'administration dans l'exercice de leurs fonctions et, en général, des délits qui peuvent entraîner une peine corporelle, seront déférés aux tribunaux de police correctionnelle.

Les procès-verbaux constatant, à la fois, et des contraventions prévues aux paragraphes 1 et 2 du présent article, et des délits spécifiés au paragraphe 3, seront déférés en même temps à chacun des tribunaux compétents, et, à cet effet, dressés en autant d'expéditions qu'il y aura de juridictions appelées à en connaître.

72. Lorsqu'une exécution d'office aura eu lieu, l'état des frais, vérifié et arrêté par les ingénieurs, sera transmis au préfet qui délivrera exécutoire du remboursement contre les contrevenants.

Les marchandises et les bateaux seront, d'ailleurs, retenus, jusqu'à présentation d'une caution solvable qui sera chargée d'effectuer ledit remboursement.

Vu pour être annexé à notre ordonnance en date de ce jour.

Paris, le 20 mai 1870.

Le préfet de police, J.-M. PIETRI.

N° **4351.** — *Avis concernant les désordres annoncés comme devant suivre le dépouillement du scrutin.*

Paris, le 8 mai 1870 (5 heures du soir).

Des bruits inquiétants pour la paix publique sont répandus dans plusieurs quartiers de la capitale, et des désordres y sont annoncés comme devant suivre le dépouillement du scrutin.

Le préfet de police se fait un devoir de prévenir la population de Paris que les mesures les plus efficaces sont prises pour réprimer, avec énergie et promptitude, toute tentative séditieuse.

Il invite les bons citoyens à ne pas se porter sur les lieux où des entreprises criminelles peuvent se produire, et à seconder ainsi l'action tutélaire des autorités spécialement chargées d'assurer le respect des personnes et des propriétés.

Le préfet de police , **J.-M. PIETRI.**

N° **4352.** — *Avis concernant les manifestations sur la voie publique.*

Paris, le 17 juillet 1870.

Pendant ces derniers jours, la population parisienne a voulu affirmer son patriotisme par des manifestations sur la voie publique.

Au moment où nos soldats se rendent à la frontière et après cette explosion du sentiment national, il est désirable que la capitale reprenne son aspect accoutumé, et témoigne, par son calme, de la confiance qui l'anime.

Le préfet de police croit donc devoir demander aux habitants de Paris de s'abstenir de démonstrations qui ne peuvent se prolonger davantage sans inconvénient.

Le préfet de police , **J.-M. PIETRI.**

N° **4353.** — *Ordonnance concernant la police des gares et stations des chemins de fer de l'Ouest* (rive droite)

Approuvée par Son Exc. le ministre des travaux publics, le 19 juillet 1870.

Paris, le 20 juillet 1870.

Nous, préfet de police,

Vu : 1° la loi du 15 juillet 1845, sur la police des chemins de fer (1);

----

(1) V. cette loi au 4ᵉ vol. p. 688.

2° L'ordonnance royale du 15 novembre 1846, portant règlement d'administration publique sur la police, la sûreté et l'exploitation des chemins de fer (1);

3° La circulaire de M. le ministre des travaux publics, du 19 août 1865, et la dépêche ministérielle du 12 mai 1870;

4° Les propositions de la compagnie des chemins de fer de l'Ouest; ensemble l'avis de M. l'inspecteur général du contrôle,

Ordonnons ce qui suit :

TITRE Ier.

GARES ET STATIONS DES VOYAGEURS.

1. Les cours des gares et stations seront ouvertes une demi-heure, au moins, avant le départ ou l'arrivée du premier train du matin.

2. L'entrée, le stationnement et la circulation des voitures de toute sorte dans les cours dépendant du chemin de fer de l'Ouest (rive droite) sont réglés ainsi qu'il suit :

Cour de départ, rue Saint-Lazare.

3. Les voitures amenant des voyageurs pour le chemin de fer déposeront leurs voyageurs et leurs bagages au pied du perron donnant accès à la gare, et sortiront aussitôt par la place du Havre, à l'exception des omnibus spéciaux qui gagneront la cour d'arrivée donnant sur la rue de Rome, par la porte donnant sur la cour Boni.

Aucun stationnement de voiture ne sera autorisé dans la cour de départ.

Cour d'arrivée, rue de Rome.

4. Les voitures entreront par la porte qui fait l'encoignure des rues de Rome et Saint-Lazare; elles sortiront par les portes ouvrant directement sur les rues de Rome et Saint-Lazare;

8 omnibus faisant le service spécial du chemin de fer stationneront, rangés perpendiculairement au trottoir couvert qui fait face à la rue de Rome, les roues adossées au trottoir.

5 voitures de maître, ou retenues à l'avance, seront rangées perpendiculairement au trottoir qui longe les deux grands escaliers conduisant du vestibule dans la cour, les chevaux regardant la rue Saint-Lazare. Le stationnement se fera dans la partie comprise entre les cinq portes qui existent sous les escaliers, de façon à laisser, à droite et à gauche, la place nécessaire pour le mouvement des voitures.

8 voitures de place et 8 voitures de remise stationneront roue contre roue, perpendiculairement au trottoir du côté de la rue de Rome, les chevaux regardant les omnibus spéciaux; un espace de 3 mètres sera libre aux deux extrémités du trottoir; un espace d'un mètre sera

---

(1) V. cette ordonnance royale, au 5e vol., p. 773.

également ménagé entre les voitures de place et les voitures de remise, pour permettre aux voyageurs de les distinguer.

Les voitures de toute espèce ne chargeront que sur place.

Les emplacements affectés à chaque espèce de voitures seront indiqués par des inscriptions qui seront placées par la compagnie des chemins de fer.

5. Les voitures doivent circuler dans les cours des gares avec prudence et au pas : elles ne doivent stationner que sur les emplacements indiqués par la présente ordonnance.

Quand plusieurs voitures arrivent ou partent en même temps, elles doivent prendre la file sans essayer de se dépasser, et tenir leur droite autant que possible.

Il est interdit à tous charretiers, cochers ou postillons de voitures publiques ou particulières en stationnement, de quitter leurs chevaux et de les débrider ou de leur donner à boire ou à manger.

6. Les omnibus spéciaux porteront un numéro de police et des indications apparentes de leur service, ainsi qu'il est dit en l'ordonnance de police du 6 mai 1851.

7. A l'intérieur de chaque compartiment de voiture publique seront inscrits, d'une manière très-apparente et ainsi qu'il est prescrit par les règlements spéciaux pour chaque espèce de voitures, le nombre de places qu'il comporte, le prix de chacune d'elles, ainsi que celui du transport des bagages.

Si le transport de voyageurs ou de tout ou partie des bagages a lieu gratuitement, un avis constamment affiché dans la voiture doit faire connaître cette gratuité aux voyageurs.

8. Toute sollicitation importune pour l'indication d'hôtels, pour le transport de bagages, pour offres de service, etc., est interdite dans les cours, et en général, dans toutes dépendances du chemin de fer.

9. A l'exception des voyageurs et des personnes qui les servent ou qui les accompagnent, les préposés de la compagnie et les agents des services de correspondances agréés par elles, peuvent seuls prendre et porter les bagages, des voitures à l'intérieur de la station et de l'intérieur de la station aux voitures. Aucune rétribution ne devra être exigée pour ce service.

TITRE II.

GARES DE MARCHANDISES.

10. L'entrée des gares de marchandises n'est permise qu'aux expéditeurs, destinataires et autres personnes venant pour affaires concernant le service du chemin de fer.

Ne seront admises dans les cours de ces gares que les voitures venant y prendre ou y laisser leur chargement, et celles des personnes ci-dessus mentionnées.

11. Pour le stationnement, le chargement et le déchargement, les voitures se placeront le long des quais ou des voies de débord.

12. Il est interdit, sous les peines portées par les articles 319 et

320, 479 n° 2, et 480 du Code pénal, d'introduire dans les gares des animaux vicieux, dangereux ou malades, qui pourraient compromettre la sécurité publique ou la santé des autres animaux à transporter par le chemin de fer.

TITRE III.

DISPOSITIONS GÉNÉRALES.

13. Conformément à l'ordonnance de police du 20 mai 1845, il est défendu, dans tous les temps, de laisser vaguer ou de conduire, même en laisse, des chiens non muselés dans les cours des gares, et généralement dans toutes les dépendances du chemin de fer.

14. Toute infraction à la présente ordonnance sera réprimée, conformément aux lois et règlements en vigueur.

15. Les ordonnances antérieures concernant la circulation des voitures dans les cours dépendant des chemins de fer de l'Ouest (rive droite) sont rapportées.

L'inspecteur général chargé de la direction du contrôle des chemins de fer de l'Ouest, les ingénieurs et les agents sous ses ordres, les commissaires de surveillance administrative, le commandant de la gendarmerie de la Seine, le chef de la police municipale, le commissaire spécial de police des chemins de fer de l'Ouest (rive droite), les commissaires de police des localités traversées par la voie ferrée, et notamment ceux des quartiers de l'Europe et des Batignolles, les officiers de paix et les autres préposés de la préfecture de police, ainsi que les agents assermentés de la compagnie, sont chargés, chacun en ce qui le concerne, d'en assurer l'exécution.

Le préfet de police, J.-M. PIETRI.

N° **4354.** — *Ordonnance concernant le camionnage d'office des marchandises adressées en gare* (chemins de fer de l'Ouest).

Paris, le 6 août 1870.

Nous, préfet de police,

Vu : 1° les lois, décrets et ordonnances concernant les chemins de fer de l'Ouest ; ensemble les cahiers des charges y annexés ;

2° Les tarifs en vigueur sur lesdits chemins de fer pour le transport des marchandises ;

3° La décision ministérielle du 29 juillet dernier, homologative d'une proposition de la compagnie de l'Ouest relative au camionnage d'office des marchandises adressées en gare ;

Considérant qu'il y a lieu de publier ladite décision dans le ressort de la préfecture de police,

Ordonnons ce qui suit :

1. La compagnie des chemins de fer de l'Ouest est autorisée à faire camionner d'office, soit au domicile du destinataire, soit dans un magasin public, toute marchandise qui, adressée en gare, à un point quelconque du réseau, ne serait pas enlevée dans les cinq jours de la mise à la poste de la lettre d'avis écrite par la compagnie au destinataire, les frais de ce camionnage étant calculés d'après les tarifs homologués.

Cette disposition est applicable indistinctement aux marchandises mises à quai ou laissées sur wagon pour être déchargées par les destinataires.

2. L'autorisation ci-dessus n'est accordée à la compagnie qu'à titre provisoire.

3. Les fonctionnaires et agents spécialement préposés à la surveillance des chemins de fer de l'Ouest, sont chargés d'assurer l'exécution de la décision sus-visée du 29 juillet dernier.

La présente ordonnance sera imprimée et affichée.

Elle sera notifiée à la compagnie de l'Ouest.

Le préfet de police, J.-M. PIETRI.

———————————

N° **4355.** — *Ordonnance concernant la modification partielle du tarif de la compagnie du touage de la Basse-Seine et de l'Oise, pour le remorquage, à la remonte, entre Conflans et Paris.*

Paris, le 6 août 1870.

Nous, préfet de police,

Vu : 1° les arrêtés du gouvernement des 12 messidor an VIII (1er juillet 1800) et 3 brumaire an IX (25 octobre 1800) ; ensemble la loi du 10 juin 1853 ;

2° Le décret du 6 avril 1854, autorisant l'établissement d'un service de touage sur chaîne noyée dans la Seine et dans l'Oise, pour le remorquage des bateaux entre les écluses de la Monnaie et de Pontoise ;

3° Les articles 15 et 17 du cahier des charges annexé audit décret ;

4° Le décret impérial du 25 décembre 1869, autorisant la compagnie anonyme du touage de la Basse-Seine et de l'Oise à modifier son tarif pour le remorquage, à la remonte, entre Conflans et Paris ;

5° Les instructions contenues dans la lettre de M. le ministre des travaux publics, en date du 22 juin 1870, approuvant l'application du tarif modifié proposé par ladite compagnie,

Ordonnons ce qui suit :

1. La compagnie anonyme du touage de la Basse-Seine et de l'Oise est autorisée, à *titre d'essai*, à abaisser son tarif pour le remorquage, à la remonte, entre Conflans et Paris, exclusivement aux périodes pendant lesquelles les barrages entre Conflans et Paris étant en fonction, le plan d'eau ne s'élèvera pas au-dessus de la cote de 2

mètres, prise à l'échelle du Pont-Royal, et ce, conformément au tableau suivant :

	TARIF RÉDUIT	
	De CONFLANS à SAINT-DENIS.	De SAINT-DENIS à PARIS.
Pour un bateau chargé à moitié au moins,		
Par tonne effective et par kilomètre.....	....	0,008
Par tonne effective et par kilomètre :		
Jusqu'à 220 tonnes...........	0,008	» »
Pour les tonnes excédantes.	0,004	» »
Pour un bateau ayant moins de moitié de son chargement,		
Par tonne effective et par kilomètre.....	0,008	
Par tonne non effective et par kilomètre...	0,0016	

2. La présente ordonnance sera imprimée et affichée partout où besoin sera.

Ampliation en sera adressée à MM. les ingénieurs en chef des 2e et 3e sections de la navigation de la Seine et à M. l'inspecteur de la navigation et des ports, chargés, chacun en ce qui le concerne, d'en assurer l'exécution.

Le préfet de police, J.-M. PIETRI.

N° **4356.** — *Avis concernant une fausse nouvelle répandue à la Bourse.*

Paris, le 6 août 1870.

Le gouvernement n'a reçu du quartier général d'autre dépêche que celle qui a été publiée aussitôt, et où l'Empereur annonce, à une heure vingt minutes du soir, que le *maréchal de Mac-Mahon n'a pas eu le temps d'envoyer un rapport, qu'il est toujours dans une bonne position où il est rejoint par un autre corps d'armée.*

L'individu qui a apporté la fausse nouvelle, répandue d'abord à la Bourse, a été arrêté, et il est mis sous la main de la justice.

Le préfet de police croit devoir engager la population parisienne à attendre, avec une patriotique confiance, les nouvelles officielles. Elles seront publiées dès leur arrivée.

Le préfet de police, J.-M. PIETRI.

N° **4357.** — *Ordonnance concernant l'ouverture de la chasse* (**1**).

Paris, le 16 août 1870.

━━━━━━━━━●━━━━━━━━

N° **4358.** — *Ordonnance qui maintient la fermeture de la chasse.*

Paris, le 22 août 1870.

Nous, préfet de police,

Vu les instructions de Son Exc. M. le ministre de l'intérieur,

Ordonnons ce qui suit :

Est et demeure rapportée notre ordonnance en date du 16 août 1870, qui fixait l'ouverture de la chasse au 28 du même mois.

En conséquence, la chasse *reste close* dans le département de la Seine.

Le préfet de police, J.-M. PIETRI.

━━━━━━━━━●━━━━━━━━

N° **4359.** — *Avis concernant la faculté de quitter Paris sans passeport français.*

Paris, le 29 août 1870.

Le préfet de police prévient les personnes qui veulent quitter Paris, qu'elles n'ont pas besoin d'un passeport français.

━━━━━━━━━●━━━━━━━━

N° **4360.** — *Formalités à remplir par les étrangers qui désirent obtenir, pour Paris, un permis de séjour spécial et exceptionnel.*

Paris, le 3o août 1870.

Les étrangers invités, par le récent arrêté du gouverneur de Paris, à s'éloigner de la capitale et qui croiraient se trouver dans des conditions particulières assez favorables pour justifier l'exception admise, pour certains, par ledit arrêté, sont prévenus que, par délégation du gouverneur de Paris, le préfet de police se trouve chargé de statuer sur leurs réclamations.

Chaque réclamant devra, en conséquence, se présenter à la préfecture de police, muni d'une demande écrite. Cette demande mentionnera *ses nom et prénoms, son âge, sa nationalité, sa profession, le temps de son séjour en France, et toutes les circonstances propres à justifier la délivrance d'un permis de séjour spécial et exceptionnel;* elle devra toujours être appuyée de la *déclaration écrite de répondants notoirement connus qui se porteront garants du réclamant.*

───────────────────

(1) Rapportée par celle du 22 du même mois.

RÉPUBLIQUE FRANÇAISE.

PRÉFECTURE DE POLICE.

N° **4361.** — *Proclamation.*

Paris, le 4 septembre 1870.

AUX HABITANTS DE PARIS,

Après dix-huit ans d'attente, sous le coup de cruelles nécessités, les traditions interrompues au 18 brumaire et au 2 décembre sont enfin reprises. Les députés de la gauche, après la disparition de leurs collègues de la majorité, ont proclamé la déchéance. Quelques instants après, la République était acclamée à l'Hôtel-de-Ville.

La révolution qui vient de s'accomplir est restée toute pacifique ; elle a compris que le sang français ne devait couler que sur le champ de bataille. Elle a pour but, comme en 1792, l'expulsion de l'étranger.

Il importe donc que la population de Paris, par son calme, par la virilité de son attitude, continue de se montrer à la hauteur de la tâche qui lui incombe, à elle et à la France.

C'est pour cette raison qu'investi par le gouvernement provisoire de pouvoirs dont on a tant abusé sous les régimes antérieurs, j'invite la population parisienne à exercer les droits politiques qu'elle vient de reconquérir dans toute leur plénitude, avec une sagesse et une modération qui soient de nature à montrer à la France et au monde qu'elle est vraiment digne de la liberté.

Notre devoir à tous, dans les circonstances où nous sommes, est surtout de nous rappeler que la patrie est en danger.

Au moment où, sous l'égide des libertés républicaines, la France se dispose à vaincre ou à mourir, j'ai la certitude que mes pouvoirs ne me serviront que pour nous défendre contre les menées de ceux qui trahiraient la patrie.

Le préfet de police, Cte DE KERATRY. (1).

(1) Le *Bulletin des lois* ni le *Journal officiel* ne contiennent aucun acte relatif à la nomination de M. le comte de Keratry, comme préfet de police, ni à celle de M. Antonin Dubost, comme secrétaire général.

N° **4362.** — *Arrêté concernant l'ordre de départ immédiat des étrangers non autorisés à résider dans les départements de la Seine et de Seine-et-Oise.*

Paris, le 6 septembre 1870.

Le préfet de police, par délégation du gouverneur de Paris, arrête :

Tout individu appartenant aux pays en guerre avec la France et non muni d'une autorisation spéciale, sera tenu de quitter les déparments de la Seine et de Seine-èt-Oise, dans les vingt-quatre heures, à partir d'aujourd'hui, huit heures du matin, sous peine de l'application des lois militaires.

Le préfet de police, DE KERATRY.

N° **4363.** — *Arrêté concernant le licenciement du corps des sergents de ville, et création du corps des gardiens de la paix publique.*

Paris, le 7 septembre 1870.

Le préfet de police arrête :

1. Le corps des sergents de ville est licencié.

2. Il sera procédé immédiatemeut à la formation d'un corps de police chargé uniquement de veiller au maintien du bon ordre et à la sécurité des personnes et des propriétés.

3. Les hommes appelés à faire partie de ce corps, pris exclusivement parmi les anciens militaires, prendront le titre de *Gardiens de la paix publique.*

Ils ne seront point armés.

Le préfet de police les confie au patriotisme de la population parisienne.

4. Dès que les circonstances l'exigeront, les gardiens de la paix publique seront envoyés aux remparts pour concourir avec tous les citoyens à la défense de la patrie.

Le préfet de police, DE KERATRY.

N° **4364.** — *Avis concernant les bruits au sujet des carrières et des catacombes.*

Paris, le 8 septembre 1870.

Des bruits alarmants ont été répandus au sujet des carrières et des catacombes des environs de Paris.

Le préfet de police informe les habitants qu'une visite minutieuse de ces endroits dangereux a été effectuée pendant trois jours.

Cette visite n'a rien fait découvrir qui fût de nature à inquiéter les populations.

Des précautions ont été prises en vue des tentatives qui pourraient ultérieurement se produire, mais le préfet de police invite formellement les citoyens paisibles à s'abstenir de chercher à y pénétrer.

Le préfet de police, DF. KERATRY.

N° **4365.** — *Arrêté concernant la fermeture temporaire*
des théâtres.

Paris, le 9 septembre 1870.

Considérant que la patrie est en deuil, et que l'ouverture des théâtres est en contradiction avec l'attitude générale de la population parisienne ;

Considérant que, dans les circonstances graves qui se préparent, toutes les forces vives doivent être consacrées à la patrie, et que les théâtres absorbent chaque jour un certain nombre de sapeurs-pompiers, qui pourraient être plus utilement employés,

Le préfet de police arrête :

1. A partir de demain, 10 septembre, les théâtres seront fermés.

2. Les directeurs sont invités à faire enlever immédiatement les décors qui sont encore sur la scène, les bandes d'air, les rideaux, le mobilier et tout ce qui pourrait, en cas d'incendie, attiser le feu et le communiquer aux bâtiments voisins.

3. Ces modifications devront être exécutées dans les 48 heures.
Passé ce délai, elles seront effectuées d'office aux frais des directeurs retardataires.

4. Les pompiers de service dans les théâtres resteront affectés aux besoins ordinaires de la surveillance de la ville.

Le préfet de police, **DE KERATRY.**

N° **4366.** — *Avis concernant les récoltes de pommes de terre et*
l'enlèvement des récoltes en meules.

Paris, le 12 septembre 1870.

Dans plusieurs communes des environs de Paris, les récoltes de pommes de terre n'ont pas encore été faites, et il importe de les soustraire à l'ennemi.

Toute personne, homme ou femme, actuellement sans ouvrage, peut, en conséquence, se présenter aux mairies de la banlieue de Paris, notamment à Asnières, à Gennevilliers, à Saint-Denis, et offrir ses services, soit à titre gratuit, soit moyennant rétribution.

On demande aussi des voitures pour enlever les récoltes en meules.

Le préfet de police, **DE KERATRY.**

N° **4367.** — *Arrêté concernant la délivrance des permis de circulation et le transport, sur les rives de la Seine, des bois contenus dans les magasins situés en dedans des fortifications.*

Paris, le 12 septembre 1870.

L'ennemi étant sur le point d'arriver sous les murs de Paris,
Le préfet de police arrête :

1. A partir du *jeudi 15 septembre, à 6 heures du matin,* nul ne pourra plus sortir de Paris, et y entrer sans être muni d'un permis de circulation délivré par le ministère de l'intérieur.

2. Les bois contenus dans les magasins actuels et situés en dedans des fortifications seront *immédiatement* transportés et aménagés sur les rives de la Seine.

Le préfet de police, DE KERATRY.

N° **4368.** — *Arrêté relatif aux marchands ambulants.*

Paris, le 12 septembre 1870.

Le préfet de police,

Vu l'ordonnance du 28 décembre 1859, concernant les marchands ambulants ;

Vu le décret du gouvernement de la Défense nationale portant abrogation de l'article 4 du décret du 24 février 1858, article qui interdisait, d'une manière expresse, le colportage en quête d'acheteurs des viandes de boucherie dans la capitale ;

Vu les instructions du ministre de l'agriculture et du commerce,

Arrête :

1. La viande de boucherie est ajoutée à la nomenclature des denrées qui, en vertu des règlements de police en vigueur, peuvent être vendues sur la voie publique, à Paris, par les marchands des quatre-saisons permissionnés.

2. Les prescriptions destinées à garantir la fidélité du débit et la salubrité des viandes mises en vente par les marchands ambulants, seront appliquées à ce nouveau mode de vente.

3. Tous les préposés de la préfecture de police, sont chargés d'assurer l'exécution du présent arrêté, chacun en ce qui le concerne.

Le préfet de police, DE KERATRY.

N° **4369.** — *Garantie, suivant la loi, du domicile et de la liberté individuelle.*

Paris, le 15 septembre 1870.

Le préfet de police a appris que quelques abus regrettables ont été commis : sous prétexte d'espionnage, des citoyens ont été arrêtés dans leur domicile, sans mandat régulier.

Le préfet de police rappelle que nul ne peut, sans ordre de la justice, pénétrer chez un citoyen, ni porter la main sur sa personne.

La loi punit de peines sévères la violation de domicile et l'arrestation arbitraire.

Le préfet de police fera exécuter la loi et traduira devant les tribunaux ceux qui la violeraient.

Mais il est convaincu que cet avis suffira ; il place la liberté du citoyen et de son foyer sous la sauvegarde du patriotisme de la garde nationale.

En face de l'ennemi, le scrupuleux respect de la loi est la première défense de la cité.

Le préfet de police, DE KERATRY.

———

Nᵒ **4370.** — *Défense aux débitants de boissons de servir à boire à des individus en état d'ivresse.*

Paris, le 19 septembre 1870.

Tout débitant de boissons, convaincu d'avoir servi à boire gratuitement, ou moyennant payement, à un homme ivre, armé ou non armé, verra son établissement immédiatement fermé, sans préjudice des poursuites qui pourront être exercées contre lui, conformément aux lois.

Le préfet de police, DE KERATRY.

———

Nᵒ **4371.** — *Fixation de l'heure de clôture des débits de boissons, cafés et restaurants.*

Paris, le 20 septembre 1870.

A partir d'aujourd'hui, 20 septembre, tous les débits de boissons, cafés et restaurants devront être clos à 10 heures et demie du soir.

Toute contravention à cette mesure sera punie de la fermeture de l'établissement, sans préjudice des poursuites qui pourront être exercées conformément aux lois.

Le préfet de police, DE KERATRY.

———

Nᵒ **4372.** — *Objets de consommation vendus à des prix exorbitants.*

Paris, le 21 septembre 1870.

Un certain nombre de marchands de denrées alimentaires de toute espèce sont signalés comme vendant, à des prix exorbitants, des objets de consommation de première nécessité dont il existe des approvisionnements considérables.

Le préfet de police regrette qu'il y ait à Paris, dans la situation grave que nous traversons, des commerçants capables d'ajouter aux malheurs publics, des souffrances matérielles qui pèseraient lourdement sur la population. Il a la certitude que les faits qui lui sont signalés sont individuels et isolés.

La réprobation publique, qui atteint ces abus graves, doit suffire pour les faire sur-le-champ disparaître.

———

N° **4373.** — *Cessation de la tenue du marché aux chevaux sur le boulevard d'Enfer, remplacé par une vente à la criée de viandes abattues, et cessation de la tenue du marché aux porcs à l'abattoir des Fourneaux.*

Paris, le 23 septembre 1870.

MM. les bouchers de Paris sont prévenus que le marché de bestiaux vivants qui avait lieu au marché aux chevaux, boulevard d'Enfer, n° 6, cessera demain samedi 24.

Il sera remplacé par une vente à la criée de viandes abattues dans les abattoirs de La Villette, Grenelle et Villejuif. La vente sera ouverte à midi, dans chacun de ces établissements.

Les bouchers ayant étal, et qui justifieront de cette condition, seront seuls admis aux enchères.

Le marché aux porcs, qui a eu lieu jusqu'à ce jour à l'abattoir des Fourneaux, y cessera de même pour les animaux vivants, et sera remplacé par un marché de viandes abattues, qui commencera à 2 heures.

Le préfet de police, DE KERATRY.

N° **4374.** — *Indication des signaux ou postes sémaphoriques marins établis par l'administration.*

Paris, le 25 septembre 1870.

Depuis quelques jours, la population parisienne se préoccupe vivement de certains signaux qui auraient été aperçus, la nuit, dans quelques maisons et sur quelques monuments publics.

L'administration de la guerre a fait établir, elle-même, des signaux ou postes sémaphoriques marins sur les emplacements suivants :

Ministère de la Marine ; Arc-de-Triomphe ; Nouvel Opéra ; Tour Solférino ; Tour sud de Saint-Sulpice ; Bastions n°s 17, 23, 59, 73, 77, 84 et 91.

En dehors de ces emplacements, malgré les vérifications faites avec le plus grand soin, rien de sérieux n'a été découvert.

Il importe, toutefois, de prendre des précautions. Dans ce but, le préfet de police vient d'adjoindre à un commissaire de police, un homme spécial qui sera chargé de procéder à des investigations complètes sur la trace et la signification de ces signaux. C'est donc désormais à la préfecture de police que devront être centralisés tous les renseignements à cet égard.

Dans ces circonstances, le préfet de police ne saurait trop engager les habitants à ne pas ajouter à l'agitation du public, en se livrant chez eux, volontairement ou non, à des jeux de lumière qui provoquent, chaque nuit, les incidents les plus regrettables.

N° **4375.** — *Résultat de l'enquête sur l'incendie des buttes Chaumont.*

Paris, le 29 septembre 1870.

Dès qu'on a pu se rendre maître du foyer de l'incendie qui a éclaté hier aux buttes Chaumont, l'autorité s'est empressée de prescrire une enquête pour découvrir les causes et les auteurs de ce sinistre.

Une pipe non consumée ayant été ramassée sur une partie du remblai qui recouvrait le dépôt intact, on a su qu'elle appartenait à un ouvrier nommé Henriot (Adolphe), demeurant à Paris-Belleville.

Cet individu, qu'on a trouvé au lit atteint de graves brûlures aux mains et à la partie postérieure du corps, a été l'objet d'un interrogatoire. Après quelques réticences et dénégations qu'il n'a pu soutenir, il a fait des aveux complets.

Quelques instants avant l'événement, il avait quitté le chantier et s'était accroupi dans un massif d'arbres, en tournant le dos au dépôt d'huiles minérales. Ayant voulu, à ce moment fumer une pipe, il a, dans ce but, frotté une allumette, s'est vu instantanément entouré de flammes et a pris la fuite.

La cause du sinistre est ainsi expliquée tout naturellement, et le résultat de l'enquête a pleinement confirmé les déclarations de cet individu.

Au pied de la falaise et masqué par le bouquet d'arbres, se trouvait, en effet, un espace non encore remblayé, où s'était formée une atmosphère éminemment inflammable, et le contact de l'allumette a suffi pour déterminer l'ignition. La flamme s'est alors propagée avec une rapidité d'autant plus grande, que les fûts d'essence n'étaient pas encore recouverts, et, en peu d'instants, elle a produit un immense foyer.

Grâce à la promptitude et à l'intelligence avec lesquelles les secours ont été portés, le feu a pu heureusement être circonscrit, et l'application immédiate de la terre dans l'intervalle des fûts a eu pour effet d'empêcher la communication aux rangs inférieurs.

On évalue cependant à 4,000 le nombre des barils qui ont été détruits.

Les faits qui précèdent sont attestés par les enquêtes qu'ont dirigées le service municipal des ponts et chaussées et la préfecture de police. Il en résulte clairement que la malveillance est entièrement étrangère à ce sinistre, et que son malheureux auteur, déjà cruellement puni et civilement responsable, ne peut être l'objet d'aucun soupçon de criminalité.

Le préfet de police, **DE KERATRY.**

N° **4376.** — *Rappel de l'ordonnance défendant d'uriner sur les trottoirs, le long des maisons et des monuments publics.*

Paris, le 29 septembre 1870.

Une ordonnance de police interdit d'uriner sur les trottoirs, le long des maisons et des monuments publics.

Il est regrettable que la population parisienne néglige ces prescriptions, dans un moment où la santé publique réclame impérieusement la stricte observation des mesures propres à la conserver.

De nombreux urinoirs existant sur différents points de Paris, il est très-facile de mettre fin à un inconvénient dont tout le monde se plaint avec raison, et qui peut devenir un danger pour la salubrité générale.

Le préfet de police, **DE KERATRY.**

N° **4377.** — *Rappel de l'ordonnance de police interdisant de jeter des immondices dans le canal Saint-Martin.*

Paris, le 3 octobre 1870.

L'eau du canal Saint-Martin ne pouvant plus, en ce moment, être renouvelée, commence à répandre une mauvaise odeur. On y jette, en outre, des immondices de toute sorte qui en augmentent l'infection. Cependant on y vient laver du linge.

Dans l'intérêt de la santé des habitants du voisinage et de celle des personnes qui feraient usage de linge lavé dans une eau malpropre, il importe de supprimer tout lessivage dans le canal Saint-Martin et de s'abstenir d'y jeter des immondices.

Le préfet de police est persuadé que cet avertissement, donné à la population du quartier, suffira pour mettre fin à un abus dont elle aurait la première à souffrir.

Les personnes qui seraient signalées comme ayant contrevenu à ces recommandations, seront poursuivies pour infraction aux dispositions de l'ordonnance de police du 31 août 1869.

Le préfet de police, **DE KERATRY.**

N° **4378.** — *Explosion rue Croix-Nivert et rue de Javel.*

Paris, le 7 octobre 1870.

Un accident, provenant d'une explosion de poudre en barils, s'est produit hier, rue Croix-Nivert, n. 138, et rue de Javel.

Le nombre des victimes est de dix-neuf, dont treize morts et six blessés.

Les blessés sont à l'hôpital Necker, où ils ont été immédiatement transportés.

Les blessés et les familles des victimes qui ont succombé ont reçu des secours en argent, distribués par le préfet de police au nom du gouvernement de la Défense nationale.

La cause de l'accident est une imprudence, dont tous les auteurs ont été victimes.

C'est à tort que certains bruits, propagés par divers organes de publicité, ont donné sur cet événement des renseignements inexacts et entachés d'une exagération regrettable.

Nᵒ **4379.** — *Abattage clandestin de bestiaux et de chevaux.*

Paris, le 8 octobre 1870.

L'autorité est informée que des propriétaires de bestiaux et de chevaux les font abattre clandestinement.

Ces sortes d'opérations, qui sont de nature à compromettre la santé des habitants voisins des locaux où les animaux sont abattus, sont formellement interdites par les décrets et ordonnances sur la matière.

Les contrevenants seront, en conséquence, activement recherchés, et les infractions qu'ils commettraient seront rigoureusement poursuivies.

L'administration croit devoir rappeler que tout propriétaire de bestiaux, désireux de s'en défaire, peut se présenter à l'abattoir de La Villette, où des ordres sont donnés pour qu'ils soient achetés sur pied.

Le préfet de police, DE KERATRY.

Nᵒ **4380.** — *Rappel de l'ordonnance concernant les chiens errants ou abandonnés.*

Paris, le 11 octobre 1870.

Le nombre des chiens errants ou abandonnés par leurs maîtres est devenu très-considérable, et les accidents causés par ces animaux se multiplient tous les jours.

Dans ces circonstances, il est du devoir de l'administration d'assurer la stricte exécution de l'ordonnance de police du 27 mai 1845.

Le public est, en conséquence, averti que des mesures sont prises pour que les chiens rencontrés vaguant dans les rues, sans *collier* ni *muselière*, soient conduits à la fourrière, où ils seront abattus.

Le préfet de police, DE KERATRY.

Nᵒ **4381.** — *Décret portant nomination du préfet de police.*

Paris, le 11 octobre 1870.

Le gouvernement de la Défense nationale, décrète :

M. Edmond Adam, ancien conseiller d'état, est nommé préfet de police, en remplacement de M. de Keratry, dont la démission est acceptée.

Signé : Général TROCHU, GARNIER-PAGÈS, Jules FERRY, H. ROCHEFORT, Eugène PELLETAN, Emmanuel ARAGO, Jules SIMON, Jules FAVRE, E. PICARD.

N° **4382.** — *Décret portant nomination du secrétaire général de la préfecture de police.*

Paris, le 17 octobre 1870.

Le gouvernement de la Défense nationale décrète :

M. Georges Pouchet est nommé secrétaire général de la préfecture de police en remplacement de M. Antonin Dubost, dont la démission est acceptée.

Signé : Général TROCHU, JULES FAVRE, EMM. ARAGO, GARNIER-PAGÈS, E. PELLETAN, JULES SIMON, JULES FERRY.

———

N° **4383.** — *Interdiction de crier et de vendre, avant le jour, des journaux sur la voie publique.*

Paris, le 28 octobre 1870.

Un grand nombre d'habitants de Paris se plaignent, avec raison, d'être troublés dans leur repos par les vendeurs de journaux, qui annoncent leurs feuilles avant l'aube, et à grands cris.

Ces marchands ambulants, dont le mode de vente, interdit par l'ordonnance de police du 20 juin 1849, n'est en ce moment que *toléré*, devront, à partir d'aujourd'hui, s'abstenir de crier leurs journaux avant le jour.

Le préfet de police prie les gardes nationaux de service de prêter leur concours pour assurer l'exécution de cette mesure.

Le préfet de police, A.-EDMOND ADAM.

———

N° **4384.** — *Décret portant nomination du préfet de police.*

Paris, le 2 novembre 1870.

Le gouvernement de la Défense nationale décrète :

M. Ernest Cresson, avocat à la cour d'appel de Paris, est nommé préfet de police en remplacement de M. Edmond Adam, dont la démission est acceptée.

Signé : Général TROCHU, JULES FAVRE, E. PICARD, JULES FERRY, GARNIER-PAGÈS, E. PELLETAN, JULES SIMON, EMM. ARAGO.

———

N° **4385.** — *Décret portant nomination du secrétaire général de la préfecture de police.*

Paris, le 4 novembre 1870.

Le gouvernement de la Défense nationale décrète :

M. Renault (Léon-Charles), avocat, est nommé secrétaire général de la préfecture de police en remplacement de M. Pouchet, dont la démission est acceptée.

Signé : Général TROCHU , Jules FAVRE , Emm. ARAGO ,
E. PICARD , Jules SIMON , GARNIER-PAGÈS ,
Jules FERRY.

N° **4386.** — *Nouveau rappel de l'ordonnance de police interdisant d'uriner sur les trottoirs, etc.*

Paris, le 6 novembre 1870.

Le préfet de police rappelle que la salubrité publique exige absolument l'observation de l'ordonnance de police relative à la propreté des trottoirs, des maisons et des monuments publics.

Cette ordonnance est ainsi conçue :

« Art. 18. — Il est interdit d'uriner sur les trottoirs, contre les » monuments publics et contre les devantures de boutiques. »

N° **4387.** — *Invitation aux habitants de Paris de se conformer aux ordonnances de police concernant l'hygiène, la salubrité, les mœurs, la circulation, etc.*

Paris, le 7 novembre 1870.

La liberté de chacun doit avoir pour limite la liberté de tous, et l'ordre de la rue est une nécessité absolue.

Le préfet de police déclare, en conséquence, qu'il fera rigoureusement respecter les ordonnances concernant l'*hygiène* et la *salubrité publique*, les *mœurs*, la *libre circulation des rues* et *des trottoirs*, les *halles* et les *marchés*, et il invoque pour ses agents l'appui de tous les amis de la République.

N° **4388.** — *Recours à l'autorité pour la répression de toute violation des ordonnances de police.*

Paris, le 12 novembre 1870.

Le public est invité à formuler devant M. le commissaire de police des halles et marchés, *rue Berger*, **21**, ses plaintes contre toute violation des ordonnances concernant les taxes.

La loi sera sévèrement appliquée contre les délinquants.

N° **4389.** — *Arrêté concernant l'éclairage au gaz des établissements ouverts au public.*

Paris, le 14 novembre 1870.

Nous, préfet de police,

Vu l'impérieuse nécessité, dans l'intérêt de la défense nationale, d'affecter et de réserver spécialement aux services publics les ressources d'éclairage par le gaz,

Avons arrêté et arrêtons ce qui suit :

1. Les cafés-concerts, cafés, restaurants, débits de boissons, liquoristes et autres établissements de même nature ouverts au public, cesseront d'être éclairés par le gaz, à partir de **7 heures** du soir.

2. Sont autorisés à rester ouverts jusqu'à minuit, ceux des établissements ci-dessus désignés qui emploieront un autre mode d'éclairage.

Il reste entendu, toutefois, qu'en vue de l'examen des risques d'explosion ou d'incendie que pourraient offrir les appareils et substances dont il serait fait emploi dans ces conditions, déclaration devra en être faite préalablement au commissaire de police du quartier.

3. Les présentes dispositions recevront leur effet à dater de ce jour.

Le préfet de police, CRESSON.

─────────────

N° **4390.** — *Rappel de la législation concernant l'affichage.*

Paris, le 15 novembre 1870.

Le préfet de police,

Vu : 1° la loi des 16-24 août 1790, concernant la sécurité et la commodité du passage dans les rues ;

2° Le décret des 18-22 mai 1791 ;

3° Le décret du 12 messidor an VIII ;

4° La loi du 10 décembre 1830 et les autres lois et ordonnances relatives à l'affichage ;

Considérant que le nombre toujours croissant des affiches rend difficile, pour la population, la communication des avis ou des faits que le gouvernement et l'administration municipale veulent porter à sa connaissance ;

Qu'il est d'ailleurs essentiel aux besoins de la publicité que les affiches disparaissent aussitôt que leur utilité a cessé ;

Considérant, en outre, que l'apposition des affiches des particuliers, partout ailleurs que sur les points à ce affectés, amène, entre les afficheurs et les propriétaires des maisons où a lieu cette apposition, des conflits regrettables,

Croit devoir rappeler tous les intéressés à l'exécution de la législation existante ;

En conséquence, les concierges et gardiens des établissements et édifices publics, ainsi que les propriétaires ou les principaux locataires des maisons particulières sont invités à faire disparaître, dans le délai de *quarante-huit heures*, les affiches, de quelque nature qu'elles soient, dont la date remonterait au-delà du 12 de ce mois, et qui auraient été placardées sur les édifices publics ou les propriétés privées.

A l'avenir, les affiches ne pourront être apposées que sur les points de la voie publique affectés à cet usage.

─────────────

N° **4391.** — *Ordonnance concernant l'abattoir de La Villette.*

Paris, le 20 décembre 1870.

Nous, préfet de police,

Vu : 1° l'arrêté du 12 messidor an VIII ;

2° Le rapport de la commission chargée par nous d'examiner les questions relatives aux mesures à prescrire pour le bon fonctionnement des services et le maintien de l'ordre à l'abattoir général de La Villette,

Ordonnons ce qui suit :

1. Les animaux amenés à l'abattoir de La Villette pour la fourniture des viandes aux municipalités, seront, avant l'abattage, lotis de manière à en assurer la répartition équitable, sous le rapport de la qualité, proportionnellement aux quantités dévolues à chaque arrondissement.

Deux répartiteurs seront désignés à cet effet et opèreront sous le contrôle d'un préposé commissionné par l'administration.

2. Aussitôt après le lotissage, les animaux seront classés dans les échaudoirs, réunis en séries distinctes, qui seront particulièrement affectés au travail à faire pour chaque mairie, et, sous aucun prétexte, ils ne pourront être conduits des échaudoirs d'un arrondissement à ceux d'un autre.

3. Un échaudoir, dit *de stock*, recevra les animaux destinés à parfaire la quantité de viande attribuée à chaque arrondissement, lorsque le rendement des animaux, lotis comme il est dit en l'article premier, n'aura pas atteint le poids nécessaire.

Les excédants reconnus dans les échaudoirs d'arrondissements seront versés à l'échaudoir *de stock*.

4. Les animaux abattus seront fendus en deux parties seulement, et le dépeçage ne pourra en être complété que hors de l'abattoir, dans les boucheries municipales.

5. A partir du 22 de ce mois, nul ne sera admis dans l'abattoir que sur la présentation d'une carte personnelle de service, délivrée en notre nom par l'inspecteur général des halles et marchés.

6. Deux portes seulement seront affectées à l'entrée et à la sortie, l'une pour les voitures, l'autre pour les piétons.

7. Les clefs des échaudoirs ne pourront, en aucun cas, rester entre les mains des ouvriers appelés à y travailler. Elles seront remises aux concierges de l'abattoir qui, seuls, en auront la garde sous leur responsabilité.

8. Défense est faite d'introduire des chiens dans l'abattoir, à moins qu'ils ne soient tenus en laisse et muselés. Tous ceux qui y seront trouvés autrement seront immédiatement saisis et détruits.

9. La présente ordonnance sera imprimée et affichée partout où besoin sera.

L'inspecteur général des halles et marchés, l'inspecteur de l'abattoir et le commissaire de police spécial attaché à l'établissement, sont chargés d'en assurer l'exécution.

Le préfet de police, CRESSON.

N° **4392.** — *Ordonnance concernant les étrangers appartenant aux pays en guerre avec la France.*

Paris, 4 août 1870.

Nous, préfet de police,

Vu l'article 5 de l'arrêté du 12 messidor an VIII;

Considérant que plusieurs des étrangers appartenant aux pays en guerre avec la France et résidant à Paris ou dans le ressort de la préfecture de police, se livrent à des manœuvres contre la sûreté intérieure et extérieure de l'État,

Ordonnons ce qui suit :

1. Tout étranger originaire de la Prusse, des pays de la Confédération du Nord, de la Bavière, du Wurtemberg, du grand-duché de Hesse et du grand-duché de Bade, et résidant en ce moment à Paris ou dans le ressort de la préfecture de police, devra, dans le délai de trois jours, se présenter au commissariat de police du quartier de son domicile pour demander un permis de séjour.

2. Tout étranger, originaire de l'un des pays ci-dessus indiqués, qui n'aura pas, dans le délai fixé, obtempéré à la disposition qui précède, sera mis en état d'arrestation.

3. La présente ordonnance n'est pas applicable à ceux de ces étrangers qui ont perdu, par une autre naturalisation, leur nationalité d'origine, ni à ceux qui ont été admis, par autorisation du gouvernement, à établir leur domicile en France.

Le préfet de police, J.-M. PIETRI.

N° **4393.** — *Invitation à tous les industriels, usiniers, propriétaires de lavoirs de tenir constamment en état et remplir leurs réservoirs.*

Paris, le 17 septembre 1870.

Tous les industriels, usiniers, propriétaires de lavoirs sont invités à tenir constamment en état et à remplir les réservoirs dont ils disposent. Ces réservoirs seront mis en communication avec la rue au moyen de tuyaux adaptés au robinet de décharge qui devra être établi, dans ce but, là où il n'en existe pas.

Les machines nécessaires à l'alimentation devront être tenues constamment sous vapeur, à la pression voulue, pour pouvoir remplir presque immédiatement les récipients vides, au moyen de l'eau des puits que possèdent un grand nombre de ces établissements.

Il devra être placé, sous la porte extérieure, un écriteau indiquant qu'il existe dans l'établissement un approvisionnement d'eau.

Les habitants sont tenus d'avoir chez eux, et à tous les étages, des récipients solides, tels que baquets, seaux, etc., constamment pleins d'eau, afin de pouvoir porter eux-mêmes les premiers secours, en cas d'incendie.

Le préfet de police, DE KERATRY.

N° 4394. — *Interdiction à tout crieur ou vendeur de journaux sur la voie publique, d'énoncer autre chose que le titre et la date des journaux qu'il vend.*

Paris, le 21 septembre 1870.

Attendu qu'il est constaté que les crieurs de journaux sur la voie publique ajoutent fréquemment au titre de leur feuille, l'annonce de certains faits qui n'y sont pas mentionnés, ou qu'ils dénaturent et exagèrent ceux qui y sont mentionnés réellement;

Attendu que cette façon de procéder, outre qu'elle est contraire à la vérité, peut induire en erreur les citoyens sur le véritable état des choses et nuire à la tranquillité publique,

Le préfet de police arrête :

1. Il est interdit à tout crieur ou vendeur de journaux sur la voie publique, d'énoncer autre chose que le titre et la date des journaux qu'il vend.

Toute contravention à la disposition qui précède sera punie par le retrait de l'autorisation, sans préjudice des poursuites qui pourront être exercées conformément à la loi.

Le préfet de police, DE KERATRY.

N° 4395. — *Interdiction à tout citoyen, non armé, de stationner, sans autorisation, sur le chemin de ronde intérieur des fortifications.*

Paris, le 21 septembre 1870.

Attendu que le chemin de ronde des fortifications est encombré de marchands de vins, de comestibles, etc., etc., qui nuisent aux mouvements des troupes et à la discipline ;

Attendu que les inconvénients de cet encombrement sont d'autant plus considérables qu'un chemin de ceinture intérieur est en voie d'établissement sur le chemin de ronde,

Le préfet de police arrête :

1. Il est interdit à tout citoyen, non armé, de stationner sur le chemin de ronde intérieur des fortifications, si ce n'est par ordre et pour les besoins de l'autorité militaire.

2. Toute contravention à cette disposition sera punie conformément aux lois.

Le préfet de police, DE KERATRY.

N° 4396. — *Les représentants officiels des puissances étrangères, ou les personnes autorisées, ont seuls le droit d'arborer, à leurs demeures, des drapeaux ou des pavillons étrangers.*

Paris, le 29 septembre 1870.

Dans l'espérance de protéger leurs demeures contre les tentatives de l'ennemi, quelques personnes, sans en avoir le droit, ont arboré des drapeaux étrangers ou des pavillons de la Société internationale de secours aux blessés.

Le préfet de police rappelle que les représentants des puissances étrangères ou les ambulances reconnues ont seuls ce droit, et que nul particulier, à moins d'autorisation écrite des agents diplomatiques ou du président de la Société internationale, ne saurait l'usurper sans s'exposer à être poursuivi conformément à la loi.

Le préfet de police, DE KERATRY.

1871.

N° **4397.** — *Avis relatif à l'ajournement de la vérification des poids et mesures.*

Paris, le 15 janvier 1871.

La vérification obligatoire des poids et mesures ayant été, par décision de M. le ministre de l'agriculture et du commerce, en date du 6 de ce mois, ajournée à une époque qui sera ultérieurement déterminée, les bureaux d'arrondissements cesseront, jusqu'à nouvel ordre, d'être ouverts au public.

Les personnes qui voudront néanmoins s'assurer de l'exactitude des poids, mesures et instruments de pesage qu'elles possèdent, pourront les présenter tous les jours, de 10 heures du matin à 3 heures de relevée (les dimanches exceptés), au bureau central, *rue des Lions-Saint-Paul, n° 7,* où ils seront vérifiés gratuitement et poinçonnés à la lettre F.

Le préfet de police, CRESSON.

N° **4398.** — *Avis sur la manière de procéder pour obtenir l'autorisation de franchir les lignes d'investissement.*

Paris, le 3o janvier 1871.

Dans le but d'éviter à la population des démarches et des fatigues de toute nature, pour obtenir les autorisations nécessaires, à l'effet de pouvoir franchir les lignes d'investissement, les personnes qui désireront quitter Paris, n'auront qu'à adresser une demande écrite à la préfecture de police.

Cette demande devra indiquer les nom, prénoms, domicile, adresse, profession, lieu et date de naissance de l'impétrant, ainsi que le but et l'objet de son voyage. Elle devra être accompagnée de toute pièce justificative de l'identité, telle que *patente, quittance de loyer* et *de contribution, ancienne carte d'électeur;* un visa de municipalité ou de commissariat de police pourra tenir lieu de cette justification.

La préfecture de police s'est concertée avec l'autorité militaire pour faire parvenir, par le moyen le plus rapide, au domicile des impétrants, la réponse à leur demande.

Nota. — Afin d'assurer la prompte exécution du travail, le public ne sera pas admis, pour cet objet, dans les bureaux de la préfecture. *Les demandes par lettres sont donc indispensables.* Elles seront d'ailleurs examinées sans le moindre retard, au fur et à mesure de leur réception.

Le préfet de police, CRESSON.

Art. 2 du règlement militaire. — « *Les personnes qui auront obtenu* » *la permission de franchir les avant-postes allemands ne pourront* » *le faire que par les lignes suivantes : Routes de* Calais, Lille, » Metz, Strasbourg, Bâle, Antibes, Toulouse, n° 189 (Issy), ponts de » la Seine, comprenant ceux de Sèvres, de Neuilly, d'Asnières et de » Saint-Cloud. »

N° **4399.** — *Avis concernant les bals publics, mascarades et promenades de la Mi-Carême.*

Paris, le 14 mars 1871.

La population de Paris et de la banlieue est informée que, par ordre de M. le général commandant l'armée de Paris, chargé spécialement du maintien de l'ordre pendant la durée de l'état de siége, les *bals publics, mascarades* et *promenades*, organisés ordinairement à l'occasion de la Mi-Carême, sont interdits cette année.

N° **4400.** — *Nomination d'un délégué à la préfecture de police.*

Paris, le 16 mars 1871.

« Par arrêté du Président du Conseil, chef du pouvoir exécutif de » la République française, en date du 15 mars, le général Valentin, » détaché momentanément de l'état-major général, est délégué pour » exercer les fonctions de préfet de police. » (*Extrait du Journal officiel*).

N° **4401.** — *Avis au public sur le rétablissement du service chargé de veiller à l'observation du tarif des voitures.*

Paris, le 13 juin 1871.

Le général, délégué à la préfecture de police, a l'honneur d'informer le public que, par suite de la réouverture des bureaux de perception à la préfecture de la Seine, pour le payement des droits de stationnement des voitures publiques, le service des agents de la préfecture de police, chargé d'assurer l'exécution de l'arrêté du 24 mai 1866 (1), concernant le tarif de ces voitures, a repris ses fonctions.

Le service permanent de surveillance a également été réinstallé sur les emplacements affectés au stationnement desdites voitures.

Les plaintes auxquelles le service des cochers donnerait lieu doivent être adressées, comme par le passé, à la préfecture de police (2e division, 3e bureau).

Le général, délégué à la préfecture de police, **VALENTIN.**

N° **4402.** — *Avis relatif à l'obligation de se munir d'un passeport pour voyager.*

Paris, le 22 juin 1871.

Le général, délégué à la préfecture de police, croit devoir recommander aux personnes qui veulent voyager à l'intérieur ou à l'étranger, d'avoir à se munir d'un passeport.

Ce titre de voyage ne peut être suppléé par aucune pièce, et il peut, seul, permettre de constater l'identité de la personne qui en est titulaire.

Les voyageurs éviteront, en se conformant au présent avis, les inconvénients et les retards que l'absence de cette pièce leur susciterait.

Les commissaires de police sont chargés de délivrer, dans les conditions exigées par la loi, les certificats destinés à l'obtention des passeports.

Le général, délégué à la préfecture de police, **VALENTIN.**

N° **4403.** — *Arrêté relatif aux marchands ambulants.*

Paris, le 23 juin 1871.

Le général, délégué à la préfecture de police,

Vu les renseignements desquels il résulte que la voie publique est envahie par des marchands ambulants et des étalagistes non permissionnés, et que la circulation est entravée par des encombrements de toute nature, ce qui est contraire aux règlements de police,

Arrête :

1. Toutes les dispositions des ordonnances de police des 28 décembre 1859 et 25 juillet 1862, qui intéressent spécialement la liberté, la commodité et la sûreté de la circulation, seront de nouveau imprimées et affichées.

2. Le chef de la police municipale, les commissaires de police, et généralement tous les préposés de la préfecture de police, sont chargés, chacun en ce qui le concerne, d'en assurer l'exécution.

Le général, délégué à la préfecture de police, **VALENTIN.**

---

(1) V. cet arrêté à l'appendice du présent vol.

N° **4404.** — *Arrêté réglementaire concernant le service intérieur de la morgue.*

Paris, le 25 juin 1871.

Nous, général, délégué à la préfecture de police,

Considérant que les besoins du service ont fait reconnaître la nécessité de modifier en plusieurs points l'arrêté réglementaire du 1er janvier 1836, concernant la morgue (1);

Qu'il y a lieu, en conséquence, de réunir dans un nouvel arrêté les diverses mesures déjà constatées par des décisions spéciales,

Arrêtons ce qui suit :

TITRE Ier.

Réception des corps.

FORMALITÉS A REMPLIR POUR CONSTATER L'IDENTITÉ DES PERSONNES DÉPOSÉES A LA MORGUE. — AUTOPSIES. — PRESCRIPTIONS RELATIVES AUX INHUMATIONS DES CORPS DÉPOSÉS, CONNUS ET INCONNUS.

1. Les cadavres ou portions de cadavres trouvés dans le ressort de la préfecture de police, ne pourront être reçus à la morgue sans un ordre du préfet de police, du procureur de la république ou d'un officier de police judiciaire.

2. Il sera tenu à la morgue trois espèces de registres :

1° Un registre pour recevoir les déclarations ; — 2° un registre d'inscription en double, l'un, pour rester dans cet établissement ; l'autre, pour être déposé, à la fin de chaque année, aux archives de la préfecture de police ; — 3° un répertoire.

3. Tous les renseignements verbaux ou écrits, donnés au greffier par des tiers intéressés, sur les personnes disparues, seront inscrits sur le registre des déclarations.

Ces renseignements comprendront : la date de la disparition des individus, leurs noms, prénoms et professions ; on y inscrira le signalement des individus recherchés, la désignation aussi complète que possible des vêtements, et, en un mot, toutes les indications qui peuvent servir à la reconnaissance des corps.

Les notes que le greffier aura reçues de la préfecture de police sur les personnes disparues, seront renvoyées dans les bureaux, dès que les individus signalés auront été déposés à la morgue et qu'ils auront été reconnus.

4. Aussitôt après l'arrivée d'un corps dans l'établissement, le greffier transmettra à la préfecture de police (1re division), un rapport mentionnant le commissariat qui aura fait l'envoi dudit corps, le nombre et la nature des pièces qui lui auront été adressées. A défaut de nom et prénoms, il donnera le signalement du cadavre, la désignation exacte des vêtements, avec les observations que son examen aura pu lui suggérer.

Dans le cas où, exceptionnellement, le procès-verbal de la levée du

---

(1) V. cet arrêté, au 3e vol., p. 127.

corps, ainsi que le rapport du médecin appelé à constater le décès, auraient été envoyés à la morgue, le greffier transmettra, dans le plus bref délai, ces pièces à la préfecture de police (1ʳᵉ division) ; il y joindra les papiers, l'argent et tous autres objets trouvés sur le cadavre, à l'exception, toutefois, des vêtements qui resteront à la morgue.

5. Le greffier vérifiera si le signalement du cadavre qu'il reçoit est conforme à l'ordre d'envoi. Il s'assurera ensuite s'il se rapporte à l'un des signalements qui lui auraient été donnés antérieurement, à l'occasion de la disparition d'individus, soit par des particuliers, soit par les notes de la préfecture de police.

6. Le cadavre de toute personne inconnue, apporté à la morgue, restera exposé aux regards du public, tant que son état de conservation le permettra.

Les vêtements, exposés en même temps que le cadavre, ne seront enlevés que 15 jours après l'inhumation, si la personne n'a pas été reconnue.

7. Les personnes qui se présenteront pour établir l'identité d'un cadavre qu'elles auront reconnu, seront conduites par le garçon de service aux autorités compétentes, à l'effet de remplir les formalités nécessaires.

Après l'accomplissement de ces formalités, le corps reconnu sera immédiatement soustrait aux regards du public.

8. Lorsque l'identité de la personne déposée à la morgue aura été constatée, les renseignements relatifs à l'état civil de cette personne, au genre de mort, etc., seront consignés sur le registre d'inscription.

9. Il ne pourra être procédé à l'autopsie du corps d'une personne déposée à la morgue, que sur l'ordre de l'autorité judiciaire et dans la salle affectée à cette opération.

10. L'inhumation des corps déposés à la morgue ne pourra être faite sans une autorisation du procureur de la république.

Le permis d'inhumer étant donné, il pourra, sur l'autorisation délivrée par le préfet de police, être procédé à l'enlèvement du corps.

11. Les parents ou amis d'une personne dont le corps aura été déposé à la morgue, pourront, après avoir rempli les formalités relatives à la reconnaissance, obtenir le transport du défunt à son domicile, en justifiant des moyens de le faire inhumer.

12. Le transport sera effectué, pour les corps qui doivent être inhumés dans les cimetières de Paris, par l'entreprise des pompes funèbres.

En cas d'inhumation hors desdits cimetières, et s'il n'y a pas de cérémonie extérieure, les familles auront la faculté d'employer, pour le transport du corps, le véhicule qui leur conviendra, pourvu qu'il soit fermé et que la décence et l'ordre public soient respectés. (*Art.* 2 *du cahier des charges de l'entreprise des pompes funèbres.*)

13. Le transport au cimetière des hôpitaux, des corps déposés à la morgue et qui n'auront pas été réclamés, aura lieu à 6 heures du matin, du 1ᵉʳ avril au 30 septembre, et à 7 heures, du 1ᵉʳ octobre au 31 mars.

Les garçons de la morgue enseveliront les corps avec les précautions de salubrité prescrites par l'administration.

Ils rapporteront, pour chaque corps transporté, le certificat d'inhumation qui leur sera remis par le gardien du cimetière des hôpitaux.

14. Les vêtements et autres objets trouvés sur les cadavres reconnus, et que la famille aura réclamés, lui seront rendus, en justifiant de ses droits, sur une autorisation délivrée par la préfecture de police.

Quant aux valeurs et autres objets déposés à la préfecture de police et transmis au greffe du parquet de la Seine par les soins de l'administration, les familles devront s'adresser à M. le procureur de la république pour en obtenir la remise.

Les vêtements et autres objets trouvés sur les cadavres restés inconnus, seront conservés à la morgue pendant six mois au moins, aux termes de l'ordonnance royale du 23 mai 1830.

A l'expiration de ce délai, ils seront remis à l'administration des domaines, et procès-verbal de cette remise sera dressé par le commissaire de police du quartier Notre-Dame.

TITRE II.

HEURES D'OUVERTURE ET DE FERMETURE DE LA MORGUE. — RÉPARTITION DU SERVICE ENTRE LES DIVERS EMPLOYÉS DE LA MORGUE. — SOINS DE PROPRETÉ DE L'ÉTABLISSEMENT. — DISPOSITIONS DIVERSES.

15. La morgue sera ouverte tous les jours, de 8 heures du matin à 6 heures du soir, en été, et, en hiver, de 8 heures du matin à la nuit tombante.

16. Le greffier, qui a la direction, la surveillance et la responsabilité du service de l'établissement, sera spécialement chargé de la correspondance avec le parquet, la préfecture de police, les diverses administrations; il concourra, avec le commis-greffier, à la tenue des registres et à toutes les écritures.

17. Le commis-greffier est spécialement chargé de tout ce qui concerne le travail des écritures (registres d'inscription, répertoire, états mensuels, registre de renseignements, etc.).

Il remplacera le greffier, en cas d'absence.

18. Le greffier et le commis-greffier seront présents à la morgue, de 10 heures du matin à 4 heures du soir.

Les besoins du service peuvent seuls motiver une absence momentanée, et l'un des deux, dans tous les cas, doit toujours être présent pour donner tous renseignements qui pourraient être demandés.

19. Il sera dressé, à la fin de chaque mois, par les soins du greffier, et transmis en double à la préfecture de police, un état certifié de tous les corps reçus à la morgue.

Cet état contiendra, savoir :

POUR LES SUJETS RECONNUS :

1º La date de l'entrée ; — 2º les nom, prénoms, âge, profession et domicile des personnes décédées ; — 3º la cause de la mort ; — 4º le genre de mort ; — 5º l'indication du lieu et de l'heure du décès.

1° La désignation succinte du corps ; — 2° le genre de mort ; — 3° le lieu où le corps a été trouvé.

Le greffier transmettra, en outre, mensuellement, un état certifié des corps transférés au cimetière.

20. Il sera dressé, à la fin de chaque année, sous la direction du médecin-inspecteur, une statistique de tous les sujets apportés à la morgue. Elle contiendra tous les documents propres à éclairer sur les causes et circonstances des décès.

21. Deux des garçons de service seront exclusivement affectés au service intérieur de la morgue.

Ils seront chargés de procéder au lavage des corps, au moment de leur arrivée, et à leur exposition, à moins que le sujet soit reconnu ou méconnaissable ; ils feront le service de la salle d'autopsie ; ils opèreront la remise des corps aux familles ou le transport au cimetière des hôpitaux,

Ces mêmes garçons de service laveront les vêtements des corps des personnes déposées dans l'établissement et les feront sécher. Les vêtements appartenant à des inconnus seront mis en paquets, avec un numéro d'ordre correspondant à celui d'inscription sur les registres, et ils seront laissés en magasin jusqu'au moment où ils seront livrés au domaine.

Ils devront, en outre, maintenir en état parfait de propreté toutes les parties de la morgue, entretenir le feu du foyer d'appel, de jour et de nuit, et faire fonctionner, d'une manière permanente, le système d'irrigations appliqué aux cadavres déposés dans la salle des morts, ainsi que dans la salle d'autopsie.

22. Les deux garçons de service dont il vient d'être parlé, feront alternativement le service de nuit.

Ils ne pourront introduire dans la salle de garde, ni leurs femmes, ni leurs enfants, ni aucune personne étrangère à l'établissement. Ils ne pourront non plus, sous aucun prétexte, établir leur domicile à la morgue, y prendre leurs repas, ni y préparer leur nourriture.

23. Le troisième garçon de service sera exclusivement employé aux courses qui ont lieu au parquet, à la préfecture de police, aux mairies, aux commissariats de police, et à toutes celles qu'il peut être nécessaire de faire, pour arriver à la reconnaissance des corps déposés.

Ce garçon de service devra se présenter au moins une fois dans la journée à la préfecture de police, pour y prendre les procès-verbaux parvenus directement à la préfecture, relatifs à l'envoi de cadavres à la morgue et tous autres renseignements sur des personnes disparues.

Il fera le service de propreté de la salle du greffe et de ses annexes, ainsi que de la salle des magistrats.

24. Dans aucune circonstance les gens de service de la morgue ne peuvent demander aux parents ou amis de la personne déposée, aucune somme à titre d'indemnité de peines, de frais de dépense, ou pour tout autre motif.

25. Le gardien préposé à la surveillance du public, aux abords de

la salle d'exposition, sera tenu d'être à la morgue, depuis l'heure de l'ouverture de l'établissement jusqu'à celle de sa fermeture.

Son service consiste à empêcher le public de stationner sous le vestibule de l'établissement et sur les marches par lesquelles on y accède; de prévenir les conversations bruyantes, les discussions et tout acte tendant à dégénérer en désordre.

26. Toutes les dispositions contraires au présent règlement seront rapportées.

27. Le greffier de la morgue, le médecin inspecteur de cet établissement et le commissaire de police du quartier Notre-Dame, sont chargés, chacun en ce qui le concerne, de l'exécution du présent arrêté.

Le général, délégué à la préfecture de police, VALENTIN.

N° **4405.** — *Ordonnance concernant la vérification périodique des poids et mesures pour l'année* 1871 (Poinçon portant la lettre F) (1).

Paris, le 26 juin 1871.

N° **4406.** — *Arrêté concernant l'échange et le poinçonnage des médailles de porteurs aux halles et marchés.*

Paris, le 29 juin 1871.

Nous, général, délégué à la préfecture de police,

Vu l'ordonnance du 6 mai 1861, concernant les porteurs aux halles et marchés, et qui dispose :

« Art. 4. — Qu'il sera délivré, à tout porteur autorisé, une médaille,
» sur laquelle sera gravé un numéro d'ordre ;

» Art. 5. — Que ces médailles seront échangées chaque année, du
» 1er au 30 avril, et frappées, en outre, d'un poinçon particulier,
» pour en éviter la contrefaçon ;

» Art 6. — Que pour obtenir l'échange de sa médaille, tout porteur
» devra justifier au préalable d'un domicile certain, en produisant un
» certificat délivré par le commissaire de police du lieu de sa rési-
» dence, sur l'attestation de deux témoins patentés » ;

Attendu que cette formalité n'a pu être accomplie cette année à l'époque prescrite par ladite ordonnance ,

Arrêtons ce qui suit :

1. L'échange et le poinçonnage des médailles de porteurs aux halles et marchés auront lieu, pour la présente année, du 1er au 31 juillet prochain, au bureau de l'inspection générale des halles et marchés, en se conformant aux prescriptions visées ci-dessus.

2. Le présent arrêté sera imprimé et affiché partout où besoin sera.

Le général, délégué à la préfecture de police, VALENTIN.

_____

(1) V. l'ord. du 3 décembre 1872.

N° **4407.** — *Ordonnance concernant les baignades en rivière dans le ressort de la préfecture de police* (1).

Paris, le 3 juillet 1871.

N° **4408.** — *Ordonnance concernant la clôture des terrains vagues.*

Paris, le 10 juillet 1871.

Nous, général, délégué à la préfecture de police,

Considérant qu'il existe dans Paris beaucoup de terrains non bâtis qui ne sont pas clos, et que l'absence de clôture compromet la sûreté publique ;

Vu la dépêche de M. le ministre de l'intérieur, en date du 8 juillet courant ;

En vertu de la loi des 16-24 août 1790 et de l'arrêté du gouvernement du 12 messidor an VIII (1er juillet 1800),

Ordonnons ce qui suit :

1. Les propriétaires des terrains non bâtis bordant, soit les rues, places, quais, etc., classés au nombre des voies publiques, soit les rues, ruelles et passages ouverts au public sur des propriétés particulières, seront tenus de clore leurs terrains par des murs en maçonnerie ou par de simples barrières en charpente et planches jointives, à la condition que ces barrières auront une hauteur et une solidité suffisantes pour défendre l'accès des terrains au devant desquels elles seront établies.

2. La clôture des terrains vagues pourra être ajournée, si l'administration reconnaît que ces terrains peuvent rester ouverts, sans compromettre la sûreté publique ou la salubrité.

3. Les clôtures, de quelque manière qu'elles soient établies, seront constamment entretenues en bon état pour défendre utilement l'accès des terrains, et les portes qui pourront être pratiquées dans ces clôtures devront ouvrir en dedans et être fermées au moyen de serrures ou cadenas.

4. Il est défendu, sous les peines portées par la loi (Code pénal, art. 456), de détruire ou dégrader les clôtures établies en vertu de la présente ordonnance.

5. La présente ordonnance sera imprimée et affichée.

Le chef de la police municipale, les commissaires de police, les officiers de paix et tous les préposés de la préfecture de police, sont chargés, chacun en ce qui le concerne, d'en assurer l'exécution.

Le général, délégué à la préfecture de police, VALENTIN.

(1) V. l'ord. du 18 mai 1872.

N° **4409.** — *Arrêté portant nomination du secrétaire général de la préfecture de police.*

Versailles, le 13 juillet 1871.

Le Président du Conseil des ministres, chef du pouvoir exécutif de la République française,

Sur la proposition du ministre secrétaire d'État au département de l'intérieur,

Arrête :

1. M. Fouquier, ancien maître des requêtes au conseil d'État, est nommé secrétaire général de la préfecture de police.

Signé : A. THIERS.

N° **4410.** — *Arrêté concernant l'examen des candidats aux fonctions de vérificateur-adjoint des poids et mesures.*

Paris, le 22 juillet 1871.

Nous, général, délégué à la préfecture de police,

Vu : 1° la loi du 4 juillet 1837, relative aux poids et mesures (1);

2° L'ordonnance royale du 17 avril 1839 sur le service de la vérification (2), portant que nul ne peut exercer l'emploi de vérificateur ou de vérificateur-adjoint, s'il n'est âgé de 25 ans accomplis, et s'il n'a subi des examens spéciaux, d'après le programme arrêté par M. le ministre de l'agriculture et du commerce;

3° La décision ministérielle du 28 juillet 1851, fixant à 40 ans le maximum d'âge des postulants.

En raison des vacances qui existent dans le service de la vérification des poids et mesures du ressort de la préfecture de police,

Arrêtons ce qui suit :

1. Il sera procédé à l'examen des candidats qui se présenteront pour remplir l'emploi de vérificateur-adjoint des poids et mesures.

2. Chaque postulant devra, préalablement, se faire inscrire à la préfecture de police (1er bureau de la 2e division), et déposer en même temps un extrait, en bonne forme, de son acte de naissance, pour constater qu'il est âgé de 25 ans accomplis, et qu'il n'a pas dépassé l'âge de 40 ans.

3. Les examens seront publics; ils auront lieu à la préfecture de police (salle du conseil de salubrité), le samedi, 5 août prochain, à midi précis, devant la commission instituée en vertu de l'article 4 de l'arrêté ministériel du 30 août 1839.

4. Les candidats paraîtront devant les examinateurs, suivant leur ordre d'inscription à la préfecture; ils seront interrogés sur les matières

(1) V. cette loi, au 4e vol., p. 508.
(2) V. cette ordonnance royale, au 4e vol., p. 541.

indiquées dans le programme arrêté par M. le ministre du commerce, le 30 août 1839, et dont extrait sera publié à la suite du présent (1).

5. Le présent arrêté sera affiché à la porte de chaque bureau de vérification et partout où besoin sera.

Le général, délégué à la préfecture de police, VALENTIN.

N° **4411.** — *Arrêté concernant les ouvriers porteurs de farines, dits forts de ville.*

Paris, le 25 juillet 1871.

Nous, général, délégué à la préfecture de police,

Considérant que le décret du 22 juin 1863, qui a proclamé la liberté du commerce de la boulangerie, a eu pour effet de faire disparaître l'organisation dans laquelle avait trouvé place la compagnie des ouvriers porteurs de farines, connus sous le nom de forts de ville ;

Considérant que ces ouvriers sont encore nantis des médailles que l'administration délivrait à l'époque où le régime de la boulangerie limitée justifiait l'adoption de mesures spéciales pour le service des établissements ; qu'au surplus, ces médailles, en grande partie, sont portées par d'autres que ceux à qui elles ont été accordées dans l'origine ;

Attendu qu'en réalité, les détenteurs de ces médailles, ou forts de ville, n'ont plus aucune existence administrative légale, ne jouissent d'aucun privilége et ne sont que des ouvriers ordinaires, dont le commerce de la boulangerie est parfaitement libre d'accepter ou de répudier les services,

Arrêtons ce qui suit :

1. Les médailles délivrées autrefois aux forts de ville étant désormais sans objet, défense est faite aux porteurs de farines de se prévaloir de cet insigne pour imposer leurs services aux boulangers.

Il leur est également interdit de faire usage de ces médailles, dont l'exhibition tendrait à faire croire qu'ils sont réellement commissionnés par l'administration.

2. Le présent arrêté sera imprimé et affiché.

Le chef de la police municipale, les commissaires de police et les agents sous leurs ordres, sont chargés d'en assurer l'exécution.

Le général, délégué à la préfecture de police, VALENTIN.

N° **4412.** — *Ordonnance concernant l'ouverture de la chasse* (2).

Paris, le 19 août 1871.

---

(1) V. ce programme au 6° vol. page 933.
(2) V. l'ord. du 18 août 1872.

N° **4413.** — *Ordonnance concernant les mesures d'ordre et de sûreté à observer à l'occasion des fêtes de Saint-Cloud* (1).

Paris, le 8 septembre 1871.

N° **4414.** — *Décret portant nomination du préfet de police.*

Versailles, le 17 novembre 1871.

Le Président de la République française,

Sur la proposition du ministre secrétaire d'état au département de l'intérieur,

Décrète :

1. M. Léon Renault, préfet du Loiret, est nommé préfet de police, en remplacement de M. le général Valentin, dont la démission est acceptée.

Signé : A. THIERS.

N° **4415.** — *Ordonnance concernant la réexportation, hors du département de la Seine, des animaux de l'espèce bovine.*

Paris, le 13 décembre 1871.

Nous, préfet de police,

Considérant que la peste bovine sévit encore dans un certain nombre de départements, et qu'il importe de prévenir les dangers de sa propagation par des animaux réexportés de Paris et du département de la Seine;

Considérant qu'un grand nombre de départements viennent s'approvisionner en bêtes de boucherie dans le département de la Seine;

Vu : 1° l'arrêt du 19 juillet 1746, notamment les art. 9 et 10;

2° La loi du 16-24 août 1790;

3° Les arrêtés des consuls des 12 messidor an VIII et 3 brumaire an IX;

4° L'ordonnance royale du 27 janvier 1815;

5° La lettre de M. le ministre de l'agriculture et du commerce, en date du 11 de ce mois,

Ordonnons ce qui suit :

1. Jusqu'à ce qu'il en soit autrement ordonné, aucun animal de l'espèce bovine provenant, soit du marché à bestiaux de La Villette, soit d'un établissement particulier, situé dans le département de la Seine, ne pourra être expédié hors de ce département, que pour être livré immédiatement au commerce de la boucherie.

En conséquence, il est expressément interdit de faire sortir du département des bestiaux de cette espèce, en qualité d'animaux reproducteurs, vaches laitières, bœufs d'engrais ou veaux d'élève.

2. Toute personne qui, pour les besoins du commerce de la bou-

(1) V. l'ord. du 5 septembre 1872.

cherie, voudra exporter du département de la Seine des bœufs, vaches, veaux ou taureaux, devra se pourvoir d'un *laissez-passer* pour chaque expédition.

Ces *laissez-passer*, indiquant le nom de l'expéditeur, celui du destinataire, le nombre et la nature des bestiaux, et le lieu de destination, seront délivrés :

1° Par l'inspecteur principal du marché à bestiaux de La Villette, commis à cet effet, pour les animaux sortant de ce marché ou d'un établissement quelconque situé dans Paris;

2° Par le maire de la commune, pour ceux provenant de tout autre lieu.

3. L'expéditeur devra rapporter à la préfecture de police, dans les cinq jours de sa date, le *laissez-passer* délivré comme il est dit à l'article précédent.

Cette pièce portera le visa du maire de la localité dans laquelle les animaux auront été conduits, avec son attestation constatant la présence en nombre égal desdits animaux, leur abattage immédiat, et, s'il y a lieu, la mention des animaux manquants.

4. Les administrations de chemins de fer ne pourront transporter les animaux de l'espèce bovine qu'autant qu'il leur sera justifié du *laissez-passer* exigé par l'art. 2 ci-dessus.

5. Seront poursuivis, conformément aux lois et règlements sur la matière, les contrevenants à la présente ordonnance qui sera imprimée, publiée et affichée.

Le préfet de police, **L. RENAULT.**

N° **4416.** — *Ordonnance concernant la vérification périodique des poids et mesures pour l'année 1872 (Poinçon portant la lettre G) (1).*

Paris, le 30 décembre 1871.

1872.

N° **4417.** — *Ordonnance concernant l'échenillage.*

Paris, le 10 janvier 1872.

Nous, préfet de police,

Vu la loi du 26 ventôse an IV ;

Les arrêtés du gouvernement des 12 messidor an VIII et 3 brumaire an IX ;

---

(1) V. l'ord. du 3 décembre 1872.

La décision du ministre de la police générale, en date du 25 fructidor an IX ;

L'art. 471 § 8 du Code pénal,

Ordonnons ce qui suit :

1. L'ordonnance de police du 25 février 1859, concernant l'échenillage, sera de nouveau imprimée et affichée dans Paris et dans les communes du ressort de notre préfecture.

Le préfet de police, **L. RENAULT.**

N° **4418.** — *Ordonnance portant publication d'un arrêté ministériel concernant le camionage d'office des marchandises adressées en gare et non enlevées dans un délai déterminé.*

Paris, le 15 janvier 1872.

Nous, préfet de police,

Vu la lettre à nous adressée par M. le ministre des travaux publics, le 12 janvier courant, avec un arrêté, en date du même jour, qui règle le camionnage d'office des marchandises adressées en gare et non enlevées dans un délai déterminé,

Ordonnons ce qui suit :

1. L'arrêté ci-dessus visé de M. le ministre des travaux publics, en date du 12 janvier courant, sera imprimé et affiché dans le ressort de la préfecture de police, pour y être exécuté suivant sa forme et teneur (1).

2. La présente ordonnance sera notifiée aux compagnies des chemins de fer de Ceinture, de l'Est, de Paris à Lyon et à la Méditeranée, du Nord, d'Orléans et de l'Ouest.

Elle sera imprimée et affichée.

Les fonctionnaires et agents spécialement préposés à la surveillance desdits chemins de fer, sont chargés d'en assurer l'exécution.

Le préfet de police, **L. RENAULT.**

N° **4419.** — *Ordonnance concernant la clôture de la chasse.*

Paris, le 26 janvier 1872.

Nous, préfet de police,

Vu la loi du 3 mai 1844 sur la police de la chasse (art. 3 et 4) ;

Vu les arrêtés du gouvernement des 12 messidor an VIII (1er juillet 1800) et 3 brumaire an IX (25 octobre 1800) ;

Vu les instructions de M. le ministre de l'intérieur, en date du

---

(1) V. cet arrêté à l'appendice du présent vol.

19 juillet 1858, concernant la destruction des lapins de garenne et la faculté de les colporter et vendre en temps de chasse prohibée ;

Vu la lettre ministérielle du 25 de ce mois ,

Ordonnons ce qui suit :

1. La chasse sera close dans toute l'étendue du département de la Seine, le mardi 6 février prochain, au soir. *Défense est faite, en conséquence , de chasser,* le mercredi, **7** *du même mois, et jusqu'à nouvel ordre.*

A compter du même jour, **7,** *la mise en vente, la vente, l'achat, le transport et le colportage du gibier seront formellement interdits, tant à Paris que dans les communes rurales.*

2. Les contrevenants aux dispositions ci-dessus seront traduits devant les tribunaux compétents et poursuivis conformément à la loi.

3. La vente et le colportage des lapins de garenne sont permis en tout temps, la destruction de ces animaux demeurant soumise, en temps prohibé, à l'autorisation préfectorale exigée par l'art. 9 de la loi du 3 mai 1844.

4. Il n'est rien changé aux autres dispositions de l'ordonnance de police du 31 janvier 1862, concernant la chasse des oiseaux de passage, du gibier d'eau et la destruction des animaux malfaisants ou nuisibles.

5. La présente ordonnance sera imprimée, publiée et affichée.

Les sous-préfets des arrondissements de Saint-Denis et de Sceaux, les maires, adjoints et commissaires de police des communes rurales, les commissaires de police de Paris, la gendarmerie, les gardes champêtres , les préposés des contributions indirectes et des octrois et les agents de la préfecture de police, sont chargés, chacun en ce qui le concerne, d'en assurer l'exécution.

Le préfet de police, **L. RENAULT.**

N° **4420.** — *Ordonnance concernant la police des gares et stations des chemins de fer de l'Est.*

Approuvée par M. le ministre des travaux publics, le 30 janvier 1872.

Paris, le 30 janvier 1872.

Nous, préfet de police,

Vu : 1° la loi du 15 juillet 1845 sur la police des chemins de fer (1) ;

2° L'ordonnance royale du 15 novembre 1846, portant règlement d'administration publique sur la police, la sûreté et l'exploitation des chemins de fer (2) ;

3° La circulaire de M. le ministre des travaux publics, du 19 août 1865, et la dépêche ministérielle du 12 mai 1870 ;

---

(1) V. cette loi, à l'appendice du 5e vol. p. 759.
(2) V. cette ordonnance royale, à l'appendice du 5e vol. p. 773.

4° Les propositions de la compagnie des chemins de fer de l'Est; ensemble l'avis de M. l'inspecteur général du contrôle,

Ordonnons ce qui suit :

TITRE Ier.

GARES ET STATIONS DE VOYAGEURS.

§ 1er.

1. Les cours des gares et stations seront ouvertes une demi-heure, au moins, avant le départ ou l'arrivée du premier train du matin. Elles pourront être fermées après le départ ou l'arrivée du dernier train du soir.

2. L'entrée, le stationnement et la circulation des voitures de toute sorte dans les cours des chemins de fer de l'Est, sont réglés ainsi qu'il suit :

§ 2. — *Départ.*

LIGNE DE STRASBOURG.

3. Les voitures publiques ou particulières qui amèneront des voyageurs pour la ligne de Strasbourg, entreront dans la cour principale par les grilles S.-E. et S.-O., qui font face au boulevard de Strasbourg.

Après avoir déposé les voyageurs devant le péristyle de la gare, entre les pavillons S.-E. et S.-O., elles sortiront de la cour par la grille du milieu qui est exclusivement affectée à la sortie de toutes les voitures.

LIGNE DE MULHOUSE.

4. Les voitures publiques ou particulières qui amèneront des voyageurs pour la ligne de Mulhouse, entreront dans la cour principale par la porte S.-O.; elles suivront la cour latérale de gauche, et, après avoir déposé les voyageurs au péristyle de départ, pavillon N.-O., elles sortiront par la porte donnant sur la rue d'Alsace.

§ 3. — *Arrivée.*

5. Les différentes voitures qui iront prendre des voyageurs à l'arrivée des convois des lignes de Strasbourg et de Mulhouse, entreront par les portes S.-E. et S.-O., et stationneront sur les points indiqués aux articles 6, 7, 8, 9, 10, 11, 12, 13, 14 et 15.

LIGNE DE STRASBOURG.

6. Sept voitures de remise stationneront en file, dans la cour principale, le long du trottoir qui borde la grille de la rue de Metz ; la première, à 23 mètres de la porte S.-E. et la dernière, à 3 mètres de cette même porte, les chevaux regardant la cour de Mulhouse.

7. Sept voitures de place stationneront également en file, le long de la grille de la rue de Metz, les chevaux tournés vers la cour de Mulhouse.

Ce stationnement, qui occupera un espace de 21 mètres, sera disposé de manière à ce qu'un intervalle de 5 mètres soit ménagé entre la dernière voiture et la première voiture de remise dépendant du stationnement dont il est question en l'article précédent.

8. Dix voitures de place et de remise, retenues à l'avance, stationneront au pied du péristyle du pavillon S.-E., sur deux files de cinq voitures chacune.

9. Dix voitures spéciales de chemins de fer se rangeront en bataille, les chevaux regardant la rue de Metz, dans la cour latérale de droite, le long des bâtiments de la gare. Ce stationnement occupera un espace de 25 mètres, compris entre la septième colonne, à partir du pavillon S.-E. et la treizième colonne du côté du pavillon N.-E.

Ces voitures chargeront sur place.

10. Vingt voitures bourgeoises stationneront en bataille dans la cour principale, le long de la grille d'entrée et à 4 mètres de distance de cette grille, les chevaux tournés vers les bâtiments du chemin de fer.

Dix de ces voitures occuperont l'espace compris entre la porte S.-O. et la porte du milieu, laissant entre la première de ces portes et la première voiture un intervalle de 4 mètres.

Les dix autres voitures occuperont l'espace compris entre la porte du milieu et la porte S.-O., laissant 4 mètres de distance entre celle-ci et la dernière voiture. Ces voitures pourront aller charger par cinq au pied du pavillon S.-E., en formant une troisième file parallèle aux deux files de voitures de place et de remise dont il est question en l'art. 8.

11. Après le chargement, les voitures bourgeoises, de place et de remise, ainsi que les voitures spéciales de chemins de fer, sortiront par la grille du milieu de la cour principale.

LIGNE DE MULHOUSE.

12. Sept voitures de place se rangeront en file, le long de la grille de la rue de Metz, la tête des chevaux tournée vers la cour de Mulhouse, en laissant libre un espace de 20 mètres, entre la dernière de ces dix-sept voitures et la première des sept voitures de place de l'arrivée de Strasbourg.

Ces voitures stationneront sur une longueur de 21 mètres.

13. Sept voitures de remise stationneront, en bataille, le long du grand bâtiment de la cour de Mulhouse, faisant face aux salles d'arrivée des voyageurs, les chevaux tournés vers l'O.

14. Cinq voitures spéciales de chemins de fer se rangeront, en bataille, le long du trottoir qui longe les bâtiments de la gare, la tête des chevaux tournés vers l'E.

Elles occuperont un espace de 14 mètres de longueur, à partir de 10 mètres de distance du pavillon N.-E.

15. Six voitures bourgeoises stationneront, en bataille, dans la cour latérale de droite, le long du trottoir qui borde le pavillon N.-E.

16. Les voitures bourgeoises, les voitures de place et de remise, et

les voitures spéciales de chemins de fer, chargeront sur place et sortiront par la porte donnant sur la rue de Metz.

§ 4.

17. Les voitures publiques ou particulières destinées à être transportées sur trucs, soit sur la ligne de Strasbourg, soit sur la ligne de Mulhouse, entreront dans la cour principale par la porte S.-O. ; elles suivront la cour latérale de gauche pour se rendre au quai d'embarquement situé au delà du pavillon N.-O.

A leur arrivée à Paris, les voitures transportées sur trucs en provenance des lignes de Strasbourg et de Mulhouse, sortiront de la gare par la rue d'Alsace.

Sortiront également par cette porte, les chevaux qui auront servi à amener des voitures au chemin de fer, ainsi que les voitures transportant la messagerie destinée au bureau d'expédition.

18. Les fourgons et voitures de l'administration des postes, en correspondance avec les trains à destination, soit de la ligne de Strasbourg, soit de la ligne de Mulhouse, entreront dans la cour principale par la porte S.-O. ; ils suivront la cour latérale de gauche, pour se rendre à leur bureau spécial, au delà du pavillon N.-O. Leur sortie s'effectuera par la rue d'Alsace.

A l'arrivée des trains des lignes de Strasbourg ou de Mulhouse, ces mêmes voitures stationneront au point qui leur sera spécialement affecté dans la cour latérale de droite, devant le pavillon N.-E. et en face de la sortie des voyageurs, le derrière des voitures tourné vers les bâtiments et les chevaux regardant la grille qui longe la rue de Metz. L'entrée de ces fourgons ou voitures, dans la cour latérale de droite, s'effectuera, soit par la porte d'entrée donnant sur la rue de Metz, soit par les portes S.-E. et S.-O. donnant sur le boulevard de Strasbourg.

19. Les fourgons, camions et généralement toute voiture destinée aux transports de grande vitesse, et qui devront se rendre dans la cour de la messagerie, à l'arrivée, entreront par la porte faisant face à la rue de Metz, la plus rapprochée du faubourg Saint-Martin, et sortiront par la porte faisant face également à la rue de Metz, la plus rapprochée du pavillon N.-E. En allant comme en revenant, elles ne feront que traverser la cour de Mulhouse. Le passage par la cour latérale de droite et par les portes de la cour principale leur est formellement interdit.

20. A l'entrée et à la sortie des cours de la gare, les voitures doivent être conduites au pas ; elles ne doivent circuler qu'avec prudence dans ces cours et n'y stationner que sur les emplacements indiqués.

Quand plusieurs voitures arrivent ou partent en même temps, elles doivent prendre la file sans essayer de se dépasser.

Il est interdit à tous charretiers, cochers ou postillons de voitures publiques ou particulières, en stationnement dans les cours, de quitter leurs chevaux et de les débrider ou de leur donner à boire ou à manger.

21. Les omnibus spéciaux porteront un numéro de police et des indications apparentes de leur service, ainsi qu'il est dit en l'ordonnance de police du 6 mai 1851.

22. A l'intérieur de chaque compartiment de voiture publique seront inscrits d'une manière très-apparente et ainsi qu'il est prescrit par les règlements spéciaux pour chaque espèce de voitures, le nombre de places qu'il comporte, le prix de chacune d'elles, ainsi que celui du transport des bagages.

Si le transport de voyageurs ou de tout ou partie des bagages a lieu gratuitement, un avis constamment affiché dans la voiture doit faire connaître cette gratuité aux voyageurs.

23. Toute sollicitation importune pour l'indication d'hôtels, pour le transport de bagages, pour offre de service, etc., est interdite dans les cours, et en général dans toutes les dépendances du chemin de fer.

24. A l'exception des voyageurs et des personnes qui les servent ou qui les accompagnent, les préposés de la compagnie et les agents des services de correspondances, agréés par elles, peuvent seuls prendre et porter les bagages des voitures à l'intérieur de la station et de l'intérieur de la station aux voitures. Aucune rétribution ne devra être exigée pour ce service.

§ 5. — *Transport des animaux.*

25. Au départ de Paris, les animaux devront entrer par la grille de la rue d'Alsace (ancienne impasse de la rue La Fayette).

A l'arrivée, à Paris, les animaux sortiront par la grille donnant sur la rue de Metz.

GARE DE PANTIN.

26. L'entrée et la sortie des animaux aura lieu par une porte unique ouvrant sur la route dite des *Petits-Ponts*, allant de Pantin à la route d'Allemagne.

TITRE II.

GARE DE MARCHANDISES.

27. L'entrée des gares de marchandises n'est permise qu'aux expéditeurs, destinataires et autres personnes venant pour affaires concernant le service du chemin de fer.

Ne seront admises dans les cours de ces gares que les voitures venant y prendre ou y laisser leur chargement, et celles des personnes ci-dessus mentionnées.

28. Pour le stationnement, le chargement et le déchargement, les voitures se placeront le long des quais ou des voies de débord.

29. Il est interdit, sous les peines portées par les articles 319, 320, 479 n° 2 et 480 du Code pénal, d'introduire dans les gares des animaux vicieux, dangereux ou malades qui pourraient compromettre la sécurité publique ou la santé des autres animaux à transporter par le chemin de fer.

30. L'entrée et la sortie des animaux aura lieu à la gare de La Villette par la rue d'Aubervilliers.

TITRE III.

DISPOSITIONS GÉNÉRALES.

31. Conformément à l'ordonnance de police du 20 mai 1845, il est défendu, dans tous les temps, de laisser vaguer ou de conduire, même en laisse, des chiens non muselés dans les cours des gares et généralement dans toutes les dépendances du chemin de fer.

32. Toute infraction à la présente ordonnance sera réprimée conformément aux lois et règlements en vigueur.

33. L'ordonnance de police du 10 février 1862, concernant la circulation des voitures dans les cours des chemins de fer de l'Est (gares de Strasbourg et de Mulhouse) est rapportée.

34. La présente ordonnance sera imprimée et affichée.

L'inspecteur général chargé de la direction du contrôle des chemins de fer de l'Est, les ingénieurs et les agents sous ses ordres, les commissaires de surveillance administrative, le commandant de la gendarmerie de la Seine, le chef de la police municipale, le commissaire spécial de police des chemins de fer de l'Est, le commissaire de police du quartier Saint-Vincent-de-Paul, les commissaires de police des localités traversées par la voie ferrée, les officiers de paix et les autres préposés de la préfecture de police, ainsi que les agents assermentés de la compagnie, sont chargés, chacun en ce qui le concerne, d'en assurer l'exécution.

Le préfet de police, **L. RENAULT.**

N° **4421.** — *Ordonnance concernant la police des gares et stations des chemins de fer de l'Ouest* (rive gauche).

Appouvée par M. le ministre des travaux publics, le 30 janvier 1872.

Paris, le 30 janvier 1872.

Nous, préfet de police,

Vu : 1° la loi du 15 juillet 1845, sur la police des chemins de fer (1) :

2° L'ordonnance royale du 15 novembre 1846, portant règlement d'administration publique sur la police, la sûreté et l'exploitation des chemins de fer (2);

3° La circulaire de M. le ministre des travaux publics, du 19 août 1865, et la dépêche ministérielle du 12 mai 1870 ;

4° Les propositions de la compagnie des chemins de fer de l'Ouest; ensemble l'avis de M. l'inspecteur général du contrôle,

---

(1) V. cette loi, à l'appendice du 5e vol., p. 759.
(2) V. cette ordonnance royale à l'appendice du 5e vol., p. 773.

Ordonnons ce qui suit :

TITRE Ier.

GARES ET STATIONS DE VOYAGEURS.

1. Les cours et stations seront ouvertes une demi-heure, au moins, avant le départ ou l'arrivée du premier train du matin. Elles pourront être fermées après le départ ou l'arrivée du dernier train du soir.

2. L'entrée, le stationnement et la circulation des voitures publiques ou particulières, destinées, soit au transport des personnes, soit au transport des marchandises, dans les cours du chemin de fer de l'Ouest (gare Montparnasse), sont réglés ainsi qu'il est prescrit par les articles suivants.

Départ.

3. Les voitures particulières, ainsi que les voitures faisant un service public, qui amèneront des voyageurs pour les trains partant de la gare Montparnasse, arriveront à cette gare par le côté du Départ (côté gauche de la gare).

LIGNE DE VERSAILLES. — Cour d'en bas.

4. Les voitures amenant des voyageurs pour les trains de Versailles, s'arrêteront dans la cour d'en bas, près des bâtiments, et n'y stationneront que le temps strictement nécessaire pour y déposer les voyageurs.

Cependant, les voitures de maîtres et les voitures louées qui auraient besoin de stationner, se rangeront en file, le long du trottoir opposé à l'entrée des voyageurs, la tête du côté du boulevard.

5. Les fourgons de la compagnie, après leur déchargement, se placeront en bataille au fond de la cour.

6. Les voitures spéciales de la compagnie de l'Ouest déposeront les voyageurs en dehors de la cour, sur la place, à l'angle, et le long des bâtiments de la gare, et iront de suite à leur stationnement, dans la cour d'en bas (côté de l'Arrivée).

GRANDE LIGNE. — Cour d'en haut.

7. Les voitures amenant des voyageurs pour les trains autres que ceux de la ligne de Versailles, devront pénétrer dans la cour d'en haut. Elles auront soin de tenir leur gauche, tant en montant qu'en descendant la rampe qui donne accès à cette cour. Elles ne stationneront que le temps strictement nécessaire pour déposer les voyageurs.

Toutefois, les voitures particulières pourront stationner dans cette cour. Elles devront alors se placer en bataille, au fond de la cour, de manière à ne point gêner la circulation.

8. Les fourgons qui amènent des bagages pour les trains de grande vitesse iront, aussitôt le déchargement opéré, se placer en bataille contre le bureau des messageries, jusqu'à ce que les facteurs aient réglé leurs feuilles.

Arrivée.

LIGNE DE VERSAILLES. — Cour d'en bas.

9 Les voitures de maîtres et les voitures retenues à l'avance se placeront en bataille, adossées au bâtiment faisant face au boulevard Montparnasse, mais sans pouvoir dépasser le point où est l'inscription : *voitures de maîtres*, sur le bâtiment.

10, Les voitures spéciales du chemin de fer se rangeront en bataille, adossées au trottoir longeant les bâtiments dans la cour, la tête au point où est l'inscription : *voitures de la compagnie*, avec prolongement vers le fond de la cour.

11. Trois voitures sous remise stationneront en file, au fond de la cour, la tête tournée vers les bâtiments et à la hauteur du pilastre de l'escalier formant communication avec la cour d'en haut.

12. Quatre voitures de place stationneront également en file, le long de la rampe, en face des voitures spéciales de la compagnie, la tête vers le fond de la cour et à la suite des voitures sous remise.

GRANDE LIGNE. — Cour d'en bas.

13. Les voitures spéciales de chemin de fer se placeront en bataille, adossées au bâtiment, la tête à la hauteur du bec de gaz placé à droite, avec prolongement du côté du boulevard.

14. Les voitures de maîtres et les voitures retenues à l'avance se rangeront en bataille, à la suite et à 4 mètres des voitures spéciales, avec retour contre le trottoir du fond de la cour.

15. Les voitures sous remise, au nombre de quatorze, se placeront du côté de la cour opposé au bâtiment, le long du trottoir, en file, la tête vers la sortie et à 6 mètres de distance, avec prolongement en arrière et jusqu'à 9 mètres du fond de la cour.

16. Huit voitures de place stationneront en file, le long des bâtiments, la tête à la hauteur du deuxième bec de gaz placé à gauche de la porte de sortie, avec prolongement en retour d'équerre le long des hangars.

Six autres voitures de place, formant réserve, se placeront à droite dans la rampe, en file, la tête à 12 mètres au-dessous de la sortie de la cour, les chevaux regardant cette issue.

17. Toutes les voitures désignées ci-dessus, aux articles 5, 8, 9, 10, 11, 12, 13, 14, 15, voitures de maîtres, voitures spéciales, voitures de place et voitures sous remise, chargeront sur place et sortiront par la rampe qui donne accès à la cour d'en haut (côté de l'Arrivée), en tenant leur droite.

18. Les voitures doivent circuler dans les cours des gares avec prudence et au pas; elles ne doivent stationner que sur les emplacements indiqués par la présente ordonnance.

Quand plusieurs voitures arrivent ou partent en même temps, elles doivent prendre la file sans essayer de se dépasser, et tenir leur droite autant que possible.

Il est interdit à tous cochers, charretiers ou postillons de voitures publiques ou particulières en stationnement, de quitter leurs chevaux et de les débrider ou de leur donner à boire ou à manger.

19. Les omnibus spéciaux porteront un numéro de police et des indications apparentes de leur service, ainsi qu'il est dit en l'ordonnance de police du 6 mai 1851.

20. A l'intérieur de chaque compartiment de voiture publique, seront inscrits, d'une manière très-apparente, et ainsi qu'il est prescrit par les règlements spéciaux pour chaque espèce de voitures, le nombre de places qu'il comporte, le prix de chacune d'elles, ainsi que celui du transport des bagages.

Si le transport de voyageurs ou de tout ou partie des bagages a lieu gratuitement, un avis constamment affiché dans la voiture doit faire connaître cette gratuité aux voyageurs.

21. Toute sollicitation importune pour l'indication d'hôtels, pour le transport des bagages, pour offres de service, etc., est interdite dans les cours, et en général dans toutes les dépendances du chemin de fer.

22. A l'exception des voyageurs et des personnes qui les servent ou qui les accompagnent, les préposés de la compagnie et les agents des services de correspondances, agréés par elles, peuvent seuls prendre et porter les bagages des voitures à l'intérieur de la station, et de l'intérieur de la station aux voitures. Aucune rétribution ne devra être exigée pour ce service.

TITRE II.

GARES DE MARCHANDISES.

23. L'entrée des gares de marchandises n'est permise qu'aux expéditeurs, destinataires et autres personnes venant pour affaires concernant le service du chemin de fer.

Ne seront admises dans les cours de ces gares que les voitures venant y prendre ou y laisser leur chargement, et celles des personnes ci-dessus mentionnées.

24. Pour le stationnement, le chargement et le déchargement, les voitures se placeront le long des quais ou des voies de débord.

25. Il est interdit, sous les peines portées par les articles 319, 320, 479 n° 2 et 480 du Code pénal, d'introduire dans les gares des animaux vicieux, dangereux ou malades, qui pourraient compromettre la sécurité publique ou la santé des autres animaux à transporter par le chemin de fer.

26. A la gare de Vaugirard, les animaux, à l'arrivée ou au départ, entreront ou sortiront par la grande porte de la rue de Cotentin.

L'entrée, pour les animaux, ne peut être requise par les expéditeurs qu'une demi-heure, au plus, avant le moment où doit commencer le chargement.

TITRE III.

DISPOSITIONS GÉNÉRALES.

27. Conformément à l'ordonnance de police du 20 mai 1845, il est défendu, dans tous les temps, de laisser vaguer ou de conduire, même en laisse, des chiens non muselés, dans les cours des gares, et généralement dans toutes les dépendances du chemin de fer.

28. Toute infraction à la présente ordonnance sera réprimée conformément aux lois et règlements en vigueur.

29. L'ordonnance de police du 31 janvier 1865, concernant la circulation des voitures dans les cours des chemins de fer de l'Ouest (gare Montparnasse), est rapportée.

30. La présente ordonnance sera imprimée et affichée.

L'inspecteur général chargé de la direction du contrôle des chemins de fer de l'Ouest, les ingénieurs et les agents sous ses ordres, les commissaires de surveillance administrative, le commandant de la gendarmerie de la Seine, le chef de la police municipale, le commissaire spécial de police des chemins de fer de l'Ouest (rive gauche), les commissaires de police des quartiers traversés par la voie ferrée, et notamment ceux des quartiers de Montparnasse, Plaisance, Saint-Lambert et Necker, les officiers de paix et les autres préposés de la préfecture de police, ainsi que les agents assermentés de la compagnie, sont chargés, chacun en ce qui le concerne, d'en assurer l'exécution.

Le préfet de police, **L. RENAULT.**

N° **4422.** — *Ordonnance concernant la police des gares et stations du chemin de fer du Nord.*

Approuvée par M. le ministre des travaux publics, le 30 janvier 1872.

Paris, le 30 janvier 1872.

Nous, préfet de police,

Vu : 1° la loi du 15 juillet 1845 sur la police des chemins de fer (1);

2° L'ordonnance royale du 15 novembre 1846, portant règlement d'administration publique sur la police, la sûreté et l'exploitation des chemins de fer (2);

3° La circulaire de M. le ministre des travaux publics, du 19 août 1865, et la dépêche ministérielle du 12 mai 1870;

4° Les propositions de la compagnie du chemin de fer du Nord; ensemble l'avis de M. l'inspecteur général du contrôle;

(1) V. cette loi, à l'appendice du 5e vol., p. 759.
(2) V. cette ordonnance royale, à l'appendice du 5e vol., p. 773.

Ordonnons ce qui suit :

TITRE Ier.

GARES ET STATIONS DE VOYAGEURS.

§ 1er.

1. Les cours des gares et stations seront ouvertes une demi-heure, au moins, avant le départ ou l'arrivée du premier train du matin. Elles pourront être fermées après le départ ou l'arrivée du dernier train du soir.

2. L'entrée, le stationnement et la circulation des voitures de toute sorte dans les cours dépendant du chemin de fer du Nord, sont réglés ainsi qu'il suit :

§ 2. — GARE DE PARIS.

Départ.

3. Les voitures amenant des voyageurs pour le chemin de fer, les déposeront, ainsi que leurs bagages, sous la marquise devant les portes faisant face aux bureaux de distribution des billets et à la salle des bagages, à l'exception des voitures spéciales du chemin de fer, qui opèreront leur déchargement à l'extrémité de la marquise devant les cinq dernières portes. Aussitôt le déchargement effectué, toutes les voitures devront sortir immédiatement de la cour.

Les voitures attendant les personnes qui auront accompagné les voyageurs, ainsi que celles qui auront conduit le public ayant affaire aux bureaux de l'administration centrale, se placeront en file, le long du trottoir faisant face à la marquise, la tête des chevaux tournée vers le Midi, la première voiture à 10 mètres de l'extrémité de ce même trottoir (côté Nord), en laissant libre les différentes entrées de l'hôtel de l'administration.

L'entrée de la cour du départ est interdite à toute autre voiture que celles énoncées ci-dessus ; toutefois, l'accès en sera permis aux voitures à bras transportant de la messagerie au bureau des expéditions, situé au fond de la cour : ces voitures se rangeront devant la grille qui est sous l'horloge au fond de la cour.

4. Les voitures spéciales du chemin de fer stationneront, au nombre de dix-huit, perpendiculairement au trottoir couvert, devant le bâtiment de la gare, la première à 25 mètres du trottoir du fond de la cour, en laissant libre un passage de 3 mètres devant toutes les portes de sortie.

Une réserve de six voitures spéciales du chemin de fer, pourra stationner, en bataille et la tête des chevaux tournée vers le Midi, dans l'angle Est de la cour, au fond, à droite en entrant, à partir de la grille longeant la cour de la messagerie et sur une longueur de 10 mètres.

5. Sept voitures de place stationneront, en file et la tête des chevaux tournée vers le Nord, près du trottoir longeant la cour de la messagerie, à partir de la grille d'entrée donnant sur la place Roubaix jusqu'à la première porte ouvrant sur la rue d'accès aux messageries.

Sept voitures de remise stationneront, également en file et les chevaux regardant le Nord, le long du trottoir longeant la cour de la messagerie, entre la première et la deuxième porte donnant sur ladite cour.

Une voiture de place et une voiture de remise pourront stationner en avançage, à la suite l'une de l'autre, dans l'angle Ouest du fond de la cour, à partir du trottoir, la tête des chevaux tournée vers le Midi (1).

6. Les voitures de place ou de remise retenues à l'avance se rangeront sur une seule file au milieu de la cour, la première à 5 mètres de la grille d'entrée, la tête des chevaux tournée du côté du bâtiment de la gare, en laissant libre un passage de 3 mètres en face de la porte de sortie des bagages, pour faciliter l'accès aux voitures de place et de remise.

7. Les voitures bourgeoises se rangeront perpendiculairement au trottoir du fond de la cour, à la suite de la réserve des voitures spéciales du chemin de fer, la tête des chevaux tournée vers le Midi.

8. Les voitures à bras se rangeront devant la grille d'entrée, les brancards tournés vers le Nord, en laissant entre elles et chaque porte un intervalle de 3 mètres.

9. Les voitures de toute nature chargeront sur place.

GARE DE SAINT-DENIS.

10. La voiture de transport en commun faisant le service intérieur de Saint-Denis, pour le départ, déposera ses voyageurs, comme toutes les autres voitures, devant la marquise et ira de suite prendre place à gauche et à 5 mètres de la sortie des voyageurs, le long du trottoir et la tête des chevaux tournée vers le Nord.

Les voitures de louage se placeront en regard de la voiture de transport en commun, laissant entre celle-ci et la première d'entre elles un intervalle de 2 mètres, la tête des chevaux tournée vers le Midi.

Les voitures bourgeoises se rangeront à la suite et à 2 mètres de la dernière voiture de louage, les chevaux regardant aussi le Midi, en laissant entre chacune d'elles un intervalle de 1 mètre.

GARE D'ÉPINAY.

11. La voiture de transport en commun faisant le service de la localité déposera ses voyageurs au bas de la descente, au delà du pont, et viendra se placer, du côté de l'arrivée, à gauche et à 3 mètres de la sortie, les roues appuyées le long du trottoir, et la tête des chevaux tournée du côté du bourg.

Les voitures bourgeoises se placeront à la suite de la voiture en commun, laissant entre chaque voiture un intervalle de 1 mètre.

---

(1) Cette alinéa est rapportée par l'ordonnance du 25 mars 1873.

Les voitures de louage, s'il y en a, se rangeront à la suite des voitures bourgeoises et dans le même ordre que ces dernières.

GARE DE PIERREFITTE.

12. La voiture faisant le service de Sarcelles se placera à droite et à 4 mètres de la sortie de la gare, les roues appuyées le long du trottoir et la tête des chevaux tournée vers le Nord.

Les voitures particulières et les voitures de louage, s'il y en a, se rangeront de l'autre côté de la cour, en face de la sortie et devant le trottoir, la tête des chevaux regardant la gare.

GARE D'ENGHIEN.

Départ.

13 et 14 (1).

§ 3.

15. Les voitures doivent circuler dans les cours des gares avec prudence et au pas ; elles ne doivent stationner que sur les emplacements indiqués par la présente ordonnance.

Quand plusieurs voitures arrivent ou partent en même temps, elles doivent prendre la file sans essayer de se dépasser, et tenir leur droite autant que possible.

Il est interdit à tous charretiers, cochers ou postillons de voitures publiques ou particulières en stationnement, de quitter leurs chevaux et de les débrider ou de leur donner à boire ou à manger.

16. Les omnibus spéciaux porteront un numéro de police et des indications apparentes de leur service, ainsi qu'il est dit en l'ordonnance de police du 6 mai 1851.

17. A l'intérieur de chaque compartiment de voiture publique seront inscrits, d'une manière très-apparente et ainsi qu'il est prescrit par les règlements spéciaux pour chaque espèce de voitures, le nombre de places qu'il comporte, le prix de chacune d'elles, ainsi que celui du transport des bagages.

Si le transport des voyageurs ou de tout ou partie de bagages a lieu gratuitement, un avis constamment affiché dans la voiture, doit faire connaître cette gratuité aux voyageurs.

18. A l'exception des voyageurs et des personnes qui les servent ou qui les accompagnent, les préposés de la compagnie et les agents des services de correspondances, agréés par elles, peuvent seuls prendre et porter les bagages, des voitures à l'intérieur de la station et de l'intérieur de la station aux voitures. Aucune rétribution ne devra être exigée pour ce service.

19. Toute sollicitation importune pour l'indication d'hôtels, pour le transport des bagages, pour offres de service, etc., est interdite dans les cours, et en général dans toutes les dépendances du chemin de fer.

---

(1) Abrogés par l'ordonnance du 14 août 1872.

TITRE II.

GARES DE MARCHANDISES.

20. L'entrée des gares de marchandises n'est permise qu'aux expéditeurs, destinataires et autres personnes venant pour affaires concernant le service du chemin de fer.

Ne seront admises dans les cours de ces gares que les voitures venant y prendre ou y laisser leur chargement, et celles des personnes ci-dessus mentionnées.

21. Pour le stationnement, le chargement et le déchargement, les voitures se placeront le long des quais ou des voies de débord.

22. A la gare de La Chapelle, les animaux, à l'arrivée et au départ, entreront et sortiront par la rue des Poiriers.

A la gare de Saint-Denis, les animaux entrent par la barrière donnant accès à la gare des marchandises, et sortent, savoir :

Ceux qui sont destinés au marché de La Villette, par la barrière située près du pont de la route de la Révolte ;

Ceux qui sont en destination de Saint-Denis, par la barrière établie en face des halles, sur le chemin longeant le canal.

A la gare de Pierrefitte, les animaux entrent et sortent par la seule issue de la gare.

23. L'entrée des gares, pour les animaux, ne peut être requise par les expéditeurs, qu'une demi-heure au plus avant le moment où doit commencer le chargement.

24. Il est interdit, sous les peines portées par les articles 319, 320, 479 n° 2 et 480 du Code pénal, d'introduire dans les gares, des animaux vicieux, dangereux ou malades, qui pourraient compromettre la sécurité publique ou la santé des autres animaux à transporter par le chemin de fer.

TITRE III.

DISPOSITIONS GÉNÉRALES.

25. Conformément à l'ordonnance de police du 20 mai 1845, il est défendu, dans tous les temps, de laisser vaguer ou de conduire, même en laisse, des chiens non muselés dans les cours des gares, et généralement dans toutes les dépendances du chemin de fer.

26. Toute infraction à la présente ordonnance sera réprimée conformément aux lois et règlements en vigueur.

27. L'ordonnance de police du 20 avril 1851, concernant la circulation des voitures dans les cours dépendant du chemin de fer du Nord est rapportée.

28. La présente ordonnance sera imprimée et affichée.

L'inspecteur général chargé de la direction du contrôle du chemin de fer du Nord, les ingénieurs et les agents sous leurs ordres, les commissaires de surveillance administrative, le commandant de la gendarmerie de la Seine, le chef de la police municipale, le commissaire spécial de police du chemin de fer du Nord, les commissaires de police des quartiers de Saint-Vincent-de-Paul, de la Goutte-d'Or et de La Chapelle, et ceux des localités traversées par la voie ferrée, dans le ressort de la préfecture de police, les officiers de paix et les autres préposés de la préfecture de police, ainsi que les agents assermentés de la compagnie, sont chargés, chacun en ce qui le concerne, d'en assurer l'exécution.

Le préfet de police, L. RENAULT.

N° **4423.** — *Ordonnance concernant la police des cours des gares du chemin de fer de Paris à Orléans.*

Approuvée par M. le ministre des travaux publics, le 2 février 1872.

Paris, le 2 février 1872.

Nous, préfet de police,

Vu : 1° la loi du 15 juillet 1845 sur la police des chemins de fer (1);

2° L'ordonnance royale du 15 novembre 1846, portant règlement d'administration publique sur la police, la sûreté et l'exploitation des chemins de fer (2);

3° La circulaire de M. le ministre des travaux publics, du 19 août 1865, et la dépêche ministérielle du 12 mai 1870;

4° Les propositions de la compagnie du chemin de fer d'Orléans; ensemble l'avis de M. l'inspecteur général du contrôle,

Ordonnons ce qui suit :

TITRE Ier.

GARES ET STATIONS DE VOYAGEURS.

1. Les cours des gares et stations seront ouvertes une demi-heure, au moins, avant le départ ou l'arrivée du premier train du matin. Elles pourront être fermées après le départ du dernier train du soir. Toutefois, la cour d'arrivée à Paris restera constamment ouverte.

2. L'entrée, le stationnement et la circulation des voitures de toute sorte dans les cours dépendant du chemin de fer d'Orléans, sont réglés ainsi qu'il suit :

Cour de Départ, quai d'Austerlitz.

3. Les voitures publiques et particulières qui transporteront des voyageurs au chemin de fer, entreront dans la cour du Départ par la première porte de l'embarcadère, quai d'Austerlitz, en venant de la place Walhubert.

Elles effectueront leur déchargement, savoir : celles qui transporteront des voyageurs sans bagages, le long du trottoir du péristyle;

---

(1) V. cette loi à l'appendice du 5e vol., p. 759.
(2) V. cette ordonnance royale à l'appendice du 5e vol. p. 773.

celles qui amèneront des voyageurs avec bagages, en face de la salle des bagages; elles sortiront toutes par la troisième et dernière porte ouvrant sur le quai d'Austerlitz.

4. Après le déchargement des voyageurs et des bagages, les voitures de maître et les voitures de place ou de remise *retenues* pourront seules stationner dans la cour du Départ; elles s'aligneront le long de la grille de la cour, sur un seul rang, la tête des chevaux tournée vers la gare, entre la porte du milieu et la porte des piétons donnant accès dans la gare, près du bureau du télégraphe; elles devront laisser entièrement libre la troisième porte, destinée à la sortie.

Cour d'Arrivée, boulevard de l'Hôpital.

5. Les voitures publiques ou particulières servant au transport des voyageurs, entreront par la porte de la grille donnant accès sur le boulevard de l'Hôpital, du côté de la Salpétrière, et se rangeront sur les points de stationnement qui seront désignés aux articles ci-après.

6. Les voitures bourgeoises stationneront en bataille sous la remise couverte, le long du mur qui sépare cette remise de la rue des Écuries, la tête des chevaux tournée vers la gare.

Sur la demande de leurs maîtres, elles pourront venir charger le long du trottoir attenant au vestibule, en ayant soin de toujours laisser un passage libre devant chaque porte de sortie des voyageurs.

7. Seize voitures spéciales de chemin de fer se placeront sur une même ligne, le long du trottoir qui longe les bâtiments du chemin de fer et la portière tournée vers ces bâtiments; quatre de ces voitures stationneront sous la remise; les douze autres se rangeront à la suite jusqu'au milieu de la neuvième travée, à partir de la grille du boulevard de l'Hôpital, en laissant libre un passage devant la porte de sortie des bagages, et un intervalle de 4 mètres entre la première de ces seizes voitures et les quatre stationnant sous le hangar.

8. Des anneaux en fer, en nombre suffisant, seront fixés en terre dans la cour d'Arrivée, pour attacher les chevaux des voitures spéciales de chemin de fer, pendant tout le temps employé au chargement qui s'effectuera sur place.

9. Vingt voitures de place stationneront en file sur le côté droit de la cour, le long de la marquise attenant au mur qui sépare ladite cour de la rue des Écuries, et à partir de la porte ouvrant sur cette rue, la tête des chevaux tournée vers cette porte.

10. Les voitures de place, dès qu'elles seront louées, se placeront en bataille, au milieu de la cour, la tête des chevaux tournée vers les bâtiments du chemin de fer et ne dépassant pas l'alignement fixé par des poteaux indicateurs qui seront établis à cet effet.

Sur la demande des personnes qui les auront louées, elles pourront venir prendre, soit sous la halle couverte, soit le long de la marquise attenant aux bâtiments de la gare, les personnes qu'elles doivent transporter et leurs bagages, à la condition de n'y stationner que le temps strictement nécessaire à leur chargement.

11. Dix voitures de remise se rangeront, en file et sans interruption, le long de la marquise attenant aux bâtiments de la gare, la tête des chevaux tournée vers le fond de la cour, sur l'emplacement compris entre le milieu de la septième travée et le milieu de la deuxième travée, en partant du boulevard.

Ces voitures chargeront sur place.

12. Toutes les voitures désignées ci-dessus : *voitures spéciales de chemin de fer, voitures bourgeoises, de place* et *de remise,* sortiront de la cour d'Arrivée par la porte de la grille ouvrant sur le boulevard de l'Hôpital, du côté du pont d'Austerlitz.

13. Les voitures doivent circuler, dans les cours des gares, avec prudence et au pas : elles ne doivent stationner que sur les emplacements indiqués par la présente ordonnance.

Quand plusieurs voitures arrivent ou partent en même temps, elles doivent prendre la file sans essayer de se dépasser, et tenir leur droite, autant que possible.

Il est interdit à tous charretiers, cochers ou postillons de voitures publiques ou particulières en stationnement, de quitter leurs chevaux et de les débrider ou de leur donner à boire ou à manger.

14. Les omnibus spéciaux porteront un numéro de police et des indications apparentes de leur service, ainsi qu'il est dit en l'ordonnance de police du 6 mai 1851.

15. A l'intérieur de chaque compartiment de voiture publique seront inscrits, d'une manière très-apparente et ainsi qu'il est prescrit par les règlements spéciaux pour chaque espèce de voitures, le nombre de places qu'il comporte, le prix de chacune d'elles, ainsi que celui du transport des bagages.

Si le transport de voyageurs ou de tout ou partie des bagages a lieu gratuitement, un avis constamment affiché dans la voiture doit faire connaître cette gratuité aux voyageurs.

16. Toute sollicitation importune pour l'indication d'hôtels, pour le transport des bagages, pour offres de service, etc., est interdite dans les cours, et en général dans toutes les dépendances du chemin de fer.

17. A l'exception des voyageurs et des personnes qui les servent ou qui les accompagnent, les préposés de la compagnie ou les agents des services de correspondances, agréés par elles, peuvent seuls prendre et porter les bagages, des voitures à l'intérieur de la station et de l'intérieur de la station aux voitures.

Aucune rétribution ne devra être exigée pour ce service.

TITRE II.

GARES DE MARCHANDISES.

18. L'entrée des gares de marchandises n'est permise qu'aux expéditeurs, destinataires et autres personnes venant pour affaire concernant le service du chemin de fer.

Ne seront admises dans les cours de ces gares que les voitures venant y prendre ou y laisser leur chargement, et celles des personnes ci-dessus mentionnées.

19. Pour le stationnement, le chargement et le déchargement, les voitures se placeront le long des quais ou des voies de débord, l'arrière tournée vers le quai.

20. Il est interdit, sous les peines portées par les articles 319, 320, 479 n° 2 et 480 du Code pénal, d'introduire dans les gares des animaux vicieux, dangereux ou malades, qui pourraient compromettre la sécurité publique ou la santé des autres animaux à transporter par le chemin de fer.

21. L'entrée des gares, pour les animaux, ne peut être requise par les expéditeurs, qu'une demi-heure au plus avant le moment où doit commencer le chargement.

GARE DE PARIS.

Cour de la Messagerie, au départ, quai d'Austerlitz.

22. Les voitures amenant des marchandises, les chaises de poste et voitures devant être expédiées sur trucs par les trains de voyageurs, les chevaux et animaux à charger dans des wagons attelés aux trains à grande vitesse, entreront par la première porte de la cour de la Messagerie donnant sur le quai d'Austerlitz (côté du boulevard de l'Hôpital), et se rendront, suivant la nature du transport à effectuer, à celui des quais d'embarquement destiné à leur réception.

Les chevaux et animaux, les voitures, charrettes ou camions ne pourront stationner dans la cour, que pendant le temps nécessaire pour l'embarquement et le déchargement.

La sortie des voitures s'effectuera par la seconde porte donnant sur le quai d'Austerlitz (côté de la gare d'Ivry).

Cour de la Messagerie, à l'arrivée, boulevard de l'Hôpital.

23. Les voitures se rendant à la cour de la Messagerie à l'arrivée, entreront et sortiront par la rue dite des Écuries, allant du boulevard de l'Hôpital à cette cour.

Ces voitures, ainsi que les chevaux, les animaux, les chaises de poste et autres voitures quelconques arrivant par les trains de voyageurs, devront stationner comme il est dit à l'article 19 ci-dessus, et sortiront sans pouvoir séjourner dans la cour.

GARE D'IVRY.

24. Les voitures amenant des marchandises et les chevaux ou animaux à expédier par le chemin de fer, entreront par la porte n° 10 du quai de la Gare.

Les voitures emmenant des marchandises et les chevaux ou animaux amenés par le chemin de fer, sortiront par la porte n° 42 du quai de la Gare.

TITRE III.

DISPOSITIONS GÉNÉRALES.

25. Conformément à l'ordonnance de police du 20 mai 1845, il est défendu, dans tous les temps, de laisser vaguer ou de conduire, même en laisse, des chiens non muselés dans les cours des gares, et généralement dans toutes les dépendances du chemin de fer.

26. Toute infraction à la présente ordonnance sera réprimée conformément aux lois et règlements en vigueur.

27. L'ordonnance du 20 décembre 1856, concernant la circulation des voitures dans les cours dépendant du chemin de fer d'Orléans est rapportée.

28. L'inspecteur général chargé de la direction du contrôle du chemin de fer d'Orléans, les ingénieurs et les agents sous ses ordres, les commissaires de surveillance administrative, le commandant de la gendarmerie de la Seine, le chef de la police municipale, le commissaire spécial de police du chemin de fer d'Orléans, les commissaires de police des localités traversées par la voie ferrée, et notamment ceux des quartiers de la Salpétrière et de la Gare, les officiers de paix et les autres préposés de la préfecture de police, ainsi que les agents assermentés de la compagnie, sont chargés, chacun en ce qui le concerne, d'en assurer l'exécution.

Le préfet de police, L. RENAULT.

N° **4424.** — *Ordonnance concernant la police des gares et stations du chemin de fer de Lyon.*

Approuvée par M. le ministre des travaux publics, le **3 février 1872.**

Paris, le 3 février 1872.

Nous, préfet de police,

Vu: **1°** la loi du 15 juillet 1845 sur la police des chemins de fer (1);

2° L'ordonnance royale du 15 novembre 1846, portant règlement d'administration publique sur la police, la sûreté et l'exploitation des chemins de fer (2);

3° La circulaire de M. le ministre des travaux publics, du **19 août 1865,** et la dépêche ministérielle du **12 mai 1870;**

4° Les propositions de la compagnie du chemin de fer de Lyon; ensemble l'avis de M. l'inspecteur général du contrôle,

Ordonnons ce qui suit :

TITRE Ier.

GARES ET STATIONS DE VOYAGEURS.

1. Les cours des gares et stations seront ouvertes une demi-heure, au moins, avant le départ ou l'arrivée du premier train du matin. Elles pourront être fermées après le départ ou l'arrivée du dernier train du soir.

---

(1) V. cette loi, à l'appendice du 5e vol., p. 759.
(2) V. cette ordonnance royale, à l'appendice du 5e vol. p. 773.

2. L'entrée, le stationnement et la circulation des voitures de toute sorte dans les cours dépendant du chemin de fer de Lyon, sont réglés ainsi qu'il suit :

Cour de Départ.

3. Les voitures publiques ou particulières qui transporteront des voyageurs au chemin de fer de Lyon, arriveront à la gare par la rampe à gauche en quittant le boulevard Mazas ; elles effectueront leur déchargement, pour les voyageurs et les bagages, en face de la salle des Pas-Perdus de la gare.

Il est expressément défendu de faire stationner, vis-à-vis du bâtiment du buffet, des voitures avec ou sans voyageurs.

4. Après le déchargement des voyageurs et des bagages, les voitures bourgeoises et les voitures de place ou de remise retenues, pourront seules stationner dans la cour du Départ.

Elles s'aligneront dans le fond de la cour, au delà de la salle des Pas-Perdus, perpendiculairement au bâtiment de la gare, laissant libre la porte de sortie des bureaux de l'inspection principale et la grille de la cour n° 2.

Cour d'Arrivée.

5. Les voitures bourgeoises, les voitures spéciales de chemins de fer, ainsi que les voitures de place et de remise, arriveront par la rampe à droite en quittant le boulevard Mazas. Elles se placeront dans l'ordre et sur les emplacements indiqués aux articles ci-après.

6. Les voitures spéciales de chemin de fer se rangeront sous la marquise d'arrivée, en face de la salle de déchargement des bagages, la portière tournée vers les bâtiments, en laissant libre la porte de la salle de déchargement des bagages.

7. Des anneaux en fer, en nombre suffisant, seront fixés à terre dans la cour d'Arrivée, pour attacher les chevaux des voitures spéciales de chemins de fer, pendant tout le temps employé au chargement.

8. Les voitures bourgeoises et les voitures de place ou de remise, retenues avant l'arrivée des trains, se placeront dans le fond de la cour sur trois lignes parallèles de huit voitures de front chacune, et les chevaux tournés vers la rue de Lyon.

Les voitures formant la première ligne s'aligneront sur la rangée de pavés où s'appuyait jadis un hangar, aujourd'hui démoli ; les deux autres lignes se formeront en arrière, en laissant entre chaque ligne un espace suffisant pour la manœuvre des voitures.

9. Vingt voitures de place stationneront en file, sur le côté droit de la rampe qui conduit à la cour, la première à 7 mètres de l'urinoir, et les autres à la suite, les roues appuyées au trottoir, et la tête des chevaux tournée vers l'escalier qui descend à la rue de Bercy.

10. Sept voitures de remise se rangeront en file, la première à 7 mètres de l'urinoir et les autres à la suite, le long du trottoir qui longe la rue de Bercy, mais du côté opposé aux voitures de place, la tête des chevaux regardant ces dernières.

11. Les voitures de place ou de remise, louées au moment de l'arrivée des trains, iront se placer immédiatement en file et les chevaux regardant le Levant, le long de la grille du milieu qui est à l'intérieur de la cour, en face de la salle de déchargement des bagages; la première voiture à 5 mètres en arrière de l'extrémité de ladite grille.

Elles laisseront libre la circulation des voitures spéciales placées en face, et ne pourront pas s'approcher du trottoir de la marquise, mais elles pourront aller prendre les voyageurs qui les auraient retenues, vers le péristyle de la salle des Pas-Perdus, à la condition qu'elles n'y stationneront que le temps strictement nécessaire au chargement.

12. Toutes les autres voitures chargeront sur place.

13. Les voitures doivent circuler dans les cours des gares avec prudence et au pas; elles ne doivent stationner que sur les emplacements indiqués par la présente ordonnance.

Quand plusieurs voitures arrivent ou partent en même temps, elles doivent prendre la file sans essayer de se dépasser, et tenir leur droite, autant que possible.

Il est interdit à tous charretiers, cochers ou postillons de voitures publiques ou particulières en stationnement, de quitter leurs chevaux et de les débrider ou de leur donner à boire ou à manger.

14. Les omnibus spéciaux porteront un numéro de police et des indications apparentes de leur service, ainsi qu'il est dit en l'ordonnance de police du 6 mai 1851.

15. A l'intérieur de chaque compartiment de voiture publique seront inscrits, d'une manière très-apparente et ainsi qu'il est prescrit par les règlement spéciaux pour chaque espèce de voitures, le nombre de place qu'il comporte, le prix de chacune d'elles, ainsi que celui du transport des bagages.

Si le transport des voyageurs ou de tout ou partie des bagages a lieu gratuitement, un avis constamment affiché dans la voiture doit faire connaître cette gratuité aux voyageurs.

16. A l'exception des voyageurs et des personnes qui les servent ou qui les accompagnent, les préposés de la compagnie peuvent seuls prendre et porter les bagages, des voitures à l'intérieur de la station et de l'intérieur de la station aux voitures. Aucune rétribution ne devra être exigée pour ce service.

17. Toute sollicitation importune pour l'indication d'hôtels, pour le transport des bagages, pour offres de service, etc., est interdite dans les cours, et en général dans toutes les dépendances du chemin de fer.

SERVICE DE LA MESSAGERIE.

18. Les voitures se rendant dans la cour de la Messagerie pour y prendre ou y amener des marchandises, entreront par la grande cour du Départ, passeront par la grille n° 2 et sortiront par la même porte.

Les fourgons, les camions ou charrettes amenant ou venant prendre des marchandises, ne pourront jamais stationner dans la grande cour du Départ, mais devront entrer immédiatement dans la cour de la Messagerie.

19. Les chevaux, animaux et voitures devant être expédiés par train de grande vitesse, entreront par la cour d'arrivée et se rendront à la grille qui se trouve au fond de cette cour, par laquelle ils entreront dans la cour du débarquement.

Les chevaux, animaux et voitures arrivés par les trains de grande vitesse, sortiront par cette grille et par la cour d'arrivée.

Les chevaux, animaux et voitures ne devront jamais stationner dans la cour ou dans la rampe de l'arrivée.

TITRE II.

GARES DE MARCHANDISES.

20. L'entrée des gares de marchandises n'est permise qu'aux expéditeurs, destinataires et autres personnes venant pour affaires concernant le service du chemin de fer.

Ne seront admises dans les cours de ces gares, que les voitures venant y prendre ou y laisser leur chargement, et celles des personnes ci-dessus mentionnées.

21. Pour le stationnement, le chargement et le déchargement, les voitures se placeront le long des quais ou des voies de débord.

22. Les voitures amenant des marchandises, autres que celles destinées au service international, entreront par la porte, boulevard de Bercy, n° 48 *ter.*

Les voitures déchargées sortiront par la même porte.

Les voitures amenant des marchandises destinées au service international et se rendant aux magasins de la Douane, entreront et sortiront par la porte dite de Rambouillet (boulevard de Bercy);

Les voitures venant enlever des marchandises sur les quais et dans les cours d'arrivée, entreront et sortiront :

1° Par la porte principale, boulevard de Bercy, n° 48 *bis*, pour les quais et les cours n°s 1 à 10 ;

2° Par la porte, place de la Nativité, pour le quai n° 11 et la cour en dépendant;

3° Par la porte, rue de Nicolaï, n° 36, pour les quais 12, 13 et 14, dits de *Nicolaï*, et les cours qui en dépendent ;

4° Par la porte, rue de Nicolaï, n° 6, pour les quais 15 et 16, le quai découvert, les cours et les caves dites de la *Rapée* ;

5° Par la porte, boulevard de Bercy, située près de la justice-de-paix, pour les magasins de la Douane ;

6° Les voitures venant charger des marchandises au quai dit *Quai-Bas*, entreront à vide par la porte dite de la *Mairie*, rue de Bercy, n° 48, et sortiront par celle située rue de Bercy, n° 72.

23. L'entrée des gares, pour les animaux, ne peut être requise par les expéditeurs, qu'une demi-heure au plus avant le moment où doit commencer le chargement.

24. Au départ, les chevaux et autres animaux entreront par la porte située boulevard de Bercy, n° 48 *ter.*

A l'arrivée, les chevaux et autres animaux sortiront par la porte principale, située boulevard de Bercy, n° 48 *bis.*

25. Il est interdit, sous les peines portées par les articles 319, 320, 479 n° 2 et 480 du Code pénal, d'introduire dans les gares, des animaux vicieux, dangereux ou malades, qui pourraient compromettre la sécurité publique ou la santé des animaux à transporter par le chemin de fer.

TITRE III.

DISPOSITIONS GÉNÉRALES.

26. Il est interdit de fumer dans les cours, sur les quais et dans les dépendances des gares.

27. Conformément à l'ordonnance de police du 20 mai 1845, il est défendu, dans tous les temps, de laisser vaguer ou de conduire, même en laisse, des chiens non muselés dans les cours des gares, et généralement dans toutes les dépendances du chemin de fer.

28. Toute infraction à la présente ordonnance sera réprimée conformément aux lois et règlements en vigueur.

29. L'ordonnance de police du 25 mai 1857, concernant la circulation des voitures dans les cours dépendant du chemin de fer de Lyon est rapportée.

30. La présente ordonnance sera imprimée et affichée.

L'inspecteur général chargé de la direction du contrôle du chemin de fer de Lyon, les ingénieurs et les agents sous ses ordres, les commissaires de surveillance administrative, le commandant de la gendarmerie de la Seine, le chef de la police municipale, le commissaire spécial de police du chemin de fer de Lyon, les commissaires de police des localités traversées par la voie ferrée, et notamment ceux des quartiers des Quinze-Vingts et de Bercy, les officiers de paix et les autres préposés de la préfecture de police, ainsi que les agents assermentés de la compagnie, sont chargés, chacun en ce qui le concerne, d'en assurer l'exécution.

Le préfet de police, L. RENAULT.

N° **4425.** — *Ordonnance concernant le transport du charbon acheté sur les marchés publics flottants.*

Paris, le 29 février 1872.

Nous, préfet de police,

Vu : 1° l'arrêté des consuls du 12 messidor an VIII (1er juillet 1800);

2° L'ordonnance de police du 15 décembre 1834 (chapitre v);

Considérant qu'il y a lieu de rappeler les dispositions de l'ordonnance sus-visée, en ce qui concerne les porteurs de charbon attachés aux marchés publics, et d'entourer de plus de garanties la délivrance et l'usage de la médaille dont ils doivent être pourvus pour exercer leur profession,

Ordonnons ce qui suit :

1. Toute personne ayant acheté du charbon aux marchés sur bateaux, peut le porter ou le faire transporter, soit par voiture, soit à col, par qui bon lui semble.

Toutefois, il est défendu aux individus non permissionnés de porter une médaille et d'offrir leurs services aux acheteurs, sur les marchés publics de charbons ou à leurs abords;

Quant aux ouvriers qui voudront exercer la profession de porteur public de charbon, ils devront en adresser la demande sur papier timbré, à la préfecture de police (2ᵉ division, 1ᵉʳ bureau), et y joindre un certificat de bonne conduite, délivré par le commissaire de police du quartier de leur domicile, sur l'attestation de deux témoins patentés.

2. Il sera délivré par l'inspecteur principal des combustibles, au nom du préfet de police, à tout porteur autorisé :

1° Une permission sur papier timbré ;

2° Une médaille conforme au modèle adopté par l'administration, indiquant le nom et le prénom du titulaire et portant le numéro d'ordre relevé sur un registre ouvert à cet effet dans les bureaux de l'inspection principale des combustibles.

Les frais de timbre de la permission et le prix de la médaille seront à la charge de chaque ouvrier.

3. Les permissions et médailles délivrées jusqu'à ce jour, seront échangées dans le délai d'un mois, à partir de la publication de la présente ordonnance, suivant les formes indiquées aux articles 1 et 2 ci-dessus.

4. Nul ne sera admis à exercer la profession de porteur de charbon, s'il n'est âgé de 18 ans accomplis.

5. L'autorisation d'exercer la profession de porteur de charbon, sera refusée ou retirée à tout individu qui, directement ou indirectement, se livrera à la vente des combustibles.

6. Les porteurs de charbon ne pourront travailler sans être munis de leur médaille, placée ostensiblement sur la poitrine. Dans tous les cas, ils seront tenus d'en laisser prendre le numéro par les agents de l'autorité ou par les particuliers intéressés à le connaître.

7. Il leur est interdit de prêter, céder, louer ou vendre, à qui que ce soit, leur permission ni leur médaille.

8. Les médailles seront frappées, chaque année, d'un poinçon spécial pour en éviter la contrefaçon.

Elles devront être présentées à cet effet, par les titulaires, à l'inspection principale des combustibles, du 1ᵉʳ au 31 juillet de chaque année.

Chaque porteur devra justifier en même temps d'un domicile certain, en produisant un certificat délivré par le commissaire de police du quartier de sa résidence, sur l'attestation de deux témoins patentés.

9. Lorsqu'un porteur changera de domicile dans le courant de l'année, il devra en informer immédiatement l'inspecteur principal des combustibles.

10. Tout porteur qui renoncera à sa profession, ou qui cessera, même momentanément, de l'exercer, devra faire la remise de sa permission et de sa médaille dans le délai de trois jours, au bureau de l'inspection principale des combustibles.

11. Il est défendu aux porteurs de charbon d'avoir des sacs qui, étant fermés et ficelés à la poignée, contiennent moins de deux hectolitres.

Ils devront les entretenir en bon état.

Chaque sac portera, en chiffre de dix centimètres de hauteur, le numéro de la médaille de l'ouvrier qui en fera usage.

12. Les charbons, aussitôt qu'ils sont mesurés, doivent être portés directement à leur destination.

En conséquence, défense est faite de laisser, sous aucun prétexte, des sacs de charbon dans les bateaux, sur les berges, sur les quais et sur aucune partie de la voie publique.

13. Les porteurs qui enfreindront quelqu'une des obligations professionnelles ci-dessus énoncées; ceux qui troubleront l'ordre, soit sur les marchés, soit sur la voie publique; ceux qui se rendront coupables d'infidélités envers les personnes qui les emploieront, pourront être privés temporairement ou définitivement, de leur permission et de leur médaille.

14. Les contraventions aux dispositions qui précèdent seront constatées par des procès-verbaux ou rapports qui nous seront adressés à telle fin que de droit.

15. La présente ordonnance sera imprimée, publiée et affichée.

L'inspecteur principal des combustibles, les commissaires de police et les préposés de la préfecture de police, sont chargés, chacun en ce qui le concerne, de tenir la main à son exécution.

Le préfet de police, L. RENAULT.

N° **4426.** — *Ordonnance concernant la police des garés et stations du chemin de fer de Vincennes.*

Approuvée par M. le ministre des travaux publics, le 13 mars 1872.

Paris, le 13 mars 1872.

Nous, préfet de police,

Vu : 1° la loi du 15 juillet 1845 sur la police des chemins de fer (1);

2° L'ordonnance royale du 15 novembre 1846, portant règlement d'administration publique sur la police, la sûreté et l'exploitation des chemins de fer (2);

3° La circulaire de M. le ministre des travaux publics, du 19 août 1865, et la dépêche ministérielle du 12 mai 1870;

4° Les propositions de la compagnie des chemins de fer de l'Est,

---

(1) V. cette loi, à l'appendice du 5e vol., p. 759.
(2) V. cette ordonnance de police, à l'appendice du 5e vol., p. 773.

pour la ligne de Vincennes ; ensemble l'avis de M. l'inspecteur général du contrôle,

Ordonnons ce qui suit :

TITRE Ier.

GARES ET STATIONS DE VOYAGEURS.

1. Les cours des gares et stations du chemin de fer de Vincennes seront ouvertes une demi-heure, au moins, avant le départ ou l'arrivée du premier train du matin. Elles pourront être fermées après le départ ou l'arrivée du dernier train du soir.

2. L'entrée, le stationnement et la circulation des voitures publiques ou particulières destinées, soit au transport des personnes, soit au transport des marchandises, dans les cours de la gare de la Bastille, sont réglés ainsi qu'il est prescrit dans les articles suivants.

3. Les voitures publiques et les voitures bourgeoises qui transporteront des voyageurs au chemin de fer, entreront dans la cour principale par la traversée du trottoir, à gauche de laquelle se trouve un tableau indicateur portant le mot : *Entrée.*

Après avoir déposé les voyageurs devant les bureaux de distribution des billets, donnant sur la cour latérale, les voitures sortiront par la traversée du trottoir, à gauche de laquelle est placée un tableau indicateur portant le mot : *Sortie.*

4. Les différentes voitures qui devront prendre des voyageurs à l'arrivée des convois, entreront par le premier passage ci-dessus désigné et stationneront sur les points indiqués aux articles ci-après :

5. Quatre voitures de remise pourront stationner dans la cour latérale, le long de la clôture Est de cette cour, la tête des chevaux tournée vers l'Ouest, et la première à cinq mètres au-delà de la première borne-fontaine adossée à ladite clôture.

Quatre voitures de place pourront stationner immédiatement à la gauche des voitures de remise, la tête des chevaux également tournée vers l'Ouest, la première à une distance de trois mètres de la dernière voiture de remise.

6. Les voitures destinées à faire spécialement le transport en commun des voyageurs, stationneront au nombre de cinq dans la cour latérale, à la suite des voitures de place et la tête des chevaux tournée vers l'Ouest.

Une distance de cinq mètres restera libre entre la fin du stationnement des voitures de place et le commencement de celui des voitures spéciales.

7. Les voitures de remise, les voitures de place et les voitures spéciales pourront se placer le long du trottoir situé devant la façade principale, Nord de la gare, mais seulement cinq minutes avant l'heure réglementaire d'arrivée des trains.

Les voitures spéciales se placeront, au nombre de trois, du côté de l'angle Nord-Ouest, le plus près possible du trottoir qui fait suite à celui de la rue de Lyon ; une voiture de place et une voiture de remise se placeront en file, la voiture de place en tête, la tête des chevaux tournée vers l'Ouest et laissant libre un espace suffisant pour une voiture de maître.

Ces voitures seront remplacées au fur et à mesure des départs.

8. Les voitures bourgeoises ou celles louées à l'avance, stationneront au nombre de trois dans la cour principale, le long de la bordure du trottoir qui limite cette cour au Nord-Ouest.

La première voiture sera placée à l'origine de la courbe raccordant ce trottoir avec celui qui limite ladite cour du côté Nord, la tête des chevaux tournée vers le Nord-Est. Ces voitures pourront, à tour de rôle, aller prendre leur chargement au péristyle ; dans ce cas, elles devront se placer dans l'espace laissé libre entre les voitures spéciales et les voitures de place et de remise, ainsi qu'il est dit à l'article 6, à la condition qu'elles n'y demeureront que le temps strictement nécessaire pour opérer leur chargement.

9. Les voitures servant au transport des marchandises, qu'elles appartiennent à la compagnie du chemin de fer ou à des particuliers, entreront et sortiront par les mêmes passages que les voitures destinées au transport des personnes. Elles ne pourront stationner que dans la cour latérale et dans la partie de cette cour, située à dix mètres au-delà de la deuxième borne-fontaine adossée à la clôture Est.

Celles qui auront à charger des colis arrivant de la ligne, ne pourront venir se placer à cet effet le long du trottoir de la façade principale, qu'après le départ des voitures affectées au transport des voyageurs.

10. Les voitures doivent circuler, dans les cours des gares, avec prudence et au pas : elles ne doivent stationner que sur les emplacements indiqués par la présente ordonnance.

Quand plusieurs voitures arrivent ou partent en même temps, elles doivent prendre la file sans essayer de se dépasser, et tenir leur droite, autant que possible.

Il est interdit à tous charretiers, cochers ou postillons de voitures publiques ou particulières en stationnement, de quitter leurs chevaux et de les débrider ou de leur donner à boire ou à manger.

11. Les omnibus spéciaux porteront un numéro de police et des indications apparentes de leur service, ainsi qu'il est dit en l'ordonnance de police du 6 mai 1851.

12. A l'intérieur de chaque compartiment de voiture publique seront inscrits, d'une manière très-apparente et ainsi qu'il est prescrit par les règlements spéciaux pour chaque espèce de voiture, le nombre de places qu'il comporte, le prix de chacune d'elles, ainsi que celui du transport des bagages.

Si le transport des voyageurs ou de tout ou partie des bagages a lieu gratuitement, un avis constamment affiché dans la voiture doit faire connaître cette gratuité aux voyageurs.

13. Toute sollicitation importune pour l'indication d'hôtels, pour le transport de bagages, pour offres de service, etc., est interdite dans les cours, et en général dans toutes les dépendances du chemin de fer.

TITRE III.

DISPOSITIONS GÉNÉRALES.

14. Conformément à l'ordonnance de police du 20 mai 1845, il est défendu, dans tous les temps, de laisser vaguer ou de conduire, même en laisse, des chiens non muselés, dans les cours des gares, et généralement dans toutes les dépendances du chemin de fer.

15. Toute infraction à la présente ordonnance sera réprimée conformément aux lois et règlements en vigueur.

16. L'ordonnance de police, du 21 juillet 1861, concernant l'entrée, le stationnement et la circulation des voitures dans la cour de la gare de la Bastille (chemin de fer de Vincennes), est rapportée.

17. L'inspecteur général chargé de la direction du contrôle des chemins de fer de l'Est, les ingénieurs et les agents sous ses ordres, les commissaires de surveillance administrative, le commandant de la gendarmerie de la Seine, le chef de la police municipale, le commissaire spécial de police du chemin de fer de Vincennes, les commissaires de police des localités traversées par la voie ferrée, et notamment celui du quartier des Quinze-Vingts, les officiers de paix et les autres préposés de la préfecture de police, ainsi que les agents assermentés de la compagnie, sont chargés, chacun en ce qui le concerne, d'en assurer l'exécution.

Le préfet de police, **L. RENAULT.**

N° **4427.** *Ordonnance concernant la foire aux jambons.*

Paris, le 15 mars 1872.

Nous, préfet de police,

Vu : 1° la loi des 16-24 août 1790, titre XI, art. 3, §§ 3, 4 et 5;

2° L'arrêté du gouvernement du 12 messidor an VIII (1er juillet 1800),

Ordonnons ce qui suit :

1. La foire aux jambons tiendra, suivant l'usage, pendant trois jours consécutifs, les *mardi*, *mercredi* et *jeudi* de la Semaine-Sainte (26, 27 et 28 mars courant), depuis six heures du matin jusqu'à sept heures du soir.

L'ouverture et la clôture des ventes seront annoncées à son de cloche.

2. La foire aura lieu sur le boulevard Richard-Lenoir, à partir de la rue Daval, en se prolongeant, suivant les besoins, vers la rue Saint-Sébastien.

Les voitures des marchands forains seront placées sur un seul rang, côté Est du boulevard. Elles seront rangées, roues contre roues, sur la chaussée pavée et contre la bordure du trottoir, derrière chaque boutique ou échoppe.

Les étalages des marchands qui ne conservent pas de voitures seront installés sur le côté Ouest du boulevard.

Les baraques auront chacune 2 mètres de façade sur 2 mètres de profondeur. Celles qui auraient des dimensions plus grandes seront rigoureusement refusées. Elles seront alignées de manière à laisser complétement libres les trottoirs bordant les chaussées, plus, un espace de 25 centimètres entre la rangée d'arbres et le fond des boutiques.

Elles seront accotées l'une à l'autre par groupe de douze, en réservant entre les groupes un passage de 6 mètres.

Les marchands vendant sur voitures seront classés par départements. Ils ne pourront placer en ligne qu'une seule voiture.

Les marchands faisant transporter leurs marchandises par les chemins de fer, pourront, sur leur demande, être classés avec les marchands sur voitures du même département, à la charge de se conformer aux prescriptions de l'art. 3, en ce qui concerne ces derniers.

Les articles de charcuterie fabriqués avec la viande de cheval, ne pourront être exposés en vente qu'aux places situées à l'extrémité du champ de foire, du côté de la rue Saint-Sébastien. Les marchands devront apposer à la devanture de leur étal, un écriteau portant ces mots en gros caractères : *Charcuterie de viande de cheval.*

3. Les marchands qui voudront approvisionner la foire, devront en faire la déclaration au préposé chargé de sa surveillance, dont le bureau sera établi sur le champ de foire, savoir :

1° Les marchands étalagistes, le dimanche 24 mars, depuis huit heures du matin jusqu'à midi ;

2° Les marchands sur voitures, le lundi 25 mars, également depuis huit heures du matin jusqu'à midi.

La déclaration de chaque marchand devra être accompagnée du dépôt :

1° De sa patente ou d'un certificat de domicile délivré par les autorités du lieu de sa résidence ;

2° De sa quittance d'octroi, constatant le paiement du droit, à Paris, pour les marchandises de provenance extérieure.

4. Immédiatement après la clôture des inscriptions, qui aura lieu le 25 mars, à midi, un tirage au sort désignera l'emplacement à occuper par chaque marchand, à qui il sera délivré un numéro indicatif de cet emplacement.

L'installation ne pourra s'effectuer qu'après justification, au préposé chargé de la surveillance de la foire, du paiement du droit de place fixé à 20 centimes par mètre superficiel, aux termes de la délibération du conseil municipal, du 4 décembre 1862, et de l'arrêté préfectoral du 19 du même mois.

Les marchands consigneront, entre les mains de l'inspecteur de la foire, une somme de *trente-cinq centimes*, représentative de la valeur matérielle du numéro de place, et cette somme sera remboursée à chacun d'eux sur la remise qu'il devra faire de ce numéro, après la clôture de la foire.

Il ne sera donné qu'une place à chaque marchand étalagiste, et chaque place ne pourra être tenue que par le titulaire lui-même, sa femme ou ses enfants âgés de plus de seize ans.

5. Sous aucun prétexte, les marchands ne pourront échanger les numéros qui leur seront échus par le sort, ni les prêter ou céder à qui que ce soit.

6. Les places dont les titulaires n'auront pas pris possession, le premier jour de la foire, à midi, seront déclarées vacantes, et l'inspecteur de la foire les fera occuper par les marchands classés à l'extrémité du champ de foire, à l'exclusion des marchands de viande de cheval.

7. Les marchands seront tenus de placer, au point le plus apparent de leur étalage :

1° Le numéro qui leur aura été délivré après le tirage au sort des places ;

2° Un écriteau indiquant leur nom et le département dans lequel ils sont domiciliés.

8. Les marchandises seront reçues à la foire, dès le *lundi* 23 mars, toute la journée, et les jours de la foire *jusqu'à midi seulement,* même le dernier jour.

L'espèce et la quantité de ces marchandises devront être déclarées au fur et à mesure de leur apport.

9. Les marchands pourront mettre en vente toute espèce de marchandises de charcuterie, à l'exception du porc frais.

10. Toute exposition en vente de comestibles gâtés, corrompus ou nuisibles ; toute tromperie envers le public, soit sur le poids, soit sur la quantité ou la nature de la marchandise, seront poursuivies devant les tribunaux.

11. Chaque marchand devra être pourvu des instruments nécessaires au pesage de ses denrées, et il devra les placer en évidence sur son étalage.

Il est défendu de faire usage de balances et de poids qui n'auraient pas reçu la marque de vérification annuelle.

12. Il est défendu aux marchands de planter aucun clou dans les arbres, d'y faire aucune dégradation et de déposer des ordures ou des immondices sur les points affectés à la tenue de la foire.

13. Il est fait défense d'uriner ailleurs que dans les urinoirs publics qui seront installés sur le boulevard Richard-Lenoir ou à proximité.

14. Il ne pourra s'établir sur le champ de foire aucun débitant de menus comestibles ou boissons à consommer sur place.

15. La clôture de la foire devant être effectuée, le jeudi 28 mars, à sept heures du soir, conformément à l'art. 1er de la présente ordonnance, il est défendu aux marchands de continuer leur vente après cette heure, soit sur l'emplacement de la foire, soit sur tout autre point de la voie publique.

16. Il est également défendu aux marchands de se réunir pour opérer leurs ventes et constituer des marchés illicites dans des auberges, cours de maisons particulières et autres lieux, clos ou non, soit pendant la tenue de la foire, soit avant ou après.

Il est défendu aux aubergistes et à tous autres de se prêter à de telles réunions et ventes, ou de les tolérer.

17. Les contraventions seront constatées par des procès-verbaux ou rapports, qui nous seront adressés pour être déférés au tribunal compétent.

18. La présente ordonnance sera imprimée, publiée et affichée.

Le chef de la police municipale, les commissaires de police, et notamment le commissaire de police du quartier de la Roquette, l'inspecteur général des halles et marchés, les officiers de paix et les préposés de la préfecture de police, sont chargés, chacun en ce qui le concerne, de tenir la main à son exécution.

Le préfet de police, **L. RENAULT.**

N° **4428.** — *Ordonnance concernant la police des cours des gares du chemin de fer de Paris à Sceaux et Limours.*

Approuvée par M. le ministre des travaux publics, le 2 avril **1872.**

Paris, le 2 avril 1872.

Nous, préfet de police,

Vu : 1° la loi du 15 juillet 1845, concernant la police des chemins de fer (1);

2° L'ordonnance royale du 15 novembre 1846, portant règlement d'administration publique sur la police, la sûreté et l'exploitation des chemins de fer (2);

3° La circulaire du ministre des travaux publics, du 19 août 1865, et la dépêche ministérielle du 12 mai 1870;

4° Les propositions de la compagnie du chemin de fer d'Orléans, ensemble l'avis de M. l'inspecteur général du contrôle,

Ordonnons ce qui suit :

TITRE Ier.

GARES ET STATIONS DE VOYAGEURS.

1. Les cours des gares seront ouvertes une demi-heure, au moins, avant le premier train du matin; elles pourront être fermées lorsque le service du dernier train sera terminé.

2. L'entrée, le stationnement et la circulation des voitures de toute espèce, dans les cours des gares, sera réglé ainsi qu'il est dit aux articles ci-après.

§ 1er. — SERVICE DES VOYAGEURS.

Arrivée.

3. Les voitures publiques ou particulières qui transporteront des voyageurs au chemin de fer de Sceaux et Limours, entreront dans la cour de Paris, boulevard d'Arcueil, par la porte du milieu.

---

(1) V. cette loi, à l'appendice du 5e vol., p. 759.
(2) V. cette ordonnance royale, à l'appendice du 5e vol., p. 773.

Elles effectueront leur déchargement devant le perron et sortiront par les portes du Sud et du Nord.

Départ.

4. Les voitures spéciales de chemins de fer venant prendre des voyageurs, se rangeront dans la partie Nord de la cour, devant le perron de la porte de sortie du débarcadère, la tête des chevaux tournée du côté opposé aux bâtiments.

5. Les voitures de maître et de place ou de remise retenues avant l'arrivée des trains, qui viendront chercher des voyageurs, entreront par la porte du milieu et se rangeront dans la partie Nord de la cour, entre les deux perrons, la tête des chevaux tournée du côté opposé aux bâtiments ; leur nombre ne pourra dépasser six.

6. Trois voitures de place et trois voitures de remise pourront stationner en bataille dans la partie Sud de la cour, adossées au mur de l'hospice de La Rochefoucault ; les voitures de place d'abord, à proximité du mur séparatif du boulevard d'Arcueil, les voitures de remise ensuite, laissant entre elles et les premières un intervalle de deux mètres.

Ces voitures, pour se rendre à l'emplacement qui leur est affecté par le présent article, entreront par la porte du milieu.

7. Les voitures de toute espèce chargeront sur place et sortiront : les voitures spéciales et les voitures de maître par la porte du Nord, les voitures de place et les voitures de remise par la porte du Sud.

8. Des anneaux en fer, en nombre suffisant, seront fixés en terre dans la cour pour attacher les chevaux des voitures spéciales de chemins de fer, pendant tout le temps employé aux chargements.

9. Des inscriptions indiqueront les emplacements affectés à chaque catégorie de voitures, ainsi que les limites des stationnements.

10. Les voitures doivent circuler dans les cours des gares avec prudence et au pas ; elles ne doivent stationner que sur les emplacements indiqués par la présente ordonnance.

Quand plusieurs voitures arrivent ou partent en même temps, elles doivent prendre la file sans essayer de se dépasser, et tenir leur droite autant que possible.

Il est interdit à tous charretiers, cochers ou postillons de voitures publiques ou particulières, en stationnement, de quitter leurs chevaux et de les débrider ou de leur donner à boire ou à manger.

11. Les omnibus spéciaux porteront un numéro de police et des indications apparentes de leur service, ainsi qu'il est dit en l'ordonnance de police du 6 mai 1851.

12. A l'intérieur de chaque compartiment de voiture publique, seront inscrits d'une manière très-apparente et ainsi qu'il est prescrit par les règlements spéciaux pour chaque espèce de voitures, le nombre de places qu'il comporte, le prix de chacune d'elles, ainsi que celui du transport des bagages.

Si le transport de voyageurs ou de tout ou partie des bagages a lieu gratuitement, un avis constamment affiché dans la voiture doit faire connaître cette gratuité aux voyageurs.

13. Toute sollicitation importune pour l'indication d'hôtels, pour le transport de bagages, pour offres de service, etc., est interdite dans les cours, et en général dans toutes les dépendances du chemin de fer.

§ 2. — SERVICE DES MARCHANDISES A GRANDE VITESSE.

14. Les voitures de factage apportant ou venant prendre des articles de messagerie, entreront dans la cour des voyageurs par la porte du milieu, se tiendront devant le perron principal, et sortiront par une des portes latérales.

Les voitures apportant ou venant prendre des marchandises arrivant par les trains de voyageurs et devant être expédiées en arrivant, et qui, par suite de leur poids ou de leur volume, ne pourraient pas commodément être portées sur le perron, pénètreront dans l'intérieur de la gare par la porte placée au Sud du bâtiment. Cette porte sera tenue ordinairement fermée et ne sera ouverte que sur la demande qui en sera faite par les personnes apportant ou venant prendre des marchandises. Ces voitures sortiront de la cour par la porte du Sud.

A l'intérieur de la gare, elles se placeront le long des quais ou des voies de débord.

TITRE II.

GARE DES MARCHANDISES.

15. L'entrée des gares de marchandises n'est permise qu'aux expéditeurs, destinataires et autres personnes venant pour affaires concernant le service du chemin de fer.

Ne seront admises dans les cours de ces gares, que les voitures venant y prendre ou y laisser leur chargement, et celles des personnes ci-dessus mentionnées.

Les voitures, ainsi que les chevaux ou animaux à expédier par le chemin de fer, entreront et sortiront, quant à présent, à la gare de Paris, par la porte située à l'extrémité de la rue d'Alésia (ancien boulevard du Transit).

16. Pour le stationnement, le chargement et le déchargement, les voitures se placeront le long des quais ou des voies de débord.

17. Il est interdit, sous les peines portées par les articles 319, 320, 479 n° 2, et 480 du Code pénal, d'introduire dans les gares des animaux vicieux, dangereux ou malades qui pourraient compromettre la sécurité publique ou la santé des autres animaux à transporter par le chemin de fer.

TITRE III.

DISPOSITIONS GÉNÉRALES.

18. Conformément à l'ordonnance de police du 20 mai 1845, il est défendu, dans tous les temps, de laisser vaguer ou de conduire, même

en laisse, des chiens non muselés dans les cours des gares, et généralement dans toutes les dépendances du chemin de fer.

19. Toute infraction à la présente ordonnance sera réprimée conformément aux lois et règlements en vigueur.

20. L'ordonnance de police du 5 février 1857, concernant la circulation des voitures dans la gare du chemin de fer de Sceaux et d'Orsay est rapportée.

21. L'inspecteur général chargé de la direction du contrôle du chemin de fer d'Orléans, les ingénieurs et les fonctionnaires sous ses
ordres, les commissaires de surveillance administrative, le commandant de la gendarmerie de la Seine, le chef de la police municipale, le
commissaire spécial du chemin de fer de Sceaux, les commissaires de
police des localités traversées par la voie ferrée, et notamment ceux
des quartiers du Petit-Montrouge et de la Santé, les officiers de paix et
les autres préposés de la préfecture de police, ainsi que les agents assermentés de la compagnie, sont chargés, chacun en ce qui le concerne, d'en assurer l'exécution.

Le préfet de police, L. RENAULT.

N° 4429. — *Ordonnance concernant les chiens et les boule-dogues.*

Paris, le 1er mai 1872.

Nous, préfet de police,

Considérant que le nombre des chiens errant sur la voie publique,
sans muselière, ni collier indiquant les noms et demeures des personnes auxquelles ils appartiennent, devient de plus en plus grand;

Considérant que les rapports parvenus à la préfecture de police signalent journellement des morsures plus ou moins graves faites par ces
animaux;

Considérant que ces inconvénients et ces accidents, qui sont une
cause d'inquiétude et un danger pour la population, résultent de l'inexécution des règlements sur la police des chiens;

Considérant que les dispositions de l'ordonnance de police du 27
mai 1845, concernant les chiens et les boule-dogues, sont permanentes;

Que cette ordonnance n'a pas été publiée depuis quelques années,
et qu'il y a lieu, par conséquent, d'en rappeler les dispositions au public;

Vu: 1° les lois des 16-24 août 1790 et 19-22 juillet 1791;

2° Les articles 319, 320, 475 § 7 et 479 § 2 du Code pénal, et
l'art. 1385 du Code civil;

3° Les arrêtés du gouvernement des 12 messidor an VIII et 3 brumaire an IX,

Ordonnons ce qui suit :

Les dispositions de l'ordonnance de police du 27 mai 1845 (1), con-

---

(1) V. cette ordonnance, au 5e vol., p. 14.

cernant les chiens et les boule-dogues, seront de nouveau imprimées et affichées dans Paris et dans les communes du ressort de la préfecture de police, ainsi que l'avis du conseil de salubrité du 25 octobre 1861.

Le préfet de police, **L. RENAULT.**

N° **4430.** — *Ordonnance concernant la visite générale des tonneaux de porteurs d'eau.*

Paris, 2 mai 1872.

Nous, préfet de police,

Vu : 1° l'ordonnance de police du 7 août 1860, concernant la police des fontaines, des bornes-fontaines et des porteurs d'eau;

2° L'ordonnance de police en date du même jour, concernant le numérotage des tonneaux de porteurs d'eau ;

3° L'article 32 de l'arrêté du gouvernement du 12 messidor an VIII (1er juillet 1800),

Ordonnons ce qui suit :

1. En exécution de l'article 22 de l'ordonnance de police du 7 août 1860, il sera procédé à une visite générale des tonneaux des porteurs d'eau qui exercent leur état dans la ville de Paris.

Cette visite commencera le 24 juillet prochain. Elle aura lieu deux fois par semaine, les mercredis et les samedis, sur le boulevard Saint-Germain, de dix heures du matin à quatre heures du soir.

Cette visite aura lieu par série de 100 numéros par jour et dans l'ordre suivant, savoir :

Pour la 1re série, de 1 à 100, le 24 juillet;
Pour la 2e série, de 101 à 200, le 27 juillet;
Pour la 3e série, de 201 à 300, le 31 juillet;
Pour la 4e série, de 301 à 400, le 3 août;
Pour la 5e série, de 401 à 500, le 7 août;
Pour la 6e série, de 501 à 600, le 10 août;
Pour la 7e série, de 601 à 700, le 14 août;
Pour la 8e série, de 701 à 800, le 17 août;
Pour la 9e série, de 801 à 900, le 21 août;
Pour la 10e série, de 901 à 1,000, le 24 août;
Pour la 11e série, de 1,001 à 1,100, le 28 août;
Pour la 12e série, de 1,101 à 1,200 le 31 août;
Pour la 13e série, de 1,201 à 1,300 le 4 septembre;
Pour la 14e série, de 1,301 à 1,407 le 7 septembre.

2. Les porteurs d'eau seront admis à la visite, à tour de rôle. Ils seront porteurs d'un bulletin de convocation délivré à l'avance par les receveurs des fontaines marchandes.

Ils auront également à présenter leur feuille de roulage, dûment visée par le commissaire de police de leur quartier, ou par le maire de la commune dans laquelle ils sont domiciliés; ces visas devront être postérieurs à la publication de la présente ordonnance.

3. Chaque tonneau, après avoir été visité et reconnu en règle, sera revêtu d'une estampille (P. 2), de couleur rouge, ayant 4 centimètres de hauteur et 8 millimètres de plein.

Cette estampille sera peinte sur le côté droit du fond de derrière de chaque tonneau, en regard du numéro de police.

4. Tous les tonneaux qui ne rempliront pas les conditions prescrites par les articles 19, 20 et 21 de l'ordonnance de police du 7 août 1860 ne seront pas estampillés (1).

Il en sera de même des tonneaux dont les bondes en cuivre n'auront pas au moins 110 millimètres d'ouverture, dégagée à l'intérieur de toute saillie.

A l'avenir, toute bonde en cuivre neuve devra avoir 115 millimètres d'ouverture, dégagée à l'intérieur de toute saillie.

Après la visite, les porteurs d'eau dont les tonneaux n'auront pas été présentés ou n'auront pas été estampillés, seront poursuivis conformément aux règlements.

5. La présente ordonnance sera imprimée et affichée.

Le chef de la police municipale, les commissaires de police, le contrôleur de la fourrière et les autres préposés de la préfecture de police, sont chargés, chacun en ce qui le concerne, d'en assurer l'exécution.

Le préfet de police, L. RENAULT.

N° **4431.** — *Ordonnance concernant la formation et la marche des convois de bateaux remorqués par le service du touage de la Basse-Seine et de l'Oise.*

Paris, le 6 mai 1872.

Nous, préfet de police,

Vu : 1° les arrêtés du gouvernement des 12 messidor an VIII et 3 brumaire an IX et la loi du 10 juin 1853;

2° Le décret du 6 avril 1854, autorisant l'établissement du service de touage dans la Seine et l'Oise; ensemble le cahier des charges y annexé (2);

3° L'ordonnance de police du 24 mai 1860, concernant le fonctionnement dudit service;

4° Les avis des ingénieurs de la navigation et de l'inspecteur général de la navigation;

Le concessionnaire entendu;

Considérant que l'activité de la navigation à vapeur sur la Seine rend nécessaires certaines mesures de précaution,

Ordonnons ce qui suit :

1. Lorsque les bateaux remorqués par le touage, de La Briche à Paris, seront couplés, ils devront être solidement amarrés de l'avant et de l'arrière et ne pourront présenter ensemble une largeur excédant 16

---

(1) V. cette ordonnance, au 6° vol., p. 703.
(2) V. ce décret, à l'appendice du présent vol.

mètres, si les bateaux sont vides, et 14 mètres seulement, si l'un des bateaux est chargé ou s'ils sont chargés tous deux.

2. Les convois, toueur compris, pouvant avoir 600 mètres de longueur au maximum, seront dédoublés à la hauteur du pont de Solférino, lorsqu'ils auront plus de 300 mètres, et l'excédant sera garé en aval sur la rive gauche.

Les convois, ainsi réduits à 300 mètres au maximum pour aborder l'écluse de la Monnaie, devront être disposés de manière à pouvoir s'engager sans difficulté sous l'arche marinière du pont des Arts.

3. Les ingénieurs des 2e et 3e sections de la navigation, l'inspecteur général de la navigation et des ports, les commissaires de police et les agents sous leurs ordres, sont chargés, chacun en ce qui le concerne, de l'exécution de la présente ordonnance qui sera imprimée, publiée et affichée.

Le préfet de police, L. RENAULT.

Nº **4432.** — *Ordonnance concernant les secours à donner aux noyés, asphyxiés et blessés.*

Paris, le 7 mai 1872.

Nous, préfet de police,

Considérant que l'expérience a fait reconnaître l'utilité de modifier, en plusieurs points, les instructions relatives aux soins à donner aux noyés, asphyxiés et blessés, en vue de rendre ces soins plus efficaces ;

Vu : 1º la loi des 16-24 août 1790 ;

2º Les articles 2, 24 et 42 de l'arrêté du gouvernement du 12 messidor an VIII et celui du 3 brumaire an IX;

3º Le rapport du conseil d'hygiène publique et de salubrité du département de la Seine, en date du 9 février 1872,

Ordonnons ce qui suit :

1. Les nouvelles instructions sur les secours à donner aux noyés, asphyxiés et blessés, rédigées par le conseil de salubrité du département de la Seine, seront imprimées, publiées et affichées.

2. Lorsqu'un individu sera retiré de la rivière, il n'est pas nécessaire, comme on paraît le croire assez généralement, de lui laisser les pieds dans l'eau jusqu'à l'arrivée des agents de l'autorité. Les personnes présentes devront immédiatement s'occuper de lui administrer des secours, sans attendre l'arrivée des hommes de l'art ou les agents de l'autorité.

On devra également porter des secours immédiats à tout individu trouvé en état d'asphyxie par strangulation (pendaison). Les personnes qui arriveront les premières sur le lieu de l'événement, devront s'empresser de détacher ou de couper le lien qui entoure le cou.

3. Il sera alloué, à titre d'honoraires, récompense ou salaire, aux

personnes qui auront repêché, ou transporté un noyé, un asphyxié ou un blessé, savoir :

1° Pour le repêchage d'un noyé rappelé à la vie, vingt-cinq francs;

2° Pour le repêchage d'un noyé, mort ou non rappelé à la vie, quinze francs;

3° Pour le transport à l'hospice ou à son domicile, d'un noyé, asphyxié ou blessé, trois à cinq francs, suivant les distances.

Néanmoins, les maires des communes du ressort de la préfecture de police pourront, lorsque le transport exigera l'emploi d'une charrette et d'un cheval, allouer au voiturier la somme qui leur paraîtra rigoureusement juste;

4° A l'homme de l'art, les honoraires déterminés par le décret du 18 juin 1811; plus, s'il y a lieu, une indemnité qui sera calculée sur la durée et l'importance des secours.

Ces frais seront payés à la caisse de la préfecture de police, après la réception du procès-verbal, et sur le vu des certificats séparés, qui seront délivrés aux parties intéressées.

Nous nous réservons de faire remettre une médaille de distinction à toute personne qui se ferait remarquer par son zèle et son dévouement à secourir un noyé ou un asphyxié.

4. Il est recommandé aux chefs de poste de veiller à ce que les brancards, ustensiles et autres objets ayant servi à administrer les secours soient régulièrement remis à leur place.

Lorsqu'un médicament manquera dans la boîte, et s'il arrive qu'un appareil soit dégradé, ils sont priés d'en informer immédiatement l'administration.

5. Les dispositions de l'ordonnance de police du 17 juillet 1850, sont et demeurent rapportées.

6. La présente ordonnance sera imprimée et affichée.

Les sous-préfets des arrondissements de Saint-Denis et de Sceaux, les maires des communes du ressort de la préfecture de police, le chef de la police municipale, les commissaires de police, le directeur des secours publics, sont chargés de tenir la main à son exécution.

Le préfet de police, L. RENAULT.

CONSEIL DE SALUBRITÉ.

INSTRUCTION SUR LES SECOURS A DONNER AUX NOYÉS ET ASPHYXIÉS.

(Lue et adoptée en la séance du 8 mars 1872.)

Cette instruction traite des soins à donner aux personnes asphyxiées par submersion, par la vapeur de charbon, les émanations des fours à chaux, des cuves à raisin, à bière, à cidre; par les gaz des fosses d'aisance, des puisards, égouts et citernes, par les gaz impropres à la respiration, par le gaz d'éclairage, par strangulation, suspension ou suffocation, par le froid, la chaleur et la foudre.

REMARQUES GÉNÉRALES.

1° Les personnes asphyxiées ne sont souvent que dans un état de mort apparente.

2° Pour les personnes étrangères à la médecine, la mort apparente ne peut être distinguée de la mort réelle que par la putréfaction.

3° La couleur rouge, violette ou noire du visage, le froid du corps, la raideur des membres ne sont pas des signes certains de mort.

4° La rigidité des mâchoires, dans la submersion, est un indice favorable du succès des secours.

5° On doit, à moins que la putréfaction ne soit évidente, administrer des secours à tout individu noyé ou asphyxié, même après un séjour prolongé dans l'eau ou dans le lieu où il a été asphyxié.

6° Les secours les plus essentiels à prodiguer aux asphyxiés peuvent leur être administrés par toute personne intelligente ; mais, pour obtenir du succès, il faut les donner, *sans se décourager*, quelquefois pendant plusieurs heures de suite.

On a des exemples d'asphyxiés par le charbon qui ont été rappelés à la vie après des tentatives qui avaient duré six heures et plus.

7° Quand il s'agit d'administrer des secours à un asphyxié, il faut éloigner toutes les personnes inutiles ; cinq à six individus suffisent pour les donner ; un plus grand nombre ne pourrait que gêner ou nuire.

8° Le local destiné aux secours ne devra pas être trop chaud ; la meilleure température est de 17 degrés du thermomètre centigrade (14 degrés de celui de Réaumur).

9° Enfin, les secours doivent être administrés avec activité, mais sans précipitation et avec ordre.

ASPHYXIÉS PAR SUBMERSION.

Règles à suivre par ceux qui repêchent un noyé.

1° Dès que le noyé est retiré de l'eau, on ne doit le coucher ni sur le ventre, ni sur le dos, mais sur le côté, et de préférence sur le côté droit. On incline légèrement la tête en la soutenant par le front ; on écarte doucement les mâchoires, et l'on facilite ainsi la sortie de l'eau qui pourrait s'être introduite par la bouche et par les narines. On peut même, immédiatement après le repêchage du noyé, pour mieux faire sortir l'eau, placer à différentes reprises la tête *un peu plus bas* que le corps, *mais il ne faut pas la laisser chaque fois plus de quelques secondes dans cette position.* Par conséquent, il faut bien se garder de la pratique suivie par quelques personnes, et qui consiste à suspendre le malade par les pieds, dans l'intention de lui faire rendre l'eau qu'il pourrait avoir avalée. Cette pratique est excessivement dangereuse.

2° Après l'évacuation des mucosités, on replace le malade sur le dos et on comprime ensuite doucement et alternativement le bas-ventre de bas en haut, et les deux côtés de la poitrine, de manière à faire exercer à ces parties les mouvements qu'on exécute lorsqu'on respire.

3° Immédiatement après ces premiers soins, qui n'occuperont que quelques instants, le noyé doit être enveloppé, suivant la rigueur de la saison, de couvertures, ou, à défaut de couvertures, de foin ou de paille, et transporté au poste de secours, promptement et sans secousses.

Pendant ce transport, la tête et la poitrine seront placées et maintenues dans une position un peu plus élevée que le reste du corps; la tête restera libre et le visage découvert.

En même temps on fera prévenir un médecin.

Des soins à donner lorsque le noyé est arrivé au dépôt des secours médicaux.

1° Aussitôt après l'arrivée du noyé, on lui ôtera ses vêtements le plus promptement possible, en commençant toujours par ceux du cou. Il sera essuyé, posé sur une paillasse ou un matelas, enveloppé d'une couverture de laine et revêtu, si la température est basse, d'un peignoir également de laine.

2° On couchera encore, une ou deux fois, le corps sur le côté droit; on fera légèrement pencher la tête, en la soutenant par le front, pour faire rendre l'eau. Cette opération, comme il a été dit, ne devra durer que quelques secondes chaque fois. Il est inutile de la répéter s'il ne sort pas d'eau, de mucosités ou d'écume.

3° Si les mâchoires sont serrées, il convient de les écarter légèrement et sans violence, en employant le *petit levier en buis*.

Dans le cas où les mucosités ou glaires ne s'écouleraient qu'avec peine, on en faciliterait la sortie à l'aide du doigt, des barbes d'une plume, ou d'un bâtonnet couvert de linge.

Le *speculum laryngien* peut être utilement employé à cet effet.

Il faut toujours veiller à ce que la langue ne se renverse pas en arrière et la maintenir hors de la bouche.

4° L'aspiration de bouche à bouche ou tout au moins à l'aide d'une pompe munie d'une embouchure, a été plusieurs fois suivie de succès.

5° On cherchera à provoquer la respiration par la méthode suivante, due à Sylvester :

Étendre le patient sur une surface. autant que possible, légèrement inclinée et à la hauteur d'une table; faire saillir un peu la poitrine en avant, au moyen d'un coussin ou de vêtements roulés; se placer à la tête du patient, lui saisir les bras à la hauteur des coudes, les tirer vers soi doucement en les écartant l'un de l'autre. les tenir étendus en haut pendant deux secondes, puis les ramener le long du tronc en comprimant latéralement la poitrine en même temps qu'une autre personne la pressera d'avant en arrière.

Par l'élévation des bras, on fait entrer dans la poitrine le plus d'air possible et on l'en fait sortir par leur abaissement et par la pression. Cette double manœuvre a pour but d'imiter les deux mouvements de la respiration.

On répétera cette manœuvre alternativement, quinze fois environ par minute et jusqu'à ce qu'on aperçoive un effort du patient pour respirer (1).

6° Aussitôt que la respiration tend à se rétablir, il faut cesser de donner au noyé les soins qui viennent d'être indiqués et s'occuper des moyens de le réchauffer.

7° On remplira d'eau bien chaude la bassinoire et on la promènera, par dessus le peignoir en laine, sur la poitrine, sur le bas-ventre, le long de l'épine du dos, en s'arrêtant plus longtemps au creux de l'estomac et aux plis des aisselles; on l'appliquera également à la plante des pieds (2).

8° Les moyens indiqués ci-dessus, doivent être employés en ayant soin de se régler sur la température extérieure; il faut veiller à ce que le corps du noyé ne soit pas exposé à une chaleur supérieure à trente-cinq degrés centigrades Quoique l'eau de la bassinoire soit à une température plus élevée, cette chaleur, dont l'action ne s'exerce qu'au travers d'une couverture ou d'un peignoir de laine, ne peut avoir aucun inconvénient.

9° A ces divers moyens qui ont pour but de réchauffer le noyé et de rétablir la respiration, on ajoutera, pour développer progressivement la chaleur, des frictions assez fortes, à l'aide des frottoirs en laine chauds, sur les côtés de l'épine du dos, ainsi que sur les membres.

Ces frictions seront faites avec ménagement à la région du cœur, au creux de l'estomac, aux flancs et au ventre.

On brossera doucement, mais longtemps, la plante des pieds, ainsi que la paume des mains.

Si l'on s'aperçoit que le noyé fait des efforts pour respirer, il faut discontinuer, pendant quelque temps, toute manœuvre qui pourrait comprimer la poitrine ou le bas-ventre et contrarier leurs mouvements, mais, dans ce cas, il serait utile de passer rapidement et à plusieurs reprises, le flacon d'ammoniaque sous le nez.

10° Si, pendant les efforts plus ou moins pénibles que fait le noyé pour respirer, on voit qu'il a des envies de vomir, il faut provoquer le vomissement en chatouillant le fond de la bouche avec les barbes d'une plume.

11° Il ne faut pas donner de boisson à un noyé avant qu'il ait repris ses sens et qu'il puisse facilement avaler. Cependant on peut, en vue de le ranimer, lui introduire dans la bouche quelques gouttes d'eau-de-vie ordinaire, d'eau de mélisse ou d'eau de Cologne, et, à défaut de ces spiritueux, de l'eau-de-vie camphrée qui se trouve dans les appareils.

12° Si le ventre est tendu, on donne un demi-lavement d'eau tiède dans lequel on a fait fondre une forte cuillerée à bouche de sel commun.

---

(1) On peut même, à de longs intervalles, imprimer des secousses brusques à la poitrine, avec les mains largement étendues sur les côtés de cette cavité. Mais ce moyen ne peut être mis en pratique que par une personne habituée à l'administration des secours.

(2) Les médecins qui sont appelés à donner des secours pourront faire usage du marteau de Mayor. Son application, faite 5 à 6 fois au niveau des dernières côtes, ne devra durer que quelques secondes.

13° Après une demi-heure d'administration assidue, mais inutile des soins indiqués plus haut. on pourra recourir, sous la direction d'un médecin, à l'insufflation de la fumée de tabac par l'anus (1).

14° Quand le noyé est revenu à la vie, il faut le coucher dans un lit bassiné et l'y laisser reposer une heure ou deux. A défaut de lit, on portera le noyé à l'hôpital en prenant les précautions convenables pour le soustraire à l'action du froid.

Si, pendant le sommeil, la face du malade, de pâle qu'elle était, se colore fortement, et si, après avoir été éveillé, il retombe aussitôt dans un état de somnolence, on lui appliquera des sinapismes *en feuilles* ou *en pâte* entre les épaules, ainsi qu'à l'intérieur des cuisses et aux mollets ; on lui posera en même temps, 6 ou 8 sangsues derrière chaque oreille.

Il est entendu qu'on n'aura recours à ces moyens qu'en l'absence d'un médecin.

ASPHYXIÉS PAR LES GAZ MÉPHITIQUES OU AUTRES.

1° *Asphyxiés par la vapeur du charbon, par les émanations des fours à chaux, des cuves à vin, à bière, à cidre. (Les gaz produits sont de l'acide carbonique mélangé ou non d'oxyde de carbone.)*

Le traitement qui convient dans ces circonstances est le suivant :

1° Le malade doit être retiré le plus tôt possible du lieu méphitisé, exposé au grand air et débarrassé de ses vêtements.

2° Il doit être assis dans un fauteuil ou sur une chaise et maintenu dans cette position, en lui soutenant la tête verticalement. On lui jettera alors, avec force, de l'eau froide par potée sur le corps et au visage ; cette opération doit être continuée longtemps.

3° Si l'asphyxié commence à donner quelques signes de vie, il ne faut pas discontinuer les affusions d'eau froide ; seulement on évitera de lui jeter de l'eau, principalement sur la bouche, pendant qu'il fait des efforts d'inspiration.

4° S'il fait des efforts pour vomir, il faut les favoriser en chatouillant l'arrière-bouche avec les barbes d'une plume.

---

(1) *Manière de pratiquer l'insufflation.* — L'appareil qui sert à cet usage se nomme appareil fumigatoire. Pour le mettre en jeu, on humecte du tabac à fumer, on en charge le fourneau de l'appareil et on l'allume avec un morceau d'amadou ou avec un charbon ; ensuite on adapte le soufflet à la machine ; quand on voit la fumée sortir abondamment par le bec du chapiteau, on ajoute la canule que l'on introduit dans l'anus et l'on fait mouvoir le soufflet avec précaution.

A défaut de l'appareil fumigatoire, on pourrait se servir de deux pipes ; on en charge une que l'on allume et dont on introduit le tuyau dans l'anus du noyé en guise de canule ; on souffle par le tuyau de l'autre, qui est appliquée sur la première, fourneau contre fourneau.

Chaque injection de fumée devra durer une ou deux minutes au plus, et, dans aucun cas, elle ne devra être prolongée au point de provoquer le gonflement du ventre.

A chaque opération, qui pourra être répétée plusieurs fois de quart d'heure en quart d'heure, on exercera, à plusieurs reprises, une légère pression sur le bas-ventre, de haut en bas, et, avant de procéder à une nouvelle fumigation, on introduira dans l'anus, une canule fixée à une seringue ordinaire, vide, dont on tirera le piston vers soi, de manière à enlever l'air ou la fumée qui pourrait se trouver en excès dans les intestins.

5° Dès que l'asphyxié pourra avaler, on devra lui faire boire de l'eau de mélisse ou de l'eau-de-vie additionnée d'un peu d'eau.

6° Lorsque la respiration sera rétablie, il faudra, après avoir bien essuyé le malade, le coucher dans un lit bassiné, la tête maintenue élevée, et lui administrer un lavement avec de l'eau tiède dans laquelle on aura fait fondre gros comme une noix de savon ou mis deux cuillerées à bouche de vinaigre.

2° *Asphyxiés par fosses d'aisance, puisards, égouts et citernes.* (*Les gaz produits sont de l'acide sulphydrique plus ou moins chargé de sulphydrate d'ammoniaque, ou de l'azote*).

1° Le malade devra être retiré le plus tôt possible du lieu méphitisé, exposé au grand air et débarrassé de ses vêtements (1).

2° Aussitôt que l'asphyxié aura été ramené à l'air libre, on procèdera à la désinfection de ses vêtements. A cet effet, on les arrosera largement d'eau chlorurée (2).

3° On déshabillera ensuite le malade et on le lavera rapidement avec la même solution chlorurée.

Dès qu'il est déshabillé et lavé, on le soumet aux différentes pratiques indiquées plus haut pour le rétablissement de la respiration chez les noyés.

4° Dès que des indices de respiration apparaissent, on place sous le nez du malade du chlorure de chaux humecté d'eau et additionné de quelques gouttes de vinaigre.

5° S'il fait quelques efforts pour vomir, il faut les favoriser en chatouillant l'arrière-gorge avec les barbes d'une plume.

Le reste des soins, comme dans les autres asphyxies.

3° *Asphyxiés par les gaz impropres à la respiration.* (*Caves renfermant de la drèche, air confiné ou non renouvelé.*)

Il suffit, en général, d'exposer le malade au grand air, d'enlever tout lien autour du cou et de chercher à rétablir la respiration par les moyens indiqués plus haut pour les noyés.

4° *Asphyxiés par le gaz d'éclairage.*

Le traitement qui convient est celui qui a été indiqué pour les malades asphyxiés par la vapeur du charbon.

---

(1) Il existe des appareils qui permettent de pénétrer et de séjourner pendant un certain temps dans des milieux méphitisés.

Chaque poste de secours dépendant de la préfecture de police, renferme un de ces appareils, qui doivent être mis, dans l'occasion, à la disposition des sauveteurs.

Lorsque l'agent méphitique est de *l'acide sulphydrique* ou du *sulphydrate d'ammoniaque*, comme cela a lieu dans les fosses d'aisance, on se sert avec avantage d'un *sachet* contenant une certaine quantité de chlorure de chaux, humecté d'eau et placé au-devant de la bouche.

(2) On peut faire usage du chlorure de chaux sec (une cuillerée comble), délayée dans un litre d'eau.

On placera le malade au grand air et on usera des moyens les mieux appropriés pour ramener chez lui la respiration, ainsi que cela est dit plus haut.

ASPHYXIÉS PAR STRANGULATION, SUSPENSION OU SUFFOCATION.

1° Il faut tout d'abord détacher ou plutôt, afin d'aller plus vite, couper le lien qui entoure le cou et, s'il y a pendaison, descendre le corps en le soutenant de manière qu'il n'éprouve aucune secousse.
Tout cela doit être fait sans délai et sans attendre l'arrivée de l'autorité de police.
On enlèvera ensuite ou on desserrera les jarretières, la cravate, la ceinture du pantalon, les cordons de jupes, le corset, en un mot toute pièce de vêtement qui pourrait gêner la circulation.

2° On placera le corps, mais sans lui faire éprouver de secousses, selon que les circonstances le permettront, sur un lit, sur un matelas, sur de la paille, etc., de manière cependant qu'il y soit commodément et que la tête ainsi que la poitrine soient plus élevées que le reste du corps.

3° Si le malade est porté dans une chambre, elle ne doit être ni trop chaude ni trop froide, et il faut veiller à ce qu'elle soit convenablement aérée.

4° Il est indispensable d'appeler d'urgence un homme de l'art, parce que la question de savoir s'il y a lieu de pratiquer une saignée, reposant en grande partie sur des connaissances anatomiques et sur l'examen de la corde et du lien, il n'y a que le médecin qui puisse bien apprécier ces sortes de cas et ordonner ce qui convient.

5° Lorsqu'après l'enlèvement du lien, les veines du cou restent gonflées, la face rouge tirant sur le violet, si l'homme de l'art tarde d'arriver, on peut mettre derrière chaque oreille, ainsi qu'à chaque tempe, six à huit sangsues.

6° Si la suspension ou la strangulation a eu lieu depuis peu de minutes, il suffit quelquefois, pour rappeler le malade à la vie, d'appliquer sur le front et sur la tête des linges trempés dans l'eau froide et de faire en même temps des frictions aux extrémités inférieures.
Dans tous les cas et dès le commencement, il faut exercer sur la poitrine et le bas-ventre des pressions intermittentes, comme pour les noyés, afin de provoquer les mouvements de la respiration.
On ne négligera pas non plus de frictionner l'asphyxié avec des flanelles ou des brosses, surtout à la plante des pieds et dans le creux des mains.

7° Dès qu'il peut avaler, on lui fera prendre, par petites quantités, de l'eau tiède additionnée d'un peu d'eau de mélisse, de Cologne, de vin ou d'eau-de-vie.

8° Si, après avoir été complétement rappelé à la vie. le malade éprouve de la stupeur, des étourdissements, les applications d'eau froide sur la tête deviennent utiles.

9° En général, l'asphyxié par suspension, strangulation ou suffocation, doit être traité, après le rétablissement de la vie, avec les mêmes précautions que dans les autres espèces d'asphyxie.

ASPHYXIÉS PAR LE FROID.

1° On portera l'asphyxié, le plus promptement possible, de l'endroit où il a été trouvé au lieu où il devra recevoir des secours; pendant ce trajet, on enveloppera le corps de couvertures, de paille ou de foin, en laissant la face libre. On évitera aussi d'imprimer au corps et surtout aux membres, des mouvements brusques.

2° Dans l'asphyxie par le froid, il est de la plus haute importance de ne rétablir la chaleur que lentement et par degrés. Un asphyxié par le froid qu'on approcherait du feu, ou que, dès le commencement des secours, on ferait séjourner dans un lieu trop chauffé, serait irrévocablement perdu. Il faut, en conséquence, le porter dans une chambre sans feu et là lui administrer les premiers secours que réclame sa position (1).

3° Si l'asphyxie a eu lieu par un froid de plusieurs degrés, au-dessous de zéro, on déshabillera le malade dont on couvrira tout le corps, y compris les membres, de linges trempés dans de l'eau à laquelle on aura ajouté des glaçons concassés.

Il y aurait même avantage à le plonger dans une baignoire contenant assez d'eau additionnée de glace pour que le tronc et les membres en fussent couverts.

Enfin, il y a utilité à pratiquer des frictions avec de l'eau glacée et mieux encore avec de la neige.

4° Lorsque le malade commence à se réchauffer, ou lorsqu'il se manifeste des signes de vie, on l'essuie avec soin, et on le place dans un lit, en s'abstenant toutefois d'allumer du feu dans la pièce où est le lit, tant que le corps n'a pas recouvré sa chaleur naturelle.

5° Aussitôt que le malade peut avaler, on peut lui faire prendre un demi-verre d'eau froide dans lequel on aura mis une cuillerée à café d'eau de mélisse, d'eau de Cologne, ou de tout autre liquide spiritueux.

6° Dans le cas où l'asphyxié aurait de la propension à l'assoupissement, on lui administrerait des lavements irritants, soit avec de l'eau salée (2), soit avec de l'eau de savon.

Il est utile de faire observer que, de toutes les asphyxies, l'asphyxie par le froid est celle qui laisse, selon l'expérience des pays septentrionaux, le plus de chances de succès, même après plusieurs heures de mort apparente.

Mais, d'un autre côté, cette asphyxie exige aussi plus que toute autre une grande précision dans l'emploi des moyens destinés à la combattre, et notamment dans le réchauffement lent et progressif du malade.

(1) Dans quelques localités on a l'habitude de mettre les asphyxiés par le froid dans des tas de fumier; cette pratique est extrêmement dangereuse sous le double rapport de la chaleur produite et de l'acide carbonique dégagé sous l'influence de la fermentation du fumier.

(2) Une cuillerée de sel dans un demi-lavement.

ASPHYXIÉS PAR LA CHALEUR.

1° Si l'asphyxie a eu lieu par l'effet du séjour dans un lieu trop chaud, il faut transporter l'asphyxié dans un lieu plus frais et lui enlever, sans délai, tout vêtement qui pourrait gêner la respiration et la circulation.

2° Dans toute asphyxie par la chaleur, la première chose à faire est de débarrasser le cerveau, en tirant du sang. S'il n'y a pas de médecin pour pratiquer une saignée et si quelqu'un des assistants est apte à le faire, il ne devra pas hésiter un seul instant, principalement dans les contrées et les saisons chaudes.

3° Les sinapismes en pâte ou en feuilles seront très-utilement appliqués aux extrémités inférieures.

4° Dès que le malade peut avaler, il faut lui faire boire, par petites gorgées, de l'eau fraîche acidulée avec du vinaigre ou du jus de citron, et lui donner des lavements d'eau vinaigrée, mais un peu plus chargée en vinaigre que l'eau destinée à être bue.

Chez les asphyxiés par la chaleur, les boissons aromatiques ou vineuses sont toujours nuisibles.

5° En cas de persistance des accidents et si aucun des assistants n'est apte à pratiquer une saignée, on peut, sans attendre l'arrivée du médecin, appliquer huit à dix sangsues derrière chaque oreille, ou quinze à vingt à l'anus.

6° Si l'asphyxie a été déterminée par l'action du soleil, comme cela arrive surtout aux moissonneurs et aux militaires, le traitement est le même, mais il faut, dans ce cas, faire des applications d'eau froide sur la tête ; il est à noter que c'est surtout dans ces circonstances que la saignée est efficace.

7° Pendant l'administration des secours, le malade doit être maintenu dans une position droite et la tête élevée.

ASPHYXIÉS PAR LA FOUDRE.

Si une personne a été asphyxiée par la foudre, il faut la porter immédiatement au grand air, la débarrasser sans délai de ses vêtements, faire des affusions d'eau froide comme dans les cas d'asphyxie par les gaz méphitiques ; pratiquer des frictions aux extrémités et chercher à rétablir la respiration par des pressions alternatives de la poitrine et du bas-ventre, et par les autres moyens employés dans les soins à donner aux noyés.

ÉTAT DES OBJETS QUI DOIVENT ÊTRE CONTENUS DANS LES BOITES DE SECOURS, SUIVANT L'ORDRE DANS LEQUEL ON LES EMPLOIE ORDINAIREMENT.

1º Une paire de ciseaux de seize centimètres de long, à lames mousses,

2º Un peignoir en laine,

3º Un bonnet de laine,

4º Un levier en buis,

5º Un caléfacteur de demi-litre à un litre,

6º Deux frottoirs en laine,

7º Deux brosses,

8º Une bassinoire à eau bouillante,

9º Le corps de la machine fumigatoire,

10º Son soufflet,

11º Un tuyau et une canule fumigatoire,

12º Une boîte contenant du tabac à fumer,

13º Une seringue à lavement avec canule,

14º Une aiguille à dégorger la canule,

15º Des plumes pour chatouiller la gorge,

16º Une cuiller étamée,

17º Un gobelet d'étain,

18º Un biberon,

19º Une bouteille contenant de l'eau-de-vie camphrée,

20º Un flacon contenant de l'eau de mélisse spiritueuse,

21º Un flacon renfermant un demi-litre d'alcool,

22º Une petite boîte renfermant plusieurs paquets d'émétique, de cinq centigrammes chacun,

23º Un flacon à l'émeri, à large ouverture, contenant cinq cents grammes de chlorure de chaux en poudre,

24º Un flacon contenant cent grammes de vinaigre,

25º Un flacon à l'émeri, contenant cent grammes d'éther sulfurique,

26 Un flacon à l'émeri, contenant cent grammes d'ammoniaque (alcali volatil),

27º Cent grammes de sel gris,

28º Des bandes à saigner, des compresses, de la charpie et une plaque de taffetas d'Angleterre,

29º Un nouet de poivre et de camphre pour la conservation des objets en laine,

30º Une palette,

31º Un briquet,

32º Un spéculum laryngien,

33º Un marteau de Mayor.

Outre ces objets, on placera un thermomètre centigrade dans chaque localité où il sera possible de le faire.

CONSEIL DE SALUBRITÉ.

INSTRUCTION SUR LES SECOURS A DONNER AUX BLESSÉS.

Lorsqu'une personne est trouvée blessée ou indisposée sur la voie publique, les premiers secours à lui donner, en attendant l'arrivée de l'homme de l'art, qu'il faut toujours appeler immédiatement, sont :

1º *Dans tous les cas*, relever le blessé ou le malade avec précaution, et le conduire ou le transporter sur un brancard, au poste le plus voisin, ou dans le lieu le plus rapproché où il puisse être secouru ;

2º *En cas de plaie*, si le médecin tarde à arriver, et s'il paraît y avoir du danger, il faut découvrir doucement la partie blessée, en coupant, s'il est nécessaire, les vêtements avec des ciseaux, afin de s'assurer de l'état de la blessure. On lavera celle-ci avec une éponge ou du linge imbibé d'eau fraîche, pour la débarrasser du sang ou des corps étrangers qui peuvent la souiller ;

3º *S'il n'y a qu'une simple coupure*, et que le sang soit arrêté, on doit rapprocher les bords de la plaie et les maintenir en cet état, en la couvrant d'un morceau de taffetas gommé, dit taffetas d'Angleterre, ou de bandelettes de sparadrap, qu'on aura pris soin de passer, au besoin, devant une bougie allumée ou au-dessus de charbons ardents, pour les rendre collantes ;

4º *En cas de contusion ou de bosse*, il faut appliquer, sur la partie, des compresses imbibées d'eau fraîche avec addition d'extrait de saturne, une cuiller à café d'extrait de saturne pour un verre d'eau ; à défaut d'extrait de saturne, on peut mettre du sel commun. Ces compresses seront maintenues en place au moyen d'un mouchoir ou de tout autre bandage, médiocrement serré, et on les arrosera fréquemment afin de les tenir humides, avec le mélange indiqué ci-dessus ;

5º *S'il y a perte de sang abondante* ou hémorragie par une plaie, on devra chercher à l'arrêter en appliquant sur cette plaie, soit des morceaux d'amadou, soit des gâteaux de charpie, soutenus au moyen de la main, d'un mouchoir ou de tout autre bandage qui comprime suffisamment, sans exagération.

Si le sang s'échappe très-abondamment, et que le blessé soit pâle, défaillant, il importe d'exercer de suite avec les doigts une forte compression sur l'endroit d'où part le sang, puis d'appliquer sur la plaie un tampon d'amadou, de charpie ou de linge imbibé d'une solution normale de perchlorure de fer étendu de quatre fois son volume d'eau. L'appareil sera maintenu à l'aide d'une compresse et d'une bande pliée en plusieurs doubles.

6º *Si le blessé crache ou vomit du sang*, il faut le placer sur le dos ou sur le côté correspondant à la blessure, la tête et la poitrine légèrement élevées, doucement soutenues, et lui faire prendre, par petites gorgées, de l'eau fraîche.

Les plaies qui fournissent aussi du sang seront fermées au moyen d'un linge fin posé sur elles, et d'un gâteau de charpie surmonté de compresses et d'un bandage. Des compresses trempées dans de l'eau fraîche pourront, en outre, être appliquées sur la poitrine ou sur le creux de l'estomac.

7º *Dans le cas de brûlure*, il faut conserver et replacer avec le plus grand soin les parties d'épiderme soulevées ou en partie arrachées.

On percera les ampoules avec une épingle et on en fera sortir le liquide. On couvrira ensuite la partie brûlée avec des compresses imbibées d'eau fraîche que l'on arrosera fréquemment, et on les enveloppera d'une ouate non gommée.

8º *Dans le cas de foulure ou d'entorse*, il faut plonger, s'il est possible, la partie blessée dans un vase rempli d'eau fraîche et l'y maintenir pendant très-longtemps, en renouvelant l'eau à mesure qu'elle s'échauffe. Si la partie ne peut être plongée dans l'eau, il faut la couvrir ou l'envelopper de compresses imbibées d'eau, que l'on entretiendra fraîches au moyen d'un arrosement continuel.

9º *Dans toute lésion d'une jointure*, il faut éviter avec le plus grand soin de faire exécuter au membre malade aucun mouvement brusque et étendu. On placera et on soutiendra ce membre dans la position qui occasionne le moins de douleur au blessé, et l'on attendra ainsi l'arrivée du chirurgien.

10º *Dans le cas de fracture*, il faut éviter aussi d'imprimer au membre aucun mouvement; pendant le transport du blessé, on doit le porter ou le soutenir avec la plus grande précaution.

S'il s'agit du bras, de l'avant-bras ou de la main, on rapprochera doucement le membre du corps et on le soutiendra avec une écharpe dans la position la moins pénible pour le blessé.

Si la lésion existe à la cuisse ou à la jambe, il importe, avant tout, d'immobiliser le membre tout entier en le soutenant également dans toute son étendue : on place ensuite le blessé sur le brancard ou sur un lit, on étend avec précaution le membre fracturé sur un oreiller, et on l'y maintient à l'aide de deux ou trois rubans, suffisamment serrés par dessus l'oreiller.

On peut aussi, à défaut de ce moyen, rapprocher le membre blessé du membre sain, et les unir ensemble dans toute leur longueur, sans trop les serrer, mais de manière que le membre sain soutienne l'autre et prévienne le dérangement de la fracture. Un point important est de soutenir le pied immobile par rapport à la jambe, et fléchi sur elle, et de l'empêcher de se déplacer en dedans ou en dehors. Ici encore il y a lieu de recourir à l'application de compresses d'eau froide, etc.

11º *Dans le cas de syncope ou perte de connaissance*, il faut tout d'abord desserrer les vêtements, enlever ou relâcher tous les liens qui peuvent comprimer le cou, la poitrine ou le ventre. On couchera ensuite le malade horizontalement, et on s'efforcera de le ranimer au moyen de fortes aspersions d'eau fraîche sur le visage, de frictions avec du vinaigre sur les tempes et autour du nez. On pourra passer rapidement un flacon d'ammoniaque sous les narines, on fera des frictions sur la région du cœur avec de l'alcool camphré ou toute autre liqueur spiritueuse : ces secours doivent quelquefois être prolongés longtemps avant de produire le rappel à la vie. Si le malade a perdu beaucoup de sang et s'il est froid, il faut réchauffer son lit et pratiquer par dessous la couverture et sur tout le corps des frictions avec de la flanelle.

Lorsque la syncope commence à se dissiper et que le malade reprend ses facultés, on peut lui faire avaler de l'eau sucrée avec quelques gouttes d'alcool de mélisse ou vulnéraire.

Lorsque la perte de connaissance complique des blessures considérables au crâne, il faut se contenter de placer le blessé dans la situation la plus commode, la tête médiocrement soulevée et soutenue avec soin, maintenir la chaleur du corps, surtout des pieds, en attendant l'arrivée du médecin.

Si le blessé est dans un état d'ivresse qui paraisse dangereux par l'agitation extrême qu'il excite, ou par l'anéantissement profond des forces qu'il détermine, on peut lui administrer par gorgées, à quelques minutes d'intervalle, un verre d'eau légèrement sucré, avec addition d'une cuillerée à café d'acétate d'ammoniaque. L'administration de cette préparation pourra être répétée une fois, s'il en est besoin.

Il importe de se rappeler qu'un nombre trop grand de personnes autour des individus blessés ou autres, qui ont besoin de secours, est toujours nuisible. Pour être efficaces, ces secours doivent être donnés avec calme, et appropriés exactement aux différents cas spécifiés dans la présente instruction.

—————

ÉTAT DES OBJETS ET MÉDICAMENTS QUE DOIVENT CONTENIR LES BOITES A PANSEMENT.

1º Une paire de ciseaux de seize centimètres de long, à pointes mousses,

2º Cinq coussins de balle d'avoine (deux longs pour la cuisse, et trois plus courts pour la jambe),

3º Deux attelles pour fractures de cuisse,

4º Trois attelles pour fractures de jambe,

5º Deux attelles pour fractures d'avant-bras,

6º Trois attelles pour fractures de bras,

7º Deux pièces de toile pour drap fanon, pour cuisse et pour jambe,

8º Une pièce de ruban de fil écru,

9º Un vase en cuir bouilli,

10º Une éponge et son enveloppe en taffetas gommé, une ouate,

11º Etui, épingles, aiguilles et fil,

12º Cinq grands flacons contenant : Dextrine, — Alcool vulnéraire, — Alcool camphré, — Acétate de plomb liquide, — Perchlorure de fer,

13º Cinq petits flacons contenant : Éther, — Ammoniaque liquide, — Acétate d'ammoniaque, — Vinaigre des quatre voleurs, — Alcool de mélisse,

14º Bandes,

15º Compresses,

16º Charpie,

17º Sparadrap,

18º Gobelet d'étain,

19º Cuiller en fer étamé,

20º Palette pour la saignée,

21º Agaric de chêne,

22º Une boîte de sinapismes en feuilles.

N° **4433.** — *Ordonnance concernant les baignades en rivière dans le ressort de la préfecture de police.*

Paris, le 18 mai 1872.

Nous, préfet de police,

Vu l'arrêté du gouvernement du 12 messidor an VIII et celui du 3 brumaire an IX, ainsi que la loi du 10 juin 1853, qui règlent les attributions du préfet de police ;

Considérant qu'il convient, dans l'intérêt de la décence publique, de prescrire des mesures relativement aux baignades en rivière, et qu'il importe, en outre, d'empêcher qu'on se baigne dans les endroits dangereux,

Ordonnons ce qui suit :

1. Il est défendu de se baigner en rivière, dans l'étendue du ressort de la préfecture de police, ailleurs que dans les établissements de bains et sur les points désignés ci-après, savoir :

EN SEINE (*rive droite*),

A Epinay, au droit de l'abreuvoir.

(*rive gauche*),

A Vitry, à partir de la rue Constantin, sur une étendue de 60 mètres en aval ;

A Puteaux, le long de l'île Rothschild, seulement avant 8 heures du matin et après 8 heures du soir ;

A Asnières, sur un espace de 50 mètres environ, en tête de l'île des Cabœufs,

A Gennevilliers, en amont et en aval du hameau de Villeneuve-la-Garenne, les abords du pont de l'île Saint-Denis exceptés ;

A Nanterre, vis-à-vis de l'île Chatou-Carrière.

EN MARNE (*rive droite*),

A Nogent, entre la prise d'eau et le pont qui réunit l'île à l'ilot de Beauté ;

A Saint-Maur, dans le grand bras, à 80 mètres environ en amont du pont de Créteil.

(*rive gauche*),

A Bry, à 400 mètres en amont du village, lieu dit le Plaquis ;

A Champigny, à 70 mètres en amont de l'île du Martin-Pêcheur ;

A Créteil, dans le bras du Chapitre, sur une étendue de 75 mètres, à partir de 25 mètres en aval du premier moulin.

2. Il est défendu de se baigner nu en rivière, et de se tenir hors de l'eau sans être décemment couvert.

5. Défense est faite à tout individu de s'établir pour la garde des effets ou la location de linge et caleçons, en dehors des limites indiquées pour les baignades.

4. A Paris, les baignades dites *pleine-eau* sont absolument interdites.

5. Les baignades en pleine eau, hors Paris, ne pourront avoir lieu qu'avec notre autorisation spéciale, et sous la conduite de mariniers permissionnés à cet effet.

Les bachots servant à ces baignades devront être surmontés d'une tente, quand les baigneurs se déshabilleront à bord.

Un marche-pied de trois degrés au moins sera fixé au flanc ou à l'arrière de chaque bachot.

6. Il est formellement interdit de se baigner dans les canaux du ressort de la préfecture de police.

7. Nul ne pourra conduire des chevaux ou autres animaux sur les emplacements affectés aux baignades publiques.

8. Les contraventions à la présente ordonnance seront constatées par des procès-verbaux ou rapports.

9. Les sous-préfets des arrondissements de Sceaux et de Saint-Denis, les maires des communes riveraines de la Seine et de la Marne, dans le ressort de la préfecture de police, le général commandant les légions de la garde républicaine, le colonel chef de la 1re légion de gendarmerie, l'inspecteur général de la navigation et des ports, le chef de la police municipale, les commissaires de police, et les agents sous leurs ordres, sont chargés, chacun en ce qui le concerne, d'assurer l'exécution de la présente ordonnance qui sera imprimée, publiée et affichée.

Le préfet de police, L. RENAULT.

N° **4434.** — *Ordonnance concernant les exhumations, les réinhumations et les transports de corps.*

Paris, le 5 juin 1872.

Nous, préfet de police,

Considérant que les exhumations et les réinhumations, ainsi que les transports de corps hors des communes où les décès ont eu lieu, réclament une surveillance sévère dans l'intérêt de la salubrité publique, du bon ordre et de l'exécution des lois et règlements sur les inhumations;

Vu : 1° les arrêtés et décisions qui régissent déjà cette partie du service, notamment l'arrêté du 27 mai 1850, concernant les exhumations;

2° La loi des 16-24 août 1790;

3° Les arrêtés du gouvernement du 12 messidor an VIII et du 3 brumaire an IX;

. 4° Le décret du 23 prairial an XII sur les sépultures, et l'ordonnance de police du 14 messidor suivant;

5° Le décret du 13 avril 1861, modifiant celui du 25 mars 1852, sur la décentralisation administrative (1),

Ordonnons ce qui suit :

1. Il est expressément défendu de procéder, sans notre autorisation,

---

(1) V. ce décret, à l'appendice du présent vol.

à aucune exhumation ou réinhumation dans l'un des cimetières de Paris ou des communes du ressort de notre préfecture.

Les droits d'exhumation continueront à être perçus suivant les tarifs arrêtés par l'autorité compétente.

2. Il est également défendu de procéder sans notre autorisation :

1° A l'inhumation d'un corps apporté des départements ou de l'étranger ;

2° A tout transport de corps, de Paris ou d'une commune du ressort de la préfecture de police, dans un département ou à l'étranger ;

3° A tout transport de corps, de Paris ou d'une commune du ressort de la préfecture de police, dans le cimetière d'une autre commune du même ressort ;

4° A tout dépôt provisoire de corps dans une église.

3. Si le transport d'un corps a lieu, soit par les chemins de fer, soit par les diligences ou autres voitures publiques, on devra, au moment de la remise du corps, justifier au directeur de ces entreprises des autorisations dont il est parlé dans le précédent article.

Faute de cette justification, les directeurs de ces entreprises devront, sous leur responsabilité personnelle, prévenir immédiatement le maire ou le commissaire de police qui, après avoir constaté le fait par un procès-verbal circonstancié, fera, s'il y a lieu, transporter le corps au cimetière le plus voisin.

4. Toute demande en autorisation de l'une des opérations qui font l'objet de la présente ordonnance, devra, sauf les cas exceptionnels dont nous nous réservons l'appréciation, être faite sur papier timbré, par le plus proche parent du défunt ou par un fondé de pouvoirs, et être légalisée par le maire ou le commissaire de police, auquel on justifiera de la qualité en vertu de laquelle est faite la demande.

S'il s'agit de transport et d'inhumation dans les cas prévus par l'article 1 §§ 2 et 3 de la présente ordonnance, la demande devra, excepté dans les cas d'exhumation, être accompagnée d'un certificat constatant que les formalités de l'état civil ont été remplies.

Dans les cas prévus par l'article 2 § 3, la demande devra en outre être accompagnée d'un permis d'inhumer délivré par le maire, ou d'un titre de concession.

S'il s'agit d'un dépôt dans une église, la demande devra être également accompagnée du certificat de décès délivré par le maire, ledit certificat ne sera point exigé dans les cas d'exhumation ou d'arrivée d'un corps d'un département ou de l'étranger.

En ce qui concerne les cimetières de Paris, les pétitionnaires devront justifier d'un titre de concession délivré par M. le préfet de la Seine.

5. Les autorisations délivrées en exécution des dispositions qui précèdent, détermineront les conditions de salubrité et de bon ordre imposées aux familles pour chacune des opérations auxquelles elles voudront faire procéder.

Ces autorisations ne préjugent rien, du reste, en ce qui concerne le service des pompes funèbres. Les demandes et réclamations que les familles auraient à faire à cet égard, devront être adressées à M. le préfet de la Seine.

6. La présente ordonnance n'est pas applicable aux opérations prescrites par autorité de justice.

7. Les contraventions aux dispositions qui précèdent seront constatées par des procès-verbaux ou rapports, pour être déférées aux tribunaux compétents, sans préjudice des mesures administratives auxquelles elles pourraient donner lieu.

8. L'ordonnance de police du 3 novembre 1852 est rapportée.

9. La présente ordonnance sera imprimée et affichée.

Les maires de Paris, les sous-préfets des arrondissements de Sceaux et de Saint-Denis, les maires et les commissaires de police des communes du ressort de la préfecture de police, le chef de la police municipale, les commissaires de police de Paris, les officiers de paix, l'inspecteur et les conservateurs des cimetières, sont chargés, chacun en ce qui le concerne, de l'exécution de la présente ordonnance.

Ampliation en sera adressée à M. le préfet de la Seine.

Le préfet de police, **L. RENAULT.**

N° **4435.** — *Ordonnance concernant le passage des bateaux aux abords des chantiers des travaux de reconstruction du pont d'Asnières.*

Paris, le 20 juin 1872.

Nous, préfet de police,

Vu : 1° les rapports de M. l'ingénieur en chef de la 3ᵉ section de la navigation de la Seine et de M. l'inspecteur général de la navigation et des ports, relatifs aux mesures à prendre pour assurer la sécurité de la navigation aux abords des chantiers des travaux de reconstruction du pont d'Asnières ;

2° Les arrêtés des consuls des 12 messidor an VIII et 3 brumaire an IX et la loi du 10 juin 1853,

Ordonnons ce qui suit :

1. Il sera réservé dans l'arche marinière où se trouve noyée la chaîne du toueur, une passe de 14 mètres de largeur et de 7 mètres de hauteur sous poutres, pour assurer le service de la navigation.

Les parois de cette passe seront revêtues, jusqu'à 3 mètres au-dessus de l'étiage, de glissières jointives et seront prolongées de 15 mètres, tant en amont qu'en aval, de manière à présenter deux embrasures de 20 mètres de largeur à l'entrée et à la sortie.

2. Un service composé de deux mariniers avec un bachot, les cordes et agrès nécessaires, sera établi par l'entrepreneur des travaux pour l'exécution des manœuvres que nécessitera le passage des bateaux halés.

Ces mariniers seront à la disposition de la marine, depuis le point du jour jusqu'au coucher du soleil.

Ils seront sous la surveillance des inspecteurs de la navigation.

3. Les bateaux et les trains passeront dans l'ordre de leur arrivée. Ils ne pourront être amenés en couplage pour franchir la passe.

A droit égal, les bateaux descendants et les trains auront la priorité sur les bateaux montants.

4. Tant à la remonte qu'à la descente, les patrons des toueurs et des bateaux à vapeur feront siffler ou sonner d'une manière continue, à partir de 150 mètres du pont jusqu'à la sortie de la travée marinière.

5. Lorsque la passe de navigation sera obstruée, soit par des bateaux en manœuvre, soit par toute autre cause, il sera hissé au-dessus et sur chaque face de la travée marinière un guidon rouge.

A ce signal, les bateaux montants s'arrêteront à 100 mètres en aval et les bateaux descendants à la même distance en amont.

6. Ne pourront se remettre en marche, les bateaux avalants, qu'après la substitution au guidon rouge d'un pavillon blanc et rouge, et les bateaux montants qu'à l'apparition d'un pavillon blanc et bleu.

7. Le service des signaux mentionnés dans les deux articles précédents sera fait par les soins de l'entrepreneur des travaux.

8. Dès la chute du jour, la passe devra être éclairée à l'amont et à l'aval par des feux blancs.

9. Les pontons, machines, ou tous objets quelconques formant obstacle à la navigation, seront signalés par les soins de l'entrepreneur des travaux, le jour, par des guidons de couleur rouge; la nuit, par des feux rouges placés au haut de mâts.

10. Il est interdit de charger ou décharger aucun bateau, ni faire aborder aucune embarcation sur les parties des rives comprises entre les barrières à claire-voie limitant les chantiers de travaux.

11. Les ingénieurs de la navigation de la Seine (3ᵉ section), l'inspecteur général de la navigation et des ports, et les agents sous leurs ordres, sont chargés, chacun en ce qui le concerne, d'assurer l'exécution de la présente ordonnance qui sera imprimée, publiée et affichée.

Le préfet de police, L. RENAULT.

Nᵒ **4436.** — *Ordonnance concernant la gare d'Enghien* (chemin de fer du Nord).

Approuvée par M. le ministre des travaux publics, le 14 août 1872.

Paris, le 14 août 1872.

Nous, préfet de police,

Vu notre ordonnance du 30 janvier 1872, concernant la police des gares et stations du chemin de fer du Nord;

Vu les instructions de M. le ministre des travaux publics, en date du 25 juin dernier, qui prescrivent de retrancher de cette ordonnance les dispositions relatives au stationnement et à la circulation des voitures dans les rues avoisinant la gare d'Enghien (chemin de fer du Nord), attendu que ces voies ont cessé d'être une dépendance du chemin de fer du Nord pour devenir la propriété de la commune d'Enghien,

Ordonnons ce qui suit :

1. Les articles **13** et **14** de notre ordonnance du **30** janvier **1872**, sus-visée, qui règlent le stationnement et la circulation des voitures aux abords de la gare d'Enghien, sont rapportés.

2. La présente ordonnance sera imprimée et affichée.

L'inspecteur général chargé de la direction du contrôle du chemin de fer du Nord, les ingénieurs et les agents placés sous ses ordres, les commissaires de surveillance administrative du chemin de fer du Nord, le maire et le commissaire de police d'Enghien, sont chargés, chacun en ce qui le concerne, d'en assurer l'exécution.

Le préfet de police, L. RENAULT.

N° **4437.** — *Ordonnance concernant les chiffonniers ambulants.*

Paris, le 15 août 1872.

Nous, préfet de police,

Vu l'arrêté du **12** messidor an VIII et celui du **3** brumaire an IX ;

Vu l'ordonnance de police du **1er** septembre **1828**, dont les dispositions subordonnent l'exercice de la profession de chiffonnier ambulant à la possession d'une médaille d'autorisation portant les noms et signalement du titulaire, lequel ne doit ni la prêter, ni la céder, et aussi à des justifications de domicile ;

Considérant qu'un certain nombre d'individus chiffonnent sans autorisation et que, dans beaucoup de cas, cet état de choses favorise le vagabondage ;

Considérant qu'il importe d'autant plus de tenir la main à la stricte exécution des dispositions de l'ordonnance précitée, que la nouvelle organisation du service de l'enlèvement des ordures ménagères restreint les possibilités du chiffonnage sur la voie publique,

Ordonnons ce qui suit :

1. Les chiffonniers ambulants des deux sexes devront, dans le *délai de deux mois* (1), à partir de ce jour, justifier devant le commissaire de police du quartier ou du lieu de leur résidence de la possession des médailles d'autorisation dont ils seraient titulaires, et faire toutes déclarations et preuves de nature à régulariser leur position.

Ils recevront une médaille *d'une nouvelle forme*, contenant les indications nécessaires pour permettre de contrôler l'identité du porteur.

Le préfet de police, L. RENAULT.

N° **4438.** — *Ordonnance concernant l'ouverture de la chasse.*

Paris, le 18 août 1872.

Nous, préfet de police,

Vu la loi du **3** mai **1844** sur la police de la chasse ;

---

(1) V. l'avis du 22 octobre qui a prolongé ce délai jusqu'au 10 novembre suivant.

Les arrêtés du gouvernement des 12 messidor an VIII (1er juillet 1800) et 3 brumaire an IX (25 octobre 1800) ;

Vu la décision de M. le ministre de l'intérieur, en date du 6 de ce mois,

Ordonnons ce qui suit:

1. L'ouverture de la chasse aura lieu le *dimanche 1er septembre* 1872, dans le département de la Seine.

Défense est faite de chasser avant cette époque, sous quelque prétexte que ce soit.

2. Tout individu pris en délit de chasse est passible d'une amende de *seize à cent francs*, qui peut être portée au double, par application de l'art. 11 de la loi, lorsque le fait de chasse a eu lieu, sans le consentement du propriétaire, sur des *terres non dépouillées de leurs récoltes.*

3. Tout chasseur devra être muni d'un *permis de chasse*, et sera tenu de le représenter, sur leur réquisition, aux gendarmes, gardes champêtres ou forestiers, et autres agents de l'autorité publique.

4. La chasse est expressément interdite dans la plaine, aussi bien que dans les bois et forêts, toutes les fois que la terre est couverte de neige.

Cette disposition n'est pas applicable à la chasse du gibier d'eau dans les marais, sur les étangs, canaux, fleuves et rivières, ni à la destruction des animaux malfaisants ou nuisibles (*Ordonnance de police du 31 janvier 1862*).

5. Les contraventions seront constatées par des procès-verbaux, et les contrevenants poursuivis devant les tribunaux.

6. La présente ordonnance sera imprimée, publiée et affichée.

Les sous-préfets de Sceaux et de Saint-Denis, les maires, adjoints et commissaires de police des communes rurales, les gardes champêtres et la gendarmerie sont chargés d'en assurer l'exécution.

Le préfet de police, **L. RENAULT.**

N° **4439.** — *Ordonnance concernant le passage des bateaux aux abords des chantiers des travaux de reconstruction du pont de Courbevoie.*

Paris, le 21 août 1872.

Nous, préfet de police,

Vu: 1° les rapports de M. l'ingénieur en chef de la 3e section de la navigation de la Seine et de M. l'inspecteur général de la navigation et des ports, relatifs aux mesures à prendre pour assurer la sécurité de la navigation aux abords des chantiers des travaux de reconstruction du pont de Courbevoie;

2° Les arrêtés des consuls des 12 messidor an VIII et 3 brumaire an IX et la loi du 10 juin 1853,

Ordonnons ce qui suit:

1. Il sera réservé, pour le passage des bateaux sous les échafaudages de pose, deux travées marinières, l'une de 14 mètres de largeur et de 7 mètres de hauteur sous poutres, dans la 1re arche, rive gauche ; l'autre de 12 mètres de largeur et de 7 mètres de hauteur, dans l'arche du milieu.

La première, côté de Courbevoie, est destinée aux bateaux halés et aux bateaux remorqués en remonte ainsi qu'au service du touage ; la seconde, aux bateaux en descente qui ne font point partie des convois du toueur.

Les parois des deux passes seront garnies, tant en amont qu'en aval, de glissières jointives jusqu'à 2 mètres 50 au-dessus de l'étiage.

2. Un service composé de deux mariniers avec un bachot, les cordes et les agrès nécessaires, sera établi par l'entrepreneur des travaux pour l'exécution des manœuvres que nécessitera le passage des bateaux halés.

Ces mariniers seront à la disposition de la marine, depuis le point du jour jusqu'au coucher du soleil.

Ils seront sous la surveillance des inspecteurs de la navigation.

3. Les bateaux et les trains passeront dans l'ordre de leur arrivée. Ils ne pourront être amenés en couplage pour franchir les passes.

Dans le cas où un bateau halé ou remorqué en remonte viendrait à s'engager dans la 1re passe, rive gauche, au moment où le toueur se présenterait pour la franchir avec ou sans convoi, ce bateau devrait se ranger près de terre pour laisser au toueur le passage libre.

4. Tant à la remonte qu'à la descente, les patrons des toueurs et des bateaux à vapeur feront siffler ou sonner d'une manière continue, à partir de 150 mètres du pont jusqu'à la sortie des passes.

5. Les passes seront indiquées : la nuit, par six feux rouges placés sur chacun des six pieux de tête des entonnoirs de chaque entrée. Ces feux, dont quatre se trouveront à l'amont et deux à l'aval pour la passe des bateaux montants, ne seront visibles que du côté seulement où ils seront placés.

6. Le service d'éclairage mentionné dans l'article précédent sera fait par les soins de l'entrepreneur des travaux, qui devra se conformer en outre, pendant le cours des travaux, à toutes les prescriptions qui lui seront imposées, dans l'intérêt de la navigation, par les ingénieurs et les inspecteurs de ce service.

7. Les pontons, machines ou tous objets quelconques formant obstacle à la navigation, seront signalés, par les soins de l'entrepreneur des travaux : le jour, par des guidons de couleur rouge, la nuit, par des feux rouges placés au haut de mâts.

8. Il est interdit de charger ou décharger aucun bateau, ni faire aborder aucune embarcation sur les parties des rives comprises entre les barrières à claire-voie limitant les chantiers de travaux.

9. Les ingénieurs de la navigation de la Seine (3e section), l'inspecteur général de la navigation et des ports, et les agents sous leurs ordres, sont chargés, chacun en ce qui le concerne, d'assurer l'exécution de la présente ordonnance qui sera imprimée, publiée et affichée.

Le préfet de police, **L. RENAULT.**

N° **4440.** — *Arrêté concernant le numérotage des lanternes des voitures de remise mixtes.*

Paris, le 3o août 1872.

Nous, préfet de police,

Vu : 1° les lois des 14 décembre 1789 (art. 50) et 16-24 août 1790 (titre XI, art. 1 et 3);

2° Les art. 2, 22 et 32 de l'arrêté du gouvernement du 12 messidor an VIII (1er juillet 1800), l'art 1er de l'arrêté du 3 brumaire an IX (25 octobre 1800) et la loi des 10-15 juin 1853;

3° Les art. 471, 474, 475, 476, 478, 482 et 483 du Code pénal ;

4° L'ordonnance en date du 26 mai 1866, concernant les voitures sous remise;

5° Les arrêtés du 31 mai 1866, concernant le numérotage des voitures de place et sous remise;

6° Le rapport du chef de la police municipale ;

7° Le rapport du chef de la 2e division;

Considérant :

1° Que les arrêtés concernant le numérotage des voitures de place prescrivent la reproduction du numéro de police sur les lanternes de ces voitures ;

2° Que les voitures de remise *mixtes* (stationnant et chargeant sur la voie publique) doivent être soumises aux mêmes mesures de police que les voitures de place, lorsqu'elles font le même service,

Arrêtons ce qui suit :

1. L'article 4 de l'arrêté en date du 31 mai 1866, concernant le numérotage des voitures de remise, sera complété par l'alinéa suivant :

« Le numéro de chaque voiture de remise *mixte* sera répété sur les » verres de côté des deux lanternes. »

2. Le présent arrêté, qui sera exécutoire à partir du 15 septembre 1872, sera imprimé et notifié à tous les entrepreneurs de voitures de remise stationnant et chargeant sur la voie publique.

Le chef de la police municipale et le contrôleur de la fourrière sont chargés, chacun en ce qui le concerne, d'en assurer l'exécution.

Le préfet de police, L. RENAULT.

N° **4441.** — *Ordonnance concernant les mesures d'ordre et de sûreté à observer à l'occasion des fêtes de Saint-Cloud.*

Paris, le 5 septembre 1872.

Nous, préfet de police,

Vu la loi des 16-24 août 1790, qui nous charge de maintenir le bon ordre dans les fêtes publiques et de prendre les précautions convenables pour prévenir les accidents;

Vu l'arrêté du gouvernement du 12 messidor an VIII;

Vu l'arrêté des consuls du 3 brumaire an IX et la loi du 10 juin 1853,

Ordonnons ce qui suit :

1. Les charrettes qui apporteront des approvisionnements ou autres marchandises à Saint-Cloud, les 8, 15, 22 et 29 septembre courant, ne pourront y arriver que par le pont de Saint-Cloud, et jusqu'à deux heures après midi seulement.

2. La circulation des voitures sera interdite, pendant le même temps, sur les voies conduisant à Saint-Cloud où l'agglomération des personnes viendrait à rendre cette mesure nécessaire.

Dans ce cas, tous cochers ou conducteurs de voitures publiques ou particulières, seront tenus d'obtempérer aux injonctions des préposés de notre préfecture et agents de la force publique, qui les inviteraient à changer leur itinéraire.

3. Les préposés à la conduite des bateaux à vapeur établis pour le transport des voyageurs entre Paris et Saint-Cloud, se conformeront strictement aux dispositions des règlements sur la matière, et notamment à notre arrêté du 30 août 1869.

Les points de départ des bateaux à vapeur sont fixés ainsi qu'il suit, savoir : port d'Orsay, quai des Tuileries et quai de la Conférence, près du pont de la Concorde, rive droite de la Seine.

4. En raison de l'activité du service des bateaux à vapeur, et pour éviter tout accident, il est défendu aux mariniers d'affecter leurs bachots ou batelets à transporter des voyageurs de Paris à Saint-Cloud, et *vice versâ.*

5. Les embarcations particulières marchant à la voile ou à la rame, devront se tenir constamment éloignées des bateaux à vapeur en cours de navigation.

6. Les marchands qui voudront étaler et vendre sur la voie publique devront en obtenir la permission de l'autorité locale.

7. Les contraventions à la présente ordonnance seront constatées par des procès-verbaux ou rapports des officiers de police, et les contrevenants seront traduits devant les tribunaux compétents.

8. La présente ordonnance sera imprimée et affichée dans Paris, Saint-Cloud, Suresnes, Boulogne, Sèvres, Issy et Meudon.

Sont chargés d'en assurer l'exécution, chacun en ce qui le concerne, savoir :

Le chef de la police municipale de Paris, l'inspecteur général de la navigation, les maires des communes indiquées ci-dessus, ainsi que les commissaires de police et tous agents appartenant à ces communes.

Le général commandant les légions de la garde républicaine, le colonel de la première légion de gendarmerie et le commandant de la gendarmerie de la Seine, sont requis de prêter main-forte et de concourir à l'exécution de la présente ordonnance.

Le préfet de police, L. **RENAULT.**

N° **4442.** — *Décret portant nomination du secrétaire général de la préfecture de police.*

Paris, le 23 septembre 1872.

Le Président de la République française,

Sur la proposition du ministre secrétaire d'État au département de l'intérieur,

Décrète :

1. M. Routier de Bullemont, chef de division à la préfecture de police, est nommé secrétaire général de la préfecture de police, en remplacement de M. Fouquier qui a été nommé secrétaire général du conseil d'État.

Signé : A. THIERS.

N° **4443.** — *Avis concernant les chiffonniers ambulants.*

Paris, le 22 octobre 1872.

Une ordonnance du préfet de police, en date du **15** août dernier, avait fixé au **15** octobre courant le terme du délai de deux mois accordé aux chiffonniers ambulants, afin de se pourvoir de nouvelles médailles.

Pour satisfaire à de nombreuses demandes, appuyées de justifications tardives, des médailles *de la nouvelle forme* indiquée dans l'ordonnance précitée, seront encore délivrées jusqu'au **10** novembre prochain, délai définitif.

Le préfet de police, L. RENAULT.

N° **4444.** — *Ordonnance concernant le passage des bateaux aux abords des chantiers des travaux pour la reconstruction du pont de Saint-Ouen.*

Paris, le 26 octobre 1872.

Nous, préfet de police,

Vu : 1° les arrêtés des consuls des **12** messidor an VIII et **3** brumaire an IX, et la loi du **10** juin 1853; — 2° les rapports de M. l'ingénieur en chef de la 3ᵉ section de la navigation de la Seine et de M. l'inspecteur général de la navigation et des ports, relatifs aux mesures à prendre pour assurer la sécurité de la navigation aux abords des chantiers des travaux de reconstruction du pont de Saint-Ouen,

Ordonnons ce qui suit :

1. Il sera réservé dans le bras navigable, pour le passage des bateaux sous les échafaudages de pose, deux travées marinières : l'une de 9 mètres de largeur et de 7 mètres de hauteur au-dessus de l'étiage, dans la 1ʳᵉ arche, rive droite; l'autre de 15 mètres de largeur et de **7** mètres **75** centimètres de hauteur, dans la 2e arche, même rive.

La première est destinée aux bateaux halés, qui y auront accès par un chemin de **4** mètres de largeur, ménagé dans toute l'étendue du chantier de l'entrepreneur; la seconde est réservée aux bateaux à vapeur et au service du touage.

Entre l'aval de la passerelle et l'aval des cintres du pont en reconstruction, les parois des deux passes seront revêtues, jusqu'à 3 mètres au-dessus de l'étiage, de madriers formant glissières.

L'entrée et la sortie des deux passes seront facilitées par l'établissement d'entonnoirs d'une longueur de 15 mètres et mesurant, à la partie la plus large, **16** mètres dans la 1re travée, et **20** mètres dans la 2e.

2. Un service composé de deux mariniers avec un bachot, les cordes et agrès nécessaires, sera établi par l'entrepreneur des travaux pour l'exécution des manœuvres que nécessitera le passage des bateaux halés.

Ces mariniers seront à la disposition de la marine, depuis le point du jour jusqu'au coucher du soleil.

Ils seront sous la surveillance des inspecteurs de la navigation.

3. Les bateaux et les trains passeront dans l'ordre de leur arrivée. Ils ne pourront être amenés en couplage pour franchir les passes.

A droit égal, les bateaux et les trains de bois descendants auront la priorité sur les bateaux montants.

4. Tant à la remonte qu'à la descente, les patrons des toueurs et des bateaux à vapeur feront siffler ou sonner, d'une manière continue, à partir de 150 mètres des échafaudages jusqu'à la sortie des passes.

5. Lorsqu'un bateau en remonte ou un bateau en descente s'engagera dans une passe, il sera hissé, au-dessus de l'extrémité opposée, un guidon rouge.

A ce signal, les bateaux arrivant en vue du guidon s'arrêteront à une distance de 100 mètres.

Ils ne pourront se remettre en marche qu'après la substitution au guidon rouge d'un pavillon blanc et bleu.

6. La nuit, des fanaux placés à l'entrée des passes indiqueront la route à suivre par les bateaux. Les fanaux d'amont ne devront pas être aperçus d'aval, et réciproquement.

7. Lorsque le battage des pieux des entonnoirs sera décidé, l'ingénieur de la navigation devra être prévenu à l'avance, afin qu'il puisse assister au piquetage des pieux et donner à l'entrepreneur les instructions qu'il jugera nécessaires.

8. Les pontons, machines ou tous objets quelconques formant obstacle à la navigation seront signalés : le jour, par des guidons de couleur rouge; la nuit, par des feux rouges placés au haut de mâts.

9. Tous les frais résultant de l'exécution des dispositions ci-dessus prescrites (mariniers, cordages, guidons, éclairage) seront à la charge de l'entrepreneur, qui devra se conformer en outre, pendant le cours des travaux, à toutes les prescriptions qui lui seront imposées, dans l'intérêt de la navigation, par les ingénieurs et les inspecteurs de ce service.

10. L'entrepreneur sera tenu également de fournir les mariniers et agrès nécessaires pour les sondages à opérer en rivière après l'enlèvement des pieux de la passerelle provisoire et des cintres, afin de constater qu'il ne reste aucun obstacle pouvant gêner la navigation.

11. Il est interdit de charger ou décharger aucun bateau, ni faire aborder aucune embarcation sur les parties des rives comprises entre les barrières à claire-voie limitant les chantiers de travaux.

12. Les ingénieurs de la navigation de la Seine (3ᵉ section), l'inspecteur général de la navigation et des ports, et les agents sous leurs ordres, sont chargés, chacun en ce qui le concerne, d'assurer l'exécution de la présente ordonnance qui sera imprimée, publiée et affichée.

Le préfet de police, **L. RENAULT.**

Nº **4445.** — *Ordonnance concernant les heures consacrées aux opérations commerciales à la Bourse des marchandises de Paris.*

Paris, le 3 décembre 1872.

Nous, préfet de police,

Vu : 1º l'arrêté des consuls du 12 messidor an VIII;
2º L'arrêté du gouvernement du 29 germinal an IX (1);
3º L'arrêté du gouvernement du 27 prairial an X (2);
4º L'ordonnance de police du 29 mars 1862, et notamment le dernier paragraphe de l'article 2 ainsi conçu : « Les opérations commerciales continueront d'avoir lieu de 2 heures à 5 heures de relevée »,

Ordonnons ce qui suit :

1. Le paragraphe sus-visé de l'ordonnance de police du 29 mars 1862 est rapporté.

2. A l'avenir, la bourse des marchandises tiendra de 2 heures à 5 heures trois quarts de relevée.

3. La présente ordonnance sera imprimée et affichée.

Le commissaire de police de la Bourse, le chef de la police municipale et les officiers de paix sous ses ordres, sont chargés, chacun en ce qui le concerne, d'en assurer l'exécution.

Le préfet de police, **L. RENAULT.**

Nº **4446.** — *Ordonnance concernant la vérification périodique des poids et mesures pour l'année* 1873 (Poinçon portant la lettre H) (3).

Paris, le 3 décembre 1872.

(1) V. cet arrêté au 4ᵉ vol. (appendice), p. 242.
(2) V. id. id. id. , p. 255.
(3) V. l'ord. du 26 décembre 1873.

1873.

N° **4447.** — *Ordonnance concernant l'échenillage* (1).

Paris, le 6 janvier 1873.

N° **4448.** — *Arrêté qui interdit de fumer dans l'intérieur du palais de la Bourse.*

Paris, le 10 janvier 1873.

Nous, préfet de police,

Vu : 1° la loi des **16-24** août **1790**, titre XI;

2° L'arrêté du gouvernement du **12** messidor an VIII (1er juillet 1800);

Considérant que, contrairement à la règle observée dans tous les monuments publics, l'usage de fumer tend à s'établir à l'intérieur du palais de la Bourse;

Vu les réclamations qui nous sont adressées à ce sujet, et notamment la lettre du syndic de la compagnie des agents de change, en date du **7** de ce mois,

Arrêtons ce qui suit:

1. Il est défendu de fumer dans l'intérieur du palais de la Bourse.

2. Le commissaire spécial de police est chargé de l'exécution du présent arrêté qui sera imprimé et affiché partout où besoin sera.

Le préfet de police, **L. RENAULT.**

N° **4449.** — *Ordonnance concernant la clôture de la chasse* (2).

Paris, le 11 janvier 1873.

N° **4450.** — *Ordonnance concernant la vérification périodique des poids et mesures pour l'année 1873* (Poinçon portant la lettre H) (3).

Paris, le 14 mars 1873.

(1) V. l'ord. du 10 janvier 1872.

(2) V. l'ord. du 26 janvier 1872, et, à l'appendice du présent vol., une décision ministérielle en date du 7 mars 1874, qui tolère le colportage et la vente des sangliers.

(3) La vérification n'ayant pu commencer à l'époque indiquée par l'ordonnance du 3 décembre dernier, celle-ci a été rendue pour fixer une autre date. — V. l'ordonnance du 26 décembre 1873.

N° 4451. — *Ordonnance concernant la police de la gare du chemin de fer du Nord, située place Roubaix, à Paris.*

Approuvée par M. le ministre des travaux publics, le 25 mars 1873.

Paris, le 25 mars 1873.

Nous, préfet de police,

Vu notre ordonnance du 30 janvier 1872, concernant la police des gares et stations du chemin de fer du Nord ;

Vu la proposition faite par la compagnie du chemin de fer du Nord de supprimer le stationnement d'une voiture de place et d'une voiture de remise dans l'angle ouest du fond de la cour d'arrivée ;

Ensemble l'avis de M. l'inspecteur général du contrôle,

Ordonnons ce qui suit :

1. Le 3° alinéa de l'article 5 de notre ordonnance du 30 janvier 1872, ci-dessus visée, qui autorise le stationnement d'une voiture de place et d'une voiture de remise dans l'angle ouest de la cour d'arrivée, à partir du trottoir, est rapporté.

2. La présente ordonnance sera imprimée et affichée.

L'inspecteur général chargé de la direction du contrôle du chemin de fer du Nord, les ingénieurs et les agents sous leurs ordres, le commissaire spécial de police, le général commandant la garde de Paris, le commandant de la gendarmerie de la Seine, le chef de la police municipale, le commissaire de police du quartier Saint-Vincent-de-Paul, les officiers de paix et les autres préposés de la préfecture de police, ainsi que les agents assermentés de la compagnie, sont chargés, chacun en ce qui le concerne, d'en assurer l'exécution.

Le préfet de police, L. RENAULT.

———— ⊷⊶ ————

N° 4452. — *Ordonnance concernant la foire aux jambons* (1).

Paris, le 3 avril 1873.

———— ⊷⊶ ————

N° 4453. — *Ordonnance concernant la visite générale des tonneaux de porteurs d'eau* (2).

Paris, le 26 avril 1873.

———— ⊷⊶ ————

N° 4454. — *Ordonnance concernant le transport, par eau, des huiles de pétrole et autres matières inflammables.*

Paris, le 10 mai 1873.

Nous, préfet de police,

Vu : 1° la décision ministérielle du 26 décembre 1872 et les instruc-

---

(1) V. l'ord. du 15 mars 1872.
(2) V. l'ord. du 2 mai 1872.

tions contenues dans la lettre de M. le ministre des travaux publics, en date du 26 avril 1873, relative à l'exécution de cette décision;

2o Les arrêtés du gouvernement des 12 messidor an VIII et 3 brumaire an IX, et la loi du 10 juin 1853, qui règlent les attributions du préfet de police,

Ordonnons ce qui suit:

1. Tout bateau chargé, en totalité ou en partie, de pétrole et de ses dérivés, d'huiles de schiste ou de goudron, d'essences ou hydrocarbures quelconques, classés comme substances très-inflammables par l'article 1er du décret du 27 janvier 1872, et circulant sur les voies navigables du ressort de la préfecture de police, est soumis aux prescriptions des articles qui suivent.

Dans ces prescriptions, tout ce qui est dit des pétroles s'applique également aux autres matières mentionnées au paragraphe précédent.

2. Le bateau est tenu d'arborer, au haut de son mât, un pavillon noir.

3. Lorsque les pétroles sont embarqués en France, le patron est tenu de faire connaître, vingt-quatre heures par avance, le moment du départ du bateau à l'agent de la navigation qui doit autoriser l'embarquement, ainsi qu'il est dit à l'article 7, et de lui remettre une déclaration écrite indiquant la quantité et la nature des pétroles, ainsi que l'itinéraire à suivre jusqu'à destination.

Lorsque les pétroles sont chargés hors de France, cette déclaration est faite, sans délai, à l'éclusier le plus voisin de la frontière.

4. Tout bateau portant une quantité quelconque de pétrole doit avoir à bord au moins deux mariniers et se faire haler par des chevaux marchant avec relais, en nombre voulu pour l'exercice du droit de trématage et de priorité de passage aux écluses et aux ponts mobiles.

5. Il lui est expressément interdit de naviguer de nuit et de séjourner dans les villes, dans les ports ou dans les biefs contenant une agglomération de bateaux.

6. En général, les bateaux portant des pétroles doivent se tenir éloignés, à 50 mètres au moins, de tous autres bateaux, et réciproquement il est interdit à ces derniers de stationner à une moindre distance des premiers.

Toutefois, dans les ports de Paris, cette distance pourra être réduite, conformément aux indications données, dans chaque cas particulier, par le service d'inspection de la navigation, lorsque les bateaux à protéger seront chargés uniquement de pierres, de sable ou d'autres matières incombustibles.

7. Aucun chargement ni déchargement de pétroles ne peut être commencé sans l'autorisation écrite d'un agent de la navigation.

Ces opérations ne peuvent avoir lieu que de jour et doivent être poursuivies, sans désemparer, avec la plus grande célérité possible, de telle sorte qu'aucun colis ne reste sur le quai pendant la nuit.

Un approvisionnement suffisant de sable doit, d'ailleurs, être déposé à proximité des emplacements où se font habituellement les chargements et déchargements.

8. Les essences de pétrole doivent être contenues dans des vases métalliques hermétiquement fermés.

L'usage des bombonnes ou touries en verre et en grès n'est autorisé, pour le transport des pétroles, qu'autant qu'elles sont protégées par un bon revêtement extérieur.

Les pétroles renfermés dans des bombonnes sont débarqués et embarqués séparément, avec les précautions particulières prescrites par les agents de la navigation.

9. Il est interdit de faire usage de feu, de lumière et d'allumettes, ainsi que de fumer à bord des bateaux portant des pétroles.

La même défense s'applique aux emplacements où se font le chargement et le déchargement.

Tout feu ou toute lumière nécessaires à la préparation des aliments ou au chauffage des mariniers doivent être placés sur les digues, à 50 mètres au moins de l'extrémité du bateau.

10. Les frais de toute nature, occasionnés spécialement par les mesures de précaution mentionnées aux articles précédents, sont acquittés solidairement par le patron ou le consignataire de la marchandise, sur état dressé par un agent de la navigation.

11. Les contraventions aux dispositions qui précèdent seront constatées par des procès-verbaux ou rapports qui nous seront adressés à telle fin que de droit, et il sera pris envers les contrevenants telles mesures de police administrative qu'il appartiendra.

12. Il sera adressé ampliation de cette ordonnance :

1° A M. le préfet de la Seine ;

2° A M. le président de la chambre de commerce de Paris ;

3° A MM. les ingénieurs de la navigation de la Seine et des canaux.

13. L'inspecteur général de la navigation et des ports et les agents sous ses ordres sont chargés de l'exécution de la présente ordonnance qui sera imprimée, publiée et affichée.

Le préfet de police, L. RENAULT.

N° **4455.** — *Ordonnance concernant la péripneumonie contagieuse des bêtes à cornes.*

Paris, le 24 mai 1873.

Nous, préfet de police,

Considérant que l'existence de la maladie épizootique du gros bétail, désignée sous le nom de *péripneumonie contagieuse*, a été signalée dans certaines contrées de la France ;

Considérant qu'il importe de prévenir l'invasion de ce fléau en prescrivant les mesures sanitaires relatives aux maladies contagieuses ;

Vu : 1° la loi des 16-24 août 1790 ;

2° Les arrêtés du gouvernement des 12 messidor an VIII et 3 brumaire an IX ;

3° L'arrêt du conseil, en date du 16 juillet 1784 (1);

4° Les articles 459, 460 et 461 du Code pénal;

5° Les instructions contenues dans la circulaire de M. le ministre de l'agriculture et du commerce, en date du 8 avril 1873,

Ordonnons ce qui suit :

1. Chaque fois que la *péripneumonie contagieuse des bêtes à cornes* se manifestera dans une étable, le commissaire de police, à Paris, le maire, dans les communes suburbaines, devra *être averti sur-le-champ.*

2. L'animal malade sera tenu enfermé dans un local isolé, à moins que le propriétaire ne consente à le faire abattre pour la boucherie, si la viande est jugée saine par le vétérinaire.

Dans ce cas, l'autorité prendra les mesures nécessaires pour empêcher que l'animal ne soit détourné de sa destination.

3. L'étable envahie sera rigoureusement séquestrée pendant une durée de trois mois.

Aucun animal ne pourra sortir de l'étable pendant ce laps de temps, si ce n'est pour être conduit à l'abattoir.

4. A Paris, les bêtes mortes des suites de la *péripneumonie contagieuse* seront transportées au clos d'équarrissage municipal d'Aubervilliers, ou dans les établissements autorisés à convertir en engrais les matières animales.

5. Dans les communes du ressort de la préfecture de police, les cadavres des bêtes mortes de la même maladie devront être transportés dans des usines autorisées où les matières animales sont converties en produits industriels.

6. Les locaux où ont séjourné des animaux atteints de la péripneumonie contagieuse devront être désinfectés par les procédés en usage, à la diligence des maires ou des commissaires de police.

7. Les contraventions aux dispositions de la présente ordonnance seront constatées par des procès-verbaux qui nous seront adressés pour être transmis aux tribunaux compétents.

8. La présente ordonnance sera imprimée et affichée.

Les sous-préfets des arrondissements de Sceaux et de Saint-Denis, les maires et les commissaires de police des communes rurales du ressort de la préfecture de police, le chef de la police municipale, les commissaires de police à Paris, l'inspecteur général des halles et marchés, le contrôleur de la fourrière et les autres préposés de la préfecture de police, sont chargés, chacun en ce qui le concerne, de tenir la main à son exécution.

Le préfet de police, L. RENAULT.

N° **4456.** — *Ordonnance concernant les baignades en rivière dans le ressort de la préfecture de police* (2).

Paris, le 31 mai 1873.

---

(1) V. cet arrêt à l'appendice du présent vol.
(2) V. l'ord. du 18 mai 1872.

N° **4457.** — *Ordonnance concernant l'affichage du décret relatif aux huiles de pétrole et de schiste, essences et autres hydrocarbures.*

Paris, le 12 juin 1873.

Nous, préfet de police,

Ordonnons ce qui suit :

Le décret du 19 mai 1873, concernant les huiles de pétrole et de schiste, essences et autres hydrocarbures, sera imprimé et affiché à Paris et dans les communes du ressort de notre préfecture (1).

Le préfet de police, **L. RENAULT.**

N° **4458.** — *Ordonnance concernant le stationnement des voitures, bêtes de trait et de somme, et le dépôt des hottes, mannes, paniers et denrées, sur la voie publique, aux abords des halles et marchés de Paris.*

Paris, le 14 juin 1873.

Nous, préfet de police,

Vu : 1° la loi des 16-24 août 1790, titre XI ;

2° L'arrêté du gouvernement du 12 messidor an VIII (1er juillet 1800);

3° Le décret du 10 octobre 1859 qui place dans les attributions de M. le préfet de la Seine (art. 1er § 5) la concession des lieux de stationnement des voitures servant à l'approvisionnement des halles et marchés,

Ordonnons ce qui suit :

1. Le stationnement des voitures, bêtes de trait et de somme employées au service d'approvisionnement et de désapprovisionnement des halles et marchés de Paris, ainsi que le dépôt des hottes, mannes, paniers et denrées, sont interdits sur tous les points de la voie publique autres que ceux fixés par les arrêtés de M. le préfet de la Seine.

2. Les voitures, bêtes de trait et de somme servant au transport des denrées de marché seront conduites à leur lieu de remisage ou rangées sur les places de stationnement qui leur sont affectées, aussitôt après leur déchargement.

3. Sur les places de stationnement, les voitures devront être disposées de manière à ce que leur départ puisse toujours s'effectuer sans difficulté.

Les bêtes de trait seront attelées aux voitures ou attachées entre les limons, la tête tournée du côté de la voiture.

Les bêtes de somme seront attachées derrière les voitures, et, par conséquent, il n'en sera reçu qu'aux places de stationnement où les voitures pourront être placées sur deux rangs au moins.

4. Pendant la durée des marchés, les voitures de désapprovisionnement ne pourront être amenées, ni directement, ni des lieux de stationnement ou de remisage, aux places de vente ou de dépôt des denrées pour y être chargées.

(1) V. ce décret à l'appendice du présent vol.

Tous les colis destinés aux chargements de ces voitures ne pourront y être apportés qu'à bras ou à dos.

5. De minuit à sept heures, du 1er avril au 30 septembre, et huit heures, du 1er octobre au 31 mars, les agents de la régie et les aubergistes pourront faire amener au lieu de stationnement ou de remisage jusqu'à 3 voitures ou 4 bêtes de somme par un seul conducteur; mais, en dehors des heures sus-indiquées, chaque voiture ou chaque bête de somme devra être conduite séparément.

6. Les places de stationnement et de dépôt devront être évacuées entièrement aux heures fixées par M. le préfet de la Seine.

7. Les gens de service employés par les aubergistes avoisinant les halles et marchés, pour conduire dans les locaux qui appartiennent à ces derniers, des voitures, bêtes de trait et de somme, devront, pendant la durée de leur travail, porter au bras gauche une plaque dont le modèle et la suscription seront déterminés par la préfecture de police. Elle leur sera remise, s'il y a lieu, par M. l'inspecteur général des marchés, après instruction de la demande qu'ils devront nous en faire.

8. Il est interdit aux gens de service, employés par les propriétaires d'auberges ou de remises, de se livrer, pour le compte de leurs patrons, au racolage des voitures sur la voie publique.

9. Les contraventions à la présente ordonnance seront constatées par des procès-verbaux ou rapports qui nous seront transmis à telles fins que de droit.

10. La présente ordonnance sera imprimée, publiée et affichée.

Ampliation en sera adressée à M. le préfet de la Seine.

Le chef de la police municipale, les commissaires de police, l'inspecteur général des halles et marchés, et les préposés sous leurs ordres, sont chargés, chacun en ce qui le concerne, d'en assurer l'exécution.

M. le commandant de la garde républicaine leur fera prêter mainforte, au besoin.

Le préfet de police, **L. RENAULT.**

Nº **4459.** — *Ordonnance concernant les mesures d'ordre et de sûreté à observer, à l'occasion de la réception de nuit, au Trocadéro, de S. M. le Shah de Perse.*

Paris, le 11 juillet 1873.

Nous, préfet de police,

Vu le programme de la réception qui consistera en:

1º *Illumination* des principaux édifices publics; — 2º *Feux d'artifice* tirés sur le pont d'Iéna et sur la place du Trône; — et 3º *Marche militaire aux flambeaux*;

Vu la loi des 16-24 août 1790 et l'arrêté du gouvernement du 12 messidor an VIII, qui nous chargent de maintenir le bon ordre dans les fêtes publiques et de prendre les précautions nécessaires pour prévenir les accidents;

Vu l'article 471, n. 15, du Code pénal,

Ordonnons ce qui suit :

1. Le 13 juillet, à partir de cinq heures du soir, la circulation, le passage d'eau, le stationnement en bateau et la navigation seront interdits, depuis le pont de l'Alma jusqu'à la pointe de l'île de Grenelle et sur tous les autres points où cette mesure serait reconnue nécessaire.

Sont exceptées de cette disposition les embarcations employées au service de la fête.

Les bateaux à vapeur s'arrêteront à partir de cinq heures, savoir : ceux qui viennent d'amont, au ponton des Invalides, et ceux qui viennent d'aval, au ponton de Grenelle.

A partir de la même heure, tout stationnement sur l'une et l'autre des berges de la Seine, est interdit depuis le pont des Invalides jusqu'à la pointe de l'île de Grenelle.

2. La circulation des voitures sera interdite sur tous les points où l'agglomération des personnes rendra cette mesure nécessaire, et notamment :

A partir de cinq heures du soir,
Sur la place du Trocadéro ;

A partir de sept heures,
Dans les avenues du Roi-de-Rome et des Champs-Élysées ;
Dans les différentes voies aboutissant au Trocadéro, à leur débouché sur cette place ;
Sur les quais de Billy et de Passy, entre les ponts de l'Alma et de Grenelle ;
Dans la partie du Champ-de-Mars qui longe la Seine, dans la partie du quai d'Orsay qui borde le Champ-de-Mars ;
Et sur la place du Trône.

Les voitures des personnes admises dans l'enceinte du Trocadéro ne pourront stationner que sur les avenues d'Iéna, de Malakoff et de l'Empereur, du côté du bois de Boulogne.

Les cochers ou conducteurs de voitures publiques ou particulières seront tenus d'obtempérer aux injonctions des préposés de notre préfecture, qui les inviteront à changer leur itinéraire.

3. Les entrepreneurs des feux d'artifice qui seront tirés sur le pont d'Iéna et sur la place du Trône établiront, au pourtour des feux, de fortes barrières en charpente, à la distance de 150 mètres au moins des pièces pyrotechniques, pour maintenir le public à l'éloignement qu'exige sa sûreté, et ils se conformeront, en outre, aux dispositions de l'ordonnance relative aux artificiers.

Personne, à l'exception des artificiers et de leurs ouvriers, ne pourra pénétrer dans les emplacements où seront tirés les feux d'artifice.

Un poste de sapeurs-pompiers, avec les pompes et agrès nécessaires, sera établi auprès desdits emplacements.

4. Des postes médicaux seront établis :

1° Au Trocadéro, à l'angle de l'avenue du Roi-de-Rome et de la place du Trocadéro ;

2° A l'angle du quai de Billy et de la rue de Magdebourg ;

3° Dans le pavillon du garde du square du Trocadéro, dans la partie gauche de cette place ;

4° A l'angle du quai d'Orsay et de l'avenue de Suffren ;

5° A l'angle du quai d'Orsay et de l'avenue de La Bourdonnaye ;

6° Avenue de La Bourdonnaye, à la hauteur de la rue St-Dominique ;

7° Et place du Trône, à la hauteur de l'avenue des Ormeaux.

5. Il est expressément défendu de tirer des pièces d'artifice ou des coups de feu sur la voie publique ou dans les habitations.

6. Il est absolument interdit de placer sur la voie publique des estrades, des échelles, des tables, des chaises, etc. Les commissaires de police et agents de la force publique feront enlever sur-le-champ et, au besoin, porter à la fourrière les objets placés en contravention à cette défense.

Il est interdit aussi de monter sur les arbres des avenues, promenades et jardins publics ; sur les parapets des ponts ou des quais ; sur les colonnes d'éclairage, ainsi que sur les entablements ou les auvents des maisons et sur les échafaudages des bâtiments en construction.

7. Les chefs de détachements sont invités à ne se retirer et à ne rappeler les factionnaires chargés de l'exécution des consignes, qu'après l'entier écoulement de la foule.

8. Les officiers de police constateront les contraventions à la présente ordonnance, et les contrevenants seront traduits devant les tribunaux compétents.

9. La présente ordonnance sera imprimée et affichée dans Paris et dans les communes du ressort de la préfecture de police.

Le chef de la police municipale, les commissaires de police, l'inspecteur général de la navigation et les préposés de la préfecture de police en assureront l'exécution, chacun en ce qui le concerne.

Le général commandant les légions de la garde républicaine, le colonel de la 1re légion de gendarmerie et le commandant de la gendarmerie de la Seine, sont requis de prêter main-forte, au besoin, pour l'exécution des dispositions qui précèdent.

Le préfet de police, L RENAULT.

———————

N° **4460.** — *Ordonnance concernant l'ouverture de la chasse* (1).

Paris, le 9 août 1873.

———————

(1) V. l'ord. du 18 août 1872.

N° **4461.** — *Ordonnance concernant les mesures à prendre pour assurer la sécurité de la navigation, pendant les travaux de reconstruction du pont de Suresnes.*

Paris, le 25 août 1873.

Nous, préfet de police,

Vu : 1° les arrêtés des consuls des 12 messidor an VIII et 3 brumaire an IX, et la loi du 10 juin 1853;

2° Les rapports de M. l'ingénieur en chef de la 3ᵉ section de la navigation de la Seine et de M. l'inspecteur général de la navigation et des ports, relatifs aux mesures à prendre pour assurer la sécurité de la navigation aux abords des chantiers des travaux de reconstruction du pont de Suresnes,

Ordonnons ce qui suit :

1. Jusqu'au moment de la construction des cintres, la navigation aura lieu exclusivement par l'arche rive gauche, côté de Suresnes, dont le passage devra toujours rester libre.

Un pont de service, mettant en communication le bois de Boulogne et la pile rive gauche, pourra être établi pendant toute la durée de la construction des piles. Ce pont de service provisoire devra disparaître aussitôt que les piles seront montées et que les cintres devront être commencés. Il sera signalé à la marine par les soins de l'entrepreneur des travaux : le jour, par des pavillons de couleur rouge ; la nuit, par des feux rouges.

2. Il sera réservé, pour le passage des bateaux sous les échafaudages de pose, deux travées marinières de 14 mètres de largeur et de 5 mètres 80 de hauteur au-dessus de l'étiage, l'une dans l'arche centrale, et l'autre dans l'arche rive gauche, côté de Suresnes.

La première est destinée aux bateaux à vapeur et remorqueurs libres; la seconde aux bateaux halés et au service du touage.

L'entrée et la sortie des deux passes seront facilitées par l'établissement d'entonnoirs d'une longueur de 15 mètres et mesurant 20 mètres à la partie la plus large; les côtés seront garnis de madriers jointifs formant glissières jusqu'à 2 mètres 50 cent. au-dessus du niveau de la retenue de Suresnes.

3. Pour l'exécution des manœuvres que nécessitera le passage des bateaux halés, un service composé de deux mariniers avec un bachot, les cordes et agrès nécessaires, sera établi par les soins et aux frais de l'entrepreneur des travaux.

Ces mariniers seront à la disposition de la marine, depuis le point du jour jusqu'au coucher du soleil.

Ils seront sous la surveillance des inspecteurs de la navigation.

4. Les passes seront indiquées, la nuit, par huit feux rouges placés sur chacun des huit pieux de tête des entonnoirs de chaque entrée. Ces feux, dont quatre se trouveront à l'amont et quatre à l'aval, ne seront visibles que du côté seulement où ils seront placés.

5. Le service d'éclairage mentionné dans l'article précédent sera fait par les soins de l'entrepreneur des travaux qui devra se conformer, en outre, pendant le cours des travaux, à toutes les prescriptions qui

lui seront imposées, dans l'intérêt de la navigation, par les ingénieurs et les inspecteurs de ce service.

6. Le matériel flottant en stationnement aux abords des chantiers des travaux du pont, devra être entièrement rangé chaque soir, de manière à n'apporter aucune entrave au service de la navigation.

7. Les ingénieurs de la navigation de la Seine (3ᵉ section), l'inspecteur général de la navigation et des ports et les agents sous leurs ordres, sont chargés, chacun en ce qui le concerne, d'assurer l'exécution de la présente ordonnance qui sera imprimée, publiée et affichée.

Le préfet de police, **L. RENAULT.**

Nᵒ **4462.** — *Ordonnance concernant les mesures d'ordre et de sûreté à observer à l'occasion des fêtes de Saint-Cloud* (1).

Paris, le 1ᵉʳ septembre 1873.

Nᵒ **4463.** — *Ordonnance concernant la vérification périodique des poids et mesures pour l'année 1874.*

Paris, le 26 décembre 1873.

Nous, préfet de police,

Vu : 1ᵒ les lois des 16-24 août 1790 et 19-22 juillet 1791 ;

2ᵒ Les arrêtés du gouvernement des 12 messidor an VIII et 3 brumaire an IX, et les lois des 7 août 1850 et 10 juin 1853 ;

3ᵒ Le décret des 16 février-15 mars 1861, relatif aux opérations de vérification périodique des poids et mesures, à Paris (2) ;

4ᵒ L'ordonnance de police du 25 octobre 1861, concernant la vérification et l'usage des poids et mesures ;

5ᵒ Les décisions ministérielles en date des 20 juillet 1863, 10 avril et 31 octobre 1864 relatives à la vérification des ponts à bascule ;

6ᵒ Le décret du 26 février 1873, concernant la vérification et les taxes (3),

Ordonnons ce qui suit :

1. La vérification périodique des poids, mesures, balances, instruments de pesage et de mesurage, aura lieu, en 1874, dans le ressort de la préfecture de police, aux dates et dans les bureaux indiqués au tableau annexé à la présente ordonnance (4).

La marque du poinçon de vérification, pour ladite année 1874, figurera la lettre I.

2. Aux termes du décret du 26 février 1873, les assujettis doivent être pourvus des séries complètes des poids et mesures dont ils font

(1) V. l'ord. du 5 septembre 1872.
(2) V. ce décret, à l'appendice du présent vol.
(3) V.   id.   id.   id.
(4) On a cru devoir supprimer le tableau annexé à cette ordonnance, les indications d'époques qui s'y trouvent portées, variant chaque année et n'ayant plus aujourd'hui aucune utilité.

usage, d'après la nature de leurs opérations, conformément aux désignations du tableau B annexé audit décret.

Ne sont point tolérés, les poids et mesures isolés, autres que ceux hors séries, qui sont :

POIDS EN FER :

50 kilogrammes, 20 kilogrammes.

MESURES DE CAPACITÉ
(pour les matières sèches) :

Double hectolitre, hectolitre, demi-hectolitre.

MESURES DE CAPACITÉ
(pour les liquides) :

Double décalitre, décalitre, demi-décalitre, double-litre.

MESURES DE CAPACITÉ EN FER-BLANC :

Double litre.

MESURES DE SOLIDITÉ
(membrures pour le bois de chauffage) :

Décastère, demi-décastère, double stère.

MESURES AGRAIRES ET DE LONGUEUR :

Double décamètre, décamètre, demi-décamètre, double mètre.

3. Les assujettis à la vérification des poids et mesures remettront aux vérificateurs, en même temps que leur matériel à vérifier, la lettre d'avertissement qui leur sera adressée. Dans le cas où ils auraient égaré cette lettre, ou ne l'auraient point reçue, ils devront justifier de leur identité et de leur domicile, soit par la cote des contributions directes, soit par leur bail, la dernière quittance de loyer, ou toute autre pièce contenant les indications nécessaires.

4. Les marchands ambulants qui font usage de poids et de mesures sont tenus : ceux qui habitent Paris, de les présenter à la vérification dans les bureaux du ressort de la circonscription où ils sont domiciliés ; ceux de la banlieue, dans l'un des bureaux de Paris, le plus voisin de la commune qu'ils habitent. Cette vérification sera effectuée dans les trois premiers mois de l'année, ou de l'exercice de leur profession.

5. Les possesseurs de ponts à bascule tiendront à la disposition des agents chargés de la vérification de ces appareils : 100 kilogrammes de poids, lorsqu'il s'agira de ponts établis sur des leviers dont le rapport est de 1 à 100, et 1,000 kilogrammes pour les appareils construits suivant la proportion de 1 à 1,000.

6. Les bureaux de vérification, à Paris, seront ouverts toute l'année, depuis dix heures précises du matin jusqu'à quatre heures du soir, les fêtes et dimanches exceptés.

Ceux des communes rurales seront ouverts les jours indiqués ci-dessous et aux heures fixées par les maires.

7. Les sous-préfets des arrondissements de Saint-Denis et de Sceaux, les maires des communes rurales du ressort de la préfecture de police, le vérificateur en chef des poids et mesures, les vérificateurs et les vérificateurs-adjoints, le chef de la police municipale, les commissaires de police de Paris et de la banlieue, les commissaires de police inspecteurs des poids et mesures, l'inspecteur général des halles et marchés, l'inspecteur général de la navigation et des ports, l'inspecteur principal des combustibles et les agents sous leurs ordres, sont chargés, chacun en ce qui le concerne, d'assurer l'exécution de la présente ordonnance qui sera imprimée, publiée et affichée.

Le préfet de police, L. RENAULT.

APPENDICE.

APPENDICE.

· 27

ORDONNANCES DE POLICE.

APPENDICE.

N° **1.** — *Arrêt de la Cour de Parlement concernant la contagion des bestiaux.*

Paris, le 24 mars 1745.

La Cour, faisant droit sur la requête du procureur général ordonne :

1. Que dans les lieux où la maladie des bœufs, vaches et veaux a commencé de se faire sentir, les officiers, soit du roi, soit des sieurs hauts-justiciers, auxquels la police appartient, chacun dans leur territoire, même les syndics des communautés, en cas d'absence desdits officiers, seront tenus de prendre des déclarations exactes des bœufs, vaches et veaux de chaque particulier, et de les faire visiter par personnes à ce intelligentes, deux fois la semaine au moins, le tout sans frais, pour connaître s'il n'y a point de bêtes infectées de la maladie. Enjoint à tous ceux qui ont ou qui auront du bétail malade, de le déclarer incontinent auxdits officiers, à peine de cent livres d'amende contre chaque contrevenant, pour être, les bêtes malades, séparées de celles qui seront saines et mises dans d'autres écuries, étables et lieux. Qu'en cas que le bétail malade puisse être conduit au pâturage, il soit mis à la garde d'un pâtre qui sera choisi par la communauté, et qui ne pourra conduire le bétail que dans les cantons et lieux qui seront indiqués par lesdits officiers, à peine de punition corporelle, et de tous dommages et intérêts dont la communauté demeurera responsable.

2. Fait défense aux communautés qui ont des droits de parcours ou d'usages sur les territoires voisins, de les exercer dès le moment qu'il y aura, dans lesdites communautés, des bêtes atteintes de maladie ; à peine, par les habitants des communautés contrevenantes, de répondre solidairement de tous dommages et intérêts, et civilement du fait de leur pâtre.

3. Fait pareillement défenses à toutes personnes de conduire des bœufs, vaches ou veaux des bailliages et lieux où la maladie est répandue, pour les vendre dans d'autres bailliages et lieux ; à cet effet, ordonne que lesdits bœufs, vaches et veaux ne puissent être vendus qu'après que ceux qui les conduisent auront préalablement représenté aux juges des lieux où la vente en sera faite, un certificat des officiers du lieu d'où lesdits bœufs, vaches et veaux auront été amenés, portant qu'il n'y a point de maladie dans ledit lieu sur lesdits bestiaux, ni à trois lieues au moins à la ronde, lequel certificat sera visé par ledit juge, sans frais, le tout à peine de 300 livres d'amende pour chaque contravention, même de confiscation des bestiaux, s'il y échet.

4. Fait pareillement défense à toutes personnes, sous les mêmes peines, d'exposer en vente dans les foires et marchés aucuns bœufs, vaches et veaux, même aux bouchers de tuer et débiter lesdits bœufs, vaches ou veaux, qu'après qu'ils auront été vus et visités par des personnes à ce intelligentes, nommées par lesdits officiers; et ce (à l'égard des bestiaux qui seront exposés en vente dans les foires et marchés), avant que lesdits bestiaux puissent être amenés dans le lieu de la foire ou du marché, pour savoir s'ils ne sont point infectés de maladie, ou même suspects d'en être attaqués; et être, ceux qui se trouveront en état, renvoyés sur-le-champ dans les lieux d'où ils auront été amenés; que les bestiaux qui seront jugés sains ne puissent être mêlés avec ceux de celui qui les aura achetés, ou autre habitant des lieux où ils seront vendus, qu'après en avoir été tenus séparés au moins pendant huit jours, à peine de 100 livres d'amende pour chaque contravention.

5. Ordonne qu'aussitôt que les bêtes infectées seront mortes, les propriétaires et fermiers seront tenus de les enterrer avec leurs peaux, lesdites bêtes préalablement coupées par quartiers, dans des fosses de huit à dix pieds de profondeur pour chaque bête, de jeter dessus lesdites bêtes de la chaux vive, et de recouvrir exactement ladite fosse jusqu'au niveau du terrain. Enjoint auxdits officiers et auxdits syndics, en leur absence, de leur faire fournir les charrettes, chevaux, harnais, civières ou traîneaux, même les manouvriers dont ils auront besoin, sans qu'on puisse traîner lesdites bêtes, mais seulement les porter aux fosses dans lesquelles elles seront jetées; le tout à peine de cinquante livres d'amende contre ceux qui auront refusé leurs charrettes, harnais, civières ou traîneaux, ou leurs services pour enterrer promptement lesdites bêtes mortes de maladie. Fait défenses à toutes personnes de laisser dans les bois lesdites bêtes mortes, les jeter dans les rivières, ni les exposer à la voirie, même de les enterrer dans les écuries, cours, jardins et ailleurs que hors l'enceinte des villes, bourgs, villages, à peine de 300 livres d'amende, et de tous dommages et intérêts.

6. Fait défenses à toutes personnes de tirer des fosses les bêtes, soit entières ou par parties, sous quelque prétexte que ce puisse être, et aux tanneurs ou autres d'en vendre ou acheter les peaux, à peine de 300 livres d'amende, même de punition corporelle.

7. Ordonne que les amendes qui seront encourues pour contravention à l'exécution du présent arrêt, seront appliquées, un tiers au dénonciateur, un tiers au haut-justicier et un tiers aux pauvres du lieu, et ne puissent être réputées comminatoires, ni être remises ou

modérées par les juges, sous quelque prétexte que ce puisse être.

8. Que les jugements qui sont rendus en conséquence du présent arrêt, et pour prévenir la mortalité du bétail, seront exécutés par provision, nonobstant toutes oppositions, appellations, prises à partie et empêchements quelconques, sans y préjudicier.

9. Et que le présent arrêt sera lu, publié et enregistré dans tous les bailliages et sénéchaussées du ressort de ladite cour. Enjoint aux substituts du procureur général du roi d'y tenir la main, d'en envoyer des copies dans les justices de leur ressort, pour y être pareillement lu, publié et affiché partout où besoin sera, à ce que personne n'en ignore, et d'en certifier la cour dans le mois.

Nº **2.** — *Arrêt du Conseil portant règlement pour la navigation de la rivière de la Marne et autres rivières et canaux navigables.*

Paris, le 24 juin 1777.

. . . .

3. Ordonne pareillement Sa Majesté à tous riverains, mariniers ou autres, de faire enlever les pierres, terres, bois, pieux, débris de bateaux et autres empêchements étant de leur fait ou non à leur charge dans le lit desdites rivières ou sur leurs bords, à peine de 500 livres d'amende, confiscation desdits matériaux et débris, et d'être, en outre, contraints au paiement des ouvriers qui seront employés auxdits enlèvements et nettoiements, lesquels, après ledit délai passé, pourront être faits en vertu du présent arrêt, par tous voituriers par eau et mariniers.

4. Défend Sa Majesté, sous les mêmes peines, à tous riverains et autres, de jeter dans le lit desdites rivières et canaux, ni sur leurs bords, aucuns immondices, pierres, graviers, bois, paille ou fumier, ni rien qui puisse en embarrasser et attérir le lit, ni d'en affaiblir et changer le cours par aucunes tranchées ou autrement, ainsi que d'y planter aucun pieux, mettre rouir les chanvres, comme aussi d'y tirer aucunes pierres, terres, sables et autres matériaux plus près des bords que six toises.

. . . .

8. Fait Sa Majesté très-expresses inhibitions et défenses à tous voituriers par eau, mariniers, meuniers et compagnons de rivière, de troubler et retarder le service desdits coches et diligences, d'embarrasser les abords des ports et gares qui leur sont affectés, de laisser vaguer les sous-pentes de leurs traits de bateaux, de garer leurs dits bateaux du côté du halage, et, avec les mâts, fourchettes ou gouvernaux dressés, de monter ou descendre lesdits bateaux et trains couplés en double dans les ponts, pertuis, goulettes et autres passages étroits, ni de les y emboucher avant que d'avoir été reconnaître s'il n'y a point de coches ou autres bateaux présentés pour y passer, ainsi que de fermer leurs dits bateaux à l'entrée ou dans lesdits passages étroits, de manière à intercepter ou gêner la navigation, à peine de demeurer

responsables de toutes pertes, dépens, dommages et retards, même de punition corporelle, si le cas y échoit.

. . . .

11. Sa Majesté déclare tous les ponts, chaussées, pertuis, digues, hollandages, pieux, balises et autres ouvrages publics qui sont ou seront, par la suite, construits pour la sûreté et facilité de la navigation et du halage, sur et le long des rivières et canaux navigables où flottables, faire partie des ouvrages royaux, et les prend en conséquence sous sa protection et sauvegarde royale : enjoint Sa Majesté aux maires, syndics et autres officiers municipaux des communautés riveraines, de veiller et empêcher que lesdits ouvrages ne soient dégradés, détruits ou enlevés, et ordonne que tous ceux qui feraient ou occasionneraient lesdites dégradations ou destructions, seront poursuivis extraordinairement, condamnés en une amende arbitraire, et tenus de réparer les choses endommagées.

N° **3.** *Arrêt du Conseil sur les maladies des animaux, la morve et autres.*

Versailles, le 16 juillet 1784

1. Toutes personnes, de quelque qualité et condition qu'elles soient qui auront des chevaux et bestiaux atteints ou soupçonnés de la morve ou de toute autre maladie contagieuse, telles que le charbon, la gale, la clavelée, le farcin et la rage, seront tenues, à peine de 500 livres d'amende, d'en faire sur-le-champ leur déclaration aux maires, échevins ou syndics des villes, bourgs et paroisses de leur résidence, pour être, lesdits chevaux et bestiaux, vus et visités sans délai, en la présence desdits officiers, par les experts vétérinaires les plus prochains, lesquels se transporteront, à cet effet, dans les écuries, étables et bergeries pour reconnaître et constater exactement l'état des chevaux et animaux qui leur auront été déclarés.

2. Autorise Sa Majesté les sieurs intendants et commissaires départis dans les différentes provinces du royaume, à nommer autant d'experts qu'ils le jugeront à propos pour lesdites visites, choisis par préférence parmi les élèves des écoles vétérinaires, à leur défaut, parmi les maréchaux ou autres qui auront les certificats d'étude et de capacité du directeur de l'école vétérinaire, ou qui auront subi un examen sur les demandes qui leur seront faites en présence dudit sieur commissaire par deux artistes vétérinaires du département.

3. Seront tenus, lesdits experts, de prêter leur ministère toutes fois et quant ils en seront requis par les officiers de maréchaussée, subdélégués, officiers municipaux et syndics, pour examiner les chevaux et bestiaux suspects, comme aussi de se transporter, à cet effet, dans les marchés publics et dans les écuries des maîtres de postes, des entrepreneurs de messageries ou roulage et loueurs de chevaux, même aussi dans les écuries, bergeries et étables des particuliers, sur les déclarations et dénonciations de mal contagieux qui auraient été faites à leur égard, en se faisant toutefois, audit cas, autoriser par le juge du lieu et accompagner d'un officier municipal ou du syndic de la paroisse. Fait défense, Sa Majesté, à toutes personnes de refuser l'entrée de leurs écuries, étables et bergeries auxdits experts ainsi assistés, et d'apporter aucun obstacle à ce qu'il soit procédé, conformément à ce que dessus, auxdites visites dont il sera dressé procès-verbal, lors duquel, en cas de difficultés, les parties intéressées pourront faire tels dires et réquisitions qu'elles aviseront, et il y sera statué provisoirement, et sans aucun délai, par le juge qui aura autorisé la visite.

4. Défenses sont faites à tous maréchaux, bergers et autres, de traiter aucun animal attaqué de la maladie contagieuse et pestilentielle sans en avoir fait la déclaration aux officiers municipaux et syndics de leur résidence, lesquels en rendront compte sur-le-champ au subdélégué qui fera appliquer, sans délai, sur le front de la bête malade, un cachet en cire verte portant ces mots : *animal suspect*, pour, dès cet instant, être les chevaux ou autres animaux qui auront été ainsi marqués, conduits et enfermés dans des lieux séparés et isolés. Fait pareillement défense, Sa Majesté, à toutes personnes de les laisser communiquer avec d'autres animaux, ni de les laisser vaguer dans des pâturages communs ; le tout sous la même peine d'amende.

5. Les chevaux qui auront été attaqués de la morve, et les autres bestiaux dont la maladie contagieuse aura été reconnue incurable par les experts, seront abattus sans délai, ensuite ouverts par lesdits experts, lesquels appelleront à l'abattage et ouverture desdits animaux un officier municipal ou syndic, qui en dressera procès-verbal pour être envoyé audit sieur commissaire départi ou à son subdélégué, et ce procès-verbal contiendra en détail le caractère de la maladie de l'animal et les précautions pour éviter la contagion.

6. Les chevaux et bestiaux morts ou abattus pour cause de morve et de toute autre maladie contagieuse pestilentielle, seront enterrés (chairs et ossements) dans des fosses de dix pieds de profondeur, qui ne pourront être ouvertes plus près de cent toises de toute habitation, et les peaux en seront tailladées ; les écuries dans lesquelles auront séjourné des chevaux morveux, ainsi que les étables et bergeries qui auront servi aux animaux attaqués de maladies contagieuses, seront, à la diligence des officiers municipaux et experts, aérées et purifiées ; lesdits lieux ne pourront être occupés par aucuns autres animaux, que lorsqu'ils auront été purifiés et qu'il se sera écoulé un temps suffisant pour en ôter l'infection ; les équipages, harnais, colliers, seront brûlés ou échaudés, conformément à ce qui sera prescrit par le procès-verbal d'abattage qui aura été dressé, et dont sera laissé copie, pour les propriétaires ou autres s'y conformer, ainsi qu'à toutes les précautions qui auront été indiquées par les experts, à l'effet d'éviter la contagion, le tout sous la même peine de 500 livres d'amende.

7. Fait, Sa Majesté, défenses, sous les mêmes peines, à tous marchands de chevaux et autres, de détourner, sous quelque prétexte que ce soit, vendre ou exposer en vente dans les foires et marchés ou partout ailleurs, des chevaux ou bestiaux atteints ou suspectés de morve ou de maladies contagieuses, et aux hôteliers, cabaretiers, laboureurs et autres, de recevoir dans leurs écuries ou étables ordinaires, aucuns chevaux ou animaux soupçonnés de semblables maladies, auquel cas ils seront tenus d'en faire aussitôt la déclaration ci-dessus prescrite.

8. Autorise Sa Majesté, lesdits sieurs commissaires départis et leurs subdélégués à commettre dans les villes, bourgs et villages de leurs généralités, tel nombre d'équarrisseurs qui sera jugé nécessaire, lesquels seuls pourront faire l'enlèvement et équarrissage des animaux morts dans les arrondissements qui leur seront prescrits, auxquels il sera délivré sans frais une commission par lesdits sieurs intendants et subdélégués, sans qu'aucuns autres puissent s'immiscer dans l'équarrissage des chevaux et bestiaux, à peine de prison.

9. Les équarrisseurs ne pourront, sous peine d'être déchus de leur commission, d'amende ou de telle autre punition qu'il appartiendra, vendre et débiter aucune viande qui proviendra des chevaux ou animaux qui, suivant l'art. 2, auront été abattus pour être enterrés.

10. Autorise Sa Majesté, toutes personnes à dénoncer les contraventions qui pourront être faites aux dispositions du présent arrêt; et lorsqu'elles auront été bien et duement constatées, le tiers des amendes qui auront été prononcées et qui seront payables sans déport, appartiendra au dénonciateur, auquel il sera en outre accordé une récompense proportionnée au mérite de la dénonciation.

11. Seront tenus tous les maires et échevins dans les villes, et les syndics dans les campagnes, d'informer, au premier avis qu'ils en auront, les intendants et leurs subdélégués, des maladies contagieuses ou épizootiques qui se manifesteront dans l'étendue de leur arrondissement, à peine d'être rendus personnellement responsables de tous dommages qui pourraient résulter de leur négligence.

12. Toutes les amendes encourues. aux termes des articles ci-dessus, seront payées sans déport, et les contrevenants y seront contraints par toutes voies dues et raisonnables, même par emprisonnement de leurs personnes.

N° 4. — Loi tendant à la répression plus efficace de certaines fraudes dans la vente des marchandises.

Paris, les 10, 19 et 27 mars 1851.

1. Seront punis des peines portées par l'article 423 du Code pénal:

1° Ceux qui falsifieront des substances ou denrées alimentaires ou médicamenteuses destinées à être vendues;

2° Ceux qui vendront ou mettront en vente des substances ou denrées alimentaires ou médicamenteuses qu'ils sauront être falsifiées ou corrompues;

3° Ceux qui auront trompé ou tenté de tromper, sur la quantité des choses livrées. les personnes auxquelles ils vendent ou achètent, soit par l'usage de faux poids ou de fausses mesures. ou d'instruments inexacts servant au pesage ou mesurage, soit par des manœuvres ou procédés tendant à fausser l'opération du pesage ou mesurage, ou à augmenter frauduleusement le poids ou le volume de la marchandise, même avant cette opération, soit enfin par des indications frauduleuses tendant à faire croire à un pesage ou mesurage antérieur et exact.

2. Si, dans les cas prévus par l'article 423 du Code pénal ou par l'article premier de la présente loi, il s'agit d'une marchandise contenant des mixtions nuisibles à la santé, l'amende sera de 50 à 500 fr., à moins que le quart des restitutions et dommages-intérêts n'excède cette dernière somme : l'emprisonnement sera de trois mois à deux ans.

Le présent article sera applicable, même au cas où la falsification nuisible serait connue de l'acheteur ou consommateur.

3. Sont punis d'une amende de 16 francs à 25 francs, et d'un emprisonnement de six à dix jours, ou de l'une de ces deux peines seulement, suivant les circonstances, ceux qui, sans motifs légitimes, auront dans leurs magasins, boutiques, ateliers ou maisons de commerce, ou dans les halles, foires ou marchés, soit des poids ou mesures faux, ou autres appareils inexacts servant au pesage ou au mesurage, soit des substances alimentaires ou médicamenteuses qu'ils sauront être falsifiées ou corrompues.

Si la substance falsifiée est nuisible à la santé, l'amende pourra être portée à 50 francs et l'emprisonnement à quinze jours.

4. Lorsque le prévenu, convaincu de contravention à la présente loi ou à l'article 423 du Code pénal, aura, dans les cinq années qui ont précédé le délit, été condamné pour infraction à la présente loi ou à l'article 423, la peine pourra être élevée jusqu'au double du maximum ; l'amende prononcée par l'article 423 et par les articles 1 et 2 de la présente loi pourra même être portée jusqu'à 1000 francs, si la moitié des restitutions et dommages-intérêts n'excède pas cette somme : le tout sans préjudice de l'application, s'il y a lieu, des articles 57 et 58 du Code pénal.

5. Les objets dont la vente, usage ou possession constitue le délit, seront confisqués, conformément à l'article 423 et aux articles 477 et 481 du Code pénal.

S'ils sont propres à un usage alimentaire ou médical, le tribunal pourra les mettre à la disposition de l'administration pour être attribués aux établissements de bienfaisance.

S'ils sont impropres à cet usage ou nuisibles les objets seront détruits ou répandus aux frais du condamné. Le tribunal pourra ordonner que la destruction ou effusion aura lieu devant l'établissement ou le domicile du condamné.

6. Le tribunal pourra ordonner l'affiche du jugement dans les lieux qu'il désignera, et son insertion intégrale ou par extrait dans tous les journaux qu'il désignera, le tout aux frais du condamné.

7. L'article 463 du Code pénal sera applicable aux délits prévus par la présente loi.

8. Les deux tiers des produits des amendes sont attribués aux communes dans lesquelles les délits auront été constatés.

9. Sont abrogés les articles 475 n° 14 et 479 n° 5 du Code pénal.

N° **5.** — *Décret relatif à la représentation des ouvrages dramatiques.*

Paris, le 30 décembre 1852.

1. Les ouvrages dramatiques continueront à être soumis, avant leur représentation, à l'autorisation du ministre de l'intérieur, à Paris, et des préfets dans les départements.

2. Cette autorisation pourra toujours être retirée pour des motifs d'ordre public.

N° **6.** — *Décret qui autorise l'établissement d'un service de touage sur chaîne noyée dans la Seine et dans l'Oise.*

Paris, le 6 avril 1854.

1. Le sieur Godeaux (Eugène) fils, est autorisé à établir, à ses frais, risques et périls, entre l'écluse de la Monnaie sur la Seine et l'écluse de Pontoise sur l'Oise, un service de touage sur chaîne noyée, pour le remorquage des bateaux qui naviguent entre ces deux écluses, le tout aux clauses et conditions du cahier des charges arrêté, le 4 avril **1854**, par notre ministre de l'agriculture, du commerce et des travaux publics.

N° **7.** — *Loi concernant les contraventions aux règlements sur les appareils et bateaux à vapeur.*

Plombières, le 21 juillet 1856.

TITRE Ier.

DES CONTRAVENTIONS RELATIVES A LA VENTE DES APPAREILS A VAPEUR.

1. Est puni d'une amende de 100 à 1,000 francs, tout fabricant qui a livré une chaudière fermée, ou toute autre pièce destinée à produire de la vapeur, sans qu'elle ait été soumise aux épreuves exigées par les règlements d'administration publique.

Est puni de la même peine, le fabricant qui, après avoir fait dans ses ateliers des changements ou des réparations notables à une chaudière, ou à toute autre pièce destinée à produire de la vapeur, l'a rendue au propriétaire sans qu'elle ait été de nouveau soumise auxdites épreuves.

2. Est puni d'une amende de 25 à 200 francs, tout fabricant qui a livré un cylindre, une enveloppe de cylindre, ou une pièce quelconque destinée à contenir de la vapeur, sans que cette pièce ait été soumise aux épreuves prescrites par lesdits règlements.

TITRE II.

DES CONTRAVENTIONS RELATIVES A L'USAGE DES APPAREILS A VAPEUR
ÉTABLIS AILLEURS QUE SUR LES BATEAUX.

3. Est puni d'une amende de 25 à 500 francs, quiconque a fait usage d'une machine ou chaudière à vapeur sur laquelle ne seraient pas appliqués les timbres constatant qu'elle a été soumise aux épreuves et vérifications prescrites par les règlements d'administration publique.

Est puni de la même peine quiconque, après avoir fait faire à une chaudière ou partie de chaudière des changements ou réparations notables, a fait usage de la chaudière modifiée ou réparée sans en avoir donné avis au préfet ou sans qu'elle ait été soumise de nouveau, dans le cas où le préfet l'aurait ordonné, à la pression d'épreuve correspondante au numéro du timbre dont elle est frappée.

4. Est puni d'une amende de 25 à 500 francs, quiconque a fait usage d'un appareil à vapeur, sans être muni de l'autorisation exigée par les règlements d'administration publique.

L'amende est de 100 à 1,000 francs, si l'appareil à vapeur dont il a été fait usage sans autorisation n'est pas revêtu des timbres mentionnés en l'article précédent.

Néanmoins, l'amende n'est point encourue si, dans le délai de deux mois, pour les appareils à placer dans l'intérieur des établissements, et de trois mois, pour les appareils placés en dehors, il n'a pas été statué par l'administration sur l'autorisation demandée.

5. Celui qui continue à se servir d'un appareil à vapeur pour lequel l'autorisation a été retirée ou suspendue en vertu des règlements d'administration publique, est puni d'une amende de 100 à 2,000 fr., et peut être condamné, en outre, à un emprisonnement de trois jours à un mois.

6. Quiconque fait usage d'un appareil à vapeur autorisé sans s'être conformé aux prescriptions qui lui ont été imposées en vertu desdits règlements, en ce qui concerne les appareils de sûreté dont les chaudières doivent être pourvues et l'emplacement de ces chaudières, ou qui continue à en faire usage alors que les appareils de sûreté et les dispositions de local ont cessé de satisfaire à ces prescriptions, est puni d'une amende de 25 à 200 francs.

7. Le chauffeur ou mécanicien qui a fait fonctionner une machine ou chaudière à une pression supérieure au degré déterminé dans l'acte d'autorisation, ou qui a surchargé les soupapes d'une chaudière, faussé ou paralysé les autres appareils de sûreté, est puni d'une amende de 25 à 500 francs, et peut être, en outre, condamné à un emprisonnement de trois jours à un mois.

Le propriétaire, le chef de l'entreprise, le directeur, le gérant ou le préposé par les ordres duquel a eu lieu la contravention prévue au présent article, est puni d'une amende de 100 à 2,000 francs, et peut être condamné à un emprisonnement de six jours à deux mois.

TITRE III.

DES CONTRAVENTIONS RELATIVES AUX BATEAUX A VAPEUR ET AUX APPAREILS A VAPEUR PLACÉS SUR CES BATEAUX.

8. Est puni d'une amende de 100 à 2,000 francs, tout propriétaire ou chef d'entreprise qui a fait naviguer un bateau à vapeur sans un permis de navigation délivré par l'autorité administrative, conformément aux règlements d'administration publique.

9. Le propriétaire ou chef d'entreprise qui a continué de faire naviguer un bateau à vapeur dont le permis a été suspendu ou retiré en vertu desdits règlements, encourt une amende de 400 à 4,000 fr., et peut être condamné, en outre, à un emprisonnement d'un mois à un an.

10. Est puni d'une amende de 400 à 4,000 francs, tout propriétaire de bateau à vapeur ou chef d'entreprise qui fait usage d'une chaudière non revêtue des timbres constatant qu'elle a été soumise aux épreuves prescrites par les règlements d'administration publique, ou qui, après avoir fait faire à une chaudière ou partie de chaudière des changements ou réparations notables, a fait usage, hors le cas de force majeure, de la chaudière réparée ou modifiée sans qu'elle ait été soumise à la pression d'épreuve correspondante au numéro du timbre dont elle est frappée.

11. Est puni d'une amende de 200 à 4,000 francs, tout propriétaire de bateau à vapeur ou chef d'entreprise qui, après avoir obtenu un permis de navigation, fait naviguer ce bateau sans se conformer aux prescriptions qui lui ont été imposées en vertu des règlements d'adminisiration publique en ce qui concerne les appareils de sûreté dont les chaudières doivent être pourvues, l'emplacement des chaudières et machines, et les séparations entre cet emplacement et les salles destinées aux passagers.

La même peine est applicable dans le cas où le bateau a continué à naviguer après que les appareils de sûreté ou les dispositions du local ont cessé de satisfaire à ces prescriptions.

12. Est puni d'une amende de 200 à 2,000 francs, tout propriétaire de bateau à vapeur ou chef d'entreprise qui a confié la conduite du bateau ou de l'appareil moteur à un capitaine ou à un mécanicien non pourvu des certificats de capacité exigés par les règlements d'administration publique.

13. Est puni d'une amende de 50 à 500 francs, le capitaine d'un bateau à vapeur si, par suite de sa négligence :

1° La pression de la vapeur dans les chaudières a été portée audessus de la limite fixée par le permis de navigation.

2° Les appareils prescrits, soit pour limiter ou indiquer cette pression, soit pour indiquer le niveau de l'eau dans l'intérieur des chaudières, soit pour alimenter d'eau les chaudières, ont été faussés ou paralysés.

14. Est puni d'une amende de 50 à 500 francs, et, en outre, d'un emprisonnement de trois jours à trois mois, le mécanicien ou chauffeur qui, sans ordre, a surchargé les soupapes, faussé ou paralysé les autres appareils de sûreté.

Lorsque la surcharge des soupapes a eu lieu, hors du cas de force majeure, par l'ordre du capitaine ou du chef de manœuvre qui le remplace, le capitaine ou le chef de manœuvre qui a donné l'ordre est puni d'une amende de 200 à 2,000 francs, et peut être condamné à un emprisonnement de six jours à deux mois.

15. Est puni d'une amende de 25 à 250 francs, et d'un emprisonnement de trois jours à un mois, le mécanicien d'un bateau à vapeur qui aura laissé descendre l'eau dans la chaudière au niveau des conduits de la flamme et de la fumée.

16. Est puni d'une amende de 50 à 500 francs, le capitaine d'un bateau à vapeur qui a contrevenu aux dispositions des règlements d'administration publique, ou des arrêtés des préfets rendus en vertu de ces règlements, en ce qui concerne :

1° Le nombre des passagers qui peuvent être reçus à bord;

2° Le nombre et la nature des embarcations, agrès et apparaux dont le bateau doit être pourvu ;

3° Les prescriptions relatives aux embarquements et débarquements et celles qui ont pour objet d'éviter les accidents au départ, au passage sous les ponts ou à l'arrivée des bateaux, ou de prévenir les abordages.

17. Dans le cas où, par inobservation des règlements, le capitaine d'un bateau à vapeur a heurté, endommagé ou mis en péril un autre bateau, il est puni d'une amende de 50 à 500 francs, et peut être condamné, en outre, à un emprisonnement de six jours à trois mois.

18. Le propriétaire du bateau à vapeur, le chef d'entreprise ou le gérant par les ordres de qui a lieu l'un des faits prévus par les articles 13, 14 et 16 de la présente loi, est passible de peines doubles de celles qui, conformément auxdits articles, seront appliquées à l'auteur de la contravention.

TITRE IV.

DISPOSITIONS GÉNÉRALES.

19. En cas de récidive, l'amende et la durée de l'emprisonnement peuvent être élevées au double du maximum porté dans les articles précédents.

Il y a récidive lorsque le contrevenant a subi, dans les douze mois qui précèdent, une condamnation en vertu de la présente loi.

20. Si les contraventions prévues dans les titres II et III de la présente loi ont occasionné des blessures, la peine sera de huit jours à six mois d'emprisonnement et l'amende de 50 à 1,000 francs ; si elles ont occasionné la mort d'une ou plusieurs personnes, l'emprisonnement sera de six mois à cinq ans et l'amende de 300 à 3,000 fr.

21. Les contraventions prévues par la présente loi sont constatées par les ingénieurs des mines, les ingénieurs des ponts et chaussées, les gardes-mines, les conducteurs et autres employés des ponts et chaussées et des mines, commissionnés à cet effet, les maires et adjoints, les commissaires de police, et, en outre, pour les bateaux à vapeur, les officiers de port, les inspecteurs et gardes de la navigation, les membres des commissions de surveillance instituées en exécution des règlements, et les hommes de l'art qui, dans les ports étrangers, auront, en vertu de l'article 49 de l'ordonnance du 17 janvier 1846, été chargés par les consuls ou agents consulaires français de procéder aux visites des bateaux à vapeur.

22. Les procès-verbaux dressés en exécution de l'article précédent sont visés pour timbre et enregistrés en pur débet.

Ceux qui ont été dressés par des agents de surveillance et gardes assermentés doivent, à peine de nullité, être affirmés dans les trois jours devant le juge de paix ou le maire, soit du lieu du délit, soit de la résidence de l'agent.

Lesdits procès-verbaux font foi jusqu'à preuve contraire.

Les procès-verbaux qui ont été dressés dans les ports étrangers, par les hommes de l'art désignés en l'article 21 ci-dessus, sont enregistrés à la chancellerie du consulat et envoyés en originaux au ministre de l'agriculture, du commerce et des travaux publics, afin que les poursuites soient exercées devant les tribunaux compétents.

23. L'article 463 du Code pénal est applicable aux condamnations prononcées en exécution de la présente loi.

N° 8. — *Décret du 24 février 1858.*

. . . .

2. Les préfets pourront appliquer, par des arrêtés spéciaux, aux voitures particulières servant au transport des personnes, les dispositions du premier paragraphe de l'article 15 du décret du 10 août 1852, relatives à l'éclairage des voitures.

N° 9. — *Circulaire ministérielle au sujet des transports de corps.*

Paris, le 8 août 1859.

L'opération du transport ne doit être effectuée que lorsque l'autorité a constaté l'entier accomplissement des mesures de précaution réclamées, en pareil cas, par le soin de la salubrité publique.

Aux termes de la circulaire ministérielle du 26 thermidor an XII, « l'exercice du droit que les citoyens ont de faire transporter, d'un « département dans un autre, les corps de leurs parents et amis, doit « être précédé des opérations nécessaires pour empêcher la putréfac- « tion des corps.... etc. »

Ces prescriptions n'ont pas toujours été observées, et il est arrivé que des corps, déjà en putréfaction, répandaient une odeur infecte pendant le trajet et dans la maison où ils étaient déposés.

Pour prévenir ce genre d'inconvénient, qui a donné lieu à des réclamations fondées, il devient nécessaire de préciser et de spécifier les mesures de précaution et de salubrité qui, aux termes des instructions antérieures, devront être exigées pour le transport d'un corps :

1° La translation du corps d'un individu récemment décédé ne pourra être effectuée hors du département où a eu lieu le décès, que dans un cercueil en bois de chêne, dont les compartiments auront *quatre centimètres* d'épaisseur. seront fixés avec des clous à vis et maintenus par trois frettes en fer serrées à écrou ;

2° Quand le trajet à parcourir excèdera *deux cents kilomètres*, le corps devra être placé dans un cercueil en plomb, renfermé lui-même dans une bière en chêne. Le cercueil en plomb sera alors confectionné avec des feuilles de plomb laminé de *deux millimètres* au moins d'épaisseur et solidement soudées entre elles.

Le cercueil de plomb pourra également être exigé, même pour des distances moindres, toutes les fois que des circonstances exceptionnelles rendront cette mesure nécessaire.

3° *Dans tous les cas*, le fonds du cercueil contenant le corps devra être rempli par une couche de *six centimètres* d'un mélange pulvérulent, composé d'une partie de poudre de *tan* et de deux parties de *charbon de bois pulvérisé*. Le corps devra ensuite être entièrement couvert de cette même poudre, avant la fermeture du cercueil.

Les autorisations de transport ne seront accordées qu'après l'accomplissement des formalités qui viennent d'être rappelées.

N° 10. — *Instruction relative aux opérations concernant les décès.*

Paris, le 1er mai 1860.

Les fabriques des églises et les consistoires ont, en vertu des articles 22 et 24, titre v, du décret du 23 prairial an XII, le privilége exclusif de fournir les bières et cercueils et en même temps le droit de déléguer ce privilége. Pour éviter les contestations que pourrait faire naître la fourniture d'un cercueil par un entrepreneur autre que celui des pompes funèbres, chaque cercueil porte une estampille dont il est toujours facile de constater l'existence. La fourniture d'un cercueil par la famille étant un préjudice causé à l'entreprise, l'ordonnateur a le droit de constater la contravention par un procès-verbal, afin que l'entreprise puisse exercer son recours. Mais, s'il arrive que le cercueil fourni par la famille présente des dangers pour la décence et la salubrité, l'ordonnateur peut s'opposer à l'enlèvement du corps et alors le commissaire de police interviendra pour dresser un procès-verbal de constatation et veiller à ce que la salubrité et la décence ne soient pas compromises.

En vertu du même décret du 23 prairial an XII, art. 22, les fabriques des églises et les consistoires ont le droit exclusif de fournir les voitures, tentures et autres objets nécessaires pour les enterrements et elles peuvent déléguer ce droit à un fermier ou adjudicataire. D'après ces dispositions, les entrepreneurs particuliers ne peuvent transporter aux églises, temples et cimetières les corps des personnes décédées, dans des corbillards autres que ceux du représentant des fabriques des églises et des consistoires. Les commissaires de police, sur la réquisition des maires de Paris, doivent prêter assistance pour assurer l'exécution du décret précité.

Le transport du corps d'une personne décédée ne pourra être effectué hors du ressort de la préfecture de police que dans un cercueil en bois de chêne, dont les compartiments auront 0 m. 27 mill. d'épaisseur, avec frettes en fer de 3 cent. de largeur sur 4 mill. d'épaisseur. Quand la distance à parcourir excèdera 200 kilomètres, le corps devra être placé dans un cercueil en plomb, renfermé lui-même dans une bière en chêne. Le cercueil en plomb sera confectionné avec des feuilles de plomb laminé de 2 mill. d'épaisseur au moins et solidement soudées entre elles. Le cercueil en plomb pourra également être exigé, même pour des distances moindres, toutes les fois que des circonstances exceptionnelles rendront cette mesure nécessaire. Dans tous les cas, le fond du cercueil contenant le corps devra être rempli par une couche de 6 centimètres d'un mélange pulvérulent composé d'une partie de poudre de tan et deux parties de charbon pulvérisé. On peut substituer à ce mélange une mixture composée de sciure de bois blanc et d'une certaine quantité de sel de zinc ou de fer. Le mélange n'est pas exigible lorsque le corps est embaumé.

Dans l'étendue du ressort de la préfecture de police, le transport des corps peut être fait dans des bières ordinaires; mais lorsque l'état du corps l'exigera, on devra y placer le mélange ou la mixture indiquée.

Pour que l'exécution des conditions relatées ci-dessus soit constatée par un procès-verbal, il faut que les corps ne soient mis dans la bière qu'en présence du commissaire de police.

Les maires, recevant la déclaration des décès, sont la seule autorité compétente pour la fixation de l'heure de l'enlèvement des corps qui doivent être inhumés ailleurs que dans les cimetières de Paris. Le commissaire de police, prévenu par le maire ou par la famille, se rendra en personne et exactement à la maison mortuaire pour dresser le procès-verbal de départ du corps, après s'être assuré que les mesures prescrites dans l'intérêt de la salubrité ont été prises; cet avis doit être donné assez à temps pour que le commissaire de police puisse prendre les dispositions nécessaires dans le but de concilier, avec cette opération, les autres affaires dont il serait chargé.

En cas d'impossibilité absolue pour le commissaire de police d'assister en personne au départ d'un corps, le procès-verbal de l'opération ne doit constater les faits que d'après le rapport et sous la responsabilité de l'employé qu'il a chargé de le suppléer. L'exactitude, lorsqu'il s'agit du départ d'un corps, est expressément recommandée au commissaire de police, attendu que les retards qu'il apporterait peuvent susciter des mécontentements et troubler la régularité du service des ordonnateurs pendant la journée.

Lorsqu'il s'agit de faire transporter hors Paris les corps des personnes décédées, l'autorisation doit toujours être remise, au moment de l'enlèvement du corps, au parent ou au mandataire de la famille chargé d'accompagner le corps. S'il se trouve absent, ladite autorisation sera alors déposée par le commissaire de police entre les mains de l'ordonnateur des pompes funèbres, en lui recommandant expressément de la remettre à la personne qui sera chargée de recevoir le corps à la barrière, ou dans un autre lieu, et de le conduire à destination.

Des irrégularités ont été quelquefois commises par les pompes funèbres en ce qui concerne la mise en bière avant le délai de 24 heures. Les infractions de cette espèce, qui seraient signalées, doivent être l'objet d'une rigoureuse répression.

Quoique les règlements concernant les convois funèbres portent qu'un ordonnateur doit accompagner le corps, son remplacement par un porteur peut avoir lieu quelquefois, attendu l'insuffisance des agents des pompes funèbres. Dans ces circonstances exceptionnelles, le commissaire de police, non-seulement ne s'opposera pas à la mission donnée au porteur, mais il lui prêtera son concours, s'il y a lieu.

Les demandes en autorisation d'embaumement, de moulage, etc., avant l'expiration des délais fixés par l'ordonnance de police du 6 septembre 1839, ne peuvent être faites que dans un seul cas, celui où le corps de la personne décédée, entrant en putréfaction, la certitude de la mort est complètement acquise.

Dans ce cas, la demande devra être adressée au préfet de police par la famille ou en son nom ; indiquer l'heure, la nature de l'opération et le lieu où elle devra être faite.

On joindra à cette demande :

1º Un permis d'inhumer délivré par le maire, comme garantie de l'accomplissement des formalités de l'état civil;

2º Un certificat de médecin constatant qu'il y a des signes de putréfaction qui rendent l'opération nécessaire avant les délais prescrits. Ce certificat sera visé par le commissaire de police qui y consignera, en outre, son avis, tant sur l'opération en elle-même, que sur les mesures qu'elle lui paraîtra devoir nécessiter.

Il sera statué immédiatement sur cette demande; avis en sera donné au commissaire de police pour qu'il puisse ou s'opposer à l'opération, si l'autorisation est refusée, ou, dans le cas contraire, y assister et en dresser procès-verbal.

Dans les cas ordinaires, la déclaration d'embaumement, de moulage, etc., sera faite au commissaire de police, à Paris, et au maire dans les communes rurales, conformément à l'art. 1er de l'ordonnance du 6 septembre 1839.

L'art. 10 de l'ordonnance royale du 23 octobre 1846, concernant la vente et l'emploi des substances vénéneuses, interdit l'emploi de l'arsenic dans les opérations d'embaumement. Pour que cette disposition ne puisse être éludée, le commissaire de police, toutes les fois qu'une déclaration d'embaumement lui sera faite, en conformité de l'art. 1er de l'ordonnance précitée, devra se transporter sur les lieux et là, prélever, au moment de l'opération, et mettre sous scellés deux échantillons du liquide employé pour l'embaumement. L'un de ces échantillons sera laissé à la garde de l'opérateur, et l'autre, qui devra être d'au moins 125 grammes, sera envoyé à la préfecture avec le procès-verbal de l'opération pour être soumis à l'analyse.

A la fiole contenant le liquide prélevé, sera jointe une note indiquant le nom de la personne embaumée, le quartier, le nom et le numéro de la rue où cette personne était domiciliée, celui de l'embaumeur et la date du procès-verbal d'embaumement.

Il a été constaté plusieurs fois, lors des opérations d'embaumement, que l'embaumeur a appliqué, avant l'expiration des délais fixés pour les inhumations, de la glace sur le corps destiné à être embaumé. Cette pratique, qui peut avoir des effets funestes et déterminer la mort dans le cas où elle ne serait qu'apparente, doit être interdite avant l'expiration des vingt-quatre heures qui suivent la déclaration du décès. Par conséquent, toutes les fois que le commissaire de police recevra une déclaration tendant à l'accomplissement de l'une des opérations prévues par l'ordonnance du 6 septembre 1839, il s'assurera qu'il n'est point appliqué de glace, ni fait, avant le délai légal, sur le corps de la personne décédée, aucune préparation quelconque, qui ait pour objet de faciliter l'opération.

N° **11.** — *Décret relatif aux opérations de vérifications périodiques des poids et mesures, à Paris.*

Paris, le 16 février 1861.

1. A Paris, les opérations de vérifications périodiques des poids et mesures auront lieu aux bureaux des vérificateurs ou dans tels autres locaux désignés par le préfet de police.

Toutefois, ces opérations seront faites à domicile : 1° pour les poids et mesures appartenant aux établissements énumérés dans l'art. 24 de l'ordonnance royale du 17 avril 1839 (1); 2° pour les poids et mesures d'un déplacement difficile; 3° à l'égard des assujettis qui, dans le courant des mois d'octobre ou de novembre de l'année précédente, auraient déclaré préférer la vérification à domicile.

N° **12.** — *Décret qui modifie celui du 25 mars 1852, sur la décentralisation administrative.*

Paris, le 13 avril 1861.

1. Les préfets statueront désormais sur les affaires départementales et communales qui exigeaient jusqu'à ce jour la décision du ministre de l'intérieur, et dont la nomenclature suit par addition au tableau A annexé au décret du 25 mars 1852 :

1° Approbation des conditions des souscriptions à ouvrir et des

---

(1) V. cette ordonnance au 4° vol., p. 541.

traités de gré à gré à passer pour la réalisation des emprunts des villes qui n'ont pas 100,000 francs de recettes ordinaires; — 2° Fixation de la durée des enquêtes qui doivent avoir lieu, en vertu de l'ordonnance du 18 février 1834, pour les travaux de construction de chemins vicinaux d'intérêt commun, et de grande communication ou de ponts à péage situés sur ces voies publiques, quand ils n'intéressent que les communes d'un même département; — 3° Règlement des indemnités pour dommages résultant d'extraction de matériaux destinés à la construction des chemins vicinaux de grande communication; — 4° Règlement des frais d'expertise mis à la charge de l'administration, notamment en matière de subventions spéciales pour dégradations extraordinaires causées aux chemins vicinaux de grande communication; — 5° Secours aux agents des chemins vicinaux de grande communication; — 6° Gratifications aux mêmes agents; — 7° Affectation du fonds départemental à des achats d'instruments ou à des dépenses d'impressions spéciales pour les chemins vicinaux de grande communication; — 8° Approbation, dans les maisons d'arrêt, de justice et de correction, des dépenses suivantes: rations et fournitures supplémentaires, registres, imprimés, fournitures de bureau, secours de route aux libérés, frais de traitement dans les hospices et asiles, frais de chaussure aux détenus voyageant à pied, ferrement et déferrement des forçats; — 9° Approbation, dans les maisons centrales, des dépenses suivantes: indemnités à raison du prix des grains, rations supplémentaires, fournitures d'écoles, indemnités aux moniteurs, allocation des frais de transport en voiture aux infirmes libérés et sans ressources, travaux de réparations aux bâtiments et logements jusqu'à 300 francs; — 10° Examen et rectification des statuts présentés par les sociétés de secours mutuels qui demandent l'approbation; — 11° Autorisation des versements votés par les sociétés pour la création ou l'accroissement de leur fonds de retraite; — 12° Pensions de retraite aux sapeurs-pompiers communaux; — 13° Autorisation de transports de corps d'un département dans un autre département et à l'étranger; — 14° Congés aux commissaires de police n'excédant pas quinze jours; — 15° Congés n'excédant pas quinze jours aux employés des maisons centrales, d'arrêt, de justice et de correction.

2. Les préfets statueront aussi, sans l'autorisation du ministre de l'agriculture, du commerce et des travaux publics, mais sur l'avis ou la proposition des ingénieurs en chef, en ce qui concerne les n°ˢ 1, 2, 3, 4 et 5, sur les divers objets dont suit la nomenclature, par addition aux tableaux B et D annexés au décret du 25 mars 1852:

1° Approbation des adjudications autorisées par le ministre pour travaux imputables sur les fonds du trésor ou des départements, dans tous les cas où les soumissions ne renferment aucune clause extraconditionnelle et où il n'aurait été présenté aucune réclamation ou protestation; — 2° Approbation des prix supplémentaires pour des parties d'ouvrages non prévues au devis, dans le cas où il ne doit résulter de l'exécution de ces ouvrages aucune augmentation dans la dépense; — 3° Fixation de la durée des enquêtes à ouvrir dans les formes déterminées par l'ordonnance du 18 février 1834, lorsque ces enquêtes auront été autorisées en principe par le ministre, et sauf le cas où les enquêtes doivent être ouvertes dans plusieurs départements sur un même projet; — 4° Établissement de prises d'eau pour fontaines publiques dans les cours d'eau non navigables ni flottables, sous la réserve des droits des tiers; — 5° Répartition, entre l'industrie et l'agriculture, des eaux des cours d'eau non navigables ni flottables, de la manière prescrite par les anciens règlements ou les usages locaux; — 6° Règlement des frais des visites annuelles des pharmacies, payables sur les fonds départementaux;—7° Autorisations de fabriques d'eaux minérales artificielles; — 8° Autorisations de dépôt d'eau minérale naturelle ou artificielle.

3. Les préfets statueront également, sans l'autorisation du ministre des finances, sur les objets ci-après, par addition à la nomenclature du tableau C du décret du 25 mars 1852 :

1° Approbation des adjudications pour la mise en ferme des bacs; — 2° Règlement, dans le cas où il n'est pas dérogé au tarif municipal, des remises allouées aux percepteurs receveurs des associations de dessèchement.

4. Ils statueront aussi, sans l'autorisation du ministre de l'instruction publique et des cultes, sur les objets suivants :

1° Répartition de la moitié du fonds de secours alloué au budget pour les écoles, les presbytères et les salles d'asile; — 2° Autorisation donnée aux établissements religieux de placer en rentes sur l'État les sommes sans emploi provenant de remboursement de capitaux.

5. Ils nommeront directement, sans l'intervention du gouvernement et sur la présentation des divers chefs de service, par addition à l'article 5 du décret du 25 mars 1852, aux fonctions et emplois suivants:

1° Les membres des commissions de surveillance des maisons d'arrêt, de justice et de correction; — 2° Les employés de ces établissements, aumôniers, médecins, gardiens-chefs et gardiens; — 3° Les archivistes départementaux, dans les conditions déterminées par l'article 1er du décret du 4 février 1850; — 4° Les surnuméraires de l'administration des lignes télégraphiques, dans les conditions déterminées par les règlements; — 5° Les commissaires de police des villes de six mille âmes et au-dessous; — 6° Le tiers des percepteurs de la dernière classe; — 7° Les surnuméraires contrôleurs des contributions directes, dans les conditions déterminées par les règlements; — 8° Les surnuméraires des contributions indirectes, dans les conditions déterminées par les règlements;— 9° Les directeurs des bureaux publics pour le conditionnement des soies et laines; — 10° Les médecins des épidémies; — 11° Les membres des commissions chargées de la surveillance du travail des enfants dans les manufactures; 12° Les titulaires des débits de tabac dont le produit ne dépasse pas mille francs; — 13° Les gardiens des salines; — 14° Les canotiers de la navigation; — 15° Les ouvriers employés dans les manufactures de tabac.

6. Les sous-préfets statueront désormais, soit directement, soit par délégation des préfets, sur les affaires qui, jusqu'à ce jour, exigeaient la décision préfectorale, et dont la nomenclature suit :

1º Légalisation, sans les faire certifier par les préfets, des signatures données dans les cas suivants : 1º Actes de l'état civil, chaque fois que la légalisation du sous-préfet est requise ; 2º Certificats d'indigence ; 3º Certificats de bonnes vie et mœurs ; 4º Certificats de vie ; 5º Libération du service militaire ; 6º Pièces destinées à constater l'état de soutien de famille ; — 2º Délivrance des passe-ports ; — 3º Délivrance des permis de chasse ; — 4º Autorisation de mise en circulation des voitures publiques ; — 5º Autorisation des loteries de bienfaisance jusqu'à concurrence de deux mille francs ; — 6º Autorisation de changement de résidence dans l'arrondissement des condamnés libérés ; — 7º Autorisation de débits de boissons temporaires ; — 8º Approbation des polices d'assurance contre l'incendie des édifices communaux ; — 9º Homologation des tarifs des concessions dans les cimetières, quand ils sont établis d'après les conditions fixées par arrêté préfectoral ; — 10º Homologation des tarifs des droits de place dans les halles, foires et marchés, lorsqu'ils sont établis d'après les conditions fixées par arrêté préfectoral ; — 11º Homologation des tarifs des droits de pesage, jaugeage et mesurage, lorsqu'ils sont établis d'après les conditions fixées par arrêté préfectoral ; — 12º Autorisation des battues pour la destruction des animaux nuisibles dans les bois des communes et des établissements de bienfaisance ; — 13º Approbation des travaux ordinaires et de simple entretien des bâtiments communaux dont la dépense n'excède pas mille francs, et dans la limite des crédits ouverts au budget ; — 14º Budgets et comptes des bureaux de bienfaisance ; — 15º Conditions des baux et fermes des biens des bureaux de bienfaisance, lorsque la durée n'excède pas dix-huit ans ; — 16 Placement des fonds des bureaux de bienfaisance ; — 17º Acquisitions, ventes et échanges d'objets mobiliers des bureaux de bienfaisance ; — 18º Règlement du service intérieur dans ces établissements ; — 19º Acceptation par les bureaux de bienfaisance des dons et legs, d'objets mobiliers ou de sommes d'argent, lorsque leur valeur n'excède pas trois mille francs et qu'il n'y a pas réclamation des héritiers.

Les sous-préfets nommeront les simples préposés d'octroi.

7. L'article 6 du décret du 25 mars 1852 est applicable aux décisions prises par les préfets en vertu du présent décret.

Les sous-préfets rendront compte de leurs actes aux préfets, qui pourront les annuler ou les réformer, soit pour violation des lois et règlements, soit sur la réclamation des parties intéressées, sauf recours devant l'autorité compétente.

8. Les tableaux A, B, C, D, annexés au décret du 25 mars 1852, sont modifiés conformément aux dispositions ci-dessus.

Nº **13.** — *Circulaire ministérielle relative à la fabrication des cartouches de chasse.*

Paris, le 19 juillet 1862.

Monsieur le préfet, Son Excellence M. le ministre des finances, de concert avec les départements de la guerre et de l'intérieur, vient de prendre, dans le double intérêt du Trésor et de la sécurité publique, des mesures qui ont pour but de réglementer la fabrication et l'exportation de la poudre de chasse, *sous forme de cartouches.*

La fabrication des cartouches de chasse pour la consommation intérieure se trouve déjà assujettie à des mesures de police que je crois devoir rappeler :

1° Les débitants de poudre, duement commissionnés, autorisés à fabriquer des cartouches, ne peuvent en préparer que pour l'usage des fusils à bascule, et seulement dans le local désigné par le commissaire de police ;

2° Ils ne peuvent se servir, pour cette fabrication, que de poudre de chasse. A cet effet, et par exception à l'article 5 de la loi du 25 mars 1818, ils sont autorisés à ouvrir les boîtes ou paquets de poudre de l'espèce ; mais, suivant la décision de l'autorité de police, ils ne peuvent ouvrir, à la fois, plus d'une boîte d'un kilogramme de poudre extra-fine, et un paquet d'un demi-kilogramme de poudre fine et de poudre superfine ;

3° Ils sont obligés de tenir, pour cette fabrication, un *carnet* spécial, coté et paraphé par le chef de service des contributions indirectes ; ils doivent y inscrire, avant de les ouvrir, les boîtes ou paquets devant servir à la confection des cartouches, ainsi que le nombre de cartouches fabriquées (par espèce de poudre), avec la quantité de poudre retirée de chaque boîte ou paquet ;

4° A mesure qu'elles sont fabriquées, les cartouches doivent être placées dans des boîtes fermées indiquant le nombre des cartouches et la qualité de la poudre.

5° A chaque livraison, les fabricants doivent inscrire sur le livret le nombre des cartouches vendues, afin de permettre aux employés de la régie d'établir le compte de la fabrication, de la vente et des restes.

6° La tolérance étant accordée dans le seul but de donner toutes les facilités nécessaires à l'emploi des fusils à bascule, ne peut s'étendre à la fabrication de cartouches destinées aux fusils ordinaires, même aux fusils à piston

7° Toute infraction aux règles ci-dessus, entraîne le retrait immédiat de l'autorisation, et il doit en être dressé procès-verbal, conformément aux lois et règlements.

Je vous prie, Monsieur le préfet, de vous concerter avec M. le directeur des contributions indirectes de votre département pour assurer, en ce qui vous concerne, l'exécution des mesures relatives, soit à la fabrication et à l'exportation des poudres de chasse sous forme de cartouches, soit à la fabrication des mêmes cartouches destinées à la consommation intérieure.

N° **14.** — *Consigne générale pour les sapeurs-pompiers de service dans les théâtres.*

Paris, le 10 juillet 1862.

1. Les postes de grand'garde ne portent pas de secours à l'extérieur ; en cas d'incendie à proximité d'un théâtre, les sapeurs doivent utiliser tous les moyens de secours pour protéger l'établissement confié à leur garde.

Les chefs de postes ne doivent recevoir aucun étranger, pas même de parents dans leurs corps-de-garde, et ils ne peuvent s'écarter de leurs postes, sous aucun prétexte, sans encourir les peines portées par le Code de justice militaire.

2. A l'arrivée de la garde montante, les caporaux relèvent les factionnaires, ensuite ils vérifient ensemble si tous les objets du matériel portés sur l'inventaire déposé dans le poste, sont placés où ils doivent être, s'ils sont en bon état. Ils prennent note des objets manquants ou détériorés pour en rendre compte à qui de droit.

3. Immédiatement après le départ de la garde descendante, le chef de poste doit faire connaître aux hommes de service les pompes, les établissements, les réservoirs, les robinets de barrage du gaz et des eaux, en un mot tous les secours qui sont à leur disposition et le parti qu'on peut en tirer. Il leur montre l'emplacement des compteurs et l'itinéraire des rondes. Il leur apprend comment les pompes et les colonnes en charge sont alimentées et le moyen de rendre foulantes les pompes aspirantes; il leur fait aussi connaître l'emplacement des bornes-fontaines qui environnent le théâtre, et s'assure en même temps qu'elles sont en charge. L'hiver, lorsque les bouches d'eau sont barrées, il est défendu de toucher aux carrés qui doivent rester ouverts; il montre les diverses issues, les portes de retraite et les portes de fer destinées à isoler, en cas de feu, les diverses parties du théâtre et de la salle : enfin il ne doit rien omettre pour que les sapeurs placés sous ses ordres soient en état de le seconder, en cas d'incendie.

4. Lorsque le caporal s'absente de son poste pour faire cette visite, il doit en prévenir le factionnaire.

5. Le caporal de grand'garde fait prévenir le commissaire de police des répétitions qui doivent avoir lieu avec lumières à la rampe et aux portants. En attendant sa décision sur la nécessité d'un détachement de service, il fait occuper les postes des pompes parisiennes et des colonnes en charge. Dans le cas où le luminaire serait complet, c'est-à-dire, avec portants, herses, rampes. lustres ou pièces d'artifice, il s'opposera à ce que la répétition commence avant la décision de ce magistrat.

6. Tous les matins, à huit heures, l'eau des seaux sera renouvelée, les demi-garnitures des colonnes en charge repliées, les matelas battus, le poste balayé et nettoyé. Les mercredis et samedis, les couvertures seront secouées et battues, les vitres nettoyées toutes les fois qu'elles seront malpropres.

7. Les détachements de service dans les théâtres pour la représentation, doivent toujours être arrivés un quart d'heure avant l'ouverture des bureaux de recette.

8. Avant l'ouverture des bureaux, le caporal de grand'garde, sur l'ordre du sous-officier commandant, conduit les factionnaires à tous les établissements, leur donne la consigne, fait humecter les éponges, examine lui-même si, à chaque poste, le boisseau est en état, la clef bien tournée, les boyaux bien placés; il fait sonner aux établissements d'ascension et rend ensuite compte au chef du détachement du résultat de sa visite. Le sous-officier envoie en même temps le caporal de représentation s'assurer si les bornes-fontaines sont en charge ou si le carré est bien tourné lorsqu'elles sont barrées; il se rend ensuite à la cave pour entendre fonctionner la correspondance des sonnettes et attend le retour de ce caporal pour lui donner la consigne.

9. Quand les postes sont pris, le sous-officier monte au réservoir supérieur, fait sonner du poste le plus rapproché pour faire manœuvrer afin de s'assurer que les pompes fonctionnent bien et fait remplir les réservoirs, s'il y a lieu : puis il fait sonner de nouveau pour faire cesser la manœuvre. Il visite tous les établissements, fait essayer les pompes parisiennes ou suisses, répéter les consignes aux factionnaires et redescend ensuite à la cave pour s'assurer si tout est en bon état.

10. Pendant la représentation, le chef de détachement visite plusieurs fois tous les postes, et lorsqu'il envoie toucher le montant de la quittance du service, il ne quitte pas la scène d'où il exerce une surveillance générale.

11. Le spectacle terminé, le sous-officier, accompagné du caporal de grand'garde, fait une ronde dans les dessous du théâtre, afin de s'assurer qu'aucune lampe ne reste allumée et qu'il n'y a aucun danger d'incendie. Il exige que tous les châssis ou feuilles de décorations soient enlevés de dessus les faux châssis.

Le caporal de représentation va relever les factionnaires et ne les ramène au théâtre qu'après l'extinction des lumières, après avoir fait développer les boyaux des colonnes en charge et s'être assuré qu'il n'y a aucun danger d'incendie. Les boyaux des colonnes d'ascension et les appareils à compression d'air ne seront établis qu'en cas de feu. Dans les théâtres où il n'y a pas de sapeurs en faction sur la scène, le sous-officier en fait monter un de la cave pour surveiller, tandis qu'il fait sa ronde. Ce n'est qu'après l'entière extinction des lumières du théâtre et de la salle, et le rideau de fer baissé, que le détachement de représentation se retire.

12. Après le départ du détachement, le chef du poste de grand'-garde, assisté du concierge du théâtre, fait la ronde générale.

13. Pendant la nuit, toutes les armoires seront ouvertes; pendant le jour, les boyaux sont repliés et les armoires fermées, à l'exception d'une des armoires des colonnes en charge sur le théâtre et de celle où se trouve la bascule de la sonnette d'alarme.

14. Pendant le jour et la nuit, le temps de la représentation excepté, une sentinelle en tenue de feu est placée sur le théâtre. Elle a dans sa poche une clef de toutes les armoires; une hache, un seau et une éponge à main sont déposés près de la lampe de nuit. Après le spectacle, le compteur des rondes doit être placé près du factionnaire.

15. Dans les théâtres où il y a un caporal et quatre sapeurs de grand'garde, il y a deux factionnaires pendant la nuit, l'un sur la scène, l'autre toujours en ronde dans toutes les parties du théâtre; le capo-

ral ne fait que des rondes; en outre, il pose et relève les factionnaires.

La première ronde avec le compteur sera faite par le caporal, les
autres seront faites par le 2ᵐᵉ sapeur de ronde, aux heures indiquées
par la consigne.

16. Dans les théâtres où la grand'garde est composée d'un caporal
et de trois sapeurs, le caporal, avant de commencer sa ronde, place le
factionnaire sur le théâtre pour deux heures; il fait lui-même des
rondes avec le compteur, aux heures prescrites et en suivant l'itinéraire
tracé.

17. Dans les théâtres où la grand'garde n'est composée que d'un
caporal et deux sapeurs, le caporal, après la ronde terminée avec le
concierge, prend la faction pendant deux heures; il fait la première
ronde au compteur à l'heure prescrite d'après la consigne, les autres
sont faites par les sapeurs.

18. Dans les théâtres où la grand'garde n'est composée que d'un
caporal et un sapeur, il n'y a pas de factionnaire pendant le jour; des
rondes seront faites d'heure en heure, et, lorsqu'il n'y a pas de jeu le
soir, le factionnaire est placé à la nuit tombante; lorsqu'il y a jeu, le
caporal prend la première faction, après avoir fait sa ronde, et il
alterne de deux heures en deux heures avec le sapeur jusqu'au jour.
Les rondes au compteur sont faites par le caporal et le sapeur, aux
heures prescrites.

19. Les sous-officiers et caporaux de service dans les théâtres
devront, pour s'assurer si la colonne en charge fonctionne bien, dé-
monter la demi-garniture avant de tourner la branche du boisseau,
afin qu'il ne coule pas d'eau dedans. A cet effet, ils prendront un
seau vide et ils le placeront devant la sortie.

FACTIONNAIRES PLACÉS AUX ÉTABLISSEMENTS.

20. Pendant le spectacle et particulièrement pendant les changements de décorations, les factionnaires s'occupent de surveiller les
portants de lumières, les herses, les robinets de gaz et les pièces d'artifice.

Si une fuite de gaz venait à se déclarer et si le factionnaire n'avait
pas à sa portée un robinet de barrage ou du blanc de céruse pour la
boucher, il aplatirait le tuyau s'il est en plomb avec l'extrémité du
manche de la hache.

Les factionnaires ne doivent laisser déposer devant les armoires ni
décorations, ni autres accessoires. Ils empêcheront de fumer, de circuler avec du feu sans qu'il soit couvert et avec des lumières autres
que des lampes qui ne seraient pas renfermées dans une lanterne.
S'ils éprouvaient quelques difficultés pour l'exécution de ces dispositions, ils en préviendraient immédiatement le chef de détachement
qui en référerait au commissaire de police de service.

Si le feu se manifeste sans gravité à portée du factionnaire, il se
sert, pour l'éteindre, de son seau et de son éponge à main. Si ces
moyens sont insuffisants, il opère de la manière suivante selon le

poste qu'il occupe, mais en se servant toujours de préférence de la colonne d'ascension.

21. Pour se servir de la colonne d'ascension, le factionnaire sonne en appuyant fortement trois fois sur la bascule il tourne la branche du boisseau en l'amenant vers lui, développe les boyaux en évitant les plis et les coudes et dirige l'eau sur le feu. Le feu éteint ou n'étant plus à sa portée, il ferme le boisseau et ne démonte sa demi-garniture que sur l'ordre verbal du chef de détachement.

22. Si le coup de sonnette partait de l'établissement supérieur à celui qu'il occupe, il se porterait promptement à la pompe suisse, ou à défaut, à la colonne en charge.

23. Pour se servir de la pompe suisse, on ouvre et on fixe les branches du balancier, on appelle des travailleurs, on tourne le robinet et on développe les boyaux en se dirigeant sur le feu.

24. Pour se servir d'une pompe parisienne, on place un travailleur à la manivelle du volant et on lui indique de quel côté il doit tourner; on ouvre le robinet et on développe les boyaux en se dirigeant sur le feu.

25. Pour se servir d'un appareil à compression d'air ou d'une colonne en charge simple, le factionnaire développe les boyaux, tourne doucement la branche du boisseau et se porte promptement à la lance.

26. Pendant les grands froids, si la surface de l'eau dans les réservoirs était gelée, on ferait casser la glace.

27. Si le feu se déclare dans une partie quelconque du théâtre ou des cintres. les boyaux de tous les établissements en général devront être développés et disposés à fonctionner au besoin; mais on ne se servira que de l'établissement à portée du feu.

CAPORAL DE PRÉSENTATION, CHEF DE POSTE A LA CAVE.

28. Le caporal de représentation, chef de poste à la cave, après s'être assuré que les bornes-fontaines sont en charge, fait placer ses hommes à chaque extrémité du balancier et leur donne un numéro d'ordre. Pour l'essai des pompes, il faut manœuvrer au premier coup de sonnette et cesser au second. Il rend compte au chef du détachement de l'état du matériel et des détériorations ou accidents qui seraient survenus aux pompes pendant la manœuvre. Il vide ensuite les colonnes d'ascension à hauteur de la scène à peu près. Après le jeu, les colonnes d'ascension sont vidées entièrement.

29. Si, pendant le jeu, on sonne à la cave, le caporal fait manœuvrer sans interruption la pompe dont la sonnette aurait été entendue et ne ferait cesser cette fois la manœuvre que sur l'ordre verbal du chef de détachement.

SENTINELLES DE JOUR ET DE NUIT.

30. Si le feu se manifeste dans quelque partie du théâtre ou de la salle, le factionnaire sonne de suite la sonnette d'alarme pour avertir les sapeurs de grand'garde. En attendant leur arrivée, il emploie tous les secours qui sont à sa disposition : c'est-à-dire, les colonnes en charge, à compression d'air ou de ville.

31. Pendant le jour et la nuit (le temps de la représentation excepté), dès que la sonnette d'alarme se fait entendre, le caporal suivi de toute sa garde se transporte vivement auprès de la sentinelle, reconnaît le feu, et, si cela est nécessaire. le fait attaquer avec le jet provenant des colonnes en charge ou à compression d'air ou de ville. Il avertit les employés logés dans l'intérieur du théâtre, fait prévenir immédiatement la caserne du corps la plus rapprochée. les postes environnants, le commissaire de police du quartier, et réunit le plus de monde possible pour faire manœuvrer les pompes, en attendant l'arrivée des secours extérieurs.

32. Le caporal de grand'garde ne devra jamais détacher aucun de ses hommes pour aller en ordonnance, soit à l'état-major, soit à la caserne.

33. Les caporaux et sapeurs de grand'garde dans un théâtre sont prévenus qu'ils ne doivent, sous aucun prétexte, faire isolément des rondes dans les loges de la salle, le parterre et l'orchestre, ni des visites dans les loges des artistes. Dans le cas où, par une circonstance quelconque, ils pourraient penser que leur présence est nécessaire, soit dans l'intérieur de la salle, soit dans les loges d'artistes, les factionnaires avertiront le chef du poste, lequel se rendra près du concierge pour le requérir de l'accompagner dans sa tournée.

34. Dès qu'une dégradation quelconque se manifestera dans un théâtre, le chef du poste en préviendra de suite l'inspecteur du matériel, afin que la réparation soit exécutée immédiatement, si cela est possible, et il en rendra compte à l'officier de ronde à son passage dans la soirée.

35. Tant que les postes de cave ne sont pas occupés par les sapeurs de service, les ouvertures doivent, autant que possible, rester ouvertes, afin d'en renouveler l'air.

36. Toutes les fois que des travaux s'exécuteront dans un théâtre, les chefs de poste devront en rendre compte ; en outre, ils feront surveiller les ouvriers et le plus particulièrement ceux qui seront obligés de faire usage de feu.

N° **15.** — *Circulaire ministérielle relative aux mesures à prendre contre la propagation des mouches venimeuses.*

Paris, le 22 août 1863.

Monsieur le préfet, le public paraît se préoccuper du grand nombre d'accidents causés par la piqûre des mouches venimeuses. Les hommes de science croient que ces mouches puisent le venin qu'elles inoculent, soit sur les cadavres des animaux morts du charbon, soit même sur les cadavres quelconques d'animaux arrivés à l'état de putréfaction. Dans tous les cas, il paraît certain que les habitudes trop générales de négligence dans les campagnes contribuent à accroître les chances de danger.

Ainsi, il est arrivé quelquefois que des cadavres de chevaux morts du charbon soient restés des semaines entières exposés dans des prairies constamment parcourues par de nombreux bestiaux. On a pu remarquer également que les destructeurs de taupes et, en général, tous les paysans qui tuent un animal nuisible, ne manquent pas de pendre à une branche d'arbre ou d'arbrisseau les cadavres où les mouches vont bientôt puiser un venin dangereux.

J'appelle spécialement votre attention sur la nécessité de prescrire à MM. les maires de votre département de prendre à cet effet les mesures nécessaires de précaution et de répression.

Il serait, d'ailleurs, désirable que les arrêtés préfectoraux ou municipaux rendus dans ce but, reçussent une très-grande publicité.

N° 16. — *Circulaire et arrêté ministériels concernant le régime et le tarif de l'épreuve des armes à feu portatives.*

Paris, le 28 août 1865.

Monsieur le préfet, le décret du 14 décembre 1810 a, comme vous le savez, prescrit l'épreuve des armes à feu fabriquées pour le commerce, et réglé les conditions dans lesquelles elle devait avoir lieu. Ce décret ne concernait que les armes de chasse et de luxe, la fabrication des armes de guerre étant réservée aux manufactures de l'Etat; et comme la fabrication des armes de chasse et de luxe avait peu d'importance partout ailleurs qu'à Saint-Etienne, ce n'est aussi que dans cette ville que le décret de 1810 a été appliqué.

Mais lorsqu'est venue la loi du 14 juillet 1860, qui a permis, sous certaines conditions, de fabriquer des armes de guerre pour l'exportation, la question de l'épreuve obligatoire a dû être examinée, et l'on a reconnu qu'il n'y avait lieu d'en dispenser aucune des armes à feu qui sortiraient des établissements privés. C'est, en effet, une mesure d'une incontestable nécessité, non-seulement au point de vue de la sécurité des personnes, mais encore au point de vue des intérêts de l'industrie et du commerce; elle est d'ailleurs en usage dans plusieurs des pays qui nous avoisinent, spécialement en Angleterre et en Belgique.

Seulement, le décret de 1810 ne se trouvait plus en rapport avec la situation de l'industrie et les nouvelles données de la science; il était nécessaire de le soumettre à une révision complète. Une commission, composée d'hommes compétents, a été chargée de ce travail; en se livrant à de nombreuses recherches et à de longues expériences, en s'entourant aussi de toutes les lumières qu'elle a pu réunir, soit à l'intérieur, soit à l'étranger, cette commission a préparé un projet que le conseil d'Etat a examiné ensuite lui-même de la manière la plus approfondie, et, de cette longue étude, est sorti le décret dont vous trouverez le texte au *Bulletin des lois*, n° 1322.

L'objet de ce règlement n'est point d'imposer à l'industrie privée une formalité qui puisse la gêner ou lui être onéreuse, mais au contraire de seconder ses efforts et de favoriser ses progrès en constatant que ses produits offrent toutes les garanties nécessaires à la sûreté des acheteurs. Des instructions spéciales seront adressées pour en assurer l'exécution dans les localités où il existe des bancs d'épreuve ou dans lesquelles il y aurait lieu d'en établir; mais il est une disposition générale qui exige une mesure immédiate; c'est celle que renferme l'article 29 ainsi conçu :

« Les fabricants ou commerçants qui, au moment de la promul-
» gation du présent décret, seront détenteurs d'armes neuves, n'ayant
» pas été soumises à l'épreuve prescrite par le décret du 14 décembre
» 1810, devront, dans le délai de trois mois, les faire poinçonner
» d'une marque spéciale qui, par exception, pourra être apposée
» sous le tonnerre. — Ce poinçonnage sera gratuit. — Notre ministre
» de l'agriculture, du commerce et des travaux publics détermine les
» mesures nécessaires à l'exécution du présent article. »

C'est dans l'intérêt même des détenteurs d'armes que cette formalité est prescrite. L'épreuve de toute arme à feu portative étant obligatoire et toute tolérance devant cesser, il est nécessaire de pouvoir distinguer les armes encore neuves qui auront été fabriquées ou importées avant le nouveau décret, afin que les détenteurs ne soient pas exposés à des poursuites, comme ceux qui auraient en leur possession des armes fabriquées après la promulgation du décret et ne portant point la marque d'un poinçon d'épreuve.

Quant à l'exécution de l'article précité, les vérificateurs des poids et mesures, habitués à des opérations analogues au poinçonnage dont il s'agit et à des rapports du même genre avec l'industrie et le commerce, étaient naturellement indiqués pour y pourvoir.

Conformément à l'arrêté que j'ai pris à cet effet, et que vous trouverez ci-après, les détenteurs d'armes auront à les faire porter au bureau du vérificateur de leur arrondissement; mais le poinçonnage sera gratuit, et, à raison du mode suivant lequel il doit s'exécuter, il n'en résultera aucun inconvénient ni aucun dommage, soit pour la qualité, soit même pour l'apparence des armes.

Je vous prie, Monsieur le préfet, de donner immédiatement toute la publicité possible à l'arrêté dont il s'agit, et de m'en accuser réception. Je vous serai obligé, en outre, de donner en même temps aux vérificateurs des poids et mesures les instructions qui vous paraîtront nécessaires, en les invitant à prendre toutes les précautions que les déposants peuvent justement désirer. Vous aurez à me transmettre, après le délai fixé à l'arrêté ci-joint, un compte spécial dans lequel seront indiqués le nombre des armes qui auront été soumises au poinçonnage, ainsi que le nom, la qualité et le domicile des industriels à qui elles appartenaient.

ARRÊTÉ.

Paris, 11 août 1865.

1. Les vérificateurs des poids et mesures sont chargés, dans leurs arrondissements respectifs, du poinçonnage prévu par l'article 29 du décret du 19 juin 1865.

2. Les fabricants ou commerçants, détenteurs d'armes à feu neuves qui n'auraient pas été soumises à l'épreuve, conformément au décret du 14 décembre 1810, ou qui auraient été importées de l'étranger sans être frappées du poinçon d'épreuve légale du pays de provenance, devront, d'ici au 1er décembre 1865, faire porter lesdites armes au bureau du vérificateur des poids et mesures de leur arrondissement; ceux des arrondissements de Sceaux et de Saint-Denis les présenteront à Paris, les premiers, au 3e bureau, rue des Postes, et les seconds, au 7e bureau. rue Albouy.

3. Le vérificateur apposera le poinçon no 5 de la présente année (lettre **M**), sur le tonnerre des canons, à moins que le fabricant ou commerçant ne préfère que la marque soit appliquée en dessous.

Ce poinçonnage sera gratuit. Le comparant pourra l'opérer lui-même, avec l'autorisation du vérificateur et en sa présence.

No 17. — *Décret relatif à l'importation en France des animaux domestiques dont l'entrée présenterait des dangers au point de vue du typhus contagieux des bêtes à cornes.*

Paris, le 5 septembre 1865.

1. L'importation en France des animaux domestiques dont l'entrée présenterait des dangers au point de vue du *typhus contagieux*, pourra être interdite ou subordonnée à telles mesures qui pourraient être nécessaires pour prévenir l'invasion de la maladie.

2. Des arrêtés de notre ministre de l'agriculture, du commerce et des travaux publics détermineront les frontières ou portions de frontières où l'introduction et le passage en transit des animaux domestiques pourront être interdits, et les conditions auxquelles cette introduction et ce passage pourront être autorisés.

No 18. — *Arrêté ministériel relatif à l'exécution du décret qui précède.*

Paris, le 6 septembre 1865.

1. L'introduction en France et le transit des animaux de l'espèce bovine, ainsi que des cuirs frais et autres débris frais de ces animaux sont absolument interdits par les ports du littoral, depuis et y compris Nantes jusqu'à Dunkerque, et par les frontières du Nord et de l'Est, de la mer au Rhin.

2. L'introduction en France et le transit des animaux de l'espèce bovine, ainsi que des cuirs frais et autres débris frais de ces animaux, provenant d'Angleterre, de Hollande et de Belgique. sont absolument interdits par tous les ports et bureaux de douane de l'empire.

3. Dans tous les autres ports et bureaux de douane que ceux auxquels s'applique l'article 1er du présent arrêté, les animaux de l'espèce bovine importés d'autre provenance que d'Angleterre, de Hollande et de Belgique, devront être préalablement visités par des agents spéciaux. Ceux qui seront reconnus sains seront admis. Ceux qui seront reconnus malades ne seront pas admis. Ceux qui seront seulement suspects ou qui auront cohabité avec des animaux reconnus malades, seront placés en observation pendant dix jours dans un lieu suffisamment isolé, et ne pourront être admis qu'autant qu'il sera bien constaté qu'ils ne présentent aucun symptôme se rattachant au typhus contagieux.

No **19.** — *Circulaire ministérielle contenant des instructions applicables au cas où le typhus contagieux des bêtes à cornes, ou peste bovine, viendrait à se développer en France* (Extrait).

Paris, le 11 septembre 1865.

Monsieur le préfet, vous n'ignorez pas qu'une épizootie que l'on appelle en France *typhus contagieux des bêtes à cornes*, exerce depuis deux mois des ravages en Angleterre, où elle s'est répandue de proche en proche en irradiant de la métropole jusqu'en Écosse où elle a fait périr déjà beaucoup de bestiaux, notamment dans les laiteries d'Édimbourg.

De la Grande-Bretagne, l'épizootie s'est propagée en Hollande, et de la Hollande en Belgique.

La France est donc aujourd'hui menacée. Il est urgent de se tenir en garde contre l'invasion possible de ce fléau, et de prendre dès maintenant, toutes les mesures propres à arrêter son expansion dans notre pays, s'il venait à franchir nos frontières, malgré le décret rendu par l'empereur, en date du 5 septembre, et l'arrêté ministériel du 6, qui lui fait suite.

J'ai l'honneur, en conséquence, de vous adresser une instruction relative à cette épizootie, afin de porter à la connaissance des vétérinaires, des autorités locales, des agriculteurs et des propriétaires, ce qu'il est indispensable de savoir de sa nature et de son mode de propagation, et de vous rappeler les mesures de police sanitaires qui doivent immédiatement être mises en pratique dans toutes les localités où son apparition serait signalée. L'histoire de cette épizootie, dont la France a déjà eu à souffrir dans le dernier siècle, et dans le commencement du siècle actuel, montre qu'il est possible, sinon de s'en préserver toujours, du moins de réduire considérablement la proportion des pertes qu'elle peut causer, par l'application bien ordonnée des mesures de police sanitaires que prescrit notre législation sur la matière.

Je ne saurais donc vous recommander à cet égard une trop grande vigilance.

Le typhus étant une maladie exotique, que très-peu de personnes en France ont eu l'occasion d'observer, puisque sa dernière invasion remonte à 1814, il est nécessaire d'en retracer ici les caractères principaux.

CARACTÈRES DU TYPHUS CONTAGIEUX.

Dans la première période de cette maladie, celle que l'on appelle la période *d'incubation*, parce que le mal n'est encore qu'en germe dans le corps, et y couve, pour ainsi dire, les animaux présentent tous les caractères extérieurs de la santé; ils mangent, boivent et ruminent comme d'habitude, et les femelles donnent la même quantité de lait. Impossible donc de voir en eux des malades; et, de fait, s'ils sont condamnés à le devenir fatalement, ils ne le sont pas encore.

Cette période a une durée qui varie de six à dix jours.

Lorsque la maladie apparaît, elle se caractérise par l'abattement et une certaine expression du regard qui donne à l'animal un air sombre; sa tête est tendue, fixe, portée bas, avec les oreilles immobiles tombant en arrière; le dos est voûté et les membres postérieurs sont engagés sous le corps; le poil est terne, hérissé et sec au toucher; aux plis des jointures, notamment dans la région des aisselles et des aines, la peau se trouve mouillée de sueurs qui déterminent le soulèvement de son épiderme et sa dénudation.

La rumination n'est pas toujours suspendue dans les premiers jours de la maladie, mais elle ne s'effectue plus avec sa régularité habituelle; l'animal grince des dents et baille fréquemment.

Puis apparaissent des tremblements généraux, manifestés surtout en arrière des épaules, aux grassets et aux fesses, avec des alternatives de chaleur et de froid, notamment vers la base des cornes, aux oreilles et aux extrémités des membres.

Les yeux sont rouges et pleurent, et les larmes qui s'en écoulent en abondance ont une telle âcreté qu'elles creusent sur le chanfrein une sorte de sillon; l'épiderme se détache sur les régions de la peau où elles se sont répandues.

Un jetage a lieu par les ouvertures des narines, d'un liquide d'abord aqueux et âcre comme les larmes, et produisent, comme elles, l'érosion épidermique des parties de la peau avec lesquelles il reste encontact.

Avec les progrès de la maladie, les humeurs des yeux ou du nez deviennent purulentes, et souvent alors l'air que les animaux respirent est fétide. A ce moment, la respiration se précipite, elle devient difficile et s'accompagne d'un bruit de cornage que l'on entend à distance en entrant dans les étables.

De la bouche s'échappe une salive écumeuse, qui forme des flocons blanchâtres autour des lèvres. Sur le bourrelet de la mâchoire supérieure, sur les gencives et sur les mamelons de la face interne des joues, l'épiderme soulevé par de la sérosité, n'adhère plus aux parties et, se détachant facilement sous la pression des doigts, laisse à nu des plaies vives d'un rouge foncé.

A une période plus avancée de la maladie, la tête est agitée d'un côté à l'autre, d'une sorte de branlement qui a une certaine analogie avec celui des vieillards, et, en même temps, les mouvements rapides de la respiration lui impriment, à chaque fois que les flancs s'abaissent, une secousse de bas en haut.

La diarrhée ne tarde pas à se manifester; ce sont d'abord des matières excrémentielles qui sont expulsées liquides, avec une grande impétuosité et associées à des gaz qui leur donnent une fétidité caractéristique; puis, quand le canal est vide, les produits des déjections deviennent séreux; enfin, à la dernière période, les matières rejetées prennent une teinte brune, qu'elles doivent au sang qui leur est associé, et répandent une odeur d'une extrême fétidité.

A mesure que la maladie progresse, l'affaiblissement des forces s'accuse davantage; les malades tombent dans un état d'extrême prostration, c'est à peine s'ils peuvent se tenir debout et s'ils ont la force de conserver l'équilibre, quand on les oblige, par l'excitation des aiguillons ou des chiens, à se mettre en mouvement. La plupart du temps ils restent couchés, la tête tendue et appuyée sur le menton. La stupeur est extrême; les yeux s'enfoncent profondément dans les orbites, une humeur purulente remplit le vide qui s'est formé entre le globe et les paupières; la matière du jetage, épaisse, mêlée de stries sanguinolentes, souvent fétide, obstrue tellement les narines que les animaux sont obligés de respirer par la bouche; la température du corps est sensiblement abaissée, et, quand on appose les mains sur la peau du dos et des lombes, on perçoit une sensation analogue à celle que donne le toucher d'un animal à sang froid. Souvent, à cette période, se manifeste un symptôme très-caractéristique, c'est un gonflement de chaque côté de l'épine du dos, déterminé par le développement spontané de gaz sous la peau. Quand on palpe cette région, on perçoit une sensation de crépitation, et si on la percute, elle rend un son analogue à celui qui se fait entendre lorsque, dans les boucheries, on frappe sur la peau d'un bœuf soufflé.

Quand ce symptôme est apparu, les animaux sont froids et insensibles; les mouches les couvrent comme si déjà ils étaient des cadavres. Elles s'accumulent autour des ouvertures naturelles et y déposent leurs œufs qui, quelquefois, ont le temps d'y éclore : d'où l'apparition d'un fait qui a été considéré autrefois comme une expression spéciale de la maladie, mais qui n'est évidemment qu'un accident secondaire, résultant de l'état d'insensibilité à peu près complète dans lequel les animaux sont tombés.

La sécrétion du lait se tarit presque entièrement dès les premiers signes de la maladie; les mamelles se flétrissent et deviennent flasques et froides; quand elles donnent encore un peu de lait, ce liquide est séreux et d'une teinte jaune très-accusée.

Chez les femelles, il existe un symptôme très-propre à faciliter le diagnostic de la maladie, lorsqu'on doit passer en revue un certain nombre de bêtes et formuler un jugement rapide, c'est la coloration particulière de la membrane du vagin qui a une teinte rouge d'acajou avec des marbrures d'une nuance plus foncée.

L'amaigrissement rapide et profond des malades est un des caractères particuliers à cette affection, et qui s'accuse à un degré d'autant plus marqué que la vie se prolonge davantage : les sujets deviennent étiques, leurs muscles, effacés et parcheminés, laissent apparaître tous les reliefs du squelette, notamment à la région du bassin, dont les excavations se creusent profondément.

La mort survient d'ordinaire du troisième au douzième jour; rarement la vie se prolonge au delà de cette dernière période.

En résumé, si on laisse de côté les détails accessoires, un animal frappé du typhus se reconnaît facilement à l'ensemble des symptômes suivants : attitude immobile, dos voûté, membres convergents sous le corps, tête portée en avant, fixe, oreilles tombantes en arrière, regard sombre, yeux pleureurs, jetage nasal, bouche écumeuse, tête branlante, grincement des dents, respiration précipitée, bruit de cornage, tremblements généraux, diarrhées très-abondantes et fétides, gonflement de la région dorsale par des gaz accumulés sous la peau, abaissement de la température du corps, faiblesse extrême, prostration, stupeur, coloration rouge foncé avec marbrures de la membrane du vagin, tarissement du lait.

ALTÉRATIONS PROPRES AU TYPHUS.

Dans le troisième estomac ou feuillet, injection des lames multiples de cet appareil, taches ecchymotiques diffuses sur un grand nombre, perforations ulcéreuses de quelques-unes, dessiccation, sous forme de galettes, des matières alimentaires interposées entre elles.

Dans la caillette, quatrième estomac, injection très-vive de toutes ses duplicatures, qui ont une couleur rouge d'acajou, et, dans quelques cas, ulcérations multiples disséminées à leur surface ; ces ulcérations reflètent une teinte blanche lavée.

Dans l'intestin grêle, plaques gaufrées formées par la confluence de pustules pleines ou ulcérées sur les glandes de Peyer.

Cette lésion n'est pas constante dans l'intestin grêle; mais ce que l'on observe toujours sur la muqueuse de cet intestin, c'est l'injection générale avec des vergetures longitudinales, coupées irrégulièrement par des vergetures transverses, qui dessinent sur la membrane un réseau irrégulier à grandes mailles, extrêmement caractérisé.

Dans le colon, petites ulcérations, extrêmement nombreuses, dans la profondeur desquelles est attaché un petit caillot de sang formant relief dans l'intestin; en enlevant ce caillot par le grattage, on met à nu l'ulcération assez profonde qui lui servait comme de point d'intersection. Injection générale de toute la muqueuse du colon et de celle du rectum, vergetée et aréolée comme la muqueuse de l'intestin grêle.

La rate est généralement saine.

Taches pétéchiales et ecchymoses profondes dans le cœur.

Emphysème général du poumon, dont les lobules sont isolées entre les lames épaisses du tissu cellulaire, qui sont soufflées par les gaz exhalés dans leurs auréoles comme dans celles du tissu cellulaire sous-cutané.

Injection de la muqueuse des bronches et du larynx et exsudation à sa surface de mucosités purulentes condensées en fausses membranes dans le larynx.

Aucune ulcération sur cette membrane.

Le typhus contagieux des bêtes à cornes est une maladie qui demeure supérieure dans le plus grand nombre des cas, l'expérience l'a trop souvent démontré, à toutes les ressources de l'art. Ce n'est donc pas sur des moyens de traitement qu'il faut compter pour sauvegarder la fortune des particuliers et, avec elle, la fortune publique, lorsque cette épizootie s'attaque à la population bovine d'un pays, mais bien sur les précautions les plus minutieuses prises en vue d'empêcher sa propagation par les différentes voies de la contagion.

Les indications données dans cette instruction doivent vous inspirer à cet égard votre ligne de conduite.

Tous vos efforts doivent tendre, lorsque l'épizootie s'est déclarée dans une localité, à empêcher que les animaux malades puissent avoir des communications de quelque nature qu'elles soient, avec des animaux sains. Vous ne devrez même pas reculer, au début de la maladie dans une contrée, devant l'abattage immédiat des animaux les premiers malades et des animaux qui ont cohabité avec eux, si vos informations vous renseignent très-exactement sur la manière dont la maladie s'est transmise, et si elles vous donnent la conviction qu'en l'étouffant dans son foyer primitif, vous pourrez arrêter son expansion et prévenir sa propagation.

La loi vous arme de toute l'autorité nécessaire pour appliquer cette mesure commandée par l'intérêt public, et dont l'application entraîne, du reste, l'indemnisation légitime des propriétaires.

La contagion pouvant s'effectuer à distance par les émanations qui se dégagent du corps des animaux malades, il est nécessaire qu'ils soient séquestrés de la manière la plus rigoureuse dans des locaux aussi isolés que possible de ceux qu'habitent les animaux sains; que les pâturages communs, les abreuvoirs et les routes leur soient défendus; que les personnes préposées à leur donner des soins n'aient aucun contact avec les animaux non encore infectés; que des relations ne puissent pas s'établir par l'intermédiaire d'animaux d'autres espèces, notamment des moutons, dont la toison touffue peut s'imprégner des principes contagieux et servir à les transporter à de très-grandes distances.

Dans des occurences comme celles qui se présentent, l'agglomération des animaux de l'espèce bovine sur les champs de foire ou sur les marchés, peut entraîner les conséquences les plus fâcheuses; car il suffit d'un seul animal infecté pour qu'un grand nombre de ceux qui auront été en rapport avec lui contractent la maladie et la disséminent dans une foule de directions. Il est possible aussi que des animaux, qui ne sont encore qu'à la période d'incubation de la maladie, soient conduits sur les champs de foire par des propriétaires plus soucieux de leurs intérêts particuliers que de l'intérêt public. Vous aurez à voir si la gravité des circonstances ne vous impose pas l'obligation de suspendre les foires et marchés publics dans les localités où l'épizootie sévira; et, dans le cas où cette mesure, toujours grave, ne vous paraîtrait pas indispensable, vous devriez prescrire les plus grandes précautions pour prévenir l'introduction sur les marchés d'animaux suspects, à quelque titre que ce soit. Ces précautions devront consister dans des certificats de santé délivrés aux conducteurs des bestiaux par les maires des communes d'où ils proviennent et les vétérinaires inspecteurs de ces communes.

Mais l'action de l'administration, si énergique qu'elle soit, resterait insuffisante, si vos administrés ne se pénétraient pas tous de la nécessité de concourir de tous leurs efforts à l'œuvre de la préservation commune, et s'ils n'étaient pas convaincus qu'il suffit souvent d'une imprudence commise ou d'une contravention aux règlements sanitaires pour que la maladie trouve une issue qui lui permettrait d'étendre ses ravages. Vous devrez donc faire en sorte d'éclairer les populations par tous les moyens de publicité dont vous disposez, sur les dangers qui les menacent, et sur l'utilité des mesures que vous serez obligé de prendre pour les en préserver.

Voici, du reste, celles de ces mesures qu'il est urgent d'appliquer immédiatement :

Tout propriétaire, détenteur ou gardien de bêtes à cornes, à quelque titre que ce soit, doit être tenu de faire la déclaration immédiate au maire de la commune, des bêtes malades ou suspectes qu'il peut avoir chez lui ou dans ses pâturages.

Dès que le maire sera prévenu, il fera faire la visite des animaux dont la maladie lui aura été déclarée, soit par le vétérinaire le plus prochain, soit par celui auquel cette fonction aura été assignée.

Je vous recommande d'insister, auprès des maires des différentes communes de votre département, pour que cette prescription d'utilité absolue soit rigoureusement observée : elle est, du reste, imposée par les règlements sur la matière, et ceux qui y contreviendraient seraient passibles de peines sévères (1).

Lorsque, d'après le rapport du vétérinaire il sera constaté qu'une ou plusieurs bêtes sont malades, le maire veillera scrupuleusement à ce que ces animaux soient séparés des autres et ne communiquent d'aucune manière, directement ou indirectement, avec aucun animal de la commune. Les propriétaires, sous quelque prétexte que ce soit, ne pourront les faire conduire dans les pâturages ni aux abreuvoirs communs, et ils seront tenus de les nourrir dans des lieux renfermés.

Cette séquestration des malades ne saurait être pratiquée avec trop de rigueur : c'est d'elle que dépend le salut des autres bestiaux de la localité, et les maires, en tenant la main à l'observation rigoureuse de la règle, peuvent rendre à leurs concitoyens les plus grands services. Il faut donc qu'ils soient assez convaincus de la gravité de leurs devoirs pour ne pas se contenter de demi-mesures.

Chaque jour, le maire de la commune où la maladie s'est déclarée doit vous adresser un rapport détaillé dans lequel il vous indiquera les noms des propriétaires dont les bestiaux sont atteints et le nombre des bêtes malades (2). Aussitôt que le maire aura acquis la preuve que l'épizootie s'est déclarée dans sa commune. il devra en instruire tous les propriétaires de bestiaux de ladite commune par une affiche posée aux lieux où se placent les actes de l'autorité publique, laquelle affiche enjoindra à ces propriétaires de déclarer à l'autorité communale le nombre de bêtes à cornes qu'ils possèdent, avec désignation d'âge, de taille, de poil, etc.

---

(1) Arrêt du Parlement, 14 mars 1745. — Arrêt du Conseil, 19 juillet 1746. — Arrêt du Conseil, 16 juillet 1784. — Décret de l'Assemblée constituante, 6 octobre 1791. — Arrêté du Directoire exécutif, 27 messidor, an v. — Ordonnance du roi, 15 janvier 1815. — Code pénal, article 459.

(2) Arrêt du Conseil, 1746. — Décret de l'Assemblée constituante, 1791. — Code pénal, article 460.

Une copie de ces déclarations devra vous être envoyée, et vous aurez soin de la faire parvenir à mon administration (1).

Ce dénombrement est nécessaire pour que l'autorité supérieure puisse se rendre compte des pertes et apprécier les indemnités qui pourraient être allouées à ceux qui les auront subies.

Dès que l'épizootie s'est déclarée dans une commune, aucun des animaux, même ceux qui sont encore sains dans cette commune, n'en peut être distrait, pour être conduit sur les foires et marchés, et même chez des particuliers des communes voisines, car leur migration peut transporter la contagion à distance. Toute communication des bestiaux des localités infestées avec ceux des localités qui ne le sont pas, doit être absolument empêchée. Il doit être fait, en conséquence, des visites de temps à autre chez les propriétaires de bestiaux dans les communes infestées, pour s'assurer qu'aucun animal n'en a été éloigné (2).

Si, au mépris de ces dispositions, une bête malade ou suspecte, dans un pays infesté, était conduite sur un marché ou une foire, ou même chez un particulier d'une localité non infestée, l'auteur de cette contravention serait passible des peines portées par les articles du Code pénal qui ont réglé cette matière.

Les propriétaires qui feraient conduire leurs animaux malades ou suspects par leurs domestiques ou autres personnes, dans les marchés ou les foires ou chez des particuliers de pays non infestés, seraient responsables des faits de ces conducteurs (3).

Les propriétaires de bêtes saines peuvent néanmoins, dans les pays infestés, en faire tuer chez eux ou en vendre aux bouchers de leurs communes, mais aux conditions suivantes :

1° Il faut que le vétérinaire préposé par l'autorité ait constaté que ces bêtes peuvent être livrées sans danger à la consommation;

2° Le boucher doit tuer les bêtes dans les vingt-quatre heures;

3° Le propriétaire ne peut s'en dessaisir, et le boucher les tuer avant qu'il n'en ait reçu, par écrit, la permission du maire qui en fera mention sur son état;

4° Le boucher ne peut, sous aucun prétexte, vendre pour son compte et sur pied, la bête qu'il aura achetée pour être immédiatement abattue.

Toute contravention à cet égard sera punie, conformément aux lois et règlements sur la matière. Le propriétaire et le boucher sont solidaires (4).

L'expérience ayant appris que les chiens peuvent devenir des agents de la transmission de la contagion, ces animaux doivent être tenus à l'attache dans les localités infestées; et il est ordonné de tuer tous ceux que l'on trouverait divaguants (5).

Si, à la première apparition de l'épizootie dans une commune, l'autorité municipale jugeait nécessaire, pour étouffer la maladie avant

---

(1) Arrêt du Conseil, 1746. — Arrêté du Directoire exécutif, 27 messidor an v.
(2) Arrêt du Conseil, 24 mars 1745. — Arrêté du Directoire exécutif, 27 messidor an v.
(3) Arrêt du Conseil, 7 juillet 1746. — Code pénal, article 460.
(4) Arrêt du Conseil, 19 juillet 1749. — Arrêté du Directoire exécutif, 27 messidor an v.
(5) Loi du 19 juillet 1791. — Arrêté du Directoire exécutif, 27 messidor an v.

qu'elle ait pris de l'extension, de faire abattre immédiatement les bestiaux malades et ceux qui auraient cohabité avec eux, elle pourrait prescrire cette mesure, en ayant soin de faire constater par des procès-verbaux le nombre et la valeur des animaux qui devraient être abattus.

Il va de soi que toutes les bêtes saines, sacrifiées pour prévenir la contagion dont elles peuvent recéler les germes, pourront être livrées à la consommation comme bêtes de boucherie.

Les extraits des procès-verbaux d'abattage de ces animaux devront m'être adressés, pour que mon administration puisse faire payer aux propriétaires l'indemnité à laquelle ils ont droit d'après la loi (1).

Les bêtes mortes des suites de l'épizootie, ou dont l'abattage aura été ordonné en raison de la gravité de leur maladie, devront être enfouies à une distance aussi grande que possible des habitations, dans des fosses de deux mètres au moins de profondeur, dans les terrains peu perméables, et plus profondément encore dans les terrains dont la perméabilité est très-grande. Cette fosse sera recouverte de toute la terre qu'on en aura extraite.

S'il était possible de jeter, au préalable, sur les cadavres une couche de chaux vive, cette précaution serait excellente.

Les cuirs devront être tailladés avant que le corps soit placé dans la fosse, afin d'annuler leur valeur commerciale, pour que personne ne soit tenté de les déterrer. Les cadavres ne seront pas traînés vers le lieu de leur enfouissement, afin d'éviter qu'ils ne laissent sur le sol des matières recélant en elles le principe de la contagion. Ils devront être charriés sur des voitures traînées par des chevaux, des ânes ou des mulets, et ces voitures seront immédiatement lavées à grande eau, après avoir servi à cet usage.

Dans les localités où il existe des clos d'équarrissage ou des usines dans lesquelles les matières animales sont converties en produits industriels, les propriétaires seront libres, au lieu de faire enfouir les corps des bêtes mortes, de les faire exploiter par les établissements appropriés à cette destination, à la condition que la distance de leur propriété à ces établissements sera telle que les corps des animaux morts ne devront pas traverser des localités non infestées.

Les fumiers provenant des étables infestées devront être enfouis.

Il ne faut pas oublier que les fourrages sur lesquels les bêtes malades ont soufflé et répandu leur bave, que les litières qu'elles ont souillées de leurs déjections, peuvent être des agents de la transmission de la contagion; les uns et les autres devront être traités comme les fumiers, après la mort de la bête à l'usage de laquelle ils ont servi; en pareil cas, une économie mal entendue peut être cause de nouvelles pertes.

Les étables qui ont été habitées par des bêtes malades, doivent être assainies avec le plus grand soin, d'après les prescriptions des hommes de l'art. Le lavage à fond avec des liquides dont les propriétés désinfectantes sont reconnues, tels que le chlorure de chaux, l'eau de chaux chlorurée, les solutions d'acide phénique, les eaux de lessive, le grattage des râteliers et des mangeoires, leur revêtement avec une

---

(1) Arrêt du Conseil, 18 octobre 1774. — Arrêt du Conseil, 3o janvier 1775. — Ordonnance du roi, 15 janvier 1815.

couche de goudron, le repiquage du sol et l'association à la terre qui le forme, de sable, de terre ou de plâtre coaltarés, enfin les fumigations chlorurées, voilà une série de moyens dont l'expérience a consacré l'efficacité, et qui doivent être scrupuleusement recommandés aux propriétaires des étables infestées. Qu'ils demeurent bien convaincus que la dépense qu'ils s'imposeront pour assainir leurs étables sera largement compensée par le bénéfice qu'ils en retireront.

Même après ces précautions prises, il sera prudent de n'introduire des bêtes saines dans les étables infestées qu'après deux semaines au moins, pendant lesquelles on les aura laissées ouvertes à tous les vents.

Les objets qui auront servi à l'usage des bêtes malades devront être détruits par le feu, s'ils sont de minime valeur, comme les cordages d'attache, par exemple, ou purifiés par les procédés d'assainissement qui leur conviennent.

Telles sont les mesures diverses qu'il me paraît urgent de prendre pour empêcher l'extension de l'épizootie dans votre département, si elle venait à y pénétrer. Je ne saurais trop vous recommander de veiller à ce qu'elles soient partout scrupuleusement et rigoureusement appliquées. Si les efforts sont bien concertés, si chacun est à son poste et fait bien son devoir, on peut opposer à l'invasion du mal une digue qu'il ne franchira pas.

Du reste, vous devez trouver de bons auxiliaires, pour l'application de tous les moyens propres à combattre l'épizootie, dans les sociétés vétérinaires, les chambres consultatives d'agriculture, les associations agricoles et les vétérinaires de votre département. Le décret du 18 octobre 1848 a institué près de vous un conseil d'hygiène publique et de salubrité, dont une des attributions est relative aux épizooties et aux maladies des bestiaux. Mais il me paraîtrait très-utile que, pour répondre aux nécessités du moment, des commissions spéciales, composées plus particulièrement de vétérinaires et d'agriculteurs, fussent instituées partout où le besoin s'en ferait sentir et eussent pour mission d'approprier plus efficacement aux conditions locales les mesures de police sanitaire que comporte l'épizootie.

Je désire que vous me teniez au courant, par des communications très-fréquentes, de tous les faits relatifs à l'épizootie qui pourraient se produire dans votre département.

N° **20.** — *Extrait de la décision ministérielle approuvant les modifications au règlement du 5 juin 1857 ([1]).*

Paris, le 30 octobre 1865.

CHAPITRE III.

Marche des bateaux en rivière. — Police, etc.

15. Pendant la nuit, c'est-à-dire depuis le coucher du soleil jusqu'à son lever, les bateaux à vapeur en marche seront éclairés de la manière suivante :

([1]) V. ce règlement à l'appendice du 6ᵉ vol.

Les bateaux à vapeur ordinaires porteront trois feux, savoir : un feu blanc à l'avant du bateau ; — un feu vert à tribord ; — un feu rouge à babord.

Les bateaux toueurs porteront quatre feux, savoir : un feu rouge au-dessus du feu blanc réglementaire, à l'avant du bateau ; — un feu vert à tribord ; — un feu rouge à babord.

Dans la Seine fluviale, tous les bateaux de chaque convoi devront être éclairés, en outre, par un feu blanc, lorsque le convoi descendra vers la mer, et par un feu rouge, lorsqu'il remontera.

Tous les bateaux indistinctement en stationnement de nuit devront porter un feu vert.

Les feux rouges, blancs ou verts seront produits au moyen de lanternes du genre de celles servant de signaux de nuit sur les chemins de fer, ayant 30 centimètres de hauteur sur 20 de largeur, avec des verres d'éclairage de 16 centimètres de diamètre, présentant une mèche cylindrique de 16 millimètres au moins de diamètre et munis :

Le premier bateau, de réflecteurs argentés à l'intérieur ;

Les bateaux suivants, de réflecteurs en porcelaine, garnis d'objectifs également en porcelaine.

Dans cet état, les feux devront s'apercevoir au moins à 500 mètres de distance, même par les nuits les plus obscures.

Sur les bateaux à vapeur ordinaires, les fanaux seront placés, savoir :

Le feu blanc, à l'avant dans l'axe du navire, et les deux feux, à tribord et à babord, au milieu de la longueur du navire sur les bateaux à hélices, et à la partie antérieure des tambours, sur les bateaux à aubes. Leur élévation au-dessus du pont sera telle, qu'ils ne puissent être masqués par aucune partie du comble du bateau ou de son chargement. Les feux de tribord et de babord seront d'ailleurs disposés de manière à être complétement invisibles de l'aval.

Sur les bateaux à vapeur toueurs, les fanaux seront placés, savoir :

Deux feux à l'avant, l'un au-dessus de l'autre, dans l'axe du bateau, l'inférieur blanc, le supérieur rouge, et les deux autres feux à tribord et à babord, au milieu de la longueur du bateau.

Leur élévation au-dessus du pont sera telle, qu'ils ne puissent jamais être masqués par aucune partie du bateau. Les feux de tribord et de babord seront d'ailleurs disposés de manière à être complétement invisibles de l'aval.

Les feux blancs et rouges placés à l'avant seront espacés entre eux de telle sorte, qu'ils soient toujours parfaitement distincts l'un de l'autre, dans toutes les positions du bateau.

Les bateaux halés seront munis de fanaux à double réflecteur projetant la lumière tant en amont qu'en aval, et ces fanaux seront assujettis à un mât ou chandelier placé, soit sur la masse au ras de l'étambot, soit sur l'arrière, de manière qu'ils ne puissent être masqués par aucune partie du comble du bateau ou de son chargement.

Tous les bateaux composant un convoi toué ou remorqué porteront sur la masse, au ras de l'étambot, un fanal visible de l'avant et de l'arrière du bateau, et dont les réflecteurs, au lieu d'être argentés, seront en porcelaine et garnis d'objectifs également en porcelaine de

3 millimètres d'épaisseur, de manière à masquer le rayonnement de la lumière; la position de ce fanal en hauteur satisfera d'ailleurs aux conditions indiquées dans le paragraphe précédent. Le dernier bateau du convoi sera muni de deux fanaux à double réflecteur, qui seront placés à l'arrière.

Dans la Seine maritime, tous les navires ou chalands remorqués ou non, qu'ils montent ou qu'ils descendent, ou bien qu'ils soient à l'ancre, devront avoir chacun un feu blanc en tête du mât de misaine.

Dans la Seine fluviale, lorsqu'un bateau remorqueur sera obligé de prendre des chevaux de renfort pour faire franchir un rapide à son convoi, le capitaine ou patron dudit remorqueur devra masquer ses feux blanc et rouge et ne conserver que son feu vert, qu'il placera du côté du large.

Dans ce cas, tous les bateaux du convoi allumeront leur fanal vert, comme bateaux halés.

Aucun toueur haleur ou remorqueur ne devra prendre un bateau marchant de nuit sans s'être préalablement assuré qu'il est pourvu des fanaux réglementaires exigés, et que ces appareils sont en parfait état de service.

Pour les bateaux naviguant en mer, au delà du Havre, les fanaux seront conformes au modèle prescrit dans la marine de l'État, par le décret du 17 août 1852.

15 bis. Dans les convois de bateaux toués ou remorqués dans la Seine fluviale, chaque bateau chargé ou vide devra, pendant la marche du convoi, avoir son avant amarré par deux remorques fixées à l'avant du bateau qui précède.

N° 21. — *Arrêté ministériel.*

Paris, le 5 décembre 1865.

1. Les mesures prescrites par l'arrêté du 6 septembre 1865, en ce qui a trait aux animaux de l'espèce bovine, sont et demeurent applicables à tous les quadrupèdes autres que le cheval, l'âne, le mulet et le chien.

N° 22. — *Décret concernant la fabrication et le commerce des huiles minérales.*

Paris, le 18 avril 1866.

1. Le pétrole et ses dérivés, les huiles de schiste et de goudron, les essences et les autres hydrocarbures pour l'éclairage, le chauffage, la fabrication des couleurs et vernis, le dégraissage des étoffes ou pour tout autre emploi, sont distingués en deux catégories, suivant leur degré d'inflammabilité.

La première catégorie comprend les substances très-inflammables, c'est-à-dire celles qui émettent, à une température moindre de 35 degrés du thermomètre centigrade, des vapeurs susceptibles de prendre feu au contact d'une allumette enflammée.

La deuxième catégorie comprend les substances moins inflammables, c'est-à-dire celles qui n'émettent de vapeurs susceptibles de prendre feu au contact d'une allumette enflammée qu'à une température égale ou supérieure à 34 degrés.

2. Les usines pour la fabrication, la distillation et le travail en grand de toutes les substances comprises dans l'article 1er sont rangées dans la première classe des établissements régis par le décret du 15 octobre 1810 et par l'ordonnance royale du 14 janvier 1815, concernant les ateliers dangereux, insalubres ou incommodes.

3. Les dépôts de substances appartenant à la première catégorie sont rangés dans la première classe des établissements insalubres ou dangereux, s'ils contiennent, même temporairement, 1,050 litres ou plus desdites substances.

Ils sont rangés dans la 2e classe, lorsque la quantité emmagasinée, supérieure à 150 litres, n'atteint pas 1.050 litres.

Les dépôts pour la vente au détail, en quantité n'excédant pas 150 litres, peuvent être établis sans autorisation préalable. Toutefois, leurs propriétaires sont tenus d'adresser au préfet une déclaration indiquant la désignation précise du local, la quantité à laquelle ils entendent limiter leur approvisionnement, et de se conformer aux mesures générales énoncées dans l'article 5 ci-après.

4. Les dépôts de substances appartenant à la 2e catégorie sont rangées dans la 1re classe des établissements insalubres ou dangereux, s'ils contiennent, même temporairement, 10,500 litres ou plus desdites substances.

Ils appartiennent à la 2e classe, lorsque la quantité emmagasinée, supérieure à 1,050 litres, n'atteint pas 10,500 litres.

Les dépôts pour la vente au détail, en quantité n'excédant pas 1,050 litres, peuvent être établis sans autorisation préalable. Toutefois, leurs propriétaires sont tenus d'adresser au préfet une déclaration indiquant la désignation précise du local et la quantité à laquelle ils entendent limiter leur approvisionnement, et de se conformer aux mesures générales énoncées dans l'article 5 ci-après.

5. Les dépôts pour la vente au détail de substances de la 1re catégorie, en quantité supérieure à 5 litres et n'excédant pas 150 litres, et les dépôts de substances de la 2e catégorie, en quantité supérieure à 60 litres et n'excédant pas 1,050 litres, qui, aux termes des articles 3 et 4, peuvent être établis sans autorisation préalable, sont assujettis aux conditions générales suivantes :

1° Le local du dépôt ne pourra être qu'une pièce au rez-de-chaussée ou une cave ; il sera dallé en pierres posées et rejointoyées en mortier de chaux et sable ou ciment ;

2° Les portes de communication avec les autres parties de la maison et avec la voie publique, seront garnies de seuils en pierre saillant d'un décimètre au moins sur le sol dallé, de manière à retenir les liquides qui viendraient à se répandre ;

3° Si le dépôt est établi dans une cave, celle-ci devra être bien éclairée par la lumière du jour, convenablement ventilée et sans aucune communication avec les caves voisines, dont elle sera séparée par des murs pleins, en maçonnerie solide, de 30 centimètres d'épaisseur au moins ;

4° Si le local du dépôt est au rez-de-chaussée, il ne pourra être surmonté d'étages ; il sera largement ventilé et éclairé par la lumière du jour ; les murs seront en bonne maçonnerie, et la toiture sera sur supports en fer ;

5° Dans tous les cas, le local sera d'un accès facile et ne devra être en communication avec aucune pièce servant à l'emmagasinage du bois ou autres matières combustibles qui pourraient servir d'aliment à un incendie ;

6° Les liquides seront conservés, soit dans des vases en métal munis d'un couvercle, soit dans des fûts solides et parfaitement étanches, cerclés en fer, dont la capacité ne dépassera pas 150 litres, soit dans des touries en verre ou en grès, revêtues d'une enveloppe en tresse de paille, osier ou autres matières de nature à mettre le vase à l'abri de la casse par le choc accidentel d'un corps dur ; la capacité de ces touries ne dépassera pas 60 litres, et elles seront très-soigneusement bouchées ;

7° Les vases servant au débit courant seront fermés et munis de robinets ;

8° Le transvasement ou dépotage des liquides en approvisionnement ne se fera qu'à la clarté du jour, et, autant que possible, au moyen d'une pompe ;

9° Dans la soirée, le local sera éclairé par une ou plusieurs lanternes fixées aux murs, en des points éloignés des vases contenant les liquides inflammables, et particulièrement de ceux qui serviront au débit courant ;

10° Il est interdit d'y allumer du feu, d'y fumer et d'y garder des fûts vides, des planches ou toutes autres matières combustibles ;

11° Une quantité de sable ou de terre, proportionnée à l'importance du dépôt, sera conservée dans le local pour servir à éteindre un commencement d'incendie, s'il venait à se déclarer ;

12° Le propriétaire du dépôt devra toujours avoir à sa disposition une ou plusieurs lampes de sûreté, garnies et en bon état, dont on se servirait, au besoin, pour visiter les parties du local que les lanternes fixées au mur n'éclaireraient pas suffisamment. Il est expressément interdit de circuler dans le local avec des lumières portatives découvertes qui ne seraient pas de sûreté et pourraient communiquer le feu à un mélange d'air et de vapeurs inflammables.

Les marchands en détail, dont l'approvisionnement est limité à 5 litres de substances de la 1re catégorie ou 60 litres de substances de la 2e catégorie, seront tenus d'observer les mesures de précaution qui, dans chaque cas, leur seront indiquées et prescrites par l'autorité municipale.

6. Les dépôts qui ne satisferaient point aux conditions prescrites ci-dessus ou qui cesseraient d'y satisfaire seront fermés, sur l'injonction de l'autorité administrative, sans préjudice des peines encourues pour contraventions aux règlements de police.

7. Le transport de toutes les substances comprises dans l'article 1er, en quantité excédant 5 litres, sera fait exclusivement. soit dans des vases en tôle, en fer-blanc ou en cuivre, bien étanches et hermétiquement clos, soit dans des fûts en bois. parfaitement étanches, cerclés en fer, dont la capacité ne dépassera pas 150 litres, soit dans des touries ou bombonnes en verre ou en grès, de 60 litres de capacité au plus, bouchées et enveloppées de tresses en paille, osier ou autres matières de nature à mettre le vase à l'abri de la casse.

N° **23.** — *Décret concernant la circulation des voitures de place ou de remise.*

Paris, le 13 mai 1866.

1. Tout individu a la faculté de mettre en circulation, dans Paris, des voitures de place ou de remise destinées au transport des personnes et se louant à l'heure ou à la course, sous la condition d'en faire la déclaration devant qui de droit, d'exécuter les dispositions prescrites par les règlements de police, et de se conformer au tarif des prix de transport arrêtés par l'autorité compétente.

2. Les voitures de remise, qui payent le droit de stationnement peuvent, comme les voitures de place, charger sur la voie publique et y stationner sur les emplacements et aux conditions déterminés par l'autorité compétente.

5. La délibération du conseil municipal de Paris, en date du 9 avril dernier, relative à la résiliation du traité conclu entre la ville et la compagnie des Petites-Voitures, est approuvée.

N **24.** — *Arrêté du préfet de la Seine fixant le tarif des voitures de place et de remise, exécutoire à partir du 15 juin 1866* (1).

Paris, le 14 mai 1866.

1. Tout loueur de voitures publiques, de place ou de remise, à la course et à l'heure, qui voudra user de la faculté de faire stationner ses voitures sur les emplacements à ce affectés d'une manière permanente par l'administration municipale, de prendre des voyageurs sur la voie publique, dans les cas prévus par les règlements de police, de faire le service des abords des chemins de fer, théâtres, établissements publics, réunions particulières et autres de jour et de nuit, dans les limites de nombre et d'espace déterminées par l'autorité compétente, devra préalablement :

1° Déposer à la préfecture de la Seine (administration de la ville, direction des affaires municipales, 1re section, bureau des domaines de la ville), l'engagement de payer par trimestre et d'avance le droit annuel de location de 365 fr. par voiture ;

---

(1) Modifié par arrêté du 13 août 1872, pour les *voitures à quatre places*, munies d'une galerie, voir page 465.

2º Acquitter à la Caisse municipale le premier trimestre de ce droit, dont il lui sera remis quittance ;

3º Obtenir de la préfecture de police un permis de circulation.

Sur le vu de ces pièces, les agents de la préfecture de la Seine feront apposer sur chaque voiture une *estampille distincte de celle de la préfecture de police*, afin de constater ostensiblement le paiement du droit et le permis de stationnement.

2. Le paiement du droit cessera d'être exigible après l'expiration du trimestre courant pour toute voiture qui cessera de circuler. Dans ce cas, un procès-verbal dressé par les agents de la préfecture de la Seine, constatant la déclaration du loueur et le retrait de l'estampille spéciale mentionnée en l'article 1er, sera transmis à la direction des affaires municipales.

3. L'estampille de la préfecture de la Seine sera également retirée lorsque le propriétaire de la voiture aura laissé écouler les huit premiers jours d'un nouveau trimestre sans avoir effectué le paiement de la portion du droit afférente à ce trimestre commencé.

4. Dans le cas de cession d'industrie, la déclaration collective devra en être faite par l'ancien et par le nouveau propriétaire de la voiture, tant à la préfecture de la Seine qu'à la préfecture de police, chacune pour ce qui la concerne.

5. Un carnet indicatif des emplacements de la voie publique affectés au stationnement des voitures de place ou de remise munies de l'estampille de la préfecture de la Seine, sera délivré à tout loueur qui aura rempli les formalités de l'article 1er, en autant d'exemplaires que ce loueur aura déclaré de voitures.

6. Les piqueurs du service municipal des travaux publics de Paris, préposés à la surveillance des stationnements sur la voie publique, sont spécialement chargés de constater le stationnement illicite des voitures non munies de l'estampille de la préfecture de la Seine.

7. Le tarif du prix de la course et de l'heure adopté par chaque loueur de voitures de place ou de remise, devra être affiché dans l'intérieur de ses voitures et délivré à chaque voyageur.

(CE TARIF NE POURRA JAMAIS DÉPASSER LES FIXATIONS DU TABLEAU SUIVANT, NI SUPPRIMER AUCUNE DES CATÉGORIES DE PRIX INDIQUÉES DANS CE TABLEAU.)

L'application en sera réglée par les dispositions qui suivent le tableau et qui sont déclarées inhérentes au tarif même.

Quel que soit le tarif applicable au service spécial d'une voiture de remise, lorsqu'elle stationnera ou chargera sur la voie publique dans les conditions déterminées par l'article 1er du présent arrêté, le cocher ne pourra rien exiger au delà des prix fixés ci-après pour les voitures de place.

Tarif maximum , etc.

TARIF MAXIMUM DANS L'INTÉRIEUR DE PARIS.

	De 6 heures du matin, en été (du 31 mars au 1ᵉʳ octobre) et de 7 heures du matin, en hiver (du 1ᵉʳ octobre au 31 mars) à Minuit 30 minutes.		de Minuit 30 minutes à 6 h. du matin, en été (31 mars au 1ᵉʳ oct.) et à 7 h. du matin, en hiver. (1ᵉʳ oct. au 31 mars.)	
DÉSIGNATION DES VOITURES.	LA COURSE.	L'HEURE.	LA COURSE	L'HEURE.
Voitures de place et Voitures de remise chargeant sur la voie publique :				
A 2 et 3 places........	1ᶠ 50	2ᶠ »	2ᶠ 25	2ᶠ 50
A 4 et 5 places........	1 70	2 25	2 50	2 75
Voitures de remise prises dans les lieux de remisage :				
A 2 et 3 places........	1ᶠ 80	2ᶠ 25	3ᶠ »	3ᶠ »
A 4 et 5 places........	2 »	2 50		

TARIF MAXIMUM AU DELA DES FORTIFICATIONS,
(*Bois de Boulogne, Bois de Vincennes et communes contiguës à Paris.*)

De 6 heures du matin à Minuit, en été
(du 31 mars au 1ᵉʳ octobre),

De 6 heures du matin à 10 heures du soir, en hiver
(du 1ᵉʳ octobre au 31 mars).

Quand les voyageurs rentreront avec la voiture à Paris.		Quand les voyageurs quitteront la voiture hors des fortifications.
Voitures de place et Voitures de remise chargeant sur la voie publique :	LA COURSE ET L'HEURE.	INDEMNITÉ DE RETOUR.
A 2 et 3 places...	2ᶠ 50 ..	.... 1 franc » cent.
A 4 et 5 places...	2 75 ..	
Voitures de remise prises dans les lieux de remisage :		
A 2, 3, 4 et 5 places.	3ᶠ » ..	.... 2 francs » cent.

TARIF DE L'INDEMNITÉ POUR LE TRANSPORT DES COLIS.
Pour 1 colis : 25 cent. — 2 colis : 50 cent. — 3 colis et au-dessus : 75 cent.

DISPOSITIONS RÉGLEMENTAIRES INHÉRENTES AU TARIF.

§ 1er. — Les cochers sont tenus de se rendre au domicile du voyageur pour y charger. Lorsque le temps employé pour leur déplacement et l'attente du voyageur excède 15 minutes, le tarif à l'heure est appliqué à partir du moment où la voiture aura été louée.

§ 2. — Lorsqu'un cocher s'est rendu à domicile et n'est pas employé, il lui est payé la moitié du prix d'une course ordinaire, si le temps employé pour le déplacement et l'attente ne dépasse pas un quart d'heure ; le prix entier d'une course, si le temps excède un quart d'heure.

§ 3. — Les cochers loués à la course ont le droit de suivre la voie la plus courte ou la plus facile ; ils ne peuvent prétendre qu'au prix de la course lorsque, sans s'écarter de l'itinéraire, ils sont requis de déposer, pendant le trajet, un ou plusieurs voyageurs ; ils ont droit au prix de l'heure lorsque, ayant été loués pour une course, ils sont requis de changer l'itinéraire le plus direct pour se rendre à destination, ou lorsque les voyageurs font décharger des colis placés à l'extérieur de la voiture.

§ 4. — Les cochers loués à l'heure doivent suivre l'itinéraire indiqué par le voyageur.

§ 5. — Les cochers loués à la course et les cochers loués à l'heure (sauf les cas où ces derniers seront requis par les voyageurs d'aller au pas), doivent faire marcher leurs chevaux de manière à parcourir 8 kilomètres à l'heure pour les voitures de place et 10 kilomètres pour les voitures de remise.

§ 6. — La première heure est due intégralement, lors même qu'elle ne serait pas entièrement écoulée. Le temps excédant la première heure est payé proportionnellement à sa durée.

§ 7. — Les cochers pris à la course ou à l'heure, avant minuit 30 minutes, qui arrivent à destination après cette heure, n'ont droit qu'au prix fixé pour le jour, pour la course ou pour la première heure.

Les cochers pris à la course ou à l'heure, avant 6 heures du matin, en été et 7 heures en hiver, ont droit au tarif de nuit, pour la course et la première heure, quand bien même ils arriveraient à destination après ces heures.

§ 8. — De 6 heures du matin à dix heures du soir, en hiver, et minuit, en été, les cochers ne seront tenus de franchir les fortifications, pour conduire des voyageurs dans les *Bois de Boulogne et de Vincennes* ou dans les communes contiguës à Paris, qu'autant qu'ils auront été pris à l'heure.

Ils ne seront tenus de franchir les fortifications après 10 heures du soir, en hiver, et minuit, en été, ni de conduire en aucun temps des voyageurs dans les communes dont le territoire n'est pas contigu à Paris.

Le transport dans ces communes, de même que le transport dans les autres, après 10 heures du soir, en hiver, et minuit, en été, est réglé de gré à gré.

Les communes dont le territoire est contigu à Paris, sont: *Cha-*

renton, les Prés-Saint-Gervais, Saint-Mandé, Montreuil, Bagnolet, Romainville, Pantin, Aubervilliers, Saint-Ouen, Saint-Denis, Clichy, Neuilly, Boulogne, Issy, Vanves, Montrouge, Arcueil, Gentilly, Ivry et Vincennes.

Tout cocher qui sera pris avant 10 heures du soir, en hiver, et minuit, en été, pour se rendre soit dans les *Bois de Vincennes* ou *de Boulogne*, soit dans les communes dont le territoire est contigu à Paris, ne pourra exiger, lors même qu'il arriverait à destination après 10 heures ou minuit, suivant la saison, un salaire plus élevé que celui qui résulte du tarif de jour.

§ 9. — Lorsque les chevaux ont été employés par le même voyageur à l'extérieur pendant deux heures sans aucun repos, le cocher peut les faire reposer pendant 20 minutes, ce temps de repos est à la charge du voyageur.

§ 10. — Lorsqu'un cocher est loué en dehors des fortifications, à destination de Paris, il n'a droit qu'au prix du tarif de l'heure dans l'intérieur de Paris.

§ 11. — Lorsqu'un cocher est loué dans l'intérieur de Paris pour conduire directement dans l'une des communes dont le territoire est contigu aux fortifications, le tarif de l'extérieur lui est dû à partir de la location.

Lorsqu'un voyageur, après avoir employé une voiture à l'heure ou à la course dans l'intérieur de Paris, se fait conduire hors des fortifications, le temps employé dans Paris lui est compté suivant le tarif de l'intérieur ; le temps employé au delà des fortifications est payé suivant le tarif de l'extérieur.

§ 12. — Tous les colis que le voyageur fait placer sur l'impériale des voitures ou le siége des cochers, quels que soient leur nature ou leur volume, seront assujettis à la taxe fixée ci-dessus.

Les cochers sont tenus d'en effectuer le chargement et le déchargement.

Ne sont pas regardés comme colis, et doivent être dès lors transportés gratuitement, les cartons, sacs de voyage, valises, parapluies, cannes, épées, et généralement tous les objets que les voyageurs peuvent porter à la main ou tenir dans l'intérieur de la voiture, sans la détériorer.

§ 13. — Les droits de péage pour le passage des ponts ou bacs ne seront à la charge des voyageurs que lorsque ceux-ci auront demandé à y passer.

§ 14. — Dans aucun cas, les cochers ne pourront exiger de pourboire.

BAGAGES.

INTERPRÉTATION DU § 12 DE L'ARRÊTÉ DE M. LE PRÉFET DE LA SEINE.

Par sa lettre du 6 mars 1863, M. le préfet de police fait connaître ce qui suit :

« Il sera bien entendu, à l'avenir, que tous les objets désignés dans

» le dernier alinéa du § 12, et placés dans l'intérieur des voitures,
» devront être transportés gratuitement *et qu'au contraire*, les malles
» en bois, les lourdes caisses, les meubles et objets divers en fer, ou
» autre métal, et que le voyageur ne pourra porter à la main, seront
» soumis à la taxe, *bien qu'ils puissent être placés à l'intérieur des*
» *voitures.* »

Tarif kilométrique.

Par un arrêté du 30 janvier 1868, il a été établi un tarif kilométrique des voitures de place.

Ce tarif n'est pas en usage.

Modification à l'arrêté du 24 mai 1866.

Paris, le 13 août 1871.

2. Le tarif appliqué aux *voitures à quatre places, munies d'une galerie*, est modifié de la manière suivante :

LE JOUR :

La Course : *Un franc quatre-vingt-cinq centimes.* . . 1 fr. 85 c.
L'Heure : *Deux francs cinquante centimes.* 2   50

LA NUIT :

La Course : *Deux francs cinquante centimes* . . . . . 2 fr. 50 c.
L'Heure :   *Trois francs.* 3   »

3. Le tarif ci-dessus s'applique non-seulement aux voitures de place, mais à toute voiture de remise autorisée à charger sur la voie publique.

4. Il n'est rien innové à l'arrêté du 24 mai 1866, notamment en ce qui concerne le tarif des voitures prises au lieu de remisage et à l'extérieur de Paris, non plus qu'au tarif concernant l'indemnité due pour le transport des colis.

Tarif à la fois métrique et horaire.

Par un arrêté du 21 août 1873, il a été établi un tarif à la fois métrique et horaire des voitures de place.

Ce tarif n'est pas en usage.

N° 25. — *Décrets concernant la nouvelle nomenclature des établissements classés, et une addition à cette nomenclature.*

Paris, le 31 décembre 1866.

1. La division en trois classes des établissements réputés insalubres, dangereux ou incommodes, aura lieu conformément au tableau annexé au présent décret. Elle servira de règle toutes les fois qu'il sera question de prononcer sur les demandes en formation de ces établissements.

TOME VII.   30

NOMENCLATURE DES ÉTABLISSEMENTS INSALUBRES, DANGEREUX OU INCOMMODES, ANNEXÉE AU DÉCRET CI-DESSUS.

DÉSIGNATION DES INDUSTRIES.	INCONVÉNIENTS.	CLASSES.
Abattoir public.	Odeur et altération des eaux.	1re
Absinthe (Voir Distillerie).		
Acide arsénique (Fab. de l') au moyen de l'acide arsénieux et de l'acide azotique :		
1° Quand les produits nitreux ne sont pas absorbés	Vapeurs nuisibles.	1re
2° Quand ils sont absorbés.	Idem.	2e
Acide chlorhydrique (Production de l') par décomposition des chlorures de magnésium, d'aluminium et autres :		
1° Quand l'acide n'est pas condensé . .	Émanations nuisibles. . . .	1re
2° Quand l'acide est condensé	Émanations accidentelles. .	2e
Acide muriatique (V. Acide chlorhydrique)		
Acide nitrique.	Émanations nuisibles. . . .	3e
Acide oxalique (Fabrication de l') :		
1° Par l'acide nitrique :		
a. Sans destruction des gaz nuisibles	Fumée.	1re
b. Avec destruction des gaz nuisibles	Fumée accidentelle.	3e
2° Par la sciure de bois et la potasse. .	Fumée.	2e
Acide picrique :		
1° Quand les gaz nuisibles ne sont pas brûlés	Vapeurs nuisibles.	1re
2° Avec destruction des gaz nuisibles. .	Idem.	3e
Acide pyroligneux (Fabrication de l') :		
1° Quand les produits gazeux ne sont pas brûlés.	Fumée et odeur.	2e
2° Quand les produits gazeux sont brûlés.	Idem.	3e
Acide pyroligneux (Purification de l'). . .	Odeur.	2e
Acide stéarique (Fabrication de l') :		
1° Par distillation.	Odeur et danger d'incendie	1re
2° Par saponification.	Idem.	2e
Acide sulfurique (Fabrication de l') :		
1° Par combustion du soufre et des pyrites.	Émanations nuisibles. . .	1re
2° De Nordhausen, par la décomposition du sulfate de fer	Idem.	3e
Acide urique (Voir Murexide).		
Acier (Fabrication de l')	Fumée.	3e
Affinage de l'or et de l'argent par les acides	Émanations nuisibles. . . .	1re
Affinage des métaux au fourneau (Voir Grillage des minerais).		
Albumine (Fabrication de l') au moyen du sérum frais du sang.	Odeur.	3e
Alcali volatil (Voir Ammoniaque).		
Alcool (Rectification de l').	Danger d'incendie.	2e
Alcools autres que de vin, sans travail de rectification.	Altération des eaux.	3e
Alcools (Distillerie agricole)	Altération des eaux. . . .	3e
Agglomérés ou briquettes de houille (Fabrication des) :		
1° Au brai gras	Odeur, danger d'incendie. .	2e
2° Au brai sec.	Odeur.	3e

DÉSIGNATION DES INDUSTRIES.	INCONVÉNIENTS.	CLASSES.
Aldéhyde (Fabrication de l').	Danger d'incendie.	1re
Allumettes (Fabrication des) avec matières détonantes et fulminantes	Danger d'explosion et d'incendie.	1re
Alun (Voir Sulfate d'alumine).		
Amidonneries :		
1º Par fermentation	Odeur, émanations nuisibles et altération des eaux. . .	1re
2º Par séparation du gluten et sans fermentation.	Altération des eaux.	2e
Ammoniaque (Fabrication en grand de l') par la décomposition des sels ammoniacaux.	Odeur.	3e
Amorces fulminantes (Fabrication des).	Danger d'explosion	1re
Appareils de réfrigération :		
1º A ammoniaque.	Odeur.	3e
2º A éther ou autres liquides relatifs et combustibles	Danger d'explosion et d'incendie.	3e
Arcansons ou résines de pin (Voir Résines, etc).		
Argenture sur métaux (Voir Dorure et argenture).		
Arséniate de potasse (Fabrication de l') au moyen du salpêtre :		
1º Quand les vapeurs ne sont pas absorbées	Émanations nuisibles . . .	1re
2º Quand les vapeurs sont absorbées. .	Émanations accidentelles. .	2e
Artifice (Fabrication des pièces d'). . . .	Danger d'incendie et d'explosion	1re
Asphaltes, bitumes, brai et matières bitumineuses solides (Dépôts d'). . . .	Odeur, danger d'incendie. .	3e
Asphaltes et bitumes (Travail des) à feu nu.	Idem.	2e
Ateliers de construction de machines et wagons (Voir Machines et wagons).		
Bâches imperméables (Fabrication des) :		
1º Avec cuisson des huiles.	Danger d'incendie. . . .	1re
2º Sans cuisson des huiles.	Idem.	2e
Baleine (Travail des fanons de). (Voir Fanons de baleine).		
Baryte (Décoloration du sulfate de) au moyen de l'acide chlorhydrique à vases ouverts	Émanations nuisibles. . . .	2e
Battage, cardage et épuration des laines, crins et plumes de literie.	Odeur et poussière	3e
Battage des cuirs (Marteaux pour le). . .	Bruit et ébranlement. . . .	3e
Battage et lavage (Ateliers spéciaux pour les) des fils de laine, bourres et déchets de filature de laine et de soie dans les villes	Bruit et poussière.	3e
Battage des tapis en grand.	Idem.	2e
Batteurs d'or et d'argent.	Bruit.	3e
Battoir à écorces dans les villes.	Bruit et poussière.	3e
Benzine (Fabrication et dépôts de). (Voir Huile de pétrole, de schiste, etc).		
Bitumes et asphaltes (Fabrication et dépôts de). (Voir Asphaltes, bitumes, etc).		
Blanc de plomb. (Voir Céruse).		

DÉSIGNATION DES INDUSTRIES.	INCONVÉNIENTS.	CLASSES.
Blanc de zinc (Fabrication de) par la combustion du métal	Fumées métalliques	3e
Blanchiment :		
1° Des fils, des toiles et de la pâte à papier par le chlore.	Odeur, émanations nuisibles	2e
2° Des fils et tissus de lin, de chanvre et de coton, par les chlorures (hypochlorites) alcalius.	Odeur, altération des eaux.	3e
3° Des fils et tissus de laine et de soie par l'acide sulfureux.	Émanations nuisibles. . . .	2e
Bleu de Prusse (Fabrication de). (Voir Cyanure de potassium).		
Boues et immondices (Dépôts de) et voiries.	Odeur.	1re
Bougies de parafine et autres d'origine minérale (Moulage des).	Odeur, danger d'incendie. .	3e
Bougies et autres objets en cire et en acide stéarique	Danger d'incendie.	3e
Bouillon de bière (Distillation de). (Voir Distilleries).		
Bourre. (Voir Battage).		
Boutonniers et autres emboutisseurs de métaux par moyens mécaniques. . . .	Bruit.	3e
Boyauderies (Travail des boyaux frais pour tous usages)	Odeur, émanations nuisibles	1re
Boyaux et pieds d'animaux abattus (Dépôts de). (Voir Chairs et débris).		
Brasseries	Odeur.	3e
Briqueteries avec fours non fumivores . .	Fumée.	3e
Briquettes ou agglomérés de houille. (Voir Agglomérés).		
Brûleries des galons et tissus d'or ou d'argent. (Voir Galons).		
Buanderies.	Altération des eaux	3e
Café (Torréfaction en grand du)	Odeur et fumée.	3e
Caillettes et caillons pour la confection des fromages (Voir Chairs et débris, etc.).		
Cailloux (Fours pour la calcination des). .	Fumée.	3e
Calcination des cailloux (Voir Cailloux).		
Carbonisation du bois :		
1° A l'air libre dans des établissements permanents et autre part qu'en forêt:	Odeur et fumée.	2e
2° En vases clos { avec dégagement dans l'air des produits gazeux de la distillation	Idem.	2e
{ avec combustion des produits gazeux de la distillation. . . .	Idem.	3e
Carbonisation des matières animales en général.	Odeur.	1re
Caoutchouc (Travail du) avec emploi d'huiles essentielles ou de sulfure de carbone.	Odeur, danger d'incendie. .	2e
Caoutchouc (Application des enduits du).	Danger d'incendie.	2e
Cartonniers	Odeur.	3e
Cendres d'orfèvre (Traitement des) par le plomb.	Fumées métalliques	3e

DÉSIGNATION DES INDUSTRIES.	INCONVÉNIENTS.	CLASSES.
Cendres gravelées :		
1° Avec dégagement de la fumée au dehors.	Fumée et odeur.	1re
2° Avec combustion ou condensation des fumées.	Idem.	2e
Céruse ou blanc de plomb (Fabrication de la).	Émanations nuisibles . . .	3e
Chairs, débris et issues (Dépôts de) provenant de l'abattage des animaux . . .	Odeur	1re
Chamoiseries.	Idem.	2e
Chandelles Fabrication des).	Odeur, danger d'incendie.	3e
Chantiers de bois à brûler dans les villes.	Émanations nuisibles, danger d'incendie.	3e
Chanvre (Teillage et rouissage du) en grand (Voir aux mots Teillage et Rouissage).		
Chanvre imperméable. (Voir Feutre goudronné).		
Chapeaux de feutre (Fabrication de). . .	Odeur et poussière.	3e
Chapeaux de soie ou autres préparés au moyen d'un vernis (Fabrication de). .	Danger d'incendie.	2e
Charbon animal (Fabrication ou revification du). (Voir Carbonisation des matières animales).		
Charbon de bois dans les villes (Dépôts ou magasins de).	Danger d'incendie.	3e
Charbon de terre. (Voir Houille et Coke).		
Charbons agglomérés (Voir Agglomérés).		
Chaudronnerie. (Voir Forges de grosses œuvres).		
Chaux (Fours à) :		
1° Permanents.	Fumée, poussière.	2e
2° Ne travaillant pas plus d'un mois par an	Idem.	3e
Chiens (Infirmeries de).	Odeur et bruit.	1re
Chiffons (Dépôts de).	Odeur.	3e
Chlore (Fabrication du).	Idem.	2e
Chlorure de chaux (Fabrication du) :		
1° En grand.	Idem.	2e
2° Dans des ateliers fabricant au plus 300 kilogrammes par jour.	Idem.	3e
Chlorures alcalins, eau de Javel (Fabrication des).	Idem.	2e
Chromate de potasse (Fabrication du). .	Idem.	3e
Chrysalides (Ateliers pour l'extraction des parties soyeuses des).	Idem.	1re
Cire à cacheter (Fabrication de la). . . .	Danger d'incendie.	3e
Cochenille ammoniacale (Fabrication de la)	Odeur.	3e
Cocons :		
1° Traitement des frisons de cocons. . .	Altération des eaux. . . .	2e
2° Filature de cocons (Voir Filature).		
Coke (Fabrication du) :		
1° En plein air ou en fours non fumivores.	Fumée et poussière. . . .	1re
2° En fours fumivores.	Poussière.	2e
Colle forte (Fabrication de la)	Odeur, altération des eaux. .	1re
Combustion des plantes marines dans les établissements permanents.	Odeur et fumée.	1re

DÉSIGNATION DES INDUSTRIES.	INCONVÉNIENTS.	CLASSES.
Construction (Ateliers de). (Voir Machines et wagons).		
Cordes à instruments en boyaux (Fabrication de). (Voir Boyauderies).		
Corroieries.	Odeur	2e
Coton et coton gras (Blanchisserie des déchets de).	Altération des eaux. . . .	3e
Cretons (Fabrication de).	Odeur et danger d'incendie.	1re
Crins (Teinture des). (Voir Teintureries).		
Crins et soies de porc (Préparation des) sans fermentation. (Voir aussi Soies de porc par fermentation).	Odeur et poussière.	2e
Cristaux (Fab. de). (Voir Verreries, etc). .		
Cuirs vernis (Fabrication de).	Odeur et danger d'incendie.	1re
Cuirs verts et peaux fraîches (Dépôts de).	Odeur.	2e
Cuivre (Dérochage du) par les acides. . .	Odeur, émanations nuisibles	5e
Cuivre (Fonte du). (Voir Fonderies, etc).		
Cyanure de potassium et bleu de Prusse (Fabrication de) :		
1° Par la calcination directe des matières animales avec la potasse. . .	Odeur.	1re
2° Par l'emploi de matières préalablement carbonisées en vases clos . .	*Idem*.	2e
Cyanure rouge de potassium ou Prussiate rouge de potasse	Émanations nuisibles. . . .	3e
Débris d'animaux (Dépôts de). (Voir Chairs, etc).		
Déchets de matières filamenteuses (Dépôts de) en grand dans les villes.	Danger d'incendie.	3e
Dégras ou huile épaisse à l'usage des chamoiseurs et corroyeurs (Fabrication de).	Odeur, danger d'incendie.	1re
Dégraissage des tissus et déchets de laines par les huiles de pétrole et autres hydrocarbures.	Danger d'incendie.	1re
Dérochage du cuivre. (Voir Cuivre).		
Distilleries en général, eau-de-vie, genièvre, kirsch, absinthe et autres liqueurs alcooliques.	*Idem*.	3e
Dorure et argenture sur métaux	Émanations nuisibles. . .	3e
Eau de Javel (Fabrication d'). (Voir Chlorures alcalins).		
Eau-de-vie. (Voir Distilleries).		
Eau-forte. (Voir Acide nitrique).		
Eaux grasses (Extraction, pour la fabrication du savon et autres usages, des huiles contenues dans les) :		
1° En vases ouverts	Odeur, danger d'incendie. .	1re
2° En vases clos.	*Idem*.	2e
Eaux savonneuses des fabriques. (Voir Huiles extraites des débris d'animaux).		
Échaudoirs :		
1° Pour la préparation industrielle des débris d'animaux	Odeur.	1re
2° Pour la préparation des parties d'animaux propres à l'alimentation. . .	*Idem*.	3e

DÉSIGNATION DES INDUSTRIES.	INCONVÉNIENTS.	CLASSES.
Email (Application de l') sur les métaux.	Fumée.	3e
Emaux (Fabrication d') avec fours non fumivores	Idem.	3e
Encre d'imprimerie (Fabriques d')	Odeur, danger d'incendie	1re
Engrais (Fabrication des) au moyen des matières animales.	Odeur.	1re
Engrais (Dépôts d') au moyen des matières provenant de vidanges ou de débris d'animaux :		
1° Non préparés ou en magasin non couvert	Odeur.	1re
2° Desséchés ou désinfectés et en magasin couvert, quand la quantité excède 25,000 kilogrammes.	Idem.	2e
3° Les mêmes, quand la quantité est inférieure à 25,000 kilogrammes.	Idem.	3e
Engraissement des volailles dans les villes (Établissements pour l')	Idem.	3e
Éponges (Lavage et séchage des)	Odeur et altération des eaux.	3e
Équarrissage des animaux.	Odeur, émanations nuisibles	1re
Étamage des glaces	Émanations nuisibles.	3e
Ether (Fabrication et dépôts d')	Danger d'incendie et d'explosion	1re
Étoupilles (Fabrication d') avec matières explosives	Danger d'explosion et d'incendie.	1re
Faïence (Fabriques de) :		
1° Avec fours non fumivores.	Fumée.	2e
2° Avec fours fumivores	Fumée accidentelle.	3e
Fanons de baleine (Travail des)	Émanations incommodes.	3e
Farines (Moulins à). (Voir Moulins).		
Féculeries.	Odeur, altération des eaux	3e
Fer-blanc (Fabrication du).	Fumée.	3e
Feutre gondronné (Fabrication du).	Idem.	2e
Feutres et Visières vernis (Fabrication de).	Odeur, danger d'incendie.	1re
Filature des cocons (Ateliers dans lesquels la) s'opère en grand, c'est-à-dire employant au moins six tours.	Odeur, altération des eaux.	3e
Fonderie de cuivre, laiton et bronze.	Fumées métalliques	3e
Fonderies en 2e fusion.	Fumée.	3e
Fonte et laminage du plomb, du zinc et du cuivre.	Bruit, fumée.	3e
Forges et chaudronneries de grosses œuvres employant des marteaux mécaniques.	Fumée, bruit	2e
Formes en tôle pour raffinerie. (Voir Tôles vernies).		
Fourneaux à charbon de bois. (Voir Carbonisation du bois).		
Fourneaux (Hauts)	Fumée et poussière.	2e
Fours pour la calcination des cailloux (Voir Cailloux).		
Fours à plâtre et fours à chaux (Voir Chaux et Plâtre).		
Fromages (Dépôts de) dans les villes.	Odeur.	3e
Fulminate de mercure (Fabrication du).	Danger d'explosion et d'incendie	1re

DÉSIGNATION DES INDUSTRIES.	INCONVÉNIENTS.	CLASSES.
Galipots ou résines de pins. (Voir Résines).		
Galons et tissus d'or et d'argent (Brûleries en grand des) dans les villes . . .	Odeur.	2e
Gaz, goudrons des usines (Voir Goudrons)		
Gaz d'éclairage et de chauffage (Fab. du):		
1o Pour l'usage public	Odeur, danger d'incendie. .	2e
2o Pour l'usage particulier	*Idem.*	3e
Gazomètres pour l'usage particulier, non attenant aux usines de fabrication. . .	*Idem.*	3e
Gélatine alimentaire et gélatines provenant de peaux blanches et de peaux fraîches non tannées (Fabrication de la).	Odeur.	3e
Générateurs à vapeur. (Régime spécial).		
Genièvre. (Voir Distilleries).		
Glace. (Voir Appareils de réfrigération(.		
Glaces (Étamage des). (Voir Étamage).		
Goudrons (Usines spéciales pour l'élaboration des) d'origines diverses.	Odeur, danger d'incendie. .	1re
Goudrons (Traitement des) dans les usines à gaz où ils se produisent.	*Idem.*	2e
Goudrons et matières bitumineuses fluides (Dépôts de).	*Idem.*	2e
Goudrons et brais végétaux d'origines diverses (Élaboration des).	*Idem.*	1re
Graisses à feu nu (Fonte des).	*Idem.*	1re
Graisses pour voitures (Fabrication des).	*Idem.*	1re
Grillage des minerais sulfureux.	Fumée, émanations nuisibles	1re
Guano (Dépôts de) :		
1o Quand l'approvisionnement excède 25,000 kilogrammes	Odeur. . . . . ,	1re
2o Pour la vente au détail	*Idem.*	3e
Harengs (Saurage des).	*Idem.*	3e
Hongroieries.	Odeur.	3e
Houilles (Agglomérés de). (V. Agglomérés)		
Huiles de Bergues (Fabrique d'). (Voir Dégras).		
Huiles de pétrole, de schiste et de goudron, essences et autres hydrocarbures employés pour l'éclairage, le chauffage, la fabrication des couleurs et vernis, le dégraissage des étoffes et autres usages :		
1o Fab., distillation et travail en grand.	Odeur et danger d'incendie.	1re
2o Dépôts.		
a Substances très-inflammables, c'està-dire émettant des vapeurs susceptibles de prendre feu (1) à une température de moins de 35 degrés:		
1o Si la quantité emmagasinée est, même temporairement, de 1,050 litres (2), ou plus.	*Idem.*	1re
2o Si la quantité supérieure à 150 litres n'atteint pas 1,050 litr.	*Idem.*	2e

(1) Au contact d'une allumette enflammée.

(2) Le fût généralement adopté par le commerce pour les pétroles est de 150 litres, 1,050 litres représentent donc sept desdits fûts.

DÉSIGNATION DES INDUSTRIES.	INCONVÉNIENTS.	CLASSES.
b Substances moins inflammables, c'est-à-dire n'émettant de vapeurs susceptibles de prendre feu (1) qu'à une température de 35 degrés et au-dessus :		
1° Si la quantité emmagasinée est, même temporairement, de 10,050 litres ou plus . .	Odeur et danger d'incendie.	1re
2° Si la quantité emmagasinée supérieure à 1,050 litres n'atteint pas 10,500 litres . . .	*Idem*.	2e
(*Voir plus loin, p.* 481, le décret du 19 mai 1873, qui modifie cet article.)		
Huile de pieds de bœuf (Fabrication d') :		
1° Avec emploi de matières en putréfaction.	Odeur.	1re
2° Quand les matières employées ne sont pas putréfiées.	*Idem*.	2e
Huile épaisse ou dégras. (Voir Dégras.)		
Huileries ou moulins à huile.	*Idem*.	3e
Huiles de poisson (Fabriques d'). . . .	Odeur, danger d'incendie. .	1re
Huiles de résine (Fabrication des). . . .	*Idem*.	1re
Huiles (Épuration des).	*Idem*.	3e
Huiles essentielles ou essences de térébenthine, d'aspic et autres. (Voir Huiles de pétrole, de schiste, etc.)		
Huiles et autres corps gras extraits des débris des matières animales (Extraction des).	*Idem*.	1re
Huiles extraites des schistes bitumineux. (Voir Huiles de pétrole, etc.)		
Huiles (Mélange à chaud ou cuisson des) :		
1° En vases ouverts	*Idem*.	1re
2° En vases clos	*Idem*.	2e
Huiles rousses (Fabrication des) par extraction des cretons et débris de graisses à haute température.	*Idem*.	1re
Impression sur étoffes. (V. Toiles peintes).		
Jute (Teillage du). (Voir Teillage.)		
Kirsch. (Voir Distilleries.)		
Laine. (Voir Battage.)		
Laiteries en grand dans les villes.	Odeur.	2e
Lard (Atelier à enfumer le).	Odeur et fumée.	3e
Lavage des cocons. (Voir Cocons.)		
Lavage et séchage des éponges. (Voir Éponges.)		
Lavoirs à houille	Altération des eaux.	3e
Lavoirs à laine.	Altération des eaux	3e
Lignites (Incinération des).	Fumée, émanations nuisibles	1re
Lin (Rouissage du). (Voir Rouissage.)		
Lin (Teillage en grand du). (Voir Teillage.)		

(1) Au contact d'une allumette enflammée.

DÉSIGNATION DES INDUSTRIES.	INCONVÉNIENTS.	CLASSES.
Liqueurs alcooliques. (Voir Distilleries.)		
Liquides pour l'éclairage (Dépôts de) au moyen de l'alcool et des huiles essentielles.	Danger d'incendie et d'explosion	2e
Litharge (Fabrication de).	Poussière nuisible.	3e
Machines et wagons (Ateliers de construction de)	Bruit, fumée.	2e
Machines à vapeur. (Voir Générateurs.)		
Maroquineries.	Odeur.	3e
Massicot (Fabrication du)	Émanations nuisibles. . . .	3e
Mégisseries.	Odeur.	3e
Mélanges d'huiles. (Voir Huiles, mélanges, etc.)		
Ménageries.	Danger des animaux. . . .	1re
Métaux (Ateliers de) pour construction de machines et appareils (Voir Machines)		
Minium (Fabrication du).	Émanations nuisibles. . . .	3e
Morues (Sécheries des).	Odeur.	2e
Moulins à broyer le plâtre, la chaux, les cailloux et les pouzzolanes.	Poussière.	3e
Moulins à huile. (Voir Huileries.)		
Murexide (Fabrication de la) en vase clos par la réaction de l'acide azotique et de l'acide urique du guano.	Émanations nuisibles. . . .	2e
Nitrate de fer (Fabrication du) :		
1° Lorsque les vapeurs nuisibles ne sont pas absorbées ou décomposées. . .	Émanations nuisibles. . . .	1re
2° Dans le cas contraire	*Idem.*	3e
Nitro-benzine, aniline et matières dérivant de la benzine (Fabrication de la). . . .	Odeur, émanations nuisibles et danger d'incendie . . .	2e
Noir des raffineries et des sucreries (Revivification du)	Émanations nuisibles, odeur.	2e
Noir de fumée (Fabrication du) par la distillation de la houille, des goudrons, bitumes, etc	Fumée, odeur..	2e
Noir d'ivoire et noir animal (Distillation des os ou fabrication du) :		
1° Lorsqu'on n'y brûle pas les gaz. . . .	Odeur.	1re
2° Lorsque les gaz sont brûlés. . . .	*Idem.*	2e
Noir minéral (Fabrication du) par le broyage des résidus de la distillation des schistes bitumineux.	Odeur et poussière.	3e
Oignons (Dessiccation des) dans les villes.	Odeur.	2e
Olives (Confiserie des).	Altération des eaux.	3e
Olives (Tourteaux d'). (Voir Tourteaux.)		
Orseille (Fabrication de l') :		
1° En vases ouverts.	Odeur.	1re
2° A vases clos, et employant de l'ammoniaque à l'exclusion de l'urine. .	*Idem.*	3e
Os (Torréfaction des) pour engrais :		
1° Lorsque les gaz ne sont pas brûlés. .	Odeur et danger d'incendie.	1re
2° Lorsque les gaz sont brûlés.	*Idem.*	2e

DÉSIGNATION DES INDUSTRIES.	INCONVÉNIENTS.	CLASSES.
Os d'animaux (Calcination des). (Voir Carbonisation des matières animales.)		
Os frais (Dépôts d') en grand.	Odeur, émanations nuisibles	1re
Ouates (Fabrication de)	Poussière et danger d'incendie.	3e
Papiers (Fabrication de).	Danger d'incendie.	3e
Parchemineries.	Odeur.	2e
Pâte à papier (Préparation de la) au moyen de la paille et autres matières combustibles	Altération des eaux. . . .	3e
Peaux de lièvres et de lapins (Voir Secrétage.)		
Peaux de moutons (Séchage des)	Odeur et poussière.	3e
Peaux fraîches. (Voir Cuirs verts.)		
Perchlorure de fer par dissolution du peroxyde de fer (Fabrication de). . .	Émanations nuisibles. . . .	3e
Pétrole. (Voir Huiles de pétrole.)		
Phosphore (Fabrication de).	Danger d'incendie.	1re
Pileries mécaniques des drogues	Bruit et poussière.	3e
Pipes à fumer (Fabrication des) :		
1° Avec fours non fumivores.	Fumée.	2e
2° Avec fours fumivores.	Fumée accidentelle	3e
Plantes marines. (Voir Combustion des plantes marines.)		
Plâtre (Fours à) :		
1° Permanents.	Fumée et poussière	2e
2° Ne travaillant pas plus d'un mois. . .	Idem.	3e
Plomb (Fonte et laminage du). (Voir Fonte, etc.)		
Poêliers fournalistes, poêles et fourneaux en faïence et terre cuite. (Voir Faïence.)		
Poils de lièvres et de lapins (Voir Secrétage).		
Poissons salés (Dépôts de)	Odeur incommode.	2e
Porcelaine (Fabrication de) :		
1° Avec fours non fumivores.	Fumée.	2e
2° Avec fours fumivores	Fumée accidentelle.	3e
Porcheries.	Odeur, bruit	1re
Potasse (Fabrication de) par calcination des résidus de mélasse.	Fumée et odeur.	2e
Potasse. (Voir Chromate de potasse.)		
Poteries de terre (Fabrication de) avec fours non fumivores.	Fumée.	3e
Poudres et matières fulminantes (Fabrication de). (Voir aussi Fulminate de mercure)	Danger d'explosion et d'incendie	1re
Poudrette (Fabrication de) et autres engrais au moyen de matières animales .	Odeur et altération des eaux.	1re
Poudrette (Dépôts de). (Voir Engrais.)		
Pouzzolane artificielle (Fours à)	Fumée.	3e
Protochlorure d'étain ou sel d'étain, (Fabrication du).	Émanations nuisibles. . . .	2e
Prussiate de potasse. (Voir Cyanure de potassium.)		

DÉSIGNATION DES INDUSTRIES.	INCONVÉNIENTS.	CLASSES.
Pulpes de pommes de terre. (Voir Féculeries.)		
Raffineries et fabriques de sucre.	Fumée, odeur.	2e
Résines, galipots et arcansons (Travail en grand pour la fonte et l'épuration des).	Odeur, danger d'incendie. .	1re
Rogues (Dépôts de salaisons liquides connues sous le nom de).	Odeur.	3e
Rouge de Prusse et d'Angleterre. . . .	Emanations nuisibles. . . .	1re
Rouissage en grand du chanvre et du lin.	Émanations nuisibles et altération des eaux.	1re
Rouissage en grand du chanvre et du lin par l'action des acides, de l'eau chaude et de la vapeur.	Idem.	2e
Sabots (Ateliers à enfumer les) par la combustion de la corne ou d'autres matières animales, dans les villes.	Odeur et fumée.	1re
Salaison et préparation des viandes. . .	Odeur.	3e
Salaisons (Ateliers pour les) et le saurage des poissons.	Idem.	2e
Salaisons (dépôts de) dans les villes. . .	Idem.	3e
Sang :		
1o Ateliers pour la séparation de la fibrine, de l'albumine, etc.	Idem.	1re
2o (Dépôt de) pour la fabrication du bleu de Prusse et autres industries.	Idem.	1re
3o (Fabrique de poudre de) pour la clarification des vins.	Idem.	1re
Sardines (Fabriques de conserves de) dans les villes.	Idem.	2e
Saucissons (Fabrication en grand de). . .	Idem.	2e
Saurage des harengs. (Voir Harengs.)		
Savonneries	Idem.	3e
Schistes bitumineux. (Voir Huiles de pétrole, de schiste, etc.)		
Séchage des éponges. (Voir Éponges.)		
Sécheries des morues. (Voir Morues.)		
Secrétage des peaux ou poils de lièvres et lapins	Odeur.	2e
Sel ammoniac et sulfate d'ammoniaque (Fabrication du) par l'emploi des matières animales	Odeur, émanations nuisibles	2e
Sel ammoniac extrait des eaux d'épuration du gaz (Fabrique spéciale de). .	Odeur.	2e
Sel de soude (Fabrication du) avec le sulfate de soude	Fumée, émanations nuisibles.	3e
Sel d'étain. (Voir Protochlorure d'étain.)		
Sirops de fécule et glucose (Fabrication des).	Odeur.	3e
Soie. (Voir Chapeaux.)		
Soie. (Voir Filature.)		
Soies de porc (Préparation des) :		
1o Par fermentation	Idem.	1re
2o Sans fermentation (Voir Crins et soies de porc).		
Soude. (Voir Sulfate de soude.)		

DÉSIGNATION DES INDUSTRIES.	INCONVÉNIENTS.	CLASSES.
Soudes brutes de varech (Fabrication des) dans les établissements permanents. .	Odeur et fumée.	1re
Soufre (Fusion ou distillation du). . . .	Émanations nuisibles, danger d'incendie.	2e
Soufre (Pulvérisation et blutage du). . .	Poussière, danger d'incendie	3e
Sucre. (Voir Raffineries et fab. de sucre.)		
Suif brun (Fabrication du).	Odeur, danger d'incendie.	1re
Suif en branches (Fonderies de) :		
1° A feu nu.	Idem.	1re
2° Au bain-marie ou à la vapeur. . . .	Odeur.	2e
Suif d'os (Fabrication du).	Odeur, altération des eaux, danger d'incendie	1re
Sulfate d'ammoniaque (Fabrication du) par le moyen de la distillation des matières animales.	Odeur.	1re
Sulfate de baryte. (Voir Baryte.)		
Sulfate de cuivre (Fabrication du) au moyen du grillage des pyrites.	Émanations nuisibles et fumée.	1re
Sulfate de mercure (Fabrication du) :		
1° Quand les vapeurs ne sont pas absorbées.	Émanations nuisibles. . . .	1re
2° Quand les vapeurs sont absorbées. . .	Émanations moindres. . . .	2e
Sulfate de peroxyde de fer (Fabrication du) par le sulfate de protoxyde de fer et l'acide nitrique (Nitro-sulfate de fer).	Émanations nuisibles. . . .	2e
Sulfate de protoxyde de fer ou couperose verte par l'action de l'acide sulfurique sur la ferraille (Fabricat. en grand du).	Fumée, émanations nuisibles	3e
Sulfate de soude (Fabrication du) :		
1° Par la décomposition du sel marin par l'acide sulfurique, sans condensation de l'acide chlorhydrique. . .	Émanations nuisibles. . . .	1re
2° Avec condensation complète de l'acide chlorhydrique	Idem.	2e
Sulfate de fer, d'alumine et alun (Fabrication par le lavage des terres pyriteuses et alumineuses grillées du). . .	Fumée et altération des eaux.	3e
Sulfure de carbone (Fabrication du). . .	Odeur, danger d'incendie. .	1re
Sulfure de carbone (Manufactures dans lesquelles on emploie en grand le). . .	Danger d'incendie.	1re
Sulfure de carbone (Dépôts de). (Suivent le régime des huiles de pétrole.)		
Sulfures métalliques. (Voir Grillage des minerais sulfureux.)		
Tabac (Manufacture de).	Odeur et poussière.	2e
Tabac (Incinération des côtes de)	Odeur et fumée.	1re
Tabatières en carton (Fabrication des). .	Odeur et danger d'incendie.	3e
Taffetas et toiles vernis ou cirés (Fab. de).	Idem.	1re
Tan (Moulins à)	Bruit et poussière.	3e
Tanneries.	Odeur.	2e
Teintureries de peaux.	Odeur.	3e
Teinturiers.	Odeur et altération des eaux.	3e
Terres émaillées (Fabrication de) :		
1° Avec fours non fumivores.	Fumée.	2e
2° Avec fours fumivores.	Fumée accidentelle	3e
Terres pyriteuses et alumineuses (Grillage des).	Fumée, émanations nuisibles.	1re

DÉSIGNATION DES INDUSTRIES.	INCONVÉNIENTS.	CLASSES.
Teillage du lin, du chanvre et du jute en grand.	Poussière et bruit.	2e
Térébenthine (Distillation et travail en grand de la). (Voir Huiles de pétrole, de schiste, etc.)		
Tissus d'or et d'argent (Brûleries en grand des). (Voir Galons.)		
Toiles cirées. (Voir Taffetas et toiles vernis).		
Toiles (Blanchîment des). (Voir Blanchîment).		
Toiles grasses pour emballage, tissus, cordes goudronnés, papiers goudronnés, cartons et tuyaux bitumés (Fab. de) :		
1° Travail à chaud.	Odeur, danger d'incendie. .	2e
2° Travail à froid.	Idem.	3e
Toiles peintes (Fabrique de).	Odeur.	3e
Toiles vernies (Fabrique de). (Voir Taffetas et toiles vernies.)		
Tôles et métaux vernis.	Odeur et danger d'incendie.	3e
Tonnellerie en grand opérant sur des fûts imprégnés de matières grasses et putrescibles.	Bruit, odeur et fumée.. . .	2e
Torches résineuses (Fabrication de). . .	Odeur et danger du feu.. .	2e
Tourbe (Carbonisation de la) :		
1° A vases ouverts.	Odeur et fumée	1re
2° En vases clos.	Odeur.	2e
Tourteaux d'olives (Traitement des) par le sulfure de carbonne.	Danger d'incendie.	1re
Tréfileries.	Bruit, fumée.	3e
Triperies annexes des abattoirs.	Odeur et altération des eaux.	1re
Tueries d'animaux. (Voir aussi Abattoirs publics).	Danger des animaux et odeur	2e
Tuileries avec fours non fumivores. . .	Fumée.	3e
Urate (Fabrique d'). (Voir Engrais préparés).		
Vacheries dans les villes de plus de 5,000 habitants.	Odeur et écoulement des urines .	3e
Varech. (Voir Soude de varech.)		
Vernis gras (Fabrique de). . . .	Odeur et danger d'incendie.	1re
Vernis à l'esprit de vin (Fabrique de). . .	Idem.	2e
Vernis (Atelier où l'on applique le) sur les cuirs, feutres, taffetas, toiles, chapeaux. (Voir ces mots.)		
Verreries, cristalleries et manufactures de glaces :		
1° Avec fours non fumivores.	Fumée et danger d'incendie.	2e
2° Avec fours fumivores	Danger d'incendie.	3e
Viandes (Salaisons des). (Voir Salaisons.)		
Visières et feutres vernis (Fabrique de.) (Voir Feutres et visières.)		
Voiries. (Voir Boues et immondices.)		
Wagons et machines. (Construction de.) (Voir Machines, etc.)		

ADDITION A LA NOMENCLATURE ANNEXÉE AU DÉCRET DU 31 DÉCEMBRE 1866.

Paris, le 31 janvier 1872.

1. Les établissements compris dans le tableau annexé au présent décret ne pourront être créés qu'après accomplissement des formalités prescrites pour les ateliers insalubres, dangereux ou incommodes.

DÉSIGNATION DES INDUSTRIES.	INCONVÉNIENTS.	CLASSES.
Amorces fulminantes pour pistolets d'enfants (Fabrication d').	Danger d'explosion	2e
Bocards à minerais ou à crasse.	Bruit.	3e
Ciment (Fours à) :		
1o Permanents.	Fumée, poussière	2e
2o Ne travaillant pas plus d'un mois par an	Idem.	3o
Déchets des filatures de lin, de chanvre et de jute (Lavage et séchage en grand des).	Odeur, altération des eaux. .	2e
Éther (Dépôts d').		
1° Si la quantité emmagasinée est, même temporairement, de 1,000 litres ou plus.	Danger d'incendie et d'explosion	1re
2o Si la quantité, supérieure à 100 litres, n'atteint pas 1,000 litres	Idem.	2e
Graisses de cuisine (Traitement des). .	Odeur.	1re
Graisses et suifs (Refonte des).	Idem.	3e
Huiles de ressence (Fabrication des). . .	Odeur, altération des eaux. .	2e
Huiles lourdes créosotées (Injection des bois à l'aide des) :		
Ateliers opérant en grand et d'une manière permanente.	Odeur, danger d'incendie. .	2e
Lavoirs à minerais en communication avec des cours d'eau	Altération des eaux	3e
Os secs en grand (Dépôts d')	Odeur	3e
Peaux (Planage et séchage des)	Idem.	2e
Superphosphate de chaux et de potasse (Fabrication du).	Émanations nuisibles. . . .	2e

N° **26.** — *Arrêté du préfet de la Seine concernant l'ouverture du marché aux bestiaux de La Villette.*

Paris, le 21 septembre 1867.

3. Le tarif des droits de place à percevoir pour les bestiaux amenés et mis en vente sur le marché, est fixé ainsi qu'il suit :

Par tête de taureau, bœuf, vache. . . . . . . 2 fr. 50 c.
Par tête de veau. 1   »
Par tête de mouton ou chèvre. . . . . »   50
Par tête de porc. . . . . »   50

Ces droits seront perçus autant de fois que les mêmes bestiaux seront mis en vente à des jours différents.

4. Il sera perçu, pour les bestiaux vendus ou invendus que leurs possesseurs feront entrer ou laisseront dans le marché, après l'heure de la clôture des ventes, et pour chaque nuit de séjour, savoir :

Par tête de taureau, bœuf ou vache. . . . . » fr. 50 c.
Par tête de veau. . . . . » 20
Par tête de mouton ou chèvre. . . . . » 10
Par tête de porc. . . . . » 10

La nuit de séjour ne sera pas comptée pour les bestiaux introduits après 8 heures du soir, excepté le samedi.

5. Le régisseur est tenu de fournir aux possesseurs des bestiaux amenés sur le marché les fourrages et autres denrées nécessaires à la nourriture des bestiaux, aux prix qui seront déterminés d'avance, tous les trois mois, par le préfet de la Seine, d'après le cours des mercuriales. Ces prix seront constamment affichés dans l'intérieur du marché.

N° 27. — *Arrêté portant défense d'afficher aucun écrit contenant des nouvelles politiques ou traitant d'objets politiques.*

Paris, le 20 novembre 1870.

Le préfet de police a fait imprimer et afficher l'arrêté suivant :

GOUVERNEUR DE PARIS.

Le général, gouverneur de Paris,

Considérant que l'affichage, les placards ou tous autres moyens analogues de publication de journaux, feuilles publiques ou écrits politiques, constituent une violation des lois sur l'affichage ;

Que ces infractions sont fréquentes ;

Considérant que, d'autre part, les lois de l'état de siége imposent aux chefs militaires le devoir d'interdire les publications de nature à exercer sur l'armée et les citoyens une influence pernicieuse,

Arrête :

1. Sont interdits tout affichage et placards de journaux, feuilles publiques ou écrits politiques de même nature.

2. Le préfet de police, les commandants militaires et les officiers de la garde nationale sont chargés de faire arracher, détruire et supprimer les publications affichées en violation de l'interdiction ci-dessus.

3. Les contrevenants seront poursuivis conformément aux lois. Ils pourront être déférés à la justice militaire.

4. Le préfet de police est chargé de l'exécution du présent arrêté.

Général **TROCHU**.

EXTRAIT DE LA LOI DU 10 DÉCEMBRE 1830.

« Art. 1er. — Aucun écrit, soit à la main, soit imprimé, gravé ou
» lithographié, contenant des nouvelles politiques ou traitant d'objets
» politiques, ne pourra être affiché ou placardé dans les rues, places
» ou autres lieux publics. Sont exceptés de la présente disposition, les
» actes de l'autorité publique.

« Art. 5. — L'infraction aux dispositions des articles 1er et 4 de la
» présente loi sera punie d'une amende de vingt-cinq à cinq cents
» francs, et d'un emprisonnement de six jours à un mois, cumulati-
» vement ou séparément.

» . . . . . Les peines prononcées par le présent article seront
» appliquées sans préjudice des autres peines qui pourraient être
» encourues par suite des crimes et délits résultant de la nature même
» de l'écrit. »

No **28.** — *Arrêté ministériel concernant le camionnage d'office des
marchandises adressées en gare et non enlevées dans un délai déterminé.*

Versailles, le 12 janvier 1872.

1. Les compagnies de chemins de fer sont autorisées, à titre provisoire, à faire camionner d'office, soit au domicile du destinataire, soit
dans un magasin public, toutes les marchandises qui, adressées en
gare à un point quelconque de leurs réseaux, ne seraient pas enlevées
dans la journée du lendemain de la mise à la poste de la lettre d'avis
écrite par la compagnie au destinataire, les frais de ce camionnage
étant calculés d'après les tarifs homologués.

Cette disposition est applicable indistinctement aux marchandises
mises à quai ou laissées sur les wagons pour être déchargées par les
destinataires.

2. Les décisions ministérielles des 16 janvier 1866, 9 décembre
1867, 29 juillet 1870, 23 juin, 26 juillet, 16 août et 4 septembre 1871,
ainsi que les arrêtés ministériels des 19 juillet et 10 octobre 1871, sont
rapportés.

3. Le présent arrêté sera notifié aux compagnies de chemins de fer.

No **29.** — *Décret relatif à la vérification des poids et mesures.*

Versailles, le 26 février 1873.

1. Les agents institués par l'ordonnance du 17 avril 1839 pour procéder à la vérification des poids et mesures sont nommés par le
ministre de l'agriculture et du commerce.

2. Le personnel du service de la vérification se compose de vérificateurs en chef, de vérificateurs et de vérificateurs adjoints.

3. Les vérificateurs sont répartis en cinq classes.

4. Nul ne peut être nommé vérificateur adjoint s'il n'a été déclaré admissible à la suite d'un examen public dont les conditions et le programme seront ultérieurement arrêtés par le ministre de l'agriculture et du commerce, et s'il est âgé de moins de vingt-cinq ans ou de plus de trente-six ans.

5. Les vérificateurs de cinquième classe sont pris exclusivement parmi les vérificateurs adjoints ayant au moins deux ans de service.

6. Sont assujettis à la vérification les commerces, industries et professions désignés au tableau A joint au présent décret.

Les commerces, industries et professions analogues à ceux qui sont énumérés dans ce tableau et qui n'y ont pas été compris, peuvent être soumis à la vérification par arrêtés spéciaux des préfets, sauf l'approbation du ministre de l'agriculture et du commerce.

Tous les trois ans, des tableaux additionnels contenant les commerces, industries et professions assujettis en vertu de ces arrêtés, sont l'objet de décrets rendus dans la forme des règlements d'administration publique.

7. Les assujettis doivent être pourvus de séries complètes de poids et mesures dont ils font usage d'après la nature de leurs opérations, conformément aux désignations du tableau B annexé au présent décret.

Les poids et mesures isolés autres que les poids ou mesures hors série ne sont point tolérés.

8. La vérification est faite, chaque année, dans toutes les communes.

Le préfet règle l'ordre dans lequel les diverses communes sont vérifiées.

9. Les droits de vérification sont perçus conformément au tarif annexé au présent décret (tableau C).

10. La vérification première des poids, mesures et instruments de pesage neufs ou rajustés est soumise aux mêmes droits que la vérification périodique.

11. Les droits de la vérification périodique sont payés pour tous les poids, mesures et instruments de pesage désignés au tarif et que les assujettis ont en leur possession.

12. Les articles 6 et suivants du présent décret ne seront exécutoires qu'à partir de l'époque où la perception des nouvelles taxes aura été approuvée par la loi de finances.

13. Sont abrogées les dispositions de l'ordonnance royale du 17 avril 1839 contraires au présent décret, notamment les articles 15, 16, 17, 18, 46, 47 et 49, et le n° 10 de l'article 5 du décret du 25 mars 1852.

N° **30.** — *Décret relatif aux huiles de pétrole et de schiste, essences et autres hydrocarbures.*

Versailles, le 19 mai 1873.

1. Le pétrole et ses dérivés, les huiles de schiste et de goudron, les essences et autres hydrocarbures liquides pour l'éclairage et le chauffage, la fabrication des couleurs et vernis, le dégraissage des étoffes, ou tout autre emploi, sont distingués en deux catégories, suivant leur degré d'inflammabilité.

La première catégorie comprend les substances très-inflammables, c'est-à-dire celles qui émettent, à une température inférieure à 35 degrés du thermomètre centigrade, des vapeurs susceptibles de prendre feu au contact d'une allumette enflammée.

La seconde catégorie comprend les substances moins inflammables, c'est-à-dire celles qui n'émettent de vapeurs susceptibles de prendre feu au contact d'une allumette enflammée qu'à une température égale ou supérieure à 35 degrés.

Un arrêté du ministre de l'agriculture et du commerce déterminera, sur l'avis du comité consultatif des arts et manufactures, le mode d'expérience par lequel sera constaté le degré d'inflammabilité des liquides à classer dans chaque catégorie.

2. Les usines pour le traitement de ces substances, les entrepôts et magasins de vente en gros, et les dépôts pour la vente au détail ne peuvent être établis et exploités que sous les conditions prescrites par le présent décret.

SECTION Ire.

Des usines.

3. Les usines pour la fabrication, la distillation et le travail en grand des substances désignées à l'article 1er demeurent rangées dans la première classe des établissements dangereux, insalubres ou incommodes, régis par le décret du 15 octobre 1810 et par l'ordonnance du 14 janvier 1815.

SECTION II.

Des entrepôts et magasins de vente en gros.

4. Les entrepôts ou magasins de substances désignées à l'article 1er, dans lesquels ces substances ne doivent subir aucune autre manipulation qu'un simple lavage à l'eau froide et des transvasements, sont rangés dans la première, la deuxième ou la troisième classe des établissements dangereux, insalubres ou incommodes, suivant les quantités de liquides qu'ils sont destinés à contenir, savoir :

Dans la première classe, s'ils doivent contenir plus de 3,000 litres de liquides de la première catégorie ;

Dans la deuxième classe, s'ils doivent en contenir de 1,500 à 3,000 litres ;

Dans la troisième classe, s'ils doivent contenir plus de 300, mais pas plus de 1,500 litres.

Lorsque les entrepôts ou magasins doivent contenir des substances de la deuxième catégorie, 5 litres de celle-ci sont comptés pour un litre de la première.

Lorsque les entrepôts ou magasins contiennent, en outre, des approvisionnements de matières combustibles, et notamment de liquides inflammables, tels que l'alcool, l'éther, le sulfure de carbone, etc., non régis par le présent décret, ces substances sont comptées dans l'approvisionnement total des substances dangereuses et assimilées à celles de la première ou de la seconde catégorie, suivant qu'elles émettent ou non, à la température de 35 degrés centigrades, des vapeurs susceptibles de prendre feu au contact d'une allumette enflammée.

5. Les entrepôts ou magasins de la première et de la deuxième classe, qui renferment des substances de la première catégorie, soit exclusivement, soit jointes à des substances de seconde catégorie, sont assujettis aux règles suivantes :

1° Le magasin sera établi dans une enceinte close par des murs en maçonnerie de 2ᵐ 50 de hauteur au moins, ayant sur la voie publique une seule entrée, qui doit être garnie d'une porte pleine, solidement ferrée et fermant à clef.

Cette porte d'entrée sera fermée depuis la chute du jour jusqu'au matin. La clef en sera déposée, durant cet intervalle, entre les mains de l'exploitant du magasin ou d'un gardien délégué par lui. Durant le jour, l'entrée et la sortie des ouvriers et charretiers seront surveillées par un préposé.

2° L'enceinte ne devra renfermer d'autre logement habité pendant la nuit que celui qui pourra être établi pour un portier-gardien et sa famille.

Cette habitation elle-même aura son entrée particulière et sera séparée du reste de l'enceinte par un mur de 1ᵐ 20 de hauteur au moins, sans aucune ouverture.

3° La plus petite distance de l'enceinte aux maisons d'habitation ou bâtiments quelconques appartenant à des tiers ne pourra être de moins de 50 mètres pour les magasins de la première classe, et de 4 mètres pour ceux de la deuxième.

4° Les appareils fixes ou les réservoirs contenant les liquides, auront leurs parois à une distance de 50 centimètres au moins de la face intérieure du mur d'enceinte, et seront disposés de manière à pouvoir être toujours facilement inspectés et surveillés.

5° Le sol du magasin sera dallé, carrelé ou bétonné, avec pentes et rigoles disposées de manière à amener les liquides qui seraient répandus accidentellement, dans une ou plusieurs citernes étanches ayant ensemble une capacité suffisante pour contenir la totalité des liquides emmagasinés, et maintenues toujours en état de service.

Si le sol du magasin est en contre-bas du sol environnant, ou s'il est protégé par un terrassement ou massif continu sans aucune ouverture, la cuvette ainsi formée tiendra lieu, jusqu'à concurrence de sa capacité, des citernes prescrites au paragraphe précédent.

6° Le magasin pourra être à découvert en plein air. S'il est enfermé dans un bâtiment ou hangar, ce bâtiment ou hangar sera construit en matériaux incombustibles, non surmonté d'étages, bien éclairé par la lumière du jour et largement ventilé, avec des ouvertures ménagées dans la toiture.

7° Les liquides emmagasinés seront contenus soit dans des récipients en métal munis de couvercles mobiles, soit dans des fûts en bois cerclés de fer.

Le transvasement des liquides de la première catégorie d'un récipient dans un autre, situé à un niveau plus élevé, se fera toujours au moyen d'une pompe fixe et étanche.

Les fûts vides, ainsi que les débris d'emballage, seront placés hors du magasin.

8° Toutes les réceptions, manipulations et expéditions de liquides seront faites à la clarté du jour. Durant la nuit, l'entrée dans le magasin est absolument interdite.

Il est également interdit d'y allumer ou d'y apporter du feu, des lumières ou des allumettes, et d'y fumer. Cette interdiction sera écrite en caractères très-apparents sur le parement extérieur du mur, du côté de la porte d'entrée.

9° Une quantité de sable ou de terre, proportionnée à l'importance des approvisionnements, sera conservée à proximité du magasin pour servir à éteindre un commencement d'incendie, s'il venait à se déclarer.

Les préfets peuvent imposer, en outre, les conditions qui seraient exigées, dans des cas spéciaux, par l'intérêt de la sécurité publique. Dans ce cas, les arrêtés d'autorisation doivent être soumis à l'approbation du ministre de l'agriculture et du commerce, qui statue sur l'avis du comité consultatif des arts et manufactures.

6. Les préfets peuvent autoriser des entrepôts ou magasins établis et exploités dans des conditions différentes de celles déterminées par l'article 5, lorsque ces conditions présentent des garanties au moins équivalentes pour la sécurité publique. Dans ce cas, les arrêtés d'autorisation, avant d'être délivrés aux demandeurs, doivent être soumis à l'approbation du ministre de l'agriculture et du commerce, qui statue sur l'avis du comité consultatif des arts et manufactures.

7. Les conditions d'établissement des entrepôts ou magasins rangés dans la troisième classe sont réglées par les arrêtés d'autorisation.

Il en est de même des entrepôts ou magasins dans lesquels les liquides inflammables ne subissent ni transvasement ni manipulation d'aucune sorte, ou qui ne contiennent que des substances de la deuxième catégorie.

Les exploitants de ces entrepôts ou magasins devront, en outre, se conformer aux prescriptions indiquées dans les nos 7, 8 et 9 de l'article 5 du présent décret.

8. Les entrepôts ou magasins dont l'approvisionnement total ne dépasse pas 300 litres de liquides de la première catégorie, ou une quantité équivalente de liquides de l'une et de l'autre catégorie, peuvent être établis sans autorisation préalable.

Toutefois, le propriétaire est tenu d'adresser au maire de la commune où est situé son établissement et au sous-préfet de l'arrondissement une déclaration contenant la désignation précise du local affecté au magasin. Ce magasin sera isolé de toute maison d'habitation ou de tout bâtiment contenant des matières combustibles, parfaitement ventilé et constamment fermé à clef. Le sol sera creusé en forme de cuvette et entouré d'un bourrelet en terre ou en maçonnerie pouvant retenir les liquides, en cas de fuite.

Après cette déclaration, l'entrepositaire peut exploiter son magasin, à la charge d'observer les prescriptions indiquées dans les n⁰ˢ 7, 8 et 9 de l'article 5 du présent décret.

SECTION III.

De la vente au détail.

9. Tout débitant de substances désignées à l'article 1ᵉʳ est tenu d'adresser au maire de la commune où est situé son établissement et au sous-préfet de l'arrondissement, une déclaration contenant la désignation précise du local, des procédés de conservation et de livraison, des quantités de liquides inflammables auxquelles il entend limiter son approvisionnement, et de l'emplacement qui sera exclusivement affecté dans sa boutique aux récipients de ces liquides.

Après cette déclaration, le débitant peut exploiter son commerce, à la charge par lui de se conformer aux prescriptions contenues dans les articles suivants.

10. Les liquides de la première catégorie sont transportés et conservés chez le détaillant, sans aucun transvasement lors de la réception, dans des récipients en forte tôle de métal, étanches et munis de deux ouvertures au plus, fermées par des robinets ou bouchons hermétiques.

Ces récipients ont une capacité de 60 litres au plus; ils portent, solidement fixée et en caractères très-lisibles, l'inscription sur fond rouge : *Essence inflammable.*

Ils ne peuvent, en aucun cas, être déposés dans une cave ; ils sont solidement établis et occupent un emplacement spécial, séparé de celui des autres marchandises dans la boutique. Un vase avec goulot, en forme d'entonnoir, est placé sous le robinet pour recevoir le liquide qui viendrait à s'en échapper.

Une quantité de sable ou de terre, proportionnée à l'importance du dépôt, sera conservée dans le local pour servir à éteindre un commencement d'incendie, s'il venait à se déclarer.

Les liquides de la première catégorie ne peuvent être livrés aux consommateurs que dans des burettes ou bidons en métal étanches, munis d'un ou de deux orifices, avec robinets ou bouchons hermétiques, et portant l'inscription très-lisible : *Essence inflammable.* Le remplissage des bidons doit se faire directement sous le récipient, sans interposition d'entonnoir ou d'ajutage mobile, de façon qu'aucune goutte de liquide ne soit répandue au dehors.

Les liquides de la première catégorie ne peuvent être transvasés pour le débit qu'à la clarté du jour. La livraison au consommateur est interdite, à la lumière artificielle, à moins que le détaillant ne conserve et ne débite les liquides dans des bidons ou burettes en métal, de manière à éviter tout transvasement au moment de la vente. Ces bidons, d'une capacité de 5 litres au plus, seront rangés dans des boîtes ou casiers à rebords, garnis intérieurement de feuilles de métal formant cuvette étanche.

11. Les liquides de la seconde catégorie sont conservées chez le détaillant dans des récipients en métal étanches, soigneusement clos et solidement établis.

Ces récipients ont une capacité de 350 litres au plus; ils portent l'inscription sur fond blanc : *Huile minérale.*

12. L'approvisionnement du débit ne devra jamais excéder 300 litres de liquides de la première catégorie ou une quantité équivalente de liquides de l'une et de l'autre catégories.

5 litres de substances de la seconde catégorie sont considérés comme équivalents à un litre de substances de la première catégorie.

Les liquides inflammables non régis par le présent décret, qui peuvent se trouver dans le local du débit, sont comptés dans l'approvisionnement total des substances dangereuses et assimilés à celles de la première catégorie. s'ils émettent, à la température de 35 degrés, des vapeurs susceptibles de prendre feu au contact d'une allumette enflammée.

13. Dans le cas où le détaillant disposerait d'une cour ou de tout autre emplacement découvert, il pourra conserver les liquides dans les récipients, fûts en bois ou autres, ayant servi au transport.

Ces récipients seront placés dans un magasin isolé de toute maison d'habitation ou de tout bâtiment contenant des matières combustibles, parfaitement ventilé et constamment fermé à clef. Le sol sera creusé en forme de cuvette et entouré d'un bourrelet en terre ou en maçonnerie, pouvant retenir les liquides, en cas de fuite.

Le détaillant sera d'ailleurs soumis aux prescriptions indiquées dans les trois derniers paragraphes de l'article 10, dans le dernier paragraphe de l'article 11 et dans l'article 12 du présent décret.

14. Les dispositions précédentes relatives aux dépôts pour la vente au détail ne peuvent être suppléées par des dispositions équivalentes qu'en vertu d'une autorisation spéciale, délivrée par le préfet sur l'avis du conseil d'hygiène et de salubrité du département, et fixant les conditions imposées au débitant dans l'intérêt de la sécurité publique.

Il sera rendu compte au ministre de l'agriculture et du commerce des autorisations données en vertu du présent article.

SECTION IV.

Dispositions générales.

15. Les entrepôts ou magasins de vente en gros et les dépôts pour la vente au détail, qui ont été précédemment autorisés ou déclarés, conformément aux règlements en vigueur, peuvent être maintenus dans les conditions qui ont été fixées par ces règlements ou par les arrêtés spéciaux d'autorisation. L'exploitant ne peut y apporter aucune modification qu'à la charge de se conformer aux prescriptions du présent décret, et, suivant les cas, d'obtenir une nouvelle autorisation ou de faire une déclaration nouvelle, comme il est dit aux articles ci-dessus.

16. En cas d'inobservation des conditions d'installation fixées par le présent décret ou par les arrêtés spéciaux d'autorisation, les entrepôts ou magasins de vente en gros peuvent être fermés et la vente au détail peut être interdite, sans préjudice des peines encourues pour contravention aux règlements de police.

17. Le transport des substances désignées à l'article 1ᵉʳ doit être fait exclusivement dans des vases en métal, étanches et hermétiquement clos, ou dans des fûts en bois également étanches et cerclés de fer.

18. Les attributions conférées aux préfets, aux sous-préfets et aux maires par le présent décret sont exercées par le préfet de police dans l'étendue de son ressort.

19. Le décret du 27 janvier 1872, relatif aux huiles minérales et autres hydrocarbures, est rapporté.

Le décret du 31 décembre 1866, relatif au classement des établissements dangereux, insalubres ou incommodes, est réformé en ce qui concerne les entrepôts ou magasins d'hydrocarbures.

Nᵒ 31. — *Circulaire ministérielle concernant le transport et la vente des sangliers.*

Versailles, le 7 mars 1874.

Monsieur le préfet, la loi du 3 mai 1844 (art. 4) interdit de mettre en vente, d'acheter, de transporter et de colporter du gibier, pendant le temps où la chasse n'est pas permise.

Toutefois, l'administration a été amenée à admettre certains tempéraments à la rigueur du principe posé dans cet article, notamment en ce qui concerne le colportage et la vente du lapin de garenne, animal nuisible, très-abondant dans certains départements; et cette tolérance, loin de présenter des inconvénients, a créé une ressource au commerce et à l'alimentation.

Les motifs qui ont fait admettre cette dérogation à la loi de 1844, ont été invoqués par le commerce parisien et par les propriétaires de bois et forêts, pour obtenir une tolérance semblable en ce qui concerne le transport et la vente des sangliers tués, souvent en très-grande quantité, dans une seule chasse régulièrement organisée pour la destruction de ces animaux dangereux et nuisibles.

Consulté à ce sujet, M. le préfet de police a fait connaître qu'il serait disposé à laisser entrer dans Paris les envois de sangliers appuyés de certificats de provenance et dont le transport aurait été, d'ailleurs, préalablement autorisé par le préfet du département dans lequel la battue aurait eu lieu.

Dans ces conditions, et sur l'avis favorable de M. le ministre de la justice, je viens de décider qu'à l'avenir, le transport, la vente et le colportage des sangliers pourront s'effectuer pendant la fermeture de la chasse, pourvu que chaque envoi soit accompagné d'un certificat de provenance et d'une autorisation de transport délivrée par vous, et, si vous le jugez convenable, par les sous-préfets des arrondissements où les battues auraient eu lieu.

FIN DE L'APPENDICE.

TABLE ALPHABÉTIQUE

DES

MATIÈRES CONTENUES DANS LE SEPTIÈME VOLUME.

NOURRISSEURS :

V. *Laitiers.*

NOUVELLES FAUSSES :

NOYÉS :

O

OBJETS TROUVÉS :

OBJETS TROUVÉS DANS LES FOUILLES :

Pages.

V

BOUCQUIN, imprimeur de la Préfecture de Police, rue de la sainte-Chapelle, 5 (1874).

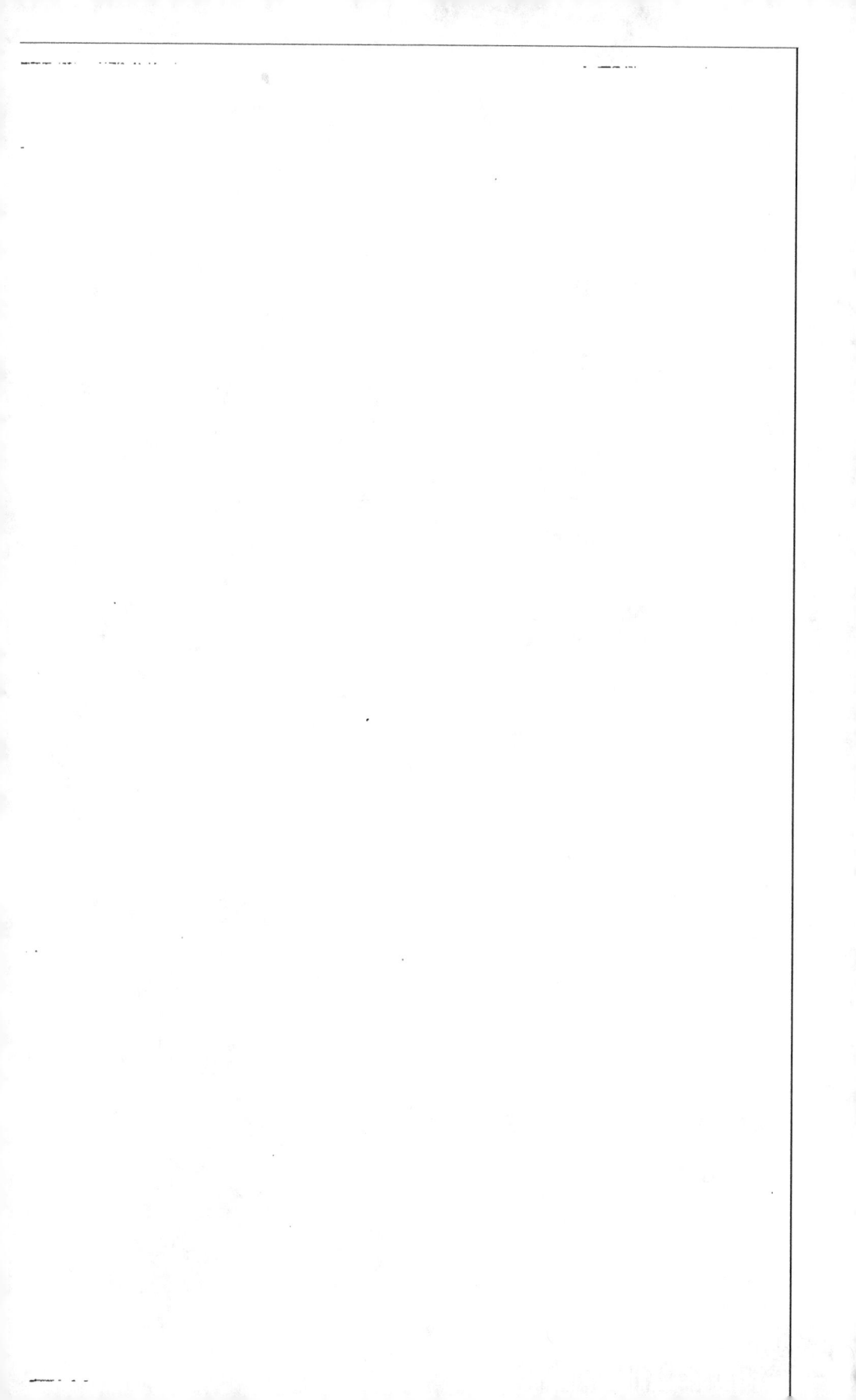

www.ingramcontent.com/pod-product-compliance
Lightning Source LLC
Chambersburg PA
CBHW050544270326
41926CB00012B/1902